V&R

Martin Rothgangel / Gottfried Adam /
Rainer Lachmann (Hg.)

Religionspädagogisches Kompendium

8. Auflage

Vandenhoeck & Ruprecht

Mit 21 Abbildungen

Bibliografische Information der Deutschen Nationalbibliothek

Die Deutsche Nationalbibliothek verzeichnet diese Publikation in der Deutschen Nationalbibliografie; detaillierte bibliografische Daten sind im Internet über http://dnb.d-nb.de abrufbar.

ISBN 978-3-525-70215-4
ISBN 978-3-647-70215-5 (E-Book)

Gesamtherstellung: ⊕Hubert & Co, Göttingen

Gedruckt auf alterungsbeständigem Papier.

Inhalt

Vorwort

Das anhaltende Interesse am »Religionspädagogische(n) Kompendium« ist der Anlass, eine 7. Auflage herauszubringen. Gleichwohl erfordert sowohl der veränderte gesellschaftliche Kontext als auch die Weiterentwicklung religionspädagogischer Forschung nicht nur eine Aktualisierung, sondern eine grundlegende Neubearbeitung und Ergänzung, die nicht nur die Artikel im Einzelnen, sondern auch die Gesamtstruktur dieses Kompendiums betrifft:

- Insgesamt wurden zwölf Artikel neu aufgenommen (I. Was ist Religionspädagogik? – Eine wissenschaftstheoretische Standortbestimmung, III. Geschichte der Religionspädagogik bis Anfang des 20. Jahrhunderts, VI. Religion und Schulleben, VII. Lernen in Schule und Gemeinde, IX. Formen des Religionsunterrichts, X. Religionsunterricht in Europa, XI. Das Verhältnis des Religionsunterrichts zu anderen Fächern, XVI. Schüler/in und Religionslehrer/in, XVII. Phasen der Religionslehrerbildung, XX. Religiöse Kompetenzen und Bildungsstandards Religion, XXI. Religionsunterrichtliche Lerndimensionen, XVI. Was ist guter Religionsunterricht?). Darüber hinaus wurde der bereits vorhandene Artikel zu Schüler/in in insgesamt vier neue Artikel ausdifferenziert (XII. Empirische Methoden zur Wahrnehmung, XIII. Schüler/in psychologisch, XIV. Schüler/in soziologisch und XV. Schüler/in theologisch).
- Aufgrund der inzwischen vollständig vorliegenden fünfbändigen Reihe »Theologie für Lehrerinnen und Lehrer« (TLL) konnte der komplette zweite Hauptteil »Fachdidaktische Umsetzung« entfallen. Dafür wird der neu bearbeitete Artikel XXII. Unterrichtsvorbereitung durch drei exemplarische Konkretionen (XXIII. Biblische Themen, XXIV. Systematische Themen, XXV. Interreligiöse Themen) ergänzt.
- Auch alle weiteren Artikel wurden in teilweise neuer Autorenschaft (IV. Religionspädagogische Konzeptionen, XIX. Lehrpläne / Kerncurricula) grundlegend neu bearbeitet.

Bei alledem sind jedoch in die vorliegende Neubearbeitung des Religionspädagogischen Kompendiums Erfahrungen eingegangen, die Dozierende und Studierende des Lehramts und des Pfarramts 27 Jahre lang mit den vorangegangenen sechs Auflagen des Buches gemacht haben. Im Großen und Ganzen hat sich dabei der Versuch bewährt, im Blick auf das Gebiet der Religionspädagogik und -didaktik ein Grundwissen zu formulieren, das den Theologie-Studierenden eine sinnvolle Basisinformation über die schulische Religionspädagogik als einen Teilbereich der Praktischen Theologie vermittelt. Bereits praktizierenden Religionslehrern und -lehrerinnen ebenso wie Pfarrern und Pfarrerinnen vermag das Kompendium einen informativen Überblick über den gegenwärtigen Stand religionspädagogischer und -didaktischer Theoriebildung zu geben. Dass die methodischen Aspekte des Unterrichtens (Sozial-und Interaktionsformen, Unterrichtsmethoden, musikalische, spielerische und meditative Handlungselemente u. a. m.) im vorliegenden Band ausgespart sind, ist nicht in grundsätzlichen Überlegungen begründet, sondern ergab sich aus Gründen des Umfangs und der Handhabbarkeit. Diese Lücke wird durch die von *G. Adam / R. Lachmann* herausgegebenen Bände »Methodisches Kompendium für den Religionsunterricht, Bd. 1 und 2« geschlossen.

Die Autorinnen und Autoren sowie die Herausgeber sind sich durchaus der Problematik bewusst, die sich angesichts der weit gefächerten und sich stetig weiter ausdifferenzierenden religionspädagogischen Diskussion ergibt, wenn man diese für ein Kompendium zu bündeln sucht. Sie meinen allerdings, dass es nicht nur notwendig, sondern auch möglich ist, zu formulieren, was jede/r von Religionspädagogik wissen sollte. Nach neuerlicher Diskussion des Gesamtrahmens und entsprechenden Aufgabenformulierungen haben dankenswerterweise die einzelnen Verfasser/innen die Ausarbeitung und inhaltliche Verantwortung für ihre jeweiligen Beiträge übernommen.

Die einzelnen Beiträge des Bandes markieren durch ihre Schwerpunktsetzungen, wo die zentralen Aufgaben des Studiums liegen. Dadurch wollen sie zu einem didaktisch sinnvoll strukturierten Studieren anleiten, effektives Wiederholen ermöglichen und zu vertiefter Weiterarbeit anregen. Damit ist zugleich angezeigt, welche Möglichkeiten der Verwendung und des Arbeitens mit dem Kompendium intendiert sind:

- Einmal will es mit seinen Einzelartikeln das religionspädagogische Studium begleiten, wobei die einzelnen Beiträge immer dann herangezogen werden können, wenn es thematisch erforderlich und sinnvoll ist. Die Verweise (vgl. oben / unten Art. …) machen auf Querverbindungen zwischen den Artikeln aufmerksam und wollen zu einem besseren Verständnis der Einzelbeiträge verhelfen. Nicht nur für Studienanfänger sei außerdem auf die »Religionspädagogische Auswahlbibliografie« im Anhang verwiesen, die besonders mit den aufgeführten Zeitschriften, Lexika sowie theologischen Fach- und Fremdwörterbüchern wertvolle Verstehenshilfen leisten kann.
- Zum anderen soll das Kompendium im ursprünglichen Sinne seiner Bezeichnung als zusammengefasstes Grundwissen bei der Examensvorbereitung dienen. Die Literaturhinweise am Schluss jedes Artikels und die einschlägigen Literaturangaben in der Bibliografie des Anhangs geben Anregungen, um ein Thema oder einen Inhaltsbereich vertieft zu erarbeiten. So verwendet kann das Kompendium auch für bereits im Lehramt oder Pfarramt Tätige lohnende

Weiterarbeit auf dem Gebiet der Religionspädagogik ermöglichen und anregen.
- Für diejenigen, die sich im Rahmen einer Examensarbeit oder einer anderen wissenschaftlichen Arbeit besonders intensiv mit einer religionspädagogischen Thematik oder Fragestellung auseinandersetzen, sei ausdrücklich auf die »bibliografischen Hilfen« im Anhang verwiesen, die umfassende Literaturrecherchen garantieren.

Wir danken schließlich all denen, die durch ihren Einsatz zum erneuten Erscheinen des Kompendiums beigetragen haben. Unser herzlicher Dank gilt insbesondere Frau Karin Sima für die Erstellung des druckfertigen Manuskripts und für das Korrekturlesen Dr. Thomas Weiß, Julia Boschmann, Claire Ulbrich, Friedrich Schumann, Ulrike Kimmerle und Esther Freyer.

Wien / Bamberg im Juli 2011

Martin Rothgangel / Gottfried Adam / Rainer Lachmann

I.

Was ist Religionspädagogik? Eine wissenschaftstheoretische Orientierung

Martin Rothgangel

Was ist Religionspädagogik? Diese Frage kann sich für Studierende stellen, wenn sie z.B. für Lehramt oder Pfarramt entsprechende Lehrveranstaltungen besuchen. Ein erster Schritt zur Beantwortung dieser Frage erfolgt, wenn man sich vor Augen führt, dass es sich um ein zusammengesetztes Wort handelt: ›Religions-Pädagogik‹. Damit wird einerseits ein Bezug auf ›Religion‹ zum Ausdruck gebracht, andererseits ein Bezug zur ›Pädagogik‹. Es geht also um einen fachlichen (›Religion‹) sowie um einen bildungswissenschaftlichen Bezug (›Pädagogik‹). Vergleichbares ist auch in anderen fachdidaktischen Disziplinen wie der Deutschdidaktik, Biologiedidaktik oder Musikdidaktik der Fall: Stets findet sich sowohl ein Bezug auf ein Fach oder eine Fachwissenschaft als auch auf eine Bildungswissenschaft.

Beide Begriffe ›Religion‹ sowie ›Pädagogik‹ sind aber, wie fast alle häufig verwendeten Fachbegriffe, umstritten und vieldeutig – und die Komplexität wird noch größer, wenn man diese beiden Begriffe aufeinander bezieht. Aus diesem Grund überrascht es auch nicht, dass Religionspädagogik sehr unterschiedlich verstanden und definiert wird.[1] Es gibt an dieser Stelle zwei Möglichkeiten: Entweder man findet sich damit ab, dass man etwas studiert oder unterrichtet, zu dem man nur ein mehr oder weniger unverstandenes ›Wirrwarr‹ im Kopf hat. Oder man versucht sich eine gedankliche Orientierung zu verschaffen, indem man sich ein paar grundsätzliche Denkwege bzw. gedankliche Varianten vor Augen führt.

Das Ziel der nachstehenden wissenschaftstheoretischen Überlegungen zur Religionspädagogik besteht darin, dass Studierende sowie Religionspädagogen/innen, seien sie eher praktisch oder eher theoretisch tätig, Religionspädagogik als Wissenschaft verstehen und begründen können. Dabei

---

1 Vgl. z.B. *F. Schweitzer*, Religionspädagogik – Begriff und wissenschaftstheoretische Grundlagen, in: *G. Bitter u.a.* (Hg.), Neues Handbuch religionspädagogischer Grundbegriffe, 46–49; *U. Hemel*, Theorie der Religionspädagogik, München 1984.

weisen die nachstehenden Überlegungen darauf hin, dass es grundsätzlich verschiedene viable (›gangbare‹) Wege gibt, Religionspädagogik als Wissenschaft zu begründen. Entscheidend bleibt dabei, dass die Eröffnung von verschiedenen möglichen Wegen keinen beliebigen Relativismus bedeutet. Vielmehr sind die nachstehenden Unterscheidungen als ›Faustregeln‹ zu verstehen, mit denen Studierende sowie Religionspädagogen/innen einen viablen Argumentationsgang im Kontext anderer Wege verstehen und begründen können.

1. Gegenstandsbereich und Forschungsmethoden

Jede wissenschaftliche Disziplin ist dadurch gekennzeichnet, dass sie einen bestimmten Gegenstandsbereich mit bestimmten Forschungsmethoden untersucht. Was aber ist der Gegenstandsbereich der Religionspädagogik? Auf dem Hintergrund verschiedener Alternativen soll gezeigt werden, dass die Religionspädagogik den Gegenstandsbereich ›religiöse Bildung‹ erforscht. Es wird also ein Verständnis von Religionspädagogik als Theorie religiöser Bildung favorisiert, wobei in der folgenden Graphik ohne Anspruch auf Vollständigkeit auch wichtige Alternativen angeführt werden:

Religionspädagogik als		
Theorie	**religiöser**	**Bildung**
	Alternativen:	*Alternativen:*
	religionsunterrichtlicher	Lernen und Lehren
	kirchlicher	Erziehung
	christlicher	

1.1 Religionspädagogik als Theorie religionsunterrichtlicher Bildung

Da Religionspädagogik häufig im Zusammenhang der Ausbildung von Religionslehrer/innen gelehrt wird, kann sich als erster Eindruck nahe legen, dass der RU der Gegenstandsbereich der Religionspädagogik sei: Religionspädagogik als Theorie des schulischen RU bzw. religionsunterrichtlicher Bildung. Ein solches Verständnis von Religionspädagogik war nicht zuletzt durch die Konzentration religionspädagogischer Lehre auf Studierende für das Lehramt Religion verbreitet. Streng genommen handelt es sich hier lediglich um eine *Religionspädagogik im engeren Sinne* (bzw. schulische Religionspädagogik, Religionsdidaktik oder religionsunterrichtliche Fachdidaktik),[2] weil andere religionspädagogische Lernorte und Handlungsfelder wie z. B. die Familie, Evangelische Kindertagesstätten und Schulen, Konfirmandenarbeit, Kirchliche Jugendarbeit, Evangelische Erwachsenenbildung und Altenbildung ausgeblendet werden. Auch das vorliegende religionspädagogische Kompendium legt seinen Schwerpunkt auf den Lernort Schule und den RU. Dies ist pragmatisch dadurch bedingt, dass das Gemeindepädagogische Kompendium von *G. Adam* und *R. Lachmann* als Ergänzungsband vorliegt, in dem jene anderen Handlungsfelder reflektiert werden. Im Anschluss an die dort verwendete Terminologie wird auch in diesem Band von einer Allgemeinen Religionspädagogik (= *Religionspädagogik im weiteren Sinne*) gesprochen, welche sich in eine gemeindliche Religionspädagogik und eine schulische Religionspädagogik ausdifferenziert:[3]

Allgemeine Religionspädagogik
→ Schulische Religionspädagogik (›Religionsdidaktik‹)
→ Gemeindliche Religionspädagogik (›Gemeindepädagogik‹)

1.2 Religionspädagogik als Theorie kirchlicher Bildung

In Anbetracht der verschiedenen kirchlichen Lernorte und Handlungsfelder, welche durch eine Allgemeine Religionspädagogik in den Blick kommen, könnte man geneigt sein, Religionspädagogik als Theorie kirchlicher Bildung zu definieren. Diese Definition besitzt ein relatives Recht, weil religiöse Bildung ohne den Bezug auf die Praxis gelebten Glaubens in der Kirche als ein Kurs im ›Trockenschwimmen‹ erscheinen kann. Des Weite-

---

2 Vgl. *G. Adam / R. Lachmann*: Was ist Gemeindepädagogik, in: *Dies.* (Hg.), Neues Gemeindepädagogisches Kompendium, Göttingen 2008, 15–39, hier 17.
Nicht wenige Religionspädagogen/innen verwenden für eine schulische Religionspädagogik auch den Begriff ›Religionsdidaktik‹. Dieser Sprachgebrauch ist im religionspädagogischen Kontext unproblematisch, da die anderen Handlungsfelder durch den Begriff ›Religionspädagogik‹ erfasst werden können. In anderen Fachdidaktiken wie z. B. der Geschichtsdidaktik, bei denen ein Begriff wie ›Geschichtspädagogik‹ ungebräuchlich ist, wird dagegen Wert darauf gelegt, dass sich Fachdidaktik keineswegs nur auf den Lernort Schule bezieht.

3 Vgl. ebd., 17. Auch der Begriff ›Allgemeine Religionspädagogik‹ wird unterschiedlich verwendet: *U. Hemel* fasst damit die empirische, vergleichende und historische Religionspädagogik zusammen (*Ders.*, Theorie 62–65); *H. Schilling* bezieht diesen Begriff aber auf »religionspädagogische Grundlagenprobleme« (*Ders.*, Art. Katholische Religionspädagogik, in: Lexikon der Pädagogik Bd. 3, 1971, 417).

ren ist eine Verschränkung religionspädagogischer Lernorte und Handlungsfelder wie Familie und Konfirmandenarbeit auch von Gewinn für den RU (vgl. u. Art. VII).[4]

Gegen diese Definition spricht jedoch, dass sich das Christentum keineswegs mehr nur in seiner kirchlichen Gestalt vorfinden lässt, sondern auch in einer gesellschaftlichen und individuellen Gestalt.[5] Die primäre Konzentration auf das kirchliche Christentum würde jedoch unter Ausblendung des gesellschaftlichen und des individuellen Christentums eine unnötige religionspädagogische Blickverengung bedeuten.

1.3 Religionspädagogik als Theorie christlicher Bildung

Dementsprechend könnte man einen weiteren Gegenstandsbereich in Betracht ziehen: Religionspädagogik als Theorie christlicher Bildung. Sie setzt sich mit den drei Gestalten des neuzeitlichen Christentums auseinander: kirchlich, gesellschaftlich, individuell. Ein Vorteil dieser Definition besteht zweifellos darin, dass durch die Orientierung am Christentum der Gegenstandsbereich der Religionspädagogik geweitet wird, aber nicht konturenlos zu verschwimmen droht. Darüber hinaus wird der christlichen Prägung europäischer Kultur und Gesellschaft Rechnung getragen und berücksichtigt, dass ganz abgesehen von den anderen religionspädagogischen Lernorten selbst der RU häufig in Übereinstimmung mit den Grundsätzen der jeweiligen Religionsgemeinschaft zu erteilen ist (z. B. in Deutschland nach Art. 7,3 GG).

Jedoch erheben sich auch gegen ein solches Verständnis von Religionspädagogik zumindest zwei Bedenken: Erstens sehen sich europäische Länder ungeachtet ihrer christlichen Prägung zunehmend mit einer multikulturellen und multireligiösen Situation konfrontiert. Dementsprechend gewinnt das interreligiöse Lernen seit Beginn der 1990er Jahre zunehmend an Bedeutung und manche europäische Länder favorisieren einen RU, an dem Angehörige verschiedener Konfessionen und Religionen teilnehmen.[6] Zweitens kann mit der Gegenstandsbestimmung als Theorie ›christlicher‹ Bildung missverständlich der Eindruck entstehen, dass religionspädagogisch verantwortete Bildung Menschen zu Christen machen möchte. Dies ist jedoch aus theologischen und pädagogischen Gründen nicht verantwortbar, weil das Wirken des Heiligen Geistes unverfügbar ist. Will man

---

4 Vgl. *M. Domsgen* (Hg.), Religionspädagogik in systemischer Perspektive. Chancen und Grenzen, Leipzig 2009.

5 Vgl. *D. Rössler*, Grundriß der Praktischen Theologie, Berlin ^{2}1993, bes. 90–94.

6 Vgl. u. Art. X.

Missverständnisse dieser Art vermeiden und zielt etwa auf eine »Befähigung zum Christsein«[7] ab, dann stellen sich unversehens weitere Probleme: Theologisch betrachtet ist ›Christsein‹ ein nie abgeschlossener Prozess, der sich im Unterschied zu Religiosität schwer mit humanwissenschaftlichen Kategorien fassen lässt.

1.4 Religionspädagogik als Theorie religiöser Bildung

Aus diesem Grund ist schließlich ein noch weiterer Gegenstandsbereich der Religionspädagogik in den Blick zu nehmen: Religionspädagogik als Theorie religiöser Bildung. Ein Einwand dagegen wurde bereits angedeutet: Der Gegenstandsbereich der Religionspädagogik droht konturenlos ausgeweitet zu werden; zudem werde unzureichend deutlich, dass z. B. in Deutschland allein aus juristischen Gründen selbst der RU im Sinne einer konkreten Glaubensgemeinschaft zu erteilen ist. Bedenken dieser Art sind ernst zu nehmen. Dementsprechend muss das vorliegende Verständnis von ›religiös‹ dargelegt und präzisiert werden.[8]

1.4.1 Erste Präzisierung: ›religiös‹

Sprachlich betrachtet ist festzustellen, dass sich ›religiös‹ sowohl auf Religion wie auch auf Religiosität beziehen kann. Obwohl eine Unterscheidung beider Begriffe sinnvoll ist, lässt sich eine strikte Trennung zwischen Religion und Religiosität nicht durchführen: Religiosität ist vielmehr als anthropologisches Gegenstück von Religion als soziologischer Größe zu verstehen.

religiös

Religiosität (anthropologische Kategorie)	←——→	Religion (soziologische Kategorie)

Entgegen einer früheren Tendenz, die Religionspädagogik durch Rekurs auf den Religionsbegriff zu begründen,[9] empfiehlt sich aber zunächst der

7 *Chr. Grethlein*, Fachdidaktik Religion, Göttingen 2005, 267 ff.

8 Die folgenden beiden Präzisierungen stellen eine überarbeitete Form dar von Überlegungen in: *M. Rothgangel / P. Biehl*, Wissenschaftstheoretische Grundlagen der Religionspädagogik, in: *M. Wermke / G. Adam / M. Rothgangel* (Hg.), Religion in der Sekundarstufe II. Ein Kompendium, Göttingen 2006, 41–56.

9 Vgl. z. B. *E. Feifel*, Grundlegung der Religionspädagogik im Religionsbegriff, in: *Ders. u. a.* (Hg.), Handbuch der Religionspädagogik Bd. 1, Gütersloh / Zürich 1973, 34–48.

Bezug auf den anthropologisch orientierten Religiositätsbegriff[10]: Wenn von religiöser Bildung gesprochen wird, dann geht es insbesondere darum, dass sich die Religiosität einer Person entfaltet und nicht etwa darum, dass sich eine Religion ›bildet‹. Gleichwohl bleibt eine gebildete Entfaltung von Religiosität konstitutiv auf die reflektierte Auseinandersetzung mit bestimmten (konfessionellen) Ausprägungen von Religionen bezogen. Hinsichtlich christlicher Religion kann dabei die ›Kommunikation des Evangeliums‹ als leitender Bezugspunkt dienen (vgl. u. Art. II. 2.2.5).[11] Entsprechend dem gemeindepädagogischen Kompendium können diesbezüglich vier Aspekte hervorgehoben werden:[12]

- Mit dem Kommunikationsbegriff wird in bewusster Absetzung vom Verkündigungsbegriff das Dialogische hervorgehoben. Daraus resultiert die Aufgabe, die Menschen mit ihren Fragen und in ihrem gesellschaftlichen Kontext wahrzunehmen.
- Mit der Formel ›Kommunikation des Evangeliums‹ können theologische und humanwissenschaftliche Forschung aufeinander bezogen werden.
- Diese Formel gewährleistet auch eine Verbindung zu den anderen Teilgebieten der Praktischen Theologie.[13]
- Die biblische Botschaft des Evangeliums, die Botschaft von der Menschwerdung und Menschenfreundlichkeit Gottes wird in inhaltlicher Hinsicht als grundlegend herausgestellt.

Mit der ›Kommunikation des Evangeliums‹ liegt somit ein wichtiger Gegenpol vor, damit sich keine konturenlose Ausweitung durch die Orientierung an ›religiös‹ vollzieht. In diesem Sinne kann festgestellt werden:

---

10 Vgl. *H.-F. Angel u. a.*, Religiosität. Anthropologische, theologische und sozialwissenschaftliche Klärungen, Stuttgart 2006.

11 Entscheidende Aufmerksamkeit bekam die Formulierung »Kommunikation des Evangeliums« durch *E. Lange*, Aus der ›Bilanz 65‹, in: *Ders.*, Kirche für die Welt, München / Gelnhausen 1981, 101.

12 Vgl. zum Folgenden *G. Adam / R. Lachmann*: Was ist Gemeindepädagogik?, 15–39, bes. 30f.

13 Dieser Punkt wird insbesondere unter Rückgriff auf diverse Kommunikationstheorien und durch eine v. a. neutestamentlich orientierte Auseinandersetzung mit ›Evangelium‹ differenziert ausgeführt und begründet in der Praktischen Theologie Chr. Grethleins, welche gegenwärtig in der Entstehung ist. Sie enthält wichtige Impulse für die weitere praktisch-theologische Arbeit mit der Leitformel ›Kommunikation des Evangeliums‹. Darüber hinaus vermag Grethlein zu zeigen, wie diese Leitformel auch zu einem fruchtbaren Dialog aller theologischer Teildisziplinen beiträgt. Weiterführend dazu auch *W. Engemann*, Kommunikation des Evangeliums als interdisziplinäres Projekt. Praktische Theologie im Dialog mit außertheologischen Wissenschaften, in: *Chr. Grethlein / H. Schwier* (Hg.), Praktische Theologie. Eine Theorie- und Problemgeschichte (APrTh 33), Leipzig 2007, 137–232, bes. 140–185.

Religiöse Bildung zielt auf die Entfaltung der Religiosität von Menschen durch die Kommunikation des Evangeliums im Kontext einer pluralen Gesellschaft, die in ihrer Vielfalt z.B. von säkular bis multireligiös sowie von relativistisch bis fundamentalistisch zu berücksichtigen ist.

Pluraler Kontext: z.B. säkular bis multireligiös

Religiosität	←——→	christliche Religion: Kommunikation des Evangeliums

Pluraler Kontext: z.B. relativistisch bis fundamentalistisch

Was aber ist genau gemeint, wenn von einer Entfaltung von Religiosität die Rede ist? Negativ kann festgestellt werden, dass Religiosität nicht im Sinne einer angeborenen Eigenschaft ›biologistisch‹ zu verstehen ist. Vielmehr ist Religiosität vergleichbar mit Musikalität, Sprachlichkeit etc. eine anthropologische Dimension, die der Entfaltung bedarf und auch entfaltet werden kann.[14] Ein Potenzial der Kategorie ›Religiosität‹ besteht darin, dass sie theologisch wie humanwissenschaftlich ›anschlussfähig‹ ist. Der folgende Arbeitsbegriff berücksichtigt diesen theologischen wie humanwissenschaftlichen Bezug:

Religiosität ist theologisch betrachtet das menschliche Gesicht der Offenbarung Gottes, das sich humanwissenschaftlich als eine spezifische Weise der Selbst- und Weltdeutung in ihren verschiedenen Dimensionen und lebensgeschichtlichen Wandlungen beschreiben lässt.[15]

Ein besonderer religionspädagogischer Gewinn besteht darin, dass sich – wie in der obigen Definition angedeutet – verschiedene Dimensionen von Religiosität unterscheiden lassen: Diese sind sowohl für die Theorie wie für die Praxis religiöser Bildung eine hilfreiche Heuristik. Das nachfol-

14 Grundlegend dazu *U. Hemel*, Ziele religiöser Erziehung. Beiträge zu einer integrativen Theorie, Frankfurt a.M. u.a. 1988, bes. 543–690.

15 Letztlich gibt es keine ›richtige‹ Definition von Religiosität, sondern mehr oder weniger fruchtbare Arbeitsbegriffe. Dem ersten Teil dieser Definition liegt ein abgewandeltes Diktum *K. Barths* zugrunde, in dem dieser Religion (sic!) als das »menschliche Gesicht« (Kirchliche Dogmatik I/2, 306) der Offenbarung Gottes bezeichnet. Natürlich lässt sich dieser Gedanke auch weniger ›metaphorisch‹ fassen und von einem ›anthropologischen Korrelat‹ sprechen. Der zweite Teil dieser Definition schließt sich der Definition von U. Hemel an, der Religiosität als eine religiöse Selbst- und Weltdeutung eines Menschen bestimmt. Jedoch soll durch den Bezug auf die verschiedenen Dimensionen von Religiosität deutlich gemacht werden, dass Selbst- und Weltdeutung keineswegs nur als kognitiver Akt zu verstehen ist.

gende Modell verdankt sich Überlegungen von *Ulrich Hemel*,[16] die später bei der Kompetenzdiskussion nochmals aufgegriffen werden (vgl. u. Art. XX):

Dimensionen von Religiosität

- *religiöse Sensibilität*: Die affektive Dimension von Religiosität ist grundlegend (vgl. Schleiermachers Definition von Religion als ›Gefühl schlechthinniger Abhängigkeit‹). Darüber hinaus ist damit auch der Bereich religiöser Wahrnehmung erfasst.
- *religiöse Inhaltlichkeit*: Die kognitive Dimension von Religiosität wird z.B. durch das Glaubensbekenntnis dokumentiert oder in einer Grundkenntnis biblischer Texte sowie kirchengeschichtlicher Entwicklungen.
- *religiöses Ausdrucksverhalten*: Die pragmatische Dimension von Religiosität kommt z.B. in Riten und Gebeten sowie in diakonischen und ethischen Handlungen zum Ausdruck.
- *religiöse Kommunikation*: Grundlage dieser kommunikativen Dimension ist ein religiöser Wortschatz und eine religiöse Grammatik, um z.B. seine religiösen Gefühle und Einstellungen artikulieren zu können. Dazu gehört auch der religiöse Dialog mit anderen Konfessionen, Religionen und Weltanschauungen.
- *religiös motivierte Lebensgestaltung*: Hier handelt es sich um eine Sonderdimension von Religiosität, die alle anderen Dimensionen umgreift. Eine differenzierte Entfaltung der anderen Dimensionen bedeutet noch keineswegs, dass man motiviert und gewillt ist, dementsprechend sein Leben zu gestalten.

Grundsätzlich kann die Notwendigkeit religiöser Bildung mit Bezug auf den Selbst- und Weltdeutungszwang, dem der Mensch als einem instinktreduzierten Wesen unterliegt, begründet werden. Religiöse Bildung stellt in diesem Fall einen Weg zu einer differenzierten Selbst- und Weltdeutungskompetenz dar.

Aus der Perspektive christlicher Theologie ist schließlich hinsichtlich des Verhältnisses von religiöser Bildung und Glaube festzustellen, dass eine religiöse Bildung aufgrund der Unverfügbarkeit des Glaubens nicht einfach zum Glauben führt, dass sich aber umgekehrt Glauben nicht ohne religiöse Bildungsprozesse ereignet. In freier Anlehnung an *D. Bonhoeffer* kann man vielleicht so weit gehen und feststellen: Religiöse Bildung ist eine Wegbereitung für den Glauben – alles weitere entzieht sich menschlicher Verfügbarkeit.[17]

---

16 *U. Hemel*, Ziele 564–573.

17 Vgl. *D. Bonhoeffer*, Ethik. Zsgest. und hg. v. *E. Bethge*, München [12]1988, bes. 142–152; vgl. *R. Lachmann*, Lehr- und Lernbarkeit des Glaubens, in: *G. Bitter u. a.* (Hg.), Neues Handbuch religionspädagogischer Grundbegriffe, München 2002, 435–439.

1.4.2 Zweite Präzisierung: ›Bildung‹

In den voran stehenden Punkten war ohne nähere Begründung nur von (kirchlicher, christlicher, religiöser) Bildung die Rede. An dieser Stelle soll der Bildungsbegriff speziell in seinem Verhältnis zum Erziehungs- sowie zum Lernbegriff näher dargelegt werden.[18] Vorab sei festgestellt, dass im Rahmen dieses Beitrags auch nicht annähernd die vielfältige Diskussion um diese pädagogischen Leitbegriffe dargelegt werden kann. Vielmehr wird exemplarisch je eine ›Arbeitsdefinition‹ vorgestellt.

Besonderheiten des Lernbegriffs (vgl. u. Art. XXI 1.) treten hervor, wenn man sich vor Augen führt, dass im Kontext der lerntheoretischen Didaktik der Lernbegriff als ›empirischer‹ Gegenbegriff zu Bildung und damit zur bildungstheoretischen Didaktik verwendet wurde. Mit dem Lernbegriff wurde eine Hinwendung zu empirischer Forschung signalisiert. Einen ersten Eindruck von gegenwärtigen Lerntheorien gibt folgende Definition: »Unter Lernen versteht man überdauernde Änderungen im Verhaltenspotenzial als Folge von Erfahrungen.«[19] Im Unterschied zum Bildungs- und Erziehungsbegriff fehlen normative Implikationen.

Mit dem Erziehungsbegriff treten stärker die erziehende Person und ihr intentionales Handeln in den Vordergrund. Dies lässt sich beispielhaft an der folgenden Definition ersehen:

> »Unter Erziehung werden Handlungen verstanden, durch die Menschen versuchen, das Gefüge der psychischen Dispositionen anderer Menschen in irgendeiner Hinsicht dauerhaft zu verbessern oder seine als wertvoll beurteilten Komponenten zu erhalten oder die Entstehung von Dispositionen, die als schlecht bewertet werden, zu verhüten.«[20]

---

18 Sozialisation ist eine umfassendere Kategorie als z. B. Erziehung, weil neben den intentionalen Handlungen auch alle prägenden nicht-intentionalen Aspekte enthalten sind. Würde man jedoch den Gegenstandsbereich der Religionspädagogik auf eine Theorie religiöser Sozialisation ausweiten, dann wäre diese nicht mehr von einer Religionssoziologie unterscheidbar.

19 *M. Hasselhorn / A. Gold*, Pädagogische Psychologie. Erfolgreiches Lernen und Lehren, Stuttgart 2006, 65. Hier findet sich auch ein guter Überblick über Lerntheorien unter folgenden Überschriften: »Lernen als Aufbau von Assoziation«, »Lernen als Verhaltensänderung«, »Lernen als Wissenserwerb« sowie »Lernen als Konstruktion von Wissen« (ebd., 33–65); beachtenswert aus religionspädagogischer Perspektive ist zudem *M. Sander-Gaiser*, Lernen mit vernetzten Computern in religionspädagogischer Perspektive. Theologische und lernpsychologische Grundlagen, praktische Modelle, Göttingen 2003.

20 *W. Brezinka,* Metatheorie der Erziehung. Eine Einführung in die Grundlagen der Erziehungswissenschaft, der Philosophie, der Erziehung und der Praktischen Pädagogik, München / Basel ^{4}1978, 45.

Demgegenüber wird durch den Bildungsbegriff eher eine an der sich bildenden Person orientierte pädagogische Sichtweise zum Ausdruck gebracht. In diesem Sinne definiert z.B. *Dietrich Korsch* Bildung als »die prozesshafte Vermittlung von Selbst und Welt zum Zwecke selbstbewusster, sozial verantworteter und erfolgreicher Weltgestaltung«[21].

Noch stärker als in der Allgemeinen Pädagogik wird gegenwärtig in der Religionspädagogik der ›Bildungsbegriff‹ zur Geltung gebracht.[22] Vor allem fünf Gründe sprechen für die Rezeption des Bildungsbegriffs im religionspädagogischen Kontext:

- Der Begriff ›Bildung‹ besitzt eine theologische Wurzel, da er erstmals im Kontext der deutschen Mystik begegnet.
- Im Gegensatz zu alternativen Begriffen wie ›Erziehung‹ bringt der Bildungsbegriff eine subjektorientierte Sichtweise betonter zum Ausdruck.
- Der Bildungsbegriff eignet sich im Unterschied zu vermeintlich wertneutralen Begriffen wie ›Lernen‹ gerade aufgrund seiner ›normativen Aspekte‹ als eine pädagogische Grundkategorie. Letztere ist notwendig, sollen die pädagogischen Handlungen »nicht in ein unverbundenes Nebeneinander oder gar Gegeneinander von zahllosen Einzelaktivitäten auseinanderfallen«[23].
- Im letztgenannten Sinn legt sich eine Rezeption des Bildungsbegriffs im religionspädagogischen Kontext auch dahingehend nahe, als er die verschiedenen Handlungsfelder der Religionspädagogik (Familie, Kindergarten, Kindergottesdienst, Jugendarbeit, Konfirmandenunterricht, RU, Erwachsenenbildung, Altenbildung u.a.) zu integrieren vermag.[24]
- Bei der Weiterentwicklung der bildungstheoretischen Didaktik zur kritisch-konstruktiven Didaktik sind die berechtigten Einwände der lerntheoretischen Didaktik sowie der Kritischen Theorie konsequent aufgegriffen worden. Empi-

---

21 *D. Korsch*, Religion mit Stil. Protestantismus in der Kulturwende, Tübingen 1997, 135; vgl. u. Art. II u. Art V.

22 In chronologisch absteigender Reihung vgl. z.B. *F. Schweitzer*, Menschenwürde und Bildung. Religiöse Voraussetzungen der Pädagogik in evangelischer Perspektive, Zürich 2011; *B. Dressler*, Unterscheidungen. Religion und Bildung, Leipzig 2006; *G. Lämmermann*, Religionsdidaktik. Bildungstheoretische Grundlegung und konstruktiv-kritische Elementarisierung, Stuttgart 2005; *J. Kunstmann*, Religion und Bildung. Zur ästhetischen Signatur religiöser Bildungsprozesse, Gütersloh 2002; *H.-J. Fraas*, Bildung und Menschenbild in theologischer Perspektive, Göttingen 2000; *K. E. Nipkow*, Bildung in einer pluralen Welt, 2 Bde, Gütersloh 1998; *P. Biehl*, Erfahrung, Glaube und Bildung, Gütersloh 1991; *K. E. Nipkow*, Bildung als Lebensbegleitung und Erneuerung. Kirchliche Bildungsverantwortung in Gemeinde, Schule und Gesellschaft, Gütersloh 1990; *R. Preul*, Religion – Bildung – Sozialisation. Studien zur Grundlegung einer religionspädagogischen Bildungstheorie, Gütersloh 1980.

23 *W. Klafki,* Neue Studien zur Bildungstheorie und Didaktik, Weinheim / Basel [2]1991, 44.

24 Vgl. *K. E. Nipkow*, Bildung 1990.

rische und gesellschaftskritische Anliegen werden damit in einem ›kritischen Bildungsbegriff‹ (*Wolfgang Klafki*) berücksichtigt.

Im Sinne des letztgenannten Punktes soll auch an dieser Stelle der Bildungsbegriff nicht absolut gesetzt werden, sondern das relative Recht des Lernbegriffs, aber auch des Erziehungsbegriffs gesehen werden.[25] Insbesondere ist es wechselseitig fruchtbar, wenn geisteswissenschaftliche Bildungstheorie mit empirischer Lehr-Lerntheorie verbunden wird. Pointiert kann man sagen: Bildungstheorie ohne empirische Lehr-Lerntheorie ist leer, empirische Lehr-Lerntheorie ohne Bildungstheorie ist blind. Aus den genannten Gründen kommt auch eine Gegenstandsbestimmung der Religionspädagogik als Theorie religiöser Bildung und Erziehung sowie religiösen Lehrens und Lernens in Betracht. Im vorliegenden Zusammenhang wird der Bildungsbegriff als eine insbesondere auch empirische Lehr-Lernforschung umfassende Kategorie verstanden, weshalb vereinfacht die Kurzformel von Religionspädagogik als Theorie religiöser Bildung verwendet wird.

1.5 Forschungsmethoden der Religionspädagogik

Entsprechend der Unterscheidung in eine Systematische, Empirische, Historische und Vergleichende Religionspädagogik lassen sich ganz unterschiedliche methodische Zugänge der Religionspädagogik skizzieren.[26]

Zur Aufklärung der Geschichte religiöser Erziehung und Bildung sowie der Religionspädagogik und ihrer Vorgängerdisziplin Katechetik ist *historische Forschung* unverzichtbar (vgl. u. Art. III).[27] Dabei kann die *Historische Religionspädagogik* auf das ganze Ensemble historischer Forschungsmethoden zurückgreifen, z.B. auch auf wissenschaftssoziologi-

---

25 Vgl. *F. Schweitzer*, Religionspädagogik, Gütersloh 2006, 113–125; obwohl *G. Lämmermann* den vom Vorrang des ›Objektiven‹ ausgehenden Erziehungsbegriff und den vom Vorrang des ›Subjektiven‹ ausgehenden Bildungsbegriff programmatisch entgegensetzt, geht auch er davon aus, dass »in den frühesten lebensgeschichtlichen Phasen« eine »bildende Erziehung« (144) notwendig sei. *Ders.*, Religionsdidaktik, Bildungstheologische Grundlegung und konstruktiv-kritische Elementarisierung, Stuttgart 2005.

26 Diese Unterscheidung findet sich abgesehen von einer Systematischen Religionspädagogik bereits bei *U. Hemel*, Theorie 62–65; alle diese Formen werden auch angeführt von *B. Schröder*, Religionspädagogik – methodisch profiliert, international, binnendifferenziert, in: ThLZ 132 (2007), 747–762.

27 Vgl. *B. Schröder*, Historische Religionspädagogik. Ein Literaturbericht zur Ausdifferenzierung einer theologischen Disziplin seit Mitte der 1990er Jahre, in: ThR 74 (2009), 290–308, 377–409.

sche Verfahren, um die Genese der Institutionalisierung der Religionspädagogik[28] zu analysieren.

Des Weiteren verbreitet sich zunehmend auch die *empirische Forschung* in der Religionspädagogik (vgl. u. Art. XII). Hier wird zum einen ein intensiver Dialog mit der (Religions-)Psychologie (bes. Entwicklungspsychologie sowie Pädagogische Psychologie) sowie zum anderen mit der (Religions-)Soziologie geführt. Als Forschungsmethodik scheint gegenwärtig in der *Empirischen Religionspädagogik* eine qualitativ-empirische Vorgehensweise etwas verbreiteter zu sein,[29] gleichwohl entstehen insbesondere durch Zusammenarbeit mit Pädagogischer Psychologie und Religionssoziologie auch beachtliche quantitative Arbeiten.[30]

Erst in jüngerer Zeit hat sich eine *Vergleichende Religionspädagogik* als eigenständiger Forschungsansatz etablieren können. Hier werden durch den *gezielten Vergleich* z. B. des RU in den Ländern Europas[31] Erkenntnisse hinsichtlich der Besonderheiten und Gemeinsamkeiten religiöser Bildung gewonnen, woraus weiterführende gegenseitige Anregungen resultieren können (vgl. u. Art. X).

Mit Fragen z. B. des Zusammenhangs von ›Bildung und Menschbild‹, der Lehrbarkeit von Religion, aber auch mit vorliegenden wissenschaftstheoretischen Überlegungen befindet man sich schließlich im Bereich religionspädagogischer Grundlagenfragen. In methodischer Hinsicht ist dabei eine intersubjektiv nachvollziehbare *systematische Argumentation* sowie die Hermeneutik als Lehre des Verstehens leitend. In der Religionspädagogik findet sich dementsprechend auch die Bezeichnung einer *Systematischen Religionspädagogik*.

2. Bezugsdisziplinen der Religionspädagogik

Wesentliche Bezugswissenschaften der ›Religions-Pädagogik‹ kommen in den Blick, wenn man von ihren beiden Begriffselementen ›Religion‹ und ›Pädagogik‹ bzw. von den beiden Begriffselementen ihres Gegenstandsbe-

---

28 Vgl. dazu *B. Schröder* (Hg.), Institutionalisierung und Profil der Religionspädagogik. Historisch-systematische Studien zu ihrer Genese als Wissenschaft, Tübingen 2009.

29 Vgl. z. B. *D. Fischer / V. Elsenbast / A. Schöll* (Hg.), Religionsunterricht erforschen. Beiträge zur empirischen Erkundung von religionsunterrichtlicher Praxis, Münster 2003.

30 Hervorzuheben ist die Sektion »empirische Religionspädagogik« der »Arbeitsgemeinschaft Katholische Religionspädagogik und Katechetik« (AKRK).

31 Vgl. dazu *C. Kalloch / S. Leimgruber / U. Schwab* (Hg.), Lehrbuch der Religionsdidaktik. Für Studium und Praxis in ökumenischer Perspektive, Freiburg u. a., ^{2}2010, 16–19, 361–397.

reichs ›religiöser Bildung‹ ausgeht: auf der einen Seite fachwissenschaftliche und auf der anderen Seite bildungswissenschaftliche Bezugswissenschaften.

›Religions-Pädagogik‹ als
Theorie religiöser Bildung

Theologie	**Pädagogik**
Alternativen:	*Alternativen:*
Religionswissenschaft	Humanwissenschaften
Religionsphilosophie	Sozialwissenschaften

2.1 Fachwissenschaftliche Bezugswissenschaften

Die Begriffselemente ›Religion‹ bzw. ›religiös‹ verweisen auf folgende fachwissenschaftliche Bezugswissenschaften: Theologie, Religionswissenschaft oder Religionsphilosophie. Letztere wird jedoch nur ganz selten als primäre fachwissenschaftliche Bezugswissenschaft herangezogen. Dagegen ist in Ländern mit einem konfessionellen RU die Theologie die primäre fachwissenschaftliche Bezugswissenschaft der Religionspädagogik, während in Ländern mit einer ›neutralen‹ Religionskunde die Religionswissenschaft zunehmend diese Funktion einnimmt.

2.1.1 Theologie und / oder Religionswissenschaft?

Im Grunde genommen stellt sich die Frage, ob es für eine Theorie religiöser Bildung geeigneter ist, von einer fachwissenschaftlichen Bezugswissenschaft auszugehen, die bewusst einen konfessionellen Standpunkt einnimmt und ihre Standpunkthaftigkeit selbstkritisch reflektiert (= Theologie), oder von einer Bezugswissenschaft, die religiöse Phänomene möglichst ›neutral‹ und ›objektiv‹ analysiert (= Religionswissenschaft).

M.E. sprechen gewichtigere Argumente dafür, dass die Theologie als primäre fachwissenschaftliche Bezugswissenschaft der Religionspädagogik fungiert. Erstens sind außer dem RU die zahlreichen religionspädagogischen Handlungsfelder und Lernorte zu bedenken, auf welche sich eine gemeindliche Religionspädagogik bezieht (z.B. Konfirmandenarbeit): Hier vollziehen sich die Bildungsprozesse im Kontext von Gemeinde und von daher liegt der primäre Bezug auf eine konfessionelle Theologie nahe. Aufgrund der zunehmenden Bedeutung von interreligiösen Aspekten in pluralen Gesellschaften ist darüber hinaus aber auch die Religionswissenschaft zu berücksichtigen, d.h. es verbieten sich ungeachtet des primären Bezugs auf die Theologie einander ausschließende Alternativen nach dem Motto ›entweder-oder‹.

Zweitens ist m.E. selbst hinsichtlich des RU und einer schulischen Religionspädagogik der primäre Bezug auf die Theologie für religiöse Bildung im Kontext pluraler Gesellschaften angebracht: Es gibt Religiosität und Religion nicht einfach als Abstraktum, sondern stets nur in Gestalt konkreter Religionen und individueller Ausprägungen. Genauso wie in Schulen stets nur konkrete Sprachen (Deutsch, Englisch, Latein usw.) gelehrt werden und nicht einfach abstrakt ›Sprache‹, ist auch religiöses Lernen an konkrete Religionen gebunden. Im Kontext pluraler Gesellschaften gilt es, den Wahrheitsanspruch bestimmter Religionen und Konfessionen mit religiöser Toleranz zu vermitteln. Menschen sollen gerade bezogen auf das, woran sie ihr Herz hängen (vgl. *M. Luther*) bzw. was sie unbedingt angeht (*P. Tillich*), dialogfähig und tolerant sein können. Diese Vermittlung von eigener religiöser Überzeugung und Identität mit Dialogfähigkeit und Toleranz spricht für einen konfessionellen RU in einer Fächergruppe ›Religion-Ethik-Philosophie‹ und damit auch für die Theologie als primäre Bezugswissenschaft, wobei die religionswissenschaftliche Außenperspektive eine notwendige Bereicherung darstellt.

Dementsprechend wird die Religionspädagogik meistens der (christlichen) Theologie, genauer gesagt der Praktischen Theologie (Religionspädagogik, Homiletik, Poimenik, Liturgik u.a.) zugeordnet und als eine praktisch-theologische Teildisziplin im Kontext der Theologie verstanden.

2.1.2 Teildisziplinen der Theologie

Schließlich ist auch zu bedenken, welche Teildisziplinen der Theologie die primären religionspädagogischen Gesprächspartner darstellen: Bibelwissenschaften (Altes und Neues Testament), Kirchengeschichte, Systematische Theologie (Dogmatik und Ethik) sowie Praktische Theologie (Homiletik, Liturgik, Poimenik, Diakonie u.a.). Wie bereits festgestellt ist die Religionspädagogik ein *Teil der Praktischen Theologie*. Dabei kann sie vom theoretischen Selbstverständnis Praktischer Theologie z.B. als Handlungswissenschaft, Kulturhermeneutik oder Wahrnehmungswissenschaft profitieren.[32] Darüber hinaus kann es sich, solange es keine einseitig

32 Vgl. *F. Schweitzer*, Religionspädagogik 267–271.

akzentuierte Eigendynamik erhält, auch als weiterführend erweisen, die Religionspädagogik mit anderen praktisch-theologischen Teildisziplinen wie der Homiletik, Liturgik, Poimenik und Diakonie in den Dialog zu führen.[33]

Gegenwärtig wird von den meisten Religionspädagogen/innen die *Systematische Theologie* als wichtigster Gesprächspartner jenseits der Praktischen Theologie favorisiert. Diese Tendenz zeichnete sich sowohl im Problemorientierten RU sowie in der Symboldidaktik ab. In der Tat spricht für die Systematische Theologie, dass sie eine reflektierte Vermittlung von biblischer Tradition und gegenwärtiger Situation vornimmt, wobei insbesondere die Philosophie dazu dienen kann, die gegenwärtige Situation auf den Begriff zu bringen. In der Vermittlung von biblischer Tradition und gegenwärtiger Situation gleicht Systematische Theologie der Religionspädagogik, wobei der Akzent Systematischer Theologie auf der gedanklichen Systematisierung von Theologie liegt, während in der Religionspädagogik die Vermittlung z. B. im Blick auf generationenspezifische Altersgruppen wie Kinder, Jugendliche, Erwachsenen und Senioren/innen bedacht wird. In jedem Fall kann Systematische Theologie sowohl hinsichtlich der Vermittlung als auch der Systematisierung eine wertvolle und unverzichtbare Bezugsquelle für Religionspädagogik darstellen.

Im Unterschied zur gegenwärtigen Orientierung an der Systematischen Theologie konnten z. B. im Kontext des Hermeneutischen RU die *Bibelwissenschaften* als religionspädagogische Dialogpartner im Vordergrund stehen. Grundsätzlich ist zu fragen, ob es wirklich sinnvoll ist, von vornherein und prinzipiell eine ganz bestimmte theologische Teildisziplin als Gesprächspartnerin zu favorisieren. Vielmehr ist ein *flexibler Ansatz* zu erwägen: Abhängig vom jeweils konkreten Fall (z. B. Gleichnisse Jesu; Reformation; Krieg und Frieden; Migration und Integration) legen sich eine oder mehrere theologische Teildisziplin als fruchtbare Gesprächspartnerin für die Religionspädagogik nahe. In diesem innertheologischen Dialog kann die Religionspädagogik deutlich machen, dass sie nicht einfach eine ›Anwendungswissenschaft‹ ist, die theologische Erkenntnisse anderer Teildisziplinen der Theologie methodisch geschickt an bestimmte Adressaten vermittelt. Gerade angesichts des Relevanzverlustes von Theologie in der Öffentlichkeit ist es wichtig, dass es innerhalb der Theologie eine Teildisziplin(en) gibt, welche die Menschen in ihrem jeweiligen Lebensal-

---

33 Vgl. z. B. *Chr. Bizer*, Unterricht und Predigt. Analysen und Skizzen zum Ansatz katechetischer Theologie, Gütersloh 1972; *G. Büttner*, Seelsorge im Religionsunterricht, Stuttgart 1991; *Chr. Grethlein*, Liturgische Elementarbildung als notwendige religionspädagogische Aufgabe im modernen Deutschland, in: IJPT 1 (1997), 83–96.

ter und in ihrer jeweiligen Lebenswelt differenziert wahrnimmt und davon ausgehend theologische Aneignungsprozesse bedenkt.[34]

2.2 Bildungswissenschaftliche Bezugswissenschaften

Die Begriffselemente ›Pädagogik‹ und ›Bildung‹ verweisen insbesondere auf die Pädagogik als bildungswissenschaftliche Bezugsdisziplin. Innerhalb der Pädagogik spielte lange Zeit die Allgemeine Didaktik in ihren verschiedenen Ausprägungen (bildungstheoretisch, lerntheoretisch usw.) eine herausragende Rolle für die Religionspädagogik. Gegenwärtig scheinen sich insofern die Akzente etwas zu verschieben, als zunehmend die Pädagogische Psychologie sowie andere Fachdidaktiken wichtige Impulse für religionspädagogische Forschung geben (vgl. u. Art. II).

Darüber hinaus kommen als bildungswissenschaftliche Bezugswissenschaften zur Analyse der gesellschaftlichen Bedingungen auch die Soziologie[35] sowie zur Analyse der anthropologischen Bedingungen auch die Humanwissenschaften sowie insbesondere die Entwicklungspsychologie in Betracht. Des Weiteren ist das jeweilige Verständnis von Bildung vom zugrunde liegenden Menschenbild abhängig. An dieser Stelle kommen als bildungswissenschaftliche Bezugswissenschaften die Philosophie, aber auch die Theologie in Betracht.

Gerade angesichts dieser komplexen Vielfalt stellt die Berücksichtigung bildungswissenschaftlicher Bezugsdisziplinen einen entscheidenden Gradmesser für die Beschaffenheit einer Religionspädagogik dar.

2.3 Verhältnismodelle

Auf der Grundlage einer Bestimmung der religionspädagogischen Bezugswissenschaften ist es weiterführend zu fragen, ›wie‹ vermittelt wird, d. h. genauer, in welches Verhältnis Theologie und Pädagogik zueinander gesetzt werden. Hier lassen sich typologisch vier grundlegende Verhältnismodelle unterscheiden:[36]

---

34 Vgl. dazu *M. Rothgangel / E. Thaidigsmann* (Hg.), Religionspädagogik als Mitte der Theologie? Theologische Disziplinen im Diskurs, Stuttgart 2005; *W. Ritter / M. Rothgangel* (Hg.), Religionspädagogik und Theologie. Enzyklopädische Aspekte, Stuttgart u. a. 1998.

35 Insbesondere spielte seit den 1970er Jahren die Kritische Theorie auch in bestimmten religionspädagogischen Entwürfen eine konstitutive Rolle (vgl. z. B. *G. Lämmermann*, Religionspädagogik im 20. Jahrhundert. Prüfungswissen Theologie, Gütersloh 1994).

36 Vgl. dazu *K. Wegenast,* Didaktik des Religionsunterrichts, in: WPB 30 (1978), 226–232,

- Autarkiemodell: Die Theologie stellt mehr oder weniger die ausschließliche Bezugswissenschaft der Religionspädagogik dar. Die Pädagogik wird allenfalls im Kontext der methodischen Anwendung berücksichtigt. Ein ›klassischer‹ religionspädagogischer Vertreter des Autarkiemodells ist das Verkündigungsmodell der Evangelischen Unterweisung. Ein viel zitierter Ausspruch *Th. Heckels* lautet: »Die Bitte um den heiligen Geist, der durch das Wort zum Glauben ruft, ist schlechthin wichtiger als alle Methodik.«[37]
- Dominanz- und Konvergenzmodell: Im Dominanzmodell wie im Konvergenzmodell besitzen theologische und pädagogische Gesichtspunkte eine konstitutive Funktion. Beide Modelle unterscheiden sich hinsichtlich des Stellenwerts pädagogischer Aspekte bei der Auswahl und Begründung religiöser Bildungsinhalte: Während im Dominanzmodell diese gegenüber theologischen Überlegungen eine untergeordnete Funktion einnehmen, wird im Konvergenzmodell von *K. E. Nipkow* die pädagogische Perspektive als eine gleichberechtigte Denkbewegung für die Auswahl und Begründung der Inhalte herangezogen.
- Exodusmodell: In diesem Ansatz spielen theologische Überlegungen lediglich eine untergeordnete Rolle: Es dominieren pädagogische bzw. sozialwissenschaftliche Überlegungen. Die Religionspädagogik ist gewissermaßen in die Pädagogik bzw. Sozialwissenschaften ›ausgewandert‹. Manche Extremvarianten der Problemorientierung können dem Exodusmodell zugerechnet werden.

Theologie	←——→	**Pädagogik**
Bibelwissenschaften	Autarkiemodell	Allg. Didaktik
Kirchengeschichte	Dominanzmodell	Schulpädagogik
Systematische Theologie	Konvergenzmodell	Päd. Psychologie
Praktische Theologie	Exodusmodell	Fachdidaktiken

Extreme Ansätze wie das Autarkiemodell und das Exodusmodell werden jedoch gegenwärtig ausgesprochen selten vertreten, während das Dominanzmodell sowie das Konvergenzmodell zahlreiche religionspädagogische Befürworter finden.

In diesem Sinne gilt es, sich selbst für einen ›viablen‹ Gedankenweg in der Verortung der Religionspädagogik begründet zu entscheiden: sei es im Kontext der Theologie, sei es im Verhältnis zwischen Theologie und Pädagogik.

---

bes. 228–230; *G. Lämmermann*, Grundriß der Religionsdidaktik, Stuttgart u.a. [2]1998, bes. 77–89.

37 *T. Heckel*, Zur Methodik des evangelischen Religionsunterrichts, München 1928, 29.

Literaturhinweise

U. Hemel, Theorie der Religionspädagogik, München 1984.
K. E. Nipkow, Bildung als Lebensbegleitung und Erneuerung. Kirchliche Bildungsverantwortung in Gemeinde, Schule und Gesellschaft, Gütersloh 1990.
M. Rothgangel / E. Thaidigsmann (Hg.): Religionspädagogik als Mitte der Theologie? Theologische Disziplinen im Diskurs, Stuttgart 2005.
F. Schweitzer, Religionspädagogik, Gütersloh 2006.

II.
Verständnis und Aufgaben religionsunterrichtlicher Fachdidaktik

Rainer Lachmann / Martin Rothgangel

1. Einführung: Das Spezifikum fachdidaktischen Fragens

Während ihres Studiums besuchen Lehramtsstudierende ein Seminar über ›Neutestamentliche Wundergeschichten‹. Nach allen Regeln der neutestamentlichen Wissenschaft werden Wundergeschichten ausgelegt und ihre religionsgeschichtlichen sowie zeitgeschichtlichen Hintergründe erklärt. Man arbeitet heraus, was die Evangelisten damals ihren Leser/innen sagen wollten und wie die überlieferten Wundergeschichten zu verstehen sind. Ein mit Akribie von der neutestamentlichen Fachwissenschaft verantwortetes Seminar – und doch fehlt ›Entscheidendes‹, damit ein RU zur Wunderthematik religionsdidaktisch verantwortet werden kann.

Was aber ist das Spezifikum fachdidaktischen Fragens? Hier gilt es vorab das verbreitete Missverständnis abzuwehren, nach dem Religionsdidaktik eine »Abbilddidaktik« sei, deren Aufgabe in unserem Beispiel darin bestünde, die von der neutestamentlichen Fachwissenschaft erarbeiteten Inhalte methodisch möglichst geschickt und genau auf die Schüler/innen ›herabzubrechen‹:

Theologisch begründete Inhalte

↓

Methodik

↓

Schülerinnen und Schüler

Religionsdidaktik würde damit auf eine ›kunstvolle‹ Methodik reduziert. Zwar stellt bei einem weit gefassten Didaktikverständnis auch die Methodik einen Aufgabenbereich der Fachdidaktik dar, jedoch liegt darin keineswegs ihr spezifischer Schwerpunkt.

In positiver Hinsicht und auf das Wunderbeispiel angewendet besteht vielmehr das religionsdidaktische Spezifikum etwa in Fragen folgender Art:

- Worauf zielt der von mir erteilte RU generell ab? Was will ich mit der Behandlung der ausgewählten Wundergeschichten bei meinen Schüler/innen erreichen? Hier handelt es sich um *Zielfragen des RU (›Wozu-Fragen‹)*.
- Worin besteht für Schüler/innen meiner Klasse die Gegenwartsbedeutung von Wundern, worin deren mögliche Zukunftsbedeutung? Wie (re-)konstruieren die Schüler/innen aufgrund ihres Vorverständnisses, ihres entwicklungspsychologischen Standes sowie aufgrund ihrer Sozialisation neutestamentliche Wundergeschichten? Welche der vielen Wundergeschichten soll ich zur Behandlung im RU auswählen? Anhand welcher Kriterien (z. B. Exemplarität) begründe ich meine Auswahl? Hier handelt es sich um *Begründungsfragen des RU (›Warum-Fragen‹)*, die u. U. dazu führen können, dass sich ein Inhalt oder eine Ausdrucksform als nicht relevant oder kompatibel für Schüler/innen erweist und von daher nicht im Unterricht behandelt werden sollte.
- Was ist ihre inhaltliche Struktur? Hier kommen fachwissenschaftlich-theologische Reflexionen ins Spiel, wie sie eingangs anhand der neutestamentlichen Exegese zu Wundergeschichten skizziert wurden. Dabei handelt es sich um *Inhaltsfragen des RU (›Was-Fragen‹)*.
- Und – um methodische Aspekte mit einzubeziehen – wie, auf welchen Wegen und mittels welcher Verfahren will ich die vorgenommenen Ziele erreichen und die ausgewählten Inhalte vermitteln? Hier handelt es sich um *Methoden- und Medienfragen des RU (›Wie-Fragen‹)*.

Das sind die spezifischen Fragen, die das komplexe fachdidaktische Geschäft konstituieren und den allgemeinen funktionalen Rahmen religionsunterrichtlicher Fachdidaktik abstecken. Auf diesem Hintergrund wird deutlich, dass Religionsdidaktik letztlich den wechselseitigen Erschließungsprozess zwischen Schüler/innen und theologisch begründeten Inhalten und Ausdrucksformen anhand spezifischer Leitfragen reflektiert:

Religionsdidaktische Leitfragen:
Wozu? Warum? Was? Wie?

Schülerinnen und Schüler ←————→ theologisch begründete Inhalte und Ausdrucksformen

Von daher versuchen wir hier vorrangig, d. h. vor der Auseinandersetzung mit den verschiedenen Didaktikverständnissen, die religionsunterrichtliche Fachdidaktik und die religionsdidaktische Aufgabenstellung folgendermaßen zu definieren:

Religionsdidaktik ist die Theorie religiöser Bildung am Lernort Schule, wobei der wechselseitige Erschließungsprozess zwischen Schüler/innen und theologisch begründeten Inhalten sowie Ausdrucksformen anhand der Wozu-, Warum-, Was- und Wie-Frage reflektiert wird.[1]

---

1 Hier ist Fachdidaktik in einem weiteren – die Methodik mit ihrer Wie-Reflexion ein-

2. Religionsdidaktik und Allgemeine Didaktik

2.1 Allgemeine Didaktik als Bezugswissenschaft

Neben der im voran stehenden Beitrag etwas ausführlicher behandelten Theologie bildet die Pädagogik und hier insbesondere die *Allgemeine Didaktik* in Verbindung mit der Schulpädagogik die andere unabdingbare Bezugswissenschaft religionsunterrichtlicher Fachdidaktik. Sie spielt im fachdidaktischen Geschäft den pädagogischen Part und vertritt gegenüber den Sachansprüchen der Fachwissenschaft das Eigenrecht der Schüler/innen und deren erzieherische und unterrichtliche Belange im Bedingungsfeld der Schule. Dabei trägt die Allgemeine Didaktik dafür Sorge, dass die Religionsdidaktik nicht im abbilddidaktischen Sinne (s.o.) zur bloßen »Anwendungsdisziplin einer übergeordneten Fachwissenschaft Theologie im Raum« der Schule wird, wie umgekehrt die Theologie es verhindert, dass sich die Fachdidaktik unkritisch als verlängerter »Arm der Allgemeinen Pädagogik für die Durchsetzung von deren Postulaten« versteht.[2] Angestrebt ist somit im Überschneidungsfeld der beiden Bezugswissenschaften als dem Aufgabengebiet der fachdidaktischen Integrationsbemühungen ein wechselseitiges kritisch-kooperatives Verhältnis zwischen Theologie und Allgemeiner Didaktik.

Welches ist nun der spezifische Beitrag, den die *Allgemeine Didaktik* zur Religionsdidaktik leistet? Was haben die künftigen RL davon, wenn sie sich über den Erwerb fachwissenschaftlich-theologischen Wissens hinaus auch noch allgemeindidaktische Kenntnisse aneignen sollen? Zusammenfassend gesagt gibt die Allgemeine Didaktik je im Kontext unterschiedlicher didaktischer Grundverständnisse Gesichtspunkte und Kriterien an die Hand und macht auf Begründungserfordernisse und Zielaspekte aufmerksam, die von der Religionsdidaktik kritisch bedacht werden wollen, um gegebenenfalls bei der fachdidaktischen Auswahl-, Begründungs- und Zielreflexion zur Anwendung zu kommen. Für eine realistische Fachdidaktik empfiehlt es sich dabei, stets die *schulpädagogische Perspektive* mit im Blick zu haben. Das hält in der Auseinandersetzung mit den allgemeindidaktischen Auffassungen die Erinnerung an die

---

schließenden – Sinne definiert, obwohl das vorliegende Religionspädagogische Kompendium sich aus Raumgründen nur mit Themen und Fragen der Fachdidaktik im engeren Sinne befasst. Es wurde deshalb ergänzt durch *G. Adam / R. Lachmann* (Hg.), Methodisches Kompendium für den Religionsunterricht. 1. Basisband, Göttingen ^{5}2010; 2. Aufbaukurs, Göttingen ^{2}2006.

2 *K. Wegenast*, Der Evangelische Religionsunterricht, in: *H.-K. Beckmann* (Hg.), Schulpädagogik und Fachdidaktik, Stuttgart 1981, 110–131, bes. 121.

mit der Schule gesetzten Grenzen und gestellten Aufgaben wach und verhilft vor allem der Fachdidaktik insofern zu nüchterner Selbstbescheidung, als ihr die Schulpädagogik ständig bewusst machen kann, dass der RU nur *ein* Fach im Fächerkanon der Schule ist: sicher ein wichtiges, aber genauso wenig das allerwichtigste wie alle anderen Schulfächer auch (vgl. u. Art.XI)!

2.2 Allgemeindidaktische Theorien

Wie es *die* Theologie als Bezugswissenschaft religionsunterrichtlicher Fachdidaktik nicht gibt, so gibt es auch *die* Allgemeine Didaktik nicht. Vielmehr muss man gegenwärtig von einem weit gefächerten und stark differenzierten Spektrum allgemeindidaktischer Theorien ausgehen, die je ihr eigenes Verständnis von Didaktik haben. Die Bedeutungs- und Verwendungsvielfalt des Didaktikbegriffes, die seine eindeutige Bestimmtheit verwischt und seine Brauchbarkeit beeinträchtigt, lässt sich an *vier* bekannten *Didaktikdefinitionen* eindrücklich aufzeigen:

- »Didaktik als Wissenschaft und Lehre vom Lehren und Lernen überhaupt in allen Formen und auf allen Stufen« *(J. Dolch);*
- Didaktik im engeren Sinne als »Theorie der Bildungsinhalte, ihrer Struktur und Auswahl« *(E. Weniger);*
- Didaktik als »Wissenschaft vom Unterricht« *(W. Schulz);*
- Didaktik »als Theorie der Steuerung von Lernprozessen« *(F. v. Cube).*[3]

Unser religionsdidaktisches Interesse mit seinen oben benannten leitenden Fragestellungen gebietet angesichts dieser vier Didaktikverständnisse bereits insofern eine Auswahl, als die erste und letzte Definition weniger in Betracht kommen.

Die erste, weil sie in ihrer Weite nicht spezifisch den Lernort Schule bedenkt;[4] die letzte – bekannt unter den Namen ›informationstheoretische‹ oder ›kybernetische‹ Didaktik –, weil ihr ausschließliches Anliegen der technologischen Optimierung und Effizienzsteigerung der unterrichtlichen Lernprozesse durch perfekte Anwendung kybernetischer Erkenntnisse gilt;[5] das aber gehört in den Bereich der Methodik und entspricht nicht unserer oben gegebenen Definition von Didaktik.

---

3 Vgl. *F. W. Kron*, Grundwissen Didaktik, München / Basel ^{2}1994, 42–47.

4 Für Fachdidaktiken, die nicht wie die Religionsdidaktik noch eine ›Fachpädagogik‹ (›Religionspädagogik‹) mit Bezug auf außerschulische Lernorte besitzen, ist diese Definition jedoch durchaus sinnvoll.

5 Vgl. *F. v. Cube*, Der informationstheoretische Ansatz in der Didaktik, in: *H. Ruprecht* u. a., Modelle grundlegender didaktischer Theorien, Hannover ^{3}1976, 117–154.

Es bleiben übrig die beiden Didaktikverständnisse von *E. Weniger* auf der einen und von *W. Schulz* auf der anderen Seite. Sie versprechen in ihrer Ausgestaltung und Firmierung als bildungstheoretische bzw. lerntheoretische Didaktik fachdidaktische Relevanz und müssen von uns vor allem auch in ihren ›kritischen‹ Weiterentwicklungen in den Blick genommen werden. Darüber hinaus verdienen vor allem noch die Curriculumtheorie, welche die siebziger Jahre didaktisch entscheidend bestimmte, sowie die kritisch-kommunikative Didaktik unsere religionsdidaktische Aufmerksamkeit. Schließlich macht seit Mitte der 1990er Jahre die konstruktivistische Didaktik von sich reden und sollen jüngere Entwicklungen zumindest kurz benannt werden. Obwohl es sich bereits um eine Auswahl handelt,[6] kann es uns auch den genannten allgemeindidaktischen Theorien gegenüber nicht darum gehen, sie im Einzelnen darzustellen.[7] Wir müssen uns vielmehr darauf beschränken, an ihnen solche allgemeindidaktischen Ansätze, Aspekte und Maßgaben herauszuarbeiten, die unter unserer leitenden fachdidaktischen ›Filterperspektive‹ besonders brauchbare Ergebnisse versprechen. Zu diesem eklektisch anmutenden Verfahren berechtigt uns neben anderem die Feststellung, dass es sich bei den gegenwärtig wichtigsten Didaktikansätzen nicht primär um einander ausschließende Positionen handelt, sondern eher um einander ergänzende und korrigierende Aspekte des komplexen didaktischen Geschäfts.[8]

2.2.1 Bildungstheoretische Didaktik

Die in der geisteswissenschaftlichen Pädagogik wurzelnde *bildungstheoretische Didaktik,* vor allem in ihrer von *Wolfgang Klafki* bestimmten Ausprägung der fünfziger und frühen sechziger Jahre,[9] interessiert besonders aufgrund ihrer Zentralkategorie der *kategorialen Bildung*: »Bildung ist Erschlossensein einer dinglichen und geistigen Wirklichkeit für einen Menschen – das ist der objektive und materiale Aspekt; aber das heißt zugleich: Erschlossensein dieses Menschen für diese seine Wirklichkeit – das ist der subjektive und formale Aspekt []. Diese doppelseitige Erschlie-

---

6 *F. W. Kron* (Grundwissen Didaktik, 117) kann 30 »Theorien und Modelle didaktischen Handelns« unterscheiden!

7 Das leisten die einschlägigen Standardwerke wie z.B. *H. Blankertz*, Theorien und Modelle der Didaktik, München ^{13}1991; als guter Überblick empfehlenswert: *W. Jank / H. Meyer*, Didaktische Modelle, Frankfurt a.M. ^{8}2005.

8 Vgl. *H. Blankertz*, Theorien und Modelle der Didaktik, 8; außerdem *R. Winkel*, Die kritisch-kommunikative Didaktik, in: WPB 32 (1980), 200–204, bes. 204.

9 Vgl. W. Klafkis 1963 erstmals im Weinheimer Beltz-Verlag erschienene »Studien zur Bildungstheorie und Didaktik«.

ßung geschieht als Sichtbarwerden von allgemeinen, kategorial erhellenden Inhalten auf der objektiven Seite und als Aufgehen allgemeiner Einsichten, Erlebnisse, Erfahrungen auf der Seite des Subjekts. Anders formuliert: Das Sichtbarwerden von ›allgemeinen Inhalten‹, von kategorialen Prinzipien im paradigmatischen ›Stoff‹, also auf der Seite der ›Wirklichkeit‹, ist nichts anderes als das Gewinnen von ›Kategorien‹ auf der Seite des Subjekts.«[10] Mit diesem kategorialen Bildungsbegriff vermag Klafki die beiden Aspekte eines materialen sowie eines formalen Bildungsbegriffs miteinander zu verknüpfen und damit die Einseitigkeiten zu vermeiden, wenn entweder primär der materiale oder der formale Aspekt von Bildung bedacht wird.

Für die Religionsdidaktik wird die Bildungskategorie in einer dreifachen Funktion relevant: 1. Sie erinnert den RU verpflichtend an seine pädagogische Intentionalität und Verantwortung, 2. kann sie gegenüber entfremdenden gesellschaftlichen und institutionellen Ansprüchen und subjektvergessenen fachwissenschaftlichen Anforderungen korrigierend für das Eigenrecht der Schüler/innen eintreten und 3. wird sie im fachdidaktischen Reflexionsprozess zur Vermittlungskategorie zwischen pädagogischem Subjektanspruch und wissenschaftlichem Sachanspruch. So verstanden signalisiert und verbürgt die Bildungskategorie der Fachdidaktik ihre pädagogische Verantwortung, ohne dabei den Sachanspruch der objektiven Welt aus dem Auge zu verlieren. In Klafkis bekannten Fragen der »didaktischen Analyse« werden der religionsunterrichtlichen Fachdidaktik bedeutsame Auswahlkriterien an die Hand gegeben:[11]

- Exemplarität (eines möglichen Unterrichtsinhalts)
- Gegenwartsbedeutung für Schüler/innen
- Zukunftsbedeutung
- Struktur des Inhalts
- Zugänglichkeit (situativ und psychologisch).

2.2.2 Lerntheoretische Didaktik

Sucht die bildungstheoretische Didaktik ihren Platz zwischen deduktiv-normativer und analytisch-deskriptiver Didaktik, so ist die *lerntheoretische Didaktik* in ihrer *ursprünglichen Fassung* dem deskriptiven Modell zuzuordnen. Mit dem Lernbegriff wird eine empirisch-sozialwissenschaft-

---

10 *W. Klafki*, Studien zur Bildungstheorie und Didaktik, 43.

11 Vgl. zur »Didaktischen Analyse als Kern der Unterrichtsvorbereitung« W. Klafkis »Fünfte Studie« in seinen »Studien zur Bildungstheorie und Didaktik«, 126–153, bes. 135 ff.

liche Verabschiedung von der geisteswissenschaftlichen Didaktik und ihrer Zentralkategorie ›Bildung‹ signalisiert. Als *Theorie des Unterrichts* versteht sie sich primär als »wertfreies Beschreibungsmodell«, dem es ganz wesentlich um die möglichst wertneutrale empirische Analyse von konkretem Unterricht nach seinen Voraussetzungen, Faktoren und Prozessen zu tun ist.[12] Dazu wird das Unterrichtsphänomen kategorisiert und analysiert nach folgenden Bedingungs- und Entscheidungsfeldern:

Bedingungsfelder:	1. Anthropogene Voraussetzungen
	2. Soziokulturelle Voraussetzungen
Entscheidungsfelder:	1. Intentionen
	2. Inhalte
	3. Methoden
	4. Medien.

Unterrichtsanalyse und Unterrichtsplanung werden als zwei Seiten einer Medaille verstanden.

Zweifellos verhilft die lerntheoretische Didaktik auf diese Weise der Fachdidaktik dazu, die unterrichtliche Situation wirklich ernst zu nehmen und differenzierter wahrnehmen zu können. Auch bewahrt sie vor isolierender Verengung des didaktischen Geschäfts auf die Auswahl und Analyse von Inhalten. Verglichen mit der bildungstheoretischen Didaktik hat hier eine didaktische »Wendung vom Wünschenswerten zur Analyse der tatsächlichen Prozesse und ihrer effektiven Wirksamkeit« stattgefunden,[13] was für jede Fachdidaktik einen wichtigen Erkenntniszugewinn bedeutet. Andererseits zeigt der Anspruch lerntheoretischer Didaktik auf wertfreie Unterrichtsanalyse bei gleichzeitiger normativer Abstinenz in allen inhaltlichen Fragen einen Hauptmangel dieses didaktischen Konzepts auf, dem *W. Schulz* dann ja auch später in emanzipatorischer Entschiedenheit den Abschied gegeben hat.[14]

---

12 Vgl. *W. Schulz*, Unterricht – Analyse und Planung, in: *P. Heimann / G. Otto / W. Schulz* (Hg.), Unterricht – Analyse und Planung, Hannover [2]1966, 13–47, bes. 24; dieser in 1. Aufl. 1965 erschienene Sammelband der sogenannten ›Berliner Didaktik‹ wird in der Regel als programmatisches Exemplum lerntheoretischer Didaktik vorgestellt.

13 *K. E. Nipkow*, Schule und Religionsunterricht im Wandel, Heidelberg / Düsseldorf 1971, 80.

14 Vgl. *W. Schulz*, Anstiftung zum didaktischen Denken, Weinheim / Basel 1996, 22ff. u. bes. 44f.

2.2.3 Curriculare Didaktik

Unmittelbar nach der Etablierung der lerntheoretischen Didaktik tauchte 1967 mit *Saul B. Robinsohns* berühmter Arbeit »Bildungsreform als Revision des Curriculum« die sog. *Curriculumtheorie* in der deutschen didaktischen Landschaft auf und drängte mit ihren innovatorischen Ideen und Impulsen für einige Jahre die herkömmlichen didaktischen Theorien in den Hintergrund. Hier stand die Kritik an bildungstheoretisch orientierten Lehrplänen im Vordergrund, die als unmodern, traditionslastig und unwissenschaftlich angesehen wurden. Nach Robinsohn ist Bildung »Ausstattung zum Verhalten in der Welt« und will zur »Bewältigung von Lebenssituationen« ausstatten,[15] was eine starke Gesellschafts- und Zukunftsorientierung bedingte.

Von daher wurde die Curriculumtheorie insbesondere auch für den Bereich der Lehrplanarbeit und -reform bedeutsam. Als ihr didaktisches Charakteristikum kann gelten, dass sie gegenüber den Unterrichtsinhalten und -methoden die uneingeschränkte Priorität der als Schülerqualifikationen verstandenen Lernziele behauptet. Dementsprechend kreist die Curriculumdiskussion zentral um die Fragen der Lernzielfindung und -begründung und ist dabei intensiv um die Ermittlung didaktischer Begründungs- und Auswahlkriterien bemüht. Die hierbei gewonnenen *Curriculumdeterminanten Schüler/in, Wissenschaft und Gesellschaft* erlangten breite Anerkennung und verdienen weiterhin unsere besondere Aufmerksamkeit, auch wenn der curriculare Einfluss auf die aktuelle Lehrplanarbeit von jüngeren Trends wie der Kompetenz- und Standardorientierung weitgehend verdrängt wurde (vgl. u. Art. XIX u. XX).

2.2.4 Kritisch-konstruktive Didaktik

Im Gefolge der 1968er-Studentenbewegungen erlebte die Kritische Theorie der Frankfurter Schule (*M. Horkheimer; T. W. Adorno*) eine Blütezeit und wirkte sich auch maßgeblich auf Didaktische Theorien aus. Ihre Rezeption führte dazu, dass sich die bildungstheoretische und die lerntheoretische Didaktik annäherten, weil beide kritisch-emanzipatorische Aspekte in ihre Grundkonzepte aufnahmen. Dabei entwickelte *W. Klafki die* bildungstheoretische Didaktik zur *»kritisch-konstruktiven Didaktik« weiter,* indem er ihren ursprünglichen hermeneutischen Methodenansatz nicht nur empirisch, sondern auch ideologiekritisch ergänzte.[16] Danach

---

15 *S. B. Robinsohn*, Bildungsreform als Revision des Curriculum, Neuwied 1967, 13 u. 45.

16 *W. Klafki*, Aspekte kritisch-konstruktiver Erziehungswissenschaft, Weinheim 1976;

bleibt Klafkis berühmtes Programm der »Didaktischen Analyse« zwar nach wie vor gültig, wird aber zugleich neu gefasst und erweitert durch eine explizite Bedingungsanalyse »der konkreten, sozio-kulturell vermittelten Ausgangsbedingungen«, die Einbeziehung der Methoden- und Medienfrage sowie der »Erweisbarkeit und Überprüfbarkeit«.[17] An die Stelle des Primats der Inhalte gegenüber der Methode ist jetzt der »Satz vom Primat der Zielsetzungen« getreten und als oberstes Bildungsziel fungiert nicht mehr der »gebildete Laie«, sondern die Vorstellung von der Emanzipation, umschrieben als Fähigkeit zur Selbst- und Mitbestimmung sowie zur Solidarität. Entsprechend dem leitenden Anliegen kritisch-konstruktiver Didaktik sind dabei nicht nur alle didaktisch-analytischen Frageperspektiven konsequenter auf die gesellschaftlichen Voraussetzungen und Folgen bezogen, sondern vor allem auch der neue emanzipatorisch und solidarisch bestimmte kritische Bildungsbegriff, der auch für die kritisch-konstruktive Didaktik bei aller Neugewichtung und -belichtung die entscheidende Zentralkategorie bleibt.[18]

W. Klafki partizipiert mit seinem bildungstheoretischen Neuansatz an einer allgemeinen Wiederbelebung des Bildungsbegriffs, von der Pädagogik und Didaktik in den letzten dreißig Jahren zunehmend erfasst worden sind.[19] Bestes Beispiel dafür ist der oben als Repräsentant der lerntheoretischen Didaktik herausgestellte *W. Schulz,* der 1996 vom »obersten Kriterium *Bildung«* sprechen kann. Wenn er diese dann inhaltlich-normativ als »Freiheit und Solidarität aller Menschen« ausgibt,[20] ist das im Prinzip nichts anderes, als was Klafki mit Selbstbestimmung, Mitbestimmung und Solidarität bezeichnet. Für eine theologisch und pädagogisch begründete Religionspädagogik und -didaktik tut sich hier ein weites und wichtiges Feld auf, in dem sie sich dem Normendiskurs mit der Allgemeinen Didaktik stellen muss. Gegenüber den normativ-emanzipatorischen Ansprüchen der siebziger Jahre, die einseitig kritisch negativ als »Befreiung von« definiert und strukturiert waren,[21] hat das neue Bildungsverständnis mit sei-

---

Ders., Von der geisteswissenschaftlichen zur kritisch-konstruktiven Didaktik, in: *H.-K. Beckmann* (Hg.), Schulpädagogik und Fachdidaktik, 49–71; *Ders.*, Neue Studien zur Bildungstheorie und Didaktik, Weinheim / Basel [5]1996.

17 *W. Klafki*, Neue Studien, 272.

18 *W. Klafki*, Von der geisteswissenschaftlichen zur kritisch-konstruktiven Didaktik, 70 u. 67; *Ders.*, Neue Studien, 256 ff.; vgl. auch *F. W. Kron*, Grundwissen Didaktik, 134 f.

19 Vgl. u. a. *H.-J. Heydorn*, Über den Widerspruch von Bildung und Herrschaft, Frankfurt a. M. 1979; *H. v. Hentig*, Bildung. Ein Essay, Darmstadt 1997; *K. E. Nipkow*, Bildung in einer pluralen Welt, 2 Bde, Gütersloh 1998.

20 *W. Schulz*, Anstiftung zum didaktischen Denken, 44 f., 26 f. u. 112 ff.

21 Das war besonders von der »realistischen Didaktik« H.-K. Beckmanns moniert worden, die gegen die einseitige emanzipatorische Ausrichtung der kritisch-konstruktiven

ner Solidaritätsforderung und -fähigkeit eine positive Bereicherung und Ergänzung erfahren, die der normativ am kritischen Prinzip christlicher Liebe (die es ohne Freiheit nicht gibt) festgemachten Religionsdidaktik einen fruchtbaren kritisch-produktiven Konvergenzraum in der heutigen Bildungsdiskussion eröffnet und ermöglicht! Zusätzliche theologische und religionsdidaktische Relevanz und Brisanz gewinnt diese Diskussion noch dadurch, dass in ihr die »Erfahrung der *Kontingenz,* der Endlichkeit und Zufälligkeit alles Gegebenen«, eine bildungstheoretisch zunehmend wichtigere Rolle spielt.[22] Von der Religionsdidaktik ist das bisher kaum wahrgenommen worden, ergibt sich aber als wichtiger Ertrag und dringliche Aufgabe für eine Fachdidaktik, die gewinnbringend an der Wiederbelebung und dem Neuansatz der Bildungstheorie in der gegenwärtigen Didaktik beteiligt sein will.

2.2.5 Kritisch-kommunikative Didaktik

Neben den an den Leitbegriffen »Lernen« bzw. »Bildung« orientierten didaktischen Theorien kann unter religionsdidaktischem Aspekt die sog. *»kritisch-kommunikative Didaktik«* nicht unerwähnt bleiben, die sich als Ergänzung, Fortführung und Korrektur der beiden inzwischen bereits klassisch gewordenen Richtungen der bildungs- und lerntheoretischen Didaktik versteht.[23] Sie ist am theologisch wie (religions-)pädagogisch äußerst gehaltvollen Leitbegriff der »Kommunikation« ausgerichtet und betont den kommunikativen Aspekt des Unterrichts, dessen soziale Interaktionen sie ins didaktische Blickfeld rückt. Kommunikation ist danach nicht mehr nur Austausch von Inhalten und enthält nicht mehr nur »Mitteilungen über Themen, Sachverhalte und Tatbestände«, also »Informa-

---

Didaktik bewusst an der Multidimensionalität der »Ziele von Erziehung und Unterricht in der Schule« festhielt, was in concreto eben auch bedeutete, dass »die Zielsetzung ›Selbst- und Mitbestimmung‹ […] nur als ein Aspekt von Zielsetzungen angesehen (wird), der vor allem durch Erziehung zur Nächstenliebe, Hilfsbereitschaft ergänzt werden muss« (*H.-K. Beckmann*, Didaktik und Methodik, in: *W. Spiel* (Hg.), Die Psychologie des 20. Jahrhunderts, Bd. XI, Zürich 1980, 779–805, bes. 791 u. 788).

22 *H. Peukert*, Die Frage nach Allgemeinbildung als Frage nach dem Verhältnis von Bildung und Vernunft, in: *J. E. Pleines* (Hg.), Das Problem des Allgemeinen in der Bildungstheorie, Würzburg 1987, 69–88, bes. 69; *U. A. Meyer*, Von der Gewissheit zur Ungewissheit – Überlegungen bezüglich der Entwicklung der Allgemeinen Didaktik und der Fachdidaktik, in: *Ders.* / *W. Plöger* (Hg.), Allgemeine Didaktik, Fachdidaktik und Fachunterricht, Weinheim/Basel 1994, 268–284, bes. 280ff.; *W. Schulz*, Anstiftung zum didaktischen Denken, 110ff.

23 Vgl. *R. Winkel*, Die kritisch-kommunikative Didaktik, in: WPB 32 (1980), 200–204.

tion über Objekte«, sondern enthält immer auch »Mitteilungen über die Art der sozialen Beziehung zwischen den Teilnehmern an Kommunikationsprozessen« und ist immer auch das Herstellen von zweiseitigen interpersonalen Beziehungen gleichberechtigter Subjekte.[24] Hier gewinnt der Kommunikationsbegriff eine didaktische Dignität, die nicht allein, aber insbesondere einem RU, der sich dem Ziel der »Kommunikation des Evangeliums« *(E. Lange)* verpflichtet weiß, fruchtbare Zugänge und konvergente Einsichten zu erschließen vermag (vgl. o. Art. I, 1.3).[25] Vor allem die dieser Theorie eigene kommunikativ-didaktische Ernstnahme der interdependenten Einheit von Inhaltsdimension und Beziehungsdimension erlaubt und empfiehlt es, RU unter dem Kommunikationsaspekt als »Verständigungsgeschehen« zu begreifen, das in Gemeinschaft lernen lässt und darüber zur Gemeinschaft befähigen und befreien will. Eine so verstandene und weitergedachte kommunikative Didaktik kommt nicht nur dem oben angesprochenen agapekritisch bestimmten Bildungsanliegen schulischen RU entgegen, sondern konvergiert in hohem Maße auch mit leitenden Prinzipien des sog. ökumenischen und interreligiösen Lernens, das für den RU in unserer pluralen Gesellschaft an Bedeutung gewinnt. Eine ökumenisch und interreligiös engagierte Religionsdidaktik ist deshalb sicher gut beraten, wenn sie gerade mit der kritisch-kommunikativen Didaktik intensiven Austausch sucht und pflegt.[26]

2.2.6 Konstruktivistische Didaktik

Seit etwa Mitte der 1990er Jahre erfreut sich der Konstruktivismus einer gesteigerten Aufmerksamkeit in verschiedenen Disziplinen.[27] Grundlegend ist die Einsicht, dass Wissen nicht einfach die Wirklichkeit abbildet und jeder Mensch »sein Wissen nur auf der Grundlage eigener Erfahrung

---

24 *K.-H. Schäfer / K. Schaller*, Kritische Erziehungswissenschaft und kommunikative Didaktik, Heidelberg ³1976, 180.

25 Vgl. *G. Adam / R. Lachmann* (Hg.), Gemeindepädagogisches Kompendium, Göttingen (1987) ²1994, 21–31; *Dies.* (Hg.), Neues Gemeindepädagogisches Kompendium (ARP 40), Göttingen 2008, 27–31. Eine wegweisende Veröffentlichung in diesem Zusammenhang war *B. Klaus* (Hg.), Kommunikation in der Kirche, Gütersloh 1979 und darin der Beitrag von *R. Lachmann*, Kommunikation im Religionsunterricht (145–179).

26 Vgl. *R. Lachmann*, Die Zukunft des schulischen Religionsunterrichts: Ökumenischer Religionsunterricht, in: *Ders.*, Religionspädagogische Spuren. Konzepte und Konkretionen für einen zukunftsfähigen Religionsunterricht, Jena ²2002, 50–71, bes. 53.

27 Vgl. z. B. »Einführung in den Konstruktivismus«, mit Beiträgen von *H. v. Foerster u.a.*, München ²1995.

konstruieren kann«.[28] Auch in der Allgemeinen Didaktik[29] sowie in der Religionspädagogik[30] finden sich Ausprägungen einer konstruktivistischen Didaktik. Bemerkenswert ist, dass selbst *E. v. Glasersfeld*, ein Vertreter der radikalen Variante des Konstruktivismus, von sich aus didaktische Konsequenzen zieht und resümiert:

»Die Kunst des Lehrens hat wenig mit der Übertragung von Wissen zu tun, ihr grundlegendes Ziel muß darin bestehen, die Kunst des Lernens auszubilden.«[31]

Hintergrund dessen ist, dass eine Lehrkraft z. B. bei der Verwendung eines bestimmten Wortes (»Wunder«) keineswegs damit rechnen kann, dass die Schüler/innen die gleichen Bedeutungen assoziieren, wie dies bei der Lehrkraft der Fall ist bzw. von ihr gewünscht wird. Vielmehr gilt: »Wenn die Bedeutung der Wörter und Sätze des Lehrers von den Schülern nur im Rahmen ihrer individuellen Erfahrungen ausgelegt werden können, dann liegt auf der Hand, dass diese Interpretationen kaum mit der vom Lehrer beabsichtigten Bedeutung übereinstimmen.« Obwohl man sich von der Vorstellung verabschieden muss, dass anhand von Sprache Wissen ›übertragen‹ wird, gilt auch für den radikalen Konstruktivismus, dass Sprache »sehr wohl das begriffliche Konstruieren des Empfängers einschränken und orientieren« kann.[32]

Das lerntheoretische Verständnis der im didaktischen Bereich vorherrschenden gemäßigten Variante des Konstruktivismus kann mit *E. Terhart* anhand von drei zentralen Punkten zusammengefasst werden: »erstens den aktiven, eigentätigen Charakter des Lernenden, zweitens die Situiertheit des Lernens in konkreten Erfahrungs- und Problemkontexten und drittens schließlich die soziale Eingebettetheit allen Lernens in klei-

---

28 *E. v. Glasersfeld*, Radikaler Konstruktivismus. Ideen, Ergebnisse, Probleme, Frankfurt a. M. 1996, 309 (vgl. generell ebd., 283–320).

29 Vgl. z. B. *K. Reich*, Konstruktivistische Didaktik. Lehren und Lernen aus interaktionistischer Sicht. Neuwied [4]2004; *H. Siebert*, Pädagogischer Konstruktivismus. Lernzentrierte Pädagogik in Schule und Erwachsenenbildung, Weinheim [3]2005. Hier bestehen z. T. fließende Übergänge zu einer systemisch-konstruktivistischen Pädagogik, vgl. *R. Huschke-Rhein*, Einführung in die systemische und konstruktivistische Pädagogik. Beratung – Systemanalyse – Selbstorganisation, Weinheim / Basel / Berlin [2]2003, die wiederum auch in der Religionspädagogik rezipiert wird, vgl. *M. Domsgen*, Religionspädagogik in systemischer Perspektive. Chancen und Grenzen, Leipzig 2009.

30 Vgl. z. B. *G. Büttner* (Hg.), Lernwege im Religionsunterricht. Konstruktivistische Perspektiven, Stuttgart 2006; *H. Mendl* (Hg.), Konstruktivistische Religionspädagogik. Ein Arbeitsbuch, Münster 2005.

31 *E. v. Glasersfeld*, Radikaler Konstruktivismus, 309.

32 Ebd., 292.

nen sozialen Einheiten bzw. in Gemeinschaften (communities of practice)«.[33]

Grundlegend für die konstruktivistische Didaktik von *K. Reich* ist der Dreitakt aus Konstruktion (Schüler/innen werden zur Konstruktion des Unterrichtsgegenstandes angeregt; ›Erfinden‹), Rekonstruktion (Schüler/innen beziehen ihre Konstruktion auf bereits vorhandene andere Konstruktionen; ›Entdecken‹) und Dekonstruktion (Möglichkeiten jenseits der Konstruktionen und Rekonstruktionen; ›Enttarnen‹).[34] Insgesamt zeigen die konstruktivistischen Ansätze eine hohe Affinität zu reformpädagogischen Ansätzen einerseits (z. B. Selbsttätigkeit, entdeckendes Lernen, Lernen des Lernens) sowie zu netzbasiertem E-Learning andererseits.[35]

2.2.7 Jüngere Tendenzen und resümierende Überlegungen

Gegenwärtig sieht sich die *Allgemeine Didaktik* mit gewissen Problemen konfrontiert. So besteht eine Tendenz, dass ihre Lehrstühle mit Pädagogischen Psychologen/innen besetzt werden. Des weiteren verliert sie auch in der bildungswissenschaftlichen und -politischen Diskussion etwas an Bedeutung, was nicht zuletzt damit zusammenhängen mag, dass Pädagogische Psychologie und Fachdidaktiken aufgrund der Erkenntnis, dass Lernen ganz entscheidend domänenspezifisch geprägt ist, zunehmend im Rahmen empirischer Lehr-Lernforschung gemeinsame Forschungsprojekte durchführen.[36]

Seit den 1990er Jahren macht zwar die konstruktivistische Didaktik von sich reden, und gibt es gegenwärtig auch andere Entwürfe wie insbesondere die evolutionäre Didaktik[37] sowie die Neurodidaktik.[38] Bei alledem scheint es aber so, dass diesen jüngeren didaktischen Ansätzen für die bildungswissenschaftliche Diskussion und für den faktischen Unterricht nicht mehr die Bedeutung zukommt wie den allgemeindidaktisch etablier-

---

33 *E. Terhart*, Didaktik. Eine Einführung, Stuttgart 2009, 37.

34 Vgl. *K. Reich*, Didaktik 141 f. sowie die kirchengeschichtliche Anwendung von *H. Dierk*, Zur Viabilität genuin historischer Methoden, in: *G. Büttner*, Lernwege 132–144.

35 Vgl. *E. Terhart*, Didaktik 146.

36 Vgl. ebd., 193. Zudem haben die Fachdidaktiken auch durch ihren Zusammenschluss in der Gesellschaft für Fachdidaktik (GFD) einen zentralen Ansprechpartner für Bildungspolitik geschaffen.

37 Vgl. z. B. *A. Scheunpflug*, Evolutionäre Didaktik. Unterricht aus system- und evolutionstheoretischer Perspektive, Weinheim / Basel 2001.

38 Vgl. z. B. *U. Herrmann* (Hg.), Neurodidaktik. Grundlagen und Vorschläge für gehirngerechtes Lehren und Lernen, Weinheim 2006; *M. Arnold*, Aspekte moderner Neurodidaktik. Emotionen und Kognitionen im Lernprozess. München 2002.

ten früheren Modellen – und das ist eine Diskussion, die ihren Höhepunkt grob gesagt bis Ende der 1980er Jahre hatte. Dementsprechend könnten gegenwärtig andere bildungswissenschaftliche Akteure ein größeres Innovationspotenzial für die Religionsdidaktik besitzen: Dazu zählt einerseits die bereits genannte Pädagogische Psychologie sowie andererseits der Dialog mit anderen Fachdidaktiken.[39]

Diese gegenwärtige Krise spricht jedoch keineswegs gegen die Qualität der etablierten Didaktischen Theorien. Dementsprechend sind die beiden Verfasser von der bleibenden Relevanz und Aktualität dieser Theorien überzeugt. Insbesondere hat man es dabei »mit einem übersichtlichen Muster von stabilen Theorielinien zu tun«,[40] das eine grundlegende Orientierung zu schaffen vermag.

Wir fassen zusammen und formulieren als vorläufigen Ertrag religionsdidaktischer Partizipation an allgemeindidaktischen Einsichten und Perspektiven:

1. Religionsunterrichtliche Fachdidaktik hat sich heuristisch und (selbst-)kritisch an den Determinanten *Schüler/in, Fachwissenschaft und Gesellschaft* zu orientieren.
2. Diese Determinanten erfahren ihre Integration am Prinzip *kategorialer und kritischer Bildung*, was die Religionsdidaktik auf einen theologisch wie pädagogisch verantworteten RU verpflichtet.
3. Daraus resultiert einmal die differenzierte Wahrnehmung der *Schüler/innen* und ihrer lebensgeschichtlich bedingten Konstruktionen sowie die kritische Analyse ihrer *gesellschaftlichen Umwelt.*
4. Das verlangt außerdem eine gründliche *fachwissenschaftlich-theologische Reflexion* der Inhalte und Ausdrucksformen, die im RU behandelt werden sollen.
5. Damit sind schließlich die Voraussetzungen geschaffen, um die eigentliche fachdidaktische Arbeit mit den *Leitfragen nach dem Wozu, Warum, Was und Wie* durchführen zu können.

---

39 Vgl. *M. L. Pirner / A. Schulte* (Hg.), Religionsdidaktik im Dialog – Religionsunterricht in Kooperation, Jena 2010; *H. Bayrhuber u.a.* (Hg.), Empirische Fundierung in den Fachdidaktiken (Fachdidaktische Forschungen 1), Münster u.a. 2011.

40 *H. Bayrhuber u.a.* (Hg.) ebd., 192.

3. Fachdidaktische Kompetenzen und Aufgabenbereiche

Angesichts der präsentierten Vorstellungen aus dem Bereich didaktischer Wissenschaft und Forschung stellt sich abschließend die Frage, was Lehramtsstudierende im Umgang mit der religionsunterrichtlichen Fachdidaktik im Überschneidungsfeld von Theologie und Pädagogik lernen sollen. Welche Anforderungen stellt das religionsdidaktische Studium an die Studierenden, welche Kompetenzen sollen ihnen vermittelt werden?

Gehen wir von den EKD-Empfehlungen »Im Dialog über Glauben und Leben« (1997) aus, so ist das religionsdidaktische Studium zweipolig strukturiert: »von den Anforderungen des Handlungsfeldes Religionsunterricht und von den Anforderungen der theologischen Wissenschaft« her. Dabei fungiert die Didaktik als »integrative Kategorie jeder theologischen Arbeit in allen Disziplinen« auf unterschiedlichen Ebenen, wobei in fachdidaktischer Hinsicht »die Integration wissenschaftlich-theologischer Inhalte und humanwissenschaftlich-pädagogischer Gegenstände« besondere Aufmerksamkeit für sich beanspruchen kann.[41] Daraus resultiert für das Studium Lehramt Religion konsequent das Leitziel »Religionspädagogische Kompetenz«.

Auf die Empfehlungen »Im Dialog über Glauben und Leben« aufbauend und unter Berücksichtigung der jüngeren Kompetenzdiskussion wurde dieses Leitziel von der Gemischten Kommission (EKD 2008) zur *»Leitkompetenz ›theologisch-religionspädagogische Kompetenz‹«* weiter entwickelt. Damit ist der professionelle Zielhorizont für die Religionslehrerausbildung deutlich markiert.[42] Die »theologisch-religionspädagogische Kompetenz« untergliedert sich in fünf grundlegende Kompetenzen (religionspädagogische Reflexions-, Gestaltungs-, Förder-, Entwicklungs- sowie Dialog- und Diskurskompetenz), wobei die konstitutive »Reflexionsfähigkeit« darauf abzielt, dass Religionslehrer/innen »ihr professionelles Handeln am aktuellen Stand der fachlichen und fachdidaktischen Diskussion [...] orientieren, um zeitgemäß und auf hohem Niveau unterrichten, erziehen, beraten, beurteilen, Schule entwickeln und innovieren zu können.«[43] In religionsdidaktischer Hinsicht verlangt das von den Stu-

---

41 *Kirchenamt der EKD* (Hg.), Im Dialog über Glauben und Leben. Zur Reform des Lehramtsstudiums Evangelische Theologie / Religionspädagogik. Empfehlungen, Gütersloh 1997, 48.

42 Theologisch-religionspädagogische Kompetenz. Professionelle Kompetenzen und Standards für die Religionslehrerausbildung. Empfehlungen der Gemischten Kommission zur Reform des Theologiestudiums (EKD-Texte 96), Hannover 2008, 20.

43 Ebd., 18.

dierenden die Auseinandersetzung mit folgenden, im vorliegenden Kompendium verhandelten *fünf Aufgaben- und Gegenstandsbereichen:*

1. Sozusagen als didaktische Grundvoraussetzung ergibt sich als *erste Aufgabe* die Ermittlung, Begründung und Anwendung fachdidaktischer Prinzipien und Kriterien bei der Auswahl und Gestaltung religiöser Inhalte, Ausdrucksformen und Ziele des schulischen RU. Nach wissenschaftstheoretischer Klärung und Standortbestimmung im umgreifenden Horizont einer allgemeinen Religionspädagogik erfordert das von der religionsunterrichtlichen Fachdidaktik die kooperative Auseinandersetzung mit den einschlägigen Erkenntnissen der Allgemeinen Didaktik und dem spezifischen Aspekt religiöser Bildung am Lernort Schule – unter ständiger Berücksichtigung der Eigenart theologischer Themen und Fragen (vgl. Art. I, II, V, VI).
2. Um der faktischen Bestimmtheit und Abhängigkeit fachdidaktischer Entscheidungen von religionspädagogischen Grundauffassungen gerecht zu werden und sie religionsdidaktisch bewusst und fruchtbar zu machen, ist *zweitens* auf dem Hintergrund der Geschichte der Religionspädagogik die intensive Beschäftigung mit den religionspädagogischen Konzeptionen und Typen unserer Zeit und Welt vonnöten. Das verheißt nicht nur Einsichten in deren didaktische Verortung sowie methodische Anlage und Anliegen, sondern vermittelt insbesondere auch für den Bereich der Zielsetzungen und Begründungen schulischen RU wertvolle fachdidaktische Entscheidungshilfen, die man ohne die reflektierte Auseinandersetzung mit den Konzeptionen so nicht gewinnen und haben kann (vgl. u. Art. III, IV, VIII).
3. *Dritte Aufgabe* religionsdidaktischer Arbeit muss die ausdrückliche Reflexion der personalen Faktoren des RU sein: der Religionslehrkraft und des Schülers / der Schülerin. Was die RL betrifft, so sind hier nicht nur die verlangten Voraussetzungen und Funktionen gefragt, sondern in selbst-reflexiver Nähe und Distanz auch die »Reflexion der eigenen Religiosität und der Berufsrolle«.[44] Mit ihrer konstitutiven Bedeutung im religionsunterrichtlichen Kommunikations- und Interaktionsprozess verlangen die Schüler/innen vielperspektivische didaktische Aufmerksamkeit. Deshalb sollte eine Einführung der Studierenden in die empirischen Methoden zur Wahrnehmung der Kinder und Jugendlichen nicht fehlen. Entsprechend sollten die Schüler/innen unter psychologischer und soziologischer Perspektive ebenso ins didaktische Blickfeld gerückt werden wie unter Gender-Aspekt und ihren sozialisationsbedingten Voraussetzungen in religiöser, konfessioneller oder

44 Ebd., 20.

kirchlicher Hinsicht – Kenntnisse und Befunde, die gerade für einen RU mit (kinder-)theologischer Fundierung und Orientierung unabdingbar sind (vgl. u. Art. XII – XV, XVI, XVIII).

4. Unter der Voraussetzung und Befähigung der drei ersten Aufgaben geht es *viertens*, gewissermaßen im fachdidaktischen Kernbereich, um die Funktion und »Fähigkeit zur theologisch und religionsdidaktisch sachgemäßen Erschließung zentraler Themen des Religionsunterrichts und zur Gestaltung von Lehr- und Lernprozessen«.[45] Im Mittelpunkt steht dabei die fachbezogene und fachdidaktische Auseinandersetzung mit der Theologie, respektive ihren Einzeldisziplinen, ihren Erkenntnissen, Denkweisen, Gestaltungen und Methoden. Sie sind den erarbeiteten didaktischen Voraussetzungen, Fragen und Erfordernissen auszusetzen und solchermaßen im Vollzug einer »Didaktisierung der Theologie« (*K. Dienst*) in pädagogisch und theologisch verantwortete Inhalte, Intentionen und Inszenierungen des RU umzusetzen und im kritischen Umgang mit vorgegebenen »Standards«, Lehrplänen, Kerncurricula und Unterrichtshilfen zu gewährleisten. Ausgerichtet an der Gottesfrage, dem inhaltlichen ›Fundamentalproprium‹ des RU im Fächerkanon der Schule, bietet vorliegendes Kompendium in exemplarischer Konkretion und Beschränkung drei Muster religionsdidaktischen Transfers in den Bereichen biblischer, systematischer und interreligiöser Themen (vgl. XI, XX, XXIII, XXIV, XXV).
5. Eng verbunden mit dem religionspädagogischen Kerngeschäft didaktischer Erschließung und Vermittlung zentraler Gegenstände und Themen des RU ist schließlich *fünftens* von den Lehramtsstudierenden die Kenntnis und exemplarische Erprobung der Grundlagen und Schritte religionsdidaktisch verantworteter und – im Blick auf die 2. Phase der Religionslehrerbildung – gleichsam »propädeutisch« praktizierter Unterrichtsplanung und -vorbereitung verlangt. Wenn man so will, bündelt sich in diesem Aufgabenreich in elementarisierter Konzentration das, was die Studierenden mit der Reflexion und Transformation der Theorien und Auffassungen der Allgemeinen Didaktik religionsdidaktisch hätten lernen können und sollen, zu praktisch ausweisbaren Ansätzen der religionspädagogischen Teilkompetenz unterrichtsvorbereitenden Handelns. Nicht zuletzt daran entscheidet es sich, was einen »guten Religionsunterricht« ausmacht (XVII, XXII, XXVI).

---

45 Ebd., 20f.

Literaturhinweise

G. Adam / R. Lachmann (Hg.), Methodisches Kompendium für den Religionsunterricht. 1. Basisband, Göttingen ^{5}2010; 2. Aufbaukurs, Göttingen ^{2}2006.

G. Hilger / St. Leimgruber / H.-G. Ziebertz, Religionsdidaktik. Ein Leitfaden für Studium, Ausbildung und Beruf, München ^{6}2010, bes. 106–119.

W. Jank / H. Meyer, Didaktische Modelle, Berlin ^{8}2005.

W. Klafki; Neue Studien zur Bildungstheorie und Didaktik, Weinheim / Basel ^{5}1996.

F. W. Kron, Grundwissen Didaktik, München / Basel ^{2}1994.

G. Lämmermann, Grundriß der Religionsdidaktik (PTHe 1), Stuttgart / Berlin / Köln ^{2}1997.

E. Terhart, Didaktik. Eine Einführung, Stuttgart 2009.

III.
Geschichte der Religionspädagogik bis Anfang des 20. Jahrhunderts – didaktische Schlaglichter

Rainer Lachmann

Historische Recherchen dürfen keine wissenschaftlich historistische Pflichtübung sein, sondern müssen in unserem Fall ihren Sinn und Zweck an der religionspädagogischen Gesamtintention des Kompendiums ausweisen können. Konzentriert auf den didaktischen Kernbereich heißt das hier, die Religionspädagogik und -didaktik im Lichte ihrer Herkunftsgeschichte verständlich werden zu lassen.

1. Katechetische Anfänge in der Alten Kirche

Im Unterschied zu den meisten Wissenschaften, die erst mit den schulischen Unterrichtsfächern ihre didaktische Transformation und Elementarisierung erfahren, eignet der Theologie als der primären Bezugswissenschaft des RU von allem Anfang an ein im weitesten Sinne didaktisches Element. Denn die jeder (Fach-)Didaktik gestellte Vermittlungsaufgabe ist für die Theologie als eine im Entscheidenden auf Anwendung und Praxis ausgerichtete Wissenschaft, als »theologia eminens practica«, konstitutiv. Fundamentaler Ausdruck dafür ist die *Bibel* mit ihren Glaubenserfahrungen und Glaubensgeschichten, die von ihrem Kernanliegen her allesamt auf Weitersagen drängen und erzählend, preisend, fragend, klagend und argumentierend grundständig didaktisch kommunikativ angelegt sind.

In diesem Sinn kann – gleichsam als biblischer Archetyp religiösen Fragens und Lernens – Dt 6,20 ff. gelten, wo ein Sohn nach den Geboten Gottes fragt und sein Vater ihm mit heilsgeschichtlich geortetem Erzählen, Bekennen und Vermahnen antwortet. Neutestamentlich ähnlich klassisch ist die »Geschichte vom zwölfjährigen Jesus im Tempel« (Lk 2,41–52), die in keiner um biblische Fundierung bemühten katechetischen Geschichtsdarstellung fehlt. Aus Kindessicht in ihrer biblisch kritischen Ursprünglichkeit religionspädagogisch beachtenswert sind auch die synoptischen Kindersegnungsperikopen mit ihrem Wort vom »Vorbild-Sein des Kindes« (Mk 10,15; Lk 9,17) und die Verse vom »Kind in der Mitte und seiner Annahme« (Mk 9,36f.). Hier besitzt die Theologie ein bahnbrechendes und wegweisendes Potenzial.

Gleichsam im Kontrast dazu steht der Streit um die Säuglings- und Kindertaufe in der Alten Kirche. Er bedeutete nämlich für Jahrhunderte den Abschied von der schon in der Antike gepflegten Vorstellung vom ›unschuldigen Kind‹ und ließ den Gedanken der allgemeinen Sündhaftigkeit auch bereits des Säuglings und Kindes zum markanten Aspekt theologischer Kindbetrachtung werden, der erst mit der Aufklärung grundsätzlich in Frage gestellt wurde.[1]

Nicht nur von der Aufklärung, aber dort mit besonderem reformerischen Eifern wurde *Augustin* als Repräsentant und Kronzeuge der kirchlichen Erbsündenlehre ›gehandelt‹, ein Theologe, der sich nicht genug tun könne, in dramatisch-finsteren Bildern die Verderbtheit der Kinder auszumalen. Das ist sicher nicht zu leugnen, darf aber nicht die wirkmächtige Verheißung und Taufgnade vergessen lassen, die dem Kind durch die Taufe – gleichsam als die andere Seite der Medaille – zuteil wird und ihm christozentrisch Würde und Wertigkeit verleiht. Und diese wiederum rein theologisch bedingte Kindessicht zeitigte ausgerechnet bei Augustin ganz überraschende religionspädagogische Folgen und bringt eine reife katechetische Frucht hervor, die so gar nichts mit dem niederdrückenden Geist erbsündlicher Verdorbenheit der Kinder gemein hat und mit Fug und Recht als bemerkenswertes Dokument katechetischer Tradition gelten kann. Es handelt sich dabei um Augustins kleine Schrift aus dem Jahre 404 / 405 n. Chr. *»De catechizandis rudibus«*, »Vom ersten katechetischen Unterricht«.[2] Auf Anfrage gibt darin Augustin dem Diakon *Deogratias* Ratschläge für erfolgversprechenden christlichen Anfangsunterricht; sie befassen sich mit Stoff, Zweck, Methode und Lehrereigenschaften und bestechen bei all ihrer Zeitgebundenheit durch scharfsichtiges pädagogisches Urteil und Konzentration auf das theologisch Elementare.

2. Die Katechismen der Reformation und lutherischen Orthodoxie

Unter Hintanstellung der »religiösen Bildung und Erziehung im Mittelalter«[3] richtet sich das nächste historische Schlaglicht in didaktischer Kon-

---

1 Vgl. *R. Lachmann*, Art. Kind, in: TRE XVIII 1989, 156–176, 156ff.

2 *A. Augustinus*, Vom ersten katechetischen Unterricht. Neu übersetzt v. *W. Steinmann*, bearbeitet v. *O. Wermelinger* (Schriften der Kirchenväter 7), München 1985.

3 Vgl. dazu *H. F. Rupp*, Religiöse Bildung und Erziehung im Mittelalter, in: *R. Lach-*

zentration auf die Katechismen der Reformation bzw. genauer: auf *Martin Luthers »Kleinen Katechismus«* (KK), dem ohne Zweifel wirkmächtigsten katechetischen Dokument der Reformation.

In seiner »Deutschen Messe« von 1526 schreibt Martin Luther:

»Ist aufs erste im deutschen Gottesdienst ein leichtverständlicher, schlichter, guter Katechismus vonnöten. Katechismus aber heißt ein Unterricht, damit man die Heiden, so Christen werden wollen, lehrt und weiset, was sie glauben, tun, lassen und wissen sollen im Christentum [...]. Diesen Unterricht oder Unterweisung weiß ich nicht schlechter oder besser zu stellen, denn sie bereits ist gestellt von Anfang der Christenheit und bisher geblieben, nämlich die drei Stücke: die Zehn Gebote, der Glaube und das Vaterunser. In diesen drei Stücken steht schlicht und kurz fast alles, was einem Christen zu wissen not ist. Dieser Unterricht muß nun also geschehen [...], daß sie nicht alleine die Worte auswendig lernen noch reden, wie bisher geschehen, sondern daß sie nach diesen von Stück zu Stück gefraget werden und antworten müssen, was ein jegliches bedeute und wie sie es verstehen.«[4]

An diesem drei Jahre vor Abfassung der lutherischen Katechismen abgegebenen Katechismus-Votum Luthers lässt sich das für unsere didaktische Fragestellung an der reformatorischen Katechetik Relevante aufzeigen:

Es zeigt *zunächst* die grundsätzliche Einsicht Luthers und der Reformation in die Notwendigkeit und Wichtigkeit christlicher (Jugend-)Unterweisung. Diese ist gleichsam von Gott geboten und geschieht in Verantwortung für sein geistliches und weltliches Regiment.[5]

Zum zweiten deutet der zitierte Luthertext auf den desolaten Zustand hin, in dem sich die (Jugend-)Unterweisung damals befand.

Last but not least, sondern im Gegenteil fachdidaktisch von kaum zu überschätzender Wichtigkeit ist der Katechismusbezug des Lutherzitates! Zunächst definiert als Unterricht wird der Katechismusbegriff inhaltlich gefüllt mit den drei Stücken Glaubensbekenntnis (Credo), Zehn Gebote (Dekalog) und Vaterunser (Paternoster). Das entspricht dem Verständnis von Katechismus als kurzer Summe christlicher Lehre, wie es Luther eingangs seines KK ausdrückt und wie es bei uns in fast ausschließlicher Assoziation zu eben diesem KK vorherrscht. *Luthers »Kleiner Katechismus«* aus dem Jahre 1529 ist dann auch zweifellos das reformatorische Dokument, das in didaktischer Hinsicht bis in unser Jahrhundert hinein

---

mann / B. Schröder (Hg.), Geschichte des evangelischen Religionsunterrichts in Deutschland, Neukirchen-Vluyn 2007, 17–34.

4 *O. Clemen*, Luthers Werke. 3. Bd. Berlin [5]1959, 297f. (in heutiges Deutsch transkribiert).

5 Vgl. dazu *B. Schröder*, Von der Reformation bis zum Dreißigjährigen Krieg, in: *R. Lachmann / B. Schröder* (Hg.), Geschichte, 35–77, bes. 62f.

die nachhaltigste Wirkung auf Praxis und Theorie evangelischen Unterrichts ausübte. Es wurde über weite Strecken der nachreformatorischen Katechetik zum dominierenden, zeitweilig auch zum ausschließlichen Unterrichtsbuch. Das, obwohl der KK von Luther ebenso wenig wie der im selben Jahr verfasste »Große Katechismus« direkt für den Schulunterricht konzipiert war. Als Reaktion Luthers auf seine erschütternden Visitationserfahrungen in Kursachsen (1528) – »der gemeine Mann und leider auch viel Pfarrherrn leben dahin wie das liebe Vieh und unvernünftige Säue«[6] – sollte er vielmehr den Hausvätern und Pfarrern helfen, die christliche Lehre aufs einfachste und stets gleichlautend darzulegen.

Das eigentlich Neue an Luthers KK hat man in seinen Erklärungen zu den fünf Hauptstücken zu sehen, in denen die theologisch zentralen reformatorischen Gedanken ihren bekannten Ausdruck fanden. Methodisch hielt Luther dabei an der aus der Beichtpraxis des Mittelalters stammenden Frage- und Antwortform fest und sein berühmtes »Was ist das?« wurde dabei – für gewöhnlich ungefragt – als examinierende Lehrerfrage verstanden, die ihren Ort im Glaubens-, Lehr- und Visitationsexamen hatte und als Antwortkontrolle für das auswendig gelernte Glaubenswissen benutzt wurde. Erinnert man sich freilich an Luthers berühmtes oben zitiertes Katechismusvotum in der »Deutschen Messe«, dann ließe sich durchaus auch ein ganz anderes Verständnis vertreten, wonach es sich bei dem »Was ist das?« nämlich um echte Fragen von Kindern an ihren kursächsischen Hausvater handele, der ihnen auf ihre kindliche Frage »Was ist das?« eben mit dem Katechismus antwortete.[7]

Allerdings bestätigte die katechetische Wirkungsgeschichte des KK dieses methodisch fortschrittliche Verständnis der Katechismusfragen als Schülerfragen in keiner Weise. Sie wurden vielmehr von Anfang an als examinierende Fragen des Lehrers an seine Schüler verstanden. Dabei herrschte Luthers KK in den Schulstuben des 16. und 17. Jahrhunderts mit einer heute kaum mehr vorstellbaren Absolutheit und stofflichen Vollmacht. In den von Melanchthon neu geordneten Lateinschulen ebenso wie in den sog. Küsterschulen, den Vorläufern der Volksschulen, bildete er den stofflichen Mittelpunkt allen Unterrichts und kann mit Fug und Recht als »Erzbuch des *orthodoxen* Religionsunterrichts« bezeichnet werden.

---

6 Vorrede zum KK in: BSLK, Göttingen [8]1979, 501 f.

7 Vgl. *R. Lachmann*, Die Bedeutung der (Lehrer-)Frage im Kontext von Unterricht – ein geschichtlicher Rückblick (im Druck).

3. Bibel und Biblische Geschichten als Inhalt katechetischer Unterweisung

Trotz ihrer dogmatischen Hochwertung durch das reformatorische Prinzip »sola scriptura«, trotz Luthers Neuübersetzung, trotz seiner neuen Hermeneutik fand die Bibel kaum Eingang in die Schulstuben, weder – was verständlich ist – als Vollbibel, noch in Auswahl oder Auszügen.

Das hatte natürlich vor allem praktische Gründe, resultierte aber auch aus der Tatsache, dass es überhaupt noch keine Erfahrung unterrichtlichen Umgangs mit der neu entdeckten Bibel gab. Eine regelrechte biblische Didaktik musste sich erst herausbilden und angesichts dieser nicht gerade leichten Aufgabe nimmt es nicht wunder, dass im Reformationsjahrhundert zunächst der KK das Rennen machte.

Obwohl die katechetische Wirkmächtigkeit des KK nicht zu bestreiten ist, lassen sich freilich bereits im 16. Jahrhundert bibeldidaktische Spurenelemente finden. Dazu gehörte als kostbares Dokument aus der Anfangszeit der Reformation *Luthers »Passional«* von 1529, das – wenn man so will – als erste »Kinderbilderbibel« angesehen werden kann, die mit 50 ausdrücklich für Kinder und Einfältige gedachten Holzschnitten und entsprechenden Bibelversen die biblische Heilsgeschichte von der Schöpfung bis zur Wiederkunft Christi abbildete.[8]

Bereits der erste »echte« Bibelauszug – »auß dem Text der Bibel gezogen«! –, *Hartmann Beyers 1555 verfasste »Historien Bibel«*, will als an der Heilsgeschichte orientiertes »Historienbuch« verstanden werden. Hundert Jahre später erschienen *die »Biblischen Historien« Justus Gesenius*, dem obersten Geistlichen in Hannover, der zumindest dem Titel nach an Beyer anknüpfte, didaktisch-methodisch freilich weit über ihn hinausführte. Schon im Titel werden die »Jugend und die Einfältigen« als Adressaten der je 54 »Lectionen« aus dem AT und NT direkt angesprochen. Entsprechend fehlen in dieser Historienbibel auch methodische Hinweise zum rechten Bibelgebrauch nicht.[9] Allerdings zeigt die über tausendseitige Stofffülle dieser Biblischen Historien noch überdeutlich, wes Geistes Kind sie sind: Hier diktierte noch die orthodox-lutherische Sorge um eine mög-

---

8 Vgl. *G. Adam*, Kinderbibeln von Martin Luther bis Johann Hübner, außerdem *R. Lachmann*, Synoptische Bilanzierung des Textkanons ausgewählter Kinderbibeln, in: *G. Adam / R. Lachmann / R. Schindler* (Hg.), Die Inhalte von Kinderbibeln. Kriterien ihrer Auswahl (ARP 37), Göttingen 2008, 19–44; 145–197.

9 Ebd. 33 f. – vgl. auch *G. Adam*, Justus Gesenius und die »Erbauung unserer Kirchen« – mit Hilfe von Gesangbuch, Katechismus und Biblischen Historien, in: *H. F. Rupp / R. Wunderlich / M. L. Pirner* (Hg.), Denk-Würdige Stationen der Religionspädagogik. FS R. Lachmann, Jena 2005, 93–103.

lichst ungeschmälerte Vermittlung des Bibelstoffes das Auswahlgeschäft, weniger die Sorge um die Aufnahmekapazität und Lernfähigkeit der Kinder.

Auf diesem von Gesenius gelegten Grund baute der Hamburger Rektor *Johann Hübner* mit seinem didaktischen Bestseller *»Zweymal zwey und fünfzig biblische Historien«* auf und führte ihn weiter zu einem einmalig perfekten methodischen Arrangement, von dem Generationen von Schulmeistern profitieren sollten. 1713/14 erstmals erschienen erlebte dieses »Schul- und Hausbuch für Kinder« bis in die Mitte des 19. Jahrhunderts über 100 Auflagen.[10] Seine weite und andauernde Verbreitung verweist nicht nur darauf, dass theologisch dieses Unterrichtsbuch orthodoxen, pietistischen und aufklärerischen Lernintentionen gleichermaßen entgegenkam, sondern bietet vor allem eine »METHODE« (sic!) an, die für jede Lehrkraft – relativ unabhängig von ihren Bildungsvoraussetzungen – praktiziert werden konnte!

Für seine Zeit geradezu genial orientiert Hübner das kinderbiblische »Beybringen« an den Kräften, den »drei herrlichen Talenten«, die Gott »jedwedem Kind« mitgegeben hat: am »Gedächtniß, daß es etwas auswendig lernen kann«, am »Verstand, daß es einer Sache nachdencken kann«, am »Willen, daß es sich einen Vorsatz fassen kann«.[11] Danach richtet sich der unterschiedlos einheitliche methodische Aufbau aller 104 von Hübner erzählten »Biblischen Historien«.

Mit diesem ausgeklügelten kinderbiblischen Lernkonzept stellte sich Hübner als ein »Methodist« dar, der zu einem recht frühen Zeitpunkt schon eine gleichsam ganzheitliche Didaktik bzw. Methodik vertrat.[12]

---

10 *Chr. Reents*, Die Bibel als Schul- und Hausbuch für Kinder. J. Hübner, Zweymal zwey und funffzig Auserlesene Biblische Historien, der Jugend zum Besten abgefasset … (ARP 2), Göttingen 1984.

11 *J. Hübner*, Zweymal zwey und funffzig Auserlesene Biblische Historien Aus dem Alten und Neuen Testamente, Der Jugend zum Besten abgefasset. Nachdruck der Ausgabe Leipzig 1731. Mit einer Einleitung und einem theologie- und illustrationsgeschichtlichen Anhang, hg. v. *R. Lachmann* u. *Chr. Reents (Hg.)*, Hildesheim / Zürich / New York 1986, Vorrede.

12 Vgl. *R. Lachmann*, Vom Westfälischen Frieden bis zur Napoleonischen Ära, in: *Ders. / B. Schröder* (Hg.), Geschichte, 78–127, bes. 96f.; dazu als ›Kostprobe‹ aus Hübners »Biblischen Historien« *R. Lachmann / B. Schröder* (Hg.), Geschichte des evangelischen Religionsunterrichts in Deutschland. Quellen, Neukirchen-Vluyn 2010, 59–62.

4. Die Religionsdidaktik der Aufklärung

Die aufklärerische Religionspädagogik markiert in der Geschichte der (Religions-)Didaktik insofern einen wichtigen Einschnitt, als man in ihr – was die Inhaltsauswahl, die Kindbeachtung und den Schulort betrifft – die wurzelhaften Anfänge einer »modernen« Religionsdidaktik angelegt sehen kann. Dieser Neuansatz resultierte im Wesentlichen aus den neuen Konstellationen, die auf geistigem und gesellschaftlich-kulturellem Gebiet mit der Aufklärung gegeben waren:

1. aus der aufklärerischen Infragestellung bisher unangefochtener Traditionen und Lehrinhalte,
2. der Entwicklung der Pädagogik zu einer eigenständigen Wissenschaft und
3. der einsetzenden Trennung der Schulen von der Kirche.

Zu 1.: Die fraglose Vermittlung traditioneller Stoffe fand mit der Aufklärungsdidaktik ihr (vorläufiges) Ende. Prominentestes Opfer auf religionsunterrichtlicher Seite war hier Luthers KK, der in den Augen der aufklärerischen Religionspädagogen keine Gnade fand und – wenigstens der Theorie nach – aus dem RU ausschied. Mit ihm verschwanden weitgehend auch die dogmatischen Lehrstücke, Sprüche und Gebete aus dem religionsunterrichtlichen Lehrprogramm und wurde auch die gerade wiedergewonnene Bibel einem stark reduzierenden Auswahlverfahren unterworfen. Verglichen mit dem herkömmlichen RU bedeutete das zunächst zweifellos einen ganz erheblichen inhaltlichen Schrumpfungsprozess für die christliche Unterweisung. Demgegenüber schlug freilich auf aufklärerischer Seite auch ein religionsunterrichtlicher Zugewinn neuer Inhalte zu Buche.

Wie das konkret aussah, lässt sich an einem profilierten Religionspädagogen der Aufklärungszeit, dem Philanthropen *Christian Gotthilf Salzmann* (1744–1811) und seinem religionspädagogisch programmatischen Buch »Ueber die wirksamsten Mittel Kindern Religion beyzubringen« (Erfurt 1780) aufzeigen:

Salzmann will danach den Schülern in vier aufsteigenden Graden Religion – darunter versteht er: gottähnliche Gesinnung – vermitteln. Im ersten Grad handelt es sich um einen zweijährigen Sittenunterricht, dessen ausschließlicher Stoff Moralgeschichten, »Geschichten guter Kinder«, sind. Ihm folgt im zweiten Grad, der das 10.-12. Lebensjahr umfasst, ein Unterricht in der natürlichen Gotteslehre, dessen vornehmster Gegenstand die Natur als göttliches Schöpfungspanorama und das menschliche Leben unter der wohlmeinenden Vorsehung Gottes ist. Der dritte bis zum 14. Lebensjahr andauernde Unterrichtsgrad beschäftigt sich mit der christlichen Religion und verhandelt in Konzentration auf Leben und Lehre

Jesu biblische Inhalte und Geschichten. Im vierten und letzten Grad, der bezeichnenderweise nur wenige Wochen umfasst und nicht in und von der Schule, sondern von und in der Kirche gehalten wird, geht es schließlich um die kirchlichen Vorstellungsarten und konfessionellen Unterscheidungslehren.[13]

Diese kurze Darstellung eines typischen Modells aufklärerischen RU lässt die didaktische Eigenart und den Neuansatz der Religionspädagogik hinreichend deutlich werden. Unter einer anthropologisch und theologisch verankerten religiösen Zielsetzung gewinnt die Religionsdidaktik mit kindbezogenen Moralgeschichten, naturbezogenen Schöpfungswerken und ›problemorientierten‹ Lebenserfahrungen neue Inhalte und scheidet unter eben diesem Auswahlkriterium der Zielsetzung zugleich traditionelle Inhalte aus dem Stoffkatalog christlicher Unterweisung aus. Von jetzt ab wendet sich die katechetische Vermittlungsreflexion, die bis dahin so gut wie ausschließlich dem Wie der Vermittlung galt, in zunehmendem Maße dem Was, Warum und Wozu der Vermittlung schulischer Inhalte zu und wird damit zur Fachdidaktik im eigentlichen Sinne.

Zu 2.: Als wesentliche Voraussetzung dieses religionsdidaktischen Aufgangs und Aufschwungs muss die Entdeckung des Kindes als Begründungs- und Auswahlfaktor didaktischer Entscheidungen gelten. Das hängt ursächlich zusammen mit der Entwicklung der Pädagogik zu einer eigenständigen Wissenschaft, die sich jetzt vollends von religiös-theologischen Rücksichten, konfessioneller Bindung und kirchlicher Bevormundung zu lösen vermag. Die Begeisterung der Aufklärung für die Ratio und die Ausrichtung ihrer Wissenschaften »*auf den Menschen und seine Zwecke*« machen das 18. Jahrhundert zum »›*pädagogischen* Jahrhundert‹« schlechthin. Sein »pädagogische(r) Zug ist mindestens ebenso wesentlich wie der rationalistische, und beides gehört engstens zusammen«.[14] Neben dem Engländer *John Locke* (1632–1704) als Wegbereiter dieser Entwicklung ist hier vor allem *Jean Jacques Rousseau* (1712–1778) zu nennen, der wie kaum ein anderer pädagogische Geschichte geschrieben hat. Mit seinem »Programm einer natürlichen Erziehung« – »*alle* Direktiven [...] sollen *der allgemeinen Natur des Menschen entnommen* werden« – richtete er das pädagogische Augenmerk auf die Entwicklung des Menschen und öffnete damit den Blick für das »Kindgemäße«. Das Kind wird als Kind

13 Vgl. außer der Programmschrift (24–192) vor allem Salzmanns drei Religionsbücher: »Erster Unterricht in der Sittenlehre« (1803) / »Heinrich Gottschalk in seiner Familie« (1804) / »Unterricht in der christlichen Religion« (1808). Nachdrucke hg. v. *R. Lachmann*, Köln / Weimar / Wien 1994. – Vgl. außerdem *R. Lachmann*, Die Religions-Pädagogik Christian Gotthilf Salzmanns (AHRp 2), Jena 2005, 81–100.

14 *A. Reble*, Geschichte der Pädagogik, Stuttgart [21]2004, 140f.

entdeckt, »das kein kleiner Erwachsener ist«, sondern »seine eigene ›Natur‹ hat und damit auch sein eigenes *Recht* vom Erzieher fordert.«[15] Diese bahnbrechende pädagogische Grundeinsicht, die einherging mit einem erheblichen Zuwachs an psychologischen Erkenntnissen, wurde in Deutschland besonders von den sogenannten *Philanthropen* aufgenommen und weitergeführt, zu denen neben Salzmann vor allem *Johann Bernhard Basedow* (1724–1790) gehörte. Ihr Verdienst war es n.a., dass der pädagogische Geist der Aufklärung nun auch in das praktische Schulleben und die Schulorganisation hineinströmte!

Zu 3.: Im Jahre 1794 bestimmte das *preußische Allgemeine Landrecht* »Schulen sind Veranstaltungen des Staates«; sie sollen »dem Zwecke dienen, der Jugend nützliche Informationen und wissenschaftliche Kenntnisse zu vermitteln« und unterstehen der Aufsicht des Staates, der die Schulen jederzeit einer behördlichen Prüfung unterziehen kann.[16] Damit ist eine Entwicklung an ihr Ende gelangt, die im Keime bereits mit der Reformation gegeben war. *Luther* hatte nämlich nicht die Kirchen, sondern die Ratsherren und Städte zur Einrichtung von Schulen aufgefordert. Nachhaltige Resonanz fand diese Aufforderung freilich erst im 17. Jahrhundert unter landesherrlichem Regiment. Jetzt wurden in zunehmender Zahl von den Landesfürsten Schulordnungen erlassen, welche die straffere Lenkung des Staates auf diesem Gebiet deutlich machten. Berühmtestes Dokument unter diesen Schulordnungen ist der sog. *»Gothaische Schulmethodus«* aus dem Jahre 1642, mit dem *Herzog Ernst der Fromme* die erste genaue, einheitliche Regelung eines landesherrlichen Volksschulwesens schuf.[17] Der Anfang eines zentral vom Staate her organisierten Schulwesens war damit gemacht. Die späte Aufklärung brachte für fast alle Länder die Verstaatlichung des Schulwesens. Wie freilich der Staat in der Praxis die Aufsicht über die Schulen weithin und weiterhin den Kirchen überließ, so zeitigte die staatlicherseits erlangte volle Verfügungsgewalt über das Schulwesen auch nirgends etwa eine Entfernung des RU aus den Schulen. Insofern kann man in diesem Sinne seit der Aufklärungszeit durchaus von religionsunterrichtlicher Fachdidaktik als Didaktik eines Unterrichtsfaches an der öffentlichen staatlichen Schule sprechen.

So gesehen ist mit der aufklärerischen Religionspädagogik ein radikaler Einschnitt in der Geschichte des RU zu konstatieren: Erstmals wird genuin didaktisch gearbeitet, erstmals wird differenziert und profiliert der

---

15 *Ebd.*, 155; vgl. *R. Lachmann,* Art. Kind, 164 f.

16 *E. Chr. Helmreich*, Religionsunterricht in Deutschland, Hamburg 1968, 67 f.

17 Vgl. *R. Lachmann*, Vom Westfälischen Frieden bis zur Napoleonischen Ära, in: *Ders. / B. Schröder* (Hg.), Geschichte, 78–127, bes. 82 ff.; dazu *Ders. / B. Schröder* (Hg.), Geschichte. Quellen, 77 ff.

Lernort Schule in den Blick genommen und erstmals wird – auch wenn der Begriff erst gut ein Jahrhundert später belegt ist – Religionspädagogik als Vermittlung von aufklärerischer Theologie / Neologie und Pädagogik betrieben. *M. Schian* nennt deshalb sicher mit Recht diese Zeit »eine der wichtigsten Epochen« in der Geschichte des RU und weist zugleich, wenn er sie als »zur Sokratik gewordene Katechetik« charakterisiert,[18] auf das methodisch Neue dieser aufklärerischen Epoche hin: *die sokratische Lehrart*, die geradezu als »Modetheorie und Praxis« der Aufklärung bezeichnet werden kann und die besonders in der aufklärerisch-religionspädagogischen Landschaft fast allgemeine Anerkennung gewann.[19] Sie setzte sich bewusst von dem bis dahin gebräuchlichen mechanischen Memorieren und mehr oder weniger unbeholfenen Fragen des Examinierens und zergliedernden Katechisierens ab und war, am Vorbild des Sokrates orientiert, durch und durch induktiv, mäeutisch entbindend und entwickelnd angelegt und ausgerichtet auf die Voraussetzungen und Kräfteentwicklung der Kinder!

Aufklärungstypisch schlägt bei diesem sokratischen Gespräch das anthropologisch-pädagogische Interesse ebenso durch wie die Begeisterung an der neu entdeckten Wissenschaft der »Kinderkenntniß«, der Pädagogik, die mit dem theologischen Interesse der aufklärerischen Neologie und ihrem Verständnis der Religion als einer »Angelegenheit des Menschen« *(J. J. Spalding)* konvergiert.

5. Religionspädagogische Tendenzen im 19. Jahrhundert

Wie auf theologischem Gebiet, so bietet das 19. Jahrhundert auch in religionspädagogischer Hinsicht ein wenig einheitliches Bild. Stark vereinfacht könnte man von zwei Hauptströmungen sprechen: einer stärker pädagogisch bestimmten Richtung, die den aufklärerischen Ansatz weiterverfolgte, und einer mehr kirchlich orthodox ausgerichteten Strömung mit mehr oder weniger restaurativen Zügen. Hier erweist sich etwa die jeweilige Einstellung gegenüber dem Katechismus, von Ausnahmen abgesehen, als relativ zuverlässiger Indikator religionspädagogischer Standortbestimmung.

---

18 *M. Schian*, Die Sokratik im Zeitalter der Aufklärung, Breslau 1900, 1 f.

19 *R. Lachmann*, Religionspädagogische Spuren. Konzepte und Konkretionen für einen zukunftsfähigen Religionsunterricht, Jena ^{2}2002, 145–152.

5.1 Die aufklärerisch-pädagogisch motivierte Strömung

Diese Strömung ist ganz wesentlich gekennzeichnet durch den Erkenntniszugewinn auf bildungsorientiertem und allgemeindidaktischem Gebiet. Die neuhumanistische Bewegung zu Beginn des Jahrhunderts machte den *Bildungsbegriff* in der deutschen Sprache heimisch, der fortan zum nicht mehr wegzudenkenden Kernbestand pädagogischer und didaktischer Reflexion werden sollte.

Hier kann der »umfassend-universale Denker« *Friedrich Schleiermacher* (1768–1834) nicht übergangen werden, dessen »›Lebensthema‹ das Verhältnis von Frömmigkeit bzw. Religion und Bildung war«. Um seine »Wertigkeit für die Religionspädagogik zu verstehen«, muss sein Verständnis von Religion begriffen werden, das in scharfer Abgrenzung von der verstandes- und moralfixierten Aufklärung als »Anschauen des Universums« definiert wird.[20] Das aber verlangt für Religion nach ganz eigenen Formen zu ihrer Bildung, für die der RU an der öffentlichen Schule – und das ist Schleiermachers via negationis für schulische Religionsdidaktik! – völlig ungeeignet ist.[21]

Angemessener Lernort für Religion ist dagegen die Familie. Direkt trug damit Schleiermachers Religionspädagogik nichts für eine genuin schulisch bestimmte Religionsdidaktik bei, indirekt dagegen verwies sie zum einen in aller Deutlichkeit auf das religionsdidaktische Grundproblem der Lernbarkeit von Religion und zum anderen in ambivalenter Entsprechung auf die Grundaufgabe bildungsmäßiger Begründung für einen jeden RU, der sich im didaktischen Bedingungsfeld Schule behaupten will.

In dieser Beziehung kommt der überaus einflussreiche Philosoph und Pädagoge *Johann Friedrich Herbart* (1776–1841) ins religionspädagogische Blickfeld. Anders als sein aufklärungskritischer Zeitgenosse und theologisch-religionsunterrichtlicher Querdenker Schleiermacher verkörperte Herbart nicht zuletzt in seinen religionsunterrichtlichen Vorstellungen Kontinuität und Weiterentwicklung in aufklärerischem Geist. Didaktisch besonders relevant und nach wie vor aktuell ist dabei seine Auffassung vom erziehenden Unterricht. Für ihn gibt es »keine Erziehung ohne Unterricht, aber auch keinen Unterricht, der den erziehlichen Sinn außer acht lassen dürfte«.[22]

Faktisch freilich trat diese fachdidaktisch so wichtige Erkenntnis völlig

---

20 *H. F. Rupp*, Vom Reichsdeputationshauptschluss bis zur Reichsgründung, in: *R. Lachmann / B. Schröder* (Hg.), Geschichte, 145f.

21 Vgl. *Friedrich Schleiermacher*, Pädagogische Schriften I. Die Vorlesungen aus dem Jahre 1826. Hg. v. *E. Weniger*, Frankfurt a.M. u.a., 1983, 339.

22 *A. Reble*, Geschichte der Pädagogik, 243.

zurück hinter der Bedeutung, die Herbart als Schöpfer der berühmt-berüchtigten *Formalstufentheorie* gewann. Danach läuft jeder Unterricht, egal welchen Stoff er behandelt (deshalb »formal«!), in vier Stufen ab: von der »Klarheit« (des einzelnen) zur »Assoziation« (mit anderem) und von dort zum »System« (als Ordnung) und zur »Methode« (als Weiterbildung und Anwendung des Erkannten). Diese von Herbart aus der Analyse des menschlichen Denkprozesses gewonnenen Formalstufen wurden von seinen Schülern – vor allem *Tuiskon Ziller* und *Wilhelm Rein* – zu einer Universalmethode weiterentwickelt, die im 19. Jahrhundert eine kaum vorstellbare Wirkmächtigkeit erlangte und natürlich auch in der Religionspädagogik nachhaltig Fuß fasste (vgl. u. Art. XXII, 2).

Herbart selbst blieb mit seinen Äußerungen zum RU ganz im aufkläre-rischen Fahrwasser und zeigte hier starke Nähe besonders zu den philanthropischen Auffassungen. In dieser Beziehung ähnelte er *Adolf Diesterweg* (1790–1866), der als Anwalt von Lehrern und Schule nur wenig »mit einer dogmatisch-konfessionellen Religionsauffassung« und -unterweisung anfangen konnte und dementsprechend auch den Bibeltexten und vor allem dem Katechismus nur recht geringes Gewicht für den RU einzuräumen bereit war.[23] In der zunehmenden ›Aufklärungsdämmerung‹, mit der die kirchlich-konfessionelle Katechetik zusehends erstarkte, waren sich Herbart und Diesterweg einig in ihrer entschiedenen Ablehnung jedweden religionsunterrichtlichen Stoff- und Memoriermaterialismus. Von seinem Religionsverständnis her tendierte Diesterweg in Richtung eines »›Allgemeinen Religionsunterrichts‹«, der weitergehend ein Gefälle hin zum Verzicht »auf einen eigenen ausgegrenzten Fachunterricht in Religion« hatte, da ja »Religion implizit in allen Lebensäußerungen thematisch« werde.[24]

Die 2. Hälfte des 19. Jahrhunderts war religionspädagogisch stark bestimmt durch die sog. »Herbartianer« und »Spätherbartianer«, bei denen nicht nur die Faszination der herbartianischen Pädagogik und Methodik nachwirkte, sondern sich vor allem auch die Tatsache widerspiegelte, dass die Pädagogik inzwischen zu einer eigenständigen, selbstbewussten und anerkannten Wissenschaft geworden war. Besonders die Religionspädagogik des späten Herbartianismus mit ihren Vertretern *Ernst Thrändorf* (1851–1926) und *August Reukauf* (1867–1941) bot dabei eine religionsunterrichtlich sehr fruchtbare und abgewogen integrative Auseinandersetzung mit Herbarts Pädagogik, die durchaus Züge einer »modernen Religionspädagogik« trug.

---

23 Vgl. *H. F. Rupp*, Vom Reichsdeputationshauptschluss, 151–158.
24 Ebd., 157f.

Didaktisch ist in dieser Hinsicht besonders *Ernst Thrändorf* interessant, der als oberstes Ziel seines »erziehenden Religionsunterrichts« die Herausbildung der sittlich-religiösen Persönlichkeit anstrebte. Sein induktiv angelegter, formalstufenorientierter RU plädierte für die »Selbsttätigkeit als methodisches Grundprinzip« und richtete die Lerninhalte, ihre Auswahl und Anordnung an den »kulturhistorischen Stufen« aus, wonach sich die Entwicklung der Menschengattung in der Entwicklung des einzelnen wiederholt. Beachtenswert ist dabei nicht nur Thrändorfs Entwurf eines »historisch-genetischen Lehrplans«, sondern auch sein Versuch, »die historisch-kritische Bibelwissenschaft« für den RU fruchtbar zu machen und darüber hinaus sein Vorschlag, eine »pädagogische Kirchengeschichte« qua »Aktualisierung [...] aus theologisch reflektierter Zeitgenossenschaft« zu konzipieren. Religionsdidaktisch wurde mit einer so verstandenen Kirchengeschichte dem RU ein neuer Inhaltsbereich erschlossen, der so bis dahin noch keine Rolle spielte.[25]

5.2 Die Kirchliche Katechetik

Der anderen religionspädagogischen Hauptströmung des 19. Jahrhunderts, die sich übergreifend als *»Kirchliche Katechetik«* charakterisieren lässt, ging es im engen Verbund mit der Kirche aufklärungskritisch um die kirchlich traditionellen Inhalte und die Wahrung ihres christlichen Gehalts im religionsunterrichtlichen Vollzug. Restaurative Tendenzen waren mit solcher Intention unweigerlich und gewollt verbunden. Sie standen in enger Verbindung mit der politischen Restauration, die ab den zwanziger Jahren des 19. Jahrhunderts zunehmend die »Kultur- und Bildungspolitik« der deutschen Länder beherrschte. Im Zusammenwirken mit den restaurativen Kräften auf kirchlicher Seite erfuhr dadurch die kirchlich-katechetische Richtung eine Wirkmächtigkeit, die nicht nur das Schulwesen und die religionsunterrichtliche Praxis, sondern auch die Religionslehrerausbildung maßgeblich bestimmte. Demgegenüber spielte die aufklärungsfreundliche Religionspädagogik eine eher marginale Rolle; staatlich-kirchliche Verordnungen setzten ihr, nicht zuletzt auf dem Gebiet der Stoffe, der Bücher, der Methoden und Zielsetzungen engste Grenzen – besonders in der Praxis des niederen Schulwesens.[26]

Für die Theorie kirchlicher Katechetik bedeutete diese aufklärungskri-

---

25 *G. Pfister*, Vergessene Väter der modernen Religionspädagogik (ARP 5), Göttingen 1989, 40–88, bes. 7f.

26 Vgl. *H. Schönfeld*, Bücher für den evangelischen Religionsunterricht. Ein Beitrag aus den bayerischen Volksschulen im 19. Jahrhundert (AHRp 1), Jena ^{2}2003.

tisch-restaurative Grundeinstellung, vereinfacht gesagt, das rückgreifende Anknüpfen an den orthodox-lutherischen und pietistischen Unterricht. Typisch ist in dieser Hinsicht das einleitende Votum *Christian Palmers* (1811–1875), einem der führenden Katechetiker des 19. Jahrhunderts, zu seiner 1844 erschienenen *»Evangelischen Katechetik«:*

»Was der Katechetik meines Erachtens am meisten wohltut, das ist, daß sie [...] wieder mit theologisch-kirchlichem Geiste getauft wird. Lange genug hat sie sich von den Unterrichtskünstlern in Beschlag nehmen und auf die Stufe einer bloß formalistischen Fragekunst degradieren lassen, die gegen das Evangelium, wo nicht feindlich, doch zum mindestens indifferent sich verhielt. Sie war eine Schulwissenschaft, ein Stück der pädagogischen Methodik geworden.«[27]

Entsprechend handelt Palmer von der kirchlichen Unterweisung, der kirchlichen Erziehung und der kirchlichen Einsegnung und möchte den modernen Namen Religionsunterricht vermeiden, »da er weder biblischen noch kirchlichen Klang hat und zu sehr an die Zeit erinnert, wo man Religion lehrte, ohne daß es christliche oder lutherische oder irgend eine andere seyn sollte«.[28] *Katechetik als kirchliche Wissenschaft* hat danach ihren Ort, »wo es sich um die Selbsterhaltung der Kirche durch Gewinnung ihrer Genossen in Glauben und Leben handelt.«[29] Kirchlicher Unterricht – auch der schulische RU ist kirchlicher – zielt somit darauf ab, die Jugend in der kirchlichen Lehre zu unterweisen und fürs kirchliche Leben zu erziehen.

Im pädagogischen Gegenstandsfeld, das Palmer immerhin mit grundlegenden Gedanken zum Thema »Kind und Religion« erarbeitete, dominierten entsprechend die »objektiven« kirchlich-dogmatischen Inhalte klar »vor dem subjektiven Faktor Kind«.[30] Bemerkenswerterweise schenkte Palmer der zentralen didaktischen Aufgabe der Vermittlung »zwischen objektivem und subjektivem Glauben« große Beachtung und thematisierte äußerst problembewusst die Frage der »›Vermittelbarkeit‹ und Lehrbarkeit von Glauben« – ein religionsdidaktisches Grundproblem, das dann zu einer wesentlichen Fragestellung der liberalen Religionspädagogik werden sollte, wenn sie fragte »Wie lehren wir Religion?« (*R. Kabisch*).[31]

Aufs Ganze der didaktischen Entwicklung gesehen hat jedoch die kirchlich-katechetische Strömung des 19. Jahrhunderts keine weiterführ-

---

27 *Chr. Palmer*, Evangelische Katechetik, Stuttgart ^{6}1875, IV.

28 *Chr. Palmer*, Evangelische Pädagogik. 2. Abt., Stuttgart 1853, 169.

29 *Chr. Palmer*, Evangelische Katechetik, 1.

30 *H. F. Rupp*, Vom Reichsdeputationshauptschluss, 162.

31 Vgl. *H. Anselm*, Religionspädagogik im System spekulativer Theologie, München 1982, 9.

enden religionspädagogischen Ideen oder Impulse aufzuweisen. Das gilt im Wesentlichen auch von dem katechetischen Werk von *Gerhard von Zezschwitz* (1825–1886), dem neben Palmer mit Abstand profiliertesten Vertreter der kirchlichen Katechetik im 19. Jahrhundert. In seinem voluminösen dreibändigen »System der christlich-kirchlichen Katechetik« verfolgte er eine Verkirchlichung der Katechetik, indem er sie »in ein kirchliches Bewusstsein« einband und »vom Wesen und der Aufgabe der Kirche her« definierte. Katechetisches Ziel war es von daher, die Kinder in die Kirche, »die äußerliche Reichsgenossenschaft« aufzunehmen und ihnen »den in den Sakramenten ›garantierten Heilszustand‹ zu gewähren«. Dem entsprach stofflich »die Alleingeltung der heiligen Schrift und des kirchlichen Bekenntnisses« qua Katechismus.[32] Dass hier wie bei Palmer Schule katechetisch keine Rolle spielte und auch pädagogische Bestimmungen nur im Horizont von Kirche und ihrem Wesen Eingang in das »System« der Katechetik fanden, liegt auf der Hand.

Dessen ungeachtet hinderte das v. Zezschwitz nicht, sich sehr ausführlich und historisch belesen mit den methodischen Fragen zu beschäftigen und hier durchaus weiterwirkende Spuren zu hinterlassen. In seinem »System der christlich-kirchlichen Katechetik« entwirft er nämlich eine durchaus eigenständige Theorie über »die erotematische (= fragende) Unterrichtsform«, die sich auch kritisch gegen die einseitige Bevorzugung von Examens- und Zergliederungsfragen im Unterricht wenden kann. Zwar hält v. Zezschwitz theologisch entschieden an der Priorität der von ihm so genannten »akroamatisch-vortragenden« qua »offenbarungsmäßig-positiven« Lehrweise fest, doch gesteht er ihr gegenüber und ihr zugute der erotematischen Unterrichtsform eine wichtige ergänzende und unterstützende Funktion zu.

In gewisser Weise rehabilitierte damit der religionspädagogisch ansonsten so aufklärungsfeindliche v. Zezschwitz unter unverdächtigem Namen die sokratische Lehrart und »verschaffte dem fragend-entwickelnden Gespräch fortan einen festen Platz im Methodenrepertoire jedweder Katechetik und Religionspädagogik«.[33]

---

32 *G. v. Zezschwitz*, System der christlich-kirchlichen Katechetik. Bd. 1, Leipzig 1863, 79.

33 Vgl. *R. Lachmann*, Gesprächsmethoden im Religionsunterricht, in: *G. Adam / R. Lachmann* (Hg.), Methodisches Kompendium für den Religionsunterricht 1. Basisband, Göttingen ^{5}2010, 113–136, bes. 119 f.

6. Liberale Religionspädagogik

Die kirchliche Katechetik wurde zu Beginn des neuen Jahrhunderts gleichsam »überholt« durch die sog. liberale Religionspädagogik, die auf der aufklärerischen Spur einen »evangelischen Religionsunterricht für alle Schulen auf psychologischer Grundlage« propagierte. Schon an diesem Untertitel des berühmten Werkes von *Richard Kabisch* »Wie lehren wir Religion?« (Göttingen 1910) wird das »Neue« dieser Religionspädagogik deutlich: Sie war konzentriert auf das didaktische Bedingungsfeld Schule, offen für neue Bezugswissenschaften reformpädagogischer und psychologischer Provenienz und in ihren verschiedenen konzeptionellen Ausprägungen maßgeblich orientiert am Verständnis und Begriff »Religion«.

Hier wurde besonders Richard Kabisch (1868–1914) bahnbrechend und wegweisend. Gleichermaßen von Schleiermacher und der modernen Religionspsychologie von *W. James* und *W. Wundt* beeinflusst, ist für ihn Religion lehrbar, denn sie ist eine allgemeine »religiöse Anlage«, die jedem Kind von Natur aus mitgegeben ist und durch einen erlebnis- und erfahrungsorientierten Unterricht entwickelt werden will.[34] Im RU geht es danach nicht primär um die Vermittlung von Kenntnissen und Inhalten, sondern um die Weckung religiöser Erfahrungen durch »religiöse Ansteckung«. Entsprechend deutlich trat in diesem Konzept der kognitive Aspekt zurück: Es »will objektive Religion vermitteln, um subjektive zu erzeugen«.[35]

Bei aller Zustimmung zu den religionspädagogischen Ansichten und Absichten seines bereits im ersten Kriegsjahr gefallenen Freundes Kabisch setzte hier der andere große liberale Religionspädagoge *Friedrich Niebergall* (1866–1932) andere Akzente. Zwar teilte er zunächst Kabischs Position, wonach eben »Religion lehrbar sei, wenn die Anlage dazu da ist und die Umstände günstig sind, um Gefühle und Phantasie lebendig zu machen und zu erhalten«, bringt aber dann mit seinem dezidierten Verständnis von Religion als »Wertschätzung« eine eigene Schwerpunktsetzung in seine Religionspädagogik.[36] Niebergall verschiebt die Aufgabenstellung mehr in Richtung der von Kabisch so genannten »Phantasiereligion« des Kindes und lässt demgegenüber die »Erfahrungsreligion« zurücktreten, was über historische Überlieferung, Dichtung und Symbol der »objektiven Religion« stärkeres religionsunterrichtliches Gewicht verleiht. Ent-

---

34 *R. Kabisch*, Wie lehren wir Religion? (Documenta Paedagogica 6), Göttingen ^{3}1913, 66. – Vgl. *W. Sturm*, Religionpädagogische Konzeptionen, in: *G. Adam / R. Lachmann* (Hg.), Religionspädagogisches Kompendium, Göttingen ^{6}2003, 37–103, bes. 43 ff.

35 *R. Kabisch*, Wie lehren wir Religion?, 106.

36 *F. Niebergall*, Der neue Religionsunterricht, Langensalza 1922, 85.

sprechend geht es Niebergall religionsunterrichtlich immer auch um Kulturunterricht, um die kulturellen Wissensbestände des Christentums, die verstehend unterrichtet werden sollten. Ähnlich seinem Kollegen *Otto Baumgarten* (1858–1934), der seinen liberalen RU bewusst »im Geist der modernen Theologie« erteilt sehen wollte,[37] versuchte Niebergall dabei vor allem die Erkenntnisse der historisch-kritischen Forschung für den RU fruchtbar zu machen. Das galt besonders für die »geschichtlichen Stoffe« seines RU, Altes Testament, Neues Testament und Kirchengeschichte, die bereits Ansätze hermeneutischen Umgangs mit der Christentumstradition aufweisen.[38]

Hier spielt dann noch einmal Niebergalls Religionsverständnis als »Wertschätzung« qua Gesinnung eine prägende Rolle. Anders als bei Kabisch war es stark von der Aufklärung und dabei insbesondere von dem Philanthropen Chr. G. Salzmann beeinflusst, der Religion dezidiert als Gesinnung definierte (vgl. 4.1). Von daher konnte Niebergall das »Christentum als Gesinnungsmacht« begreifen und entsprechend von seinem RU als Gesinnungserziehung sprechen. Hier liegt der Wurzelgrund für die religionsunterrichtliche Zielsetzung »Erziehung zur sittlich-religiösen Persönlichkeit«, die man der liberalen Religionspädagogik für gewöhnlich attestiert. Dominierte in Kabischs Konzept der religiöse »Erlebnisunterricht«, verschob Niebergall das religionsunterrichtliche Gewicht hin zum »Kulturunterricht« und in der Spätphase zunehmend hin zum »Gesinnungsunterricht«.[39]

Auch in den Jahren der Weimarer Republik blieb die liberale Religionspädagogik noch die bestimmende religionsunterrichtliche Macht. Mit seinem Buch »Der neue Religionsunterricht« (Langensalza 1922) wurde Niebergall hier geradezu zum »Prototyp relativ bruchloser Kontinuität zwischen Vor- und Nachkriegszeit, der den mit Art. 149 WRV besiegelten erfolgreichen Kampf um die Beibehaltung des Religionsunterrichts an der Schule als Bestätigung der herrschenden liberalen Religionspädagogik« verbuchen konnte.[40]

Neben Niebergall wurde besonders *Hermann Tögel* (1869–1939) zu einem der bekanntesten Religionspädagogen der Weimarer Zeit, der sich vor allem mit den Neuauflagen von Kabischs Werk »Wie lehren wir Reli-

---

37 *O. Baumgarten*, Neue Bahnen. Der Unterricht in der christlichen Religion im Geist der modernen Theologie, Tübingen / Leipzig 1903.

38 Zu den »Stoffen« in Niebergalls liberalem Religionsunterricht vgl. *R. Lachmann*, Religionsunterricht in der Weimarer Republik (ThSt 12), Würzburg 1996, 52–74.

39 Vgl. *W. Sturm*, Religionspädagogische Konzeptionen, 44 f.

40 *R. Lachmann*, Die Weimarer Republik, in: *Ders. / B. Schröder* (Hg.), Geschichte, 203–232, bes. 220.

gion?« und da vor allem mit der letzten um 100 Seiten erweiterten 7. Auflage 1931 religionspädagogisch in Szene setzte. Hier stellt sich ein der Herkunft nach liberaler Religionspädagoge den Herausforderungen seiner Zeit. Wie bei Niebergall findet dabei die »Neuorthodoxie« der Dialektischen Theologie keine Gnade vor seinen Augen und wird »als düstere Lehre einer mitteleuropäischen Kulturmenschheit in ihrer unglücklichsten Zeit« abqualifiziert.[41] Anders urteilt Tögel dagegen über den sog. »deutschen Religionsunterricht« mit seinem Hauptvertreter *Kurd Niedlich*: Trotz kritischer Einwände brachte er dem entscheidend von der Beachtung der Volkszugehörigkeit geprägten Anliegen dieses deutschen Religionsunterrichts viel Verständnis entgegen. Längerfristig entwickelte sich daraus eine zunehmende Annäherung Tögels an die deutschchristliche Religionspädagogik. Literarische Früchte solchen Anpassungsprozesses waren etwa »Bilder deutscher Frömmigkeit« (1923) oder das Buch »Germanenglaube« (1926).[42] Im Unterschied zu Friedrich Niebergall wurde damit Tögel zu einem anschaulichen Beispiel für eine liberale Religionspädagogik, in der die für jedes religionsunterrichtliche Konzept sicher unerlässliche Beachtung der Komponente der Zeitgemäßheit so mächtig wurde, dass sie gerade in Bezug auf die »objektive Religion« christlichen RU inhaltliche Verbiegungen und Verkürzungen mit sich brachte.

Wohin das führen konnte, zeigte einmal die *Konzeption des deutschen Religionsunterrichts nach Kurd Niedlich* (1884–1928), die besonders in den 20er Jahren in den renommierten »Monatsblättern für den ev. R.-U.« ernsthaft diskutiert wurde. Schon mit seinem ersten Buch »Jahwe oder Jesus«? (Leipzig 1923) zeigte Niedlich überdeutlich, welch Geistes Kind er war und welchen RU er anstrebte: »Wir haben als deutsches Volk [...] die Pflicht, diese Jesus-Religion auf ihre Vereinbarkeit mit deutschem Wesen hin zu prüfen«, Wesensfeindliches abzulehnen und Wesensgleiches zur Bereicherung des deutschen Wesens zu integrieren oder wesensgemäß »umzuschmelzen«. Von daher kann es »Ziel eines deutschen Rel.-Unt. [...] nur sein: an der Hand von Religionskunde religiöses Erleben zu wecken und zu entwickeln, wie es der deutschen Seele, deutscher Gottesanschauung und deutscher Sittlichkeit eigentümlich ist.«[43]

---

41 *R. Kabisch / H. Tögel*, Wie lehren wir Religion, Göttingen ^{7}1931, 305.

42 *R. Lachmann*, Die Weimarer Republik, 221 f.

43 *K. Niedlich*, Jahwe oder Jesus? Die Quelle unserer Entartung, Leipzig ^{2}1925, 55. – Ausführlicher zum »Deutschen Religionsunterricht« *R. Lachmann*, Religionsunterricht in der Weimarer Republik, 88–142 u. *O. Kühl-Freudenstein*, Evangelische Religionspädagogik und völkische Ideologie. Studien zum »Bund für deutsche Kirche« und der »Glaubensbewegung Deutscher Christen« (Forum z. Pädagogik u. Didaktik d. Religion NF. 1), Würzburg 2003, bes. 37–94.

Ein anderer Weg des Umgangs mit der liberalen Religionspädagogik, ihren Weiterungen und Irrungen war der, sich radikal von ihr abzusetzen. Er war vorgezeichnet mit dem Aufkommen der Dialektischen Theologie und ihrer verständnislosen theologischen Diffamierung durch die liberale Religionspädagogik und führte in Wiederbelebung der traditionellen Katechetik des 19. Jahrhunderts zu einer Neubesinnung auf die Sache des Evangeliums und ihre christlichen Glaubensinhalte. Diese »orthodox« normierte Sachdominanz, die für den evangelischen RU »eine Methodik aus der Sache« und die »Verkündigung des Wortes Gottes im Unterricht« forderte, machte dieses ›neu-katechetische‹ Konzept nicht nur weitgehend resistent gegen die nationalsozialistische Ideologie, sondern entwickelte sich auch zugleich zu entschiedener Kritik an der liberalen Religionspädagogik, ihren psychologischen Begründungen und »humanistisch-idealistischen Lösungsversuchen«. *Theodor Heckels* »Zur Methodik des evangelischen Religionsunterrichtes« (München 1928) und *Gerhard Bohnes* »Das Wort Gottes und der Unterricht« (Göttingen 1929) wurden hier in kulturkritischem Zugriff zu frühen Leuchtfeuern einer neuen religionsunterrichtlichen Epoche. Als kerygmatische Phase löste sie in radikalem Schnitt die liberale Religionspädagogik ab und dominierte für eine Generation als »Evangelische Unterweisung« bzw. »Kirchlicher Unterricht« die religionsunterrichtliche Landschaft in Deutschland mehr oder weniger erfolgreich (vgl. u. Art. IV, 2).

7. Rückblickender Ausblick

Im Rückblick auf die schlaglichtartig beleuchtete Historie der Religionspädagogik erscheint deren Entwicklung in der Art einer Wellenbewegung, in der, vereinfacht gesehen, einmal die kirchlich-katechetische, ein andermal die schulisch-pädagogische Bewegung dominiert, wobei religionsunterrichtliche Theorie und tatsächliche Praxis differenzierte Beachtung verlangen. Bei aller Zeitbedingtheit der jeweiligen religionsunterrichtlichen Konzepte bleiben damals wie heute und in Zukunft die (religions-)didaktischen Kernfragen nach den Inhalten, Zielen, Methoden, Bezugswissenschaften, Lernorten, Lehrkräften und Schüler/innen im jeweiligen gesellschaftlichen Kontext unverändert relevant und verlangen von jeder neuen Generation kompetente Auseinandersetzung und bedachte Antworten. Religionsdidaktische Historienschau kann dabei nicht nur problemsichtig und urteilsfähig machen, sondern sie befreit auch; denn wir müssen den religionspädagogischen »Stein der Weisen« nicht immer wieder neu (er-)finden, sondern können und dürfen auch stets auf »Alt-Bewährtes« in kritisch konstruktiver Adaption zurückgreifen!

Literaturhinweise

R. Lachmann / B. Schröder (Hg.), Geschichte des evangelischen Religionsunterrichts in Deutschland. Ein Studienbuch, Neukirchen-Vluyn 2007.

R. Lachmann / B. Schröder (Hg.), Geschichte des evangelischen Religionsunterrichts in Deutschland. Quellen, Neukirchen-Vluyn 2010.

M. Meyer-Blanck, Kleine Geschichte der evangelischen Religionspädagogik. Dargestellt anhand ihrer Klassiker, Gütersloh 2003.

K. E. Nipkow / Fr. Schweitzer (Hg.), Religionspädagogik. Texte zur evangelischen Erziehungs- und Bildungsverantwortung seit der Reformation, 1. Bd.: Von Luther bis Schleiermacher, München 1991, 2. Bd.: 19. und 20. Jahrhundert, München 1994.

IV.

Religionspädagogische Konzeptionen und didaktische Strukturen

Martin Rothgangel

1. Konzeptionen? Hinführung, Begriff und Auswahl[1]

In jüngster Zeit mehren sich aus verschiedenen Gründen die Zweifel, ob eine Darstellung religionspädagogischer Grundlagenfragen durch Konzeptionen weiterhin angebracht ist. Entsprechend der ›postmodernen Abkehr‹ von Metaerzählungen wird der Sinn ›übergreifender‹ Konzeptionen grundsätzlich in Frage gestellt.[2] Auch können religionspädagogische Konzeptionen wissenschaftstheoretische Überlegungen zur Religionspädagogik keineswegs ersetzen, allenfalls konkretisieren und ergänzen.

---

1 Der Verfasser verdankt *Peter Biehl* (1931–2006) die Gedanken zu ›didaktischen Strukturen‹ (vgl. *P. Biehl / M. Rothgangel*, Hat die Rede von Konzeptionen noch ihr Recht? Ein Briefwechsel zur jüngeren Geschichte der Religionspädagogik, in: *H. F. Rupp / R. Wunderlich / M. L. Pirner* (Hg.), Denk-Würdige Stationen der Religionspädagogik (FS R. Lachmann), Jena 2005, 427–442. Der vorliegende Beitrag ist eine aktualisierte und ergänzte Kurzversion von *P. Biehl / M. Rothgangel*, Konzeptionen und Strukturen, in: *M. Wermke / G. Adam / M. Rothgangel* (Hg.), Religion in der Sekundarstufe II. Ein Kompendium, Göttingen 2006, 183–218). In einem größeren Rahmen wäre der Frage nachzugehen, ob und inwieweit die wechselvolle Geschichte religionspädagogischer Konzeptionen im 20. Jahrhundert weiterführend auf dem Hintergrund der Paradigmentheorie T. Kuhns rekonstruiert werden kann (vgl. *T. S. Kuhn*, The Structure of Scientific Revolutions. Second Edition, Chicago 1970; zur Rezeption in der Theologie vgl. *H. Küng / D. Tracy* (Hg.), Paradigm Change in Theology. A Symposion for the Future, New York 1989). Auch allzu menschliche Gründe kommen in Betracht: Gelegentlich entsteht der Eindruck, dass manche Religionspädagogen/innen ein eigenes ›Konzeptiönchen‹ kreieren, um es als Erbe der religionspädagogischen ›Zitations-Nachwelt‹ hinterlassen zu können.

2 Zur Kritik am ›Konzeptionen-Denken‹ vgl. auch *N. Mette / F. Schweitzer*, Neue Religionsdidaktik im Überblick, JRP 18 (2002), 21–40, bes. 22–25; G. Hilger u. a. bevorzugen deshalb die Redeweise von ›Prinzipien‹ (vgl. *G. Hilger / S. Leimgruber / H.-G. Ziebertz*, Religionsdidaktik. Ein Leitfaden für Studium, Ausbildung und Beruf, München ^{6}2010, 330–333). Offen ist die Frage, seit wann und durch wen die Orientierung an Konzeptionen in der Religionspädagogik etabliert wurde.

Gleichfalls weisen jüngere historische Forschungsarbeiten darauf hin, dass eine auf Konzeptionen basierende Geschichte der Religionspädagogik des 20. Jahrhunderts blinde Flecken aufweist,[3] weil z.B. die Religionspädagogik im Dritten Reich völlig aus dem Blick geraten kann.

Gleichwohl können sich die Konzeptionen als Einstieg zur religionspädagogischen Orientierung für Studierende eignen. Dies gilt insbesondere dann, wenn man den Grundgedanken *P. Biehls* aufgreift und die Konzeptionen aus ihren ursprünglichen historischen ›Frontstellungen‹ herauslöst, und in ein integratives Zusammenspiel didaktischer Strukturen überführt.[4] Damit kann auch der Zusammenhang von religionspädagogischer Theorie und religionsdidaktischen Konsequenzen deutlich werden.

Im Folgenden wird als *religionspädagogische Konzeption eine einflussreiche Theorie religiöser Bildung verstanden, die*

1. *geschichtlich und soziokulturell bedingt ist, was sich im theoretischen Bereich insbesondere durch die Konkurrenzstellung zu anderen Konzeptionen dokumentiert, und*
2. *öffentlich wirksam ist, was sich im praktischen Bereich insbesondere durch umfassende Auswirkungen auf den RU dokumentiert.*[5]

Es gibt nur eine begrenzte Anzahl von Konzeptionen (bes. Liberale Religionspädagogik; Evangelische Unterweisung; Hermeneutischer RU; Problemorientierter RU; Symboldidaktik). Sie entstehen in Abgrenzung zu vorangehenden Ansätzen. So wurde z.B. die Konzeption des Hermeneutischen Religionsunterrichts in Abgrenzung zur Evangelischen Unterweisung entwickelt. Der Wandel von Konzeptionen geht zuweilen mit der Veränderung religionspädagogischer Leitvorstellungen einher (z.B. ›Tradition‹ im Hermeneutischen Religionsunterricht; ›Verkündigung‹ in der Evangelischen Unterweisung). Als Kennzeichen einer Konzeption kann u.a. die Erschließung einer bestimmten *didaktischen Struktur* gelten. So wurde z.B. 1958 die Struktur der hermeneutisch reflektierten Erschließung der Tradition erstmals ›entdeckt‹.[6] Eine derart erschlossene didaktische Struktur ist ablösbar von der Konzeption, in der sie ursprünglich ent-

---

3 Vgl. *F. Schweitzer u.a.*, Religionspädagogik als Wissenschaft. Transformationen der Disziplin im Spiegel ihrer Zeitschriften, Freiburg / Gütersloh 2010.

4 Sehr instruktiv ist auch der alternative Weg von *C. Kalloch / S. Leimgruber / U. Schwab* (Hg.), Lehrbuch der Religionsdidaktik. Für Studium und Praxis in ökumenischer Perspektive, Freiburg u.a., ^{2}2010, die auf der Basis klarer Begrifflichkeiten und unter Einschluss historischer Aspekte zwischen religionspädagogischen Konzeptionen, Dimensionen und Prinzipien unterscheiden (vgl. bes. 21–27).

5 Vgl. dazu *P. Biehl / M. Rothgangel*, Konzeptionen 427–430 inkl. Anm. 3.

6 Vgl. *M. Stallmann*, Christentum und Schule, Göttingen 1958.

wickelt worden ist. Sie ist abgesehen von den oft zeitbedingten Frontstellungen und einseitigen Zuspitzungen von prinzipieller Bedeutung und lässt sich später unabhängig von der ursprünglich zugrunde liegenden Konzeption weiter entwickeln. Die Intention der Herausarbeitung didaktischer Strukturen ist es, falsche Alternativen zu überwinden. Ursprünglich war z. B. der Problemorientierte Unterricht als Gegenkonzept zum Hermeneutischen Unterricht in Ansatz gebracht worden. Die daraus gelösten traditionserschließenden und problemorientierenden didaktischen Strukturen können dagegen in ihrem Zusammenspiel begriffen werden.

Es liegt nahe, dass keine Konzeption allein den vielfältigen religionspädagogischen Herausforderungen gerecht werden kann. Auch deshalb sind abgesehen von begründeten Ausnahmen die Konzeptionen zu didaktischen Strukturen weiterzuentwickeln und in ein Zusammenspiel zu bringen, in dem unterschiedliche Strukturen komplementär aufeinander bezogen sind.

2. Evangelische Unterweisung

Die Grundlagen für die Evangelische Unterweisung legte *Gerhard Bohne* mit seinem Buch ›Das Wort Gottes und der Unterricht‹ (1929).[7] Der RU dient der Verkündigung des Wortes Gottes,[8] RL sind Zeugen des Wortes Gottes, die Schüler/innen in eine Entscheidungssituation bringen: »Das Ziel eines evangelischen RU, der mit Bewußtsein in der lebendigen Spannung zwischen der menschlichen und der göttlichen Wirklichkeit stehen will, kann es nur sein, daß er das ihm aufgetragene Wort Gottes dem jungen, werdenden Menschen in menschlicher Lebendigkeit und steter psychologischer Anknüpfung an seine Entwicklung sagt und ihn dadurch in die Entscheidung vor Gott stellt oder doch ruft.«[9]

Vertreter der kirchlichen Phase[10] der Evangelischen Unterweisung sind u. a. *M. Rang, O. Hammelsbeck und K. Frör*. Nach M. Rang stehen »Lehrer und Schüler [...] im Religionsunterricht als *Glieder ihrer Kirche*.«[11]

---

7 *G. Bohne*, Das Wort Gottes und der Unterricht, Berlin ^{3}1964.

8 Vgl. ebd., 109 f.

9 Ebd., 107 (ohne die Hervorhebung im Original).

10 Vgl. zum Folgenden *W. Sturm*, Religionspädagogische Konzeptionen, in: *G. Adam / R. Lachmann* (Hg.), Religionspädagogisches Kompendium, Göttingen ^{5}1997, 37–86, bes. 47 f.

11 *M. Rang*, Handbuch für den biblischen Unterricht. Erster Halbband, Tübingen ^{3}1948, 27.

Der RU kommt als nachgeholter Taufunterricht von der Volkskirche her und soll wiederum zur bekennenden Kirche hinführen.[12] Die Verschränkung des RU mit anderen kirchlichen Handlungsfeldern kommt bei O. Hammelsbeck in den Blick, indem er den RU im Kontext des Gesamtkatechumenats der Kirche versteht. Das Gesamtkatechumenat unterteilt er in eine missionierende und gemeindliche Phase, wobei der RU – eng verbunden mit Kindergottesdienst und Konfirmandenunterricht – zur missionierenden Phase gehört.[13]

Breitenwirksam fasste *H. Kittel* die verschiedenen Ansätze zu einer Programmschrift »Vom Religionsunterricht zur Evangelischen Unterweisung« (1947) zusammen, die in der Nachkriegszeit den Unterricht weitgehend bestimmte.[14] Pointiert stellt er fest: »das ganze Elend wurzelt im Namen ›Religionsunterricht‹.«[15] Dadurch tritt »an die Stelle Gottes als Inhalt eines konkreten Glaubens« der abstrakte Begriff ›Religion‹, der entweder auf religionsphilosophische oder religionspsychologische Weise »unter der Hand zu einem Ersatz-Konkretum«[16] wird. An Stelle des RU der Liberalen Religionspädagogik[17] setzt Kittel die Evangelische Unterweisung: Sie »ist Unterweisung im rechten Umgang mit dem Evangelium.«[18] Gegen einen historisierenden, theoretisierenden und moralisierenden Unterricht geht es in der Evangelischen Unterweisung um einen wesentlichen Punkt: »Gottes Wort in Jesu Christi Wort und Werk hören.«[19] Dementsprechend stehen in Kittels Programmschrift Bibel, Gesangbuch und Katechismus an vorderster Stelle, das »getaufte Kind«[20] wird unter diesem Titel erst viel später thematisiert. Methodische Fragen haben sich nach dem Inhalt zu richten; in diesem Sinne zitiert er *T. Heckel*: »Die Bitte um den Heiligen Geist, der durch das Wort zum Glauben ruft, ist schlechthin wichtiger als alle Methodik.«[21] Jedoch sollte nicht

---

12 Vgl. ebd., 92.

13 *O. Hammelsbeck*, Der kirchliche Unterricht. Aufgabe – Umfang – Einheit. München ^{2}1947, bes. 51–99.

14 Vgl. *C. Kalloch / S. Leimgruber / U. Schwab*, Lehrbuch 80–102; *M. Meyer-Blanck*, Kleine Geschichte der evangelischen Religionspädagogik dargestellt anhand ihrer Klassiker, Gütersloh 2003, 109–155; *G. Lämmermann*, Religionspädagogik im 20. Jahrhundert, Gütersloh 1994, 63–94.

15 *H. Kittel*, Vom Religionsunterricht zur Evangelischen Unterweisung, Wolfenbüttel-Hannover 1947, 5.

16 Ebd., 5.

17 Vgl. o. Art. II.

18 Ebd., 8.

19 Ebd., 9.

20 Ebd., 28.

21 Ebd., 21.

übersehen werden, dass Kittel sich positiv auf die Methode der Arbeitschule beziehen kann.

Resümierend ist an der Evangelischen Unterweisung zu problematisieren, dass die Verkündigung als Leitkategorie aus theologischen wie pädagogischen Gründen ungeeignet ist für einen RU an öffentlichen Schulen. Religionslehrkräfte werden dadurch überfordert und die Lebenswirklichkeit der Kinder und Jugendlichen kommt unzureichend in den Blick. Kurze Abhandlungen zur Evangelischen Unterweisung stehen jedoch in der Gefahr, diese im negativen Sinne zu verzeichnen und ihre gegenwärtige Funktion primär in einer dunklen Kontrastfolie zu sehen, auf dem jüngere Konzeptionen umso heller erstrahlen.[22] Deswegen ist positiv hervorzuheben: Die Evangelische Unterweisung ruft in Erinnerung, dass Religionslehrkräfte mehr sind als ›standpunktlose Moderatoren‹. Auch besitzt der RU ein kritisches Potenzial im Kontext öffentlicher Schulen und ist für den RU ein Bezug zum gelebten Glauben förderlich. Diese positiven Punkte sind jedoch auch in späteren Konzeptionen (bes. Hermeneutischer RU, Symboldidaktik) enthalten, so dass sich die Darlegung einer didaktischen Struktur für die Evangelische Unterweisung erübrigt. Dieser Ansatz besitzt zwar eine beachtliche *historische* Bedeutung, aber keine über andere Konzeptionen hinausgehende gegenwärtige didaktische Relevanz.

3. Hermeneutischer Religionsunterricht

3.1 Konzeptionelle Grundlagen

Wichtige Vertreter dieses Ansatzes, der sich Ende der 1950er Jahre etablierte, sind *Martin Stallmann, Hans Stock* sowie *Gert Otto*. Der Bezug auf die Theologien von *Friedrich Gogarten* sowie *Rudolf Bultmann* ermöglichte die Abkehr vom Verkündigungsbegriff der Evangelischen Unterweisung, an dessen Stelle die engagierte Interpretation der biblischen Tradition trat.

Grundlagentext dieser Konzeption ist Martin Stallmanns Werk »Christentum und Schule« (1958). Das Buch entstand im Gespräch mit dem Systematischen Theologen *Friedrich Gogarten*. Stallmann verdankt ihm vor

22 Vgl. dagegen *J. Lähnemann*, War die Evangelische Unterweisung unpädagogisch? Infragestellung eines Pauschalbildes, in: *H. F. Rupp / R. Wunderlich / M. L. Pirner*, Denk-Würdige Stationen, 293–304; *G. Büttner*, Die Praxis der Evangelischen Unterweisung. Neue Zugänge zu einem ›alten‹ Konzept, Jena 2004.

allem die Unterscheidung von christlichem Glauben und Christentum sowie die Säkularisierungsthese. Dies ermöglicht ihm, Schule und RU auf das Christentum als der von der Verkündigung des Evangeliums geprägten Tradition zu beziehen.[23] Der RU wird demnach nicht direkt auf Verkündigung bezogen oder gar selbst als Verkündigung verstanden, sondern die Beziehung ist durch die Tradition vermittelt. Die damit gegebene Unterscheidung von Verkündigung und Unterricht ermöglicht ihm eine schultheoretische Begründung des RU. Dessen Aufgabe ist die engagierte Interpretation biblischer Texte.

Eine didaktische Weiterführung des Hermeneutischen Religionsunterrichts erfolgte durch Hans Stocks »Studien zur Auslegung der synoptischen Evangelien« (1959). Der entscheidende Einfluss von Rudolf Bultmanns existenzialhermeneutischer Theologie wird zum einen durch die Rezeption der historisch-kritischen Methode sowie zum anderen durch den Bezug auf Grunderfahrungen menschlicher Existenz ersichtlich.

Die Ausgestaltung dieser Konzeption durch Gert Otto unterscheidet zwischen schulischem und kirchlichem Unterricht und steht unter der folgenden programmatischen Formel: »Die Auslegung der Bibel ist die didaktische Grundform des Religionsunterrichts«.[24] Alle anderen Unterrichtsinhalte – kirchengeschichtliche wie gegenwartsbezogene Beispielgeschichten – müssen sich an dieser theologischen wie didaktischen Norm messen lassen. Verkündigung ist kein Lernziel des Unterrichts, sie kann jedoch Ereignis werden.

3.2 Didaktische Struktur

In seiner ursprünglichen Form beginnt der Lernprozess in der Regel mit der historisch-kritischen Analyse eines Quellentextes. Ein klassisches Beispiel ist die Sturmstillungsgeschichte (Mk 4,35–41; Mt 8,23–27). Anhand der Synopse werden die Veränderungen herausgearbeitet, die Matthäus an seiner Quelle von Mk 4 vornimmt, und in eine mögliche Theologie des Evangelisten Matthäus eingearbeitet. Es ist erstaunlich, wie durch geringfügige Eingriffe in den Text aus einer Wundergeschichte ein Nachfolgetext entsteht.

In einem nächsten Schritt wird nach der Bedeutung der Analyseergebnisse für die Gegenwart gefragt. Dabei kommt zur Sprache, dass Texte dieser Art nicht Ausnahmesituationen in den Blick bringen, sondern für die menschliche Existenz exemplarische Situationen: Situationen der

---

23 Vgl. *M. Stallmann*, Christentum, 190.

24 *G. Otto*, Schule – Religionsunterricht – Kirche, Göttingen ^{3}1968, 79f.

Angst, der Sorge, des Mangels oder des Todes, die die menschliche Existenz insgesamt gefährden. Die Einsichten können vertieft werden, indem man die biblischen Texte in einen Dialog mit Darstellungen der bildenden Kunst oder literarischen Texten bringt.

Diese traditionserschließende Struktur wurde in der hermeneutischen Konzeption erstmals erschlossen. Einmal entdeckt, kann sie angesichts eines radikalen Traditionsabbruchs sowie der Notwendigkeit, einen *pluralismusfähigen Umgang* mit der Tradition anzubahnen, weiterentwickelt werden. Inzwischen ist diese didaktische Struktur durch eine Differenzierung analytischer Verfahren weiterentwickelt worden. Die historisch-kritischen Fragestellungen wurden z.B. durch sozialgeschichtliche, tiefenpsychologische und feministische Ansätze ergänzt.[25] Diese modernen Verfahren können jedoch von den Erfahrungen der Lernenden ebenso weit entfernt sein wie die historisch-kritischen.

Eine Veränderung dieser Struktur ist erst festzustellen, wenn aus didaktischen Gründen *kreative Verfahren einen Vorrang vor analytischen Verfahren* gewinnen. Ein kreativer Umgang mit biblischen Texten durch alle Formen des Spiels, Tanz, Pantomime, Biblio-Drama und interaktionale Auslegung ermöglicht Lernenden, die Bedeutungsfülle der Texte zu erkennen. Sie gelangen spielend vor die Wahrheit der Texte und können sich probeweise mit den Figuren der Geschichten identifizieren. In einem solchen spielenden Umgang beginnen die Texte an den Betroffenen zu ›arbeiten‹ und ihre Erfahrungen zu erweitern.

Analytische Verfahren kommen ins Spiel, wenn wir fragen, ob die schöpferischen Gestaltungen der Texte dem Erfahrungsmuster der Vorlage entsprechen. Dazu sind historisch-kritische Methoden erforderlich, die Distanz schaffen, um genauer hinsehen zu können, wie die Texte sich zeigen. Bereits im Hermeneutischen Unterricht war die historische Rekonstruktion der Texte kein Selbstzweck, weil die Lernenden sich mit Hilfe der Texte besser verstehen sollten. Diese Intention kann jetzt deutlicher zum Zuge kommen.

---

25 Vgl. *H. K. Berg*, Ein Wort wie Feuer. Wege lebendiger Bibelauslegung, München / Stuttgart 1991.

4. Problemorientierter Religionsunterricht

4.1 Konzeptionelle Grundlagen

Ende der 1960er Jahre führten verschiedene Motive zu einem grundlegenden Wandel der religionspädagogischen Situation:

- Es entstand ein zunehmendes Unbehagen bezüglich einer einseitigen Traditions- und Stofforientierung des RU.
- Dem entsprach auf der anderen Seite eine unzureichende Berücksichtigung der Schüler/innen und ihrer Lebenswirklichkeit. So warf *Werner Loch* der evangelischen Pädagogik eine »Verleugnung des Kindes«[26] vor und forderte wie *Klaus Wegenast* eine »empirische Wendung«.[27]
- Auch kam es, verbunden mit der durch die 1968er Studentenbewegung ausgelösten Kritik an scheinbar selbstverständlichen Gegebenheiten, zu einer verstärkten Schülerkritik und Austritten aus dem RU.
- Nicht zuletzt führte die von *Saul B. Robinson* begründete Curriculum-Theorie (1967) dazu, dass ganze Unterrichtsfächer und damit auch der RU unter einen gesellschaftlichen und wissenschaftlichen Legitimationsdruck gerieten.

Die Anfangsphase der Problemorientierung ist untrennbar verbunden mit dem Loccumer Vortrag von *H. B. Kaufmann* zum Thema »Muss die Bibel im Mittelpunkt des Religionsunterrichts stehen?« (1966). In kürzester Zeit bildeten sich verschiedene Varianten des Problemorientierten Unterrichts aus. Sie reichen von *K. E. Nipkows* »komplementärem Kontextmodell« (1968), in dem einander ergänzend biblische Texte und gegenwartsbezogene Themen für den RU reklamiert werden, bis zur zugespitzten Forderung *H. Gloys* »Themen statt Texte«.[28]

Als theologische Bezugspunkte dienten nun weniger die exegetischen Fächer, sondern die Systematische Theologie, insbesondere die Sozialethik. Der Weg führte von einer »existentialen« zu einer »politischen Hermeneutik des Evangeliums«.[29] Eine entsprechende Entwicklung vom anthropologischen zum politisch-sozialen lässt sich auch in der Rezeption des Religionsbegriffs feststellen, der nach dem Verdikt in der Evangeli-

---

26 *W. Loch*, Die Verleugnung des Kindes in der evangelischen Pädagogik. Zur Aufgabe einer empirischen Anthropologie des kindlichen und jugendlichen Glaubens, Essen 1964.

27 *K. Wegenast*, Die empirische Wendung in der Religionspädagogik, in: EvErz 20 (1968), 111–124.

28 *H. Gloy*, Themen statt Texte?, in: *N. Schneider* (Hg.) Religionsunterricht – Konflikte und Konzepte, Hamburg 1971, 67–79.

29 *J. Moltmann*, Perspektiven der Theologie. Gesammelte Aufsätze, München u.a. 1968, 128.

schen Unterweisung (»Nie wieder Religions-Unterricht«) anstelle des Verkündigungsbegriffs erneut zur Begründung des RU herangezogen wurde. Zunächst wurde von Vertretern wie *H. Halbfas*, *G. Otto* und *S. Vierzig* ein anthropologischer Religionsbegriff rezipiert. Eine entscheidende Rolle spielte hier der Religionsbegriff von Paul Tillich als »Ergriffensein von dem, was uns unbedingt angeht«.[30] Daraufhin folgte jedoch u.a. durch G. Otto und S. Vierzig eine Zuwendung zu einem ›gesellschaftskritischen‹ Religionsbegriff. Im Anschluss an die Politische Theologie (*J. Moltmann, D. Sölle, J. B. Metz*) und die Kritische Theorie der Frankfurter Schule wurde Religionskritik als Gesellschaftskritik verstanden. Der Gegenstandsbereich des RU bezog sich damit nicht nur auf Religion, sondern auf die Lebenswirklichkeit in allen Facetten, womit eine thematische Entschränkung erreicht wurde. Ziel dieses RU war ›politische Aufklärung‹,[31] Aufdeckung von Herrschaftsverhältnissen, die Freiheit und Gerechtigkeit unmöglich machen, sowie Emanzipation.

Auf diesem Hintergrund deutet sich an, warum sich bald gegen den Problemorientierten Unterricht Kritik erhob: Das durch die Rezeption eines allgemeinen Religionsbegriffs erzeugte theologische Vakuum werde durch den Emanzipationsbegriff der Kritischen Theorie gefüllt. Damit werde der RU insofern einer Identitätsproblematik ausgesetzt, als das Proprium des RU kaum mehr erkennbar sei.

4.2 Didaktische Struktur

Der Problemorientierte RU wurde vor allem als Gegenentwurf zu den bisherigen Konzeptionen entwickelt. An die Stelle biblischer Texte traten die Interpretation spezifischer Lebenssituationen und gesellschaftlicher Probleme. Es vollzog sich ein Paradigmenwechsel: Themen statt Texte, problemoffene Interpretation statt unkritischer Bejahung, interdisziplinär arbeitende Theologie statt konfessioneller Theologie und Gruppenarbeit sowie Diskussionen statt lehrerzentrierter Frontalunterricht.

Etwa seit Mitte der 1970er Jahre wurden Austausch und Interpretation von Erfahrungen didaktisches Zentrum des RU. Die Konzeptionen werden als ›*erfahrungshermeneutisch*‹ gekennzeichnet. Ziel ist es, Erfahrung und Wirklichkeit im Lichte der biblischen Verheißung auszulegen. Die problemorientierte didaktische Struktur wurde besonders im Hinblick auf ethische Themen weiterentwickelt. Sie enthält folgende Elemente:

---

30 *P. Tillich*, Systematische Theologie Bd. 1, Berlin u.a. ^{6}1979, 19f. u.ö.

31 Vgl. *S. Vierzig*, Ideologiekritik und Religionsunterricht. Zur Theorie und Praxis eines kritischen Religionsunterrichts, Zürich / Einsiedeln / Köln 1975.

- Analyse der Situation und Bestimmung des anstehenden Problems
- Beschaffung von Informationen (›Medien‹)
- Reflexion auf die strittigen Sach- und Normentscheidungen
- Urteilsbildung anhand theologischer bzw. (sozial)ethischer Kriterien, Diskussion unterschiedlicher Lösungsmöglichkeiten
- Konsequenzen für Einstellung und Verhalten, Darstellung von ›Verlockungsmodellen‹, in denen bestimmte Verhaltensänderungen wenigstens ansatzweise realisiert werden konnten
- Kreative Gestaltungen, die andere zur Verhaltensänderung anstoßen können, oder Erprobung eigener Handlungsmöglichkeiten.

5. Symboldidaktik

5.1 Konzeptionelle Grundlagen

Ab Mitte der 1970er Jahre setzten sich unter den Leitbegriffen Korrelation und Erfahrung sog. Verbund- und Vermittlungsmodelle durch, deren Anliegen in der Überwindung falscher Alternativen stand: »schultheoretische statt kirchliche Begründung, Problemorientierung statt Bibelorientierung, Traditions- statt Daseinsunterricht, Themen statt Lehrgang, Fach der Frage statt Fach der Indoktrination, Interpretation statt Emanzipation, Sach- statt Lernzielorientierung«.[32] Im Rahmen dieser Vermittlungsmodelle konzentrierte sich die religionspädagogische Diskussion ab Ende der 1980er Jahre zunehmend auf die Symboldidaktik, wobei hier zwei unterschiedliche Konzeptionen zu unterscheiden sind: die Symbolhermeneutik des katholischen Religionspädagogen *Hubertus Halbfas* und die kritische Symbolkunde des evangelischen Religionspädagogen *Peter Biehls*.

Die erheblichen Unterschiede zwischen beiden symboldidaktischen Entwürfen sind nicht allein durch die unterschiedliche Konfessionalität ihrer Autoren erklärbar.[33] Eine Differenz wird schon an dem Verhältnis zum Problemorientierten RU erkennbar: Halbfas plädiert für einen radikalen Bruch, Biehl spricht von einer kontinuierlichen Weiterentwicklung.[34] Ziel ist im ersten Fall die Ausbildung eines inneren Symbolsinns (›Drittes Auge‹), im zweiten Ansatz mit Hilfe kreativer Verfahren den

---

32 *W. Sturm*, Religionspädagogische Konzeptionen, 37–86, 67, im Original kursiv.

33 Vgl. *M. Meyer-Blanck*, Geschichte, 250–272; *A. Edelbrock*, Symboldidaktik am Beispiel von Hubertus Halbfas und Peter Biehl, in: JRP 18 (2002), 74–89.

34 Vgl. *P. Biehl*, Didaktische Strukturen des Religionsunterrichts, in: JRP 12 (1996), 197–223, 212f.

Sinn des Symbols zu erfassen und kritisch auf die in den lebensweltlichen Situationen ausgebildeten Symbole zu beziehen, so dass es zu einem Streit um die Auslegung der Wirklichkeit kommen kann.

Im Sinne dieser Zielsetzung fordert Halbfas einen nicht am Konflikt oder Problem zu orientierenden bildenden Umgang mit dem ganzheitlichen Symbolsinn. Stilleübungen sind geeignet, die integrierende und orientierende Kraft der Symbole zu entbinden. Ferner bedarf es einer ›narrativen Lernkultur‹, eine schrittweise Veränderung der gesamten Schulkultur, die Halbfas als ›Funktionalisierung‹ der Lerninhalte kennzeichnet.

Biehl sieht die Aufgabe der Symboldidaktik darin, die ambivalenten Wirkungen der von den Jugendlichen ausgebildeten und gesellschaftlich vermittelten Symbole kritisch aufzuarbeiten und durch einen selbsttätigen, kreativen Umgang mit christlichen Symbolen die Betroffenen zur Deutung ihrer Biografie und zur Bewältigung ihrer Konflikte in Anspruch zu nehmen. Bestimmte biblische Symbolkomplexe lassen sich typischen Grundkonflikten der psychosozialen Entwicklung zuordnen. In diesem Ansatz der Symboldidaktik werden die Brückenfunktion der Symbole und ihre ausdrucksfördernde Funktion besonders hervorgehoben. Symbole sind eine Brücke zwischen der Lebenswelt der Kinder sowie Jugendlichen und der Welt der Religionen.

5.2 Didaktische Struktur

Im Folgenden wird idealtypisch die ›Bauform‹ symboldidaktisch konzipierter Lernprozesse beschrieben. Sie hat heuristische Funktion und soll zu keinem Schematismus bei der Gestaltung von Lernprozessen führen, die Inszenierungen darstellen und keine pädagogischen ›Stufen‹ vertragen.

- Ein ganzheitlicher, handlungsbezogener Zugang ermöglicht, dass die Lernenden *lebensweltliche* Phänomene bzw. ein religiöses Symbol wahrnehmen und sie ihre (Vor-)Erfahrungen mit dem Symbol darstellen.
- Durch die fokussierende Wirkung des Symbols werden die lebensweltlichen Erfahrungen und Wahrnehmungen auf menschliche *Grunderfahrungen* hin konzentriert.
- Durch einen selbsttätigen Umgang mit dem Symbol kann der Zugang zu tiefer liegenden bzw. umfassenderen *(religiösen)* Dimensionen menschlicher Wahrnehmung und Erfahrung eröffnet werden. Der fragmentarische und zerbrechliche Charakter menschlichen Lebens und sein Transzendenzbezug kommen zum Ausdruck.
- Durch einen kreativen Umgang und entsprechende Medien kann das in seinem anthropologischen und religiösen Sinn erschlossene Symbol für die Lernenden seinen spezifischen *theologischen* Sinn gewinnen.

- Die im Lernprozess gewonnenen Erfahrungen und Einsichten werden in einer Gestaltungsaufgabe oder in einem Handlungsvollzug ›aufgehoben‹ (Transfer).

Für die Realisierung der symboldidaktischen Struktur gibt es eine Vielzahl von Gestaltungsmöglichkeiten. Die hermeneutischen Einsichten entsprechende Unterscheidung der lebensweltlichen, religiösen und christlichen Dimension der Symbole spiegelt sich deutlich in der Darstellung der didaktischen Struktur wider. Es ist durchaus möglich und didaktisch sachgemäß, dass der Lernprozess in umgekehrter Reihenfolge verläuft und die Ebene der theologischen Deutungen relativ früh zur Geltung kommt. Die christlichen Symbole können ihre wirklichkeitserschließende Funktion, die zu einer verschärften Wahrnehmung der Wirklichkeit führt und die lebensweltlichen Erfahrungen überraschend in einem neuen Licht erscheinen lassen, zu Beginn des Lernprozesses entfalten. Durch diese Irritation, durch das Fremde, kann eine fruchtbare didaktische Spannung entstehen.

Charakteristisch für die symboldidaktische Struktur ist der Verlauf von der ganzheitlichen Erschließung des Symbolsinns zur kritischen Interpretation und von einem interaktiv-interpretierenden Umgang zurück zu einer Gestaltungsaufgabe oder einem Handlungsvollzug, in dem wieder der Körper mit allen Sinnen beansprucht wird. Diese Struktur hat ihren Grund darin, dass Symbole zu deuten geben, sich ihre Bedeutungsfülle aber nie vollständig in Begriffen ausdrücken lässt.

Die symboldidaktische Struktur ist auf ein Zusammenspiel mit der traditionserschließenden und problemorientierten didaktischen Struktur angewiesen. Da sie dem ›subjektiven Faktor‹ in religiösen Lernprozessen breiten Raum gewährt, hat sie zur subjektorientierten Struktur eine besondere Nähe.[35]

6. Subjektorientierter Religionsunterricht

6.1 Konzeptionelle Anstöße

In dieser Struktur finden sich Elemente aus verschiedenen religionspädagogischen Konzeptionen und Entwürfen: der liberalen Religionspädagogik (bes. *R. Kabisch*), des sozialisationsbegleitenden-therapeutischen Unterrichts (*D. Stoodt*), des schülerorientierten RU (*S. Vierzig*), des sub-

---

35 Vgl. *P. Biehl*, Symbole geben zu lernen. Einführung in die Symboldidaktik anhand der Symbole Hand, Haus und Weg, Neukirchen-Vluyn [2]1991.

jektorientierten RU (*G. Lämmermann*), des erfahrungsorientierten RU (*W. Ritter*), des lebensgeschichtlich-biografischen Unterrichts (*K. E. Nipkow*) sowie der konstruktivistischen Religionsdidaktik (*G. Büttner, H. Mendl*).

Diese verschiedenen Ansätze weisen ein besonderes Gegenstandsfeld auf: vor allem die durch eigene Erfahrungen bewegte Frage nach der Identität (»Wer bin ich?«) sowie Religiosität als subjektive Ausdrucksform von Religion (z. B. religiöse Wahrnehmungen, Erlebnisse und Erfahrungen).[36] Die Kategorie der Subjektivität kann die individuelle Konkretion des Glaubens und Denkens im eigenen Leben zum Ausdruck bringen, ist aber nicht subjektivistisch misszuverstehen. Subjektwerdung vollzieht sich

a) in *Individualität* und erfordert die Wahrnehmung des Ich,
b) in *Sozialität* und erfordert die Wahrnehmung des Anderen,
c) in *Mitkreatürlichkeit* und erfordert eine ›schonende‹ Wahrnehmung der Natur,
d) Subjektwerdung ist eine *Folge* des allen Menschen von Gott gewährten Personseins und animiert zur Suche nach den Spuren Gottes.

Das Subjekt steht im Zentrum der Bildungsprozesse. Subjektwerdung vollzieht sich in (kritischer) Auseinandersetzung mit kulturellen Storys, gesellschaftlichen Schlüsselproblemen und religiösen Symbolen. Pädagogisches Handeln zielt auf die Genese von Subjekten. Diese lässt sich jedoch nicht davon trennen, was das Subjekt konstituiert – und zwar angesichts des Scheiterns von Freiheit und Selbstbestimmung, der Selbstbestimmung durch menschliches Handeln.

6.2 Didaktische Struktur

Die Gesamtstruktur der Lebensgeschichte wird insbesondere dann wahrnehmbar, wenn an Krisen- und Wendepunkten des Lebens die Frage nach dem Leben insgesamt akut wird. Zu diskutieren ist besonders die *Fraglichkeit* der eigenen Lebensgeschichte und die *prinzipielle Offenheit* wie der *fragmentarische* Charakter (*H. Luther*). Religiöse Deutungsmuster können diese Erfahrungen zu überdecken helfen oder aber ermutigen, der Fraglichkeit angesichts des Sinnverlustes standzuhalten.[37] Von bestimm-

---

36 Der Aspekt der Religiosität wird in diesem Aufsatz nicht weiter entfaltet. Vgl. dazu aber die entsprechenden Ausführungen oben in Art. I.

37 Vgl. dazu generell auch *H.-G. Ziebertz*, Wozu religiöses Lernen? Religionsunterricht als Hilfe zur Identitätsbildung, in: *G. Hilger / S. Leimgruber / H.-G. Ziebertz*, Religionsdidaktik, 142–154, der an dieser Stelle von »Differenz statt Sicherheit« (152) spricht.

ten Schlüsselerfahrungen her kann die Lebensgeschichte neu gedeutet werden. Um die Diskussion zu fördern, können wir andere Texte biografischer Art heranziehen und mit ihnen neue Kontexte bilden. Es können zunächst unterschiedliche Erzählungen aus der Gruppe sein, die nach vorgegebenen Gesichtspunkten ausgelegt werden. Sodann können Texte, die eine Gegenposition zu bestimmten Erfahrungen in der Lebensgeschichte enthalten, herangezogen werden.

Um diese Arbeit leisten zu können, muss die *Kompetenz zur Deutung religiöser Texte* entwickelt werden. Das ist nur möglich in dynamischer Spannung zwischen schon vorhandenen und neu zu gewinnenden Deutungen.[38] Die religiöse Qualität erzählter Lebensgeschichten hängt nicht einfach am Vorkommen bestimmter religiöser Begriffe wie Gott, Sünde und Umkehr. Entscheidende Fragen lauten vielmehr z. B.: Entsprechen sie dem Wunsch nach vorbehaltloser Anerkennung, nach authentischem Leben, nach intensivem Glück? Bringen sie einen Komparativ in die Wirklichkeit? Lassen sie diese neu sehen?

Diese Interpretationsgesichtspunkte verlieren ihren abstrakten Charakter, wenn sie eingebunden sind in Storys, so dass es zu einem Dialog zwischen Lebensgeschichte und literarischem oder biblischem Text kommt. In solchen Kontexten interpretiert ein Text den anderen; so hilft ein fremder Text der Lebensgeschichte, die verborgene religiöse Struktur wahrzunehmen und zu verstärken bzw. kindliche Vorstellungen in ›reifere‹ zu überführen. Rückblickend lassen sich für die *subjektorientierte didaktische Struktur* folgende *Elemente* benennen:

- Die Lernenden versetzen sich in bestimmte Situationen (z. B. Geburtstag, Konfirmation) und erzählen ihre Lebensgeschichte. In der Reflexion auf diesen Vorgang erkennen sie, dass sie selbst Autor ihrer Lebensgeschichte sind und diese jeweils aus der Gegenwartsperspektive unterschiedlich konstruiert wird.
- Dabei wird erkennbar, dass manche Erfahrungen von allgemeiner Bedeutung sind und in vielen Punkten gemeinsame Züge mit der Geschichte anderer Zeitgenossen haben. Als vorrangig stellt sich die gemeinsame Fragestellung »Wer bin ich?« heraus.
- Es erfolgen Versuche zu einer ersten Deutung der erzählten Geschichte. Dabei wird zwischen allgemeiner und religiöser Deutung unterschieden. Religiöse Deutung setzt die bisherige lebensweltliche Deutung voraus, unterbricht und überbietet sie.
- Die religiöse bzw. theologische Deutung der erzählten Lebensgeschichte wird vertieft durch die Konfrontierung der Selbsterfahrungen mit Fremderfahrungen, unterschiedliche Deutungen religiöser Herkunft werden versuchsweise

38 Vgl. *F. Schweitzer*, Das Recht des Kindes auf Religion. Ermutigungen für Eltern und Erzieher, Gütersloh 2000, 296.

den Lebensgeschichten zugeschrieben. Diese Deutungen können die Betroffenen anprobieren wie Kleider (M. Frisch), um zu sehen, ob sie ihnen passen. Dazu ist ein Repertoire an Storys erforderlich. Gottesgeschichten ereignen sich ›in, mit und unter‹ Lebensgeschichten.

Der Vielfalt erzählter Lebensgeschichten entspricht die Vielfalt unserer pluralen Welt. Das *eine* Evangelium ermöglicht eine Vielzahl von Auslegungsmöglichkeiten. Der Glaube hat eine plurale Gestalt, da keine der Auslegungsmöglichkeiten erzwungen werden kann.

7. Neuentwicklungen und das Zusammenspiel didaktischer Strukturen

Grundsätzlich sollte das Ensemble didaktischer Strukturen so offen sein, dass jüngere religionspädagogische Ansätze und Entwürfe integriert werden können, aus denen sich wiederum eine didaktische Struktur abstrahieren lässt. Tatsächlich lässt sich in der religionspädagogischen Diskussion der letzten fünfzehn Jahre die Entstehung neuer Ansätze beobachten.[39] Zuweilen heben sie einen besonders wichtigen Aspekt hervor, der für viele Entwürfe kennzeichnend ist.

7.1 Jüngere religionspädagogische Ansätze

Die sogenannte *Performative Religionspädagogik* repräsentiert einen seit etwa zehn Jahren bestehenden Ansatz, der v. a. im Loccumer Umfeld entwickelt wurde.[40] Sie besitzt insofern eine wichtige Funktion, als sie angesichts des sog. Traditionsabbruchs Schüler/innen die Chance bietet, Erfahrungen mit christlicher Religion zu eröffnen[41]. Dies geschieht durch die unterrichtliche Inszenierung von Leib und Raum, genauer gesagt: indem

---

39 Abgesehen von aktualisierenden Überarbeitungen s. zum Folgenden *M. Rothgangel*, Religionspädagogik heute – Trends und Tendenzen, in: Lernort Gemeinde 21 (2003) H. 4, 26–30, bes. 28f.

40 Grundlegend dazu *S. Leonhard / T. Klie* (Hg.), Schauplatz Religion. Grundzüge einer Performativen Religionspädagogik, Leipzig 2003; *T. Klie / S. Leonhard* (Hg.), Performative Religionsdidaktik. Religionsästhetik – Lernorte – Unterrichtspraxis, Stuttgart 2008.

41 Dies gilt ungeachtet des Einspruchs von *S. Leonhard / T. Klie*, Schauplatz Religion. Grundsätze einer Performativen Religionspädagogik, Leipzig 2003, 17f. Anm. 2. Hier liegt mit *R. Englert* das eigentliche Potenzial dieses Ansatzes, der Aspekt des Denkens und Deutens tritt demgegenüber zurück.

gelebte Religion »in ihren Erscheinungen und Verdunkelungen vernommen und leibräumlich gestaltet wird«.[42]

Allerdings sind mit dem performativen Ansatz dann erhebliche Probleme verbunden, wenn man darunter eine neue religionspädagogische Konzeption versteht. Es besteht die Gefahr, dass bei einer religionspädagogischen Fokussierung auf ›performance‹ das Gespräch sowohl mit den theologischen Fachwissenschaften als auch mit weiten Teilen der Allgemeinen Didaktik verloren gehen kann. Der entscheidende Gewinn dieses Ansatzes liegt auf methodischem Gebiet, im Bereich der gestalteten Form, der Inszenierung. Demgegenüber entsteht ungeachtet des Implikations- oder Interdependenzzusammenhangs von Inhalt und Methode der Eindruck, dass Lerngegenstände etwa in Form gelebter Religion pauschal bzw. ohne nähere Begründung vorausgesetzt werden, d. h. ohne sich über die genuin didaktische Frage nach der Inhaltsauswahl unter bestimmten Kriterien wie Exemplarität, Gegenwarts- und Zukunftsbedeutsamkeit etc. begründete Rechenschaft zu geben: Warum werden also welche Aspekte gelebter Religion inszeniert?

Ungeachtet dessen handelt es sich bei der sog. Performativen Religionspädagogik um ein wichtiges Komplementärprogramm zu einer *subjekt- und lebensweltorientierten Religionspädagogik*, die mit ihrem Grundsatz ›Schülerinnen und Schüler wahrnehmen und ernst nehmen‹ entscheidend die religionspädagogische Diskussion der 1990er Jahre bestimmte. Obwohl die meisten religionsdidaktischen Ansätze heute erfahrungs- und lebensweltlich orientiert sind, wird der Lebensweltbegriff oftmals unspezifisch gebraucht. *Hans-Günther Heimbrock* hat ihn im Sinne Husserls konsequent weiterentwickelt und didaktisch entfaltet.[43]

Mit einer *semiotischen*[44] und einer *profanen bzw. neostrukturalistischen*[45] *Religionspädagogik* lassen sich zwei weitere neue Trends benennen, die ihre innovativen Impulse weniger aus der Didaktik, als aus der

---

42 Ebd., 7.

43 Vgl. *H.-G. Heimbrock* (Hg.), Religionspädagogik und Phänomenologie. Von der empirischen Wendung zur Lebenswelt, Weinheim 1998; *W.-E. Failing / H.-G. Heimbrock*, Gelebte Religion wahrnehmen. Lebenswelt – Alltagskultur – Religionspraxis, Stuttgart 1998; *T. Kaspari*, Das Eigene und das Fremde. Phänomenologische Grundlegung evangelischer Religionspädagogik, Leipzig 2010.

44 Vgl. *M. Meyer-Blanck*, Vom Symbol zum Zeichen. Symboldidaktik und Semiotik, Reinbach ^{2}2002; *B. Dressler / M. Meyer-Blanck* (Hg.), Religion zeigen. Religionspädagogik und Semiotik, Münster 1998.

45 Vgl. *B. Beuscher*, Positives Paradox. Entwurf einer neostrukturalistischen Religionspädagogik, Wien 1993; *B. Beuscher / D. Zilleßen*, Religion und Profanität. Entwurf einer profanen Religionspädagogik, Weinheim 1998.

(Sprach-)Philosophie beziehen, genauer gesagt aus Semiotik und Dekonstruktivismus. Vielleicht liegt darin auch ein entscheidender Grund, dass ungeachtet praktischer Konkretionen immer wieder das ungünstige Verhältnis von theoretischem Aufwand und praktischem Ertrag moniert wird. So bestehen beim zeichenorientierten Ansatz in didaktischer Hinsicht kaum Unterschiede zur Symboldidaktik, so dass die praktischen Beispiele der Symboldidaktik entnommen werden können.[46] Jedoch hat die semiotische Religionspädagogik wertvolle Impulse zur Weiterentwicklung von Biehls Symboldidaktik gegeben, indem sie auf die Gefahr möglicher Ontologisierungstendenzen aufmerksam machte und zum Begriff des ›Symbol-Zeichens‹ anregte.[47] In den Festsymbolen (1999) wird die Symboldidaktik als Wahrnehmungslehre neu begründet und unter Aufnahme dieser kritischen Rückfragen so gestaltet, dass der Ontologisierungsvorwurf obsolet geworden ist.

Auch die ›Entsicherungsdidaktik‹ *D. Zilleßens* und *B. Beuschers* besitzt dahingehend ein wichtiges Potential, als sie das Unplanbare und Unverfügbare jeglichen Unterrichtsgeschehens, im besonderen Maße des RU akzentuiert. Dennoch ist zu fragen, ob sich mit diesem Ansatz nicht (zukünftige) Religionslehrer/innen überfordert fühlen müssen.[48] Vielleicht lassen sich das berechtigte »Entsicherungs-Anliegen« und die verständlichen Planungswünsche von Lehrer/innen in einem spieltheoretischen Ansatz integrieren: Unterrichtliches Geschehen vollzieht sich in Wahrscheinlichkeiten, in einem Zusammenspiel von ›Zufall‹ und ›Regel‹.[49]

Schließlich ist die religionspädagogische Diskussion in jüngster Zeit insbesondere durch eine *kompetenzorientierte Religionspädagogik* mit vielem Pro und Contra bewegt worden. Sie wird im vorliegenden Band eigens vorgestellt[50] und beansprucht keineswegs den Status einer religionspädagogischen Konzeption. Vielmehr handelt es sich um einen weiterführenden Leitbegriff (vergleichbar zum Erfahrungsbegriff der 1980er Jahre) oder um ein religionsdidaktisches Prinzip.[51]

---

46 Vgl. *B. Dressler* (Hg.), Religion zeigen. Zeichendidaktische Entwürfe, Loccum 2002.

47 Vgl. *P. Biehl*, Festsymbole. Zum Beispiel Ostern. Kreative Wahrnehmung als Ort der Symboldidaktik, Neukirchen-Vluyn 1999.

48 Vgl. *R. Englert*, Auffälligkeiten und Tendenzen in der religionsdidaktischen Entwicklung, in: JRP 18 (2002), 233–248, bes. 247.

49 Vgl. *M. Rothgangel*, Religionsunterricht als Spiel, in: *H.-F. Angel* (Hg.), Tragfähigkeit der Religionspädagogik, Graz / Wien / Köln 2000, 97–115.

50 Vgl. u. Art. XX.

51 Letztere Sichtweise vertreten *C. Kalloch / S. Leimgruber / U. Schwab*, Lehrbuch der Religionsdidaktik, 341–360.

7.2 Zusammenspiel didaktischer Strukturen

Das Kapitel hat gezeigt, dass es die Religionsdidaktik nicht gibt und unter postmodernen Voraussetzungen auch nicht geben kann. Die komplexen Herausforderungen durch die Gleichzeitigkeit des Ungleichzeitigen sowie durch Individualisierung und Pluralisierung machen eine Verschränkung unterschiedlicher Ansätze erforderlich. Die Alternative zu den bisherigen »Groß-Konzeptionen« kann nicht eine beliebige Mischung didaktischer Entwürfe sein, die von kurzer Dauer sind.

Bei einer *Fach*didaktik wie der Religionsdidaktik müssen jedoch auch die spezifischen inhaltlichen Merkmale berücksichtigt werden. Für die christliche Religion sowie für ihre zwei Nachbarschaftsreligionen sind religionswissenschaftlich betrachtet drei Kategorien konstitutiv: Die grundlegenden Traditionen (z.B. Bibel, Koran), Rituale und Symbole (z.B. Symbole im interreligiösen Vergleich: Wasser...) sowie sittliche Weisungen (Bergpredigt, Zehn Gebote ...). Hinsichtlich dieser drei fachspezifischen Kategorien zeigt sich eine Konvergenz zur hermeneutischen, symboldidaktischen sowie problemorientierten Struktur. Es ist bemerkenswert, dass sich diese zugleich aus der religionsdidaktischen Entwicklung ableiten lassen. Damit in diesem integrativen Kern didaktischer Strukturen nicht einseitig fachwissenschaftliche Merkmale in den Vordergrund geraten, haben wir quer zu ihnen eine spezifisch subjektorientierte Struktur in Anschlag gebracht. Näher besehen konvergiert diese subjektorientierte Struktur gleichfalls mit religionspädagogischen Gegenwartsanalysen, in denen eine Individualisierung von Religion bzw. eine Privatisierung des Christentums festgestellt wird. Ohnehin kommt das Phänomen Religion nur eingeschränkt in den Blick, wenn man es ohne subjektorientierte Kategorien wie Religiosität zu erfassen sucht.

Dieses Zusammenspiel entspricht der Einsicht, dass heute keine Konzeption alleine das gesamte Aufgabenfeld der Religionsdidaktik abdecken kann. Es bedarf vielmehr wechselseitig ergänzender didaktischer Strukturen. Die Zeit der ›Groß-Konzeptionen‹ ist vorbei, die Religionsdidaktik ist aus pluralen Entwürfen zusammengesetzt. Von daher sind Wege zu suchen, die zu Vernetzungen und Verschränkungen von didaktischen Entwürfen unterschiedlicher geschichtlicher Herkunft führen. Der hier aufgezeichnete Weg ist *eine Möglichkeit*, zu einem integrativen Kern didaktischer Strukturen zu kommen. Prinzipiell sind diese Strukturen gleichrangig. Die ›Führung‹ übernimmt je nach Thema die nächstliegende didaktische Struktur.

Literaturhinweise

M. Meyer-Blanck, Kleine Geschichte der evangelischen Religionspädagogik dargestellt anhand ihrer Klassiker, Gütersloh 2003.

G. Hilger / S. Leimgruber / H.-G. Ziebertz, Religionsdidaktik. Ein Leitfaden für Studium, Ausbildung und Beruf, München [6]2010.

C. Kalloch / S. Leimgruber / U. Schwab (Hg.), Lehrbuch der Religionsdidaktik. Für Studium und Praxis in ökumenischer Perspektive, Freiburg u. a., [2]2010.

G. Lämmermann, Religionspädagogik im 20. Jahrhundert, Gütersloh 1994.

V.
Religiöse Bildung als Aufgabe der Schule

Friedrich Schweitzer

Religion als Dimension oder als Gegenstand von Bildung ist nicht nur eine Frage von RU oder Religionsdidaktik. Diesen voraus liegen grundsätzlichere Fragen, deren Klärung wachsende Bedeutung zukommt – nicht zuletzt angesichts einer pluralen Gesellschaft, in der alle bloß durch Tradition begründeten Entscheidungen fraglich werden. Um das Recht eines schulischen RU wird zum Teil erbittert gestritten.[1] Im Hintergrund steht die Grundsatzfrage, ob Religion in der staatlichen Schule überhaupt einen Platz haben könne und ob Religion noch zur Bildung gehöre. Im Folgenden sollen vier Fragen aufgenommen werden, die für das Verhältnis von Bildung, Schule und Religion von grundsätzlicher Bedeutung sind – wobei ab der zweiten Frage die Beantwortung der jeweils vorausgehenden vorausgesetzt wird:[2]

(1) Gehört zur *Bildung* auch Religion, und wenn ja, in welchem Sinne?
(2) Soll religiöse Bildung in der *Schule* stattfinden oder nur an anderen Orten?
(3) Soll religiöse Bildung in einem eigenen *Schulfach* wahrgenommen werden oder wären andere Formen, z. B. eine Thematisierung in allen Fächern, vorzuziehen?
(4) Kann sich religiöse Bildung in einem Schulfach erschöpfen oder sollen auch *andere Bereiche von Schule* diese Aufgabe wahrnehmen?

Diese vier Fragen beziehen sich auf die Bildungs- und Schultheorie. Sie verweisen auf die Pädagogik als diejenige Disziplin, in deren Bereich die Klärung von Bildungsverständnis und Schulorganisation in erster Linie gehört. Zugleich geht es aber auch um ein weitgefasstes theologisch-religionspädagogisches Interesse an Bildung, das sich weder im Fach Religion

---

1 S. etwa die Auseinandersetzungen um das Schulfach LER in Brandenburg oder um die Initiative »ProReli« in Berlin (in den Jahren 2009/2010), die sich für ein gleichberechtigtes Nebeneinander zwischen dem Pflichtfach Ethik und dem dort freiwilligen Religionsunterricht einsetzte.

2 Dabei stütze ich mich auf Argumente, die ich an anderer Stelle ausführlicher dargestellt habe, s. u. a. *F. Schweitzer*, Religionspädagogik, Gütersloh 2006, bes. 60 ff.

noch in religiöser Erziehung und Bildung erschöpft. Theologie und Kirche haben über die religionspädagogischen Aufgaben hinaus auch eine weiterreichende Bildungsverantwortung wahrzunehmen,[3] die sich – in Form einer mit anderen geteilten, demokratisch zu verwirklichenden Mitverantwortung – auf Erziehung und Bildung in der gesamten Gesellschaft erstreckt. Auch wenn es im Folgenden nicht um eine umfassende Thematisierung von Schule aus theologischer oder kirchlicher Sicht gehen kann, sondern nur um religiöse Bildung in der Schule, ist diese allgemeine Bildungsverantwortung doch insofern berührt, als die Gestalt und das Verständnis von Schule und Bildung im Ganzen angesprochen sind.

1. Gehört zur Bildung auch Religion?

Die Frage nach dem Verhältnis von Bildung und Religion kann aus unterschiedlichen Perspektiven thematisiert werden – u. a. aus theologischer, religionswissenschaftlicher, psychologischer oder rechtlicher Sicht. Im Folgenden soll es um *pädagogische* Perspektiven gehen, denen heute weithin eine in dieser Hinsicht ausschlaggebende Bedeutung beigemessen wird. Das Selbstverständnis von Kirchen oder Religionsgemeinschaften sowie deren Interessen und Erwartungen sollten dabei zwar durchaus wahrgenommen werden. Sie können jedoch allein nicht den Ausschlag geben, da weder die Schule noch die Pädagogik sich solchen, in dieser Sicht als partikular zu bezeichnenden Erwartungen unterordnen können. Die Aufgaben des Staates, der allen Bürgerinnen und Bürgern verpflichtet ist, können mit denen einer besonderen (etwa religiösen) Gruppe nicht identisch sein.[4] Nur wenn Religion als allgemeines Interesse einsichtig wird, kann sie einen Platz an der Schule behaupten. Eben darauf zielt so gesehen die Frage, ob Religion zur Bildung gehöre.

Während in der älteren, vor allem aus der sog. geisteswissenschaftlichen Pädagogik stammenden Literatur im Bereich von Bildungs- und Schultheorie[5] der Religion und insbesondere dem Christentum ganz selbstver-

3 Vgl. *K. E. Nipkow*, Bildung als Lebensbegleitung und Erneuerung. Kirchliche Bildungsverantwortung in Gemeinde, Schule und Gesellschaft, Gütersloh 1990.

4 Das hier angesprochene Verständnis von Schule und Pädagogik bedürfte einer eigenen Auseinandersetzung; vgl. dazu etwa *C. T. Scheilke / F. Schweitzer* (Hg.), Religion, Ethik, Schule. Bildungspolitische Perspektiven in der pluralen Gesellschaft, Münster 1999.

5 Als Beispiele von zentraler Bedeutung sei verwiesen auf *W. Flitner*, Die Geschichte der abendländischen Lebensformen, München 1967; *Th. Wilhelm*, Theorie der Schule. Hauptschule und Gymnasium im Zeitalter der Wissenschaften, Stuttgart ²1969, bes. 315 ff.

ständlich zentrale Bedeutung für die Bildung zugesprochen wurde, ist dies in neueren, eher sozialwissenschaftlich-empirisch ausgerichteten Darstellungen nicht mehr ohne weiteres der Fall. Weithin beachtete bildungs- und schultheoretische Entwürfe gehen nicht auf Religion ein oder zählen sie jedenfalls nicht zu den unverzichtbaren Bereichen schulischer Bildung.[6] Manchmal wird zwischen dem Lernverständnis der modernen Schule und Religion überhaupt ein unüberbrückbarer Gegensatz gesehen.[7] Daneben wird aber auch heute in der Pädagogik die Auffassung vertreten, dass Religion in Geschichte und Gegenwart zu den konstitutiven Bereichen des menschlichen Daseins zählt und dass Erziehung und Bildung gar nicht umhin können, sich auch auf Religion zu beziehen.[8]

Die bildungstheoretischen Argumente, die in pädagogischer Sicht den Zusammenhang von Bildung und Religion begründen, entsprechen weithin den in der Religionspädagogik ausgebildeten Begründungen für den schulischen RU:[9]

- *Religion als unabdingbare Dimension des Menschseins*: Hier kann auf die Transzendenzoffenheit des Menschen verwiesen werden sowie auf die in der gesamten Menschheitsgeschichte festzustellende Verbreitung von Religion. Darüber hinaus gilt Religion als Schutz des Menschen vor einer Reduktion auf zweckrationales Verhalten und eine bloß gesellschaftliche Moral.
- *Religion und Religionsfreiheit als allgemeines Menschenrecht und als Recht des Kindes*: Die Religionsfreiheit gehört zu den allgemeinen Menschenrechten und insbesondere zur Menschenwürde.[10] Darüber hinaus haben Kinder ein eigenes

---

6 Vgl. etwa *W. Klafki*, Neue Studien zur Bildungstheorie und Didaktik. Beiträge zur kritisch-konstruktiven Didaktik, Weinheim / Basel 1985 (sowie spätere Auflagen), wobei dieser Autor in anderen Zusammenhängen die Bildungsbedeutung von Religion durchaus bejahen kann; sowie *H. Fend*, Theorie der Schule, Weinheim 1980.

7 Poinitiert: *K. Prange*, Lernen ohne Gnade. Zum Verhältnis von Religion und Erziehung, in: ZP 42 (1996), 313–322.

8 Vgl. etwa *D. Benner*, Allgemeine Pädagogik. Eine systematisch – problemgeschichtliche Einführung in die Grundstruktur pädagogischen Denkens und Handelns, Weinheim / München 1987, bes. 25 ff.; Benner hat sich als Erziehungswissenschaftler in zahlreichen Einzelbeiträgen intensiv mit Fragen von Bildung, Religion und Religionsunterricht befasst, vgl. etwa *D. Benner*, Bildung und Religion. Überlegungen zu ihrem problematischen Verhältnis und zu den Aufgaben eines öffentlichen Religionsunterrichts heute, in: *A. Battke u.a.* (Hg.), Schulentwicklung – Religion – Religionsunterricht. Profil und Chance von Religion in der Schule der Zukunft, Freiburg u.a. 2002, 51–70; s. auch *J. Oelkers*, Ist säkulare Pädagogik möglich?, in: EvErz 42 (1990), 23–31; *H. von Hentig*, Bildung. Ein Essay, München 1996, 94 ff.

9 Im vorliegenden Band s. dazu ausführlicher Art. VIII.

10 Vgl. *F. Schweitzer*, Menschenwürde und Bildung. Religiöse Voraussetzungen der Pädagogik in evangelischer Perspektive, Zürich 2011.

Recht auf Religion und religiöse Begleitung.[11] Daraus ergeben sich Bildungsaufgaben, die auch in der Schule wahrgenommen werden müssen.

- *Religion als Dimension der Selbstwerdung*: In religionspsychologischer Perspektive wird die Auffassung vertreten, dass die Selbstwerdung des Kindes auch die Bildung seiner religiösen Erfahrungen, Gefühle und Vorstellungen einschließen muss. Kinder sind dabei auf Klärungshilfen und eine Begleitung ihrer Entwicklung angewiesen.
- *Religion als prägender Bestandteil von Kultur und Geschichte*: Diese Begründung erfährt heute im Vergleich zu anderen Begründungsmöglichkeiten die größte Zustimmung. Selbst in Ländern mit strikter Trennung von Staat bzw. staatlicher Schule und Kirche oder Religion wird heute gesehen, dass die geschichtliche Entwicklung in Europa ohne Kenntnis der christlichen Religion nicht zu verstehen ist.
- *Religion als für das gesellschaftliche Leben erforderliches Thema*: Nicht nur in der Vergangenheit, sondern auch in der Gegenwart spielt Religion im gesellschaftlichen Leben eine bedeutsame Rolle und begegnen Kinder religiösen Vollzügen wie Festen und Feiern, Gottesdiensten usw. Darüber hinaus hat durch den Wandel zur »multikulturellen Gesellschaft« auch das Verhältnis zwischen den Religionen an Gewicht gewonnen – für das friedliche Zusammenleben in der Gesellschaft insgesamt, aber auch für Bildung und Schule.
- *Religion als Grundlage moralischer Erziehung*: Auch wenn heute zum Teil die Auffassung vertreten wird, dass eine religiöse Begründung moralischer Normen nicht (mehr) erforderlich oder möglich sei, wird vielfach davon ausgegangen, dass zumindest die Motivation für moralisches Handeln insbesondere von religiösen Überzeugungen abhängig sei. Ethische Bildung ohne Religion bliebe dann unvollständig oder würde jedenfalls auf eine wichtige Motivationsquelle verzichten.[12]

Diese Begründungen sind zwar nicht alle gleichermaßen konsensuell. Insgesamt finden sie aber doch soviel Zustimmung, dass der Zusammenhang von Bildung und Religion auch als bildungstheoretisch gut begründet anzusehen ist. Soweit in neueren bildungstheoretischen Entwürfen das Thema Religion ausgeklammert bleibt, ist dies deshalb ein Versäumnis, das zum Teil auch in der Erziehungswissenschaft selbst beklagt wird.[13]

Auch wenn feststeht, dass Religion zur Bildung gehört, ist noch nicht ohne weiteres klar, ob und in welcher Weise die Aufgabe religiöser Bildung praktisch wahrgenommen werden kann. Selbst wenn religiöse Bil-

---

11 Vgl. *F. Schweitzer*, Das Recht des Kindes auf Religion. Ermutigungen für Eltern und Erzieher, Gütersloh ^{2}2005.

12 Zu Fragen der ethischen Erziehung in der Schule und im Verhältnis zu Religion vgl. *G. Adam / F. Schweitzer* (Hg.), Ethisch erziehen in der Schule, Göttingen 1996; *H. Joas* (Hg.), Braucht Werterziehung Religion? Göttingen 2007.

13 Vgl. *J. Oelkers / F. Osterwalder / H.-E. Tenorth* (Hg.), Das verdrängte Erbe. Pädagogik im Kontext von Religion und Theologie, Weinheim / Basel 2003.

dung wünschenswert scheint, bleibt denkbar, dass Religion sich allem Lehren und Lernen entzieht.

Bei dieser Frage ist das (Selbst-)Verständnis von Kirchen und Religionsgemeinschaften hinsichtlich der sog. Lehrbarkeit von Religion oder Glaube[14] zu beachten. Zum einen könnte eine Form der Bildung, die dem Selbstverständnis der Religionen widerspricht, schwerlich als religiöse Bildung gelten; zum anderen gibt es Fälle, in denen das Selbstverständnis einer Religion Bildung ausschließt – etwa weil allein Bekehrungs- oder Erleuchtungsprozesse als legitim erscheinen, die gerade nicht als Bildung aufgefasst werden sollen, oder weil Indoktrination als das Mittel der Wahl gepflegt wird.

Allgemein gilt, dass religiöse Bildung beidem gerecht werden muss – dem Bildungsverständnis mit seinem Anspruch auf Autonomie als Ziel der Bildung, aber auch dem Selbstverständnis der jeweiligen Religion, die Bildung als eine ihr angemessene Form anerkennen oder sogar fordern kann.

Besonders aus evangelischer Sicht ist auch dann, wenn religiöse Bildung bejaht wird, die prinzipielle Begrenztheit der durch Bildung zu erreichenden Ziele festzuhalten: Glaube kann und darf nicht Ziel der Bildung sein. Theologisch gesehen ist der Glaube für den Menschen unverfügbar – eine Gabe, die nur von Gott selbst kommen kann.

Auf pädagogischer Seite wird dies manchmal so ausgelegt, dass religiöse Bildung legitim überhaupt nur als Information *über* Religion oder besser, um jede einseitige Beeinflussung zu vermeiden: über *Religionen* verstanden werden könne. Schon seit *Jean-Jacques Rousseaus* »Emile« (1762) wird diese Auffassung diskutiert.[15] Dabei wird jedoch übersehen, dass religiöse Überlieferungen bildende Kraft überhaupt nur in dem Maße entfalten können, in dem sie nicht als Museumsstücke vorgeführt, sondern als zumindest mögliche persönliche Herausforderung erfahren werden können. Dazu gehört häufig, dass Kinder und Jugendliche sich auch mit Repräsentanten einer Religionsgemeinschaft persönlich auseinandersetzen können.

Im Hintergrund vieler Auseinandersetzungen steht heute die Pluralität der Religionen. Ohne Zweifel ist beispielsweise Deutschland in dem Sinne zu einem multireligiösen Land geworden, dass andere Religionen – vor allem der Islam mit mehr als 4 Millionen Angehörigen – neben dem Christentum präsent sind. Nach heutigem Verständnis kann religiöse Bildung

---

14 Vgl. dazu *F. Schweitzer*, Religionspädagogik, 26 ff.

15 Vgl. *J.-J. Rousseau*, Emil oder Über die Erziehung, Paderborn u. a. ^{5}1981, im vorliegenden Zusammenhang bes. Buch IV.

nicht auf nur eine Religion, in welche die Kinder eingeführt werden sollen, begrenzt sein. Beheimatung ohne Begegnung mit dem anderen bzw. der anderen Religion ist keine legitime Form von Bildung.[16] Zu fordern ist vielmehr eine angemessene Verbindung zwischen der Unmittelbarkeit personaler Repräsentanz religiöser Überzeugungen, die auch Identifikationen erlaubt, und der für Bildung grundlegenden distanzierenden Gebrochenheit aller repräsentierten Erfahrungen, wie sie beispielsweise durch Information über andere Überzeugungen hergestellt werden kann. Insofern richtet sich Bildung gegen jede Art von Fundamentalismus.[17] Dies ergibt sich auch aus Überlegungen zur spezifischen Form, in der Bildung sich auf Religion einlassen kann, nämlich einerseits zwar durchaus erfahrungs- und praxisbezogen, andererseits aber immer in reflektierter Distanz.[18] Im Blick auf die religiöse Gegenwartssituation stellt Pluralitätsfähigkeit ein zentrales Bildungsziel dar.[19]

2. Religiöse Bildung in der Schule?

Auch wenn Religion zur Bildung gehört, muss dies nicht bedeuten, dass religiöse Bildung *in der Schule* stattfinden soll. Zum einen kann argumentiert werden, dass die staatliche Schule einen so persönlich-privaten Bereich wie Religion gar nicht aufzunehmen in der Lage sei. Zum anderen kann auf andere Orte verwiesen werden, die weit besser geeignet seien, diese Aufgabe zu übernehmen.

Der erste Einwand beruft sich auf die Neutralitätspflicht des Staates sowie auf die Trennung zwischen Staat und Kirche bzw. Religionsgemeinschaften, aus der die Trennung zwischen (staatlicher) Schule und Religion folge. Bekanntlich ist eine solche Trennung in Frankreich und in den USA sowie in den staatssozialistischen Ländern tatsächlich verwirklicht worden – mit allerdings für Bildung und Religion gleichermaßen negativen Folgen.

---

16 Zum Stand der Diskussion s. *K. E. Nipkow*, Bildung in einer pluralen Welt. 2 Bde., Gütersloh 1998; *P. Schreiner / U. Sieg / V. Elsenbast* (Hg.), Handbuch Interreligiöses Lernen, Gütersloh 2005.

17 Vgl. *D. Benner*, Religiöse Bildung: Überlegungen zur Unterscheidung zwischen »fundamentalen« und »fundamentalistischen« Konzepten, in: *F. Schweitzer / V. Elsenbast / C. T. Scheilke* (Hg.), Religionspädagogik und Zeitgeschichte im Spiegel der Rezeption von Karl Ernst Nipkow, Gütersloh 2008, 151–164.

18 Vgl. *B. Dressler*, Unterscheidungen. Religion und Bildung, Leipzig 2006.

19 Vgl. *F. Schweitzer u.a.*, Entwurf einer pluralitätsfähigen Religionspädagogik (RPG 1), Freiburg / Gütersloh 2002.

Der zweite Einwand, der auf andere Lernorte verweist, kann von der Schule, aber auch von den außerschulischen Orten her erhoben werden:

- Von der Schule her kann gesagt werden, dass die dort geltenden Gesetze des Lernens und Leistens insbesondere dem christlichen Zentralprinzip der (Rechtfertigungs-)Gnade widersprechen, so dass sich ein permanenter Widerspruch zwischen inhaltlichem Anliegen und schulischer Arbeitsform ergeben würde[20] – eine Spannung, die vor allem hinsichtlich des Problems der Leistungsbewertung im RU immer wieder diskutiert wird.
- Von den außerschulischen Lernorten her kann darauf verwiesen werden, dass die Kommunikation des Glaubens persönliche Verhältnisse voraussetzt, die in der Schule als Institution nicht vorstellbar seien. Viel besser als in der Schule könne religiöse Bildung deshalb vor allem in der Familie oder in der Kirchengemeinde stattfinden.[21]

Wie ist mit diesen Einwänden – jenseits der Rechtsfragen, auf die hier nur verwiesen werden kann[22] – umzugehen? Sie sind m. E. ernstzunehmen, können letztlich aber nicht den Ausschlag geben, da sie ihrerseits auf Gegengründe von erheblichem Gewicht stoßen:

Erstens kann die Schule schwerlich einen ganzen Bereich außer Acht lassen, der konstitutiv zum Menschsein hinzugehört. Zum Teil wird dies unter dem Aspekt der *Allgemeinbildung* diskutiert: Nach *Wolfgang Klafki* sind damit drei »Bedeutungsmomente« angesprochen: Bildung als Möglichkeit und Anspruch aller Menschen; die Gesamtheit menschlicher Möglichkeiten; Bildung in der »Aneignung *von* und der Auseinandersetzung *mit* dem die Menschen gemeinsam Angehenden«.[23] In allen drei Hinsichten ist Religion mit berührt.

Wenn die oben für den Zusammenhang von Bildung und Religion angeführten Argumente zutreffen, dann ist Religion in diesem Sinne Teil der Allgemeinbildung. Es wäre für die Schule ein bleibender Verlust, wenn sie diesen Bereich von Kultur und gesellschaftlichem Leben nicht thematisieren und beeinflussen könnte. Schulen wären dann etwa nicht in der Lage – wie das amerikanische Beispiel zeigt[24] –, sich mit Problemen wie dem religiösen Fundamentalismus auseinanderzusetzen.

---

20 Vgl. *K. Prange*, Lernen ohne Gnade.

21 So die klassische Formulierung des Problems bei *F. Schleiermacher*; die entsprechenden Passagen sind leicht zugänglich bei *K. E. Nipkow / F. Schweitzer* (Hg.), Religionspädagogik. Texte zur evangelischen Erziehungs- und Bildungsverantwortung seit der Reformation. Bd. 1: Von Luther bis Schleiermacher (ThB 84), München 1991, 244 ff.; vgl. o. Art. III, 5.1.

22 Vgl. u. Art. VIII, 6.

23 *W. Klafki*, Neue Studien zur Bildungstheorie und Didaktik, 17 f.

24 Vgl. *R. R. Osmer*, Religion unterrichten in der staatlichen Schule in den USA: Aussich-

Zweitens ist bei der Zuordnung religiöser Bildung zu außerschulischen Lernorten zu bedenken, ob diese Lernorte für Religion tatsächlich leisten, was ihnen hier zugesprochen wird. So ist heute die Familie aufs Ganze gesehen nicht (mehr) der erste Ort einer ausdrücklich religiösen Erziehung,[25] und mit den Kirchengemeinden kommt überhaupt nur eine Minderheit der Kinder und Jugendlichen dauerhaft in Kontakt. Zwar bleibt selbst dann noch richtig, dass die Schule nicht alle Defizite ausgleichen kann, die in der Gesellschaft außerhalb der Schule entstehen, aber der Verweis auf die für Religion angeblich geeigneteren außerschulischen Lernorte verliert doch erheblich an Gewicht. Religiöse Bildung als Teil der Allgemeinbildung bleibt jedenfalls ungesichert, wenn sich die Schule ihrer nicht annimmt und sie zumindest mitträgt.

An dieser Stelle ist auch die Frage nach dem *Elternrecht* (Art. 6 GG) aufzuwerfen, da dieses Recht bei der Gestaltung und Organisation von Schule zumindest mitzubedenken ist. Allerdings könnte in dieser Hinsicht der Befund, dass religiöse Erziehung von der Familie kaum (mehr) in ausdrücklicher Form betrieben wird, als Argument *gegen* eine auf das Elternrecht gestützte religiöse Bildung in der Schule ausgemünzt werden. Umfragen zur Einstellung der Eltern hinsichtlich religiöser Erziehung[26] belegen jedoch, dass viele Eltern das Angebot einer u. a. schulisch ermöglichten religiösen Bildung begrüßen, eben weil sie sich selbst nicht in der Lage sehen, diese Verantwortung zu übernehmen.

Eine weitere Frage betrifft die Gefahr einer *Funktionalisierung religiöser Bildung durch den Staat* – ein Problem, das in Deutschland besonders im 19. Jahrhundert deutlich zu Tage trat. Der RU sollte damals ein »Bollwerk« gegen die demokratischen »Umtriebe« bilden.[27] Auch heute sind mitunter parteipolitische Interessen mit im Spiel, wenn in Politik und Öffentlichkeit von religiöser Erziehung die Rede ist. Der Bildungsanspruch der Schule muss sich gegen alle Versuche einer verzweckenden Überfremdung wenden, aber das schließt die Wahrnehmung eines immer auch kritisch auszulegenden religiösen Bildungsauftrags keineswegs aus.

Zusammenfassend sprechen also gewichtige Gründe dafür, *dass religiöse*

---

ten und Möglichkeiten, in: *C. T. Scheilke / F. Schweitzer* (Hg.), Religion, Ethik, Schule, 279–294.

25 Vgl. als Überblick *M. Domsgen*, Familie und Religion. Grundlagen einer religionspädagogischen Theorie der Familie, Leipzig 2004.

26 Vgl. im Zusammenhang der Kindertaufe und den damit verbundenen Erwartungen der Eltern schon *J. Hanselmann u. a.* (Hg.), Was wird aus der Kirche? Ergebnisse der zweiten EKD-Umfrage über Kirchenmitgliedschaft, Gütersloh 1984, 99ff., 187ff. In den späteren EKD-Umfragen wurde dieser Aspekt leider nicht mehr herausgearbeitet.

27 Vgl. dazu im einzelnen *K. E. Nipkow*, Grundfragen der Religionspädagogik. Bd. 2: Das pädagogische Handeln der Kirche, Gütersloh 1975, 41 ff.

Bildung in der Schule wahrgenommen werden soll. Die genannten Einwände sind damit freilich nicht aus der Welt. Sie müssen auch weiterhin bedacht werden, nicht zuletzt bei der im Folgenden aufzunehmenden Frage, in welcher Form religiöse Bildung in der Schule wahrgenommen werden soll.

3. Religion als Dimension aller Fächer oder als eigenes Fach?

Der Streit, ob Religion ein eigenes Fach oder eine Dimension aller Fächer sein soll, währt schon seit langer Zeit. Im 19. Jahrhundert vertrat *Friedrich Adolph Wilhelm Diesterweg* die These, dass »jeder Lehrer ein Religionslehrer« sei und sein müsse, weil die Frage nach (letzter) Wahrheit jeden wahrhaft pädagogischen Unterricht begleite.[28] In der Reformpädagogik zu Beginn des 20. Jahrhunderts wurde dann die Formel »Religion in allen Stunden« geprägt[29], und bis heute wird immer wieder auf den Gedanken einer Behandlung religionsbezogener Themen ohne Einrichtung eines besonderen Faches zurückgegriffen – beispielsweise in Frankreich, wo andere Fächer wie Geschichte die Aufgabe religiöser Bildung übernehmen sollen.[30]

Es sind durchaus beachtliche Gründe, die sich für die Wahrnehmung religiöser Bildungsaufgaben ohne spezielles Fach anführen lassen:

- Die Einrichtung eines besonderen Faches bedeutet immer auch eine Ausgrenzung der entsprechenden Inhalte. Wo immer ein RU eingerichtet wird, droht das Missverständnis, bei Religion handele es sich um einen isolierbaren (Sonder-)Bereich.
- Wenn Religion als Dimension allen Unterrichts verstanden wird, können auf Religion bezogene Themen und Fragen überall dort aufgegriffen werden, wo sie der Sache nach vorkommen: im Deutschunterricht ebenso wie im Geschichtsunterricht, in Biologie ebenso wie in Politik usw. Wenn Religion, wie zu Recht beklagt wird, in diesen Fächern heute kaum angesprochen wird, so sei dies der entlastenden Existenz eines speziellen RU geschuldet, an den alle entsprechenden Fragen delegiert werden.

---

28 *F. A. W. Diesterweg*, Jeder Lehrer – ein Religionslehrer (1852), in: *Ders.*, DSW 10, 3–14; vgl. o. Art III, 5.1.

29 Zu dieser Formulierung bei *H. Scharrelmann* vgl. *M.-L. Kling de Lazzer*, Thematisch-problemorientierter Religionsunterricht. Eine historisch-systematische Untersuchung zur Religionsdidaktik, Gütersloh 1982, 77.

30 Vgl. *B. Schröder*, Religionsunterricht an staatlichen Schulen in Frankreich? Neuere Entwicklungen und Einschätzungen, in: ZPT 62 (2010), 149–158.

- Hingewiesen werden kann schließlich auch auf die Spannung zwischen dem Argument, Religion gehöre unverzichtbar zur Allgemeinbildung, und dem Prinzip der Freiwilligkeit, das jedenfalls für den RU nach Art. 7,3 GG gilt. Nur wenn Religion als Dimension in allen Fächern vorkomme, sei wirklich gewährleistet, dass die Allgemeinbildung Religion einschließt. Darüber hinaus sei zu bedenken, dass – etwa in den neuen Bundesländern, aber auch in westdeutschen Großstädten – viele Kinder und Jugendliche vom RU nicht mehr erreicht werden, weil sie keiner Religionsgemeinschaft angehören bzw., wie zur Zeit (noch) bei Muslimen, kein RU als ordentliches Lehrfach angeboten wird.

Auch wenn das zuletzt genannte Argument durch den Hinweis auf den Ethikunterricht als weitere Möglichkeit, Religion im Rahmen eines Faches zumindest in Form einer neutral informierenden Religionskunde[31] aufzunehmen, jedenfalls entkräftet werden kann, bleiben die Argumente für Religion als Dimension aller Fächer bedenkenswert. Auch in diesem Falle sind es erst die Gegengründe, die angesichts der Einwände gegen RU als eigenes Fach doch zu der Entscheidung für ein solches Fach führen:

- Ähnlich wie bei der Muttersprache, die in allen Fächern geübt und gepflegt werden muss und für die das eigene Fach doch unverzichtbar bleibt, kann auch für religiöse Bildung ein solcher doppelter Ansatz gefordert werden. Die Einrichtung eines Faches RU ist nicht notwendig gleichbedeutend mit einer Schwächung von Religion als Dimension. Beides kann auch Hand in Hand gehen – beides kann sich wechselseitig verstärken.
- Zudem wird es erst mit der Einrichtung eines eigenen Faches Religion möglich, für eine entsprechende (akademische) Ausbildung sowie für professionell-religionspädagogische Kompetenz im Sinne der Qualitätssicherung zu sorgen.
- Vielfach wird darauf hingewiesen, dass religiöse Bildung nur in Auseinandersetzung mit dem (Wahrheits-)Anspruch der religiösen Überlieferungen ihr Ziel erreichen kann und dass dies die Begegnung mit Lehrerinnen und Lehrern voraussetzt, die als Angehörige einer bestimmten Religion oder Konfession zu identifizieren und damit auch kritisch zu befragen sind. Ein solcher RU kann aufgrund der Religionsfreiheit nicht auf dem Wege staatlich durchgesetzter Schulpflicht für alle verbindlich gemacht werden. Ein persönlich profilierter RU setzt Freiheitlichkeit und deshalb Wahl- bzw. Befreiungsmöglichkeiten voraus.
- Der Gefahr einer Isolation des RU kann auch durch Kooperation mit dem Ethikunterricht oder mit anderen, etwa naturwissenschaftlichen Fächern sowie zwischen unterschiedlichen Formen des christlich-konfessionellen oder von einer anderen Religion her bestimmtem RU wirksam begegnet werden.[32]

---

31 Zum Verhältnis zwischen Religionsunterricht und Ethikunterricht s. *H. Schmidt*, Ethische Erziehung als fächerübergreifende und fächerverbindende Aufgabe, in: *G. Adam / F. Schweitzer* (Hg.), Ethisch erziehen in der Schule, 313–331.

32 Zu dieser, besonders mit der Denkschrift der EKD (Identität und Verständigung.

Auch wenn am Ende die Gründe für ein eigenes Fach Religion bzw. RU – mit der Maßgabe fächerübergreifender Kooperation – die möglichen Einwände überwiegen und wenn sich die Alternative zwischen Religion als eigenem Fach und als Dimension aller Fächer nicht als zwingend erweist, bleibt am Ende eine gewisse Aporie: Vielfach wird heute in den herkömmlichen Schulfächern sowie in den wissenschaftlichen Disziplinen, die hinter ihnen stehen, kein tragfähiges Organisationsprinzip für Schule mehr gesehen. Immer stärkere Beachtung finden hingegen fächerübergreifende Zusammenhänge, ähnlich wie auch in der Wissenschaft zahlreiche Probleme ohne interdisziplinäre Zusammenarbeit kaum mehr lösbar erscheinen. Manchmal wird schon an eine »Schule ohne Fächer« gedacht. Von einer Aporie spreche ich dabei, weil ein Fach RU aus pädagogischen Gründen gefordert, zugleich aber aus ebenfalls pädagogischen Gründen mit der Aufhebung von Fächergrenzen wieder in Frage gestellt werden kann. Wie diese Aporie ggf. aufzulösen wäre, lässt sich derzeit kaum sagen.

4. Religion in Schulleben und Schulkultur?

Wie auch immer Religion dem Fächerkanon zugeordnet wird, ob als Dimension aller Fächer oder als eigenes Fach, religiöse Bildung kann sich jedenfalls nicht im (Fach-)Unterricht erschöpfen. Die der Religion eigenen Formen des Handelns und Erlebens weisen über das Klassenzimmer hinaus – auf Feier und Spiel, auf Fest und Liturgie, auf Aktionen und Projekte. Und ebenso verlangt heute die Schule, soll sie ihrem pädagogischen Auftrag gerecht werden, nach anderen Formen des gemeinsamen Lebens und Lernens, als sie in einer bloßen Unterrichtsanstalt möglich sind. So gibt es gute Gründe, die religionspädagogischen Traditionen in Schulleben und Schulkultur weiter auszubauen[33]:

– Die genannten Formen (Feier, Spiel, Fest, Liturgie / Gottesdienst, Aktionen, Projekte usw.) dienen unmittelbar der Bereicherung von Schulkultur.

Standort und Perspektiven des Religionsunterrichts in der Pluralität. Eine Denkschrift der *EKD*, Gütersloh 1994) verbundenen Diskussion vgl. mit weiteren Begründungen sowie empirischen Befunden *F. Schweitzer / A. Biesinger u. a.*, Gemeinsamkeiten stärken – Unterschieden gerecht werden. Erfahrungen und Perspektiven zum konfessionell-kooperativen Religionsunterricht, Freiburg / Gütersloh 2002; *Dies.*, Dialogischer Religionsunterricht. Analyse und Praxis konfessionell-kooperativen Religionsunterrichts im Jugendalter, Freiburg 2006.

33 S. dazu ausführlicher u. Art. VI.

- Zur »Öffnung der Schule«, wie sie heute vielfach gefordert wird, kann auch die Zusammenarbeit mit außerschulischen Partnern aus Kirchengemeinde, kirchlicher Kinder- und Jugendarbeit, Konfirmandenunterricht usw. zählen.[34]
- Schulleben und Schulkultur, einschließlich der Zusammenarbeit mit der (Kirchen-)Gemeinde, bieten wichtige Möglichkeiten auch für interreligiöses Lernen, das heute – wie bereits gesagt – ein konstitutiver Bestandteil religiöser Bildung ist.

Auch die Pflege von Religion in Schulleben und Schulkultur muss unter Beachtung des Toleranzgebots und der Religionsfreiheit geschehen. Die Rechtsprechung etwa über »Ehrfurcht vor Gott als Bildungsziel«[35] hat dies deutlich hervorgehoben. Dieselben Urteile belegen allerdings auch, dass Religion in Schulleben oder Schulkultur keineswegs gegen das Toleranzgebot verstoßen *muss*. Sicherzustellen ist allerdings, dass niemand gegen seinen Willen zur Teilnahme an Aktivitäten gezwungen wird, die gegen seine religiösen oder nicht-religiösen Überzeugungen verstoßen, und dass aus einer Nicht-Teilnahme keinerlei Nachteil oder Diskriminierung erwächst.

5. Zusammenfassung und Konsequenzen

Die vier eingangs gestellten Fragen haben eine positive Antwort gefunden: Religion gehört zur Bildung, religiöse Bildung soll in der Schule stattfinden – als eigenes Fach und zugleich in Schulleben und Schulkultur. Diese Antworten mögen in einem religionspädagogischen Kompendium nicht weiter überraschen. Sie erscheinen erwartbar und vielleicht allzu konform. Deshalb ist es mir wichtig, am Ende nicht nur auf diese in knapper Zusammenfassung genannten Antworten zu sehen, sondern auch die Spannungsverhältnisse bewusst zu halten, die deutlich geworden sind. Das Verhältnis von Bildung, Schule und Religion ist heute angemessen nicht ohne die ihm innewohnende Dynamik zu begreifen. Deshalb muss auch die praktische Ausgestaltung dieses Verhältnisses so geschehen, dass sie dieser Dynamik gerecht wird.

Von einer *Dynamik* spreche ich dabei, um die bleibenden Spannungen im Verhältnis von Bildung, Schule und Religion zum Ausdruck zu bringen. Es sind diese Spannungen, die beständig für die – manchmal konflikt-

---

34 Als Überblick s. *F. Schweitzer*, Die Suche nach eigenem Glauben. Einführung in die Religionspädagogik des Jugendalters, Gütersloh ^{2}1998, 179 ff., 196 ff.; s. u. Art. VII.

35 Dazu *F. Hufen*, Ehrfurcht vor Gott als Bildungsziel, in: Recht der Jugend und des Bildungswesens 37 (1989), 341–345.

hafte – Bewegung in diesem Verhältnis sorgen und die doch nicht aufzuheben sind.

So gehört zur Bildung zwar auch Religion, aber Glaube kann zumindest im christlichen Verständnis nicht Ziel der Bildung sein. Religiöse Bildung muss mehr und anderes sein als religionskundliche Information über Religion, aber sie darf nicht auf die Einführung in nur eine Religion verengt werden. Religiöse Bildung ist pädagogisch zu begründen und muss doch das Selbstverständnis der Religionen berücksichtigen.

Religion gehört in die Schule, darf aber nicht verschult werden. Die Schule besitzt auch im Blick auf Religion einen eigenen Bildungsauftrag, der sie von anderen Institutionen und Lernorten unterscheidet, aber zugleich ist die Schule bei ihrem Versuch einer »Öffnung« auch an die Kirchengemeinde gewiesen.

Religion braucht ein eigenes Fach, aber doch nicht in Isolation und auch nicht so, dass Religion ausschließlich im RU vorkommen sollte oder gar dürfte. Gerade das Festhalten am Fach verlangt, dieses Fach in der Schule immer wieder zu überschreiten und die Fächergrenzen durchlässig zu machen – im Verhältnis zum Ethikunterricht und zum RU anderer Konfessionen und Religionen sowie in der Kooperation mit allen Fächern der Schule.

Religion soll freiwillig sein oder zumindest abwählbar, aber als Teil der Allgemeinbildung soll sie nicht zur Disposition stehen. Religiöse Bildung soll möglichst gleichermaßen alle Kinder und Jugendlichen erreichen, aber sie ist – unter Wahrung der Religionsfreiheit – nur so vorstellbar, dass jedem einzelnen die Möglichkeit einer Befreiung offen steht.

Das gilt schließlich auch für Schulleben und Schulkultur: Mit ihren über allen Unterricht hinausreichenden Möglichkeiten des gemeinsamen Handelns und Erlebens leisten sie einen konstitutiven Beitrag zur religiösen Bildung für alle, aber sie dürfen doch kein Kind und keinen Jugendlichen in eine wie auch immer bedrängende Lage von Zwang oder Diskriminierung bringen.

Der Zusammenhang von Bildung, Schule und Religion bleibt sensibel und ist im Wissen um die genannten Spannungen zu gestalten. Erst dann wird die theoretische Begründung dieses Zusammenhangs auch praktische Überzeugungskraft entfalten – als Gewinn für Bildung und Schule und ebenso als Gewinn für die Kinder und Jugendlichen.

Literaturhinweise

D. Benner, Bildung und Religion. Überlegungen zu ihrem problematischen Verhältnis und zu den Aufgaben eines öffentlichen Religionsunterrichts heute. In: *A. Battke u.a.* (Hg.), Schulentwicklung – Religion – Religionsunterricht. Profil und Chance von Religion in der Schule der Zukunft, Freiburg u. a. 2002, 51–70.

B. Dressler, Unterscheidungen. Religion und Bildung, Leipzig 2006.

K. E. Nipkow, Bildung in einer pluralen Welt. 2 Bde., Gütersloh 1998.

C. T. Scheilke / F. Schweitzer (Hg.), Religion, Ethik, Schule. Bildungspolitische Perspektiven in der pluralen Gesellschaft, Münster 1999.

F. Schweitzer, Religionspädagogik, Gütersloh 2006.

VI.
Religion und Schulleben

Michael Wermke

1. Leben und Lernen in der Schule

Seit etwa Mitte der 1980er Jahre wird die Forderung nach einer Aufwertung schulpädagogischer Arbeit jenseits der reinen Unterrichtstätigkeit vernehmlich artikuliert: Schule als ›arrangierter Lern- und Lebensraum‹ für Schüler/innen, Lehrkräfte und auch für Eltern. Einen wichtigen Anstoß in diesem Diskurs lieferte das 1993 veröffentlichte Buch des Bielefelder Reformpädagogen *Hartmut von Hentig* ›Die Schule neu denken‹.[1] In Anlehnung an *John Deweys* Vorstellung von Schule als einem Modell für ein gemeinschaftliches Leben in der Demokratie fordert von Hentig, dass die Schule nicht allein Unterrichts-, sondern auch Lebensraum, eine Polis sein soll, in der Schüler/innen für sie persönlich wie auch gesellschaftlich wichtige Gemeinschaftserfahrungen machen können. Die Begriffe ›Schulautonomie‹, ›Schulentwicklung‹ und ›Schulleben‹ gehören seitdem zum Grundvokabular der gegenwärtigen schulpädagogischen und -politischen Debatten und bestimmen die programmatischen Selbstdarstellungen der Schulen in ihren Schulprofilen. Die Folgen dieser Entwicklung für das öffentliche Schulwesen resümiert *Bernd Schröder*:

»[D]er Ruf nach Profilierung und Verselbstständigung der einzelnen Schule [führt] zur Aufwertung solcher Facetten schulischer Arbeit, die lange Zeit (scheinbar) vernachlässigt wurden: Erziehungsarbeit, überfachliche Kooperation und Projekte, Öffnung der Schule nach außen, Schulleben gewinnen in Schulprogrammentwicklung ein ungeahntes Gewicht – der Fachunterricht tritt (zumindest) in der Selbstdarstellung von Schulen relativ zurück.«[2]

---

1 *H. v. Hentig*, Die Schule neu denken. Eine Übung in pädagogischer Vernunft, München (1993) ^{2}2008.

2 *B. Schröder*, Warum ›Religion im Schulleben‹?, in: *Ders.*, Religion im Schulleben. Christliche Präsenz nicht allein im Religionsunterricht, Neukirchen-Vluyn 2006, 11–26, 13 mit Bezug auf nordrhein-westfälische Studien zur Schulprogrammentwicklung.

Anfang 2000 ist im Zusammenhang mit dem sog. ›PISA-Schock‹ ein weiteres schulpädagogisches Diskussionsfeld um die Sicherung und Entwicklung von Schulqualität entstanden, welche ihre eigenen wirkmächtigen Begrifflichkeiten – ›Bildungsstandards‹ und ›Kompetenzorientierung‹ – geprägt hat. Die in den internationalen Schulleistungsuntersuchungen diagnostizierten Schwächen des deutschen Bildungssystems und die wachsenden Integrationsprobleme unter Kindern und Jugendlichen haben dem schulpolitischen und -pädagogischen Interesse am Thema Schulleben weiteren Auftrieb gegeben. Als eine der schulpolitischen Reaktionen auf die in den Schulleistungsüberprüfungen festgestellten Bildungsbarrieren in Deutschland wurde die Anzahl von Ganztagsschulen deutlich erhöht.[3] Insgesamt ist eine stärkere schulpolitische Aufmerksamkeit für den Fachunterricht wie auch für das darüber hinausreichende Schulleben zu beobachten.

Wie der Beitrag des Faches RU zur Gestaltung des Schullebens begründet wird und welche Gestaltungsformen möglich sind, soll im Folgenden dargestellt werden. Hierzu wird ›Religion‹ und ›Schulleben‹ zunächst begrifflich genauer gefasst (Kap. 2). Anschließend wird ›Religion im Schulleben‹ in rechtlicher (Kap. 3), ekklesiologischer (Kap. 4), religionspädagogischer und -didaktischer (Kap. 5 und 6) sowie in schulpraktischer Hinsicht (Kap. 7) genauer in den Blick genommen. Abschließend wird ›Religion im Schulleben‹ praktisch-theologisch verortet (Kap. 8).

2. Religion und Schulleben – begriffliche Bestimmungen

Der Begriff Schulleben bezieht sich auf institutionalisierte schulische Aktivitäten, die über den reinen Schulunterricht hinausgehen und auf eine Öffnung von Unterricht innerhalb der Schule und gegenüber der außerschulischen Öffentlichkeit abzielen.[4] Die Formen des Schullebens sind graduell gestuft und erstrecken sich von innovativen Unterrichtskonzepten, über erweiterte Bildungsangebote bis hin zu – freilich pädagogisch geeignet erscheinenden – Freizeitangeboten:

---

3 Zur Ganztagsschule in der religionspädagogischen Diskussion s. das Themenheft der ZPT, Schulentwicklung – Ganztagsschule im Kontext, 57 (2005), H. 2.

4 Zur Entstehung und Verwendung des Begriffs, der auf Friedrich Fröbel zurückgehen soll, s. *W. Klafki*, Art. Schulleben, in: Neues Pädagogisches Lexikon, Stuttgart [5]1971, 1028–1031; *H. Kemper*, Art.: Schule / Schulpädagogik, 8. ›Schul-Leben‹ und ›Schulgemeinde‹ als Erweiterung des Lehrerhandelns, in: *D. Benner* / *J. Oelkers* (Hg.), Historisches Wörterbuch der Pädagogik, Weinheim / Basel 2004, 852–856.

- Raum-, Pausen- und Schulhofgestaltung,
- Präsentationen gegenüber einer begrenzten Öffentlichkeit bspw. bei Schulfeste, Elternabenden oder Tagen der offenen Tür,
- Vernetzung mit außerschulischen Bildungsanbietern wie Musikschulen, Museen, Theatern oder botanischen Gärten,
- Einbeziehung von Sport- und Freizeitangeboten inner- und außerhalb der Schule wie z.B. Klassenfahrten, Basketballanlagen auf Schulhöfen oder Kanutouren.

Mit der Gestaltung eines Schullebens verbinden sich unterschiedliche Motive, die von ausdifferenzierten und individualisierten Fördermaßnahmen bis zur Stärkung von sozialintegrativen und -erzieherischen Funktionen reichen. Damit die Schule diesen an sich recht heterogenen Herausforderungen gewachsen ist, ist sie auf ein breites außerschulisches Unterstützersystem angewiesen; so z.B. auf außerschulische Bildungsanbieter, aber auch auf Elterninitiativen, Fördervereine, Sponsoren etc.

Hinter dem Begriff Religion verbirgt sich hier der religiös, besser christlich motivierte Beitrag zum Schulleben. Zunächst sind die kirchlichen Angebote im Blick. Die Kirchen sind in Deutschland die größten nichtöffentlichen Bildungsanbieter und freien Träger in der Jugendhilfe. Sie sind damit wichtige Partner der Schulen. Bei genauerem Hinsehen ist jedoch zu beobachten, dass neben den kirchlich-institutionell gebundenen Mitarbeiter/innen wie Gemeindepastoren/innen, Jugenddiakonen/innen, Kantoren/innen oder Schulpastoren/innen auch die in der Schule tätigen Religionslehrkräfte, Lehrkräfte anderer Schulfächer, Schüler/innen sowie Eltern christliche Angebote zur Gestaltung des Schullebens bereit stellen. In der Tat kann schulpraktisch gesehen nur in der Weise ein Schulleben etabliert werden, wie es von den Lehrkräften, Schüler/innen und auch den Eltern erwartet, angeboten und genutzt wird – durchaus unabhängig von etwaigen außerschulischen Institutionen und deren Kooperationsabsichten. Bernd Schröder stellt in diesem Zusammenhang fest:

> »[C]hristlich-religiöse Angebote zum Schulleben legitimieren sich rechtlich und sachlich vor allem daraus, dass sie den Bedürfnissen und Interessen der Schulangehörigen genügen – nicht aus den Handlungsmöglichkeiten der Institution Kirche.«[5]

So erscheint es sinnvoll, die Gestaltung eines religiösen Schullebens aus der Perspektive der möglichen Akteure und ihrer Handlungsformen in den Blick zu nehmen und in Anlehnung an Schröders Vorschlag ›christliche Präsenz in der Schule nicht allein im Religionsunterricht‹ von ›christli-

---

5 *B. Schröder*, Warum ›Religion im Schulleben‹?, 11–26, bes. 21, im Org. kursiv.

cher Präsenz im Schulleben‹ zu sprechen.[6] Andererseits sollte die besondere rechtliche Bedeutung der den Kirchen zuerkannten Bildungsverantwortung im öffentlichen Schulwesen nicht zu gering eingeschätzt werden.

3. ›Christliche Präsenz im Schulleben‹ in rechtlicher Hinsicht

Während für den konfessionellen RU im öffentlichen Schulwesen eine grundgesetzlich gesicherte und im Zweifelsfall einklagbare Rechtsgarantie besteht, stellt sich für ›Religion im Schulleben‹ die Frage nach ihrer rechtlichen Legitimität. Warum sollten die Kirchen und gegebenenfalls auch andere Religionsgemeinschaften das Recht eingeräumt bekommen, religiöse Angebote für die Gestaltung des Schullebens zu schaffen? Im Folgenden wird gezeigt, dass eine religiöse Gestaltung des Schullebens juristisch gesehen in doppelter Weise geschützt ist: durch die Grundgesetzgebung und durch die schulrechtlichen Bestimmungen der einzelnen Bundesländer.

3.1 Die grundrechtliche Absicherung ›christlicher Präsenz im Schulleben‹

Die grundrechtliche Absicherung religiöser Angebote im Schulleben ist über Art. 4 GG gegeben, der die Freiheit des religiösen und weltanschaulichen Bekenntnisses bzw. die ungestörte Religionsausübung als Grundrecht auch im Raum der Schule sichert. Art. 4 Abs. 1 GG verwehrt dem Staat eine Einmischung in die Glaubensüberzeugungen, -handlungen und -darstellungen Einzelner oder religiöser Gemeinschaften und erlegt dem Staat zugleich die Pflicht auf, einen Betätigungsraum zu sichern, in dem sich die Persönlichkeit auf weltanschaulich-religiösem Gebiet entfalten kann. Mit Blick auf die Schule als staatliche Einrichtung bedeutet die sich staatlicherseits selbst auferlegte religiöse Neutralität daher nicht, dass die Schule grundsätzlich ein religionsfreier Raum zu sein hat, sondern vielmehr, dass die Schule – auch jenseits des RU – ein Ort ist, an dem religiösen Glaubensüberzeugungen Ausdruck verliehen werden darf. Dieses Recht gilt jedoch nicht unumschränkt, da die Ausübung religiöser Grundüberzeugungen die Freiheitsrechte Dritter i.S. der negativen Religionsfreiheit nicht in unzumutbarer Weise einschränken darf.

6 Ebd., 20f.

3.2 Die schulrechtliche Absicherung ›christlicher Präsenz im Schulleben‹

Die Aufwertung des ›Schullebens‹ als eines eigenständigen pädagogischen Handlungsfeldes hat sich in den neueren Schulgesetzgebungen niedergeschlagen. Diese lassen sich nun daraufhin befragen, ob und inwieweit der Gesetzgeber das Verhältnis zwischen Schulen und den Kirchen als potenzielle außerschulische Bildungspartner rechtlich gestaltet. Eine Durchsicht der aktuellen Gesetzeslage zeigt, dass in den Schulgesetzen der Länder Bayern, Brandenburg, Hessen und Sachsen die Schulen auf die Kirchen als Kooperationspartner explizit verwiesen werden. In den Schulgesetzgebungen Berlins, Bremens, Mecklenburg-Vorpommerns, Niedersachsens, Nordrhein-Westfalens, Sachsen-Anhalts, Schleswig-Holsteins und Thüringens wird allgemein auf die Möglichkeit einer Zusammenarbeit mit freien Trägern in der Kinder- und Jugendhilfe bzw. der Schulsozialarbeit und in der Jugendbildung verwiesen, zu denen die Kirchen zu zählen sind. So lautet § 3 (3) ›Selbstverwaltung der Schule‹ des Schulgesetzes Schleswig-Holsteins:

»Die Schulen sollen eine Öffnung gegenüber ihrem Umfeld anstreben, insbesondere durch Zusammenarbeit mit den Trägern der Kindertageseinrichtungen und der Jugendhilfe, Jugendverbänden sowie mit anderen Institutionen im sozialen Umfeld von Kindern und Jugendlichen. Dies kann ferner geschehen zur Durchführung von freiwilligen Unterrichtsveranstaltungen zur Vertiefung und Erweiterung des Bildungsauftrages der Schule.«[7]

Diese schulrechtliche Bestimmung gibt zwar letztlich keine Auskunft über Qualität und Quantität der Zusammenarbeit von Schule und Kirche in den einzelnen Bundesländern, sie relativiert aber die Prognose, die *Karl Ernst Nipkow* 1998 zur Bedeutung christlicher Religion im öffentlichen Schulwesen abgegeben hat:

»Nicht ohne geschichtliche Ironie ist nun eine Situation im Entstehen begriffen, in der die Freiheit und der plurale Spielraum, die die Kirchen anderen lange Zeit nicht zugestehen wollten, ihnen selbst vorenthalten wird. Das Christentum wird in seiner Bedeutung für das Schulcurriculum und die Schulkultur in Schulgesetzen nicht mehr erwähnt, und der Religionsunterricht, das Kernstück der ehemals christlichen Schule, wird marginalisiert.«[8]

---

7 Schleswig-Holsteinisches Schulgesetz vom 24. Januar 2007, http://www.gesetze-rechtsprechung.sh.juris.de/jportal/?quelle=jlink&query=SchulG+SH&psml=bsshoprod.psml&max=true. Lediglich in den Schulgesetzen für das Saarland und für Hamburg finden sich keine Regelungen für außerschulische Kooperationen.

8 *K. E. Nipkow*, Bildung in der pluralen Welt, 2 Bde., Gütersloh 1989, hier Bd. 2, 93.

Bemerkenswert sind zwei Aspekte des Schulgesetzartikels, die freilich vor einer zu optimistischen Deutung der Rechtslage warnen. Zum einen: Diejenigen schulrechtlichen Regelungen, die den Schulen die Zusammenarbeit mit den Kirchen empfehlen, beziehen sich exklusiv auf die christlichen, nicht jedoch auf die nicht-christlichen Religionsgemeinschaften. Die Zusammenarbeit mit islamischen und auch jüdischen Bildungsträgern wird durch die rechtlichen Bestimmungen selbstverständlich nicht ausgeschlossen, ist aber nicht explizit berücksichtigt. Zum zweiten: in schulrechtlicher Sicht werden die Kirchen lediglich als Dienstleisterinnen werden, die in Anspruch genommen werden können, wenn es den schulischen Bildungs- und Erziehungserfordernissen als nützlich erscheint. Dieses Verständnis entspricht jedoch nicht dem, was die Kirche ihrerseits an Bildungsverantwortung in Schule und Gesellschaft einzubringen vermag.

4. Die kirchliche Dimension einer gemeinsamen Bildungsverantwortung

›Die Kirche ist zu einem freien Dienst an einer freien Schule bereit‹ – mit diesem auf der EKD-Synode in Berlin-Weißensee 1958 formulierten Bekenntnis setzten die evangelischen Landeskirchen ein Zeichen für die Beendigung des kirchlichen Anspruchs auf die Konfessionsschule als den Regelfall:

»Die sittliche und wissenschaftliche Verantwortung der Erzieher für alle Lehrgehalte und das gesamte Schulleben duldet keine weltanschauliche Bevormundung, gleich welcher Art.«[9]

Zugleich erklärt sich die EKD zur Mithilfe bereit, »daß eine solche freie Schule den jungen Menschen leiblich, geistig und seelisch in den Stand versetzt, die Aufgaben des heutigen Daseins menschlich zu bewältigen.«[10] Auch wenn Ende der 1950er und Anfang der 1960er Jahre das offenbarungstheologische Konzept der Evangelischen Unterweisung die Konzeption und Praxis des RU noch weitgehend prägte, deutete sich in der EKD-Erklärung bereits die Wende zu einer bildungs- und schultheoretischen Begründung des RU und des kirchlichen Engagements in der Schule Ende der 1950er Jahre an. 1959 kommentierte der Religionspädagoge und ein-

9 Wort der Synode der Evangelischen Kirche in Deutschland zur Schulfrage (1958), in: *Kirchenamt der EKD* (Hg.), Die Denkschriften der Evangelischen Kirche in Deutschland. Bildung und Erziehung 4/1, Gütersloh 1987, 37–39.

10 Ebd., 37.

flussreiche Verbandsfunktionär *Oskar Hammelsbeck* unter Rückgriff auf Dietrich Bonhoeffers Diktum von der ›mündig gewordenen Welt‹ das Schulwort wie folgt:

»Die Kirche tut ihren Dienst in der mündig gewordenen Welt für den geistig mündig zu machenden Menschen, auch für den geistig mündig machenden Lehrer.«[11]

1994 hat sich die EKD in der Denkschrift *Identität und Verständigung* zur Bildungsmitverantwortung des evangelischen RU in der Schule in grundlegender Weise geäußert. Die Denkschrift betont, dass die Mitwirkung der Kirche am schulischen Bildungs- und Erziehungsauftrag »kein Instrument kirchlicher Bestandssicherung« sei, sondern »der ›Sicherung der Grundrechtsausübung durch den einzelnen‹ zu dienen [hat], dem einzelnen Kind und Jugendlichen. Sie sollen sich frei und selbständig religiös orientieren können.« Angesicht der pädagogischen Herausforderungen, vor der die Schule in der sich pluralisierenden Gesellschaft steht, ist »die ethisch-religiöse Dimension ein tragendes Element des Erziehungs- und Bildungsauftrages der Schule«.[12] Zur Erfüllung des Auftrags sind daher Schule und Kirchen resp. die Religionsgemeinschaften auf besondere Kooperation angewiesen.

In seiner Denkschrift *Kirche und Bildung* äußerte sich der Rat der EKD 2009 erneut zur evangelischen Bildungsverantwortung und zum kirchlichen Bildungshandeln. In diesem Wort hebt die EKD mit Bezug auf die wachsende Anzahl von Ganztagsschulen und evangelischen Schulen hervor, dass das auf dem demokratischen Prinzip der grundgesetzlich garantierten Religionsfreiheit beruhende kirchliche Bildungshandeln in den staatlich anerkannten Schulen in kirchlicher Trägerschaft sowie im RU und im Schulleben des staatlichen Schulwesens seinen Niederschlag findet:

»Für die Kirche bieten pädagogische Einrichtungen in kirchlicher Trägerschaft die Möglichkeit, den konstitutiven Zusammenhang zwischen Glaube und Bildung exemplarisch realisieren zu können. Die Kirche beteiligt sich jedoch ebenso an Einrichtungen in staatlicher Trägerschaft wie etwa der staatlichen Schule, um auch dort die aktive Wahrnehmung von Religionsfreiheit zu unterstützen, beispielsweise in der Gestalt des evangelischen Religionsunterrichts sowie weiterer Angebote im Schulleben.«[13]

---

11 *O. Hammelsbeck*, Die Kirche ist zu einem freien Dienst an einer freien Schule bereit, in: Neue deutsche Schule, Sonderbeilage 1959, H. 14/15, 1–16, hier 13. Zum theologischen Bezug auf Bonhoeffer s. *K. E. Nipkow*, ›Freier Dienst an einer freien Schule‹ – das Schulwort der EKD von 1958, in: epd-Dokumentation 30, 1998, 5–12.

12 *Kirchenamt der EKD* (Hg.), Identität und Verständigung. Standort und Perspektiven des Religionsunterrichts in der Pluralität. Herausgegeben im Auftrag des Rates der Evangelischen Kirche in Deutschland, Gütersloh 1994, 11, 31.

13 *Kirchenamt der EKD* (Hg.), Kirche und Bildung – Herausforderungen, Grundsätze

5. Die ›Nachbarschaft von Schule und Gemeinde‹ in der religionspädagogischen Konzeptionsbildung

Erst Anfang der 1990er Jahre setzte eine breitere religionspädagogische Diskussion zum Verhältnis von Schule und Kirchengemeinde ein, die zunächst von landeskirchlichen religionspädagogischen Instituten und dem Comenius-Institut (EKD) in Münster geführt wurde. Die von einer von *Hans Bernhard Kaufmann* geleiteten Projektgruppe des Comenius-Institutes etablierte Formel der ›Nachbarschaft von Schule und Gemeinde‹ impliziert die Vorstellung einer ›Wahl-Partnerschaft‹ beider Institutionen, die sich je auf ihre Weise um die Erziehung von Kindern und Jugendlichen bemühen.[14] *Martin Schreiner* benennt drei Realisierungsformen religions- bzw. gemeindepädagogischer Modelle einer Nachbarschaft zwischen Schule und Gemeinde.[15] Neben einer rein funktional bestimmten Verhältnisbestimmung von Kirche und Schule, in der die eine Institution der anderen Ressourcen für deren Belange zur Verfügung stellt (z. B. Räume), unterscheidet Schreiner eine dialogisch-komplementäre (*Christian Grethlein*) von einer dichotomischen Kooperation (*Reinhold Mokrosch*), wobei die entscheidende Differenz beider Modelle im ekklesiologischen Grundverständnis begründet liegt.

Das dialogisch-komplementäre Modell geht davon aus, dass RU resp. Schule und Gemeinde nur gemeinsam die religiöse Bildung und Erziehung von Kindern und Jugendlichen ermöglichen können und sich daher gegenseitig ergänzen sollten.

Die heutige Gemeinde bedürfe, so Christian Grethlein, in ihrem Erziehungshandeln angesichts eines Ausfalls religiöser Sozialisation in der Familie der Unterstützung der Schule, da sie »der Ort sein [kann], an dem es zur Kommunikation über religiöse Erlebnisse und zu deren begrifflicher Klärung kommt, die erst eine Integration religiöser Erfahrungen in die Gesamtpersönlichkeit erlaubt.« Zugleich ist der RU auf die Gemeinde »als Ort der Thematisierung, Praxis und Tradierung christlichen Glaubens« angewiesen, um nicht »zu einer religionskundlichen und damit von den religiösen Phänomenen letztlich distanzierten Veranstaltung zu werden.«[16]

---

und Perspektiven evangelischer Bildungsverantwortung und kirchlichen Bildungshandelns. Herausgegeben im Auftrag des *Rates der EKD,* Gütersloh 2009, 40.

14 *H. B. Kaufmann*, unter Mitarbeit von *E. Goßmann*, Nachbarschaft von Schule und Gemeinde, Gütersloh 1990.

15 *M. Schreiner*, Evangelische Schulgemeinschaft als ›Schulgemeinde‹?, in: *J. Bohne / A. Stoltenberg* (Hg.), Zukunft gewinnen. Evangelische Schulgründungen in den östlichen Bundesländern 1996–2001, Göttingen 2001, 107–149, 118.

16 *Ch. Grethlein*, Nachbarschaft von Schule und Gemeinde – bisher erreichter Stand und

Im dichotomischen Modell sind Gemeinde und Schule unterschiedliche Institutionen religiöser Erziehung und Bildung von Kindern und Jugendlichen, die in »Differenz bei gleichzeitiger Konkurrenz« zu einander stehen. Bei diesem Modell sollen »Gemeindeelemente unter den Bedingungen von Schule Eingang in die Schule finden und Schulelemente unter den Bedingungen von Gemeinde in die Gemeinde einkehren.«[17]

Für Mokrosch sind RU wie auch Gemeinde »sichtbare Kirche in je verschiedener Gestalt« und damit die »Religionsunterrichtsklasse Gemeinde unter den Bedingungen von Schule«. Schule und Gemeinde stehen sich als religiöse Lernorte dichotomisch gegenüber, insofern die Schule lernen müsse, geistliche Erfahrungen anzubahnen, und die Gemeinde sich religiöser Reflexion zu öffnen habe.[18]

In pragmatischer Hinsicht wird es nicht notwendig sein, beide Modelle alternativ zu diskutieren. Vielmehr kann sich an den konkreten schulischen und kirchlichen Voraussetzungen vor Ort entscheiden, ob das jeweilige Kooperationsverhältnis zwischen Schule und Gemeinde komplementär oder dichotomisch definiert werden kann.

6. ›Christliche Präsenz im Schulleben‹ in religionsdidaktischer Hinsicht

6.1 Die Wiederentdeckung religiöser Kommunikationsformen im Religionsunterricht

Das Verhältnis der Religionslehrerschaft zur Kirche war bis in die 1980er Jahre hinein überwiegend von einer kritischen Haltung gegenüber Kirche und Glaubensritual geprägt.[19]

Erfordernisse für die Zukunft, in: *M. Forysch / M. Meyer-Blanck*, Gemeinde und Schule – Modelle gelungener Nachbarschaft, Loccum 1991, 6–16, hier 12f.; vgl. hierzu die Fortschreibung des lernorttheoretischen Ansatzes Grethleins bei Michael Domsgen, s. *M. Domsgen* (Hg.), Religionspädagogik in systemischer Perspektive. Chancen und Grenzen, Leipzig 2009.

17 *R. Mokrosch*, Jugendliche zwischen Gemeinde und Religionsunterricht. Welche Nachbarschaft zwischen Schule und Gemeinde suchen und brauchen Jugendliche? Plädoyer für ein dichotomisches Partnerschaftsmodell, in: *M. Forysch / M. Meyer-Blanck*, Gemeinde und Schule – Modelle gelungener Nachbarschaft, Loccum 1991, 17–34, 32.

18 Ebd., 32f.

19 So attestierte Ende der 1980er Jahre Klaus Langer in seiner freilich umstrittenen Studie der Religionslehrerschaft, »zum Teil in nicht-christlichen Traditionen eine stärkere Verankerung als im Christentum« zu finden; s. *K. Langer*, Warum noch Religionsunter-

Religionslehrkräfte wollten sich nicht mehr als ›Agenten der Kirche‹ in der Schule verstehen und regten im Gefolge der in den 1960er Jahren entwickelten problemorientierten Religionsdidaktik zu einer grundlegenden politischen Kritik an Gesellschaft und Kirche an.[20] Aber auch die Anfang der 1970er Jahre einsetzenden Bildungsreformen und die hier geforderte wissenschaftspropädeutische Orientierung von Schule und Unterricht führten zu einer zunehmenden Ausgrenzung z.B. von liturgischen Elementen im RU, wie sie noch in den Zeiten der evangelischen Unterweisung für die unterrichtliche Praxis bestimmend waren.[21]

In der Auswertung der 1999 / 2000 in Niedersachsen durchgeführten empirischen Erhebung zur ›Religion‹ bei Religionslehrer/innen macht *Bernhard Dressler* im Vergleich der sog. ›68er-Generation‹ mit der nachfolgenden, jüngeren Religionslehrerschaft folgende Beobachtung:

> »Eine Verschiebung der didaktischen Präferenzen vom diskursiven Reden ›über‹ Religion und deren politisch-moralischen Handlungsimpulsen hin zur Erschließung von Religion durch expressiv-ästhetische, gestalthafte Zugänge – in gewisser Weise die Wiederentdeckung von Religion im emphatischen Sinne, nämlich als eine genuine Form symbolischer Kommunikation, die, mit Schleiermacher gesprochen, nicht ›mitgeteilt‹, ohne zugleich auch ›dargestellt‹ zu werden.«[22]

Der religionsdidaktische ›Paradigmenwechsel‹, d.h. das gestiegene Interesse der jüngeren Religionslehrergeneration an religiös-liturgischen Gestaltungselementen findet seine entscheidende Begründung nicht darin, dass die Religionslehrerinnen und -lehrer den vielfach beklagten Ausfall religiöser Sozialisation in Familie und Kirche zu substituieren bemüht sind. Vielmehr stellt die Studie fest, dass die Religionslehrkräfte den sog. Entkoppelungsprozess von kirchlich institutionalisierter Religion und Gesellschaft im Raum des RU thematisieren und dazu auf die gestaltete Form von Religion didaktisch rekurrieren: Die Kirche wird zum Resonanzraum thematisierter Religion im Unterricht. Die Autoren *Andreas Feige* und *Bernhard Dressler* resümieren:

---

richt? Religiosität und Perspektiven von Religionspädagogen heute, Gütersloh 1989, 299.

20 Exemplarisch: *W. Behrendt*, Religion im Haus des Lernens, 68ff – ein persönlicher Rückblick nach 40 Jahren. Ein Erfahrungsbericht aus der Gesamtschule, in: *F. Rickers / B. Schröder*, 1968 und die Religionspädagogik, Neukirchen-Vluyn 2010, 191–196.

21 S. hierzu *M. Wermke / M. Rothgangel*, Wissenschaftspropädeutik und Lebensweltorientierung als didaktische Kategorien, in: *M. Wermke / G. Adam / M. Rothgangel* (Hg.), Religion in der Sekundarstufe II. Ein Kompendium, Göttingen 2006, 13–40.

22 *B. Dressler*, Ist der Generationenwechsel ein Paradigmenwechsel? Zum Gestaltwandel der Religion an der Schule, in: ZPT 53 (2001), 314–320, hier 315.

»Wir kommen [...] zu dem Befund, dass die ReligionslehrerInnenschaft zwar als Symptom des Prozesses der Entkopplung zu beschreiben ist – aber sie macht den Entkoppelungsprozess im Spannungsfeld zwischen Schule und Kirche auch bearbeitbar bzw. sie hält ihn bearbeitbar, und zwar mit ihren besonderen professionellen Mitteln. Das tut sie in einem Maße, wie es der gesellschaftsweit präsenten Kirche unserer mitteleuropäischen Provenienz [...] allein nachweislich nicht mehr gelingt und wohl auch [...] nicht gelingen kann. Darin liegt [...] die religionskulturell-gesellschaftliche Funktion der religionspädagogisch reflektierten ›Religion in der Schule‹ für das Verhältnis zwischen Individuum und Kirche.«[23]

6.2 Die Praxis religiöser Kommunikation im Religionsunterricht

Mit Anfang der 1980er Jahre vollzog sich nahezu gleichzeitig in der katholischen und evangelischen Religionspädagogik, aber auch in der allgemeinen Schulpädagogik, ein bedeutsamer Perspektivwechsel: die Wiederentdeckung des Symbols, des Zeichens und des Rituals für die soziale resp. religiöse Kommunikation im Schulalltag und in der Alltagskultur Jugendlicher, die dann in den 1990er Jahren zur sog. phänomenologischen Wende in der Religionspädagogik führte.[24]

Für die evangelische Religionspädagogik erwies sich der symboldidaktische Ansatz *Peter Biehls* als besonders wirkmächtig. Viele heutige Lehrpläne, Schulbücher etc. für den RU wären ohne den Einfluss der Symboldidaktik nicht vorstellbar. Die von *Michael Meyer-Blanck* vorgebrachte Kritik an der Symboldidaktik Biehls führte zu einer der produktivsten religionspädagogischen Konzeptionsdebatten der letzten 30 Jahre und zur Etablierung der sog. Performativen Religionsdidaktik.[25] Bei aller theologischen und religionsphilosophischen Differenz zwischen den symboldidaktischen Ansätzen von *Hubertus Halbfas* und Peter Biehl sowie der semiotisch fundierten performativen Religionsdidaktik gilt deren besonderes Interesse der Gestaltung von Religion in Unterricht und Schule.

In seinem programmatischen Werk *Das dritte Auge* (1982) sowie in seinen Religionsbuchreihen *Religionsunterricht in der Grundschule* (seit

---

23 *A. Feige / B. Dressler / W. Lukatis* u. a., ›Religion‹ bei ReligionslehrerInnen. Religionspädagogische Zielvorstellungen und religiöses Selbstverständnis in empirisch-soziologischen Zugängen, Münster 2000, 468; im Org. z. T. kursiv.

24 S. *M. Wermke* (Hg.), Rituale und Inszenierungen in Schule und Unterricht, Münster 1997; *W.-E. Failing / H.-G. Heimbrock*, Gelebte Religion wahrnehmen, Stuttgart u. a. 1998.

25 Zur Auseinandersetzung zwischen Biehl und Meyer-Blanck s. *R. Mahling*, Symboldidaktik und Zeichendidaktik zwischen Metaphysik und Moderne. Eine Debatte in der evangelischen Religionspädagogik (StRPPT 1), Jena 2010.

1983) und *Religionsunterricht in Sekundarschulen* (seit 1992) entwickelt Hubertus Halbfas ein den Lebenslauf von Kindern und Jugendlichen begleitendes Konzept religiösen Lernens im Raum der Schule. Halbfas strebt eine ›Verschränkung von Religionsunterricht und Schulkultur‹ an,

»damit nicht irgendwo ›draußen‹, sondern in der konkreten Schule das Ineinander von Glaube und Leben, Gott und Welt, Theologie und Politik ihren ersten Ort finde[t]. Gleichzeitig gewinnt der Religionsunterricht die Möglichkeit, durch die Thematisierung wichtiger Bedingungen eines bekömmlichen Schullebens, seine eigenen Abhängigkeiten und Voraussetzungen mitverantwortlich zu qualifizieren.«[26]

Im Rahmen einer gesamtschulisch reflektierten Gestaltung des Schullebens erhält der RU nach Halbfas die Aufgabe, die Schule auch als religiöse Lernlandschaft zu konturieren.

Der symboldidaktische Ansatz Peter Biehls, der sich zunächst auf den Raum des RU beschränkt, zielt darauf ab, die alltags- bzw. jugendkulturellen Erfahrungen der Schüler/innen mit Hilfe der ›Brückenfunktion‹ von Symbolen in eine ›didaktische Spannung‹ mit religiösen und insb. christlichen Erfahrungen zu bringen. Der Interpretation des Symbolsinns, den es zu lernen und zu verstehen gilt, geht dessen »ganzheitliche Erschließung« voraus:

»*Methodisch* bieten sich dafür unterschiedliche Formen an, wie Erzählung, alle Formen des Spiels, Bibliodrama, Pantomime, Tanz, Meditation, symbolische Aktion.«[27]

Die performative Religionsdidaktik, wie sie *Bärbel Husmann* und *Thomas Klie* in ihrem Band *Gestalteter Glaube* (2005) entfalten, bringen Schule und Gemeinde unter dem Vorzeichen des ›liturgischen Lernens‹ zueinander.[28] Mit Verweis auf die Praxis im RU und in der Konfirmandenarbeit erklären die Verfasser, dass die »ehedem starren Grenzen zwischen kirchlichem und schulischem Unterricht«, die Distanz zwischen einem ›objektiven‹ Reden über Religion und dem ›authentischen Gefühl fürs Religiöse‹ abgeschmolzen seien:

---

26 *H. Halbfas*, Das dritte Auge, Düsseldorf 1982, 167 Anm. 1.

27 *P. Biehl*, Symbole geben zu lernen, Bd. I–II (WdL 6, 9), Neukirchen-Vluyn ^{2}1991 / 1993, 186.

28 *B. Husmann / T. Klie*, Gestalteter Glaube. Liturgisches Lernen in Schule und Gemeinde, Göttingen 2005.

»Zwar untersch[ei]den sich beide Lernorte im Hinblick auf unterschiedliche Erschließungsperspektiven und vor allem natürlich auch auf unterschiedliche Lerngruppen, aber es verbindet sie das Interesse an einer *gelebten* Religion.«[29]

Die Lernenden sollen sich, so die Verfasser, probeweise aufhalten im ›Land der Liturgie‹, verstanden als leiblich-räumlicher und ästhetisch gestalteter Vollzug gelebter Religion. Der spielerischen, probeweisen Ingebrauchnahme liturgischer Praxis tritt die Deutung und Reflexion über die religiösen wie theologischen Beweggründe an die Seite:

»Didaktisch hat man also ein Szenario vor sich, in dem der christliche Glaube konkret wird und darüber in seiner zentralen Inhaltlichkeit erschlossen werden kann.«[30]

In ihren Unterrichtshandreichungen beziehen sich die beiden Autoren im Wesentlichen auf religiöses Lernen im RU und in der Konfirmandenarbeit, weitere konzeptionelle Anstöße der performativen Religionsdidaktik zur Gestaltung des Schullebens sind zu erwarten.[31]

6.3 Schule als Ort der Seelsorge

Gegenwärtig findet eine Wiederentdeckung der Schulseelsorge in den unterschiedlichen religionspädagogischen Theorie- und Handlungsfeldern statt. Insbesondere die religionspädagogischen Institute der Landeskirchen haben hier ein wichtiges Betätigungsfeld in der Fortbildung und Begleitung von Religionslehrerinnen und –lehrern zu Schulseelsorgerinnen und –seelsorgern entdeckt. In der Diskussion hat sich ein weites Verständnis des Begriffs Schulseelsorge durchgesetzt, der nicht nur das seelsorgerliche Einzelgespräch, sondern die gesamte Breite möglichen christlichen Bildungs- und Verkündigungshandelns im Raum der Schule umfasst. So definiert beispielsweise die Synode der Evangelischen Kirche im Rheinland 2000 Schulseelsorge wie folgt:

»Schulseelsorge ist das vom christlichen Glauben getragene offene Angebot an alle in der Schule Tätigen, sie in ihren jeweiligen Lebenssituationen religiös-ethisch zu begleiten und ihnen Räume für spirituelle Erfahrungen zu eröffnen. Dies

---

29 Ebd., 31 f.

30 Ebd., 25.

31 Der Band *M. Kumlehn / T. Klie* (Hg.), Protestantische Schulkulturen. Profilbildung an evangelischen Schulen, Stuttgart 2010, lag zum Zeitpunkt der Abfassung dieses Beitrags noch nicht vor.

geschieht u.a. durch persönliche Seelsorge, Begleitung und Beratung, schulnahe Jugendarbeit sowie religiöse Freizeiten (Tagungen), gottesdienstliche Angebote.«[32]

Vor dem Hintergrund dieses Schulseelsorgeverständnisses ist für *Harmjan Dam* und *Matthias Spenn* die Schulseelsorge auf die Praxis- und Theorieentwicklung der schulischen Religionspädagogik, der Jugendarbeit und der Seelsorge bezogen.

»Schulseelsorge ist ein Handlungsfeld mit unterschiedlichen fachlichen und praktischen Bezügen: Sie ist eine Dimension von Schulleben, Schulkultur und Schulentwicklung; sie ist als eine auf einen bestimmten Ort bezogene Form der Seelsorge Thema der Praktischen Theologie und der Seelsorgelehre; sie hat in der Praxis einen engen Bezug zur Religionspädagogik, außerdem spielt sie in der schulnahen / schulbezogenen Jugendarbeit eine Rolle.«[33]

Konzeptionell entspricht dieses Schulseelsorgekonzept dem, was in diesem Beitrag als ›christliche Präsenz in der Schule‹ verstanden wird. Aber wie kann ein solches Konzept in der Praxis des Schullebens zur Geltung gebracht werden?

7. ›Christliche Präsenz‹ in der Praxis des Schullebens

Bernd Schröder unterscheidet fünf Handlungsformen, die neben dem RU religiöses Leben in Schulen zur Geltung bringen können:

- Unterrichtsbezogene Projekte (= unterrichtsförmiges, didaktisch-reflektiertes Handeln)
- Schulgottesdienst (= liturgisches Handeln)
- Schulseelsorge (= individuell-beratendes Handeln)
- Schulsozialarbeit (= Förderung / Hilfe für sozial benachteiligte Einzelne oder Gruppen)
- Schulnahe Jugendarbeit (= Freizeitangebote während bzw. nach der Schule).

---

32 Zit. n. *H. Dam / M. Spenn* (Hg.), Evangelische Schulseelsorge. Hintergründe, Erfahrungen, Konzeptionen, Münster 2007, 15.

33 Ebd., 8.

Christliche Präsenz in der Schule – Übersicht ihrer Handlungsformen:[34]

	von der Schule initiierte und getragene Angebote	**von der Kirche getragene Angebote**
Unterrichtsbezogene Projekte	Fächerübergreifende Projekte zu Aspekten von Religion (etwa mit Kunst, Geschichte, Biologie u. a.) – »Jesus« in der Kunst – Kirchengeschichte der Region – Naturwissenschaft und Glaube – Kirchraumpädagogik	Kirchliches Angebot (Evangelische Kontaktstunde)
Schulgottesdienst	Stilleübungen im Rahmen des RU »Frühschicht« / 10 Minuten für Gott Raum der Stille / Schulkapelle Gospel-Chor Schülergottesdienst	»Sieben Wochen ohne« »Jugendkirche« Schulgottesdienst Interreligiöse Schulfeier
Schulseelsorge	Kummerkasten Schülermentoren Seelsorge-Sprechstunde Scheidungsgruppe	Tage religiöser Orientierung / religiöse Schulwoche
Schulsozialarbeit	Nachmittagsbetreuung / Hausaufgabenhilfe Mediation / Streitschlichtung Schulbuchbörse Mädchentreff / Jugendtreff	Beratung / Hilfe in Notlagen durch Diakonisches Werk
Schulnahe Jugendarbeit	Schülercafé Filmreihe (Religion im Film) Schulpartnerschaften / Schüleraustausch, in denen Religion Thema werden kann (etwa mit Schulen in der Türkei oder Israel)	Kinder- und Jugendarbeit in schulnahen Räumen ›Freizeiten‹ mit spirituellem Akzent (z. B. Taizé, Jugend-Camp) Projekttage in Zeitnischen der Schule (bewegliche Ferientage)

34 Die Abbildung wurde entnommen aus: *B. Schröder,* Warum ›Religion im Schulleben‹?, in: *Ders.*, Religion im Schulleben. Christliche Präsenz nicht allein im Religionsunterricht, Neukirchen-Vluyn 2006, 24 f.

Mit dieser Matrix ist zweierlei gewonnen. Zum einen lassen sich mit ihr die verschiedenen Beiträge und die vielen Möglichkeiten zur Gestaltung eines religiösen Schullebens als Grundlage zur Entwicklung eines schuleigenen Konzepts ›christlicher Präsenz‹ strukturieren. Zum anderen wird deutlich, dass nicht ausschließlich Religionslehrkräfte für die Gestaltung ›christlicher Präsenz‹ im Schulleben verantwortlich sind, sondern dass diese auch von weiteren Akteuren getragen werden kann: von kirchlichen Mitarbeiterinnen und Mitarbeitern, aber auch von Kolleginnen und Kollegen, Eltern und von Schüler/innen, die christliche Bildungs- und Verkündigungsangebote in ihre Schule einbringen möchten.

Es stellt sich jedoch die Frage, wie diese verschiedenen möglichen Beiträge zum Schulleben (ggf. in Kooperation mit weiteren Religionsgemeinschaften) ihr gemeinsames religionspädagogisches resp. praktisch-theologisches Profil entwickeln, ohne dabei Gefahr zu laufen, zwischen Schülercafé, Morgenandacht oder Mediation in eine konzeptionelle Beliebigkeit zu zerfallen.

8. Schulgottesdienst und -andacht als die Mitte christlicher Präsenz in der Schule

Ob nun ›christliche Präsenz in der Schule‹, ›Religion in der Schule‹ oder Schulseelsorge in einem weiteren Begriffssinn – es stellt sich die Frage nach der spezifisch christlichen Qualifizierung religiöser Angebote in Schule und Unterricht. Bei dieser Frage geht es weniger darum, in kontrovers-theologischer Weise ›konfessionelles Profil‹ zu zeigen, sondern darum, gegenüber Kollegen/innen, Eltern und nicht zuletzt gegenüber den Schüler/innen erkennbar zu machen, mit wem sie es zu tun haben, auf wessen Angebot sie zugehen und wie sie sich dazu verhalten können. Für die ›christliche Präsenz im Schulleben‹ gilt daher in analoger Weise die Überlegung, die *Michael Wermke* zur Schulseelsorge angestellt hat:

»Hier kommt zunächst die christliche Präsenz des Seelsorgers in den Blick. Ohne dass es bislang empirisch belegt ist, kann doch davon ausgegangen werden, dass jemand, der in der Schule einen Seelsorger, ob nun Lehrer oder Pfarrer, aufsucht, ›mehr‹ als einen guten Zuhörer und Berater erwartet. Offenbar wird dem Seelsorger eine Kompetenz zugebilligt, die sich aus einer besonderen Quelle speist, nämlich Rat und Trost spenden zu können. Es ist nun Sache des Seelsorgers, diese Quelle offen zu legen und zu erkennen zu geben, dass der christliche Glaube für sein Lebensvertrauen grundlegende Bedeutung besitzt und ein tragfähiges Lebensangebot für alle Menschen darstellt. Theologisch betrachtet ist die Seelsorge nicht im Handeln eines Einzelnen, sondern in der Gesamtheit der christlichen Gemeinde begründet. Seelsorge braucht die gemeinschaftliche Erfahrung des Christseins, die Koinonia-Erfahrung, die sich [...] in der Gemeinde als Ort des gelebten Glaubens ausbildet.«[35]

Ebenso weist Bernd Schröder darauf hin, dass vom Schulgottesdienst her seelsorgerliche Angebote im engeren Sinne, schulnahe Jugendarbeit und Schulsozialarbeit oder unterrichtsbezogene Projekte als unterschiedliche Facetten christlicher Präsenz in der Schule gedeutet werden können:

»In Schulgottesdiensten (wie in Schulandachten) wird das Evangelium, das in anderen Feldern der Schulseelsorge in der Regel *hintergründig* wirksam ist, *ausdrücklich* – in Form von Lesungen, Szenen, Musik und Gesang, Ansprache oder Predigt« umgesetzt.[36]

Der Schulgottesdienst resp. die Schulandacht können daher die Orte werden, aus denen sich ›Religion im Schulleben‹ her legitimiert und kenntlich macht. Sie sind die Orte des gelebten Glaubens, von dem her sich christliches Handeln motiviert, ob sie in der parochialen Kirchengemeinde, zu deren Einzugsbereich die Schule gehört, oder in der schuleigenen Aula gefeiert werden.

Zunächst sind Schulgottesdienste und -andachten für die Schule ebenso wichtige Schulfeiern wie Schulbälle oder Sportfeste: Sie stiften Identität für den Einzelnen und für die Gemeinschaft, sie formen den Ethos der Schule, sie unterscheiden zwischen Alltag und Feiertag im Schulleben, sie haben eine höchst bedeutsame pädagogische Funktion, sie legen möglicherweise bislang unerkannt gebliebene Befähigungen und Energien von Schüler/innen frei, sie leisten einen wesentlichen Beitrag zur Integration unterschiedlicher Lebenswelten, aus denen die Schüler/innen sowie die

35 *M. Wermke*, Schulseelsorge – eine praktisch-theologische und religionspädagogische Grundlegung, in: *R. Koerrenz / Ders.* (Hg.), Schulseelsorge – Ein Handbuch, Göttingen 2008, 25–33, hier 30f. Wermke nimmt dabei Bezug auf Ausführungen von *J. Ziemer*, Seelsorgelehre. Eine Einführung in Studium und Praxis, Göttingen [3]2008, 123. »Seelsorge braucht gemeinschaftliche Formen des Christseins, von denen sie ihren Ausgang nimmt: Gemeinden als Orte gelebten Glaubens, die zugleich seelsorgerliche Erfahrungsräume sein können. Die Gemeinde [...] ist der Ort, wo die ›Gläubigen‹ ›ihres Hirten Stimme hören‹ (Joh 10,3) – wo sie also das tröstende, rettende und heilende Wort des Evangeliums wahrnehmen und im Sakrament die Gemeinschaft Christi leiblich erfahren können; und sie ist der Ort der Gemeinschaft ihrer Glieder untereinander (Apg 2,42), Ort der Geschwisterlichkeit, des gegenseitigen Aufeinanderhörens und sich Helfens und des gemeinsamen Gebets. Die Gemeinde ist der Ort der Liebe und des ›Füreinanderwirkens‹, sie ist in diesem Sinne der Leib Christi (1 Kor 12,12ff; Röm 12,9ff).«

36 *B. Schröder*, Schulgottesdienst, in: *R. Koerrenz / M. Wermke* (Hg.), Göttingen 2008, 148–153, hier 148.

Lehrer/innen stammen. Als Kasualie orientieren sich Schulgottesdienste am Kirchenjahresfestkreis (Gottesdienste zum Buß- und Bettag, zum Reformationstag und zu Fronleichnam, Weihnachtsgottesdienste) und an Übergängen des Schuljahres (Einschulungs-, Schuljahresbeginn- und Schulabschlussgottesdienste). Schulandachten finden regelmäßig oder gelegentlich vor Unterrichtsbeginn oder in Schulpausen statt.[37]

Schulgottesdienste und -andachten weisen jedoch über ihre schulpädagogische Inanspruchnahme weit hinaus. In diesem Zusammenhang hat *Christian Grethlein* darauf aufmerksam gemacht, dass Schulgottesdienste neben den schon genannten Integrationsfunktionen auch *eine* »hierarchiekritische, die Institution Schule transzendierende Funktion religiöser Praxis« besitzen. Der Schulgottesdienst erfüllt diese Funktion,

> »wenn er sich zum einen auf konkrete schulische Anliegen, etwa die besonderen Übergänge im Schuljahr und auch aktuelle Themen, bezieht, aber diese zum anderen zugleich in eine weitere nichtschulische Perspektive, nämlich die des Evangeliums rückt; wobei Perspektive im doppelten Sinn wörtlich als ›kritisch durchschauen‹ und auf Zukunft hin ›durchsehen‹ verstanden ist. Eine Schule, die solch einen Schulgottesdienst pflegt, bringt für Schülerinnen und Schüler, aber auch für Lehrerinnen und Lehrer deutlich zum Ausdruck, dass sie sich selbst nicht genügt, sondern auch um ihre Begrenztheiten weiß, dieses Wissen aber gestalten will und kann.«[38]

›Christliche Präsenz im Schulleben‹, die ihre Mitte in der Feier des Wortes Gottes findet, relativiert auf diese Weise die Strenge des schulischen Systems und leistet damit zugleich einen unverzichtbaren Beitrag zum schulischen Auftrag: der Erziehung und Bildung zur Menschlichkeit.

Literaturhinweise

H. Dam / M. Spenn (Hg.), Evangelische Schulseelsorge. Hintergründe, Erfahrungen, Konzeptionen, Münster 2007.

R. Koerrenz / M. Wermke (Hg.), Schulseelsorge – Ein Handbuch, Göttingen 2008.

B. Schröder, Religion im Schulleben. Christliche Präsenz nicht allein im Religionsunterricht, Neukirchen-Vluyn 2006.

---

37 Vgl. *M. Wermke*, Kinder- und Jugendgottesdienste, in: *W. Gräb / B. Weyel*, Handbuch der Praktischen Theologie, Gütersloh 2007, 543–554.

38 *C. Grethlein*, Rituale im Schulleben – religionspädagogische Überlegungen, in: *M. Wermke*, Rituale und Inszenierungen in Schule und Unterricht, Münster 1997, 48–59, hier 56.

VII.

Lernen in Schule und Gemeinde. Ein Vergleich am Beispiel der Konfirmandenarbeit

Uta Pohl-Patalong

Traditionell findet das institutionalisierte religiöse Lernen in Deutschland doppelgleisig statt: Einerseits im schulischen RU, andererseits als kirchlicher Unterricht, evangelischerseits in der Arbeit mit Konfirmandinnen und Konfirmanden, katholischerseits als Kommunionunterricht und Firmkatechese. Da die beiden Lernorte sich prinzipiell auf die gleichen Inhalte richten und die gleichen Jugendlichen ansprechen, erscheint eine sorgfältig reflektierte Verhältnisbestimmung des religiösen Lernens in der Schule und im kirchlichen Rahmen unabdingbar. Umso erstaunlicher ist es, dass dieses Verhältnis in der religionspädagogischen Literatur eher zurückhaltend bearbeitet wird.[1]

Dezidiert hat sich *Friedrich Niebergall* 1921 mit dem Gegenüber von »Schulreligions- und Konfirmandenunterricht« auseinander gesetzt.[2] Seine Thesen sind für das 21. Jahrhundert nicht einfach zu übernehmen, bieten aber bedenkenswerte Anregungen für das heutige Nachdenken. Niebergall bestimmt die Ziele different: Während das Ziel des RU die »verständnisvolle Teilnahme an der Bildung und dem Kulturleben der Zeit« sei, richtet sich der Konfirmandenunterricht auf ein »selbständiges und sicheres religiöses Eigenleben und Teilnahme am Leben der

---

1 Wenn überhaupt, wird es als ein Thema neben vielen anderen in Sammelbänden bearbeitet, vgl. z. B. *B. Dressler*, Schule und Gemeinde: Religionsdidaktische Optionen. Eine topografische Lageskizze zum Unterschied zwischen Religionsunterricht und Konfirmandenunterricht, in: *Ders. / Th. Klie / C. Mork*, Konfirmandenunterricht. Didaktik und Inszenierung, Hannover 2001, 133–151, der dafür plädiert, das Gegenüber der beiden Lernorte und ihre didaktischen Möglichkeiten »in topographischer Perspektive« (134) wahrzunehmen; oder *Th. Böhme-Lischewski*, Konfirmandenarbeit und Schule, in: *Th. Böhme-Lischewski / V. Elsenbast / C. Haeske / W. Ilg / F. Schweitzer* (Hg.), Konfirmandenarbeit gestalten. Perspektive und Impulse für die Praxis aus der Bundesweiten Studie zur Konfirmandenarbeit in Deutschland (Konfirmandenarbeit erforschen und gestalten 5), Gütersloh 2010, 213–222.

2 *F. Niebergall,* Der Schulreligions- und der Konfirmandenunterricht (1921), in: *Chr. Bäumler / H. Luther* (Hg.), Konfirmandenunterricht und Konfirmation. Texte zu einer Praxistheorie im 20. Jahrhundert, München 1982, 51–66.

kirchlichen Gemeinde«.[3] Gemeinsam sind beiden jedoch die Inhalte sowohl im Blick auf die christliche Tradition als auch auf die religiöse Gegenwart. Niebergall kommt dann zu einer graduellen Differenzierung zwischen den beiden Lernorten: Während der Konfirmandenunterricht stärker auf die Seele ziele und mehr von Freiwilligkeit geprägt sein soll, sei der RU stärker auf den Verstand ausgerichtet, erzieherischer und weniger von Freiwilligkeit geprägt.

An diese Überlegungen ist anzuknüpfen, jedoch vor dem Hintergrund einer anderen gesellschaftlichen, religiösen und didaktischen Situation. Dabei erscheint es sinnvoll, zum einen nach Gemeinsamkeiten, zum anderen nach Unterschieden zwischen den beiden Orten religiösen Lernens zu fragen und diese wiederum in Wahrnehmungen und konzeptionelle Überlegungen zu gliedern.

1. Wahrnehmungen – zur Situation des religiösen Lernens im Religions- und Konfirmationsunterricht[4]

1.1 Gemeinsamkeiten

1.1.1 Zuverlässiges und gestaltetes religiöses Lernen

Selbstverständlich sind Kirche und Schule nicht die einzigen Orte, an denen religiös gelernt wird. Nach wie vor findet – allen dramatischen Diagnosen eines umfassenden Traditionsabbruches zum Trotz – in vielen Familien eine religiöse Sozialisation statt und selbstverständlich auch im konfessionellen Kindergarten. Vor allem aber ist Religion in der gesellschaftlichen Öffentlichkeit durchaus präsent, in vielfältigen, oft diffusen und unausdrücklichen Formen. Gerade in dieser Situation einer erheblichen Heterogenität des Grades an Begegnungen mit Religion und ihren diffusen und sehr disparaten Formen gewinnen Orte gestalteten und zuverlässigen religiösen Lernens noch stärker an Bedeutung. RU und Kirche – und hier vor allem die Arbeit mit Konfirmandinnen und Konfirmanden – sind die einzigen Orte in der Gesellschaft, an denen intentionales religiöses Lernen zuverlässig und für eine breite Zielgruppe stattfindet.[5]

---

3 Ebd., 51.

4 »Konfirmationsunterricht« stellt eine inklusive und zugleich sprachlich kurze Formulierung dar, ohne dass eine inhaltliche Fixierung auf die Konfirmation intendiert ist.

5 Gerade »weil viele Heranwachsende kaum mehr Erfahrungen mit umweltlich gelebter Religion machen, kommt absichtsvollen und reflektierten Erschließungsversuchen von

An diesen Lernorten gewinnt Religion Gestalt und wird thematisch, eine religiöse Kommunikation wird gefördert, und das Erleben von Religion wird wiederum kommuniziert und reflektiert.[6] Damit nehmen die beiden Lernorte gemeinsam eine wichtige Funktion ein in der gesellschaftlichen Situation einer weitgehenden Diffusität und Unausdrücklichkeit von Religion und sind essenziell für Christentum, Kirche und Gesellschaft, wenn man religiöse Bildung für einen unverzichtbaren Bestandteil von Bildung hält.[7]

1.1.2 Religiöses Lernen im Kontext von Pluralität

Sowohl in der Schule als auch in der Gemeinde findet das religiöse Lernen im Kontext von Pluralität statt. Dies gilt nicht nur für die kontextuelle Umgebung der Schüler/innen bzw. Konfirmandinnen und Konfirmanden, sondern auch für deren eigene Prägungen, die alles andere als homogen sind.[8] In beiden Feldern ist mit sehr unterschiedlichen religiösen Einstellungen, Überzeugungen, Kenntnissen und Vorerfahrungen zu rechnen. Bereits im RU wird die religiöse Pluralität zwar durchgehend diagnostiziert, in der Praxis jedoch immer noch häufig vorrangig als »Religionsverlust« gedeutet.[9]

Erst recht hat die gemeindliche Arbeit nicht unerhebliche Schwierigkeiten, mit religiöser Vielfalt in sich selbst umzugehen.[10] Die im letzten Jahr erschienene Bundesweite Studie »Konfirmandenarbeit in Deutschland« zeigt, dass bis heute im Rahmen der Arbeit mit Konfirmandinnen und Konfirmanden in der Regel nicht einmal Gemeinsamkeiten und Unterschiede zwischen den christlichen Konfessionen thematisiert werden –

Religion heute ein vergleichsweise großes Gewicht zu.« *R. Englert,* Religionspädagogische Grundfragen. Anstöße zur Urteilsbildung (PTHe 82), Stuttgart 2007, 273.

6 Vgl. *U. Pohl-Patalong*, Räume für Religion. Kirche und Schule im Kontext religiöser Pluralität, in: PTh 97 (2008), 186–205.

7 Vgl. dazu *D. Fischer / V. Elsenbast* (Redaktion), Grundlegende Kompetenzen religiöser Bildung. Zur Entwicklung des evangelischen Religionsunterrichts durch Bildungsstandards für den Abschluss der Sekundarstufe I, Münster 2006, 13 ff.

8 Vgl. dazu ausführlich *F. Schweitzer*, Schule und Religionsunterricht, in: *Ders. / R. Englert / U. Schwab / H.-G. Ziebertz*, Entwurf einer pluralitätsfähigen Religionspädagogik, Gütersloh / Freiburg 2002, 159–171, hier 159, der gemeinsam mit seinen Mitautoren eine »pluralitätsfähige Religionspädagogik« für beide Lernorte postuliert und entwirft.

9 Ebd., 160: »Die Praxis scheint weithin noch kaum mit Pluralisierungseffekten zu rechnen, die nicht einfach als Religionsverlust gedeutet werden können.«

10 Zu den spezifischen Problemen des Umgangs mit Pluralität in der Gemeinde vgl. *U. Schwab*, Kinder- und Jugendarbeit in der Gemeinde, in: *R. Englert / Ders. / H.-G. Ziebertz,* Entwurf einer pluralitätsfähigen Religionspädagogik, 172–183.

diese werden von den Pfarrerinnen und Pfarrern mit Hinweis auf den RU zurückgewiesen, von den Konfirmandinnen und Konfirmanden aber nachdrücklich eingefordert.[11] Damit aber vernachlässigt sie eine wichtige Aufgabe, denn

»wenn die Kirche nicht selbst darüber Auskunft geben kann, warum man gerade zu ihr gehören soll – angesichts der sich bietenden zahlreichen Alternativen –, dann bleibt sie den Jugendlichen eine wesentliche Antwort schuldig und verliert zwangsläufig an Glaubwürdigkeit«.[12]

1.1.3 Keine Voraussetzungslosigkeit religiösen Lernens

Dass an beiden Lernorten nicht von einer christlichen Sozialisation der Jugendlichen ausgegangen werden kann, bedeutet nicht, dass sie mit »religionslosen Biographien«[13] in den Unterricht kommen. Die Schüler/innen bzw. Konfirmanden/innen sind keine religiös »unbeschriebenen Blätter«, sondern sie bringen religiöse Überzeugungen und Prägungen sowie (nicht selten diffuses) Wissen mit. Dieses stammt aus sehr unterschiedlichen Sozialisationsinstanzen und ist in sich enorm heterogen, muss jedoch in jedem Fall didaktisch wahr- und ernstgenommen werden, um sinnvolle Lernprozesse anzubahnen. An diesem Punkt sind RU und Konfirmationsunterricht deutlich aufeinander bezogen, denn Umfang und Qualität des RU wirken sich in hohem Maße auf die Kenntnisse, aber auch auf die Fähigkeiten zum Umgang mit religiösen Themen aus, mit denen die Konfirmandinnen und Konfirmanden beginnen.[14] Umgekehrt wirkt sich der Konfirmationsunterricht auf den RU in den letzten Schuljahren aus.

---

11 Vgl. *W. Ilg / F. Schweitzer / V. Elsenbast* i.V. mit *M. Otte,* Konfirmandenarbeit in Deutschland. Empirische Einblicke – Herausforderungen – Perspektiven. Mit Beiträgen aus den Landeskirchen (Konfirmandenarbeit erforschen und gestalten 3), Gütersloh 2009, 107f.

12 *F. Schweitzer*, Neue Leitbilder für die Konfirmandenarbeit? Rückblick und Ausblick auf weitere Reformaufgaben, in: *Th. Böhme-Lischewski u.a.*, Konfirmandenarbeit gestalten, 271–282, hier 279.

13 *F. Schweitzer,* Konfirmandenarbeit im Umbruch: bleibende Aufgaben – neue Herausforderungen, in: *Th. Böhme-Lischewski / S. von Stemm / V. Elsenbast* (Hg.), Konfirmandenarbeit für das 21. Jahrhundert. Dokumentation zur EKD-weiten Fachtagung der ALPIKA-Arbeitsgruppen Konfirmandenarbeit vom 4. bis 6. November 2009 im RPI Loccum, Münster 2010, 14–22, hier 16.

14 Vgl. z.B. *S. Kruse u.a.*, Erhebung religiöser Kompetenz im Konfirmandenunterricht. Erste Ergebnisse einer Studie in einem Berliner Kirchenkreis, in: PTh 98 (2009), 430–446.

1.1.4 *Vorbildcharakter erwachsener Bezugspersonen*

In beiden Lernkontexten spielen die Lehrenden als Bezugspersonen und Vorbilder im Umgang mit religiösen und existentiellen Fragen und Themen eine wichtige Rolle. Sie vermitteln nicht nur Wissen, sondern sind Orientierungspersonen, die relevant sind für das Verhältnis der Jugendlichen zum christlichen Glauben. Insofern sind sowohl die Religionslehrkräfte als auch die Pfarrer/innen, Diakone, Gemeindepädagog(inn)en und andere leitend am Konfirmationsunterricht beteiligte Personen (einschließlich jugendlicher Teamerinnen und Teamer) immer auch als Personen mit ihrer subjektiven Glaubensbiografie beteiligt. Für den schulischen RU ist das komplexe Verhältnis zwischen persönlichem Glauben und seinen didaktischen Konsequenzen empirisch relativ gut untersucht.[15] Demnach nützen Lehrkräfte ihre persönliche »gelebte Religion« als Ressource für die von ihnen verantworteten religiösen Lernprozesse, jedoch nicht unvermittelt und unreflektiert als inhaltliches Vorbild im Glauben, sondern subjektiv und noch einmal didaktisch reflektiert, so dass ein »didaktisch fruchtbare[s] *Spannungsverhältnis* zwischen gelebter und gelehrter Religion« entsteht.[16] Für die Arbeit mit Konfirmandinnen und Konfirmanden zeigt die Bundesweite Studie zur Konfirmandenarbeit in Deutschland die hohe (weitgehend positive) Bedeutung der Pfarrerinnen und Pfarrer für die Konfirmandinnen und Konfirmanden auf.[17]

1.1.5 *Parallelität didaktischer Konzeptionen*

Angesichts der Unterschiedlichkeit der Lernorte ist es auffällig, dass die didaktischen Konzeptionen für den RU und den Konfirmationsunterricht seit den Anfängen der Religionspädagogik weitgehend parallel formuliert wurden (Liberale Religionspädagogik, Evangelische Unterweisung, problemorientierter und therapeutischer RU, Symboldidaktik, performativer Ansatz; Ausnahmen bilden beispielsweise der deutlich auf die Schule bezogene hermeneutische RU oder der konstruktiv-kritische Ansatz). Das Gleiche gilt für aktuelle religionspädagogische Ansätze wie Jugend-

---

15 Vgl. *A. Feige / B. Dressler / W. Lukatis / A. Schöll*, ›Religion‹ bei ReligionslehrerInnen. Religionspädagogische Zielvorstellungen und religiöses Selbstverständnis in empirisch-soziologischen Zugängen, Münster 2000.

16 *B. Dressler*, Religion unterrichten – als Beruf. Persönliche Religiosität und religionspädagogische Professionalität, in: LOG 21 (2003), H. 4, 39–42, hier 41.

17 Vgl. *Th. Böhme-Lischewski*, Pfarrerinnen und Pfarrer, in: *Ders. u. a.*, Konfirmandenarbeit gestalten, 45–55, hier 48.

theologie[18] oder Bibliolog.[19] Die Ansätze wurden überwiegend zunächst für den schulischen RU ausgearbeitet, dann aber auch – zumindest teilweise – für die Arbeit mit Konfirmandinnen und Konfirmanden übernommen. Damit werden die didaktischen Grundfragen nach der Ausrichtung und den Zielen des religiösen Lernens erstaunlich parallel beantwortet. Offensichtlich sind diese deutlich stärker von der jeweiligen gesellschaftlichen Situation geformt, vor deren Hintergrund die didaktischen Konzeptionen entstanden sind, ohne dass sich der jeweilige Lernort mit seinen spezifischen Prüfungen didaktisch ausgewirkt hätte.

Die Frage nach der Abgrenzung zwischen den beiden Orten religiösen Lernens stellt sich vor diesem Hintergrund umso deutlicher.

1.2 Unterschiede

1.2.1 Der Charakter der Lernorte

Tatsächlich beeinflusst der unterschiedliche Charakter der Lernorte Schule und Gemeinde das jeweilige religiöse Lernen in erheblichem Maße. Die Schule ist als »formaler Bildungsort« mit einem »dezidiert geplanten und überprüfbaren Bildungsangebot« wesentlich stärker in staatliche und gesellschaftliche Strukturen eingebunden, während der Konfirmationsunterricht als non-formaler Bildungsort, an dem »Bildungsprozesse sich eher in einer etwas offeneren, weniger standardisierten und reglementierten Lernumgebung vollziehen«, mehr Offenheit und Freiräume zulässt.[20] Zwar beinhaltet der RU mit der rechtlich gesicherten Möglichkeit der Abmeldung ein gewisses Maß an Freiwilligkeit, dennoch bewegt er sich im Raum der Schule, deren Besuch grundsätzlich Pflicht ist – zumal bei der Abmeldung vom RU der Unterricht nicht einfach entfällt, sondern ein Ersatzfach besucht werden muss. Der Konfirmationsunterricht hingegen

---

18 Vgl. z.B. *P. Freudenberger-Lötz*, Theologisieren mit Jugendlichen – ein neuer religionspädagogischer Ansatz?, Praktische Theologie 45 (2010), 158–162 oder *J. Conrad*, Theologie mit Jugendlichen, in: *Th. Böhme-Lischewski u. a.*, Konfirmandenarbeit gestalten, 159–171.

19 Vgl. *U. Pohl-Patalong*, Bibliolog. Impulse für Gottesdienst, Gemeinde und Schule. Band 1: Grundformen, Stuttgart (2009) ²2010; *Dies. / M. E. Aigner*, Bibliolog. Impulse für Gottesdienst, Gemeinde und Schule. Band 2: Aufbauformen, Stuttgart 2009.

20 *Th. Rauschenberg*, Konfirmandenarbeit der Zukunft. Perspektiven zur Bildung im Jugendalter – Plenum und Diskussion, in: Konfirmandenzeit auf dem Prüfstand. Neue Befunde zur Bildung im Jugendalter (epd-Dokumentation 28–29), Berlin 2009, 250–255, 253.

beruht auf freiwilliger Teilnahme, zumal die in der Vergangenheit wirksamen sozialen Zwänge stark zurückgegangen sind.[21]

Der Lernort Schule ist neben seinem verpflichtenden Charakter stark von Leistungsmessung geprägt. Auch wenn das Fach Religion hier nicht selten eine Sonderrolle einnimmt, ist es doch als »ordentliches Lehrfach« nach Art. 7,3 GG Teil des schulischen Leistungssystems. Bis in die 1990er Jahre hatte die klassische Differenz (oder gar Frontlinie) zwischen den beiden Lernorten, sich seitens des Konfirmationsunterrichts von einer subjektfernen und kognitiv dominierten »Verschulung« abzugrenzen, zunehmend an Bedeutung verloren, da ganzheitliches Lernen inzwischen stärker Eingang auch in schulische Bezüge gefunden hatte.[22]

Seit PISA und den daraus gezogenen Konsequenzen hat diese Differenz wieder stärker an Bedeutung gewonnen, insofern die Orientierung an Kompetenzen und Bildungsstandards auch für den RU zumindest in der Gefahr steht, wieder stärker zu einer einseitigen kognitiven Ausrichtung und einem verengten Lernbegriff zu führen. Ob die Orientierung an Kompetenzen und Bildungsstandards notwendig zu einem Subjektverlust führt, wird gegenwärtig religionspädagogisch kontrovers debattiert.[23] Der Aspekt eines bildungspolitischen Rückschritts und die Gefährdung der Subjektorientierung im RU in den letzten Jahren sind jedoch sorgsam in den Blick zu nehmen.

Die Arbeit mit Konfirmandinnen und Konfirmanden steht hingegen bewusst außerhalb von Leistungszwängen. Auch die früher üblichen Konfirmandenprüfungen gehören weitgehend der Vergangenheit an, das Auswendiglernen katechetischer Stoffe ist stark reduziert.[24]

---

21 In der Bundesweiten Studie geben 10% der Konfirmandinnen und Konfirmanden an, dass sie sich »zur Teilnahme gezwungen« fühlen würden, vgl. *W. Ilg / F. Schweitzer / V. Elsenbast,* Konfirmandenarbeit in Deutschland, 57.

22 Vgl. dazu *B. Dressler*, Schule und Gemeinde, Hannover 2001, 133ff.

23 So postuliert beispielsweise *G. Obst*, Kompetenzorientiertes Lehren und Lernen im Religionsunterricht, Göttingen 2008, 66: »Kompetenzorientierung geht vom lernenden Subjekt aus«, während *F. Schweitzer*, Herausforderungen und Perspektiven des evangelischen Religionsunterrichts, in: SHE 1 (2004), 17–19, hier 17 für die gegenwärtige Entwicklung diagnostiziert: »Viel zu wenig wird gesehen, dass Lernen immer auch eine Frage der lernenden Subjekte ist, die eine positive Haltung und Zuwendung zur Welt entwickeln.«

24 Vgl. *W. Ilg / F. Schweitzer / V. Elsenbast*, Konfirmandenarbeit in Deutschland, 116ff.

1.2.2 Zusammensetzung der Lerngruppen

Während in Deutschland ab der fünften Schulklasse tendenziell eine Trennung sozialer Milieus stattfindet, wendet sich der Konfirmationsunterricht dezidiert an alle Jugendlichen eines Jahrgangs. Zwar führt die territoriale Orientierung der Gemeindestrukturen auch hier zu gewissen Milieuschwerpunkten, diese wurden aber schon immer durch die jeweiligen Gemeindegrenzen auch immer wieder durchbrochen und werden es künftig noch stärker, wenn die Gemeinden größer werden und stärkere Schwerpunkte setzen. Die (für viele Jugendliche ungewohnte) stärkere soziale Durchmischung im Konfirmationsunterricht bietet sowohl Chancen als auch Probleme.[25] In jedem Fall ist ihr didaktisch Rechnung zu tragen, indem beispielsweise das religiöse Lernen noch bewusster auf Ebenen angesiedelt wird, die nicht nur kognitiv ausgerichtet sind, oder indem die Verschiedenheit der Konfirmandinnen und Konfirmanden gezielt für den Austausch unterschiedlicher Erfahrungen genutzt wird.

2. Konzeptionelle Überlegungen – religionspädagogische Einsichten zum religiösen Lernen im Religions- und Konfirmationsunterricht

2.1 Gemeinsamkeiten

2.1.1 Glaube als nie abschließbarer Entdeckungszusammenhang

Sowohl für den RU als auch für die Arbeit mit Konfirmandinnen und Konfirmanden gilt, dass die Heterogenität der Voraussetzungen nicht zu einer differenzorientierten Sicht führen darf, die zwischen »christlich« und »nichtchristlich«, zwischen »gläubig« und »ungläubig« aufteilt. Theologisch ist dies in der Unverfügbarkeit des Glaubens begründet, der seiner Reduktion auf Lernprozesse, vor allem aber seiner Bewertung von außen entgegensteht. Pädagogisch verbietet der Respekt vor dem Subjekt dessen schematische Wahrnehmung. Daher ist aus theologischen und pädagogischen Gründen für beide Lernorte eine Sicht des christlichen Glaubens als ein nie abschließbarer Entdeckungszusammenhang angemessen, in dem es keinen substanziellen »Vorsprung« gibt, den andere erst einholen müss-

---

25 Vgl. *E. Naurath*, Heterogenität und Differenzierung, in: *Th. Böhme-Lischewski u. a.*, Konfirmandenarbeit gestalten, 102–111.

ten. Sowohl im RU als auch im Konfirmationsunterricht sind Begegnungen mit der christlichen Religion anzubahnen, die zu individuellen Entdeckungen führen können.[26] Dabei ist didaktisch nach Zugängen zu suchen, die von unterschiedlichen Voraussetzungen aus gleichermaßen produktiv sind für religiöse Lernprozesse und individuelle Entdeckungen.[27]

2.1.2 Religiöses Lernen als Bildungsprozess

Sowohl das Lernen in der Schule als auch das Lernen in der Gemeinde ist vom Bildungsbegriff her zu denken, der in beiden Fällen als »religiöse Bildung« spezifiziert werden kann.[28] Damit ist ein Primat des Subjekts im Lernvorgang verbunden,[29] das nicht nur Ziel, sondern auch Kriterium des Lernweges ist: Die Schüler/innen bzw. die Konfirmandinnen und Konfirmanden sind in Konzeptionierung, Planung und Durchführung als Subjekte des Lernens zu begreifen.[30] Ausgeschlossen sind damit Vermittlungsvorgänge, in denen (Wissens-)Inhalte auf Kosten der Jugendlichen im Vordergrund stehen. Die Jugendlichen sollen vielmehr den »möglichen Lebensgewinn« der christlichen Botschaft für sich und ihr Leben entdecken können.[31] Diese »lebensweltliche Wende«, nach der die »objektive Religion« von der »subjektiven Religion« als »primäre[r] Bezugspunkt religiösen Lernens« abgelöst wird,[32] hat in den letzten 20 Jahren zumindest theoretisch das Subjekt als Maßstab und Ziel des religiösen Lernens in Kirche und Schule im Auge.

Die Tradition subjektorientierten Lernens als »charakteristisches Merk-

---

26 Vgl. *U. Pohl-Patalong*, Räume für Religion. Vgl. dazu auch Peter Cornehl, der eine »Hermeneutik der Entdeckung« als leitend für das Verständnis des evangelischen Gottesdienstes profiliert: *P. Cornehl*, Der Evangelische Gottesdienst – Biblische Kontur und neuzeitliche Wirklichkeit 1. Theologischer Rahmen und biblische Grundlagen, Stuttgart 2006, 293 ff.

27 Vgl. *F. Schweitzer*, Schule und Religion, 162, der eine »Individualisierung der Didaktik« nicht nur hinsichtlich der Alters- und Entwicklungsstufen, sondern auch in Bezug auf individuell-biographisch und kulturell-lebensweltlich bzw. gesellschaftlich variierende Prägungen fordert.

28 Vgl. *F. Schweitzer*, Religiöse Bildung als Aufgabe der Schule in diesem Band.

29 Vgl. *G. Lämmermann / E. Naurath / U. Pohl-Patalong*, Arbeitsbuch Religionspädagogik. Ein Begleitbuch für Studium und Praxis, Gütersloh 2005, 45.

30 Vgl. beispielsweise *Ev. Kirche in Deutschland* (Hg.), Identität und Verständigung. Standort und Perspektiven des Religionsunterrichts in der Pluralität. Eine Denkschrift, Gütersloh ^{2}1995, 50.

31 *U. Pohl-Patalong*, »Möglichen Lebensgewinn zeigen«. Überlegungen zur Didaktik des Konfirmationsunterrichts, in: ZPT 58 (2006), 327–340.

32 *R. Englert*, Religionspädagogische Grundfragen, 236, vgl. 302 ff.

mal der neuesten Reformepoche seit den 1990er Jahren«[33] für die Arbeit mit Konfirmandinnen und Konfirmanden ist in Zeiten von PISA für diesen Lernort besonders nachdrücklich zur Geltung zu bringen, und zwar sowohl aus gesellschaftlichen als auch aus theologischen Gründen. Der für die Schule gegenwärtig leitende Kompetenzbegriff bedeutet nicht zwingend eine Vernachlässigung des Subjekts zugunsten abstrakter Bildungsstandards, doch scheint diese Spannung gegenwärtig für den schulischen Unterricht insgesamt und auch für den RU nicht geklärt und wird entsprechend heftig diskutiert. Die Arbeit mit Konfirmandinnen und Konfirmanden ist demgegenüber freier von diesen Einflüssen und bietet angesichts der schulischen Realität die Chance, sich besonders deutlich an Zielen wie Verantwortung, Partizipation, Dialog, Nachdenklichkeit und Innerlichkeit zu orientieren. Für diese Werte bietet der Konfirmationsunterricht einen deutlich geschützteren Raum und weniger Einfluss durch das schulische System als der RU. Die alte Frage nach der Abgrenzung vom RU – in dem Wissen, dass er es mit Menschen zu tun hat, die vom schulischen System deutlich geprägt sind – stellt sich damit in neuer Gestalt: Nimmt er die Kompetenzorientierung der Schule auf, und wenn ja, in welcher Form? Hat er die Aufgabe, schulische Einseitigkeiten (auch des religiösen Lernens) zu korrigieren oder zu kompensieren? Kann er sinnvoll an die Kompetenzorientierung im RU anknüpfen?[34] Diese Fragen sind gegenwärtig noch völlig offen.

Unstrittig ist hingegen, dass für jeden Bildungsprozess gleichzeitig Impulse von außen konstitutiv sind, die den Subjekten Impulse geben, sie herausfordern, in Frage stellen, vertiefen, bestätigen etc.[35] So sehr Bildung immer Selbstbildung ist, geschieht sie nicht solipsistisch, sondern lebt von Impulsen, mit denen sich das Subjekt auseinander setzt und sich dadurch kognitiv und emotional weiterentwickelt.

---

33 *F. Schweitzer*, Konfirmandenarbeit im Umbruch, 16.

34 Dabei sind erste Versuche zu verzeichnen, den Kompetenzbegriff auch für den Konfirmationsunterricht in Anschlag zu bringen: Vgl. *S. Kruse u.a.*, Erhebung religiöser Kompetenz im Konfirmandenunterricht. Erste Ergebnisse einer Studie in einem Berliner Kirchenkreis, in: PTh 98 (2009), 430–446.

35 Vgl. *U. Pohl-Patalong*, Räume für Religion, 186–205.

2.2 Unterschiede

2.2.1 Reflexion versus Identifikation?

Die Differenzierung *Friedrich Niebergalls*, dass der Konfirmandenunterricht stärker auf die Seele ziele, während der RU primär den Verstand anspreche, prägt der Sache nach bis in die Gegenwart das Nachdenken über Charakter und Ziele der beiden Lernorte. Exemplarisch sei dies an der Gegenüberstellung von Verlautbarungen zu den Zielen von RU und Konfirmationsunterricht gezeigt. In dem von der EKD herausgegebenen »Kerncurriculum für das Fach Evangelische Religion in der gymnasialen Oberstufe« heißt es zum RU:

> »Er vermittelt religiöse Kenntnisse und lehrt, im Bereich religiöser Phänomene zu unterscheiden und dialogfähig zu sein. Er bereitet junge Menschen darauf vor, vom Grundrecht auf Religionsfreiheit einen eigenständigen Gebrauch zu machen.
>
> Im Rahmen seines Bildungsauftrags erschließt der RU die religiöse Dimension des Lebens und damit einen spezifischen Modus der Weltbegegnung, der als integraler Teil allgemeiner Bildung zu verstehen ist. […] Im Mittelpunkt des RU stehen […] Fragen von existenziellem Gewicht, die über den eigenen Lebensentwurf, die je eigene Deutung der Wirklichkeit und die individuellen Handlungsoptionen entscheiden. Diesen Grundfragen und der Pluralität der religiösen Antworten in unserer Gesellschaft stellt sich der RU in der Schule. Er eröffnet damit einen eigenen Horizont des Weltverstehens, der für den individuellen Prozess der Identitätsbildung und für die Verständigung über gesellschaftliche Grundorientierungen unverzichtbar ist. Die Schülerinnen und Schüler eignen sich im Unterricht Wissen, Fähigkeiten, Einstellungen und Haltungen an, die für einen sachgemäßen Umgang mit der eigenen Religiosität, mit dem christlichen Glauben und mit anderen Religionen und Weltanschauungen notwendig sind.«[36]

Der Schwerpunkt liegt hier auf Kenntnissen im Bereich der Religion, auf Differenzierungsfähigkeit, Dialogfähigkeit, Wirklichkeitsdeutung, Verständigung und Fertigkeiten zum Umgang mit eigener und fremder Religiosität im Rahmen des allgemeinen Bildungsauftrags der Schule. Gegenwärtig werden diese Aspekte häufig unter dem Stichwort der Entwicklung von »religiöser Kompetenz« als übergreifendes Ziel des RU zusammengefasst, die dann noch einmal in spezifische Einzelkompetenzen aufgegliedert wird.[37]

---

36 *Kirchenamt der EKD* (Hg.), Kerncurriculum für das Fach Evangelische Religion in der gymnasialen Oberstufe. Themen und Inhalte für die Entwicklung von Kompetenzen religiöser Bildung (EKD-Texte 109), Hannover 2010, 5 bzw. 9.

37 Vgl. *D. Fischer / V. Elsenbast*, Grundlegende Kompetenzen religiöser Bildung, 17, die im Anschluss an Ulrich Hemel religiöse Sensibilität, religiöse Inhaltlichkeit, religiöses

Für den Konfirmationsunterricht sei exemplarisch die Ordnung für die Arbeit mit Konfirmandinnen und Konfirmanden in der Nordelbischen Ev.-Luth. Kirche genannt: Dort heißt es unter dem Stichwort »Grund und Anliegen der Konfirmandenarbeit«:

»Die christliche Gemeinde lädt Kinder und Jugendliche ein, gemeinsam zu fragen, zu erleben und zu erkennen, was das Evangelium von Jesus Christus heute für das eigene Leben und für das Zusammenleben mit anderen bedeuten kann. Sie begleitet junge Menschen in einer Lebensphase, die von Fragen nach Sinn und Orientierung geprägt ist, und sucht mit ihnen nach Antworten im Glauben. Hierbei sollen junge Menschen zum eigenen Glauben und zu einem verantwortlichen Leben als Christinnen und Christen in Gemeinde und Familie, in Beruf und Öffentlichkeit finden.«[38]

Hier steht die Relevanz der christlichen Botschaft für das Leben der Einzelnen und der Gesellschaft im Vordergrund sowie die Begleitung der Jugendlichen, das Finden zum eigenen Glauben und die Hilfe zu einem verantwortungsvollen Leben als Christin bzw. Christ. Der Konfirmationsunterricht zielt also in dieser Gegenüberstellung stärker auf Identifikation mit der christlichen Botschaft, ihre Aneignung und Umsetzung im eigenen Leben, während der RU in einer stärker distanzierenden Perspektive auf Wissen, Reflexion und einen dialogfähigen Umgang mit Religion und Religiosität ausgerichtet ist. Dabei könnte das Missverständnis entstehen, dass der RU ausschließlich distanziert Kenntnisse über Religion vermittle und über sie nachdenke, während der Konfirmationsunterricht den christlichen Glauben voraussetze und tiefer in diesen hineinführe mit dem Ziel, lebensverändernd zu wirken.

Gegen eine so klare Arbeitsverteilung sprechen Gründe der gegenwärtigen Situation, vor allem aber inhaltliche Gründe:[39] Zum einen kann eine christliche Sozialisation weder im RU noch im Konfirmationsunterricht mehr vorausgesetzt werden. Auch der Konfirmationsunterricht muss

---

Ausdrucksverhalten, religiöse Kommunikation und religiös motivierte Lebensgestaltung unterscheiden.

38 Ordnung für die Arbeit mit Konfirmandinnen und Konfirmanden in der Nordelbischen Ev.-Luth. Kirche, 1.

39 Vgl. zu der Unmöglichkeit der »Arbeitsteilung« auch *B. Dressler*, Religion im Vollzug erschließen! Performanz und religiöse Bildung in der Gemeinde, in: *Th. Klie / S. Leonhard* (Hg.), Performative Religionsdidaktik. Religionsästhetik – Lernorte – Unterrichtspraxis (PTHe 97), Stuttgart 2008, 88–97, 91; sowie *R. Englert*, Religionspädagogische Grundfragen, 285, der die Gefahr formuliert, dass »verständigungsorientierte Formen« und »identitätsorientierte Formen« auseinanderdriften, sodass der Religionsunterricht zur Religionskunde wird und »primär identitätsorientierte Formen [...] der Rekrutierungsarbeit konkurrierender religiöser Organisationen überlassen« bleiben.

seine Inhalte als offenes Angebot formulieren, für das er zwar ein deutliches Interesse voraussetzen kann, jedoch keine bereits getroffene Entscheidung. Der RU hingegen hat nicht selten die Aufgabe, eine elementare Einführung in »Religion« überhaupt zu bieten.[40] Wie besonders die performative Religionsdidaktik in den letzten Jahren herausgearbeitet hat, kann dies nicht auf abstrakter, rein informativer Ebene geschehen, sondern erfordert das Angebot von Erfahrungen mit »Religion«, das im Sinne eines »Probehandelns« die Ausdrucksformen christlichen Glaubens entdecken und erfahren lässt. Zudem zielt jede Form von Bildung, besonders aber religiöse Bildung, auf das Subjekt, sodass die Konsequenzen der Begegnung mit der christlichen Religion auch im RU durchgehend mitthematisiert werden müssen.[41] Daher beinhaltet der RU notwendig einen Erfahrungs- und Subjektsbezug.[42] Der Konfirmationsunterricht hingegen muss nicht nur der religiösen Pluralität der Gegenwart Rechnung tragen, sondern ist auch theologisch der Freiheit des Subjekts verpflichtet, die jede Begegnung mit christlichen Inhalten nur als Angebot zur eigenen Auseinandersetzung begreifen kann. Daher gehört eine kritische Reflexion über die zentralen christlichen Glaubensinhalte unabdingbar auch zur Arbeit mit Konfirmandinnen und Konfirmanden hinzu.

2.2.2 Individuelles und gesellschaftliches versus kirchliches Christentum?

Nach der mittlerweile klassischen Differenzierung *Dietrich Rösslers* setzt der Konfirmationsunterricht traditionell einen Schwerpunkt auf das »kirchliche Christentum«, während der RU wesentlich das »individuelle« und das »gesellschaftliche« Christentum in den Blick nimmt.[43] Diese Aufteilung scheint zunächst nahe zu liegen, da die Kirche im Konfirmationsunterricht ein legitimes Interesse daran hat, sich selbst zu thematisieren und die Jugendlichen mit ihren Strukturen und Handlungsformen vertraut

---

40 Daher verschiebt sich tendenziell die Formierung von Religion »von Sozialisations- und Erziehungsprozessen […] hin zu institutionalisierten Bildungsprozessen«, *B. Dressler*, Religion im Vollzug, 91.

41 Vgl. auch *Kirchenamt der EKD* (Hg.), »Identität und Verständigung«: »Religion kann sich nie in Wissen erschöpfen. In diesem Sinne gilt der Grundsatz, die *selbständige, erfahrungsbezogene Aneignung und Auseinandersetzung* zu fördern.«, 27.

42 Vgl. auch *Kirchenamt der EKD* (Hg.), Identität und Verständigung, 27, die explizit dem Missverständnis entgegentritt, dass »der Religionsunterricht sich ausschließlich auf denk-orientierte Unterrichtsverfahren zu beschränken hat und […] kirchliche Angebote ausschließlich durch nichtunterrichtliche Handlungs- und Erlebnisorientierung bestimmt sein sollten«.

43 Vgl. *D. Rössler*, Grundriss der Praktischen Theologie, Berlin ^{2}1994, 90ff.

zu machen. Die Ausrichtung des RU trägt hingegen der Tatsache Rechnung, dass (faktisch) christliche Religion nicht auf den Rahmen der Kirche beschränkt ist und (theologisch) gerade im reformatorischen Kontext die entscheidenden Dinge des Glaubens gerade nicht von der Institution Kirche vermittelt werden, sondern direkt zwischen Gott und Mensch geschehen. Diese Einsicht bedeutet jedoch für den Konfirmationsunterricht, dass auch dieser sich nicht auf das kirchliche Christentum beschränken kann, sondern die individuelle Glaubensperspektive deutlich in den Blick nehmen muss, denn die kirchlichen Formen sind ja nicht Selbstzweck, sondern dienen theologisch gesehen der Glaubensentwicklung der Einzelnen. Auch die gesellschaftliche Perspektive darf nicht ignoriert werden, insbesondere in Form lebensprägender Auswirkungen des individuellen Glaubens. Umgekehrt kann auch das kirchliche Christentum im RU nicht ausgeblendet werden, wie in den letzten Jahren wieder neu betont worden ist. Denn »ein RU, der sich nicht nur an Texten orientiert, sondern auch an den Gestalten und der Gestaltwerdung des Glaubens, muß [...] zur christlichen *Gemeinde* und zum Alltag von *Christen in der Gesellschaft* hin möglichst durchlässig sein.«[44]

Didaktisch wird dies vor allem in dem performativen Ansatz konkret, der der Überzeugung ist:

»Religiöse Bildung, die Religion wie einen Sachverhalt zu erschließen versucht, bringt ihren Gegenstand zum Verschwinden, bevor sie auch nur eine Ahnung von ihm vermitteln konnte, Religion ist eine Praxis, durch die eine Lebensführung in einen Selbst- und Weltdeutungshorizont gestellt wird. In vollzugfremder Einstellung, in der Beobachterperspektive von außerhalb dieser Praxis, bleibt deren innerer Sinn fremd. Der von der religiösen Praxis in Geltung gebrachte Gehalt wird ansichtig nur in seiner praktischen Gestalt. In der christlichen Religion schließt sich theologische Lehre gleichsam sekundär an diese Praxis an. Theologische Lehrsätze bleiben daher in der Luft hängen, wenn sie ihren Bezug auf eine religiöse Praxis verlieren«.[45] Zentral dabei ist allerdings eine »sorgfältige Unterscheidung zwischen der experimentellen Ingebrauchnahme religiöser Vollzüge und authentischer Religionspraxis«.[46]

---

44 *Kirchenamt der EKD* (Hg.), Identität und Verständigung, 29. Vgl. auch *B. Schröder*, Vom notwendigen Kirchenbezug der Religionspädagogik – Plädoyer für ›Kirchentheorie‹ als Prolegomenon einer Theorie religiöser und christlicher Bildung, Erziehung und Sozialisation, in: *F. Schweitzer / Th. Schlag* 107–119, 117: »Jede Religionspädagogik muss konstruktiv-kritisch auf Kirche bezogen sein«, wiewohl sie selbstverständlich ihren Wahrnehmungshorizont »offen halten [muss] für andere als kirchliche Gestalten des neuzeitlichen Christentums wie für relevant eingeschätzte Formen, Entwicklung und Bildungsprozesse von Religion«.

45 *B. Dressler*, Religion im Vollzug, 90.

46 Ebd., 92.

Da aber die Formen, in denen Religion sich praktisch zeigt, nicht unwesentlich dem »kirchlichen Christentum« zugehören, ist der RU in dieser Perspektive auf diesen Horizont angewiesen, was mittlerweile auch umgesetzt wird: »Im RU spiegelt sich die Wiedergewinnung didaktischer Zugänge zu den Formen ›darstellenden Handelns‹ der Kirche.«[47] Umgekehrt gilt aber auch im Rahmen des performativen Ansatzes:

»Selbstverständlich kann und soll religiöse Bildung aber auf kognitive Zugänge zu Religion ebenso wenig verzichten wie auf die Vermittlung religiösen Wissens. Es geht in religiösen Bildungsprozessen schließlich darum, sprach- und reflexionsfähig zu sein. Anders ist die eigene Glaubenstradition nicht vor Missverständnissen zu bewahren und nicht ohne Ignoranz gegenüber den modernen Lebensverhältnissen zu bewähren [...] Bleibt die kognitive Dimension der Religion ausgeblendet, wird die Religion nicht nur sprachlos gegenüber nichtreligiösen Menschen. Sie unterliegt dann zudem der Gefahr, affirmativ verkürzt zu werden und sich beliebiger Funktionalisierung für religionsfremde Zwecke nicht entziehen zu können.«[48]

Im Blick auf den performativen Ansatz, aber auch über diesen hinaus gilt daher in der gesamten gesellschaftlichen Situation: »Die didaktischen Differenzen zwischen einem dem schulischen Bildungsauftrag verpflichteten RU und einem eher auf einübende Teilnahme an religiöser Praxis ausgerichteten Konfirmandenunterricht könnte vor diesem Hintergrund an Trennschärfe verlieren und bedürfte um so mehr der genaueren Feinjustierung.«[49] Als eine solche schlägt *Bernhard Dressler* vor, dass der RU die gesamte Breite religiöser Praxis in den Blick nimmt, während sich der Konfirmationsunterricht auf seine kirchlichen Vollzüge beschränkt. Wenn der »Lernort zugleich den Lerngegenstand« des Konfirmationsunterrichts bilde, bedeute dies eine Konzentration auf die liturgische und diakonische, dann aber auch auf die bildende und gesellige gemeindliche Praxis. Vom Kasus der Konfirmation her gedacht läge dann eine »Konzentration auf Gottesdienst und Sakramente«[50] nahe.

Dies allerdings hätte zwei Schwierigkeiten: Zum einen würde »Kirche« als Lerngegenstand des Konfirmationsunterrichts unter der Hand zu »Gemeinde« mutieren und zwar in der spezifischen, historisch kontingenten Gestalt der Ortsgemeinde.[51] In der Konfirmation wird aber kein Bekenntnis zu einer bestimmten Sozialgestalt der Kirche abgelegt, sondern ein Bekenntnis zu Glaube und Kirche, die auch in ihren empirisch

---

47 *B. Dressler,* Schule und Gemeinde, 135.

48 Ebd.

49 Ebd., 136.

50 Ebd., 145.

51 Vgl. zur Entstehung der Ortsgemeinde und zu ihrer historischen Kontingenz *U. Pohl-Patalong,* Von der Ortskirche zu kirchlichen Orten. Ein Zukunftsmodell, Göttingen (2004) ^{2}2005, 36ff.

fassbaren Gestalten weit über die Ortsgemeinde hinausgeht. Zum anderen müssen die kirchlichen Gestaltungsformen als Mittel deutlich werden, damit sie nicht als Selbstzweck missverstanden werden: Jede kirchliche Sozialform, jede liturgische Form etc. dient dem Glauben der Einzelnen und dem christlichen Handeln in der Gesellschaft. Dies sollte gerade im Konfirmationsunterricht, der auf das Bekenntnis zu dieser Kirche hinführt, deutlich werden.

2.2.3 Religiöse Offenheit versus kirchliche Bindung?

Seit den von dem Konzept der Evangelischen Unterweisung dominierten Jahrzehnten hat der RU in den letzten 50 Jahren einen langen Weg zurückgelegt von einer klar konfessionell-kirchlichen Orientierung, die auf ein persönliches Bekenntnis zielte, hin zu einer Haltung, in der religiöse Positionen als offenes Angebot formuliert werden. Mit der sog. »Zweierhomogenität«,[52] die explizit darauf verzichtet, sich nur oder vorrangig an evangelische Schüler/innen zu wenden, ist diese Offenheit auch strukturell verankert. Zwar ist der RU in Deutschland im Regelfall konfessionell geprägt, doch die konfessionellen Gehalte und Positionen werden weder vorausgesetzt noch wird es als Ziel des RU verstanden, sie zu übernehmen.

Eine mögliche und m. E. weiter führende Deutung der »klassischen« Topoi Tradition, Konfessionalität und Identität bietet der katholische Religionspädagoge *Rudolf Englert*, die in ähnlicher Weise auch für den evangelischen RU formuliert werden könnte. Traditionen versteht er als »bewohnbare Sprachformen«, die die Möglichkeit eröffnen, »seine eigene Überzeugung in einen größeren Übungszusammenhang hineinzustellen« sowie Zugänge zu einer Welt zu eröffnen, »deren Maßstäbe die Schüler/-innen ihrer eigenen Welt heilsam entfremden können«, so dass die Tradition zum »Mittel gegen die Geschichtslosigkeit subjektiver Religion« fungiert. Die Konfessionalität versteht er als »Confessiones ganz unterschiedlicher Art«, die den Schülerinnen und Schülern helfen, eine »Unterscheidung der Geister« einzuüben als »Mittel gegen die drohende Gedankenlosigkeit subjektiver Religion«, und die dazu einladen, eine eigene Confession abzugeben. Die Dimension der Identität versteht er als »soziale Sichtbarkeit und gesellschaftliche Relevanz von Religion«, die ein »Mittel gegen die soziale Folgenlosigkeit« darstellt.[53]

---

52 Vgl. *G. Lämmermann / E. Naurath / U. Pohl-Patalong*, Arbeitsbuch Religionspädagogik, 201.

53 *R. Englert*, Religionspädagogische Grundfragen, 241 f.

Da der Konfirmationsunterricht auf die Konfirmation und damit auf ein Bekenntnis zum christlichen Glauben und eine Entscheidung für eine bewusste Kirchenmitgliedschaft zielt, kann er einen ähnlichen Weg religiöser Offenheit kaum gehen. Gleichzeitig kann er aus theologischen wie pädagogischen Gründen die Glaubensinhalte und auch die Kirchenmitgliedschaft immer nur als ein Angebot an die Subjekte formulieren, das er zu plausibilisieren hat, während es die Subjekte sind, die die Entscheidung über Glauben und Kirchenmitgliedschaft treffen.[54]

So schlägt Bernhard Dressler für den Konfirmationsunterricht eine »Konzentration auf die lernende Erschließung der kirchlichen Religion« vor mit dem expliziten Ziel einer »Teilhabe an einer kirchlich-gemeindlichen Religionspraxis«.[55] Zwar dürften die »subjektiv-individuellen Aspekte der christlichen Religion« nicht außen vor bleiben, Dressler fasst diese aber vorrangig als »individuelle *Aneignung*«.[56] Der RU müsse »systematisch die Möglichkeit einbeziehen, das Grundrecht auf Religionsfreiheit auch in einer reflektierten Entscheidung zum Beispiel *gegen* eine Religionszugehörigkeit oder gegen eine religiöse Weltdeutung in Gebrauch genommen zu sehen«, während der Konfirmationsunterricht »eine Entscheidung *dagegen* als sein Scheitern begreifen« müsse (ohne diese allerdings individuell zu diskreditieren).[57] Auf dieser Grundlage könne der Konfirmationsunterricht eine deutlich weitergehende Identifikation voraussetzen als der RU: »Das Ineinander von (probeweiser Teilnahme an experimentellen) religiösen Vollzügen und der didaktischen Inszenierung von Möglichkeiten reflexiv-distanzierten Bezugs auf diese Vollzüge, das in der Schule über ›teilnehmende Beobachtung‹ nicht wird hinausgehen können, kann in der Kirche als ›beobachtende Teilnahme‹ gestaltet werden.«[58]

Eine solche Trennung von Faktizität und regulativer Idee dürfte jedoch zum einen in der Praxis dazu führen, dass die freie religiöse Entscheidung des Subjekts nicht so frei ist wie behauptet. Zum anderen erscheint eine so

54 Das dadurch entstehende Dilemma zeigt sich beispielsweise in dem Gegenüber von »de facto« und »regulativ«, wenn formuliert wird: Der Konfirmandenunterricht hat eine größere Nähe zu den Vollzugsformen kirchlicher Religion, weil unterstellt werden kann, »dass denjenigen, die sich am kirchlichen Bildungsprozess beteiligen, eine christlich-religiöse Einstellung und Lebenspraxis (um es vorsichtig zu formulieren) nicht fremd ist, und dass sie die Begegnung mit einer solchen Perspektive nicht nur nicht als befremdende Zumutung empfinden, sondern geradezu erwarten. Anders als im schulischen Religionsunterricht wird hier nicht das Bedürfnis in Rechnung zu stellen sein, sich eine Option auch gegen die christliche Religion zumindest offenzuhalten. Das gilt, wenn auch nicht immer de facto, zumindest als regulatives Prinzip.« (*B. Dressler*, Religion im Vollzug, 93).

55 *B. Dressler*, Schule und Gemeinde, 140.

56 Ebd.

57 Ebd., 141.

58 Ebd.

klare Zielbestimmung aus theologischen Gründen schwierig, denn Glaube unterliegt letztlich dem Wirken des Geistes und ist von der Institution nur zu unterstützen, ohne dass diese dafür verantwortlich ist. Zudem bedeutet die Orientierung am Subjekt mehr als eine individuelle »Aneignung«, es muss um eine wirkliche Auseinandersetzung des Subjekts im Sinne des Bildungsbegriffes gehen, die immer einen offenen Ausgang hat – unabhängig vom Ort des Bildungsprozesses.

3. Religiöses Lernen in Kirche und Schule

Die Gegenüberstellung von Zielen und Orientierungen der beiden religiösen Lernorte zeigt ein ambivalentes Bild. Neben Gemeinsamkeiten sind deutliche Unterschiede zu verzeichnen, die jedoch wiederum nicht im Sinne absoluter Differenz zu verstehen sind, sondern als Schwerpunktsetzung und Akzentverschiebung. Es erscheint daher sinnvoll, das religiöse Lernen in Schule und Kirche als graduelle Unterschiede zu fassen, wie es auch *Friedrich Niebergall* vor 90 Jahren getan hat.[59] Der komplexe Gegenstand »Religion« besteht aus unterschiedlichen Dimensionen, die nicht voneinander getrennt werden können, aber mit Schwerpunktsetzungen versehen werden können. Dies bedeutet im Einzelnen:

1. Religiöse Lernprozesse bewegen sich immer zwischen Identifikation und (eine gewisse Distanz einschließender) Reflexion. Dabei erscheint für den RU eine stärkere Ausrichtung auf Reflexivität sinnvoll, während der Konfirmationsunterricht stärker eine Identifikation mit christlichen Inhalten und Ausdrucksformen anbietet – ohne diese jedoch vorauszusetzen oder als absolutes Ziel zu formulieren. Wird dieses Gegenüber graduell verstanden, können die Stärken beider Modi im Umgang mit Religion besonders deutlich entfaltet werden.[60]
2. Christliche Religion umfasst sowohl eine individuelle als auch eine

59 Ähnlich versucht auch »Identität und Verständigung« eine graduelle Verhältnisbestimmung, zielt dabei allerdings vorrangig auf die größeren gestalterischen Freiräume des kirchlichen Lernortes. Sie schlägt vor, dass »der Religionsunterricht [...] sich vorrangig unterrichtlich verstehen muss und in die Strukturgegebenheiten von Leistungsschule eingebunden ist. Dagegen besitzen die Kirchen mit ihren räumlichen und zeitlichen Variationsangeboten meist größere gestalterische Freiräume, die es ihnen ermöglichen (sollten), stärker als die Schulen ihr Vorhaben sozialisationsspezifisch zu modifizieren« (*Kirchenamt der EKD* (Hg.), Identität und Verständigung, 47).

60 Ein ähnliches Anliegen erkenne ich bei Bernhard Dressler, wenn er formuliert: »Plakativere Gegenüberstellungen von Konfirmandenunterricht und Religionsunterricht [...] werden heute obsolet.« *B. Dressler*, Schule und Gemeinde, 148.

gesellschaftliche und auch eine kirchliche Ausprägung, die nicht voneinander getrennt werden können, aber graduelle Akzentsetzungen zulassen. Hier liegt es nahe, die Inhalte des kirchlichen Christentums stärker im Konfirmationsunterricht zu thematisieren und die Inhalte des gesellschaftlichen Christentums stärker im RU ihren Platz finden zu lassen. Das individuelle Christentum hingegen als Entwicklung der persönlichen Religiosität und Auseinandersetzung mit dieser muss an beiden Lernorten gleichermaßen intensiv betrieben werden.

3. An beiden Lernorten ist die Relevanz der kirchlichen Gestalt von Religion für das Leben und den Glauben der Subjekte zu zeigen und zu plausibilisieren. Der Lernort Kirche bietet besonders gute Chancen, dies »vor Ort« erfahrbar werden zu lassen, während dies im RU die Ausnahme bleiben wird. Dabei ist in beiden Fällen darauf zu achten, dass »Kirche« nicht auf die Sozialgestalt der Ortsgemeinde verengt wird. Kirchliche Bindung muss als sinnhaft und hilfreich erfahrbar werden. Die Subjekte müssen dies entdecken und sich mit diesen Entdeckungen auseinander setzen können – mit grundsätzlich offenem Ausgang. Die gleiche Offenheit der Auseinandersetzung gilt selbstverständlich für den christlichen Glauben, der als lebensdienlich und lebensfördernd gezeigt werden muss.[61] Weder christlicher Glaube noch kirchliche Bindung darf im Modus der Forderung auftreten, sondern beides muss als lebensdienliches Angebot in seiner Relevanz für die Jugendlichen plausibel werden.
4. Für beide Lernorte ist die Subjektorientierung religiöser Lernprozesse nachdrücklich zur Geltung zu bringen. Das scheint mir in unterschiedlicher Weise an den beiden Lernorten gefährdet. Am Lernort Schule reicht es nicht aus, Subjektorientierung als die möglichst effektive Vermittlung des Stoffes an die einzelnen Schüler/innen zu bestimmen. Für den Konfirmationsunterricht hingegen muss Subjektorientierung mehr bedeuten als eine »individuelle Aneignung« vorgegebener Traditionen, die letztlich auf eine Entscheidung dafür oder dagegen reduziert wird. Religiöses Lernen zielt darauf, die subjektive Relevanz der christlichen Glaubensinhalte zu entdecken, sich mit ihnen auseinander zu setzen und sie kritisch im Blick auf einen »möglichen Lebensgewinn« zu prüfen.[62] Sowohl der Konfirmationsunterricht als auch der RU sind letztlich auf dieses Ziel ausgerichtet. Sie bewegen sich auf dem Weg dorthin jedoch auf unterschiedlichen Pfaden, die jeweils eigene Chancen und eigene Begrenzungen mit sich bringen.

---

61 *U. Pohl-Patalong*, »... sed vitae discimus«. Religionsunterricht zwischen Religiosität und christlicher Tradition – didaktische Orientierungen, in: IJPT 11 (2007/2), 173–192.

62 *U. Pohl-Patalong*, »Möglichen Lebensgewinn zeigen«.

Literaturhinweise

B. Dressler, Religion im Vollzug erschließen! Performanz und religiöse Bildung in der Gemeinde, in: *Th. Klie / S. Leonhard* (Hg.), Performative Religionsdidaktik. Religionsästhetik – Lernorte – Unterrichtspraxis (PTHe 97), Stuttgart 2008, 88–97.

R. Englert, Religionspädagogische Grundfragen. Anstöße zur Urteilsbildung (PTHe 82), Stuttgart 2007.

F. Niebergall, Der Schulreligions- und der Konfirmandenunterricht (1921), in: *Chr. Bäumler / H. Luther* (Hg.), Konfirmandenunterricht und Konfirmation. Texte zu einer Praxistheorie im 20. Jahrhundert, München 1982, 51–66.

U. Pohl-Patalong, »Möglichen Lebensgewinn zeigen«. Überlegungen zur Didaktik des Konfirmationsunterrichts, in: ZPT 58 (2006), 327–340.

U. Pohl-Patalong, Räume für Religion. Kirche und Schule im Kontext religiöser Pluralität, in: PTh 97 (2008), 186–205.

VIII.
Begründungen des schulischen Religionsunterrichts

Gottfried Adam / Rainer Lachmann

Die Begründung eines konfessionell orientierten RU an der öffentlichen Schule der Bundesrepublik Deutschland ist nach wie vor in der Diskussion. Das zeigt sich nicht zuletzt am bildungspolitischen Streit um das Fach LER in Brandenburg und in der aktuellen Diskussion um die Einführung eines islamischen RU.

Hinsichtlich der Begründungsfrage sind vor allem die pädagogischen, gesellschaftlichen, anthropologischen und rechtlichen Aspekte zu bedenken. Wir entfalten zunächst (1) eine kulturgeschichtliche Argumentation, (2) einen gesellschaftlich bestimmten Begründungsstrang, (3) einen bildungsorientierten Ansatz und (4) einen anthropologischen Begründungskonnex, um schließlich (5) mit der rechtlichen Argumentation zu enden. Dabei sind wir der Meinung, dass die vorgestellten Begründungskomplexe zusammengenommen durchaus einen christlichen RU in der Schule legitimieren können. Sie dürfen dabei u. E. auch für Menschen, die dem Christentum und der Kirche fernstehen, eine gewisse Überzeugungskraft beanspruchen.

1. Kulturgeschichtliche Argumentation

An erster Stelle ist als Begründungsargument für den schulischen RU der *geistes- und kulturgeschichtliche Begründungskomplex* zu nennen. Er vermag für sich allein genommen den schulischen RU nicht hinreichend zu begründen, gibt aber im Verbund mit den anderen Begründungsargumenten einen wichtigen Aspekt ab. Die hermeneutische Religionspädagogik hat mit ihren Vertretern *Martin Stallmann* und *Gert Otto* insbesondere auf diese kulturgeschichtliche Begründungsargumentation aufmerksam gemacht und Wert gelegt.

Die Argumentation gründet in der nachweislichen Überzeugung von der fundamentalen Bedeutung der biblischen Überlieferung und ihrer historischen Konkretionen für unseren abendländischen Kulturraum. Ihre funktionale Entsprechung findet sie in einem Verständnis von Schule als Ort und Anwalt der Überlieferung. Schule nimmt ihre Erziehungs- und Bildungsverantwortung »durch Unterricht im Sinne von Interpretation der Überlieferung« wahr.[1] Dazu weist sie einzelne Überlieferungsbereiche bestimmten Fächern zu. Dem christlichen RU werden dabei das Christentum und die biblische Überlieferung zugeordnet mit der Maßgabe, der Eigenart dieser Tradition gerecht zu werden. Das verlangt vom schulischen RU die Vermittlung eines gewissen Grundverständnisses und Grundwissens über die Bibel als einem »Dokument, das wesentlich zum Werden und Gewordensein unserer Welt beigetragen hat«.[2] Im Blick auf die Gegenwart bedeutet dies aber auch, dass die Gesellschaft für ihre kulturellen Tradierungsprozesse den RU braucht, damit kulturelle Errungenschaften, wozu auch Religion und Glaube sowie Kirche gehören, nicht wieder verloren gehen.

Diese kultur- und geistesgeschichtliche Argumentation findet allerdings ihre Grenzen an einem RU, der nicht in der christlich-abendländischen Tradition gründet (wie z.B. der islamische RU).

2. Gesellschaftliche Begründungszusammenhänge

Die kulturgeschichtliche Begründungsweise bedarf der Ergänzung durch eine Argumentation, bei der die gegenwärtige Gesellschaft und die Lebenswelt der Schüler/innen berücksichtigt werden. Eine solche Begründungsweise umfasst sowohl *situativ-pragmatische* als auch *ethisch-normative* Aspekte. Sie ist bezogen auf ein Bildungs- und Schulverständnis, wonach Schule Ausstattung zur Orientierung und Handlungsfähigkeit in der gegenwärtigen Welt zu vermitteln hat.

Die Inhalte des RU umfassen damit jedenfalls für das gesellschaftliche Leben bedeutsame Thematiken. Auf diese Weise kommen zunächst die Kontaktsituationen mit dem Christentum, wie sie in der Lebenswelt der Schüler/innen vorkommen, in den Blick. Unabhängig von der Einstellung der Schüler/innen zum Christentum kommt es zu Begegnungen mit christlich orientierten und engagierten Menschen und zur Teilnahme an kirchlichen Feiern und Kasualien. Weiterhin ist an den Jahresablauf mit seiner Siebentagewoche und den großen christlichen Festen (Weihnachten, Ostern und Pfingsten), an christliche Inhalte in (moderner) Literatur,

1 *G. Otto*, Schule – Religionsunterricht – Kirche. Stellung und Aufgabe des Religionsunterrichts in Volksschule, Gymnasium und Berufsschule, Göttingen [3]1968, 49.

2 *K. Wegenast*, Art. Bibel, in: *D. Zilleßen* (Hg.), Religionspädagogisches Werkbuch, Frankfurt a.M. 1972, 147.

Kunst und Musik sowie in philosophischen, politischen und pädagogischen Abhandlungen zu denken. Schließlich sind auch vielfältige andere kirchliche Manifestationen zu nennen, mit denen die Schüler/innen in ihrem Alltag in Berührung kommen.

Darüber hinaus kommt der gesellschaftliche Bedarf an ethischen Werten und Normen in den Blick. Dabei wird der Beitrag des RU zur ethischen Erziehung und Wertebildung erwartet und besonders geschätzt. Im Blick auf die Mitverantwortung für die Bewahrung von Natur und Umwelt sowie die Entwicklung von Frieden und Gerechtigkeit ist der RU ebenfalls gefordert. Angesichts der Entwicklung zu einer größeren religiösen Pluralität gewinnt das Verhältnis zwischen den Religionen zunehmend an Gewicht. Der gesellschaftliche Begründungszusammenhang schließt für den evangelischen RU in interreligiöser Hinsicht auch Begegnungen mit anderen Religionen, ihren Menschen und ihrer Praxis, ein, wie sie eben auch in der Lebenswelt der Schüler/innen vorkommen.

3. Bildungsorientierter Ansatz

Mit dem eben erörterten Begründungsstrang hängt der von uns sogenannte *bildungsorientierte Begründungskomplex* eng zusammen.[3] In ihm wird die Kirche als Teil der Gesellschaft und als gegenwärtige Repräsentantin von biblischer Tradition und Religion begründungsrelevant. Die Schule als Veranstaltung des in Sachen Religion und Weltanschauung relativ neutralen Staates richtet für ihre Schüler/innen zur positiven Wahrnehmung von Art. 4,1 GG (Glaubens-, Gewissens- und Bekenntnisfreiheit) das Fach RU ein und gibt den Kirchen Gelegenheit, den geschaffenen Formalrahmen inhaltlich auszufüllen. In diesem Sinne heißt es in der Orientierungshilfe »Kirche und Bildung«, dass sich die Kirche an der staatlichen Schule beteiligt, und in der Gestalt des evangelischen RU »die aktive Wahrnehmung von Religionsfreiheit« unterstützt.[4]

Damit kommt der Staat dem Recht der Bürger auf Bildung nach, indem er – wie es der Deutsche Bildungsrat intendiert hat[5] – die Schule auch für den Bereich der Glaubens-, Gewissens- und Bekenntnisfragen auf die Aufgabe verpflichtet, den einzelnen Schüler und die einzelne Schülerin zur Wahrnehmung der Grund- und Menschenrechte zu befähigen. Auch

3 Vgl. Art. V.

4 *Kirchenamt der EKD* (Hg.), Kirche und Bildung. Eine Orientierungshilfe, Gütersloh 2009, 40.

5 Vgl. *Deutscher Bildungsrat,* Empfehlungen der Bildungskommission, Strukturplan für das Bildungswesen, Stuttgart ^{4}1972, 29.

dort, wo die Mitglieder der Kirchen in einer Minderheitensituation sind oder in eine solche kommen, ist gleichwohl der Bildungsauftrag in Sachen Religion und Glaube relevant. Im Sinne der Religionsfreiheit jedoch ist es geboten, dem RU ein Ersatz- oder Alternativfach, sei es nun Ethik, Philosophie oder Werte und Normen, zur Seite zu stellen.

Im Rahmen des solchermaßen verstandenen schulischen Bildungsauftrages tragen die Kirchen mit dem von ihnen inhaltlich verantworteten RU dazu bei, eben jene Grund- und Orientierungsfragen der Schüler/innen zu thematisieren und die Fragen zu klären, die mit dem Grundrecht der Glaubens- und Gewissensfreiheit sowie mit allen weiteren Aspekten der Freiheit und der Würde des Menschen zusammenhängen. Dazu muss der RU in realistischer Einschätzung der gesellschaftlichen Lage unter den Bedingungen und Maßgaben der Schule erteilt werden.

Die Schüler/innen sind da abzuholen, wo sie stehen. Sie haben einen Anspruch darauf, in ihrer religiösen Entwicklung und Lebensgeschichte unterstützt und durch den RU zu einer kritischen Beschäftigung mit dem Christentum angeleitet zu werden. Die Bibel ist das entscheidende Dokument, aus dem die angemessenen Beurteilungskriterien zu gewinnen sind, die eine sachgemäße Behandlung von christlichem Glauben und Christentum gemäß der eigenen Selbstinterpretation ermöglichen. In diesem Sinne ist es notwendig, dass die Schüler/innen den kompetenten Umgang mit der Bibel lernen, um dadurch selbst kritikfähig und in Sachen Religion und Glaube zu begründeter Urteilsbildung befähigt zu werden.

4. Anthropologische Argumentation

Das vierte Begründungsargument für den schulischen RU ist von *existenziell-anthropologischer Art.* Es ergibt sich aus der pädagogischen Aufgabe der Schule zur »Persönlichkeitsbildung«, bei der die Schüler/innen im Bildungsprozess ihrer Selbstfindung auch mit den Fragen nach sich selbst, nach dem Sinn des Daseins, nach den Grenzsituationen des Lebens sowie nach möglicher Selbstentfremdung und Selbstverwirklichung zu beurteilen sind. Anthropologisch ist zu fragen: Stellt der Sinn für Transzendenz eine offene Möglichkeit dar? Gehört die Disposition zur Erfahrung von Transzendenz zur Verfasstheit des Menschen?

Wenn *Friedrich Schleiermacher* schreibt »Der Mensch wird mit der religiösen Anlage geboren, wie mit jeder anderen«[6] meint er einen solchen

6 *F. Schleiermacher,* Über die Religion. Reden an die Gebildeten unter ihren Verächtern (1799), Göttingen [6]1967, 105.

»Sinn für Religion«. Der Molekularbiologe *Dan Hamer* hat im Jahre 2005 mit seiner These, dass die Menschen ein Gott-Gen in sich trügen und die menschliche Spiritualität auf einer biologischen Struktur basiere und eine unserer menschlichen Erbschaften sei, beträchtliches Aufsehen erregt. Zur Frage des Gottes-Gens sind gewiss kritische Anfragen zu stellen, aber festzuhalten bleibt, die neuropsychologische Forschung »liefert triftige Indizien dafür, dass Spiritualität ein universales Phänomen und damit eine anthropologische Grundkonstante ist.«[7]

Im angelsächsischen Bereich sucht man seit einiger Zeit die spirituelle Verfasstheit des Menschen mit Hilfe empirischer Studien genauer zu ermitteln.[8] Es wird gefragt, ob nicht Spiritualität wesentliche Grundlage für Religiosität und somit unabdingbare Voraussetzung für jegliches religiöses Lernen darstellt. Der englische Forscher *David Hay* versteht in diesem Sinne Spiritualität »als eine zum Wesen des Menschen konstitutiv zugehörige Gegebenheit, also als eine anthropologische Grundkonstante«.[9] Seine Darlegungen basieren einerseits auf seinen zahlreichen empirischen Studien zu den spirituellen und religiösen Erfahrungen Erwachsener; zum andern stützt er sich bei seinen anthropologischen Ausführungen auf den Zoologen *Alister Hardy*, »nach dem eine spirituelle oder religiöse Erfahrung zur biologischen Natur des Menschen gehört«.[10]

Rebecca Nye ist im Zuge weiterer Forschungen auf das Wissen um ein Leben in Beziehungen als »Kernkategorie« kindlicher Spiritualität gestoßen. Dieses »Beziehungsbewusstsein« richtet sich auf das Verhältnis zu anderen Menschen, zu sich selbst, zu Gott oder zur Umwelt. Dabei handelt es sich eben auch um eine kognitive Aktivität, »um ein ausgeprägt reflektierendes Bewusstsein, das es dem Kind bis zu einem gewissen Grad ermöglicht, sich der bemerkenswerten Natur seiner eigenen mentalen Aktivitäten [...] bewusst zu sein.«[11] *Norbert Mette* resümiert die Forschungsergebnisse und die Bildungsaufgabe folgendermaßen:

---

7 *A. Bucher*, Psychologie der Spiritualität, Weinheim / Basel 2007, 20f.

8 Zum Folgenden s. *D. Freudenreich / N. Mette*, Spiritualität und interreligiöses Lernen, in: *P. Schreiner u. a.* (Hg.), Handbuch Interreligiöses Lernen. Eine Veröffentlichung des Comenius-Institutes, Gütersloh 2005, 304–314 – vor allem unter Bezug auf *D. Hay / R. Nye*, The Spirit of the Child, London 1998.

9 *D. Freudenreich / N. Mette*, Spiritualität und interreligiöses Lernen, 306.

10 Ebd. *A. Bucher* und *F. Oser* formulieren ebenfalls: »Religiosität / Spiritualität sind Phänomene, die [...] zwar unterschiedlich ausgestaltet, aber in identischen gehirnpsychologischen Strukturen fundiert« sind (Entwicklung von Religiosität und Spiritualität, in: *R. Oerter / L. Montada* [Hg.], Entwicklungspsychologie, Weinheim / Basel ^{6}2008, 607–624, hier 614).

11 *D. Freudenreich / N. Mette*, Spiritualität und interreligiöses Lernen, 309f.

»Einerseits gelangt Spiritualität nicht erst durch die ausdrückliche Annahme einer bestimmten Religion in den Menschen hinein, sondern ist eine existenzielle Verfasstheit, die jedem Menschen zukommt, die bereits in der Kindheit angelegt ist, die allerdings der individuellen Entwicklung gemäß zur Entfaltung gebracht werden muss, wenn sie nicht verkümmern soll.«[12]

Diesem fundamentalanthropologischen Tatbestand hat die Schule im Vollzug ihrer Unterrichts- und Erziehungsaufgabe Rechnung zu tragen. Sie muss Gelegenheit und Raum geben zur Beschäftigung mit Sinnantworten, Religionen und Weltanschauungen. Das geschieht in der kritischen Beschäftigung mit lebensrelevanter Tradition, mit tradierten Erfahrungen und aufschlussreichen Antworten der Überlieferung. Evangelischer RU ist dabei vor allem auch auf die Bibel verwiesen. Ihre Deutung des menschlichen Lebens als ein Leben »vor Gott« – als Ebenbild Gottes und in Verantwortung für die Welt als Gottes Schöpfung – kann einen substanziellen Beitrag zur pädagogisch angestrebten Sinnfindung und zur Erarbeitung einer Identität durch die Schüler/innen erbringen.

5. Rechtliche Argumentation

Dem vorgestellten schulisch-religionsunterrichtlichen Begründungsverbund muss schließlich noch das *rechtliche Begründungsargument* beigesellt werden. In der Bundesrepublik Deutschland gibt es an den Schulen RU, weil dies in Art. 7 Abs. 3 GG und in den entsprechenden Artikeln der Länderverfassungen so bestimmt wird (vgl. u. Art. IX). Das ist zunächst eine rein rechtspositivistische Begründung, mit der man sich besonders in kontroversen Gesprächen religionspädagogisch nicht bescheiden kann, die aber realpolitisch gesehen den Bestand des bundesrepublikanischen RU entscheidend absichert und garantiert. Hier tut nicht nur eine genaue Information über die einzelnen Verfassungsbestimmungen not, sondern zugleich eine eingehende Interpretation, die die rechtlichen Maßgaben für den schulischen RU auf dem Hintergrund des Verhältnisses von Staat und Kirche im Kontext der Gesamtverfassung zu verstehen sucht. In Verbindung und Konvergenz mit den vier anderen Begründungsargumentationen könnte so ein rechtlicher Begründungsweg eröffnet werden, der über die rein rechtspositivistische Position im Sinne einer unbegründeten Privilegierung der beiden Großkirchen hinausführt und sachlich-funktionale Gründe einbringt und beisteuert.

---

12 Ebd., 313.

5.1 Die rechtlichen Rahmenbestimmungen

In teilweise wörtlicher Übernahme von Art. 149 der Weimarer Reichsverfassung bestimmt Art. 7 Abs. 2 u. 3 des Grundgesetzes für die Bundesrepublik Deutschland:

»(2) Die Erziehungsberechtigten haben das Recht, über die Teilnahme des Kindes am Religionsunterricht zu bestimmen.«
»(3) Der Religionsunterricht ist in den öffentlichen Schulen mit Ausnahme der bekenntnisfreien Schulen ordentliches Lehrfach. Unbeschadet des staatlichen Aufsichtsrechtes wird der Religionsunterricht in Übereinstimmung mit den Grundsätzen der Religionsgemeinschaften erteilt. Kein Lehrer darf gegen seinen Willen verpflichtet werden, Religionsunterricht zu erteilen.«

Drei Bestimmungen dieses Artikels wollen religionsunterrichlich besonders beachtet werden:
1. Der RU ist *»ordentliches Lehrfach«* an öffentlichen Schulen. Das bedeutet, dass in diesem Fach wie in jedem anderen vergleichbaren Pflichtfach Noten zu geben sind, die im Zeugnis erscheinen und versetzungsrelevant sind, und dass der Staat für die Sach- und Personalkosten des RU aufzukommen hat.
2. Der RU soll *»in Übereinstimmung mit den Grundsätzen der Religionsgemeinschaften«* erteilt werden, was in der bisherigen Praxis so viel heißt wie nach Konfessionen getrennter, konfessionsbezogener RU.
3. Der RU ist zwar sachlich, nicht aber persönlich obligatorisch. Daraus folgt für die Schüler/innen wie für die Lehrer/innen das *Recht auf Abmeldung* vom RU, womit Art. 4 GG Genüge getan wird, der in religiösen Fragen die Freiheit der Entscheidung garantiert.[13]

---

13 Die Entscheidung über die Teilnahme steht nach den bundes- und landesrechtlichen Bestimmungen über die religiöse Kindererziehung den Erziehungsberechtigten bzw. dem Schüler und der Schülerin, die religionsmündig sind, zu. Dort, wo das Reichsgesetz über die religiöse Kindererziehung vom 15. Juli 1921, § 5 gilt, gibt es eine aktive Religionsmündigkeit nach Vollendung des 14. Lebensjahres und eine passive Religionsmündigkeit nach Vollendung des 12. Lebensjahres. Der Gesetzestext lautet: »Nach Vollendung des 14. Lebensjahres steht dem Kinde die Entscheidung darüber zu, zu welchem religiösen Bekenntnis es sich halten will. Hat das Kind das 12. Lebensjahr vollendet, so kann es nicht gegen seinen Willen in einem anderen Bekenntnis als bisher erzogen werden.« In den Ländern Bayern, Rheinland-Pfalz und im Saarland gilt aufgrund der Länderverfassungen das Alter von 18 Jahren als Zeit dafür, dass der Schüler selbst die Entscheidung zu treffen hat.

5.2 »Grundsätze der Religionsgemeinschaften« – Konfessionalität

Hier stellt sich die Frage, was mit der Wendung »in Übereinstimmung mit den Grundsätzen der Religionsgemeinschaften« gemeint ist. Ohne Zweifel verlangt diese Formel nach eingehender inhaltlicher Interpretation und Reflexion. Der Rat der EKD hat sich dazu in der »Stellungnahme des Rates der EKD zu verfassungsrechtlichen Fragen des RU« vom 7. Juli 1971 geäußert. Diese altbewährte Stellungnahme besitzt zwar keine Allgemeingültigkeit, stellt aber eine maßgebende evangelische Position dar. Sie wurde von der Synode der EKD am 12.11.1971 mit Zustimmung zur Kenntnis genommen. – In dieser Stellungnahme wird folgende Auslegung der »Grundsätze der Religionsgemeinschaften nach evangelischem Verständnis« gegeben:[14]

»(2) In der heutigen theologischen und kirchlichen Sicht ist das Verständnis des christlichen Glaubens durch folgende Grundsätze gekennzeichnet:
a) Die Vermittlung des christlichen Glaubens ist grundlegend bestimmt durch das biblische Zeugnis von Jesus Christus unter Beachtung der Wirkungsgeschichte dieses Zeugnisses.
b) Glaubensaussagen und Bekenntnisse sind in ihrem geschichtlichen Zusammenhang zu verstehen und in jeder Gegenwart einer erneuten Auslegung bedürftig.
c) Die Vermittlung des christlichen Glaubens muß den Zusammenhang mit dem Zeugnis und Dienst der Kirche wahren.
(3) Die Bindung an das biblische Zeugnis von Jesus Christus schließt nach evangelischem Verständnis ein, daß der Lehrer die Auslegung und Vermittlung der Glaubensinhalte auf wissenschaftlicher Grundlage und in Freiheit des Gewissens vornimmt.
(4) Die ›Grundsätze der Religionsgemeinschaften‹ schließen in der gegenwärtigen Situation die Forderung ein, sich *mit* den verschiedenen geschichtlichen Formen des christlichen Glaubens (Kirchen, Denominationen, Bekenntnisse) zu befassen, um den eigenen Standpunkt und die eigene Auffassung zu überprüfen, um Andersdenkende zu verstehen und um zu größerer Gemeinsamkeit zu gelangen. Entsprechendes gilt für die Auseinandersetzung mit nichtchristlichen Religionen und nichtreligiösen Überzeugungen.
(5) Das theologische Verständnis der ›Grundsätze der Religionsgemeinschaften‹ korrespondiert mit einer pädagogischen Gestaltung des Unterrichts, der zugleich

14 Stellungnahme des Rates der EKD zu verfassungsrechtlichen Fragen des Religionsunterrichts (vom 7.7.1971), in: *EKD-Kirchenkanzlei* (Hg.), Die evangelische Kirche und die Bildungsplanung, Gütersloh 1972, 119–127, bes. 124 = *EKD-Kirchenamt* (Hg.), Die Denkschriften der EKD. Bd. 4/1. Bildung und Erziehung, Gütersloh 1987, 56–63, bes. 60.

die Fähigkeit zur Interpretation vermittelt und den Dialog und die Zusammenarbeit einübt.«[15]

Diese Auslegung der Wendung »in Übereinstimmung mit den Grundsätzen der Religionsgemeinschaften« enthält eine Reihe von beachtenswerten und diskussionswürdigen Gesichtspunkten:

- Es ist Kennzeichen einer jeden echten Bemühung um das Verständnis des christlichen Glaubens, dass die Frage nach der Person und Sache Jesu Christi aufgrund des biblischen Zeugnisses und seiner Wirkungsgeschichte Gegenstand ernsthaften Nachdenkens und engagierter Nachfrage ist.
- Dabei ist wesentlich, dass die Bindung an das biblische Zeugnis von Jesus Christus einschließt, dass der Lehrer bei seinem Umgang mit der Bibel ebenso zur wissenschaftlichen Arbeit wie der Freiheit seines Gewissens verpflichtet ist.
- Die Vermittlung des christlichen Glaubens ist auf den Zusammenhang konkreter kirchlicher Praxis und erfahrbarer Wirklichkeit bezogen.
- Die Beschäftigung mit Fragen des christlichen Glaubens vollzieht sich in Zuwendung zu verschiedenen Gestaltungen christlichen Lebens in Geschichte und Gegenwart und im Dialog mit anderen Glaubensüberzeugungen.
- Einem solchen freiheitlichen Verständnis christlichen Glaubens korrespondiert eine dementsprechende Freiheit im Vorgang der unterrichtlichen Vermittlung.

In diesem Zusammenhang ist noch einmal gesondert das Problem der Konfessionalität anzusprechen. Wie gesagt, als Konsequenz aus der eben theologisch aufgeschlüsselten Wendung des Art. 7 Abs. 3 GG ist der RU nach Konfessionen getrennt zu erteilen. Andererseits können aber – je nach Länderregelung unter besonderen Bedingungen – Schüler/innen zum RU der jeweils anderen Konfession bzw. auch bekenntnislose Schüler/innen zugelassen werden. In einem solchen Fall ist eine Gleichbehandlung mit den übrigen am RU teilnehmenden Schüler/innen die Konsequenz. In der Stellungnahme des Rates der EKD wird davon ausgegangen, dass die konfessionelle Bindung des Lehrers zur konfessionellen Ausrichtung des Unterrichts genügt, wenn er den Unterricht in Übereinstimmung mit den Grundsätzen seiner Religionsgemeinschaft erteilt. Besonders in der Praxis der Förderschulen, aber zunehmend auch in den beruflichen Schulen hat es in den letzten Jahren verschiedenenorts einen konfessionell-kooperativen RU gegeben. Erhebungen weisen daraufhin, dass Lehrer/innen dieser Schulen ein verändertes Bewusstsein von der Bedeutung der Konfessionen im Blick auf die Schüler/innen haben.

So sehr auf der einen Seite die rechtlichen Bestimmungen des Grundgesetzes die Konfessionsgebundenheit formulieren, so ist doch auch in der

15 Auf diese Auslegung der Wendung »in Übereinstimmung mit den Grundsätzen« wird in einer Reihe von Lehrplänen für den evangelischen RU hingewiesen.

Stellungnahme des Rates der EKD in den Absätzen 4 und 5 die Gemeinsamkeit der christlichen Kirchen angesprochen. Zudem wird im Blick auf die pädagogische Gestaltung des RU auf die Einübung in den Dialog und die Zusammenarbeit hingewiesen. Ferner stellt sich nicht nur im Blick auf die Schule für geistig behinderte Kinder das Problem, inwieweit eigentlich bei einer grundlegenden Elementarisierung und Konzentration auf die zentralsten Aussagen des christlichen Glaubens nicht ein großes Maß an Gemeinsamkeiten gegeben ist. Die Spannung zwischen konfessionellen Grundsätzen und den unterrichtlichen Situationen wird nicht einfach durch eine Formel gelöst werden können; es kommt auf die jeweils konkrete Situation vor Ort an.

5.3 RU in Kooperation von Staat und Kirche

Nach Art. 7 GG stellt sich der RU, der »in Übereinstimmung mit den Grundsätzen der Religionsgemeinschaften« als ordentliches Lehrfach an Schulen, die »der Aufsicht des Staates« unterliegen, erteilt werden soll, als eine ›res mixta‹ dar, eine Angelegenheit, die gemeinsam von Staat und Kirche zu bestreiten und zu verantworten ist. Im Fall des schulischen RU, wie im Bereich der Religion überhaupt, bedeutet das für den Staat eine grundgesetzlich festgeschriebene Selbstbeschränkung, die im größeren Zusammenhang des Grundrechts der Religionsfreiheit gründet. Denkt man in dieser Beziehung über die Begründung des RU an unseren öffentlichen Schulen nach, so ist man darauf verwiesen und daran erinnert, dass die durch Grundgesetz, Länderverfassungen und Kirchenverträge kodifizierten Bestimmungen letztlich auf dem Hinter- und Wurzelgrund der Menschenrechte und Grundfreiheiten zu sehen und zu verstehen sind, die das Lebensfundament einer demokratischen Ordnung darstellen (vgl. u. Art. IX, 2). Wie bereits oben im Zusammenhang mit dem bildungsorientierten Begründungsansatz angesprochen, müssen von daher die religionsunterrichtlichen Bestimmungen des Art. 7 GG in Verbindung und Verschränkung mit Art. 4 Abs. 1 u. 2 GG verstanden und interpretiert werden. Dort heißt es:

»(1) Die Freiheit des Glaubens, des Gewissens und die Freiheit des religiösen und weltanschaulichen Bekenntnisses sind unverletzlich.
(2) Die ungestörte Religionsausübung wird gewährleistet.«

Hier ist eines der Grundrechte des Menschseins (Menschenrechte) in unserer Gesellschaft formuliert. Damit wird die Aufgabe gestellt, dem Schüler die Möglichkeit zu geben, sein Recht auf freie Religionsausübung auch wirklich wahrnehmen zu können. Der Staat kann von sich aus keine

Inhalte des RU festlegen, sondern muss Zurückhaltung üben. Zugleich ist aber festgestellt, dass der RU ordentliches Lehrfach ist. Dies bedeutet, dass bei der Bestimmung der Ziele und Inhalte vornehmlich die Religionsgemeinschaften gefragt sind, der Staat seinerseits aber die Verantwortung für die Erteilung des RU insoweit trägt, als er die organisatorischen Voraussetzungen zu schaffen und Lehrpläne und Lehrmaterialien amtlich zu veröffentlichen hat. Der Rat der EKD hat sich in der bereits erwähnten und – wie die einschlägigen Passagen der Orientierungshilfe »Kirche und Bildung« von 2009 zeigen – nach wie vor relevanten Stellungnahme vom 7. Juli 1971 zum Verhältnis von Art. 4 zu Art. 7 GG folgendermaßen geäußert:

»(2) Artikel 4 GG faßt einen modernen pluralistischen Staat ins Auge, der dem einzelnen wie auch den weltanschaulichen Gruppen eine freie Gestaltung ihrer Anschauungen wie auch eine ungehinderte Betätigung ihrer glaubens- oder weltanschauungsmäßigen Überzeugungen eröffnet. Er stellt klar, daß der Staat sich mit keiner glaubensmäßigen oder weltanschaulichen Auffassung verbindet, daß er ihnen gegenüber vielmehr eine offene und tolerante Stellung einnimmt (Neutralität). Diese Haltung des Staates bedeutet nicht Wertindifferenz oder negative Gleichgültigkeit gegenüber den in seiner Bevölkerung lebenden Anschauungen. Sie kann vielmehr eine positive Würdigung der Bedeutung der weltanschaulichen und religiösen Gemeinschaften und eine Kooperation mit ihnen einschließen.
(3) Rückt man die Bestimmungen des Grundgesetzes in diesen durch Art. 4 GG vorgezeichneten Rahmen, so wird deutlich, daß die institutionelle Sicherung des Religionsunterrichts in Artikel 7 Abs. 3 nicht einen Restbestand oder einen Fremdkörper im Verhältnis von Staat und Religionsgemeinschaften darstellt. Auch vom Verständnis des Artikels 4 GG her kann die Sicherung des Religionsunterrichts als ein begrenztes und begründetes Maß an Kooperation zwischen dem Staat und den in der Bevölkerung lebendigen Anschauungen angesehen werden. Das bedeutet, daß die Regelung des Artikels 7 Abs. 3 GG nicht im Sinne eines Privilegs der Kirchen aufgefaßt wird. Sie eröffnet den weltanschaulichen Gemeinschaften die Möglichkeit, an der Planung und Ausrichtung des Religionsunterrichts kooperativ beteiligt zu sein. Planung und Ausrichtung werden hier im Sinne der modernen Lehrplantheorie (Curriculum) verstanden.«[16]

Es geht also um die »positive Religionsfreiheit«, d.h. in diesem Zusammenhang um das Recht des Schülers bzw. der Schülerin auf positive Religionsausübung durch Wahrnehmung des RU.

16 Stellungnahme des Rates der EKD zu verfassungsrechtlichen Fragen, 121.

5.4 Interpretative Fortschreibungen

Nach der Wiedervereinigung im Jahre 1989/90 standen die grundgesetzlichen Bestimmungen zum RU im Blick auf die neuen Bundesländer ernsthaft und kritisch zur Diskussion. Nicht nur das ganz andere Staat-Kirche-Verhältnis mit der weitgehenden Verdrängung der Kirchen aus der Öffentlichkeit und dem öffentlichen Bildungswesen, sondern auch die vergleichsweise niedrige Zahl der Kirchenmitglieder, die in der Regel unter 30% lag, veranlassten selbst die ostdeutschen Kirchenleitungen zur Zurückhaltung gegenüber der Möglichkeit eines schulischen RU. Bis auf Brandenburg mit seinem Pflichtfach »Lebensgestaltung, Ethik, Religionskunde« (LER) und – nach dem gescheiterten Volksbegehren mit der Bürgerinitiative »Pro Reli« (2009)[17]– auch Berlin mit seinem für alle verbindlichen Schulfach »Ethik«, haben alle neuen Bundesländer die verfassungsrechtlichen Regelungen nach Art. 7,3 GG übernommen.

Damit sind weder alle Probleme gelöst, noch ist die religionsunterrichtliche Rechtslandschaft unverändert geblieben. Im Gegenteil: die Rechtsdiskussion um den RU hat deutlich gemacht, welche Spielräume der Auslegung und »interpretativen Fortschreibung« die Verfassungsbestimmungen des GG im Blick auf den schulischen RU enthalten und eröffnen können. Das zeigt sich etwa an den Regelungen, die in den neuen Bundesländern für das sog. Ersatz- oder Alternativfach zum RU gefunden worden sind, worüber sich das GG ja bekanntlich ausschweigt.[18] Das zeigt sich aber vor allem auch in der gegenwärtigen Diskussion um den islamischen RU an deutschen Schulen. Zwar wird er heute von fast allen Seiten befürwortet, ist aber gerade im Horizont von Art. 7,3 GG nicht frei von erheblichen rechtlichen Unsicherheiten.[19]

Besonders beachtenswert an den interpretativen Fortschreibungen der religionsunterrichtlichen Grundgesetzregelungen ist – worauf schon die EKD-Denkschrift »Identität und Verständigung« hingewiesen hat – die offensichtliche Tendenz, »das Verhältnis von RU und Ethikunterricht von vornherein offener im Sinne von gleichberechtigten, zur Wahl stehenden Pflichtfächern« zu gestalten.[20]

Das ließe sich rechtlich begründen mit einer die Grundgesetz-Interpre-

---

17 Dazu: *W. Gräb / Th. Thieme*, Religion oder Ethik? (ARP 45), Göttingen 2011.

18 Vgl. zu den landesspezifischen Formen des RU und seiner Alternativen den folgenden Art. IX. Umfassend: *M. Rothgangel / B. Schröder* (Hg.), Evangelischer Religionsunterricht in den Ländern der Bundesrepublik Deutschland. Empirische Daten – Kontexte – Entwicklungen, Leipzig 2010.

19 *M. Dietrich*, Islamischer Religionsunterreicht. Rechtliche Perspektiven, Frankfurt a.M. 2006.

20 *Kirchenamt der EKD* (Hg.), Identität und Verständigung, Gütersloh 1994, 76.

tation des Art. 7 leitenden Auffassung, wonach dem persönlichen Grundrecht der individuellen Teilnahmemöglichkeit am RU (Abs. 2) »höherrangiges Recht« zukommt als dem institutionellen »Teilhaberecht der Religionsgemeinschaften« (Abs. 3). Dieses höher gewichtete »persönliche Grundrecht, sei es das des Erziehungsberechtigten, sei es das des religionsmündigen Schülers«, ist nicht nur »*individuelles* Abwehrrecht« gegen klerikal kirchliche und illegitim staatliche Ansprüche, sondern bedingt vor allem die Wahlfreiheit nicht nur zwischen RU und Ethikunterricht, sondern auch zwischen katholischer und evangelischer Religionslehre oder anderen religionsunterrichtlichen Angeboten bis hin zum islamischen RU.[21]

Schon an dieser eher unkonventionellen und deshalb traditionell auch nicht unumstrittenen rechtlichen Interpretation von Art. 7,2 u. 3 GG wird deutlich, welche Möglichkeiten und Spielräume eine interpretative Fortschreibung eröffnet, ja mehr noch: welche Sprengkraft gerade in einer rechtlichen Neuinterpretation stecken kann. Denn wo in der Auslegung von Art. 7 GG die bis dato uneingeschränkte Geltung des Teilhaberechts der verfassten Kirchen in Frage gestellt wird, da sind auch manche der kirchlichen Bestimmungen für den konfessionellen RU nicht mehr haltbar. Er müsste danach z. B. offen werden für *alle* Schüler, womit die Regelungskonstruktionen der Kirchen bezüglich der religionsunterrichtlichen Teilnahmemöglichkeit von konfessionsfremden bzw. konfessionslosen Schüler/innen hinfällig würden. Das träfe weniger die Auffassung der evangelischen Kirche von der Konfessionalität des RU – sie ist gewährleistet, wenn Inhalte und Lehrkräfte evangelisch sind –, als vielmehr das katholische Verständnis, wie es nach wie vor von der katholischen Bischofskonferenz offiziell vertreten wird. Danach wird die Konfessionalität des RU von den »drei Faktoren […] Lehrer, Schüler, Lehrinhalte« bestimmt.[22] In concreto heißt das, dass jeder *katholische* Schüler auch am *katholischen* RU teilzunehmen hat und nicht die persönliche Freiheit hat, einen evangelischen oder anderen RU zu besuchen.

Unter der Perspektive eines zukunftsfähigen schulischen RU wäre hier besonders von der katholischen Kirche eine Öffnung und Liberalisierung der religionsunterrichtlichen Teilnahme- und Zugangsmöglichkeiten zu wünschen. Das bliebe im Rahmen von Art. 7,2 u. 3 GG und würde auch,

---

21 *J. Chr. Mahrenholz*, Die verkannte Religionslehre, Hannover 1987, 117; vgl. dazu auch *R. Lachmann*, Rechtsfraglichkeiten eines christlich-ökumenischen Religionsunterrichts an öffentlichen Schulen, in: *W. Rees u. a.* (Hg.), Im Dienst von Kirche und Wissenschaft. Festschrift für A. E. Hierold, Berlin 2007, 923–940.

22 *Sekretariat der Deutschen Bischofskonferenz* (Hg.), Die bildende Kraft des Religionsunterrichts, Bonn 1996, 77.

was zu betonen ist, die beiden anderen rechtlichen Grundpfeiler der grundgesetzlichen Regelung nicht »grundsätzlich« in Frage stellen: Der RU bleibt ordentliches Lehrfach an der Schule, und er behält seine bekenntnismäßige Parteilichkeit. Das heißt ohne Wenn und Aber, dass eine objektiv neutrale Religionskunde mit Art. 7,3 GG nicht vereinbar ist, das heißt aber auch – und hier sind wir wieder im Bereich interpretativer Fortschreibung –, dass es nicht nur erlaubt sein muss, sondern nachgerade verlangt ist, neu und weiterführend über den grundgesetzlichen Passus »in Übereinstimmung mit den Grundsätzen der Religionsgemeinschaften« nachzudenken. Aus Sicht der Kirchen geht es dabei vor allem um das rechte theologische und didaktische Verständnis der »Grundsätze« christlichen Glaubens: Was sind die wesentlichen Inhalte, die »Elementaria« des Evangeliums, zu denen sich die Lehrkräfte des *konfessionellen* RU bekennen, für die sie in ihrem Unterricht in argumentativer Kommunikation Partei ergreifen?

Unter 5.2 haben wir dazu schon die Antwort kennengelernt, welche die EKD vor 40 Jahren gegeben hat. Und das waren und sind auch zweifellos heute noch elementare Richtsätze christlichen Glaubens, die allerdings unter den Voraussetzungen unserer zunehmend säkularer und multireligiöser werdenden Gesellschaft und Welt neu bedacht und weiterentwickelt werden müssen. In dieser Situation gewinnt dadurch heute besonders die ökumenische Dimension und Aufgabe an religionsunterrichtlichem Gewicht und wachsender Dringlichkeit, und sind die beiden großen Kirchen verstärkt dazu aufgerufen, das beiden gemeinsame Christliche, die beiden gemeinsamen christlichen »Grundsätze« profiliert zu markieren, um darüber längerfristig zu einem gemeinsam verantworteten ökumenischen RU fortzuschreiten. Unter dem Motto »Gemeinsamkeiten stärken – Unterschieden gerecht werden« lässt das auch die Unterschiede zwischen den Konfessionen zu Wort kommen, schenkt aber den christlichen Gemeinsamkeiten im Kontext religionsunterrichtlicher Notwendigkeiten und Möglichkeiten Priorität.[23]

Verheißungsvolle Ansätze in diese ökumenisch »grundsätzliche« Richtung sind dazu durchaus schon zu verzeichnen. Ein frühes richtungsweisendes Zeugnis dafür sind etwa die bayerischen »Leitsätze für den Unterricht und die Erziehung *nach gemeinsamen Grundsätzen der christlichen Bekenntnisse* an Grund-, Haupt- und Förderschulen«, die im November 1988 von Kardinal Wetter und Landesbischof Hanselmann ›abgesegnet‹

---

23 *F. Schweitzer / A. Biesinger*, Gemeinsamkeiten stärken – Unterschieden gerecht werden. Erfahrungen und Perspektiven zum konfessionell-kooperativen Religionsunterricht, Gütersloh u. a. 2002.

wurden. Sie würden ohne Frage auch eine brauchbare Grundlage für einen ökumenisch strukturierten und gestalteten schulischen RU abgeben.

Ermutigend sind auch die Erfahrungen, die in Baden-Württemberg mit einem konfessionell-kooperativen RU gemacht wurden. Zwar handelte es sich dabei nur um zeitlich begrenzte Forschungsprojekte und Modellversuche, doch zeigen die jeweiligen Bilanzierungen und Empfehlungen tatsächlich religionspädagogische Perspektiven auf, die in gutwilligem Optimismus als »bedeutender Schritt auf dem Weg zu einem zukunftsfähigen Konzept für die konfessionelle Kooperation im RU« angesehen werden können.[24] Immerhin haben die Kirchen mit einer förmlichen »Vereinbarung« dem konfessionell-kooperativen Handeln »an den allgemein bildenden Schulen Baden-Württembergs« ihren Segen gegeben, freilich einen Segen, der mit einem Übermaß an Kautelen versehen ist, damit auf keinen Fall das konfessionelle Profil des RU beeinträchtigt wird oder gar verloren geht.[25] Von dem kirchlicherseits auch für den RU so viel beschworenen Geist ökumenischer Offenheit ist hier nur wenig zu spüren.

Die religionspädagogische Theorie und Praxis des konfessionell-kooperativen RU ist hier schon entschieden weiter auf dem Weg konfessionell-ökumenischer Öffnung vorangekommen. »Wenn die Kirchen nur wollten« wäre Art. 7 GG längst nicht nur in der religionspädagogischen Theorie in Richtung eines christlich-ökumenischen RU an der Schule interpretativ fortgeschrieben, sondern auch bereits vielfältig religionsunterrichtlich praktiziert und realisiert. Denn wenn der konfessionelle RU an der Schule überhaupt noch eine Zukunft haben will, dann – so meint zumindest der eine Autor dieses Artikels ganz dezidiert[26] – nur noch als konfessionell-kooperativer RU und weitergehend als christlich-ökumenischer RU.

Hier wird zum guten Schluss noch einmal deutlich, dass der rechtliche Begründungsweg sich nicht in einer rechtspositivistischen Setzung erschöpfen muss, sondern durch eine interpretative Fortschreibung der Verfassungsartikel Möglichkeiten eröffnet und Deutungs- und Ermessensräume schafft, um im ›althergebrachten‹ Rechtsrahmen von Art. 7,2 u. 3 GG das »ordentliche Lehrfach« RU »in Übereinstimmung mit den Grundsätzen der Religionsgemeinschaften« »in den öffentlichen Schulen« innovativ und kreativ begründen zu können. So kann die verfassungsrechtliche Argumentation im Konzert der anderen Begründungswege religionspädagogisch diskussionswürdig und zukunftsfähig mitspielen und mitreden.

---

24 *L. Kuld u. a.* (Hg.), Im Religionsunterricht zusammenarbeiten, Stuttgart 2009, 15f.

25 Ebd., 15f.

26 *R. Lachmann*, Religionspädagogische Spuren. Konzepte und Konkretionen für einen zukunftsfähigen Religionsunterricht, Jena ^{2}2002, 1–117.

Literaturhinweise

U. Becker, Religionsunterricht an der öffentlichen Schule, in: *H. Noormann / U. Becker / B. Trocholepczy* (Hg.), Ökumenisches Arbeitsbuch Religionspädagogik, Stuttgart / Berlin / Köln ³2007, 95–112 und 295–299 (Rechtsbestimmungen).

M. Germann, Religion und Staat in der Bundesrepublik Deutschland: rechtliche Maßgaben, in: *B. Schröder / W. Kraus* (Hg.), Religion im öffentlichen Raum, Bielefeld 2009, 47–66.

Kirchenkanzlei der EKD (Hg.), Kirche und Bildung. Eine Orientierungshilfe, Gütersloh 2009.

P. Kunig, Rechtsfragen ethischer und religiöser Erziehung in der Schule, in: *G. Adam / F. Schweitzer* (Hg.), Ethisch erziehen in der Schule, Göttingen 1996, 301–312.

J. Chr. Mahrenholz, Die verkannte Religionslehre. Traktat wider die Ungenauigkeit in der Schulpolitik, Hannover 1987.

IX.
Formen des Religionsunterrichts in den Ländern der Bundesrepublik Deutschland

Michael Meyer-Blanck

1. Die Kulturhoheit der Länder als Konsequenz der Erfahrung des totalen Staates

Schule und Unterricht sind in Deutschland primär eine Angelegenheit der Länder. Nach der Nazidiktatur sorgten die Väter und Mütter der Verfassung nicht nur für die Mitwirkung der Religionsgemeinschaften und Kirchen an der öffentlichen Erziehung, sondern durch die Kultushoheit der Länder zugleich für ein antizentralistisches Element. Der nach 1945 abzuwehrende totale Staat mit einem befürchteten erneuten Zugriff auf das Individuum erhielt mit dem Grundgesetz ein dreifaches Widerlager, nämlich 1. durch die Voranstellung der Grundrechte in der Verfassung, 2. durch die Verankerung der positiven und negativen Religionsfreiheit in den Grundrechten und 3. durch die Pluralisierung der staatlichen Bildungsorganisation in Gestalt der Verantwortung der Länder. Dieses Bemühen hat in den Bereichen von Schule und Unterricht zu einer großen Vielfalt, negativ ausgedrückt: zu Unübersichtlichkeit und geringer Kompatibilität geführt. Ein Äquivalent zu einem deutschlandweiten »Reichsschulgesetz«, wie es in der Weimarer Republik vorbereitet, aber nie verabschiedet wurde, ist nach dem Grundgesetz weder möglich noch nötig.

Es ist nun nicht überraschend, dass die Unübersichtlichkeit gerade beim RU groß ist, weil sich hier die weltanschauliche und die föderalistische Pluralität in mehrfacher Weise miteinander verbinden.

2. Religion im Grundgesetz: Die freie Entfaltung der Persönlichkeit und die Religionsgemeinschaften

Der schulische RU in Deutschland ist bestimmt von den rechtlichen Vorgaben einerseits und von lokalen religionspädagogischen Besonderheiten andererseits, die wiederum mit den länderspezifischen rechtlichen Regelungen zusammenhängen. Dies gilt trotz der gemeinsamen verfassungsrechtlichen Bestimmungen im Grundgesetz.

In Deutschland gibt es (anders als etwa in Frankreich oder in den USA) eine lange Tradition des Zusammenwirkens von Staat und Religionsgemeinschaften, die zu der sogenannten Tradition des »Staatskirchenrechts« geführt hat.[1] Der RU ist eine »gemeinsame Angelegenheit«, eine »res mixta« von Staat und Religionsgemeinschaften. Die enge Verbindung von Religion und Bildung hat u. a. auch die Folge, dass sich die Kirchen nicht nur für die religiöse Bildung, sondern für die Konzepte von Bildung überhaupt verantwortlich fühlen.[2]

Entsprechend gilt der RU nicht als Gestalt der Kirche in der Schule, sondern als kirchlicher Beitrag zur öffentlichen Bildung. Die Lernorte Schule und Gemeinde sollen – nach dem Verständnis der evangelischen wie der katholischen Kirche – in ihrem je eigenen Profil ernst genommen werden. Der RU wird seit etwa 1960 vor allem pädagogisch und damit auch schultheoretisch begründet. Unter dem Begriff der *Bildung* sucht man zu beschreiben, was Religion nicht für die Religionsgemeinschaften (Kirchen), sondern für das mündige Individuum und damit für die Gesellschaft überhaupt zu leisten vermag. Die christliche Religion mit ihrer Beschreibung des Menschen als eines vor Gott unvertretbaren Individuums vertieft danach die Erziehung zur Mündigkeit durch einen spezifischen Ernst.

Die rechtlichen Regelungen zur Kooperation von Staat und Religionsgemeinschaften sind mit denjenigen der Weimarer Reichsverfassung von 1919 nahezu identisch. Fanden sich die Bestimmungen zum RU in der Weimarer Reichsverfassung mit Art. 149 im zweiten Hauptteil, so stehen sie jetzt – innerhalb der Grundrechte – am Anfang der Verfassung. Bewusst wurden 1949 die Grundrechte des Einzelnen den Bestimmungen

---

1 Inzwischen sprechen viele Juristen allerdings lieber vom »Religionsverfassungsrecht«, um der zunehmenden Pluralität zu entsprechen und eine terminologische Verengung der grundgesetzlichen Bestimmungen auf die Kirchen zu vermeiden.

2 Vgl. dazu Evangelische Kirche in Deutschland, Maße des Menschlichen. Evangelische Perspektiven zur Bildung in der Wissens- und Lerngesellschaft. Eine Denkschrift des *Rates der EKD*, Gütersloh 2003.

zu den staatlichen Organen vorangestellt. Dabei ist der RU das einzige Schulfach, das im Grundgesetz erwähnt und geordnet ist: »Unbeschadet des staatlichen Aufsichtsrechtes« ist der RU »in Übereinstimmung mit den Grundsätzen der Religionsgemeinschaften« (GG, Art. 7,3) zu erteilen (vgl. Art. VIII, 5).

Seit dem Jahr 1949, als die Bestimmungen des Grundgesetzes nach dem Vorbild der Weimarer Reichsverfassung beschlossen wurden, haben sich die gesellschaftliche Situation und die Zusammensetzung der Bevölkerung stark verändert. Doch schon damals waren verfassungsrechtlich nicht eigentlich die Kirchen, sondern die einzelnen Menschen der entscheidende Bezugspunkt für den konfessionellen RU.

Unbedingt zu beachten ist dabei, dass die Bestimmungen der Grundrechte nicht nur für die Inhaber der deutschen Staatsbürgerschaft gelten, sondern für alle im deutschen Staatsgebiet lebenden Menschen. Darum beginnen die Grundrechte schlicht mit dem Subjekt »jeder« (und nicht jeder deutsche Staatsbürger). Die Grundrechte (GG, Art. 2–18) haben primär nicht Institutionen (und deren Rechte oder »Privilegien«) im Auge. Sie garantieren vielmehr die Rechte des einzelnen gegenüber der staatlichen Gewalt. Legislative, Exekutive und Judikative sind an die Grundrechte gebunden (GG, Art. 1,3). Der konfessionelle RU in Art. 7 GG gehört unter die Gesamtüberschrift von Artikel 2,1: »Jeder hat das Recht auf die freie Entfaltung seiner Persönlichkeit, soweit er nicht die Rechte anderer verletzt.« Pädagogisch ist die freie Entfaltung der Persönlichkeit als Bildungsvorgang zu beschreiben. Die Aufgabe des Staates ist es dafür zu sorgen, dass jeder das Recht zu dieser Bildung verwirklichen kann. Dazu schafft der Staat mit Bildungseinrichtungen die nötigen Rahmenbedingungen. Weil der Staat dabei der Realität der Bürger entsprechen muss, greift er auch auf die Religionsgemeinschaften zurück.

Die Bestimmungen des Grundgesetzes müssen genau in ihrer vorliegenden Reihenfolge gelesen werden, von Art. 2 über Art. 4 hin zu Art. 7. Die Bildung der Persönlichkeit benötigt die Religionsfreiheit, welche sich u. a. (und nicht nur) in der öffentlichen Wirksamkeit der Religionsgemeinschaften ausdrückt. Die Religion des Einzelnen ist unbeschränkt frei, doch gerade deswegen ist sie nicht Privatsache – ebenso wenig wie die politische Willensbildung, die sich ebenfalls auch öffentlich organisiert vollzieht (Art. 21). Die Bestimmung von Art. 21 gehört jedoch deswegen – anders als die Artikel 8, 9, 18 – nicht zu den Grundrechten, weil es ab Art. 20 um die vom Volke ausgehende *Staatsgewalt* geht, während die Grundrechte als Grenzmarkierungen für den Einzelnen gegenüber der Staatsgewalt diesen Bestimmungen vorangestellt sind.

3. Der konfessionelle Religionsunterricht als der deutsche Normalfall in zwölf Bundesländern

Aufgrund des in Art. 7,3 geregelten Grundrechtes des Einzelnen, in der Schule auch im Hinblick auf den Glauben seiner Religionsgemeinschaft (Konfession) unterrichtet zu werden, gibt es in 12 der 16 Bundesländer evangelischen und katholischen, aber auch orthodox-christlichen (so etwa an einzelnen Orten in Baden-Württemberg, Bayern, Hessen und Nordrhein-Westfalen) und jüdischen RU (so etwa an einzelnen Orten in Baden-Württemberg, Bayern, Berlin, Hamburg, Nordrhein-Westfalen sowie im Saarland). Weiter gibt es in Bayern neuapostolischen, in Hessen mennonitischen, in Baden-Württemberg altkatholischen und in Berlin auch buddhistischen sowie humanistisch-lebenskundlichen Unterricht.[3] Allen anerkannten Religionsgemeinschaften wird die Möglichkeit eines eigenen RU eingeräumt, soweit die erforderliche Mindestschülerzahl pro Jahrgangsstufe gegeben ist. Diese Zahl wiederum differiert: In Bayern und im Saarland müssen 5 Schüler/innen pro Schule zusammenkommen, damit der entsprechende Unterricht erteilt wird, in Sachsen-Anhalt sind es 6, in Hessen 8 und in Niedersachsen 11 Schüler/innen. Der Unterrichtsumfang kann von einer Wochenstunde (in Sachsen-Anhalt) bis zu vier oder fünf Wochenstunden (als Leistungskurs in Niedersachsen und Nordrhein-Westfalen) reichen.

Beim konfessionellen RU handelt es sich damit um den deutschen Normalfall. Das gilt auch für die neuen Bundesländer, die nach 1990 außer Brandenburg den konfessionellen Unterricht nach Art. 7,3 Grundgesetz einführten. Das gilt nicht für das Land Bremen, das sich schon 1949 auf die »Bremer Klausel« in Art. 141 GG berief sowie für die Länder Berlin und – nach 1990 – Brandenburg (dazu s. Abschnitt 4).

Bei der Interpretation des Konfessionalitätsprinzips gibt es Unterschiede zwischen den beiden großen Kirchen. So hält die katholische Kirche bis heute an der konfessionellen Trias, am katholischen Lehrer *und* an den katholischen Schülern *und* der katholischen Lehre fest und benennt alle anderen Modelle von RU lediglich als Ausnahme. Demgegenüber ist

---

3 Dazu und zum Folgenden vgl. den einschlägigen Band von *M. Rothgangel / B. Schröder* (Hg.), Evangelischer Religionsunterricht in den Ländern der Bundesrepublik Deutschland. Empirische Daten – Kontexte – Entwicklungen, Leipzig 2009, besonders dort die Gesamtübersicht von *M. Rothgangel* (379–388). – Der humanistische Lebenskundeunterricht in Berlin wurde im Schuljahr 2007 / 2008 immerhin von 44.758 Teilnehmenden oder 13,63% der Schülerschaft belegt (*U. Häusler*, Religion unterrichten in Berlin, in: *M. Rothgangel / B. Schröder* [Hg.], Ev. Religionsunterricht in den Ländern der BRD, 65–94, bes. 77).

die Konfessionalität des evangelischen RU seinem Selbstverständnis nach durch die konfessionelle Bindung der Lehrenden und durch die Unterrichtsinhalte in konfessionsspezifischer Entfaltung gegeben. Eine Bekenntnishomogenität der Schülerschaft ist nicht erforderlich. Insofern ist evangelischer RU *immer* RU *für alle*, aber nicht RU unter Beteiligung verschiedener Religionsgemeinschaften, sondern unter der Verantwortung einer einzelnen – evangelisch gebundenen – Lehrkraft. Darin besteht die Festlegung, aber auch die für alle Beteiligten gegebene Erkennbarkeit und Berechenbarkeit des Schulfaches Evangelischer RU. Vom theologisch-didaktischen Grundsatz her bleibt der evangelische RU auch dann in diesem offenen ökumenischen Sinne evangelisch, wenn die Mehrzahl der Schüler/innen konfessionslos oder muslimisch sein sollte (wie z.B. in manchen Klassen am Berufskolleg in Nordrhein-Westfalen). »Evangelisch« ist das im Mittelpunkt der Lebensdeutung stehende Evangelium im reformatorischen Verständnis. Dieses soll Kindern und Jugendlichen dazu dienen, sich selbst und die eigene und fremde Freiheit und Gebundenheit besser zu verstehen und zu gebrauchen. Dieses evangelische Verständnis von Bildung und Mündigkeit möchte der evangelische RU jedem erschließen, der sich darauf einlassen will (vgl. Art. VIII, 5.2).

4. Sonderregelungen in den Bundesländern Bremen, Berlin, Brandenburg und Hamburg

Die politische Umsetzung des für ganz Deutschland verbürgten Grundrechtes auf Bildung ist aufgrund der föderalen Ordnung keine Sache des Bundes. Denn der RU liegt wie das gesamte Schulwesen in der Zuständigkeit der Bundesländer. Eine Änderung dieser föderalen Ordnung ist nach GG 79,3 schlicht »unzulässig« und man hat in Bezug auf den damit garantierten Föderalismus von einer aufregenden, ja von der interessantesten Norm des Grundgesetztes gesprochen. Die »Bremer Klausel« genannte Bestimmung (GG Art. 141) besagt, dass die Regelungen von Art. 7,3 Satz 1 (zum konfessionellen RU als ordentlichem Lehrfach) nicht zwingend sind für die Länder, in denen »am 1. Januar 1949 eine andere landesrechtliche Regelung bestand«. Damit ermöglichte Artikel 141 GG seinerzeit Bremen die Zustimmung zum Grundgesetz. Diese Bestimmung eröffnete zugleich die Möglichkeit eines kirchlichen RU in Berlin und ließ in den Jahren nach der deutschen Wiedervereinigung die Auseinandersetzung über die Frage entstehen, ob »LER« in Brandenburg verfassungsgemäß sei oder nicht. Ganz anders ist dagegen die Rechtsform des Hamburger RU. Dort handelt es sich zwar tatsächlich um einen interreligiösen, rechtlich aber um einen konfessionellen, von der Evangelischen Kirche verantworteten Unterricht. Die Bestimmungen dieser vier Länder seien im Folgenden etwas näher erläutert.[4]

4.1 Bremen

In Bremen wird (nach Art. 32 der Bremischen Verfassung von 1947) in den allgemeinbildenden öffentlichen Schulen anstelle des konfessionellen RU ein »bekenntnismäßig nicht gebundener Unterricht in Biblischer Geschichte auf allgemein christlicher Grundlage« erteilt. Dieser Bremer Bibelunterricht verfolgt einen weniger biblischen als vielmehr einen problemorientierten Ansatz und hat schon eine lange Tradition. Im Bremer Streit um den RU stellte man dieses Schulfach schon 1905 grundsätzlich in Frage. In der »Bremer Denkschrift« forderte die Bremische Lehrerschaft schon damals den Staat auf, den RU an den öffentlichen Schulen abzuschaffen bzw. diesen darauf zu beschränken, Sittenunterricht zu sein und allgemein das »Gefühl der Ehrfurcht vor dem Erhabenen« zu unterrichten[5] – und nicht die kirchlichen Lehren. Zum Unterrichtsfach »Biblische Geschichte« ohne Kirchenbezug kam es mithin deswegen, weil man die Bibel aus ethischen, kulturgeschichtlichen und ästhetischen Gründen für ein wichtiges Dokument hielt, das den Charakter der Schüler positiv beeinflussen könne.[6] Ursprünglich meint der Begriff »Biblische Geschichte« darum nicht die einzelnen zu thematisierenden Perikopen (biblische Geschichten), sondern den gesamtbiblischen Erzählzusammenhang als Zeugnis der menschlichen Kulturentwicklung. Der Bremer RU hat von daher traditionell einen nicht-kirchlichen und bekenntnisfreien Charakter. Ähnlich wie LER (s.u. 4.3) ist dieser Unterricht obligatorisch für alle und eine Mitwirkung der Kirchen ist nicht gegeben. In Bremen erfolgt eine konfessionelle Unterweisung (Unterricht durch die Kirchen) auf freiwilliger Basis nachmittags außerhalb der Schulzeit. Diese Unterrichtsform ist jedoch sehr schwach besucht.

---

4 Für genauere Informationen sei auf die Länderartikel in dem in der letzten Anm. genannten Band von *M. Rothgangel* und *B. Schröder* hingewiesen.

5 *P. C. Bloth*, Der Bremer Schulstreit als Frage an die Theologie. Eine Studie zur Problematik des Religionsunterrichts in der Volksschule des frühen 20. Jahrhunderts, Diss. theol., Münster 1959, 130.

6 Ebd., 83.

4.2 Berlin

In Berlin ist der RU kein ordentliches schulisches Lehrfach. Dieser ist vielmehr »allein Sache der Religionsgemeinschaften« (Berliner Schulgesetz). Inhalt (Lehrpläne), Gestaltung und die Prüfung der Lehrenden werden allein von den Kirchen verantwortet.[7] In jedem Kirchenkreis gibt es dazu Ämter speziell für den RU. Die Schule stellt für den Unterricht die Räume samt Heizung und Beleuchtung zur Verfügung, hält wöchentlich zwei Stunden in der Stundentafel für den RU frei und – dies ist besonders wichtig zu wissen – trägt einen Großteil der Kosten. Der RU ist in Berlin ein Fach, zu dem sich die Schüler/innen eigens anmelden müssen. Spätestens ab der Jahrgangsstufe 9 geht die Zahl derer, die sich zum RU anmelden, erheblich zurück und in der Oberstufe entfällt der RU meistens. Die Sonderstellung des Faches in der Schule als rein kirchliche Veranstaltung ist tief ins Bewusstsein von Lehrern, Schülern und Eltern eingedrungen und verschiedene kirchliche Versuche, einen RU nach GG Art. 7,3 einzuführen, sind politisch gescheitert. Der letzte Versuch fand im Jahre 2008 / 2009 statt, als 10,9% der Berliner Wahlberechtigten (über 265.000 Zustimmungserklärungen) eine Volksabstimmung über die Einführung des RU nach Art. 7,3 GG erreichten; bei der am 26. 4. 2009 stattfindenden Abstimmung votierten aber nur 48,4% mit »Ja«. Damit ist der konfessionelle RU in Berlin auf absehbare Zeit gescheitert.

4.3 Brandenburg

In Brandenburg gab es nach der politischen Wende von 1989 / 90 eine von vielen gesellschaftlichen Gruppen getragene Initiative, allen Jugendlichen ein Grundverständnis der wichtigsten Religionen und ethischen Orientierungen zu erschließen. Gerade christliche und konfessionslose Jugendliche sollten dabei nicht getrennt, sondern im Klassenverband unterrichtet werden. Dieser Gedanke bestimmte etwa *Marianne Birthler*, eine kirchliche Katechetin, die dann später (von 2000–2011) die Beauftragte der Bundesregierung für die Unterlagen des Staatssicherheitsdienstes der DDR wurde. Der Streit um das Fach LER – Lebensgestaltung, Ethik, Religion(en) – bestimmte die religionspädagogische Diskussion von der Mitte bis zum Ende der neunziger Jahre.

Mit Beginn des Schuljahres 1992 / 93 wurde LER an 44 Brandenburger

7 Zu den Hintergründen der Entstehung vgl. auch *Chr. Grethlein*, Das »Berliner Modell« – eine Rekonstruktion seines Ursprungs, in: *G. Besier / Chr. Gestrich* (Hg.), 450 Jahre Evangelische Theologie in Berlin, Göttingen 1989, 483–509.

Schulen als Modellversuch durchgeführt und dann 1995 trotz deutlicher Mängel[8] als ordentliches Lehrfach verankert. 1996 wurde LER (von jetzt an unter Bezeichnung »Lebensgestaltung – Ethik – Religions*kunde*«) fest eingeführt. Religion soll nach dem Verständnis der für LER Verantwortlichen nicht lediglich ein Fach für die Kirchenmitglieder sein (in Brandenburg gibt es etwa 25% evangelische und katholische Christen). Die Schüler/innen sollen nicht in Ethik- und Religionsgruppen getrennt werden, sondern den Unterricht in Wert- und Sinnfragen gemeinsam, in ihrer gewohnten Zusammensetzung als Schulklasse erhalten. Diese plausiblen Grundgedanken bringen aber als Konsequenz den Verzicht auf das Konfessionalitätsprinzip auf allen Ebenen mit sich.

Der Streit über LER wurde schließlich auch vor Gericht geführt. So reichten u.a. die Ev. Kirche in Berlin-Brandenburg, eine Elterninitiative und die CDU / CSU-Bundestagsfraktion eine Verfassungsklage gegen LER ein. Nach einem Vorschlag zur »einvernehmlichen Einigung« (also keinem Urteil!) des Bundesverfassungsgerichts (BVerfG) vom Dezember 2001 erreichte man schließlich einen Kompromiss und im Juli 2002 kam es zu einer Vereinbarung zwischen Staat und Kirche.[9]

Der Kompromissvorschlag des BVerfG hatte die Frage nach der Berufung Brandenburgs auf die »Bremer Klausel« nicht geklärt, aber gerade damit implizit die Ansicht zu erkennen gegeben, dass es LER *nicht* als verfassungswidrig beurteilte. Eben diese Sicht aber war der wesentliche der beim BVerfG geltend gemachten Klagegründe gewesen. Insofern war die Klage gegen LER gescheitert.

Andererseits wurde der kirchliche RU auch gestärkt, sodass es seitdem vielfach zu einer Wahl der Schüler/innen bzw. der Eltern zwischen RU und LER kommen kann. Denn nach der Vereinbarung von 2002 ist an einer Schule ab einer Gruppengröße von 12 Schüler/innen der kirchliche RU einzurichten. Vor allem aber ist die Teilnahme am RU ein Grund zur Befreiung von LER. Das ist von besonderer Bedeutung, weil der Verpflichtungscharakter von LER für alle Schüler/innen für die Kirchen der Hauptgrund des Anstoßes gewesen war. Jetzt können sich außerdem die staatlichen Lehrer/innen bis zu 8 Stunden RU auf ihr Lehrdeputat anrech-

---

8 *A. Leschinsky*, Vorleben oder Nachdenken? Bericht der wissenschaftlichen Begleitung über den Modellversuch zum Lernbereich »Lebensgestaltung – Ethik – Religion«, Frankfurt a.M. 1996.

9 Zu den Einzelheiten s. neben dem Artikel von *K. Borck / H. Schluß* (in: *M. Rothgangel / B. Schröder* [Hg.], Ev. Religionsunterricht in den Ländern der BRD, 95–109) auch *F. Schweitzer*, LER in Brandenburg – am Ende des Streits?, in: ThLZ 127 (2002), 1139–1146 und *W. Huber / S.-R. Schultz*, Wird endlich gut, was lange währt? Zum Religionsunterricht in Brandenburg, in: ZPT 55 (2003), 2–17.

nen lassen. Schulorganisatorisch lassen sich darum beide Fächer inzwischen alternativ besuchen und es gibt gemeinsame Projekte (z. B. gemeinsame Fahrten zum Jüdischen Museum in Berlin).

Seit dem Schuljahr 2005 / 2006 wurde LER auch auf die 5. und 6. Klasse der Grundschule ausgedehnt und im Wintersemester 2008 / 2009 schlossen die ersten Absolventen ihren grundständigen Studiengang für das Unterrichtsfach LER an der Universität Potsdam ab.[10]

4.4 Hamburg

In Hamburg wird ein de jure konfessioneller RU unter Verantwortung der Evangelischen Kirche, de facto aber ein interreligiöser RU erteilt, der sich selbst programmatisch »RU für alle«[11] nennt. Das »Kernanliegen« ist der »Dialog, ggf. auch die Auseinandersetzung über Gemeinsamkeit und Differenz angesichts religiöser und weltanschaulicher Vielfalt in der Lerngruppe.«[12] Gerade durch das interreligiöse Lernen, so die These, werde die Dimension der Religion(en) »als ein grundlegendes Element von Allgemeinbildung in der Schule der multikulturellen Gesellschaft« verankert.[13] Dieser Unterricht braucht nach seinen Befürwortern »Bekenntnis, aber nicht Bekenntnisgebundenheit«.[14]

Städtische Besonderheiten haben zu diesem Modell beigetragen: In Hamburg hat die katholische Kirche nach 1945 das Privatschulwesen stark ausgebaut und gleichzeitig auf einen konfessionellen RU als ordentliches Lehrfach verzichtet. Die Gruppe der Konfessionslosen ist mit 40% der Bevölkerung inzwischen höher als die Gruppe der Evangelischen mit 33% der Bevölkerung; etwa 10% der Bevölkerung sind Katholiken und die Zahl der Muslime wird auf 7–10% geschätzt. In Hamburg gibt es nach Angabe der für den RU Verantwortlichen inzwischen 106 verschiedene Religionsgemeinschaften und 247.000 Ausländer aus 185 Ländern mit 100 verschiedenen Familiensprachen.[15]

Auf diese Situation suchte die Evangelische Kirche in Hamburg zu reagieren. 1995 wurde ein »Gesprächskreis interreligiöser RU« gegründet, der die faktische Beteiligung möglichst vieler verschiedener Religionen

---

10 Angaben nach *K. Borck / H. Schluß* (Anm. 9), 105.

11 *F. Doedens / W. Weiße* (Hg.), Religionsunterricht für alle. Hamburger Perspektive zur Religionsdidaktik, Münster u. a. 1997.

12 *F. Doedens / W. Weiße*, Religion unterrichten in Hamburg, in: *M. Rothgangel / B. Schröder* (Hg.), Ev. Religionsunterricht in den Ländern der BRD, 129–156, bes. 133.

13 *F. Doedens / W. Weiße* (Hg.), Religionsunterricht für alle, 59.

14 Ebd., 69.

15 *F. Doedens / W. Weiße* (Religion unterrichten in Hamburg), 131 f.

unter dem Dach des evangelischen RU ermöglichen und mit Leben erfüllen sollte. Beim Hamburger RU »für alle« sind die nichtchristlichen Religionen bei der Entwicklung der Lehrpläne und Unterrichtsmaterialien sowie auf der Ebene von Fortbildungen beteiligt. Das Bestreben ist es, dass es sich im RU und beim Miteinander der Beteiligten um ein interreligiöses Lernen *von den Religionen aus* und nicht um ein bloßes Lernen *über Religionen* handelt. Dabei wird der Grundsatz »in Übereinstimmung mit den Grundsätzen der Religionsgemeinschaften« (Art. 7,3 GG) im Sinne der realen pluralen Gestaltung in Hamburg ausgelegt – und nicht im Sinne der vom Gesetz eigentlich gemeinten juristischen Verantwortung durch eine bestimmte Religionsgemeinschaft.

5. »Konfessionelle Kooperation« zwischen evangelischem und katholischem Religionsunterricht

In den neueren Lehrplänen des RU findet sich zunehmend die Perspektive der jeweils anderen großen Kirche und damit der »ökumenische« Aspekt (vgl. o. Art. VIII, 5.4). Der Begriff »ökumenisch« ist allerdings im Zusammenhang des RU mehrdeutig und damit missverständlich, weil damit neben der interkonfessionellen Perspektive auch das Lernen im Welthorizont gemeint ist. Beides kann, muss aber nicht miteinander zu tun haben. Zu berücksichtigen ist aber, dass der weltkirchliche Horizont in der katholischen Kirche selbstverständlicher gegeben ist als im Kontext regionaler Besonderheiten der evangelischen Landeskirchen.

In der Praxis des RU sind die Übergänge von der Konfessionalität zur konfessionellen Kooperation fließend. So gibt es gemeinsame Unterrichtsphasen, »team-teaching« oder auch verabredungsgemäß erteilten Unterricht für den gesamten Klassenverband durch nur eine, konfessionell gebundene Lehrkraft (die Klassenlehrerin, besonders in der Primarstufe in den ersten beiden Schuljahren).[16] Daneben finden sich auch offiziell nicht gewünschte, doch um der notwendigen Unterrichtsversorgung willen stillschweigend geduldete Formen von »ökumenischem« RU, wenn etwa der interessierte Klassenlehrer unter dem Einverständnis der Eltern seiner

16 *F. Schweitzer / A. Biesinger u.a.*, Gemeinsamkeiten stärken – Unterschieden gerecht werden. Erfahrungen und Perspektiven zum konfessionell-kooperativen Religionsunterricht, Freiburg 2002. Weitere Differenzierungen finden sich bei *M. Heckel*, Religionsunterricht auf dem Prüfstand: Konfessionell – unkonfessionell – interreligiös – interkonfessionell – konfessionell-kooperativ? Der rechtliche Rahmen des Religionsunterrichts im säkularen Verfassungsstaat, in: ZThK 102 (2005), 246–292.

Klasse als ganzer RU erteilt, ohne die Konfession der Schüler/innen organisatorisch und didaktisch in Anschlag zu bringen. Besondere Initiativen zur katholisch-evangelischen Kooperation gibt es u. a. in Hessen, Niedersachsen und in Baden-Württemberg.

6. Zusammenfassender Überblick

Damit lassen sich die verschiedenen RU-Modelle der Länder nach der Art und Weise und nach dem Grad an Konfessionalität miteinander vergleichen. Dazu dient die folgende Tabelle. Oben stehen darin diejenigen Modelle, die den RU am stärksten in kirchlicher Verantwortung sehen; nach unten hin nimmt die Einflussmöglichkeit der Kirchen, aber auch die didaktische Bedeutung der Konfession der Lehrer/innen ab. Andererseits nimmt nach unten die Notwendigkeit von Absprachen mit den verschiedenen Religionsgemeinschaften zu, jedenfalls dann, wenn die Begegnung der Schüler/innen mit Menschen angestrebt wird, die in Religionsgemeinschaften verwurzelt sind. Die unter 2. und 3. genannten Formen beschreiben die überwiegende Praxis des schulischen RU in Deutschland.

RU-Modell	**Bundesländer**
1. Kirchlicher RU in der Schule	Berlin
2. Konfessioneller RU nach GG, Art 7,3	Alle Bundesländer außer Berlin, Brandenburg und Bremen
3. Konfessionell-kooperativer RU: Kooperation von evangelischem und katholischem RU	Kooperationsprojekte in verschiedenen Bundesländern, etwa in Baden-Württemberg und in Niedersachsen
4. Nominell Evangelischer RU mit weiter interreligiöser Öffnung (aber ohne Beteiligung der röm.-kath. Kirche)	Hamburg
5. RU auf allgemein christlicher Grundlage	Bremen (»Biblische Geschichte«)
6. Religions- und Ethikunterricht in einem gemeinsamen Unterrichtsfach für alle	Brandenburg (»Lebensgestaltung – Ethik – Religionskunde«, »LER«)

Betrachtet man die Modelle nicht unter organisatorischen, politischen und kirchlichen, sondern unter didaktischen Gesichtspunkten, also im Hinblick auf die Lernenden, dann stehen zwei Prinzipien miteinander im Widerstreit, die dennoch beide dieselbe Wurzel haben. Der Gegenstand des RU, die Religion, ist eine Art der Selbst- und Weltdeutung und steht damit in enger Verbindung mit den das individuelle Leben bestimmenden Beziehungen. Für das Lernen von Religion entscheidend sind erst in zweiter Linie die sachlichen Informationen. Primäre Lernfaktoren aber sind die Beziehungen der Eltern, der Mitschüler und der Lehrer zu diesen Gegenständen. Von daher sind im schulischen RU die Mitschüler besonders wichtig, vor allem in der Zeit der Mittelstufe. Daraus ergibt sich eine Präferenz für das Lernen im Klassenverband, wie es dem LER-Modell als Grundgedanke zugrunde liegt und das bei Schulpraktikern zu einer Bevorzugung all jener Modelle führt, bei denen die vertraute Gemeinschaft der Klasse als Lerngruppe zum Tragen kommen kann. Diesem didaktischen Grundsatz werden die in meiner Tabelle unten stehenden Modelle am ehesten gerecht.

Andererseits ist für das Lernen von Religion auch die Position der Lehrenden und der Lernenden von Bedeutung – nicht zuletzt um der Klärung der in der Sozialisation erworbenen, aber kaum oder gar nicht bewusst erworbenen Prägungen willen. Die Beziehung zu einem Lehrer mit einer erkennbaren Position hilft zur Identitätsbildung, oder schlichter: zum Erkennen der eigenen Meinung mehr als ein bloßer Vergleich verschiedener Prägungen. Diesem didaktischen Grundsatz werden die konfessionellen Modelle am besten gerecht. Am sinnvollsten erscheint mir darum der konfessionelle RU mit einer institutionalisierten (und nicht nur auf persönlichem Engagement fußenden) Kooperation, sodass auch das Prinzip des Unterrichts im Klassenverband verwirklicht werden kann.

Das Prinzip der Konfessionalität darf also nicht als bloßes Rechts- oder Strukturprinzip verstanden werden. Es hat vielmehr als Gestaltungsprinzip zu gelten: Konfessionalität dient der angemessenen Organisation und der Profilierung der religiösen Bildung zugleich. Den Begriff »Konfession« im heutigen Sinne gibt es bekanntlich erst seit dem 19. Jahrhundert, also seit der Zeit, da die Konfessionalität fraglich und damit zum Thema wurde.

7. Konfessioneller Religionsunterricht und Ethikunterricht

Auf die zunehmende Zahl von Schüler/innen, die keiner der RU anbietenden Religionsgemeinschaften angehören bzw. auf diejenigen, die von ihrem Recht der Abmeldung Gebrauch machen, haben die meisten Bundesländer mit der Einrichtung eines Ersatzunterrichts reagiert. Als Inhalte dieses Ersatz- bzw. Alternativfaches zum RU werden meist Ethik (so die häufigste Fachbezeichnung) oder auch Werte und Normen (so Niedersachsen) oder Praktische Philosophie (NRW[17], Hamburg) genannt. An diesem Unterrichtsfach müssen diejenigen teilnehmen, die keines der Angebote an RU in der jeweiligen Schule wahrnehmen. Die Ländergesetzgebung sieht damit den RU nicht als ein »Privileg« der Religionsgemeinschaften an, sondern als unerlässliche Bildungschance für die Lernenden. Darum ist der Verzicht auf eine sinn- und wertorientierte Bildung nicht möglich. In den meisten Ländern hat der Ethikunterricht den Status eines Ersatzfaches, während in Sachsen und in Sachsen-Anhalt nach 1990 von vornherein eine Wahlpflicht zwischen Ethik und Religion eingeführt wurde. In Sachsen-Anhalt wird der Ethikunterricht von 4–5-mal so vielen Schüler/innen besucht wie der RU.[18] In Mecklenburg-Vorpommern gibt es schon im Primarbereich das Ersatzfach »Philosophieren mit Kindern«.

Aus der Parallelität von Ethik- und RU ergibt sich dieselbe Notwendigkeit zur Kooperation wie zwischen evangelischem und katholischem RU. Die erkennbare Position der Lehrenden und der anderen Lernenden ist eine besondere Bildungschance, die genutzt werden sollte. Im Dialog mit anders Denkenden wird die Klärung der eigenen Position besser möglich als das in einem isolierten Religions- oder Ethikunterricht der Fall wäre. In diesem Zusammenhang hat tatsächlich die Diskussion um LER in Brandenburg wichtige Einsichten erbracht. Es sollte auch überlegt werden, wie der Dialog zwischen Religions- und Ethiklehrern schon in der Ausbildung – am besten schon während des universitären Studiums – institutionalisiert werden kann. Nur so ist zu verhindern, dass den Schülern ein Perspektivenwechsel abverlangt wird, der von den Lehrenden selbst nicht vollzogen werden muss. Die grundständige Ausbildung der Ethiklehrer steckt allerdings in vielen Ländern noch in den Anfängen.[19] Auch die reale Erteilung des Ethikunterrichtes ist vielfach – wie z.B. in Hessen – nicht gesichert.[20]

---

17 In Nordrhein-Westfalen gab es bis 1997 kein Ersatzfach und nach einer Erprobungszeit bis 2003 gibt es das Fach »Praktische Philosophie« als ordentliches Unterrichtsfach in der Sekundarstufe I aller Schulformen, vgl. *F.-H. Beyer,* Religionsunterricht in Nordrhein-Westfalen, in: *M. Rothgangel / B. Schröder* (Hg.), Ev. Religionsunterricht in den Ländern der BRD, 237–255, bes. 246.

18 *M. Domsgen,* Religion unterrichten in Sachsen-Anhalt, in: *M. Rothgangel / B. Schröder* (Hg.), Ev. Religionsunterricht in den Ländern der BRD, 297–326, bes. 316.

19 In Niedersachsen besteht seit dem Wintersemester 2001 / 2002 ein entsprechender Studiengang »Werte und Normen« an der Universität Göttingen, vgl. *F. Kraft,* Religion unterrichten in Niedersachsen, in: *M. Rothgangel / B. Schröder* (Hg.), Ev. Religionsunterricht in den Ländern der BRD, 211–236, bes. 225.

20 *M. Sander-Gaiser,* Religion unterrichten in Hessen, in: *M. Rothgangel / B. Schröder* (Hg.), Ev. Religionsunterricht in den Ländern der BRD, 157–183, bes. 174f.

8. Evangelischer Religionsunterricht und »Islamische Unterweisung« bzw. Islamischer Religionsunterricht

Ein nicht nur didaktisches, sondern auch rechtlich großes Aufgabenfeld ist ein *islamischer RU* in der Schule. Besonders weit vorangeschritten waren zunächst – aufgrund der Bevölkerungszusammensetzung – die Überlegungen im Bundesland Nordrhein-Westfalen.[21] Hier gab es islamkundliche Anteile zunächst im »Muttersprachlichen Ergänzungsunterricht« (Türkisch bzw. Arabisch) und seit 1999 einen Unterrichtsversuch »Islamkunde in deutscher Sprache«. Der Unterricht ist religionskundlich orientiert, wird aber von Lehrkräften islamischen Glaubens erteilt, die eine Fortbildung besucht haben. Seit 2006 gibt es einen Lehrplan für die Grundschule in gedruckter Form.[22]

Inzwischen geht aber das Land Niedersachsen einen anderen Weg, der über die bloße Vermittlung von Kenntnissen hinausführt. In expliziter und deutlicher Absetzung von dem Modell in Nordrhein-Westfalen gibt es in Niedersachsen seit 2003 / 2004 einen Schulversuch »Islamischer RU«. Dabei wird der Unterricht in rechtlicher Verantwortung des Landes erteilt, das jedoch einen »Runden Tisch Islamischer RU« eingerichtet hat, an dem u. a. die Türkisch-Islamische Union der »Anstalt für Religion« des türkischen Staates (DITIB) mitarbeitet. Dadurch ist trotz der Rechtsform des Islam – ohne die individuelle Mitgliedschaft in einer Religionsgemeinschaft – eine größtmögliche Nähe zu Art. 7,3 GG gegeben. Denn Religionen sind nach dem Osnabrücker islamischen Religionspädagogen *Bülent Ucar* nicht lediglich dazu da, um Informationen zu vermitteln. Sie wollen vielmehr die Menschen »innerlich berühren und ihre Lebenseinstellung und Lebensführung beeinflussen«, sodass auch im Islam »der aus freier Entscheidung getroffene Glaube des Einzelnen« die oberste Priorität besitze.[23]

Damit wird in der Tat der konfessionellen Tradition des deutschen Religionsverfassungsrechts nach Art. 7,3 GG auch für die Muslime entsprochen. Andererseits wird man feststellen müssen, dass diese Bestimmung

---

21 *K. Gebauer,* Religiöse Unterweisung für Schülerinnen und Schüler islamischen Glaubens, in: *U. Baumann* (Hg.), Islamischer Religionsunterricht. Grundlagen, Begründungen, Berichte, Projekte, Dokumentationen, Frankfurt a. M. 2001, 232–241.

22 *Ministerium für Schule und Weiterbildung*, Richtlinien und Lehrpläne für die Grundschule, Islamkunde in deutscher Sprache, Frechen 2006.

23 *B. Ucar,* Islamische Religionspädagogik im deutschen Kontext: Die Neukonstituierung eines alten Faches unter veränderten Rahmenbedingungen, in: *B. Ucar / M. Blasberg-Kuhnke / A. v. Scheliha* (Hg.), Religionen in der Schule und die Bedeutung des Islamischen Religionsunterrichts, Göttingen 2010, 33–49, bes. 45.

die individuelle, auch rechtlich verbindliche Mitgliedschaft in einer Religionsgemeinschaft zur Voraussetzung hat. Ein konfessioneller Islamischer RU wird erst dann möglich sein, wenn der Islam in Deutschland eine dem deutschen Staatskirchenrecht zwar nicht direkt entsprechende, aber doch eine diesem analoge Organisationsstruktur ausgebildet haben wird. Der Staat benötigt Mitgliedsvereine und nicht nur Dachverbände von Moscheevereinen als Partner. Denn nur so ist erkennbar, wie viele Gläubige sie wirklich vertreten. Weil eine Mitgliedsorganisation (in Analogie zur kirchlichen Mitgliedschaft) bisher der islamischen Rechtsgewohnheit nicht entspricht, kann dieser Prozess noch einiges an Mühe und Zeit erfordern.

Literaturhinweise

M. Heckel, Religionsunterricht auf dem Prüfstand: Konfessionell – unkonfessionell – interreligiös – interkonfessionell – konfessionell-kooperativ? In: ZThK 102 (2005), 246–292.

M. Rothgangel / B. Schröder (Hg.), Evangelischer Religionsunterricht in den Ländern der Bundesrepublik Deutschland. Empirische Daten – Kontexte – Entwicklungen, Leipzig 2009.

X.
Religionsunterricht in Europa

Bernd Schröder

1. Religionspädagogische Seitenblicke auf andere Länder – wozu?

Wer in Deutschland, Österreich, z. T. auch in der Schweiz an staatlichen Schulen Religion unterrichtet, erfreut sich – im Vergleich zu Kolleginnen und Kollegen in den meisten anderen europäischen Ländern – besonderer, ja, privilegierter Rahmenbedingungen: RU wird von Seiten des Staates als »ordentliches Lehrfach« (Art. 7,3 des Grundgesetzes der Bundesrepublik Deutschland) bzw. als »Pflichtgegenstand« (§1 des Religionsunterrichtsgesetzes der Republik Österreich) anerkannt und gewährleistet. Die Religionslehrerinnen und -lehrer sind staatlich bestellt und gleichberechtigt im Kollegium der Lehrenden. Ihre Ausbildung ist in fachlicher, d. h. theologischer sowie z. T. auch religionswissenschaftlicher, und fachdidaktischer Hinsicht bemerkenswert extensiv und intensiv. Die »Religionsgemeinschaften« (Deutschland) bzw. »Religionsgesellschaften« (Österreich), die – im Rahmen des staatlichen Rechts und der allgemeinen Ziele der Schule – Inhalt und Richtungssinn des Unterrichts bestimmen, bieten in der Regel hervorragende personale und fachliche Unterstützung, etwa in Form von Schulreferentinnen bzw. -dekanen, Mediotheken, Fortbildungsangeboten, geistlicher Stärkung (Vokation, missio canonica).

Es gehört nicht zu den geringsten Leistungen der ländervergleichenden Religionspädagogik, diese Besonderheit des RU in Deutschland und Österreich (sowie in einigen Kantonen der Schweiz, in Rumänien und – mit Abstrichen – in den drei Ost-Departments Frankreichs) ins Bewusstsein zu rücken und zu würdigen; der Seitenblick lehrt das Eigene besser zu verstehen (*ideografische* Funktion). Dies Eigene muss allerdings nicht zwingend das Bessere sein; im Vergleich treten u. a. auch Schwächen und Plausibilitätslücken des Eigenen ins Bewusstsein (*elenchtische* Funktion).

Selbstredend treten bei der Betrachtung des RU in diversen Ländern Europas auch Gemeinsamkeiten zutage: Die wichtigste unter diesen Gemeinsamkeiten dürfte sein, *dass* es in beinahe allen Ländern Europas, (gerade) auch in den vormals sozialistischen Staaten Osteuropas, RU gibt

– ausgenommen sind lediglich Frankreich und Albanien. Zudem steigt vielerorts die politische, gesellschaftliche und didaktische Aufmerksamkeit für »Religion« als Gegenstand schulischen Lernens – zusammen mit der Aufmerksamkeit freilich auch das Maß der Meinungsverschiedenheit darüber, mit welcher Absicht und mit welchen Schwerpunkten Religion unterrichtet werden soll. Es handelt sich dabei nicht allein um unterschiedliche individuelle Auffassungen, vielmehr kommen in den diskrepanten Konzepten Unterschiede zwischen den nationalen Religionsgeschichten, Schultraditionen, gesellschaftlichen Leitbildern, Einstellungen der Schüler/innen u. ä. m. zum Tragen.[1] Insofern ist RU inmitten aller konzeptionellen Differenzen ein gemeinsames Thema, dem in multireligiösen Gesellschaften eine wichtige Aufklärungs-, Kulturtradierungs- und Mediationsrolle zufällt (*generalisierende* Funktion).

Angesichts dessen gehört zumindest der beschreibende Seitenblick, besser noch die vergleichende Analyse von Konzepten und Qualitäten des RU in den verschiedenen Ländern Europas zur Ausbildung und zum notwendigen Horizont von Religionslehrerinnen und -lehrern hinzu: Sie sollten um ihren Ort im Gefüge der internationalen Spielarten von RU Bescheid wissen, Stärken und Schwächen wahrnehmen, in anstehenden schulischen und gesellschaftlichen Diskussionen begründet Position beziehen (können). Nicht zuletzt gilt es schulpraktisch, im dichter werdenden Netz grenzüberschreitender Schulpartnerschaften auch »Religion« als fruchtbaren Gesprächsgegenstand und Impulsgeber in den Blick zu nehmen: ob es um Schulen in England, Frankreich oder Polen, in Israel oder der Türkei geht – stets begegnet im Austausch auch eine spezifische Religions- und RU-Kultur, mit der es sich auseinanderzusetzen gilt. Vergleichende Religionspädagogik ermutigt und befähigt Religionslehrerinnen und -lehrer zum Gespräch mit Anwälten solcher anderer Konzeptionen (*Dialog initiierende* Funktion).

Vor diesem Hintergrund soll im Folgenden das Spektrum des RU in Europa auf zweierlei Weise skizziert werden: zunächst im Blick auf *organisatorisch-rechtliche* Spielarten, dann im Blick auf *didaktische* Zugänge.

1 Europäisch-vergleichende Perspektiven dazu eröffnen etwa *H.-G. Ziebertz et al.* (eds.), Youth in Europe. An international empirical study […], 3 vls., Berlin 2005 / 2006 / 2009, sowie *W. Weiße*, Religiöse Differenz aus der Sicht von Jugendlichen […]. Ergebnisse des europäischen Forschungsprojekts REDCo, in: *Ders. / H.-M. Gutmann* (Hg.), Religiöse Differenz als Chance? Münster u. a. 2010, 225–241.

2. Modelle des Religionsunterrichts in Europa – organisatorisch-rechtliche Typen und Exempel

Aufgrund ihrer – soeben angesprochenen – geschichtlichen Prägungen und kulturellen Eigenarten regeln die Staaten Europas – und bisweilen sogar einzelne Regional-Regierungen wie etwa die »Counties« in England, die Kantone der Schweiz, die Bundesländer der Bundesrepublik – den RU individuell.

Exkurs: Europäische Institutionen und Europäische Union angesichts religiöser Bildung

Neben den einzelnen europäischen Staaten werden europäische Institutionen wie die OECD (»Organization for Economic Cooperation and Development«), der Europa-Rat oder die verschiedenen Instanzen der Europäischen Union (EU) als bildungspolitische Faktoren zunehmend wichtig.

Während die OECD durch PISA-Studien und regelmäßige Bildungsberichterstattung (»Education at a glance«), der Europarat durch programmatische Ausarbeitungen und Empfehlungen wirksam wird, verfügt insbesondere die EU im Bereich religiöser Bildung de facto noch kaum über direkte Steuerungskraft: Weder Religions- noch Bildungspolitik gehören unmittelbar zu den Zuständigkeiten von Europäischem Parlament oder Kommission.[2] Allerdings haben sie indirekt gleichwohl erheblichen Einfluss, etwa indem sie ein kompetenzorientiertes, tendenziell funktionales Verständnis von Bildung favorisieren und religiöse Bildung in der Schule (sofern und weil sie nicht in allen Ländern etabliert ist) aus europaweiten Bildungsinitiativen und Förderinstrumenten ausgespart bleibt.[3]

Auch wenn langfristig unter dem Einfluss europäischer Institutionen eine gewisse Vereinheitlichung schulischer religiöser Bildung zu erwarten steht, ist bislang jedes Land ein »Sonderfall« – und entsprechend detailliert zu beschreiben.[4] Da dies auf engem Raum nicht leistbar ist, soll hier eine Typisierung organisatorischer Modelle erfolgen, die anhand je eines Staates wenigstens kurz zu illustrieren sind.

---

2 Zum Einfluss politischer Instanzen in Europa auf religiöse Bildung in der Schule vgl. etwa *H. Lindner*, Bildung, Erziehung und Religion in Europa, Berlin / New York 2008, bes. Teil I.

3 Eine kritische Bestandsaufnahme und Desiderate formulieren insbesondere *P. Schreiner* und *F. Schweitzer* in dem von ihnen und *V. Elsenbast* hg. Band »Europa – Bildung – Religion«, Münster 2006, 81–102.

4 Vgl. v.a. die Übersichten in *C. Kalloch / S. Leimgruber / U. Schwab*, Lehrbuch der Religionsdidaktik […] in ökumenischer Perspektive, Freiburg 2009, 361–397; *E. Kuyk u.a.* (eds.), Religious Education in Europe. Situation and current trends in schools, Oslo 2007, sowie *J.-P. Willaime* (dir.), Des maîtres et des dieux. Écoles et religions en Europe, Paris 2005. Eine Karte der religionsunterrichtlichen Landschaft in Europa bieten *J. Lähnemann / P. Schreiner* (eds.), Interreligious and Values Education in Europe, Münster 2008; eine tabellarische Übersicht *P. Schreiner,* Entwicklungen im RU in Europa, in: entwurf 2000, Heft 1, 7–14.

Bemerkenswert ist, dass sich die in Europa beobachtbaren Typen cum grano salis auch innerhalb Deutschlands beobachten ließen bzw. lassen: Typ 1 findet sich in Brandenburg, Typ 2 fand sich bis vor kurzem im (West-) »Berliner Modell«, Typ 3 wird in Bremen gepflegt, Typ 5 liegt dem RU aller Bundesländer mit Ausnahme von Berlin-Brandenburg und Bremen zugrunde. Typ 4 war bis zum Inkrafttreten der Weimarer Reichsverfassung (1919) der Regelfall.[5]

2.1 Erster Typ: Kein Religionsunterricht in der Schule

Eine klare, radikale »Lösung« der Frage nach religiöser Bildung in der Schule liegt dort vor, wo diese in der Schule kein eigenständiges Fach zugewiesen bekommt. Der völlige Verzicht auf ein eigenes Unterrichtsfach zum Thema Religion bzw. Religionen wird vor allem in Ländern geübt, die eine Tradition der strikten Trennung von Staat und Kirche pflegen.

So gibt es beispielsweise keinen RU in Frankreich; er wurde durch Schulgesetze, die in den 1880er Jahren erlassen wurden, abgeschafft. Seit 1905 ist darüber hinaus das laizistische Selbstverständnis der französischen Republik insgesamt festgeschrieben: Religion spielt seitdem in der Sphäre des Staates, einschließlich der Schule, keine Rolle mehr – sie gilt als Privatsache. Diese Konstellation bringt es mit sich, dass Religion nicht nur nicht Gegenstand von Unterricht wird, sondern nicht einmal im Raum der Schule in Erscheinung treten soll: Das Tragen religiöser Symbole ist für Schüler/innen, erst recht für Lehrer/innen untersagt; Schulgottesdienste oder andere, jedermann offen stehende religiöse Vollzüge finden in der Schule nicht statt.

Allerdings wird in Frankreich seit knapp zehn Jahren mit Modulen eines Unterrichts über Religion (»l'enseignement du fait religieux«) im Rahmen der Fächer Geschichte, Kunst usw. experimentiert. Älter noch sind verschiedene Ausnahmetatbestände, die etwa die Erteilung von konfessionellem RU in den Departments Oberrhein, Niederrhein und Mosel (gemeinhin, wenngleich unpräzise, als »Elsaß-Lothringen« zusammengefasst) oder in den Privatschulen, die von Religionsgemeinschaften, namentlich der römisch-katholischen Kirche, unterhalten werden, vorsehen.[6]

Kein RU wird zudem etwa in einigen frankophonen Kantonen der Schweiz (z.B. Génève und Neuchâtel) oder in der Sekundarstufe II staatlicher Schulen der Niederlande[7] erteilt.

---

5 *M. Rothgangel / B. Schröder* (Hg.), Religionsunterricht in den Ländern der Bundesrepublik, Leipzig 2009.

6 Vgl. *B. Schröder*, Religionspädagogik in Frankreich, in: *Ders.*, Religionspädagogik, Tübingen 2012, §25.

7 Allerdings gibt es in der Primar- und Sekundarstufe I staatlicher Schulen ein religions-

2.2 Zweiter Typ: Unterricht in allein religionsgemeinschaftlicher Verantwortung in der staatlichen Schule

In einer weiteren Gruppe von Ländern wird RU in den Räumen der staatlichen Schule ermöglicht, doch nicht der Staat bzw. die Schule sorgt für seine Erteilung oder gar für die Inhalte des Faches, sondern allein die jeweilige Religionsgemeinschaft bzw. Kirche. Die staatliche Seite beschränkt sich darauf, Räumlichkeiten und ggf. einen Platz in der Stundentafel zur Verfügung zu stellen. Erteilt wird der Unterricht von kirchlichen Mitarbeiterinnen und Mitarbeitern (Katecheten), die folglich nicht zum Schulkollegium gehören; die Schüler/innen nehmen freiwillig und ohne schulischen Teilnahme- oder Leistungsnachweis (bzw. ohne versetzungsrelevante Noten) teil; die Religionsgemeinschaft trägt die Kosten, ggf. mit Hilfe staatlicher Zuschüsse.

Dieses Modell wird etwa in Ungarn realisiert. Es führt dazu, dass v.a. Schüler/innen, die eng mit einer Religionsgemeinschaft verbunden sind, den entsprechenden konfessionellen Unterricht besuchen – für alle anderen ist das Fach unter den beschriebenen Bedingungen schwerlich attraktiv. RU ist ohnehin ein Wahlfach, d.h. er wird nur eingerichtet, sofern hinreichend viele Lernende dies wünschen. Als Gegenstand allgemeiner Bildung tritt Religion unter diesen Umständen gerade nicht in Erscheinung. Allerdings sieht das ungarische Schulrecht vor, dass RU an privaten Schulen in kirchlicher Trägerschaft ordentliches Lehrfach ist, also prinzipiell obligatorisch und versetzungsrelevant.

Ähnlich ist der RU in einigen Kantonen der Schweiz (etwa Schwyz) verfasst, zudem etwa in Irland und Polen.

2.3 Dritter Typ: Religiöser Unterricht in staatlicher Verantwortung in überkonfessioneller Gestalt

In diesem dritten Fall zeichnet der Staat für die äußeren Gegebenheiten *und* die Inhalte religiösen Unterrichts verantwortlich. Inhaltlich optiert er dabei – eben weil der Staat sich nicht mit einer bestimmten Denomination bzw. religiösen Position identifizieren kann oder will – für eine multikonfessionelle oder religionskundliche Darstellung mehrerer Religionen. Der so konzipierte Unterricht, der weder bei Schüler/innen noch bei Lehrer(inne)n eine konfessionelle Bindung voraussetzt, ist für alle Schüler im Prin-

---

kundliches Fach namens »Geistige Strömungen« (»Geestelijke Stromingen«); in privaten Schulen in kirchlicher Trägerschaft, die knapp zwei Drittel aller Schulen ausmachen, wird konfessioneller RU erteilt.

zip verbindlich (wobei bisweilen unbeschadet dessen eine Abmeldemöglichkeit eingeräumt wird). Er wird im Klassenverband von Lehrern/innen erteilt, die neben einer pädagogischen auch über eine religionswissenschaftliche oder theologische Ausbildung verfügen, aber keiner Religionsgemeinschaft angehören müssen.

RU dieses Typs ist in den 1970er Jahren beispielsweise in England etabliert worden; er löste dort den konfessionellen Unterricht ab. Träger des RU ist die staatliche Schule; die Teilnahme daran ist für die Schüler/innen obligatorisch. Die Lehrenden werden primär pädagogisch qualifiziert, daneben auch religionswissenschaftlich. Sie sind wie die Lehrer/innen anderer Fächer Angestellte des Staates. Inhaltlich soll der RU überkonfessionell sein und zumindest den großen in England vertretenen Religionsgemeinschaften Rechnung tragen; es handelt sich neben dem Christentum (anglikanischer Prägung) um Judentum, Islam, Hinduismus und Sikhismus. Die entsprechenden Lehrpläne gelten nicht landesweit, sondern werden auf der Ebene von Regierungsbezirken (»counties« bzw. »boroughs«) von eigens berufenen Gremien erarbeitet. Diese »Standing Advisory Councils for Religious Education« (SACRE) setzen sich aus vier Gruppen zusammen: aus Vertretern der Lehrer(gewerkschaft), der Schulbehörde, der Anglikanischen Kirche und Repräsentanten aller übrigen Religionen und christlichen Konfessionen. Bemerkenswerterweise hat an staatlichen Schulen neben dem RU auch die sog. Schulversammlung (»assembly«) potenziell eine religiöse Note: Sie substituiert den klassischen Schulgottesdienst (»school worship«) und kann z.B. dazu genutzt werden, Feste der an der jeweiligen Schule repräsentierten Religionen zu erinnern bzw. zu begehen.

Allerdings gibt es in England nicht nur staatliche Schulen, sondern auch Privatschulen, darunter solche in anglikanischer und – mittlerweile – vor allem solche in römisch-katholischer Trägerschaft. In diesen wird der RU weiterhin konfessionell erteilt.

Die Konzeption eines überkonfessionellen, in erster Linie religionskundlichen RU findet sich mittlerweile auch in fast allen Ländern Skandinaviens, genauer: in Island (seit 1926), Schweden (»Religionskunskap«; seit 1969), Dänemark (»Kristendomskundskab« bzw. »Religion«; seit 1975) und Norwegen (»Kristendomskunnskap med religions- og livssynsorientering«; seit 1997, revidiert 2002 und 2005); zudem in der Türkei und einigen Kantonen der Schweiz (etwa »Religion und Kultur« im Kanton Zürich).

2.4 Vierter Typ: Religiöser Unterricht der Mehrheitskonfession in staatlicher Verantwortung

In vielen europäischen Ländern, in denen die absolute Mehrheit der Bevölkerung einer christlichen Konfession angehört, zeichnet der Staat ebenfalls sowohl für die äußeren Gegebenheiten als auch für die Inhalte religiösen Unterrichts verantwortlich. Die Inhalte des RU sind gleichwohl nicht multireligiös oder religionskundlich angelegt, sondern im Wesentlichen an den Grundsätzen der Mehrheitskonfession orientiert. Dieser RU ist für die Schüler/innen der Mehrheitskonfession verbindlich; für alle anderen fakultativ, aber in der Regel möglich oder sogar vorgesehen. Wer nicht teilnehmen will, hat entweder unterrichtsfrei oder nimmt an nicht-religiösem Ethikunterricht oder, in manchen Ländern, am RU konfessioneller Minderheiten teil. Das Maß der kirchlichen Mitbestimmung am Unterricht ist unterschiedlich ausgeprägt – stark ist der Einfluss der Kirche in Italien.

Diese Konzeption findet sich in Ländern mit klarer Dominanz einer Konfession bzw. Religion, etwa in Italien. Dort ist es die römisch-katholische Kirche, der etwa vier Fünftel der Bevölkerung angehören. Dementsprechend gibt es ein staatlich gewährleistetes, inhaltlich monokonfessionell bestimmtes Unterrichtsfach »Unterweisung in katholischer Religion« (»Insegnamento della Religione Cattolica«), an dem sämtliche Schüler/innen teilnehmen können und an dem de facto nahezu alle Schüler/innen teilnehmen. Wer dieses Wahlfach nicht in Anspruch nimmt, hat unterrichtsfrei – weder die muslimische noch die protestantisch-waldensische oder die jüdische Minderheit bieten RU in der Schule an; ein Ersatzfach, in dem ethische oder religiöse Inhalte vermittelt würden, gibt es ebenfalls nicht.

Exemplarisch wird somit deutlich, dass weder Mehrheitskonfession noch Staat Interesse an einer Modifizierung des monokonfessionellen RU haben – allerdings stehen auch die religiösen Minderheiten der Option, schulischen RU zu erteilen, hier bemerkenswert distanziert bis ablehnend gegenüber. Dies gilt etwa für die Waldenserkirche Italiens.

Ähnliche Verhältnisse finden sich in Griechenland, dessen Bevölkerung nahezu ausschließlich der griechisch-orthodoxen Kirche angehört, sowie in Spanien, das in ähnlich exklusiver Weise wie Italien römisch-katholisch geprägt ist. Während in Griechenland 2008 die Abmeldung vom obligatorischen und alternativlosen griechisch-orthodoxen RU ermöglicht wurde, steht dem römisch-katholischen RU in Spanien seit 2005 ein überkonfessioneller RU zur Seite, der vorzugsweise von Muslimen, Protestanten und Juden besucht wird.

Auch wenn auf diese Weise Wahlfreiheiten eingeräumt werden, so überspringt dieser Typ RU doch strukturell den Umstand, der in den meisten Ländern Europas zu einer der Schlüsselherausforderungen religiöser Bildung geworden ist: die Pluralität von Religionen und deren friedensfördernde Kommunikation untereinander.

2.5 Fünfter Typ: Nebeneinander des Religionsunterrichts mehrerer Religionen bzw. Konfessionen, jeweils als gemeinsame Sache von Staat und Religionsgemeinschaft

In dieser Konstellation wird schulischer RU von Staat und Religionsgemeinschaften aufgabenteilig gemeinsam verantwortet: Der Staat gewährleistet den Status des Faches und seine Integration in die Schule, die Religionsgemeinschaften verantworten den Inhalt des RU und die Transparenz seiner Positionen in Achtung des allgemeinen staatlichen Rechts. Auf diese Weise kommt eine Mehrzahl unterschiedlich konfessioneller Spielarten von RU zustande. Dieses Modell wird in Deutschland, Österreich, in den französischen Departments Ober-Rhein, Nieder-Rhein und Mosel sowie in Rumänien praktiziert.

Auch in Finnland, dessen Bevölkerung mehrheitlich der lutherischen Kirche angehört und dessen Schülerschaft in der Regel evangelischen RU besucht, ist es jeder religiösen Minderheit erlaubt und möglich, RU ihrer Konfession zu erteilen, sobald drei Schüler/innen einer Klasse dieses wünschen. Neben dem RU gibt es alternativ Lebenskunde-Unterricht (»Elämänkatsomustieto«).

Im Kontrast zu den Alternativen treten die Besonderheiten dieses Modells umso deutlicher hervor: RU ist als ordentliches Unterrichtsfach voll in die Schule integriert (anders als in Typ 1 und 2). Der Staat verzichtet auf die Bestimmung der Inhalte von RU, verpflichtet das Fach gleichwohl auf die Standards schulischen Unterrichts (anders als in Typ 2 und 3). Standpunkte der Lehrer und normative Grundlagen des Fachs werden ausgewiesen; zugleich wird die Pluralität verschiedener Standpunkte und Normen gewährleistet (anders als in Typ 4).

Kritisch wird diesem Modell gegenüber v. a. angemerkt, dass es Schüler/innen unterschiedlicher religiöser Bindung kein gemeinsames Lernen in Sachen Religion ermöglicht und so den Auftrag verfehlt, interreligiöse Verständigung zu befördern.

2.6 Ertrag

Der Blick auf organisatorische Typen des RU in Europa ist in verschiedener Hinsicht aufschlussreich: Er lehrt den konfessionellen RU in Deutschland als besonderes Modell verstehen, das (wie alle anderen Typen religiöser Bildung in der Schule auch) von bestimmten geschichtlichen Voraussetzungen zehrt, nämlich von der tradierten Bikonfessionalität der Bevölkerung, von der Sorge vor einem totalitären Anspruch des Staates im Bereich der Daseins- und Wertorientierung und schließlich von der Balance zwischen der Anerkennung kirchlich-christlicher bzw. religionsgemeinschaftlicher Erziehungspotenziale einerseits und der Absage an ein Staatskirchentum andererseits.

Das Gewahrwerden der verschiedenen Typen weist zudem auf den Legitimationsdruck hin, der im Zuge der europäischen Einigung und vergleichender Forschung steigt: Die Modelle schulischer religiöser Bildung konkurrieren nolens volens im Blick auf ihre gesellschaftliche Plausibilität, ihre Entsprechung zum allgemeinen schulischen Bildungsauftrag und ihre unterrichtliche Qualität und Wirksamkeit.

3. Didaktische Paradigmen des Religionsunterrichts in Europa

Die organisatorischen Rahmenbedingungen legen keineswegs auch schon das intendierte Unterrichtsgeschehen, also die didaktische Konzeption, des jeweiligen RU fest. Vielmehr lassen sie *in jedem Land* Raum für die Anwendung *verschiedener* didaktischer Leitbilder. Auch wenn die wenigsten Länder Europas eine ähnlich lange und facettenreiche Tradition katechetischer oder religionspädagogischer Konzeptentwicklung kennen wie Deutschland, gibt es doch allerorten lebhafte religionsdidaktische Diskurse – man denke etwa an England, die Niederlande oder Norwegen.[8] Die Vielfalt dieser Diskurse wahr und ernst zu nehmen – und das heißt zugleich: die in Deutschland zu beobachtende Abfolge und Dynamik der Konzeptionsentwicklung[9] nicht für allgemein gültig zu halten – gehört zu den wichtigsten Desideraten einer Europa-sensiblen Religionspädagogik.[10]

Die entsprechenden Diskurse i.E. zu verfolgen, setzt die Kenntnis der jeweiligen Landessprache, Vertrautheit mit geschichtlichen und aktuellen

---

8 Relativ leicht zugänglich ist der religionsdidaktische Diskurs in England; vgl. etwa *T. Copley*, Teaching religion. Sixty years of religious education in England and Wales, new updated ed., Exeter 2008.

9 Vgl. o. Art. III u. IV.

10 In diesem Sinne schrieb *H.-G. Heimbrock* sein Buch »Religionsunterricht im Kontext Europa. Einführung in die kontextuelle Religionsdidaktik in Deutschland«, Stuttgart 2004.

Gegebenheiten des RU usw. voraus. Deshalb sollen hier lediglich didaktische Grundkonstellationen aufgerufen werden, die sich seit dem 19. Jahrhundert in vielerlei Spielarten im Umgang mit weltanschaulicher bzw. religiöser Pluralität herauskristallisiert haben.

Die Konstellationen unterscheiden sich vor allem in ihrer Bestimmung der Aufgaben von Lehrenden, in ihrem Bild der Schülerschaft und in der Zielsetzung des RU. Methodisch und inhaltlich hingegen bieten alle vier eine breite Spanne von Möglichkeiten – sie alle schließen etwa die Thematisierung verschiedener Religionen, v.a. der sog. Weltreligionen, mehr oder weniger ausführlich ein.

Es sind vier didaktische Grundkonstellationen:

3.1 Erste didaktische Grundkonstellation: Religionsunterricht als Vergewisserung in der Herkunftsreligion in möglichst homogenem Lernumfeld

Traditionell zielt religiöses Lernen in Gestalt jüdischer, christlicher oder islamischer Erziehung auf Vergewisserung der Lernenden in ihrer Herkunftsreligion – dabei ist de facto vorausgesetzt, dass die Lerngruppe ein- und derselben Religion bzw. Konfession angehört.

Zur Vergewisserung führt im Rahmen unterrichtlichen Lernens das Memorieren maßgeblicher Texte und die Anbahnung vertieften, durchaus auch kritisch reflektierten Verstehens ebenso wie die Einübung grundlegender Praxisformen und der Aufbau sozialer wie emotionaler Beziehungen zu Angehörigen der jeweiligen Religionsgemeinschaft.

Im Falle des evangelischen Christentums war dieses Gefälle dem schulischen RU bis in die Zeit der Aufklärung hinein generell eigen – seitdem wird es nurmehr von einzelnen Strömungen vertreten, von der sog. kirchlichen Katechetik des 19. Jahrhunderts (*Christian Palmer, Gerhard von Zezschwitz*) etwa oder von der Evangelischen Unterweisung im Sinne *Helmuth Kittels* (vgl. o. Art. III). In der Gegenwart schreiben am ehesten *Günter Rudolf Schmidt* und *Ingrid Schoberth* dem RU derlei Aufgaben zu.[11]

In verschiedenen europäischen Ländern hingegen liegt dieses didaktische Modell dem heutigen schulischen RU zugrunde: etwa in Ungarn (Typ 2) oder Italien (Typ 4). In Finnland wird es derzeit in bewusster Reaktion auf gegenläufige Entwicklungen in anderen skandinavischen Ländern wieder entdeckt!

---

11 *G. R. Schmidt*, Christentumsdidaktik, Leipzig 2004, und *I. Schoberth*, Diskursive Religionspädagogik, Göttingen 2009.

3.2 Zweite didaktische Grundkonstellation: Religiöse Bildung in Auseinandersetzung mit persönlich vertretenen Standpunkten bzw. Konfessionen

In diesem Modell wird demgegenüber die konfessionelle Heterogenität der Schülerschaft einer Schule, aber oft auch der religionsunterrichtlichen Lerngruppe vorausgesetzt und bejaht. RU zielt deshalb nicht in erster Linie auf Vergewisserung in einer – allen Lernenden gemeinsamen – Konfession, sondern auf persönliche Auseinandersetzung mit Religionen und eine Entscheidung (wobei diese keineswegs Lernziel, sondern unterrichtstranszendierende Intention ist).

Um diese Auseinandersetzung herbeizuführen, wird als wesentlich erachtet, dass die Religionslehrerin bzw. der Religionslehrer als Rolleninhaber ebenso wie als Person eine bestimmte religiöse Orientierung für sich selbst als verbindlich betrachtet und diese Positionalität im Lernprozess als Identifikationsmodell wie als Reibungsfläche fruchtbar macht. Im Rahmen der staatlichen Schule muss diese Ligatur bzw. dieses »commitment« der Lehrkraft öffentlich ausweisbar und verlässlich sein; insofern wird Religion in Übereinstimmung mit den Grundsätzen derjenigen – de facto für einen Großteil der Schüler/innen und Lehrer/innen maßgeblichen – Religionsgemeinschaften unterrichtet, die ihr prinzipielles Recht, RU zu erteilen, aktualisieren. Vielfach nehmen vor allem Schüler/innen derselben Religion bzw. Konfession an diesem RU teil – doch zwingend ist dies nicht.

Während in Deutschland die Römisch-katholische Kirche für ihren RU die konfessionelle Homogenität der Trias aus Lehrer/innen, Schüler/innen und Inhalten fordert, gewährt die Evangelische Kirche seit den 1970er Jahren Schüler/innen aller Konfessionen und Weltanschauungen Gastrecht. Insbesondere an Förder- und Berufsbildenden Schulen ist die Unterrichtung konfessionell gemischter Lerngruppen weithin üblich; prinzipiell denkbar ist auch eine Wahlpflichtkonstellation, in der Religionslehrende verschiedener Konfession Unterricht anbieten, der von den Schüler/innen nach Wahl besucht wird.

Diese Konstellation liegt dem RU in Finnland, v. a. aber in Österreich und einigen Kantonen der Schweiz, aber eben auch in Deutschland (Typ 5) zugrunde – selbst dort, wo Art. 7.3 GG unkonventionell ausgelegt wird, etwa im sog. Hamburger Modell.

3.3 Dritte didaktische Grundkonstellation: Religionskundliches Lernen an Zeugnissen verschiedener Religionen

Hier wird die religiöse Heterogenität der Schülerschaft in anderer Weise aufgenommen: Wenn es keine gemeinsame Referenzreligion der Schüler/innen mehr gibt, dann muss der RU möglichst neutral gestaltet werden. Im Rahmen der staatlichen Schule gilt es in erster Linie über Religionen zu informieren und sich konstruktiv-kritisch mit ihnen zu befassen. Im Zuge dessen kann es durchaus zu existenziellen Auseinandersetzungen kommen, namentlich mit solchen anthropologischen Grundfragen, die nicht zuletzt von Religionen beantwortet werden: Umgang mit Sterben und Tod, Fragen nach verbindlichen ethischen Orientierungen, Sinn-Perspektiven.

Die intendierte neutrale Gestaltung des RU schließt ein, dass die Lehrkräfte v.a. pädagogisch und religionswissenschaftlich geschult werden; ihr persönliches Verhältnis zu bestimmten Konfessionen und Religionen ist konzeptionell unerheblich.

3.4 Vierte didaktische Grundkonstellation: Erschließung der eigenen Kultur unter Einschluss ihrer religiösen Einflussfaktoren

In dieser Konstellation stellt »Religion« keinen Unterrichtsgegenstand sui generis dar; sie wird vielmehr als Subthema in einem Schulfach begriffen, das in besonderem Maße der Enkulturation – in der Regel also im Geschichts-, Nationalsprach- oder Staatsbürgerunterricht – oder der allgemein-ethischen Orientierung – in der Regel also im Ethikunterricht – der Schüler/innen dient.

In diesem Kontext werden Religionen nicht in erster Linie als Option individuell tragfähiger Daseins- und Wertorientierung thematisiert, sondern als geschichtlich und gegenwärtig wirksame Prägefaktoren der jeweiligen Kultur. In diesem Sinne werden sie – konzeptionell betrachtet – unabhängig von den religiösen Orientierungen sowohl der Schüler als auch der Lehrer thematisch. In der Praxis hingegen hängen Gewicht, Zungenschlag und Qualität des Unterrichts über Religion sehr wohl von den persönlichen Einstellungen der beteiligten Personen ab – ein überzeugter atheistischer oder laizistischer Geschichtslehrer wird die kulturelle Bedeutung von Religionen anders einschätzen als ein katholischer Spanischlehrer.

Diese Konstellation wird aktualisiert in den Modulen »Unterricht über

Religion als Tatsache«, die nach 2001 in französischen Schulen implementiert wurden (Typ 1); sie schwingt indes auch im überkonfessionellen RU in England und Skandinavien (Typ 3) mit und ist zudem dank der Thematisierung von Religion in verschiedenen Fächern nahezu überall in Europa verbreitet.[12]

3.5 Ertrag

Unter den vier Konstellationen konkurrieren insbesondere die zweite und die dritte. In den letzten Jahrzehnten hat insbesondere die dritte Konstellation numerisch und argumentativ deutlich an Gewicht gewonnen – zeitlich und sachlich angeführt von England haben sich vor allem die nordeuropäisch-protestantischen Länder diesem Verständnis von RU angeschlossen.

Zugute gehalten wird dieser didaktischen Konstellation von ihren Befürwortern v.a. zweierlei: die Minimierung des Einflusses von Religionsgemeinschaften auf den staatlichen RU und ihre Schmiegsamkeit an eine religiöse Landschaft, die durch Individualisierung religiöser Auffassungen, migrationsbedingte Vervielfachung von Religionen und De-Institutionalisierung von Religiosität (zumeist »Entkirchlichung«) zusehends vielgestaltig wird. Allerdings verstärken diese vermeintlichen Vorzüge zugleich jene Entwicklungen, indem sie Religionsgemeinschaften als Erziehungsfaktoren depotenzieren und individuelle religiöse Orientierungen zur Privatsache werden lassen. Anders, zugespitzt gesagt: Wer RU als primär religionskundliches Lernen an Zeugnissen verschiedener Religionen konzipiert, spricht gelebter Religion ihre bildende Kraft ab.

Darüber hinaus steht diese Konstellation wiederkehrend vor drei Schwierigkeiten:

- Erstens unterrichtliche Schwierigkeiten: Wenn eine Mehrzahl von Religionen gleichberechtigt und in vergleichbarer Weise thematisiert werden sollen, dann ist im Blick auf jede einzelne nur ein eng begrenzter Reichtum an Kenntnissen und ein begrenzt tiefes Durchdringen möglich – zudem müssen alle Religionen, selbst wenn ihr Selbstverständnis damit kollidiert, auf dieselben, schülerorientierten Kriterien hin erschlossen werden. Insofern konkurrieren stets Sachgemäßheit und Machbarkeit.

---

12 Einblick in Verbreitung und Probleme dieser Form des Religionsunterrichts gewährt eine Untersuchung von »Schulcurricula für die Fächer Geschichte, Sprache und Literatur sowie Religion in ausgewählten europäischen Ländern«: *L. Kaul-Seidman u.a.*, Europäische Identität und kultureller Pluralismus: Judentum, Christentum und Islam in europäischen Lehrplänen, Bad Homburg 2003, bes. 11, sowie *Dies.*, »European identity and cultural pluralism […] – Supplement: country reports«, Bad Homburg 2003.

- Zweitens legitimatorische Schwierigkeiten: Auch Inhalte und Ziele eines Unterrichts, der religiös neutral sein soll, müssen von Institutionen bzw. Menschen festgeschrieben werden, die nicht religiös neutral sein können. Neutralität ist gegenüber Religionen, die ja von ihrem Selbstverständnis her die Hermetik menschlichen Selbstverständnisses aufbrechen wollen, ein Widerspruch in sich. Nicht zuletzt: Wird der Staat als Richtungsgeber des RU definiert, überschreitet er eben damit die Grenzen seiner Neutralität den Religionen gegenüber.
- Drittens bildungstheoretische Schwierigkeiten: Bildung schließt neben Information, Verstehen u. a. m. stets auch Urteilsfähigkeit ein. Welche Kriterien kann ein religionskundlicher Unterricht für die kritisch-konstruktive Auseinandersetzung mit Religionen gewinnen und ausweisen, wenn nicht allgemeine Rechtsnormen wie etwa die Menschenrechte? Damit kann es indes nicht gelingen, Religionen an ihrem eigenen Selbstverständnis zu messen.

Demgegenüber insistiert die didaktische Konstellation »Religiöse Bildung in Auseinandersetzung mit persönlich vertretenen Standpunkten bzw. Konfessionen« auf der Orientierungskraft von Religionen für die persönliche Lebensführung und -deutung, mehr noch: auf der Unerlässlichkeit eines persönlichen Sich-ins-Verhältnis-Setzens zu religiösen Orientierungen. Die Person und das Rollenverständnis des Religionslehrers bzw. der Religionslehrerin steht dafür exemplarisch ein.

Allerdings stehen meines Erachtens vor allem drei Schwierigkeiten einer Plausibilisierung dieser didaktischen Konstellation im Wege:

- Erstens schul- und ausbildungspraktische Schwierigkeiten: Eine Mehrzahl verschieden-»konfessioneller« Fächer RU bringt sowohl in der einzelnen Schule als auch in der Ausbildung der Religionslehrenden höheren organisatorischen und infrastrukturellen Aufwand mit sich. Je stärker das Schul- und Hochschulwesen ökonomisch überprüft wird, desto mehr Gewicht gewinnt diese Aufwands- und Kostenanalyse.
- Zweitens legitimatorische Schwierigkeiten: Einmal abgesehen davon, dass die meisten Argumente zugunsten eines RU in der Schule (vgl. o. Art. VIII) nicht zielgenau diese, sondern vielmehr alle vier Konstellationen von RU legitimieren, verliert eine Position, die gelebter Religion bildende Kraft unterstellt, in dem Maße an Plausibilität, in dem die Schüler- bzw. Elternschaft sich nicht länger persönlich einer Religion verbunden sieht.
- Drittens unterrichtsgestalterische Schwierigkeiten: Ausweislich empirischer Studien zur Wirkung von RU scheint das »commitment« der Religionslehrenden im tatsächlichen RU kaum wirksam zu werden.[13] Anders gesagt: Die konzeptionelle Spitze dieser didaktischen Konstellation scheint unterrichtspraktisch kaum eingeholt zu werden.

---

13 *A. A. Bucher*, »Irgendwas ist schon hängen geblieben …«. Empirische Skizzen zu den Lerneffekten im Religionsunterricht, in: JRP 27 (2011), 46–59.

Unbeschadet dieser Schwierigkeiten halte ich die didaktische Konstellation »konfessionellen« RU in bildungstheoretischer und theologischer Perspektive nach wie vor für die bestmögliche: Bildung vollzieht sich so in personaler Auseinandersetzung mit normativen Orientierungen; die unterrichtliche Erschließung von (christlicher) Religion kann – theologisch sachgemäß – den Gestaltcharakter von Religion herausarbeiten und ihm Rechnung tragen.

Der knappe Hinweis auf die *theologische* Angemessenheit *dieser* Konstellation ist Anlass, auf den Zusammenhang der skizzierten religionsdidaktischen Konstellationen mit *wissenschaftstheoretischen* Paradigmen hinzuweisen. In der Tat stehen die vier Modelle (3.1 – 3.4) jeweils bestimmten Referenzwissenschaften und damit Wissenschaftsparadigmen nahe. Die erstgenannte Konstellation schließt an katechetische Traditionen an, die es nicht allein im Christentum, sondern – wenngleich unter anderer Bezeichnung – auch in Judentum und Islam gibt. Die zweite Konstellation bezieht sich eng auf Theologie, die dritte auf Religionswissenschaften, die vierte auf Kulturwissenschaften.[14]

4. Verschiedene Modelle – gleiche Herausforderungen?!

Anders als in der Zeit des kalten Krieges angenommen sind Religionen und individuelle religiöse Orientierungen in der Moderne nicht marginal geworden. Die geografisch zu »Europa« gehörenden Länder sind in hohem Maße von unterschiedlichen, wenngleich vor allem christlichen (sei es römisch-katholischen und anglikanischen, sei es diversen orthodoxen oder protestantischen) Traditionen geprägt und de facto durch ein hohes Maß religiöser Vielfalt ausgezeichnet. Das in der »Europäischen Union« organisierte Europa sieht sich »dem kulturellen, religiösen und humanistischen Erbe Europas« (Präambel des Vertrags von Lissabon, 2007) verpflichtet; in der globalisierten Welt spielt die Fähigkeit, mit Menschen unterschiedlicher religiöser Orientierung zurechtzukommen und in der besagten Vielfalt eine tragfähige Lebensdeutung und -praxis zu gewinnen, bis auf Weiteres eine erhebliche Rolle. Bei aller Unterschiedlichkeit in organisatorisch-rechtlicher und didaktischer Hinsicht geht es somit in Europa um die gemeinsame Frage, welcher Stellenwert Religionen und Religiositäten in der – staatlicherseits zu gewährleistenden – allgemeinen und beruflichen Bildung zukommt und welche Rolle sie spielen sollen.

---

14 Eine erste Orientierung bieten *R. Lachmann u.a.* (Hg.), Christentum und Religionen elementar, Göttingen 2010, v.a. 13–25.

Zum Schibboleth werden – abstrakt formuliert – immer wieder folgende Gesichtspunkte:

- Zahl und Grad der Verbreitung von Religionsgemeinschaften bzw. Weltanschauungsgruppen,
- Verbindlichkeit des RU (als Pflicht- oder Wahlpflichtfach) oder Freiwilligkeit (im Sinne einer besonderen Anmeldung),
- Verantwortung allein durch den Staat oder allein durch Religionsgemeinschaften oder gemeinsame Verantwortung des Faches durch beide Institutionen,
- Unterricht im Klassenverband oder Aufteilung der Lernenden nach Herkunftsreligion, Interessen o. Ä.,
- informierend-kritische oder existentiell-dezisionistische Intention des RU,
- Neutralität der Lehrenden oder Bindung an eine identifizierbare Spielart von Religion,
- primär pädagogische und religionswissenschaftliche oder primär theologische und religionsdidaktische Ausbildung der Lehrenden.

Der Blick auf »Religionsunterricht in Europa« schärft ein, dass jene Frage nicht einmütig beantwortet wird und die Suche nach einer Antwort somit Teil jeder religionspädagogischen Qualifikation zu sein hat. Soll der RU bildungspolitisch nicht unter die Räder kommen, gilt es, sich auf den (noch impliziten) Wettbewerb der Modelle mit guten Argumenten einzulassen.

Das gilt umso mehr, als die Frage nach der angemessenen Form religiöser Bildung in der Schule nicht erst im europäischen Vergleich begegnet, sondern auch innerhalb des föderalen Systems in Deutschland und – keineswegs zuletzt – im Geschehen eines RU, der sich auf das Gespräch mit Schüler/innen über den bildenden Wert, über Themen und Ziele dieses Faches einlässt.

Literaturhinweise

R. Jackson et al. (eds.), Religion and Education in Europe: Developments, Contexts and Debates, Münster 2007.

E. Kuyk et al. (eds.), Religious Education in Europe. Situation and current trends in schools, Oslo 2007.

H. Lindner, Bildung, Erziehung und Religion in Europa, Berlin / New York 2008.

J.-P. Willaime (dir.), Des maîtres et des dieux. Écoles et religions en Europe, Paris 2005.

XI.

Das Verhältnis des Religionsunterrichts zu anderen Fächern

MARTIN SCHREINER

1. Fachliches oder fächerübergreifendes bzw. fächerverbindendes religionsunterrichtliches Lernen

»Das Fach Religion bezieht sich in seinen konfessionellen Ausprägungen auf religiöse Gemeinschaften, die unser gesellschaftliches Zusammenleben in vielen Bereichen mitgestalten. Es hat aber aufgrund seines wissenschaftstheoretischen Profils *Bezüge zu allen Fächern*. Religion hat mit allen Bereichen unserer Kultur zu tun, von der Literatur über die Musik und die bildende Kunst – auch als Träger religiöser Inhalte – bis hin zu Naturwissenschaft und Technik mit ihrem jeweiligen Menschenbild. Diese Eigenart des Faches qualifiziert den Religionsunterricht in besonderer Weise dafür, fächerverbindendes und fächerübergreifendes Lernen zu initiieren. Das gilt sowohl für die methodenverwandten Fächer der Geisteswissenschaften als auch für die der Naturwissenschaften. Aus wissenschaftstheoretischer Sicht betrachtet jede Wissenschaft die Wirklichkeit aus einer je eigenen, eingeschränkten Perspektive. Das bedeutet, dass jede Wissenschaft auf Voraussetzungen beruht und die Aussagen der Wissenschaften nur im Rahmen dieser Prämissen und gewählten Perspektiven Geltung beanspruchen können. Auch der christliche Glaube stellt eine Deutung der Wirklichkeit dar, thematisiert aber mit der Annahme einer letzten Einheit der Wirklichkeit in Gott die *Perspektivität und Vorläufigkeit allen Erkennens*, auch des eigenen, und problematisiert vor diesem Hintergrund jede Verabsolutierung partikularer Erkenntnisse (z.B. Positivismus, Evolutionismus, Soziobiologie). Darüber hinaus stellen die Mehrdimensionalität und Komplexität menschlichen Zusammenlebens auch in *ethischer Hinsicht* Anforderungen, denen Welt- und Menschenbilder genügen müssen. So greift eine rein szientistische Anschauung ohne die Dimension der sozialen Verantwortung von Wissenschaft und Technik zu kurz. Auch in dieser Hinsicht ist ein kritischer Dialog des Glaubens mit Wissenschaften und Weltanschauungen gefordert. Die Reflexion solcher Zusammenhänge gehört zu den genuinen Aufgaben des Religionsunterrichts, da er sich in besonderer Weise mit *Sinn-, Wert- und Wahrheitsfragen* befasst. Damit trägt der Religionsunterricht wesentlich dazu bei, komplexe Zusammenhänge zu erkennen und zu verarbeiten.«[1]

---

1 *Niedersächsisches Kultusministerium* (Hg.), Rahmenrichtlinien für das Gymnasium. Schuljahrgänge 7–10. Evangelischer Religionsunterricht, Hannover 2003, 41.

Solche oder ähnlich lautende Ausführungen zur Lernorganisation und Unterrichtsgestaltung des RU enthalten fast alle bisherigen Rahmenrichtlinien und Lehrpläne sowie neuere Kerncurricula. Sie geben nicht zuletzt Anlass, nach Begründungen für fachliches und / oder fächerübergreifendes bzw. fächerverbindendes religionsunterrichtliches Lernen zu fragen.

2. Begriffsklärungen aus schulpädagogischer Perspektive

In der Schulpädagogik besteht weitgehend Einigkeit darin, dass das Fachprinzip und das fächerübergreifende Denken nicht gegeneinander ausgespielt werden sollten, da beides voneinander lebt und gerade das Wechselspiel von Disziplinarität und Interdisziplinarität zum notwendigen Niveau der Weltwahrnehmung in Bildungsprozessen führt:[2]

»Fächerübergreifende, handlungs- und projektorientierte Lernverfahren werden mühsam-übendes, lehrgangorientiertes Lernen nicht einfach ersetzen können. Sowohl innerhalb als auch außerhalb der Schule setzt Interdisziplinarität solides Fachwissen voraus.«[3]

Wie lassen sich allerdings Inhalte, Lernformen und Ziele fächerübergreifenden Lernens näher bestimmen?[4] Neben den Hinweisen auf stärkere Optionen ganzheitlichen Lernens, problemorientierten Lernens und reflexiven Lernens klingen in der Diskussion um fächerübergreifendes Lernen immer wieder dieselben Begründungen an:

»Die Fächer schnüren den Unterricht ein wie Fesseln; die großen Probleme, die zu lösen sind, fügen sich nicht deren Grenzen; die gesellschaftlichen Schlüsselprobleme fordern Schlüsselqualifikationen; die Fachleute müssen gerade darum über die Fachgrenzen hinaus Zusammenhänge denken und mit Leuten anderer Spezialisierung zusammenarbeiten können, die Fachstrukturen entsprechen nicht ohne

---

2 Vgl. *K. Moegling*, Kompetenzaufbau im fächerübergreifenden Unterricht. Förderung vernetzten Denkens und komplexen Handelns, Immenhausen 2010, 17; sowie insgesamt *W. H. Peterßen*, Fächerverbindender Unterricht. Begriff – Konzept – Planung – Beispiele, München 2000.

3 *P. Kliemann*, Fächerverbindend lernen, in: *Ders.*, Impulse und Methoden, Anregungen für die Praxis des Religionsunterrichts, Stuttgart 1997, 111–115, bes. 113.

4 Vgl. *L. Duncker / W. Popp*, Formen fächerübergreifenden Unterrichts auf der Sekundarstufe – eine Einleitung, in: *Dies.* (Hg.), Fächerübergreifender Unterricht in der Sekundarstufe I und II. Prinzipien, Perspektiven, Beispiele, Bad Heilbrunn 1998, 7–13, und *P. Labbude*, Fachunterricht und fächerübergreifender Unterricht: Grundlagen, in: *K.-H. Arnold u. a.* (Hg.), Handbuch Unterricht, Bad Heilbrunn 2006, 441–447.

weiteres den Lernstrukturen, sie entfremden die Lernenden von ihrer Erfahrung.«[5]

Man findet inzwischen in der Schulpädagogik verschiedene Systematisierungsversuche fächerübergreifenden Lernens vor, um der zum Teil verwirrenden Vielfalt von Begriffen klärend zu begegnen.[6] Plausibel erscheint insbesondere die folgende an schulorganisatorischen Aspekten orientierte Systematik:

Unter *fächerintegrierendem Lernen* sollen die Lernprozesse gemeint sein, die eine Lehrkraft selbst durch einen unterrichtlichen Prozess initiieren kann, bei dem sie und die Lernenden Inhalte anderer Fächer hinzuziehen und ohne Kontaktaufnahme zu anderen Lehrern und Lehrerinnen selbständig Fächergrenzen überschreiten. Zur Lösung eines fachlichen Problems bzw. zur Reflexion der Begrenztheit des fachlichen Zugangs wird also vom Fach aus auf Wissensbestände anderer Fächer zurückgegriffen.

Unter *fächerkoordinierendem bzw. fächerkoordiniertem Lernen* sollen die Lernprozesse gemeint sein, bei denen zur Bearbeitung einer Thematik bereits in der Planung und über die Absprache mit einem oder mehreren Kollegen eine fächerverknüpfende Vorgehensweise der beteiligten Lehrerinnen und Lehrer vorgesehen ist. Hierbei findet der Unterricht in der Regel zu einer gemeinsamen Thematik getrennt nach Fächern statt.

Unter *fächeraussetzendem Lernen* sind diejenigen Lernprozesse gemeint, die in Zeiten und Lernphasen organisiert werden, bei denen der normale Fachunterricht ausgesetzt ist. Hierbei stellt das fächeraussetzende Unterrichtsvorhaben, das per Definition fächerübergreifend anzulegen ist, das einzige in diesem Zeitraum von der jeweiligen Schule zu organisierende unterrichtliche Angebot dar, wie z. B. bei einer schulischen Projekt-

---

5 *L. Huber*, Vereint, aber nicht eins: Fächerübergreifender Unterricht und Projektunterricht, in: *D. Hänsel* (Hg.), Projektunterricht. Ein praxisorientiertes Handbuch, Weinheim / Basel ²1999, 31–53, bes. 32. Vgl. auch *R. Golecki*, Ziele und Formen fächerverbindenden Unterrichts auf der gymnasialen Oberstufe, in: *Ders.* (Hg.), Fächerverbindender Unterricht auf der gymnasialen Oberstufe, Bad Heilbrunn 1999, 19–40 sowie die Argumente für und gegen fächerübergreifendes Lernen bei *P. Kliemann*, Fächerverbindend lernen, 111–115.

6 Vgl. insbesondere *L. Huber*, Individualität zulassen und Kommunikation stiften, in: Die Deutsche Schule, Heft 2/1995, 161–182; *W. Memmert*, Über den Umgang mit den Fächern. Sechs historische Modelle, in: *L. Duncker / W. Popp* (Hg.), Über Fachgrenzen hinaus. Chancen und Schwierigkeiten des fächerübergreifenden Lehrens und Lernens, Heinsberg 1997, 14–32; *W. Popp*, Die Spezialisierung auf Zusammenhänge als regulatives Prinzip der Didaktik, in: *L. Duncker / W. Popp* (Hg.), Über Fachgrenzen hinaus, 135–154 sowie *I. Hiller-Ketterer / G. G. Hiller*, Fächerübergreifendes Lernen in didaktischer Perspektive, in: *L. Duncker / W. Popp* (Hg.), Über Fachgrenzen hinaus, 166–195.

woche, die den Aspekt des fächerübergreifenden Lernens in ihr Projektverständnis aufgenommen hat.

Bei *fächerergänzendem Lernen* geht es um Lernprozesse, die im Rahmen eines partiellen Aussetzens des Fächerprinzips organisiert werden. Hier findet also ein zusätzliches fächerübergreifendes Unterrichtsangebot statt, z.B. bei einer fächerübergreifenden angelegten AG. Auch können hier andere, z.T. jahrgangsübergreifende Lerngruppen, u.a. durch Einwahlen, gebildet werden, wie z.B. im fächerübergreifend angelegten Wahlpflichtunterricht. Dies kann auch eine fachbezogene AG sein, die den fachlichen Horizont allerdings bewusst relativiert, überschreitet und fächerübergreifend weitet.[7]

3. Fächerübergreifender bzw. fächerverbindender Unterricht in der Religionsdidaktik

Die Auseinandersetzung mit dem Thema hat in der Religionsdidaktik entgegen manchen anders lautenden Feststellungen eine lange Tradition, die nachfolgend in Auswahl vorgestellt werden soll: Die Vertreter der Evangelischen Unterweisung sehen deren größte Bedeutung für die Schule in der ständigen Kritik der Fachweltanschauungen durch das Evangelium. Diese verhindere Entstellung und Verschleierung der Wirklichkeit. *Helmuth Kittel* fragt 1947 beispielsweise »Bleibt es dann also bei einem beziehungslosen Nebeneinander der EU und der anderen Volksschulfächer?« und konstatiert:

> »Das Nebeneinander kann in der Tat nicht aufgehoben werden. Jedes Ineinanderspielen, gleich ob man von der einen oder anderen Seite ausgeht, scheitert am Evangelium. Aber beziehungslos braucht dieses Nebeneinander keineswegs zu sein. Eine echte EU leistet den anderen Volksschulfächern den Dienst einer ständigen Reinigung ihrer Gehalte von allen Religiosierungen«.[8]

Im Zusammenhang mit der Diskussion um den Gesamtunterricht macht sich 1965 *Hans-Bernhard Kaufmann* zu Beginn der Konzeption des the-

7 *K. Moegling*, Kompetenzaufbau im fächerübergreifenden Unterricht, 29ff.

8 *H. Kittel*, Evangelische Unterweisung und Volksschulfächer, in: *Ders.*, Vom Religionsunterricht zur Evangelischen Unterweisung, Wolfenbüttel / Hannover 1947, 22–25, hier 23. Vgl. auch ebd. 24: »Echte Evangelische Unterweisung bringt gegenüber den anderen Volksschulfächern die Wahrheit zur Geltung: ›Ich bin der Herr, dein Gott […]‹. Echte Evangelische Unterweisung macht die weltlichen Fächer erst wirklich weltlich, während sie ohne Evangelische Unterweisung nur eine ›weltanschaulich geprägte‹ Wirklichkeit zeigen«.

matisch-problemorientierten RU Gedanken über den Gegenstand des RU, über die Gefahr einer religiösen Bevormundung der Fächer sowie über das Verhältnis von Gottesglaube und Wirklichkeit. Kaufmann fordert das Gespräch des RU mit den Fächern:[9]

»In der Frage nach dem Verhältnis des Religionsunterrichts zu den anderen Fächern stießen wir auf die Erkenntnis, dass der Gott der Bibel sowie der Glaube an diesen Gott immer auf das Ganze der Wirklichkeit bezogen sind. Es geht deshalb nicht an, die Aufgabe des Religionsunterrichts darauf zu beschränken, eine Einführung in die Heilige Schrift, in die Kirchengeschichte und in das Glaubensgut der Kirche zu geben. [...] Jede Form einer nachträglichen Begutachtung und Etikettierung der anderen Fächer und ihrer Einsichten und Gehalte muss der Religionsunterricht um seiner selbst willen zurückweisen. Die Fächer sind eigenständig – und doch muss dem Religionsunterricht an einer Partnerschaft, an einem Dialog, um der Sache willen, die er vertritt, gelegen sein.«[10]

Zwei Jahre später warnt *Adolf Korn* in seinen Thesen zum fächerverbindenden Unterricht an evangelischen Gymnasien ebenfalls vor einer »christlichen Durchdringung« des Fachunterrichts und einer zu absichtsvollen Hervorkehrung der Beziehungen zum RU.[11] 1968 veröffentlicht *Peter Biehl* im Rahmen eines Loccumer Vortrages Überlegungen zum Beitrag des RU zu fachübergreifenden und überfachlichen Themen im Rahmen einer Neuordnung der damaligen Hauptschule.[12] Er plädiert darin für die Begründung des RU vom Auftrag der Schule her und nicht als Veranstal-

9 Er bezieht sich u.a. auf die Empfehlungen und Gutachten des Deutschen Ausschusses für das Erziehungs- und Bildungswesen, Folge 9 Empfehlungen für die Neuordnung der Höheren Schule, Stuttgart 1965. Vgl. *H.-B. Kaufmann*, Der Religionsunterricht im Gespräch mit den Fächern. Versuch einer theologischen und didaktischen Begründung, in: EU 20 (1965), 189–198.

10 Ebd., 195f.

11 *A. Korn*, Fächerverbindender Unterricht an evangelischen Gymnasien, in: EU 22 (1967), 128–130, hier 130: »Es handelt sich bei dem den Religionsunterricht berücksichtigenden fächerverbindenden Unterricht nicht um eine Form ›christlicher Durchdringung‹ des Fachunterrichts; auch die Bezeichnung als ›Unterricht unter dem Wort‹ ist zum mindesten missverständlich. Vielmehr ist er durch die Beachtung von Möglichkeiten und Notwendigkeiten der Bezugnahme auf den Religionsunterricht charakterisiert, die mit dem Stoff gegeben sind (didaktisches Prinzip), und um einen Aufbau der Unterrichtseinheit, der erst dann in die Behandlung philosophischer und theologischer Fragen eintritt, wenn die fachwissenschaftlichen Erkenntnisse in vollem Umfang erarbeitet und gesichert sind (methodisches Prinzip).«

12 *P. Biehl*, Der Religionsunterricht in der Hauptschule. Erwägungen zum Problem des fächerübergreifenden Unterrichts (Vortrag am 12.6.1968 in Loccum), in: *K. Wegenast* (Hg.), Theologie und Unterricht. Über die Repräsentanz des Christlichen in der Schule, Gütersloh 1969, 176–197.

tung der Kirche in der Schule, da letztere berechtigte Befürchtungen einerseits einer religiösen Bevormundung der Fächer und andererseits einer Pädagogisierung und Moralisierung des Evangeliums hervorrufen könnten.[13] Zu Recht stellt er die Fragen

»Welchen Aspekt auf die Welt im Sinne der verschiedenen Fragemöglichkeiten und den daraus resultierenden geistigen Grundrichtungen repräsentiert eigentlich das Fach Religion? Läßt sich dieser Aspekt in einem Schulfach so abgrenzen wie die verschiedenen Bereiche der Natur, der Gesellschaft und der Kultur?«

und hält fest:

»Dementsprechend repräsentiert der Religionsunterricht, dessen fundamentalste Aufgabe darin besteht, das Wort ›Gott‹ verständlich zu machen, keine religiöse Sonderwirklichkeit neben, hinter oder über der Wirklichkeit, die die anderen Schulfächer zu repräsentieren haben, sondern er betrifft die Fächer und deren Gehalte insgesamt.«[14]

Aber Biehl fordert mit Vehemenz: Der RU »soll die Fächer weder religiös bevormunden noch ihre Sachgehalte nachträglich begutachten und christlich etikettieren«! Das notwendige Gespräch des RU mit den Fächern könne nur in der Solidarität gemeinsamen Fragens erfolgen.[15] Abschließend markiert er eine wichtige Aufgabe für die Religionsdidaktik: »Es wird sich jetzt als notwendig erweisen, Modelle eines fachübergreifenden Unterrichts zu entwickeln, in denen das Verhältnis des Religionsunterrichts zu anderen Fächern didaktisch sorgfältig reflektiert wird.«[16]

Auch *Klaus Wegenast* unterstützt Planungen und Versuche, Aspekte des RU als Elemente in fächerübergreifende Unterrichtseinheiten einzubringen. Eine Kooperation mit anderen Fachlehrern und Fächern hält er für den RU auch deswegen für angezeigt, weil dieser

»nicht nur einen fixierbaren Gegenstand zu erschließen hat (etwa die biblische Tradition und sonst nichts), sondern überall die Frage nach dem Menschen als die Frage nach Gesetz und Evangelium wachhalten soll.«

---

13 Ebd. 182 f. *Biehl* verweist u. a. auf *H. Kittel* sowie auf *H. G. Bloth*, Studien zur Didaktik und Katechetik der Evangelischen Unterweisung, in: EU 12 (1957), 37: »Vor allem spricht gegen das Aufgehen der Evangelischen Unterweisung in dem Vorhaben des Gesamtunterrichts: Gott hat ein besonderes Vorhaben, auf das wir in der Evangelischen Unterweisung zu hören haben.«

14 *P. Biehl*, RU in der Hauptschule, 183 f.

15 Ebd., 188.

16 Ebd., 196.

Wegenast betont ebenfalls:

»Auf keinen Fall will der RU in fächerübergreifenden Unternehmungen andere Fächer religiös oder ideologisch bevormunden, aber er will im Rahmen eines sachbezogenen Dialogs seinen Beitrag einbringen zur Lösung anstehender Fragen.«[17]

Im Rahmen seiner schultheoretischen Überlegungen ordnet *Heinz Schmidt* 1982 die Lerngegenstände, die der RU seiner Einschätzung nach normalerweise bearbeitet – nämlich Lebens- bzw. Geschichts- und Weltdeutung sowie die Erklärung und Entwicklung von Handlungsmöglichkeiten –, dem ethischen Aufgabenfeld zu. Der RU müsse die Auseinandersetzung mit den Lerngegenständen aus den anderen schulischen Aufgabenfeldern – Kommunikation, Ökonomie, Ökologie – suchen, um den universalen Deutungs- und Orientierungsanspruch der christlichen Überlieferung geltend machen zu können.[18]

Die Linzer katholische Habilitationsschrift von *Erwin Rauscher* aus dem Jahre 1991 stellt die erste umfassende religionsdidaktische Veröffentlichung zur Thematik des fächerverbindenden RU dar. Nach Rauscher erhält der RU – angesichts der unbestrittenen Pluralität der Perspektiven – im Rahmen einer Fächerverbindung die hervorragende Möglichkeit, sich im Denken der Lernenden als wesensnotwendig für die Erkenntnis der Welt zu verankern. Darin bestehe die religiöse Verantwortlichkeit:

»Die Separierung des Göttlichen von Mensch und Welt ist nicht nur ein Fluch des Verkennens der Aufklärung, eine seiner praktischen Folgen ist die Separierung des Religiösen in der Bildung, in Unterricht und Erziehung. Sie gilt es zu überwinden, nicht die Fächergrenzen! Die Inhalte des Religionsunterrichts mit denen anderer Fächer zu verbinden, bedeutet eben nicht, ›Anleihen‹ zu nehmen, ›über alle Zäune‹ zu schauen und im Religonsunterricht ›über Nacht ein offenes Experimentierfeld‹ einzuführen, in dem willkürlich alle möglichen und unmöglichen Themen ideologisch oder moralisierend diskutiert werden. So finden auch in einer Verbindung der Fächer traditionelle Orientierungen des Religionsunterrichts ihren Platz.«[19]

Das Plädoyer für einen dialogischen RU im Rahmen eines fächerübergreifenden Unterrichts erneuert *Walter Dietz* 1993 aus evangelischer Perspektive. Im Interesse der Lernenden, der ganzen Schule und im eigenen

---

17 *K. Wegenast*, Zur Unterrichtsorganisation, in: *E. Feifel* (Hg.), Handbuch der Religionspädagogik, Bd. 2. Didaktik des Religionsunterrichts – Wissenschaftstheorie, Gütersloh / Zürich u. a. (1974) ^{2}1978, 197–207, hier 203.

18 *H. Schmidt*, Religionsdidaktik, Bd. 1. Ziele, Inhalte und Methoden religiöser Erziehung in Schule und Unterricht, Stuttgart 1982, 165 f.

19 *E. Rauscher*, Religion im Dialog: Fächerverbindung – Projektstruktur – Religionsunterricht, Frankfurt a. M. u. a. 1991, 165.

Interesse habe sich der RU als dialogisch ausgerichtetes Fach einzumischen in den schulischen Streit um Prioritäten, aber auch in die Diskussion um die Weiterentwicklung der Schule, in der Lernen wieder mehr Sinn und Spaß macht. Dialogischer RU vermöge dazu beizutragen, dass die Wirklichkeit durch mehrperspektivische Betrachtung eine Tiefendimension erhalten und als offen und veränderbar in den Blick kommen kann. Dietz benennt als Grundformen eines dialogischen RU Erfahren – Verstehen – Mitreden und konstatiert zu Recht dafür wesentliche Voraussetzungen:

»Wer sich an einem interdisziplinären Gespräch beteiligt, muss im eigenen Fachgebiet zu Hause sein, die eigene Sicht auf die Wirklichkeit und einen eigenen Standpunkt einbringen und vertreten können. Sonst wäre er ein langweiliger Gesprächspartner. Er sollte aber auch um die Grenzen der eigenen Erkenntnis wissen und zu komplementärem und dialogischem Denken und Verstehen bereit sein, das vom Gespräch noch etwas mehr als vom eigenen Sinnieren, Forschen und Nachdenken erwartet. Wer an der Schule (z. B. in einem dialogisch ausgerichteten Religionsunterricht) fächerübergreifend mitreden (und mitstreiten) will, der muss auch in der eigenen (christlichen) Tradition und Wissenschaft zu Hause sein. Er muss die biblische und kirchliche Tradition kennen und muss dazu in der Lage sein, seine theologische Betrachtungsweise diskursiv einzubringen. Er muss daran interessiert sein, dass sein Glaube nicht weltlos wird oder in der Nische der Frommen aufbewahrt an Wirksamkeit verliert.«[20]

Das Verhältnis des Bemühens um das »Eigene« (die Einführung in die christliche Tradition) und um das »Andere« (in fächerübergreifender Zusammenarbeit die Befähigung zur Mitsprache im Diskurs mit Andersdenkenden) ist dabei weder mit einem Entweder-Oder noch mit einem Vorher-Nachher angemessen zu bestimmen: »Wie die zwei Brennpunkte einer Ellipse sind die beiden Aufgaben aufeinander bezogen und ergänzen sich gegenseitig.«[21] Diese Einschätzung teilen auch mehrere EKD-Texte aus den 1990er Jahren. So heißt es etwa 1994 in der EKD-Denkschrift zum RU »Identität und Verständigung«:

»Für den Religionsunterricht ist diese Entwicklung willkommen, denn wegen der Verschränkung von Religion und Leben, Glaube und Alltag, Kirche und Gesellschaft überschneiden sich seine eigenen Unterrichtsgegenstände längst mit denen anderer Fächer.«[22]

---

20 *W. Dietz*, Das Ghetto verlassen – um die Wirklichkeit streiten. Plädoyer für einen dialogischen Religionsunterricht im Rahmen eines fächerübergreifenden Unterrichts, in: SHe23 (1993), 1–8, hier 6f.

21 Ebd., 7.

22 *Kirchenamt der EKD* (Hg.), Identität und Verständigung. Standort und Perspektiven

Karl Ernst Nipkow denkt wiederholt systematisch über die Anschlussstellen des RU und der Religionslehrkräfte hinsichtlich fächerübergreifender Themen nach. So beschreibt er beispielsweise 1998 ein dreifaches Problem:

»Zum einen ist es ein *Problem des Sprachspiels.* Wenn der Religionsunterricht nicht schon längst auf diesem Wege wäre, müsste er spätestens jetzt sein einseitiges theologisches Sprachspiel überprüfen, damit er von den Fachlehrern anderer Fächer verstanden wird. Zum zweiten stellt sich das *Problem der Sachbezüge*; es schließt zumindest insoweit Kenntnisse über andere Sachfelder (Naturwissenschaften, Geschichte, Politik, Kunst, Ethik usw.) ein, als die Religionslehrkräfte die religiöse Thematik mit denen der anderen kulturellen Bereiche einleuchtend verbinden können sollten. Drittens ist das *Problem des Dilettantismus* zu vermeiden, indem die Kooperation unter die Kontrolle des Sachverstandes mehrerer verantwortlicher Fachlehrer gebracht wird.«[23]

Im Zusammenhang der Diskussion um den Beitrag der Fächer zum Schulprogramm, zur Schul- und Lehrplanentwicklung insgesamt sowie zum Verhältnis von Unterricht zu außerunterrichtlichen Vorhaben sind vermehrt religionsdidaktische Stimmen wahrzunehmen. Zusammenfassend kann mit *Dietlind Fischer* festgehalten werden:

»Der evangelische und katholische Religionsunterricht ist seinem Selbstverständnis nach an einer vielfältigen Verknüpfung, Vernetzung und Integration seiner Inhalte und Zielsetzungen mit denen anderer Fächer und pädagogischen Vorhaben einer Schule interessiert. ›Religion‹ findet nicht nur im Fachunterricht statt, sondern ist ebenso Teil der Gestaltung von Beziehungen, der überunterrichtlichen Akzente und des Schullebens. Die religiöse Dimension ist ein wichtiger Bereich des allgemeinen Bildungsauftrages der Schule; sie muss sich deshalb auch in For-

---

des Religionsunterrichts in der Pluralität. Eine Denkschrift, Gütersloh 1994, 52. Vgl. auch die gleichlautende Passage in dem EKD-Text »Religiöse Bildung in der Schule« aus dem Jahre 1997.

23 *K. E. Nipkow*, Bildung in einer pluralen Welt, Bd. 2. Religionspädagogik im Pluralismus, Gütersloh 1998, 207. Vgl. bereits *ders.*, Fächerübergreifender anthropologischer Fachbereich, in: *D. Zilleßen* (Hg.), Religionspädagogisches Werkbuch, Frankfurt a. M. 1972, 95–101, hier 98 f.: »Fächerübergreifendes und fachspezifisches Unterrichten können nicht gegeneinander ausgespielt werden, auch nicht im Religionsunterricht. [...] Der Religionsunterricht wird mit Recht in erster Linie den historischen, politischen und gesellschaftlichen Aufgaben der Schule zugeordnet. Hier liegt ein Schwerpunkt, mehr jedoch nicht. Darüber hinaus sollte der Religionsunterricht im Blick auf *alle* Lernvorgänge in der Schule dazu mithelfen, daß die Schüler für die Fragen nach Sinn und Sinnlosigkeit, Recht und Unrecht, Heil und Unheil sensibilisiert werden.«. *Nipkow* betont ausdrücklich: »Deutlich muß schließlich gesagt werden, daß der Religionsunterricht für die gesellschaftlich-anthropologische Normenproblematik kein Zuständigkeitsmonopol besitzt.« (ebd. 99).

men des fachbezogenen und des fächerübergreifenden Unterrichts sowie in der Gestaltung des Schullebens der einzelnen Schule niederschlagen.«[24]

Immer wieder neu zu klären bleibt allerdings die Frage nach den didaktischen Zielen fächerübergreifenden Lernens beziehungsweise nach dem fachspezifischen Erkenntnisinteresse des RU. Hierzu gibt *Bernhard Dressler* 2003 in seiner Marburger Antrittsvorlesung erhellende Impulse:

»Zum Kontext religiösen Lernens an der Schule gehört es, dass der RU ein Fach unter Fächern ist. Es ist erstaunlich, wie wenig dieser elementare Sachverhalt in der Religionspädagogik bislang reflektiert wird. Dabei liegt es auf der Hand, dass die anderen Fächer mit den für sie konstitutiven Wissensformen und Geltungsansprüchen als unmittelbare Lernumgebung für den Religionsunterricht von Belang sind.«[25]

Dressler plädiert zu Recht dafür, den RU zugleich als schulisches Fach *und* als ein transdisziplinäres Regulativ im schulischen Fächerkanon zu verstehen:

»Er bildet *fachintern* jene Übergänge nach, die für das Verhältnis *zwischen* den Fächern bedeutsam sind und in denen die jeweiligen Geltungsansprüche als relativiert erscheinen. Auch deshalb ist Bildung ohne Religion recht eigentlich nicht zu denken. In religiöser Bildung kommt der Bildungsgedanke selbst an seinen Kern. Religion hält im Ensemble der Fächer die Frage nach dem Ganzen offen, indem sie sie zugleich vor objektivierenden und reduktionistischen Zugängen schützt. Der Religionsunterricht bringt den Blick auf das Ganze also gerade nicht ›ganzheitlich‹ zur Geltung (wenn denn damit mehr gemeint ist als das Lernen mit allen Sinnen, mit ›Kopf, Herz und Hand‹), sondern mittels eines kritischen Unterscheidungsvermögens.

Im Religionsunterricht wird, so lässt sich zusammenfassend sagen, zu einem Weltbetrachtungsexperiment eingeladen: Sich selbst und die Welt – und damit auch die Wissensbestände und Geltungsansprüche der anderen Schulfächer – probeweise unter die Hypothese zu stellen: *etsi deus daretur*, ›als ob es Gott gäbe?‹. Im Religionsunterricht wird deshalb die wissenschaftliche Arbeitshypothese des methodischen Atheismus – *etsi deus non daretur* – als die für andere Fächer unumgängliche Perspektive *anerkannt*. Es wird aber der gleichsam als ›heimlicher Lehrplan‹ wirksame Anspruch *bestritten*, den schulischen Bildungsprozess *insgesamt* unter diese Arbeitshypothese zu stellen. Und die Anerkennung der Regeln und Hintergrundannahmen neuzeitlicher Wissensmuster kann nur dann reflektiert

24 *D. Fischer*, Religion im Schulprogramm. Eine »didaktische Landkarte«, in: ru 30 (2000), 2–5, hier 3.

25 *B. Dressler*, Religion geht zur Schule: Fachlichkeit und Interdisziplinarität religiöser Bildung, in: ZPT 56 (2004), 3–17, hier 5.

erfolgen, wenn es in der Schule Raum für die Hypothese Gott gibt, Raum für Religion.«[26]

4. Konkretionen einer christlichen Religionsdidaktik im Dialog

Im Hinblick auf die Praxis der fächerverbindenden oder fächerübergreifenden Kooperationen und Projekte an den Schulen gewinnt man allerdings mit *Manfred Pirner* und *Andrea Schulte* den Eindruck, »dass hier einerseits der Religionsunterricht nicht immer eine angemessene Berücksichtigung findet und andererseits die Kooperationen häufig eher oberflächlich-pragmatisch bleiben.«[27] Zu Recht geben sie zu bedenken, dass man die Relevanz und Reichweite der Theorie für die Praxis nicht überschätzen sollte, aber dennoch scheint,

»dass Perspektiven für die Kooperation des Religionsunterrichts mit anderen Fächern stärker als bisher grundlegend aus dem Dialog der Fachdidaktiken entwickelt und bereits in der Lehrerbildung entsprechend angebahnt werden müssten.«[28]

Bevor entlang der Gliederung der fundierten Veröffentlichung von Pirner und Schulte nach gemeinsamen fruchtbaren Dialogfeldern Ausschau gehalten wird, zentrale Aspekte eines solchen Dialogs skizziert und in ihrem Lernertrag für beide Seiten ausgewertet werden, soll mit *Veit-Jakobus Dieterich* nochmals das Gesamtfeld kurz skizziert werden:

»Fächerübergreifend müssen Religionsdidaktik und Religionsunterricht in mehrfacher Hinsicht angelegt sein: Grundlegend […] im Blick auf die gegenwärtige Welt; speziell dann in mehreren, sich weitenden Kreisen zuerst einmal hinsichtlich des religiösen und weltanschaulichen Pluralismus durch Kooperation mit dem Religionsunterricht anderer Konfessionen (und Religionen), mit dem Ethikunterricht sowie dem Fach LER; im Blick auf die gegenwärtige plurale Welt im Allgemeinen durch Verknüpfung mit geisteswissenschaftlichen Fächern wie Gemein-

---

26 Ebd., 17.

27 *M. Pirner / A. Schulte*, Religionsdidaktik im Dialog – Religionsunterricht in Kooperation. Zur Einführung, in: *Dies.* (Hg.), Religionsdidaktik im Dialog – Religionsunterricht in Kooperation, Jena 2010, 7–10, hier 8.

28 Ebd. Mit Recht verweisen sie in diesem Zusammenhang auch auf die »bislang sträflich vernachlässigte Aufgabe, kooperative Projekte sowie die dazu nötigen Kompetenzen der Lehrkräfte empirisch zu erforschen.« (ebd.). Vgl. dazu insgesamt *M. Artmann / P. Herzmann / K. Rabenstein* (Hg.), Vom Zusammenspiel der Fächer beim Lernen. Fächerübergreifender Unterricht in den Sekundarstufen I und II: Forschung, Didaktik, Praxis, Immenhausen 2011.

schaftskunde, Geschichte und Deutsch sowie mit den Fächern Kunst und Musik; hinsichtlich der Verortung in der naturwissenschaftlich-technischen Dimension der Wirklichkeit dann aber auch durch Bezüge zu den naturwissenschaftlichen Fachgebieten; und schließlich durch gemeinsame Veranstaltungen in der Schule oder projektartige Kontaktaufnahme mit der ›Außenwelt‹, Besuche in Kirchen und Kirchengemeinden, punktuelle Mitarbeit in Einrichtungen der Diakonie sowie Kontakte mit den unterschiedlichsten Institutionen, Gruppen und Menschen.«[29]

Deutschdidaktik: Bei den Überlegungen zu Chancen und Grenzen der Kooperation zwischen Deutsch- und Religionsdidaktik spielen Aspekte des Verhältnisses von Theologie und Literatur, des Stellenwerts von »Christlicher Literatur« im Deutschunterricht sowie von literarischen Texten im RU eine wichtige Rolle. Mit *Annegret* und *Georg Langenhorst* lassen sich fünf Gewinndimensionen im Blick auf beide Fächer benennen: Textspiegelung, Sprachsensibilisierung, Erfahrungserweiterung, Wirklichkeitserschließung und Möglichkeitsandeutung.[30]

Englischdidaktik: Chancenreiche Dialogfelder liegen nach *Jan Hollm* und *Manfred Pirner* in der normativen Fragestellung »Was ist Bildung«, in Perspektiven interkulturellen Lernens – »Das Fremde und die Fremdsprache« –, in Perspektiven kommunikativen Lernens – »Die Sprache ist unsere Welt« –, in der Schülerorientierung in einer globalisierten Lebenswelt – »An den Schülern dran?« – sowie in Herausforderungen durch das Konzept des bilingualen Lehrens und Lernens bzw. des fremdsprachigen Sachfachunterrichts.[31]

Kunstdidaktik: Im Mittelpunkt des religions- und kunstdidaktischen Diskurses stehen nach *Claudia Gärtner* Aspekte des ästhetischen Lernens und der Frage, ob die Subjekt- und Erfahrungsorientierung angesichts der Bandbreite ästhetischer und religiöser Objekte und Inhalte tatsächlich als durchgängiges Prinzip gewählt werden könne.[32]

---

29 *V.-J. Dieterich*, Fächerübergreifender Unterricht, in: JRP 18 (2002), 193–204, hier 199 (wieder abgedruckt in überarbeiteter Fassung, in: *M. Pirner / A. Schulte* (Hg.), Religionsdidaktik im Dialog, 29–45, hier 35). Vgl. u.a. die Auflistung von Themenfeldern bei *E. Rauscher*, Religon im Dialog, 127–142.

30 *A. Langenhorst / G. Langenhorst*, Fachdidaktik Religion und Fachdidaktik Deutsch: Chancen und Grenzen der Kooperation, in: *M. Pirner / A. Schulte* (Hg.), Religionsdidaktik im Dialog, 47–71. Vgl. *G. Langenhorst*, Literarische Texte im Religionsunterricht, Freiburg u.a. 2011.

31 *J. Hollm / M. Pirner*, »The boundary is the best place for acquiring knowledge«. Religionsdidaktik und Englischdidaktik im Dialog, in: *M. Pirner / A. Schulte* (Hg.), Religionsdidaktik im Dialog, 73–99.

32 *C. Gärtner*, Mehr als Bilder im Religionsunterricht. Kooperationen von Kunst- und

Musikdidaktik: Ausgehend von den vier Handlungsfeldern des Musikunterrichts »Musik machen«, »Musik hören«, »Musik umsetzen« und »Über Musik nachdenken« kann im Einklang mit *Matthias Everding* und *Norbert Schläbitz* die Eigenaktivität der Lernenden mittels der vier Prinzipien der Verlangsamung, der Produktion, der Freiheit oder Kreativität sowie der Verantwortung gefördert werden.[33]

Geschichtsdidaktik: Als gemeinsames Interesse von Geschichts- und Religionsdidaktik erscheint nach *Thomas Breuer* und *Bärbel Völkel* die Intention, das Temporalbewusstsein zu schulen, indem Lernende ermutigt werden, das Jetzt mit beiden Händen zu greifen und das Leben nicht in eine ungewisse Zukunft zu verschieben.[34]

Politikdidaktik: Notwendigkeit und Chancen eines neuen Dialogs zwischen Religionsdidaktik und Politikdidaktik markieren *Bernhard Grümme* und *Wolfgang Sander*. Sie weisen zu Recht darauf hin, dass die Inhalte und Ziele des RU selber von erheblicher politischer Relevanz sind und so immer auch in politiksensiblen Kategorien zu fassen seien.[35]

Geografiedidaktik: Im interdisziplinären Dialog zwischen der Religionsdidaktik und der Geografiedidaktik zählen nach *Christiane Meyer*, *Elisabeth Naurath* und *Bettina Rosenhagen* insbesondere die Raumverhaltens- und Raumhandlungskompetenz durch Bildung für eine nachhaltige Entwicklung, Umweltbildung, interkulturelles und globales Lernen und Werte-Bildung zu den wichtigsten Verbindungslinien.[36]

Religionsunterricht berühren Grundvollzüge von Religion und Kunst, in: *M. Pirner / A. Schulte* (Hg.), Religionsdidaktik im Dialog, 101–121.

33 *M. Everding / N. Schläbitz*, Fächerübergreifender Ansatz im Musik- und Religionsunterricht, in: *M. Pirner / A. Schulte* (Hg.), Religionsdidaktik im Dialog, 123–141. Vgl. *H. Lindner*, Musik im Religionsunterricht. Mit didaktischen Entfaltungen und Beispielen für die Schulpraxis, Münster 2003.

34 *Th. Breuer / B. Völkel*, Chronos und Kairos – Reflexionen zum Umgang mit dem Phänomen »Zeit« im Geschichts- und Religionsunterricht, in: *M. Pirner / A. Schulte* (Hg.), Religionsdidaktik im Dialog, 143–169. Vgl. u. a. *H. Biener*, Herausforderungen zu einer multiperspektivischen Didaktik. Eine Problemdarstellung anhand einer Lehrplananalyse zur Berücksichtigung des Islam im Religions-, Ethik- und Geschichtsunterricht, Schenefeld 2006.

35 *B. Grümme / W. Sander*, Von der »Vergegnung« zum Dialog? Das Verhältnis von Religionsdidaktik und Politikdidaktik, in: *M. Pirner / A. Schulte* (Hg.), Religionsdidaktik im Dialog, 171–193. Vgl. u. a. *Th. Schlag*, Horizonte demokratischer Bildung. Evangelische Religionspädagogik in politischer Perspektive, Freiburg u. a. 2010, 61–73 sowie *S. Frech / I. Juchler* (Hg.), Dialoge wagen. Zum Verhältnis von politischer Bildung und Religion, Schwalbach / Ts. 2009.

36 *Chr. Meyer / E. Naurath / B. Rosenhagen*, Räume erschließen, bewahren und gestalten. Impulse für ein fächerübergreifendes Lernen im Geographie- und Religionsunterricht, in: *M. Pirner / A. Schulte* (Hg.), Religionsdidaktik im Dialog, 195–224.

Wirtschaftsdidaktik: Ökonomieunterricht und RU teilen nach *Thomas Retzmann* und *Thomas Schlag* die gemeinsame Zielsetzung, die Mündigkeit junger Menschen im Umgang mit ökonomischen Fragen bzw. deren Fach-, Human- und Sozialkompetenz zu befördern und dabei zugleich zur besseren Orientierung in Fragen der individuellen und gemeinsamen Lebensführung beizutragen.[37]

Mathematikdidaktik: Für die Verschränkung von Mathematikunterricht und RU bieten sich nach *Katrin Bederna* und *Laura Martignon* vor allem Konzepte wie Transzendenz, Beweis, Unendlichkeit, Vollkommenheit, Komplexitätsreduktion an und konkrete Beispiele wie die Rolle von Zahlen in der Religion sowie der Ornamente der islamischen Tempel mitsamt den Symmetriegruppen, die sie invariant lassen.[38]

Physikdidaktik: Als Themenfelder einer Kooperation zwischen Physikunterricht und RU eignen sich nach *Andreas Benk* und *Roger Erb* insbesondere wissenschaftstheoretische und fachdidaktische Grundlagenfragen, Weltbildkonstruktionen und Alltagstheorien zum Verhältnis von Religion und Naturwissenschaft sowie wissenschaftsethische Fragestellungen.[39]

Biologiedidaktik: Möglichkeiten einer fächerverbindenden Zusammenarbeit zwischen Biologieunterricht und RU bestehen nach *Sven Gemballa* und *Friedrich Schweitzer* insbesondere im Bereich der Ethik. Sie verweisen auf die Herausforderungen einer Ethik des Überlebens, der Anerkennung von Rechten künftiger Generationen, des Umgangs mit der Natur und eines schonenden Gebrauchs natürlicher Ressourcen, aber auch des Zusammenlebens in einer globalen Welt.[40]

Sportdidaktik: Auf vielschichtige Verbindungslinien zwischen Sport und Religion weisen *Jürgen Court* und *Andrea Schulte* hin. Sie plädieren

---

37 *Th. Retzmann / Th. Schlag*, Ökonomische Bildung – wirtschaftsdidaktische und religionsdidaktische Perspektiven, in: *M. Pirner / A. Schulte* (Hg.), Religionsdidaktik im Dialog, 225–258.

38 *K. Bederna / L. Martignon*, Es war einmal ein enges Paar ...: Matheologie?, in: *M. Pirner / A. Schulte (Hg.)*, Religionsdidaktik im Dialog, 259–291.

39 *A. Benk / R. Erb*, Religionsdidaktik und Physikdidaktik, in: *M. Pirner / A. Schulte* (Hg.), Religionsdidaktik im Dialog, 321–343.

40 *S. Gemball / F. Schweitzer*, Was können Biologieunterricht und Religionsunterricht voneinander erwarten?, in: *B. Janowski / F. Schweitzer / Chr. Schwöbel* (Hg.), Schöpfungsglaube vor der Herausforderung des Kreationismus, Neukirchen-Vluyn 2010, 172–191. Vgl. auch *K. E. Nipkow*, Schöpfungsglaube, Kreationismus und Naturwissenschaft: Voraussetzungen für das Gespräch des Religionsunterrichts mit naturwissenschaftlichen Fächern, in: *M. Pirner / A. Schulte* (Hg.), Religionsdidaktik im Dialog, 293–320; *U. Kattmann*, Evolution und Schöpfung, in: Unterricht Biologie 333, 32 (2008), 1–48 sowie *B. Menzel*, Die Frage nach dem Anfang – fachübergreifendes Lernen, in: *U. Baumann u. a.*, Religionsdidaktik. Praxishandbuch für die Sekundarstufe I und II, Berlin 2005, 117–133.

für mehrperspektivische Annäherungen und die Berücksichtigung von erfahrungstheoretischen und phänomenologischen, religionssoziologischen und ritualtheoretischen Analysen.[41]

Ethikdidaktik / Philosophiedidaktik: Dialogpartner in wechselseitiger Anerkennung und Gleichberechtigung sind nach EKD-Verständnis seit der Denkschrift zum RU (»Identität und Verständigung«) 1994 die Alternativfächer Ethik- bzw. Philosophieunterricht und Evangelische und Katholische Religionslehre, die sich im Blick auf ihre Gegenstände überschneiden oder zumindest überschneiden können: Religion ist auch Thema des Ethikunterrichts – Ethik wird auch im RU behandelt. Als Spezifikum des RU kann allerdings dessen Positionalität gelten, während für den Ethikunterricht »weltanschauliche Neutralität« gilt.[42]

Abschließend lässt sich mit *Michael Meyer-Blanck* der fachdidaktische Gewinn des RU für die allgemeine schulische Didaktik in folgendem Sachverhalt liegend beschreiben:

»Wer es gelernt hat, über das Ganze des Lebens, über Gott und den Glauben zu streiten, wird auch mit politischen Überzeugungen – die ja wesentlich stärker der Abwägung unterliegen sollten – analog verfahren können. Er wird auch historische Quellen, wissenschaftliche Theorien, Geschichtsbilder einschließlich der Naturgesetze und mathematischen Formeln nicht mehr naiv als Abbildungen der Wirklichkeit, sondern als Darstellungen von Wirklichkeit auffassen können. Wer weiß, dass er immer auch glaubt, der glaubt nicht alles, was er weiß.«[43]

---

41 *J. Court / A. Schulte*, Religionsdidaktik und Sportdidaktik, in: *M. Pirner / A. Schulte* (Hg.), Religionsdidaktik im Dialog, 345–362.

42 Vgl. *Kirchenamt der EKD* (Hg.), Identität und Verständigung. Standort und Perspektiven des Religionsunterrichts in der Pluralität. Eine Denkschrift, Gütersloh 1994, 90: »Religionsunterricht und Ethikunterricht haben jeweils ihr eigenes Profil. Die unverwechselbare Eigenständigkeit jedes Faches ist besonders im Blick auf die inhaltlichen Überschneidungen zu betonen. Der Ethikunterricht orientiert sich an den Möglichkeiten und Grenzen der philosophischen Vernunft, während der RU seine unveräußerlichen Grundlagen in den geschichtlichen Überlieferungen und gegenwärtigen Ausdrucksformen des christlichen Glaubens hat. Hierin liegt eine bleibende produktive Differenz.«. Vgl. u. a. *E. Marsal* (Hg.), Ethik- und Religionsunterricht im Fächerkanon der öffentlichen Schule, Frankfurt a. M. 2002, *V. Pfeifer*, Didaktik des Ethikunterrichts. Bausteine einer integrativen Wertevermittlung, Stuttgart u. a. ^{2}2010 sowie die Beiträge im Themenheft »Religion und Ethik – Religion im Ethikunterricht«, ZPT H. 2, 62 (2010).

43 *M. Meyer-Blanck*, Religion im Kanon der anderen Fächer, in *U. Baumann u. a.* (Hg.), Religionsdidaktik, 35–47, hier 43. Vgl. auch *W. Dietz*, Das Ghetto verlassen, 1–8, hier 3 f.

Literaturhinweise

V.-J. Dieterich, Fächerübergreifender Unterricht, in: JRP 18, Neukirchen-Vluyn 2002, 193–204.

K. Moegling, Kompetenzaufbau im fächerübergreifenden Unterricht. Förderung vernetzten Denkens und komplexen Handelns (Theorie und Praxis der Schulpädagogik, Bd. 2), Immenhausen 2010.

M. Meyer-Blanck, Religion im Kanon der anderen Fächer, in: *U. Baumann u. a. (Hg.)*, Religionsdidaktik. Praxishandbuch für die Sekundarstufe I und II, Berlin 2005, 35–47.

M. Pirner / A. Schulte (Hg.), Religionsdidaktik im Dialog – Religionsunterricht in Kooperation (Studien zur Religionspädagogik und Praktischen Theologie, Bd. 2), Jena 2010.

XII.
Schüler/in – Empirische Methoden zur Wahrnehmung

Martin Rothgangel / Robert Schelander

1. Religionspädagogischer Forschungsstand

Nachdem noch in den 1960er Jahren von einer »Verleugnung des Kindes« (*Werner Loch*) gesprochen und eine »empirische Wendung« (*Klaus Wegenast*) für den RU angemahnt wurde, werden zunehmend ab den 1980er Jahren empirische Befunde aus der Entwicklungspsychologie sowie aus der Religionssoziologie beachtet. Treffend wird »Im Dialog über Glaube und Leben« (EKD 1997) die Bedeutung empirischer Methoden und Ergebnisse für einen subjektorientierten RU hervorgehoben:

> »Die Schülerinnen und Schüler sind die Subjekte des Unterrichts. Ihnen Hilfen zur Identitätsbildung und Orientierung in der Wirklichkeit zu geben, ist der erste, konstitutive Aspekt des Bildungs- und Erziehungsauftrags des Religionsunterrichts. Die kompetente Wahrnehmung dieser Aufgabe setzt die differenzierte Beobachtung und die genaue Kenntnis der Schülerwirklichkeit voraus. Die Grundlagen dafür, daß Lehrerinnen und Lehrer diese Wirklichkeit mit den geeigneten methodischen Hilfsmitteln erschließen können, müssen bereits im Studium gelernt werden. Daher müssen Studierende möglichst umfassend Methoden und Ergebnisse der Religionssoziologie, der Religionspsychologie und der Forschungen zur Lebens- und Glaubensgeschichte der Kinder und Jugendlichen kennenlernen und ihre eigenen Erfahrungen und Beobachtungen damit in Beziehung setzen.«[1]

Die folgenden Ausführungen behandeln nicht generell die Rezeption empirischer Ergebnisse und Methoden in der Religionspädagogik,[2] son-

---

1 *Kirchenamt der EKD* (Hg.), Im Dialog über Glauben und Leben. Zur Reform des Lehramtsstudiums Evangelische Theologie / Religionspädagogik. Empfehlungen der Gemischten Kommission, Gütersloh 1997, 50.

2 Ein erster Überblick kann gewonnen werden durch die Beiträge XIII. und XIV. im vorliegenden Band sowie anhand von *A. Bucher*, Einführung in die empirische Sozialwissenschaft. Ein Arbeitsbuch für TheologInnen, Stuttgart u. a. 1994; *B. Porzelt / R. Güth*

dern konzentrieren sich darauf, welche empirischen Methoden einen Beitrag für die Aus- und Fortbildung von RL leisten, um deren Wahrnehmungsfähigkeit für die Religiosität der Schüler/innen zu optimieren. Angesichts der Individualisierung und Pluralisierung von Religion ist eine methodisch geschulte Wahrnehmungsfähigkeit für die Schüler/innen einer konkreten Lerngruppe erforderlich, da diese von repräsentativen Umfrageergebnissen abweichen können. Gleichwohl ist eine empirisch-methodische Wahrnehmungsfähigkeit für Religionslehrer/innen leichter gefordert als realisiert, da im religionspädagogischen Studium in der Regel nur eine Lehrveranstaltung zum Erwerb empirischer Kompetenzen zur Verfügung stehen dürfte. Daher muss aus dem vorhandenen Ensemble empirischer Methoden eine Auswahl getroffen werden und können, wobei diese nicht in der gleichen Intensität wie in den Sozialwissenschaften vermittelt werden.

An diesem Punkt setzt das von *Georg Hilger* und *Martin Rothgangel* verantwortete Regensburger Projekt zur Wahrnehmungsschulung an: Ziel ist es, dass Studierende im Rahmen eines Seminars eine differenzierte Wahrnehmungskompetenz für religiöse Ausdrucksgestalten ihrer Schüler/innen erwerben.[3] Die nachstehenden Gedanken knüpfen an das Regensburger Projekt an und erweitern es insbesondere hinsichtlich empirischer Methoden, mit deren Hilfe religiöse ›Daten‹ erhoben werden können. Das nachstehend vorgestellte Methodenensemble hat sich in Lehrveranstaltungen bewährt, ungeachtet dessen sind alternative Wege zum Erwerb einer empirischen Wahrnehmungskompetenz denkbar und werden hier nur angedeutet.

2. Methoden zur Erhebung religiöser ›Daten‹

Die Erhebung von Schülerdaten hat in der Didaktik eine lange Tradition.[4] Sie dient sowohl Forschungsinteressen als auch der praktischen Arbeit in Schule und Unterricht. Im Rahmen von Schulpraktika werden Studierende häufig vor die Aufgabe gestellt, Schüler/innen sowie generell das Unterrichtsgeschehen zu beobachten. Im Folgenden sollen exemplarische

---

(Hg.), Empirische Religionspädagogik. Grundlagen – Zugänge – Aktuelle Projekte (Empirische Theologie 7), Münster u.a. 2000; *A. Dinter / G. Heimbrock / K. Söderblom* (Hg.), Einführung in die Empirische Theologie. Gelebte Religion erforschen, Göttingen 2007.

3 Vgl. *G. Hilger / M. Rothgangel*, Wahrnehmungskompetenz, 276–282.

4 *H. Weigert / E. Weigert*, Schülerbeobachtung. Ein pädagogischer Auftrag, Weinheim u.a. 1993.

Methoden zur Erhebung religiöser ›Daten‹ vorgestellt werden: Formen des Beobachtens und des Befragens. Vorangestellt sei der Hinweis, dass in einem ersten Schritt schon vorhandene Daten, welche z.B. durch die Schule erfasst wurden, zu sammeln und eventuell zu ergänzen sind. Solche Grunddaten (u.a. Alter, Geschlecht), ergänzt um Schulbiografie und die religiösen Zugehörigkeiten, bilden die Basis für weitere Erhebungen. Die mehr oder weniger große religiöse und kulturelle Diversität und Pluralität in Schülergruppen gilt es zu berücksichtigen.

2.1 Formen des Beobachtens

»Unter Beobachtung verstehen wir das systematische Erfassen, Festhalten und Deuten sinnlich wahrnehmbaren Verhaltens zum Zeitpunkt seines Geschehens.«[5] Von der alltäglichen Beobachtung unterscheidet sich die wissenschaftliche dadurch, dass sie für einen bestimmten Zweck sorgfältig geplant und systematisch durchgeführt wird und überprüfbar ist.[6] Folgende Unterscheidungen gelten für eine wissenschaftliche Beobachtung:[7]

- strukturiert oder unstrukturiert (s. unten);
- hoher (die beobachtende Person nimmt aktiv an der Gruppe teil) oder geringer (die bewusste Distanz der beobachtenden Person) Partizipationsgrad;
- offen oder verdeckt (die beobachtende Person gibt sich nicht als solche zu erkennen);
- Selbst- oder Fremdbeobachtung.

Eine strukturierte Beobachtung benötigt die Bestimmung der Beobachtungseinheit (Was soll beobachtet werden?), des Beobachtungsintervalls (Welcher Zeitabschnitt? Welches Ereignis?) sowie der Beobachtungskategorien (Wie äußert sich speziell das zu Beobachtende?). Diese Daten werden in ein Dokumentationssystem eingetragen. Wenn zum Beispiel als Beobachtungseinheit die Leistungsrückmeldung von Lehrenden in Unterrichtssituationen bestimmt wird, kann dies anhand der folgenden Kategorien geschehen: Lob, Zustimmung, nonverbale Zustimmung, keine Rückmeldung, nonverbale Ablehnung, Ablehnung, Tadel.[8] Das Beobachtungssystem verzeichnet diese Beobachtungskategorien. Entsprechendes

---

5 *P. Atteslander / J. Cromm*, Methoden der empirischen Sozialforschung, Berlin [13]2010, 73.

6 Vgl. *U. Lissmann*, Forschungsmethoden – Ein Überblick, in: *M. Wosnitza / R. S. Jäger* (Hg.), Daten erfassen, auswerten und präsentieren – aber wie?, Landau [4]2006, 3–27, bes. 4.

7 Vgl. ebd., 5.

8 Vgl. ebd., 8f.

Lehrerverhalten als Reaktion auf eine Schüleräußerung wird darin notiert. Eine Auswertung kann sowohl im Hinblick auf einzelne Schüler/innen oder Gruppen als auch auf die Lehrperson erfolgen. Komplettiert werden diese Notizen durch Hinweise auf die Rahmenbedingung der Beobachtungssituation sowie eventuell besonderer Umstände und Ereignisse, welche das Ergebnis beeinflusst haben.

In Schul- und Unterrichtspraktika werden Studierende mit Listen konfrontiert, welche ›Aufgaben zur Unterrichtsbeobachtung‹ enthalten. Diese Texte enthalten häufig unspezifizierte Aufforderungen zur Beobachtung von didaktischen Aspekten von Unterricht (Beobachten sie den Medieneinsatz. Wie wird die Unterrichtsstunde begonnen? Wie werden Übergänge gestaltet?) Hier bleibt es den Studierenden überlassen, Kategorien der strukturierten Beobachtung zu entwickeln. Lehrbücher für Schulpraktika enthalten oft fertige Arbeitsblätter zur Unterrichtsbeobachtung.[9] Wenn in Lehrveranstaltungen eigene Beobachtungsmethoden im Hinblick auf Unterrichtssituationen und Erhebungsinteresse geplant, gemeinsam durchgeführt und ausgewertet werden, so ist der methodische Lerngewinn besonders hoch.

Schließlich gilt es, Grenzen der Beobachtung als Erhebungsmethode zu beachten: Beobachtet wird das Verhalten von Personen – dieses erlaubt keine direkte Auskunft über Motive oder Einstellungen, welche diesem Verhalten zugrunde liegen. Beobachtet werden können aber Indikatoren, welche auf bestimmte Motive oder Einstellungen hinweisen. Eine weitere Grenze besteht darin, dass die soziale Situation durch die Anwesenheit des Beobachtenden sowie den Vorgang des Beobachtens beeinflusst wird; die Ergebnisse können sich daher von ›nicht-beobachteten‹ Situationen unterscheiden. Auch sind ethische Fragen zum Schutz der beobachteten Personen zu bedenken.

2.2 Formen der Befragung

Die Befragung unterscheidet sich durch den sprachlichen Impuls, häufig tatsächlich eine Frage, von der Beobachtung. Dabei differenziert man v. a. zwischen *mündlichen* und *schriftlichen Befragungsformen*.[10] Beide Formen werden nach dem Grad ihrer Standardisierung unterschieden:[11]

---

9 Vgl. die Trainingsbausteine in: *M. Böhmann / R. Schäfer-Munro*, Kursbuch Schulpraktikum ^{2}2008, 178 ff.

10 Vgl. *K. Konrad*, Mündliche und schriftliche Befragung, Landau 1999, 18.

11 Vgl. *K. Konrad*, Die Befragung, in: *M. Wosnitza / R. S. Jäger* (Hg.), Daten erfassen, auswerten und präsentieren, 48–74, 55 f.

- *nicht oder schwach standardisiert*: bloße thematische Vorgabe, Fragen und Antworten sind frei.
- *teilstandardisiert*: Formulierung und Reihenfolge der Fragen sind festgelegt, Antworten sind frei.
- *vollstandardisiert*: Fragen und Antwortmöglichkeiten sind vorgegeben.

Bei beiden Befragungsformen können *offene oder geschlossene Fragen* verwendet werden.[12] Ein offener Frageimpuls enthält keine Antwortvorgabe und lässt den Befragten einen großen Spielraum bei ihrer Reaktion. Insbesondere wenn das zu erhebende Thema kaum erforscht ist und nur vage Vorstellungen von den Antwortmöglichkeiten bestehen, bieten sich offene Fragen an. In der Religionspädagogik wurde z.B. mit verschiedenen Formen des Kreativen Schreibens gearbeitet: Zum einen mit Satzanfängen oder Zitaten, die Jugendliche zum Schreiben motivieren sollten (z.B. Gott ist...; Ich glaube an Gott, weil...; Ich glaube nicht an Gott, weil...; ›Das woran du dein Herz hängst, das ist dein Gott‹),[13] zum anderen mit der Clustering-Methode des Kreativen Schreibens, die zum Impuls »Heilig ist mir...« durchgeführt wurde.[14] Bei einem geschlossenen Frageimpuls sind die Antwortmöglichkeiten vorgegeben oder zumindest begrenzt: Unterschieden werden hier (1) der Ja-Nein-Typ, (2) der Selektionstyp, bei dem zwischen bestimmten Antwortmöglichkeiten auszuwählen ist, sowie (3) der Identifikationstyp (3), bei dem mit W-Fragen (z.B. Wer, Wo, Wann etc.) die Antwort stimuliert wird. Die verbale oder schriftliche Reaktion der befragten Personen wird wiederum dokumentiert.[15]

Offene Fragen stellen besondere Herausforderungen an die Auswertung. Dazu eignen sich die *Grounded Theory* (3.1) sowie die *Dokumentarische Methode der Interpretation* (3.2). Die Interpretation von Antworten auf geschlossene Fragen erscheint in der Regel leichter. Gleichwohl können Verzerrungen durch missverständliche bzw. mehrdeutige Frageimpulse oder Antwortvorgaben auftreten. Wenn ein standardisierter Fragebogen an vergleichbaren Personengruppen erprobt wird, dann erhöht sich jedoch die Aussagekraft der Ergebnisse.

Entscheidende Gütekriterien für mündliche wie für schriftliche Befra-

---

12 Vgl. ebd., 53f.

13 Vgl. *R. Schuster*, Was sie glauben. Texte von Jugendlichen, Stuttgart 1984.

14 Vgl. *G. Hilger / M. Rothgangel*, Wahrnehmungskompetenz für die Religiosität von SchülerInnen. Ein Beitrag zum religionspädagogischen Perspektivenwechsel, in: KatBl 4 (1997), 276–282; ein kurzer Überblick zur Methodik findet sich bei http://de.wikipedia.org/wiki/Cluster_(Kreatives_Schreiben) (Zugriff: 23.6.2011).

15 Es ist aber zu bedenken: »Mit dem Mittel der Befragung wird nicht soziales Verhalten insgesamt, sondern lediglich verbales Verhalten als Teilaspekt erfasst.« (*P. Atteslander / J. Cromm,* Methoden, 109).

gungsformen sind die Validität (Ist der Fragebogen gültig, d.h. misst er überhaupt das, was er messen soll?) und die Reliabilität (Ist der Fragebogen zuverlässig, d.h. misst er exakt das, was zu messen ist?).

2.2.1 Das Interview

Je nach Anzahl der Befragten spricht man von einem Einzel- oder Gruppeninterview, wobei als Sonderform des letztgenannten noch die Gruppendiskussion erwähnenswert ist.[16]

Durch jede Befragung wird eine soziale Situation geschaffen, diese ist bei der Erhebung und Auswertung zu berücksichtigen. Die Person, welche das Interview führt, beeinflusst mit ihrem Verhalten das Ergebnis entscheidend mit. Deshalb werden in einschlägigen Methodenbüchern besondere Anforderungen an diese Tätigkeit genannt.[17] Verschiedene Untersuchungen zeigen, dass es in der Befragungssituation auch zu ›Verzerrungen‹ auf Seiten der befragten Person kommen kann. So können z.B. vermutete Erwartungen zum Antwortverhalten oder vermutete Reaktionen auf bestimmte Antworten zu verzerrenden Reaktionen führen. Folgende kurz gefasste Checkliste für Interviews kann sich als hilfreich erweisen:

> »Ist jede Frage erforderlich? […] Enthält das Interview (sc. gezielte oder unerwünschte) Wiederholungen? […] Welche Fragen sind überflüssig, weil man die zu erfragenden Informationen auch auf andere Weise erhalten kann? […] Sind alle Fragen einfach und eindeutig formuliert und auf einen Sachverhalt ausgerichtet? […] Gibt es negativ formulierte Fragen, deren Beantwortung uneindeutig sein könnte? […] Sind Fragen zu allgemein formuliert? […] Kann der Befragte die Fragen potenziell beantworten? […] Besteht die Gefahr, dass Fragen den Befragten in Verlegenheit bringen? […] Erleichtern Gedächtnisstützen oder andere Hilfsmittel die Durchführung des Interviews? […] Sind die Antwortvorgaben auch aus der Sicht der Befragten angemessen? […] Kann das Ergebnis der Befragung durch die Abfolge der Fragen (Sequenzeffekte) beeinflusst werden? […] Enthält das Interview genügend Abwechslung, um die Motivation der Befragten aufrecht zu erhalten? […] Sind die Fragen suggestiv formuliert? […] Ist die ›Polung‹ der Fragen ausgewogen? […] Sind die Eröffnungsfragen richtig formuliert? […] Ist der Abschluss des Interviews genügend durchdacht?«[18]

Auch benötigt die Planung und Durchführung eines Interviews eine besondere Aufmerksamkeit: Die Art und Weise, wie das Interesse und die Bereitschaft für ein Interview eingeholt werden, wie eine konstruktive

---

16 Vgl. *K. Konrad*, Mündliche und schriftliche Befragung, 28f.

17 Vgl. ebd., 31f.

18 Ebd., 37f.

Gesprächsatmosphäre hergestellt wird und schließlich wie gut die Äußerungen des Befragten dokumentiert werden, bedingt die Qualität der Ergebnisse wesentlich.

Das Interview besitzt gegenüber der schriftlichen Befragung insofern einen Vorteil, als eine Interaktion möglich ist (Rückfragen der Befragten oder Nachfragen der Interviewenden). Jedoch kann durch die Präsenz und Interaktion der interviewenden Person auch eine Beeinflussung geschehen. Im Vergleich zur schriftlichen Befragung ist der Zeit- und Personalaufwand höher.[19]

2.2.2 Der Fragebogen

Der Fragebogen ist eine häufig verwendete Erhebungsmethode. Neben der Unterscheidung nach dem Grad der Standardisierung kann auch nach dem Inhalt der Befragung differenziert werden: (1) wissensorientierter Fragebogen, (2) meinungs- bzw. einstellungsorientierter Fragebogen sowie (3) persönlichkeitsorientierter diagnostischer Fragebogen.[20]

Das methodische Vorgehen bei strukturierten Befragungen orientiert sich an folgenden Anforderungen:[21]

(1) Zunächst erfolgt eine *Klärung der Ausgangssituation*, des Themas und des Erhebungsinteresses.

(2) Im Anschluss daran sind *Fragen* (›Halten sie sich für einen religiösen Menschen?‹) *bzw. Feststellungen* (›Ich halte mich für einen religiösen Menschen‹) *zu formulieren* (Fragebogen-Items). Dabei geht man an der Struktur des Themas entlang und ordnet jedem Themenaspekt meistens mehrere Items zu. Zur Auflockerung können auch offene Fragen eingestreut werden. Folgende Regeln sind bei der Itemformulierung u. a. zu beachten:

»Einfache und konkrete Begriffe – keine komplizierten Fachausdrücke oder abstrakten Begriffe; kurze Formulierung von Items mit maximal 20 Wörtern; Vermeidung von Suggestivfragen; ›neutrale‹ Formulierungen ohne ›vorbelastete‹ oder emotionalisierende Begriffe; ein Item bezieht sich nur auf einen Sachverhalt – eine Mehrdimensionalität der Fragestellung ist zu vermeiden; keine doppelte Negation; Fragestellungen dürfen den Befragten nicht überfordern.«[22]

---

19 Eine Ausnahme bzgl. des Aufwandes stellen telefonische Interviews dar.

20 Vgl. ebd., 43.

21 Vgl. *M. Schmitt / F. Perels*, Der optimale Unterricht!? Praxisbuch Evaluation, Göttingen 2010. Darin 3.2, Schriftliche Befragung von Schülern.

22 Vgl. *K. Konrad*, Mündliche und schriftliche Befragung, 55.

(3) Anschließend werden *passende Antwortmöglichkeiten* ausgearbeitet. Alle Alternativen müssen klar zu unterscheiden (keine Überschneidungen!) und vollständig sein. Häufig werden gestufte Skalen als Antwortmöglichkeit verwendet. Sehr bekannt sind beispielsweise *Likert-Skalen*[23], welche für die Messung von persönlichen Einstellungen verwendet werden (stimmt absolut, stimmt eher, stimmt eher nicht, stimmt gar nicht). Es können aber auch Zahlen (stimmt 3 2 1 0 1 2 3 stimmt nicht) oder Piktogramme verwendet werden, welche den Grad der Zustimmung anzeigen.

(4) Die *Durchführung der Befragung* (wer befragt wen, in welchen Situationen) bedarf eigener Planungen und wird dokumentiert. Letzteres kann wertvolle Hinweise bei unerwarteten Ergebnissen liefern.

2.3 Weitere Formen der Befragung

In den 1980er Jahren waren es die Untersuchungen zu den Glaubensvorstellungen von Jugendlichen, welche wichtige Impulse für die Erhebung religiöser Einstellungen gaben. Die Daten wurden häufig gewonnen, indem Probanden gebeten wurden, kurze schriftliche Aufsätze als Reaktion auf bestimmte Impulse zu verfassen. Inzwischen wurden weitere Erhebungsverfahren entwickelt, welche Daten mittels Bildern oder Artefakten sammeln.[24] Dabei können auch kreative Methoden der figürlichen Anordnung im Mittelpunkt von Datenerhebungen stehen.[25]

3. Methoden zur Interpretation religiöser ›Daten‹

Mit guten Gründen gehört es zum Standard des religionspädagogischen Studiums, dass biblische Texte mit einer wissenschaftlichen Methode ausgelegt und interpretiert werden. Demgegenüber wird nicht selten die Auffassung vertreten, dass Äußerungen von Kindern und Jugendlichen ohne weitere Methodik hinreichend verstanden werden. Gleichwohl zeigen die

---

23 Zu den Skalierungsverfahren vgl. *R. Schnell / P. B. Hill*, Methoden der empirischen Sozialforschung [8]2008, 179ff.

24 Vgl. z.B. *M. Wiedmaier*, Wenn sich Mädchen und Jungen Gott und die Welt ausmalen ... Feinanalysen filmisch dokumentierter Malprozesse, Münster 2008.

25 *A.-K. Szagun*, Dem Sprachlosen Sprache verleihen. Rostocker Langzeitstudie zu Gottesverständnis und Gottesbeziehung von Kindern, die in mehrheitlich konfessionslosem Kontext aufwachsen, Jena 2006.

Erfahrungen aus Lehrveranstaltungen, dass die Grounded Theory sowie die Dokumentarische Methode zu einer weiterführenden Wahrnehmungs- und Interpretationskompetenz beitragen.[26] Der Vorteil beider Methoden besteht darin, dass sie sich insofern gut ergänzen, als mit der Grounded Theory die gesamten Texte einer Lerngruppe vergleichend und mit der Dokumentarischen Methode einzelne Texte vertiefend analysiert werden können.

3.1 Grounded Theory: Theorie und religionspädagogische Anwendung

3.1.1 Methodische Grundsätze

Die Grounded Theory ist nicht nur eine der etabliertesten qualitativen Methoden der Sozialwissenschaften, sondern wurde auch wiederholt im religionspädagogischen Kontext angewendet.[27] Bei der Rezeption dieser Methode ist zu bedenken, dass sie sich im Vergleich zur ursprünglichen Version[28] inzwischen erheblich weiter entwickelt hat und die beiden Gründerväter inzwischen unterschiedliche Ansichten zur Grounded Theory vertreten.[29] Grundsätzlich ist zu beachten, dass es sich bei dieser Methode nicht um ein starres Schema handelt, vielmehr um ›Faustregeln‹, die je nach Fragestellung und Erkenntnisinteresse anzupassen sind.[30] Im Folgenden werden einige wesentliche Aspekte skizziert:

---

26 Neben diesen beiden Methoden kommen auch andere in Betracht, insbesondere die *Qualitative Inhaltsanalyse*, vgl. *P. Mayring*, Qualitative Inhaltsanalyse. Grundlagen und Techniken, Weinheim [10]2008, und die *Objektive Hermeneutik*, vgl. z.B. *A. Schöll / D. Fischer*, Deutungsmuster und Sinnbildung. Ein sequenzanalytischer Zugang nach der »objektiven Hermeneutik«, in: *Comenius-Institut* (Hg.), Religion in der Lebensgeschichte, Gütersloh 1993, 19–49.

27 Vgl. z.B. *K. E. Nipkow*, Die Gottesfrage bei Jugendlichen – Auswertung einer empirischen Umfrage, in: *U. Nembach* (Hg.), Jugend und Religion in Europa, Frankfurt a.M. [2]1990, 233–259; *M. Rothgangel / J. Saup*, Eine Religionsunterrichts-Stunde – nach der Grounded Theory untersucht, in: *D. Fischer / V. Elsenbast / A. Schöll* (Hg.), Religionsunterricht erforschen. Beiträge zur empirischen Erkundung von religionsunterrichtlicher Praxis, Münster 2003, 85–102; *M. E. Fuchs*, Bioethische Urteilsbildung im Religionsunterricht. Theoretische Reflexion – Empirische Rekonstruktion, Göttingen 2010.

28 *B. Glaser / A. Strauss*, The Discovery of Grounded Theory. Strategies for Qualitative Research, Chicago 1967.

29 *A. Strauss / J. Corbin*, Grounded Theory. Grundlagen Qualitativer Sozialforschung, Weinheim 1996; *J. Strübing*, Grounded Theory, Wiesbaden 2004.

30 Vgl. ebd., 41.

a) Methode des Vergleichens, Memos und Kodierstrategien

Verkürzt gesagt handelt es sich bei der Grounded Theory um eine Methode des Vergleichens: Es werden Phänomene miteinander verglichen sowie diesbezüglich Fragen gestellt und bedacht. Zunächst vergleicht man möglichst ähnliche Phänomene (minimale Kontraste), später zieht man zum Vergleich maximale Kontraste heran. Im Unterschied zu quantitativen Studien handelt es sich bei der Erhebung der Daten nicht um einen abgeschlossenen Prozess, auf den dann die Analyse folgt; vielmehr werden solange Daten erhoben, bis die Kategorien ›gesättigt‹ sind, d. h. bis durch den Vergleich keine neuen Erkenntnisse gewonnen werden. Beim Analyseprozess gilt es, spontan auftretende Einfälle und Assoziationen in Form sogenannter Memos separat zu notieren. Diese können sich für die Entdeckung neuer Theorien als hilfreich erweisen. Die Analyse der Daten erfolgt anhand von drei Kodierstrategien (offenes, axiales, theoretisches Kodieren). Weil selbst in religionspädagogischen Forschungsarbeiten das theoretische Kodieren häufig allenfalls ansatzweise durchgeführt wird und das axiale Kodieren eine eingehende praktische Anleitung im Rahmen von Seminaren benötigt, erfolgt hier eine Beschränkung auf das ›offene‹ Kodieren. Dieses kann sich zur Erhebung des Vorwissens bzw. der Voreinstellung von Schüler/innen als ausreichend erwiesen.[31]

b) Offenes Kodieren

Beim offenen Kodieren besteht der erste Schritt darin, hinsichtlich des zu untersuchenden Phänomens Konzeptbegriffe zu formulieren. So werden z. B. bei der Analyse von Texten entsprechende Konzeptbegriffe am Rand notiert. *Anselm Strauss / Juliet Corbin* empfehlen zwar, dass die Konzeptbegriffe nicht einfach wörtlich z. B. den Begriff eines Textes wiederholen sollen, sondern eine eigenständige und abstraktere Gestalt im Vergleich zum Referenzinhalt vorzuziehen sei. Es zeigen aber Erfahrungen u. a. mit vergleichbaren Methoden wie der Qualitativen Inhaltsanalyse, dass auch Konzeptbegriffe, die mehr oder weniger wörtlich übernommen werden, sich als ›fruchtbar‹ erweisen können. Des Weiteren kann es sich je nach Erkenntnisinteresse als weiterführend erweisen, Konzeptbegriffe nach einem oder nach mehreren Aspekten des sogenannten Kodierparadigmas zu vergeben:[32] erstens für strukturelle Bedingungen eines Phänomens (z. B. sozialökonomischer Status, Geschlecht), zweitens für Begründungen

31 Will man jedoch das Interaktionsgeschehen des RU erfassen, dann erweist sich das ›axiale Kodieren‹ als unumgänglich.

32 Diese Empfehlung resultiert aus dem Zusammenhang zwischen offenem und axialem Kodieren. Eine nähere Erläuterung des für das axiale Kodieren bestimmenden Kodier-

von Aussagen, drittens für Handlungs- und interaktionale Strategien, viertens für den Kontext und fünftens für die Konsequenzen eines Phänomens.

Nachdem auf diese Weise die zu untersuchenden Phänomene mit Konzeptbegriffen versehen wurden, erfolgt zweitens ein Vergleich der verschiedenen Konzeptbegriffe; auf dieser Grundlage werden verwandte Konzeptbegriffe zu Kategorien zusammengefasst. Diese Kategorien werden im dritten Schritt ausgearbeitet, indem Eigenschaften und deren dimensionale Ausprägung bestimmt werden. Als Musterbeispiel für diesen Punkt dient die Kategorie ›Farbe‹: Hier können Eigenschaften wie Farbintensität oder Schattierung bestimmt und deren dimensionale Ausprägung festgestellt werden (z. B. von niedrig bis hoch).

3.1.2 Beispielhafte Konkretion

Im Rahmen einer Pilotstudie wurden von einem Schüler (= Sm 24) zu verschiedenen Zeitpunkten schriftlich und mündlich Daten zur Frage nach Vereinbarkeit von Naturwissenschaft und Glaube erhoben. Im Folgenden werden seine Aussagen in der Ausgangsbefragung sowie der Unterrichtsstunde dokumentiert:

Ausgangsbefragung: »Die biblische Schöpfungserzählung ist nicht vereinbar mit naturwissenschaftlichen Theorien der Welt- und Lebensentstehung, weil ›der Glaube‹ Schöpfungserzählung nur geglaubt wird, aber nicht wirklich passiert sein muss. Zum Beispiel, wenn man glaubt, muss es noch lange nicht passiert sein.«
Äußerungen von Sm 24 während der Unterrichtsstunde. Kontext: Diskussion über die Grenzen von Naturwissenschaft und Glaube; es gibt weder Beweise für noch gegen die Existenz Gottes.
48. Sm 24: Aber das ist ja gerade der Glaube, dass man es nicht beweisen kann.
49. L: Mhm.
50. Sm 24: Sonst glaubt man es ja nicht, sondern es ist so. […]
74. Sm 24: Ja, ich hab jetzt hier weder ja noch nein geschrieben. […] Ich denke, man muss die Sachen, also Glauben und Naturwissenschaft als zwei Sachen ansehen.
75. L: Mhm, und deshalb meinst du, es ist nicht vereinbar?
76. Sm 24: Das weiß ich nicht, es kann aber auch anders sein.
77. L: Kannst du das begründen?
78. Sm 24: Ja, wenn man es als zwei Sachen ansieht, dann ist es wieder zusammenhängend irgendwie […].

---

paradigmas findet sich in *M. Rothgangel / J. Saup*, Religionsunterrichts-Stunde, 91–93, 96 f; vgl. die mustergültige Handhabung bei *M. E. Fuchs*, Bioethische Urteilsbildung.

114. L: Ja, dann wollen wir mal kurz eine Abstimmung machen. Wer glaubt denn eher, dass die Naturwissenschaften Recht haben, sagen wir es mal so. (SS melden sich). Mhm. Wer glaubt denn, dass die Bibel Recht hat? (SS melden sich).
115. Sm 13: Zu einem bestimmten Teil nur.
116. L: Mhm.
117. Sm 24: Wenn ich es mal so ausdrücken darf, wenn Sie mich ansprechen nach dem Glauben, dann würde ich die Bibel sagen, wenn Sie mich nach dem Wissen fragen, dann würde ich Naturwissenschaften sagen.

Kodiert man diese Aussagen,[33] so ergeben sich u. a. folgende Konzepte: zur Ausgangsbefragung ›Glaube ungleich Historie‹; zur Unterrichtsstunde ›Glaube ungleich Beweis‹ (Aussage 48), ›Glaube ungleich Tatsachen‹ (Aussage 50), ›zweierlei‹ (Aussage 74), ›Zusammenhang aufgrund Trennung‹ (Aussage 78) und ›Glaube / Bibel – Wissen / Naturwissenschaft‹ (Aussage 117); zur ersten Schlussbefragung ›zweierlei Ergänzung‹. Vergleicht man diese Konzeptbegriffe, wird erkennbar, dass sie sich in bemerkenswerter Weise auf den Aspekt einer bestehenden ›Zweiheit‹ zwischen Naturwissenschaft und Glaube konzentrieren. Somit kann im Rahmen des offenen Kodierens eine Kategorie ›Zweiheit von Naturwissenschaft und Glaube‹ benannt werden. Mit dem Begriff ›Zweiheit‹ wird zum einen der ›Dualismus‹ der beiden Komponenten zum Ausdruck gebracht, zum anderen die Verbindung zu einem ›Gespann‹ bzw. ›Duett‹.

Die Eigenschaft dieser Kategorie, ›Vereinbarkeit‹, ist graduell dimensionierbar in ›nicht vereinbar‹ – ›eher nicht vereinbar‹ – ›unsicher‹ – ›eher vereinbar‹ – ›vereinbar‹. Anhand der jeweiligen dimensionalen Ausprägung jener Eigenschaft lässt sich der Lernprozess nachvollziehen, da eine Veränderung der Dimension eine Weiterentwicklung der anfangs geäußerten Vorstellungen zu erkennen gibt. Lokalisiert man die Äußerungen von Sm 24 innerhalb der Unterrichtsstunde auf dieser Skala, so lässt sich erkennen, dass er sein Vorwissen aktiviert und weiterentwickelt.

3.2 Dokumentarische Methode der Interpretation: Theorie und religionspädagogische Anwendung

3.2.1 Methodische Grundsätze

Die »Dokumentarische Methode der Interpretation« leitet zu einer sorgfältigen Wahrnehmung der einzelnen Elemente, der Gestalt sowie der Dramaturgie von sprachlichen und bildlichen Äußerungen an, indem erstens die Rezeption durch den Nachvollzug lebensweltlicher Äußerungen

33 Vgl. zum Folgenden *M. Rothgangel / J. Saup*, Religionsunterrichts-Stunde, 95 f.

verlangsamt wird und zweitens der Inhalt über die Form rekonstruiert wird. In der Religionspädagogik wurde die »Dokumentarische Methode der Interpretation« zunächst von *Heinz Schmid* rezipiert. Im Anschluss daran legen sich folgende vier Methodenschritte nahe:[34]

a) Bestimmung lebensweltlicher Äußerungen

Im ersten Schritt kann anhand der drei formalen Kriterien ›Selbstläufigkeit‹, ›Ganzheit‹ und ›Ambivalenz‹ geprüft werden, ob es sich um eine lebensweltliche Äußerung handelt. Obgleich dieser Schritt grundsätzlich sinnvoll ist, zeigen sich gewisse Probleme bei der Handhabung dieser Kriterien.[35] Gleichwohl kann festgestellt werden, ob z.B. ein Text eine von der Fragestellung ausgehende selbstläufige Dynamik gewinnt und ob seine ›Ganzheit‹ durch Beginn und Ende deutlich markiert ist.

b) Formulierende Interpretation – Nachvollzug der Äußerung

In diesem Arbeitsschritt formuliert der Interpret in seinen Worten die sprachlichen und bildlichen Äußerungen nach und beschreibt damit in seiner Sprache, was er z.B. in einem Text oder Bild wahrnimmt. Dadurch schenkt man dem Text oder Bild im Sinne einer produktiven Verlangsamung Achtsamkeit und arbeitet seine thematische Struktur heraus.

c) Reflektierende Interpretation – Rekonstruktion der Form

Kennzeichnend für diese Methode der Interpretation lebensweltlicher Äußerungen ist es, dass der Inhalt über die Form rekonstruiert wird. Die Textstrukturen (bzw. Bildstrukturen) werden erhoben, der Zusammenhang der einzelnen Elemente wird ermittelt, ebenso das Zentrum des Tex-

---

34 *H. Schmid*, »Was Dir das Leichteste dünket ...« Erschließung der Lebenswelt – Korrelation – Religionsunterricht, in: *G. Hilger / G. Reilly* (Hg.), Religionsunterricht im Abseits? Das Spannungsfeld Jugend – Schule – Religion, München 1993, 224–237. Die von *R. Bohnsack* entwickelte Methode weicht davon ab; eine entscheidende Differenz besteht insbesondere darin, dass für Bohnsack die komparative Analyse und Typenbildung eine wesentlichere Bedeutung als für Schmid besitzt, vgl. *R. Bohnsack / I. Nentwig-Gesemann / A. Nohl* (Hg.), Die dokumentarische Methode und ihre Forschungspraxis. Grundlagen qualitativer Sozialforschung, Opladen 2001, bes. 225–300. Die nachstehenden Ausführungen orientieren sich an *G. Hilger / M. Rothgangel*, Wahrnehmungsschulung für ›Gottesbilder‹ von Kindern, in: *D. Fischer / A. Schöll* (Hg.), Religiöse Vorstellungen bilden. Erkundungen zur Religion von Kindern über Bilder, Münster 2000, 263–279.

35 Es stellt einen Zirkelschluss dar, wenn einerseits nur Texte mit ›ambivalenten‹ Aussagen als lebensweltliche anerkannt werden und andererseits als wesentliches Resümee notiert wird, dass lebensweltliche Texte ›ambivalent‹ seien.

tes bzw. Bildes. Bei der Interpretation von Bildern können die Beobachtungsaspekte der ›strukturalen Bildanalyse‹[36] sich als weiterführend erweisen.

d) Zusammenfassende Interpretation

Schließlich werden die in den vorangehenden Schritten erhobenen inhaltlichen und formalen Grundmuster reflektiert und zusammenfassend interpretiert. Ein Vergleich mit anderen lebensweltlichen Äußerungen kann auf Unterschiede und Gemeinsamkeiten aufmerksam machen (vgl. auch Grounded Theory).

3.2.2 Beispielhafte Konkretion

> Heilig sind mir manche Stofftiere,
> mit denen ich angenehme Erin-
> nerungen verbinde.
> Oder einige Bilder, die ich gemalt
> habe, und etwas Bestimmtes ausdrücken möchte.
> Heilig ist auch die kleine Box
> mit den ganzen kleinen Sachen +
> süßen Geschenken von meinem
> Freund.
> Auch der Teller aus der Ukraine
> von meiner Mutter war mir heilig,
> weil ich ihn irgendwie immer
> mit meinem Vater (ich kenne ihn
> nicht) in Verbindung brachte.
> Aber leider hab' ich ihn neulich zerschlagen.

Nachstehend findet sich die ›Zusammenfassende Interpretation‹ der Studierenden, die den obigen Text selbst in einer Lerngruppe erhoben hatten. An diesem Beispiel wird gut erkennbar, wie die Verschränkung von formalen und inhaltlichen Gesichtspunkten zu einer differenzierten Wahrnehmung von Schüler/innen führen kann. Aus Platzgründen wird nur die Interpretation des zweiten Abschnittes angeführt:[37]

---

36 Vgl. dazu *G. Hilger / M. Rothgangel*, Wahrnehmungsschulung für ›Gottesbilder‹ von Kindern, 263–279.

37 Vgl. ausführlich *M. Rothgangel*, Die Religiosität von Schülerinnen und Schülern wahrnehmen lernen. Das Regensburger Modell, in: Kompetenz für die Praxis? Innovative Modelle der Religionslehreraus- und -fortbildung (Bensberger Protokolle 101), Bensberg 2000, 35–51, bes. 46 f.

»Der nächste Abschnitt beginnt mit einem ›oder‹; er bezieht sich also in gewisser Weise auf den oberen Absatz. ›Oder einige Bilder, die ich gemalt habe, und etwas bestimmtes ausdrücken möchte‹. Sie erwähnt jetzt Bilder, die ihr heilig sind, weil sie von ihr gezeichnet wurden und wahrscheinlich ein Teil von ihr sind. Diese Bilder drücken höchstwahrscheinlich eine bestimmte Gemütsverfassung aus oder zeigen Dinge, die ihr besonderes wichtig sind. Über die Art der Bilder, und wann sie sie gemalt hat, zum Beispiel als Kind, verrät sie uns nichts. Es sind allerdings wieder nur ›einige‹ Bilder, die ihr heilig sind.«

Literaturhinweise

A. Bucher, Einführung in die empirische Sozialwissenschaft. Ein Arbeitsbuch für TheologInnen, Stuttgart u. a. 1994.

A. Dinter / G. Heimbrock / K. Söderblom (Hg.), Einführung in die Empirische Theologie. Gelebte Religion erforschen, Göttingen 2007.

D. Fischer / V. Elsenbast / A. Schöll (Hg.), Religionsunterricht erforschen. Beiträge zur empirischen Erkundung von religionsunterrichtlicher Praxis, Münster 2003.

G. Hilger / M. Rothgangel, Wahrnehmungskompetenz für die Religiosität von SchülerInnen. Ein Beitrag zum religionspädagogischen Perspektivenwechsel, in: KatBl 122 (1997), 276–282.

XIII.
Schüler/in – psychologisch

Andrea Schulte

1. Annäherungen

Religionslehrer und -lehrerinnen haben täglich darüber zu entscheiden, wie sie unterrichten und wie sie religiöse Lernprozesse gestalten wollen. Dazu ermitteln sie die jeweiligen Lernvoraussetzungen durch Wahrnehmung und Einschätzung der religiösen Herkünfte, Lebenswelten, Erfahrungen und Entwicklungsstufen, Lernstände und Einstellungen der Schüler/innen. Sie treffen für die Lerngruppen die geeignete Auswahl an Unterrichtsmaterialien, um beispielsweise das Interesse der Kinder und Jugendlichen für die »Sache Religion« zu wecken und wach zu halten. Sie überlegen, mit welchen Lernformen und auf welchen Lernwegen sie das »religiöse Werden und Wachsen« und die Entwicklung und Kompetenzen ihrer Schüler/innen herausfordern und befördern können. Sie machen sich Gedanken darüber, wie sie mit beobachtbaren Schwierigkeiten umgehen und wie sie Lernfortschritte den Lernenden zurückmelden können. Sie vergegenwärtigen und reflektieren ihr eigenes Verständnis über religiöses Lernen und was daran für sie wichtig ist.

Diese knappen Verweise auf die alltägliche (religions)pädagogische Unterrichtspraxis verdeutlichen, dass RL bei der Planung, Durchführung und Reflexion ihres Unterrichts die Subjekte des Lernens, ihre Schüler/innen auch psychologisch in den Blick nehmen. Sie beziehen die Fragen nach dem religiösen Entwicklungs- und Lernstand der Schüler/innen, der (religiösen) Heterogenität ihrer Lerngruppen oder dem Phänomen Religion, das sich im Lebenslauf und in den verschiedenen Lebensaltern als dynamischer Prozess darstellt, in ihr professionelles Handeln ein. Damit nehmen sie die Erträge und Ergebnisse der Psychologie in Anspruch, die mittlerweile die religionspädagogische Theorie und Praxis vielfältig bereichern.

Zur Vergegenwärtigung eine kleine Auswahl: Die Allgemeine Psychologie untersucht die inneren und äußeren Bedingungen des Verhaltens und Erlebens des Menschen. Die Tiefenpsychologie fragt nach den im Menschen verborgenen Bedürfnissen und Neigungen. Die differenzielle

Psychologie bzw. die Persönlichkeitspsychologie konzentriert sich auf die Strukturen, Merkmale und Unterschiede zwischen den Individuen. Die Sozial- und Gruppenpsychologie untersucht den sozialen Einfluss auf das Verhalten und Erleben von Individuen und die Prozesse gegenseitiger Beeinflussung. Gegenstand der Entwicklungspsychologie sind die Veränderungen von psychischen Prozessen, Verhaltensweisen und Merkmalen von Personen im Lebenslauf. Die Religionspsychologie bezieht sich auf die ethischen und religiösen Aspekte menschlichen Verhaltens, Erlebens und Erfahrens.

Erziehung und Unterricht sind die Bezugsgrößen der Pädagogischen Psychologie. Als angewandte Wissenschaft gilt ihr Interesse der Relevanz psychologischer Theorien und Befunde für pädagogische Fragestellungen und Zusammenhänge und der Erklärung schulischen Lernens mit Hilfe psychologischer Erkenntnisse. Mit erweitertem Vorzeichen gilt Ähnliches für die Religionspädagogische Psychologie, die die psychische Seite ethischer und religiöser Lern- und Erziehungsvorgänge erforscht.

Der Beitrag konzentriert sich auf ausgewählte psychologische Ansätze, die den Blick auf die Schüler/innen als Subjekte religiösen Lernens zu schärfen, das pädagogische Handeln der RL anzuregen und ihre professionellen Kompetenzen zu stärken vermögen.

2. Religion *lernen*?

In der Schule begegnen uns Kinder und Jugendliche in ihrer »Profession« als Schüler/innen, die lernen sollen und wollen. Im Laufe ihres Berufslebens haben Lehrer/innen vielfältige »subjektive Alltagstheorien« über unterrichtliches Lernen entwickelt, die sie routiniert in der Praxis anwenden können. Im Rahmen dessen hat auch die Auseinandersetzung mit wissenschaftlichen Lerntheorien ihren Ort, weil sie »subjektive Alltagstheorien« und routiniertes Lehrerhandeln jeweils neu auf den Prüfstand unterrichtlicher Bewährung stellt und Möglichkeiten neuer Handlungsspielräume in pädagogischen Situationen eröffnet.

Für das wissenschaftstheoretische Nachdenken über das ›Lernen‹ in Erziehung und Unterricht steht die Pädagogische Psychologie als Ratgeberin hilfreich zur Seite. Mit dem ›Lernen‹ verhält es sich allerdings so wie mit der Religion: Eine eindeutige Definition des Lernens gibt es nicht. An den vielen Begriffsbestimmungen können allenthalben Kriterien abgelesen werden, die das Phänomen ›Lernen‹ näher umschreiben. Aus dem Pool vorhandener Definitionen greife ich exemplarisch die Lerndefinition des amerikanischen Psychologen *Merlin C. Wittrock* (1931–2007) auf. Sie ist religionspädagogisch anschlussfähig, weil sie Lernen nicht einseitig auf das äußere Verhalten des Menschen konzentriert und ›Lernen‹ anthropologisch nicht auf das Wissen und Denken beschränkt.

»Lernen ist ein Begriff, den wir verwenden, um Prozesse zu beschreiben, die an Veränderungen durch Erfahrung beteiligt sind. Dies sind Prozesse, in denen durch Erfahrungen relativ dauerhafte Veränderungen im Hinblick auf Verstehen, Einstellungen, Wissen, Informationen, Fähigkeiten und Fertigkeiten erreicht werden.«[1]

Zum einen distanziert sich Wittrock hier von gängigen Lerndefinitionen, die Lernen am Ergebnis des Lernens, an der erfolgten Änderung im Verhalten festmachen. Zum anderen versteht auch er Lernen als Veränderung durch Erfahrung; er ist allerdings am Prozess des Lernens interessiert und kann somit viel offener formulieren, was sich im Lernen verändert. Wittrocks Merkmalsbereiche sind: das geistige Verstehen (*understanding*), Haltungen oder Einstellungen (*attitude*), Kenntnisse und Wissen (*knowledge*, *information*) und praktische Fertigkeiten (*skills*). Der unmittelbare Zielpunkt des Lernens ist offensichtlich die innere Seite der Person. Mit dieser Begriffsannäherung grenzt sich Wittrock vom lernpsychologischen Ansatz des Behaviorismus ab, der sich auf das äußere Verhalten des Menschen konzentriert. Für ihn lassen sich die Auswirkungen des Lernens keineswegs auf die äußere Verhaltenskomponente reduzieren. Die Effekte des Lernens lassen sich aber auch nicht auf den Aufbau von Wissen und Denken verengen. Lernen betrifft konstitutiv weitere Aspekte des Menschseins, die Emotionalität und Sozialität.

Die angeführten Merkmalsbereiche verweisen auf die unterschiedlichen Dimensionen des Lernens, sprich: auf die kognitive, affektive, aktionale und soziale Dimension menschlichen Lernens. Wo kognitiv gelernt wird, kommt es zum Erkenntnis- und Wissensgewinn. Wo affektiv gelernt wird, kommt es zur Veränderung persönlicher Interessen und Einstellungen. Wo aktional gelernt wird, kommt es zu körperlichen Bewegungen und zum konkreten handfesten Tun. Wo sozial gelernt wird, kommt es zur Entfaltung menschlicher Sozialität, der Fähigkeit, sich auf andere Menschen verstehend zu beziehen und mit ihnen zu kommunizieren.[2]

Wittrocks Definition des Lernens motiviert dazu, sich ansatzweise die psychologischen Lerntheorien des 20. Jahrhunderts zu vergegenwärtigen.

---

1 Zitiert nach: *H. Gruber / M. Prenzel / H. Schiefele,* Spielräume für Veränderung durch Erziehung, in: *A. Krapp / B. Weidenmann* (Hg.), Pädagogische Psychologie, Weinheim Basel ^{5}2006, 126.

2 Vgl. *B. Porzelt,* Grundlegung religiöses Lernen. Eine problemorientierte Einführung in die Religionspädagogik, Bad Heibrunn 2009, 32–36.

Es lassen sich drei Gruppen von Theorien zusammenfassen. Sie unterscheiden sich darin, ob sie mentale Repräsentationen in ihren Modellen berücksichtigen oder sich im Wesentlichen auf das beobachtbare Verhalten beschränken.

2.1 Behavioristische oder verhaltenspsychologische Lerntheorien

Die Grundannahme behavioristischer Lerntheorien (*Pawlow, Watson, Skinner, Bandura*) lautet: Lernen ist maßgeblich von außen bestimmt und zeigt sich in einer Veränderung des Verhaltens. Innere Prozesse spielen in dieser Sichtweise keine Rolle. Die Verknüpfung (Assoziation) zwischen Reizen und / oder zwischen Reizen und Reaktionen bzw. Verhaltenskonsequenzen sind hier das wesentliche Lernprinzip. Im Unterricht ist dieser Ansatz auffindbar, wenn Lehrende das Verhalten der Schüler/innen loben oder tadeln, beachten oder ignorieren, Strafen androhen oder durchführen. Ähnliches gilt, wenn sie Modelle (Vorbilder) zur Beobachtung anbieten und deren Verhalten mit positiven, negativen oder neutralen Sanktionen versehen.

2.2 Kognitionspsychologische Theorien

In dieser Perspektive wird Lernen als Prozess der Informationsverarbeitung definiert, in dessen Verlauf Wissensstrukturen aufgebaut und verändert werden. Kognitive Strukturen und mentale Prozesse rücken in den Fokus der wissenschaftlichen Aufmerksamkeit, die damit auf die Eigenaktivität des Lernenden hin geschärft wird. Der Prozess der Informationsverarbeitung kann durch gezielte Maßnahmen des Lernenden optimiert werden, die im Unterricht vermittelt und befördert werden. Im Unterricht ist dieser Ansatz auffindbar, wenn Lehrende beispielsweise auf instruktionale Lernformen zurückgreifen, um nachhaltiges Lernen durch Herstellung von Verknüpfungen, Wiederholungen neu erworbenen Wissens, vorangestellte Lernhilfen (Advance Organizer), klare kognitive Strukturen und bildhafte Vorstellungen zu fördern.

2.3 Konstruktivistische Theorien

Konstruktivistische Theorien (*Maturana, Varela, Siebert*) betonen die Eigentätigkeit des Lernenden und den sozialen Charakter des Lernens. Jedes Individuum konstruiert seine Wirklichkeit ganz und gar subjektiv, indem es die aufgenommenen Informationen auf der Grundlage der persönlichen Erfahrungen und des eigenen Weltwissens, aber auch aufgrund zur Verfügung stehender Denkmuster selektiv und kreativ verarbeitet. Lernen wird themen- oder domänenspezifisch analysiert, weil je nach Inhalt unterschiedliche Vorgehensweisen beim Wissenserwerb erforderlich sind.[3] Im Unterricht ist dieser Ansatz auffindbar, wenn Lehrende Lernende irritieren, »aufwühlen« und somit durch Fragen, Probleme oder differenzierte und progressive Aufgaben anregen. Lernkontexte mit authentischem Lebensweltbezug ermöglichen das »Jonglieren« mit verschiedenen Perspektiven und Blickrichtungen und unterschiedliche Lernwege, die die Schüler/innen einschlagen können.

2.4 Integrativer Ansatz

Aufgrund deutlicher Kritikpunkte, die an diesen Ansätzen auszumachen sind, werden in jüngster Zeit Ansätze vorgeschlagen, die beide Positionen zu integrieren beabsichtigen, ohne allerdings die Instruktion auf Seiten der Lehrenden noch die Annahmen zur Konstruktion auf Seiten der Schüler/innen aufzugeben. Unter diesen Vorzeichen wird Unterricht im Sinne von Unterstützung, Anregung und Beratung, aber auch Anleitung, Darbietung und Erklärung verstanden.

2.5 Zwischenfazit

Vor dem Hintergrund der skizzierten Lerntheorien ist festzuhalten, dass RU »in Sachen Lernen« mit anderen Unterrichten vergleichbar ist. Demzufolge qualifiziert sich »religiöses Lernen« über weite Strecken auch ohne das Attribut »religiös«. Im RU wird genauso gelernt wie andernorts auch. Diese lernpsychologisch gewonnene Einsicht bestätigt die Gleichwertigkeit mit den anderen Unterrichtsfächern und verhindert den Rechtfertigungsdruck, unter dem der RU an der Schule zuweilen steht.

Allerdings wird religionspädagogisch ein weites und offenes Verständnis von Lernen den Schüler/innen und der »Sache Religion« viel gerechter als ein enges Lernverständnis. Wird in Anlehnung an Wittrock Lernen als Prozess, als dauerhafte Veränderung in Merkmalsbereichen gesehen, so betrifft das auch die gelehrte und gelernte Religion in der Schule. Religiöses Lernen ist im Sinne Wittrocks ganzheitlich zu verstehen, insofern die

---

3 Gegenwärtig gewinnen neurologische Lerntheorien an Bedeutung, die auch der Religionspädagogik interessante Impulse geben können. Vgl. *H. Rupp*, Lernen und Differenzierung, in: entwurf 41 (2010), 4f.

religiösen Erfahrungen, Haltungen und ethisch-praktisches Handeln von Bedeutung sind.

Wie lernt der Mensch Religion? Hier hat die Psychologie der Religionspädagogik in den vergangenen Jahrzehnten wichtige Impulse geben können. Die konstruktivistischen Theorien haben den Blick auf das aktiv beteiligte Subjekt des Lernens gelenkt und somit den jahrelang vorherrschenden Primat der Religionsvermittlung in Richtung der Religionsaneignung korrigiert. Der Mensch lernt Religion durch aktive Auseinandersetzung mit seiner Umwelt. Wenn ihm allerdings diese Möglichkeiten z. B. durch die Ausblendung der Religion in gesellschaftlichen Systemen nicht eingeräumt werden, so fehlen die Möglichkeiten aktiver Auseinandersetzung und subjektiver Aneignung.

In der aktuellen Diskussion um kompetenzorientierten Unterricht ist häufig der Einwand der Inhaltsleugnung zu hören: Kompetenzorientierter Unterricht vernachlässige die Inhalte, sei inhaltsleer. Lernpsychologisch ist dieser Vorwurf hinfällig, da Lernen immer themen- oder domänenspezifisch orientiert ist: Ohne die Domäne »Religion« kein (religiöses) Lernen!

Die unterschiedlichen Lerntheorien lenken religionspädagogisch die Aufmerksamkeit auf das Lehrerverhalten und Lehrerhandeln, die Kommunikation in der Lerngruppe und das Unterrichtsgeschehen. Im laufenden Unterrichtsprozess haben »zu gegebener Zeit« die unterschiedlichen Realisierungen ihre je eigene Berechtigung, aber auch ihre Grenzen. Die subjektive Prägung jeglichen Lernens sensibilisiert RL bspw. für differenzierende Lernformen und Aufgabenkulturen. Darüber hinaus wird das Phänomen Religion als subjektive Religion bzw. Religiosität differenziert in Augenschein genommen.

Kinder und Jugendliche bringen ihre je eigenen Erfahrungen, Überzeugungen, Vorstellungen und Erwartungen in den Unterricht ein. Zudem gewinnt die Heterogenität der Lerngruppen an Bedeutung, in deren Rahmen das didaktische Potenzial der Lerntheorien auszuschöpfen ist. Die religionsdidaktische Herausforderung dieser veränderten Rahmenbedingungen des RU liegt darin, die religiöse Heterogenität der Schüler/innen wahrzunehmen, zu analysieren und für die Gestaltung unterrichtlicher Prozesse zu berücksichtigen. *Last but not least* wird die Diagnosekompetenz der RL stärker eingefordert als bisher. Was für andere Unterrichtsfächer schon seit langem gilt, hat nun auch für den RU Relevanz. Kenntnisse psychologischer Lerntheorien ermöglichen die Anwendung von Kategorien und Beobachtungsrastern für die Diagnose von individuellen Lernständen im Bereich religiöser Bildung und in Folge gegebenenfalls die Entwicklung eines Konzeptes zur Förderung religiöser Sprachfähigkeit.

3. Entwicklung als Veränderung im Lebenslauf

Die Entwicklungspsychologie arbeitet die Veränderungen psychischer Prozesse, der Verhaltensweisen und Merkmale im Lebenslauf von Menschen heraus. Entwicklungspsychologische Erkenntnisse lassen sich einerseits über verschiedene Entwicklungsbereiche strukturieren. Zu diesen Entwicklungsbereichen zählen die körperliche, geistige, sprachliche, motivationale und emotionale Entwicklung. Es lässt sich beschreiben und untersuchen, wie sich das Verhalten und die Kompetenzen in diesen Bereichen über die Zeit hinweg verändern. Andererseits lässt sich menschliche Entwicklung im Lebenslauf anhand von Entwicklungsschritten oder -stadien ordnen, die sich deutlich voneinander abgrenzen. Hiernach finden Entwicklungsprozesse in einer geordneten Abfolge statt, die häufig aneinander anknüpfen bzw. aufeinander aufbauen. Den Entwicklungsschritten oder -stadien lassen sich bestimmte Entwicklungsaufgaben zuordnen.

Dieses Modell der Entwicklungsaufgaben geht auf *Robert J. Havighurst* zurück.

»Eine Entwicklungsaufgabe ist eine Aufgabe, die in oder zumindest ungefähr zu einem bestimmten Lebensabschnitt des Individuums entsteht, deren erfolgreiche Bewältigung zu dessen Glück und Erfolg bei der Lösung nachfolgender Aufgaben beiträgt, während ein Misslingen zu Unglücklichsein des Individuums, zu Missbilligung seitens der Gesellschaft und zu Schwierigkeiten mit späteren Aufgaben führt.«[4]

Es ist zu bedenken, dass kulturelle, historische und individuelle Bedingungen einen entscheidenden Einfluss auf die inhaltliche Ausgestaltung der Entwicklungsaufgaben haben. Nichtsdestotrotz sind in jedem Lebensalter Entwicklungsaufgaben zu bewältigen, die das Geschlecht und die Körperlichkeit, Sozialität und Gesellschaftlichkeit, Moralität und Ethik des Menschen betreffen.[5]

---

4 *R. J. Havighurst*, Developmental tasks and education, New York 1952; vgl. *A. Grob / U. Jaschinski*, Erwachsen werden. Entwicklungspsychologie des Jugendalters, Weinheim / Basel / Berlin 2003, 23.

5 Der Ansatz verdeutlicht, dass (Religions)Lehrkräfte immer auch ihrem allgemeinen Bildungsauftrag mit der Ermöglichung grundlegender Kompetenzen verpflichtet sind: Schule soll die Befähigung anbahnen, Schüler/innen für das Leben und die Welt zu öffnen und sie in ihrer Subjektwerdung zu begleiten.

3.1 Jean Piagets Modell der geistigen Entwicklung des Menschen

Der bedeutende Schweizer Entwicklungspsychologe *Jean Piaget* (1896–1980) forschte insbesondere zur geistigen Entwicklung des Menschen. Er legte dar, wie menschliches Wissen, Erkenntnis und Handlungsfähigkeit durch die aktive Auseinandersetzung des Subjekts mit seiner Umwelt konstruiert wird. In seiner »konstruktivistischen« Theorie der Entwicklung hat er Grundbegriffe und Grundannahmen entfaltet und vier Stufen oder Stadien der kognitiven Entwicklung benannt.

Die »Konstruktionsarbeit« des Menschen, d.h. der wechselseitige Prozess zwischen Subjekt und Welt gestaltet und entwickelt sich, wenn mit den bestehenden kognitiven Strukturen ein Sachverhalt nicht mehr assimiliert werden kann und eine Anpassung (Akkomodation) der Strukturen notwendig ist, damit das Gleichgewicht (Äquilibration) wieder hergestellt wird. Dieser Prozess findet auch innerhalb der religiösen Denkentwicklung statt, die zumal durch kognitive Konflikte und Zweifel angetrieben wird.

Trotz der Kritik, die Piagets Entwicklungstheorie verschiedentlich erfahren hat, sind seine Untersuchungen für die Forschung äußerst anregend und werden auch heute noch berücksichtigt. Die strengen Annahmen über die zwingend notwendige Abfolge einzelner Entwicklungsschritte, die Altersangaben oder das von Piaget nicht berücksichtigte Vorwissen der Kinder und Jugendlichen relativieren die Aussagekraft der Theorie. Nach wie vor hilfreich sind aber die von Piaget formulierten universellen Prinzipien der Entwicklung.

Piagets Theorie bildet die Basis für die Entwicklung von Prinzipien für die Gestaltung von Lernumgebungen. Vor jeder Informationsvermittlung steht die Neugier oder ein Konflikt, die Lernende zu selbst gestellten Fragen führt. Schüler/innen lassen sich »nicht über einen Kamm scheren«. In einer Lerngruppe sind somit auch der »heterogene Entwicklungsstand« und die Lernvoraussetzungen zu berücksichtigen. »Forschendes Lernen« mit eigenem Experiment fördert die aktive Auseinandersetzung mit der Umwelt. Die Vermittlung und Aneignung abstrakter Inhalte gelingt leichter über konkret wahrnehmbare Objekte und Sachverhalte. Anschaulichkeit hilft nicht nur älteren Lernenden, sondern auch älteren Schüler/innen mit geringem Vorwissen. Die nachfragende Lehrkraft fordert kognitive Konflikte heraus, die Antriebskraft fürs Neulernen und Umlernen sind.

3.2 Theorien der religiösen Entwicklung

In Anknüpfung an Jean Piagets Modell liegen mittlerweile religionspädagogisch inspirierte entwicklungspsychologische Forschungsergebnisse vor (*Oser, Gmünder, Fowler*), die Piagets Grundannahme nebst Stufenmodell auf den religiösen Bereich übertragen. Sie bestätigen: Kinder und Jugendliche sind aktive Subjekte ihrer religiösen Entwicklung. Als Lernende nehmen sie religiöse Inhalte aktiv in sich auf und assimilieren sie gemäß ihrer kognitiven Entwicklung. Auf diese Weise entwickeln sich Erkenntnisstrukturen und passen sich dem neuen Bewusstseinsstand an (akkomodieren). Der heuristische Wert dieser Theorien wird mittlerweile grundsätzlich anerkannt. Die Theorien setzen eine progressive kognitive religiöse Entwicklung in unterscheidbaren Stufen und somit die religiöse Entwicklungsfähigkeit eines jeden Menschen voraus. In Folge konturiert sich die Zielperspektive des RU, die Religiosität der Schüler/innen entwickeln zu helfen.

Auch etliche Forschungsansätze zur Identität (*Erikson, Marcia, Mead, Ricouer*), zum Selbst (*Kegan*) oder zum moralischen Urteil (*Kohlberg, Gilligan*) unterteilen Entwicklung in Stufen oder Stadien. Somit gewähren sie einen je spezifischen und eigenen Blick auf Entwicklungsverläufe und ihre Gesetzmäßigkeiten. In empirischer Hinsicht bleibt zwar manche Frage offen, jedoch ist ihr heuristischer Nutzen unbestritten.

Die prominente Rezeption, die insbesondere die Theorien zur religiösen Entwicklung in der Religionspädagogik erfahren haben, hat den Perspektivenwechsel hin zur Subjektorientierung befördert und das Phänomen »Religion« bzw. »Religiosität« weiter konturiert. Kindern und Jugendlichen wird nicht nur eine eigene Religiosität zugesprochen, sondern auch ein Werden und Wachsen »in Sachen Religion«, mithin eine eigene religiöse Entwicklung zuerkannt, die im Kontext religiöser Erziehung und Bildung pädagogisch zu begleiten ist. Der grundlegende Anspruch, Schüler/innen als Subjekte des Lernens ernst zu nehmen, realisiert sich auf der Ebene des RU durch Rückbindung der Unterrichtsinhalte an die kind- und jugendspezifischen Zugangs- und Verstehensweisen und Weltzugänge. Hierbei sind das Lebensalter der Schüler/innen und somit die verschiedenen Entwicklungsphasen während der Schulzeit in Anschlag zu bringen. Entwicklung und Alter hängen zwar zusammen, fallen aber nicht zusammen.

Wie für andere Unterrichtsfächer gilt auch für den RU, das kognitive Entwicklungsniveau und somit die Entwicklungsgemäßheit des Lernens, hier des religiösen Lernens, zu berücksichtigen. Eine sensiblere Achtsamkeit für die religiösen Denkstrukturen der Schüler/innen erlaubt eine differenzierte Planung und Durchführung des RU. Die Stärke der Theorien ist aber auch gleichzeitig ihre Schwäche: Sie formulieren einige Grundbedingungen im Hinblick auf die religiöse Entwicklung in einseitig kognitiver Hinsicht.

Durch die Theorien der religiösen Entwicklung kommt mithin nicht alles in den Blick, was für eine umfassende religiöse Bildung bedeutsam ist. Religiöse Entwicklung ist ganzheitlich und zeigt sich nicht nur in der verbalen und kognitiven Urteilsfähigkeit. Aber sie betrifft einen zentralen Aspekt religiösen Lernens, der vor allem für schulisches Lernen bedeutsam ist. Es gilt weiterhin zu beachten, dass auch innerhalb beobachtbarer Entwicklungsstufen der individuellen Ausdrucksform des Glaubens Rechnung zu tragen ist. »Mit anderen (z. B. narrativen bzw. bildlichen) Erhebungsverfahren und anderen (z. B. an der konkreten Erfahrungswelt der Kinder orientierten) Inhalten wird man auch andere Denk- und Argumentationsweisen und große interindividuelle Unterschiede bei Kindern gleichen Alters feststellen können.«[6]

3.2.1 Exkurs: Ein religionspsychologischer Einwurf

Die Entwicklung von Religiosität über die gesamte Lebensspanne hinweg ist auch für die Religionspsychologie von Interesse; es ist allerdings weithin geringer als in der Entwicklungspsychologie und Religionspädagogik. Religionspsychologisch ist eine grundsätzliche Skepsis anzumelden: »Wenn Religiosität so vielfältig ist wie die Gläubigen, dann entwickelt sie sich wohl auch auf so vielfältige Weise, dass nur Grundbedingungen erforscht werden können.«[7] Die Variabilität religiöser Entwicklung erlaubt deshalb sicher keine Einordnung in ein Phasenschema über die Lebensspanne hinweg.[8]

Auf Grund vorhandener Untersuchungen hält auch die Religionspsychologie einen möglichen Fortschritt religiösen Denkens von der Kindheit bis zum Erwachsenenalter für möglich. Religiöse Kognitionen sind allerdings auch durch Emotionen beeinflusst. Deshalb ist gleichzeitig auch die religiöse Entwicklung in emotionaler Hinsicht in Rechnung zu stellen, die auf dieser Ebene eher gegenläufig ist. Religiöse Entwicklung bzw. die Stärke der Religiosität in emotionaler Hinsicht ist Untersuchungen zufolge alles andere als eindeutig feststellbar. Sie kann bei jedem zuneh-

---

6 *G. Hilger / H.-G. Ziebertz*, Wer lernt? – Die Schülerinnen und Schüler als Subjekte religiösen Lernens, in: *G. Hilger / L. Leimgruber / H.-G. Ziebertz*, Religionsdidaktik. Ein Leitfaden für Studium, Ausbildung und Beruf, München 2010, 188.

7 *B. Grom*, Religionspsychologie, München ^{3}2007, 173.

8 Vgl. ebd., 181.

men, abnehmen oder nach einer Zunahme wieder abnehmen. Religiosität kann sich allmählich, aber auch plötzlich (in einer Bekehrung oder Entbekehrung) wandeln. Der Religionspsychologe *Bernhard Grom* wünscht sich deshalb ein erweitertes Entwicklungsverständnis, das den vielfältigen Veränderungsrichtungen, Sozialisationseinflüssen und emotionalen Herausforderungen Rechnung trägt.

Die religiöse Entwicklung eines Gläubigen hängt in kognitiver Hinsicht vom Stand seiner allgemeinen kognitiven Kompetenz ab. Es gibt eine unverkennbare Parallelität zwischen religiösem Verstehen und formalem Denkniveau. Die von Piaget erforschten Stufen der allgemeinen kognitiven Kompetenz können als Voraussetzung für weltanschauliches Erkennen und reflektiertes religiöses Verstehen mit den entsprechenden Assimilationen und Akkomodationen aufgefasst werden. »Wie sich Menschen jedoch in Kindheit und Erwachsenenalter ihre ›Weisheit‹ und ›Expertise‹ in religiösen Dingen verschaffen, kann nur allgemein nach sozialen und individuellen Lernprozessen erklärt werden.«[9]

3.2.2 Fazit und Kritik an den Stufentheorien

Über die Möglichkeiten und Grenzen der Anwendbarkeit und des Umgangs mit entwicklungspsychologischen Theorien hat sich die Religionspädagogik mittlerweile hinlänglich ausgetauscht.[10] In gebotener Kürze lässt sich zusammenfassend resümieren:

> »Auch die aufsteigende Ordnung der Stufen, ihre Irreversibilität und der gesetzte Endpunkt religiöser Entwicklung ohne Sprünge und Rückschritte sind diskussionswürdig: Ist jede höhere Stufe eine wertvollere Form von Religiosität oder hat jede Phase ihren eigenen Wert, worauf die Untersuchungen zur Kindertheologie verweisen?«[11]

Gleichwohl sind die Theorien zur religiösen Entwicklung des Menschen aus der religionspädagogischen Aus-, Fort- und Weiterbildung nicht mehr wegzudenken. Die Euphorie, die anfänglich von diesen Ansätzen ausging, ist allerdings abgeklungen. Empirische Untersuchungen zu Gotteskonzepten von Kindern im ostdeutschen Raum und konkrete Beobachtungen

---

9 Ebd., 180.

10 Vgl. *A. A. Bucher / K. H. Reich* (Hg.), Entwicklung von Religiosität. Grundlagen – Theorieprobleme – Anwendungen, Fribourg 1989; *G. Büttner / V.-J. Dieterich*, Die religiöse Entwicklung des Menschen. Ein Grundkurs, Stuttgart 2000; *A. Schulte / I. Wiedenroth-Gabler*, THEOLOGIE kompakt: Religionspädagogik, Stuttgart 2003; *G. Büttner*, Abschied von Piaget?, in: Katechetische Blätter 135. Jg. (2010), 208–212.

11 *G. Hilger u.a.* Religionsdidaktik, 188.

aus der Unterrichtspraxis provozieren mittlerweile die Frage nach der allgemeinen Gültigkeit der Stufentheorien zur religiösen Entwicklung.[12] Darüber hinaus sensibilisiert das »Theologisieren mit Kindern« für die differenzierte Wahrnehmung der religiösen Vorstellungen der Kinder, die bspw. bei gleichem Lebensalter sehr individuell und verschieden ausfallen können.

3.3 Zwischenfazit

Entwicklungspsychologische Theorien haben längst Einzug gehalten in die religionspädagogische Theoriebildung. Sie provozieren Fragen zwischen Entwicklungspsychologie und religiösem Lernen und bewirken eine neue Aufmerksamkeit und Achtsamkeit für Kinder und Jugendliche als Subjekte religiösen Lernens. Das mittlerweile etablierte Theologisieren mit Kindern ist ein prominentes Beispiel dafür.

Darüber hinaus tragen sie zu einem differenzierten Verständnis religiösen Lernens auf kognitiver Ebene bei. Auch religiöses Lernen vollzieht sich in der Spannung von Assimilation und Akkommodation. Religiöse Vorstellungen und Überzeugungen, die über eine lange Zeit hinweg für die Sicht auf das Leben und die Welt tragfähig waren, können durch neue, sperrige und widerständige Erfahrungen so grundlegend in Frage gestellt werden, dass sie in das bisherige Weltbild nicht mehr zu integrieren sind. Das Subjekt ist gefordert, seine Vorstellungen radikal umzustrukturieren und in die neue, geweitete Selbst- und Welterfahrung zu integrieren. Dieser Wandel stellt sich entwicklungslogisch nicht zwangsläufig ein, er ist das Ergebnis der aktiven Auseinandersetzung des Subjekts mit einer anregenden Umwelt, eben eines Lernprozesses.[13]

Mit Nachdruck weist Büttner auf die Bedeutung der Wissensdomäne Religion beim religiösen Lernen hin und markiert damit ein Forschungsdesiderat. Wenn die Entwicklung hin zum »religiösen Experten« zwar nicht unabhängig von der Altersentwicklung ist, so ist doch auch maßgeblich das angebotene und verarbeitete Wissen in Anschlag zu bringen. Kinder und Jugendliche haben mithin auch im Religiösen ein Recht auf handfestes Wissen. Ist in den zurückliegenden Jahren der religionspädagogische Blick eher

---

12 Vgl. *A.-K. Szagun*, Dem Sprachlosen Sprache verleihen. Rostocker Langzeitstudie zu Gottesverständnis und Gottesbeziehung von Kindern, die in mehrheitlich konfessionslosem Kontext aufwachsen, Jena 2006; *M. Fiedler*, Kinder neben den Stufen. Religiöse Entwicklung und Sozialisation: Einzelfälle und alternative Modelle jenseits von Stufenentwicklungstheorien, in: WzM 62 (2010), 261–273.

13 Vgl. *B. Porzelt*, Grundlegung, 31 f.

auf die Aneignung von Religion als Konstruktionsarbeit der Kinder und Jugendlichen fokussiert worden, so wird hier neu das Verhältnis von Vermittlung und Aneignung zu bedenken und die Frage zu stellen sein, wie heute verantwortet inhaltsorientiert gearbeitet werden kann.

»Wer in diesem Bereich keine Instruktion erfahren hat, der mag zwar im Sinne *Piagets* etwa von der konkreten zur formalen Operation vorangeschritten sein, er wird dennoch ein religiöser ›Novize‹ bleiben. Wenn eine Wissensbasis fehlt, wird es auch schwer sein, komplexere Denkoperationen in diesem Feld vorzunehmen. Von daher erweist sich die Erwartung von Eltern, ihr Kind solle sich in Fragen der Religion ›später selbst entscheiden‹, aus wissenschaftlicher Perspektive als recht töricht, wenn es mit einer nur sehr schwachen Vermittlung religiöser Inhalte verbunden ist.«[14]

Trotz der vorhandenen Vorbehalte bieten die Theorien eine hermeneutische und didaktische Orientierungshilfe. Sie ermöglichen, aufgeschlossener für den religiösen Entwicklungs- und Lernstand von Schüler/innen im RU und sensibler für die individuell ausgeprägten Einstellungen und Vorstellungen der Kinder und Jugendlichen zu werden. Religiöse Heterogenität in Lerngruppen wird mithin zu einer religionsdidaktischen Selbstverständlichkeit.

Fragen zwischen Entwicklungspsychologie und religiösem Lernen berühren in erheblichem Maße die theologisch-religionspädagogische Kompetenz der Lehrkräfte, weil sie das Nachdenken über die klassische Frage nach der wissenschaftstheoretischen Verhältnisbestimmung der Bezugsdisziplinen der Religionspädagogik, von Theologie und Pädagogik bzw. Humanwissenschaften neu befördern. Die im Unterricht zu vermittelnden theologischen Inhalte sind ins Verhältnis zu setzen zu den Aneignungen der Kinder und Jugendlichen. Die Verschränkungen von Religion und Religiosität und gelehrter und gelebter, subjektiver Religion als didaktische Konkretionen dieser Frage führen notwendigerweise zur Differenzierung im Unterricht: Die unterschiedlichen Zugangs- und Verstehensweisen und -schwierigkeiten sowie die individuellen und gemeinsamen Konstruktionen der Schüler/innen sind als originelle Hervorbringungen zur Geltung zu bringen und elementarisierend aufeinander zu beziehen. Religionsdidaktisch kommen die Elementarisierung und die Kindertheologie diesem konstruktivistischen Anliegen entgegen. Mithin ist ein religionspädagogisches Arbeiten ohne Berücksichtigung entwicklungspsychologischer Einsichten schwer vorstellbar.

---

14 *G. Büttner*, Abschied von Piaget?, in: KatBl 135. Jg. (2010), 210.

4. Ausblick

Schüler/innen psychologisch in den Blick zu nehmen, d.h. sie als lernende Kinder und Jugendliche am institutionellen Ort der Schule wahrzunehmen, hat die Auswahl der skizzierten psychologischen Ansätze begründet. Sie orientieren RL auf ihre professionellen Kompetenzen der Wahrnehmung, Diagnose, Planung, Durchführung und Reflexion von Unterricht, tangieren mithin alle Bereiche des Lehrerhandelns. Im Fokus stehen die Schüler/innen, die entsprechend ihrem Alter, ihrer religiösen Entwicklung sowie ihrem persönlichen sozialen und kulturellen Lebenshintergrund als aktive Lerner in den Unterrichtsprozess einzubeziehen sind. Allerdings würde auch der RU leicht in eine Schieflage geraten, wenn er darüber die domänenspezifische Seite des Unterrichts vernachlässigen würde.

Im Rahmen der gegenwärtigen Diskussion um einen guten, d.h. aktuell kompetenzorientierten RU, werden, so meine Prognose, sozialpsychologische Theorien an Bedeutung gewinnen, die momentan religionspädagogisch eher stiefmütterlich behandelt werden. Sie schärfen den Blick für den RU als einen kommunikativen und sozialen Prozess, in dem sich auf vielfältige Weise religiöse Kommunikation ereignet.

Das Thema der Sozialpsychologie ist der Mensch im sozialen Kontext: Inwieweit beeinflusst die Gegenwart anderer Menschen das Denken, Fühlen, Erleben und Verhalten von Individuen? So gewinnen bspw. der Umgang mit Meinungsmehrheiten und -minderheiten oder die Interaktionen in der Religionsgruppe an Bedeutung. Religionspädagogisch sind ebenso Fragen des Lehrerverhaltens interessant, Fragen nach den Wirkungen unterschiedlicher Verhaltensformen und der Gestaltung des Lernklimas zur Förderung sozialer Kompetenzen der Schüler/innen. Das sozialpsychologische Thema der Kommunikation ist insbesondere für den RU bedeutsam, geht es in ihm doch um Formen religiöser Kommunikation. Soziale Beziehungen sind auch für religiöses Lernen unabdingbar. Christliche Religion als kommunikatives Geschehen einer Gemeinschaft konkretisiert sich auf unterrichtlich-methodischer Ebene auch über soziale und kooperative Lernformen in Form von Team- oder Gruppenarbeit oder Partnerarbeit.

Es bleibt festzuhalten: Die psychologisch motivierte Wahrnehmung der Schüler/innen im Unterricht ist religionspädagogisch unbestritten. Die Frage, wie die Religion zum Kinde bzw. zum Jugendlichen kommt und sich eventuell auch wieder von ihm verabschiedet, ist allein mit Hilfe psychologischer Erkenntnisse nicht zu beantworten.

»In kognitiver wie in emotionaler Hinsicht hängt die religiöse Entwicklung auch von Einflüssen der religiösen Sozialisation ab […]. Ohne die Lösungsangebote,

Denkanstöße, Symbole, Vorbildimpulse, Bestätigungs- und Verstärkungsvorgänge der sozialen Umwelt bleibt weltanschauliches Denken rudimentär und religiöses Erleben u. U. wenig konstant.«[15]

Psychologische Voraussetzungen und Einflüsse der Sozialisation sind mithin aufeinander bezogen. Beide Blickrichtungen ermöglichen ein differenziertes Verständnis von Kindern und Jugendlichen in ihrem Menschsein als ganzheitlich Lernende.

Literaturhinweise

G. Büttner / V.-J. Dieterich (Hg.), Die religiöse Entwicklung des Menschen. Ein Grundkurs, Stuttgart 2000.

A. Grob / U. Jaschinski, Erwachsen werden. Entwicklungspsychologie des Jugendalters, Weinheim / Basel / Berlin 2003.

G. Hilger / S. Leimgruber / H.-G. Ziebertz, Religionsdidaktik. Ein Leitfaden für Studium, Ausbildung und Beruf. Vollständig überarbeitete Neuausgabe, München 2010.

B. Porzelt, Grundlegung religiöses Lernen. Eine problemorientierte Einführung in die Religionspädagogik, Bad Heilbrunn 2009.

R. Rustemeyer, Einführung in die Unterrichtspsychologie, Darmstadt ²2007.

---

15 *B. Grom*, Religionspsychologie, 180.

XIV. Schüler/in – soziologisch

Manfred L. Pirner

1. In welcher Gesellschaft leben wir eigentlich? Soziologische Perspektiven

Manche markanten soziologischen Gesellschaftstheorien der letzten Jahrzehnte sagen bereits einiges darüber aus, in welcher Welt heutige Schüler/innen leben und was das für sie und ihr Verhältnis zur Religion bedeuten kann.

Wenn etwa *Ulrich Beck* von der »*Risikogesellschaft*« spricht,[1] dann deutet er damit an, dass Wohlstand und technische Entwicklung auch neue Unsicherheiten und Gefährdungen des Menschseins mit sich bringen. Dies lässt die Menschen u. a. neu nach verlässlichen Werten und Orientierungsmaßstäben, auch im Bereich der Religionen, fragen. Die Diagnose von *Norbert Elias* und vielen anderen Soziologen, dass unsere Gesellschaft eine *individualisierte Gesellschaft* ist,[2] macht bewusst, dass Freiheit und Selbstbestimmung des Einzelnen in ihr ein hohes Gut geworden sind, das auch in Glaubensfragen Beachtung verlangt. Zugleich stellt sich neu die Frage, wie der notwendige Zusammenhalt in der Gesellschaft dennoch gesichert und gestaltet werden kann – eine Frage, die sich auch an die Kirchen und andere religiöse Gemeinschaften richtet. Wenn *Gerhard Schulze* unsere Gesellschaft als »*Erlebnisgesellschaft*« beschreibt,[3] dann verweist das auf die gesteigerte Bedeutung, die das eigene, möglichst intensive und individuelle Erleben heute für viele Menschen hat. Diese Bedeutung findet ihren Niederschlag im Bereich der Religion z. B. in der Beliebtheit erlebnisorientierter religiöser »Events« (Kirchentage, Weltjugendtage), erlebnisintensiver religiöser Praktiken (Meditation, Osternacht) oder erlebnispädagogischer Ansätze in Jugendarbeit und RU.[4] Charakterisiert man

---

1 *U. Beck*, Risikogesellschaft, Frankfurt a. M. 1986.

2 *N. Elias*, Die Gesellschaft der Individuen, Frankfurt a. M. 1991.

3 *G. Schulze*, Die Erlebnisgesellschaft, Frankfurt a. M. 1992.

4 Vgl. *V. Pum / M. L. Pirner / J. Lohrer* (Hg.), Erlebnispädagogik im christlichen Kontext, Stuttgart 2011.

unsere Gesellschaft als eine »*Multioptionsgesellschaft*«,[5] dann steht die Einsicht im Vordergrund, dass durch die Pluralität der Milieus, Lebensstile und Lebensformen immer mehr wählbar geworden ist, auch die religiöse Orientierung: Angesichts der Vielfalt von Religionen und Weltanschauungen in unserer Gesellschaft ist es leichter geworden, sich von der eigenen religiös-weltanschaulichen Herkunft zu lösen sowie sich aus Bruchstücken unterschiedlicher Religionen eine eigene »zusammenzubasteln« (»Patchwork-Religion«; »religiöse Bricolage«).

2. Welche Formen und Funktionen hat Religion in unserer Gesellschaft? Religionssoziologische Perspektiven

Lange Zeit wurde die Entwicklung in westlichen Gesellschaften als »*Säkularisierung*« beschrieben, d.h. als ein Bedeutungsverlust der Religion, der mit der *Modernisierung* dieser Gesellschaften zusammenhängt, zur *Privatisierung* und *Individualisierung* führt und sich vor allem im stetigen Rückgang der Kirchenmitgliederzahlen zeigt. Diese Sicht ist in jüngerer Zeit in *dreifacher Weise* in Frage gestellt und differenziert worden.

1. Es hat sich gezeigt, dass es zu einseitig und eng ist, Religion mit Kirche und Religiosität mit Kirchlichkeit gleichzusetzen: Während man nach wie vor von einer weiteren *Entkirchlichung* sprechen kann, hat das *Interesse an religiösen Fragen* und spirituellen Angeboten außerhalb der Kirchen und anderer traditioneller Religionsgemeinschaften in den letzten zwanzig Jahren stark zugenommen. Auch in empirischen Untersuchungen bezeichnen sich heute viele, gerade auch jugendliche Befragte als »nicht kirchlich«, aber doch als »religiös« oder »spirituell«. Die Begriffe »Religiosität« und »Spiritualität« dienen somit dazu, sich von herkömmlicher Religion abzugrenzen.[6] Darüber hinaus ist damit zu rechnen, dass sich auch bei Menschen und Gruppen, die sich selbst als »nicht religiös« oder »nicht spirituell« bezeichnen, Verhaltens- oder Vorstellungsmuster zeigen, die aus der Sicht des religionssoziologischen Beobachters religiöse oder religions-ähnliche Züge aufweisen und demzufolge als »implizit religiös« bezeichnet werden können.[7] Damit stellt sich allerdings das Problem, wie solche »diffusen«, »unsichtbaren«, nicht direkt auf bekannte

5 *P. Gross*, Die Multioptionsgesellschaft, Frankfurt a.M. 1994.

6 Vgl. *F. Angel u.a.*, Religiosität. Anthropologische, theologische und sozialwissenschaftliche Klärungen, Stuttgart 2006.

7 Vgl. *G. Thomas*, Implizite Religion. Theoriegeschichtliche und theoretische Untersu-

Religionen bezogenen Arten von Religiosität erfasst werden können. Sind beispielsweise eingeschworene Fußball- oder Science-Fiction-Fans »religiös«? Ist die Frage danach, »was Liebe eigentlich ausmacht« schon als eine religiöse Frage zu qualifizieren? Ob es die vielzitierte »*Wiederkehr der Religion*« in unserem Lande ›wirklich‹ gibt oder nicht, hängt jedenfalls auch davon ab, was als Religion empirisch in den Blick genommen wird, also wie weit oder wie eng das Verständnis von Religion und Religiosität einer empirischen Studie eingestellt ist.

2. Gegen die Annahme einer durchgreifenden Säkularisierung im Sinne von Privatisierung und Individualisierung von Religion spricht ferner die Rolle, welche die Religion in politischen Ereignissen der jüngeren Zeit gespielt hat (z.B. die Kirchen in der deutschen Revolution von 1989; der Islam beim Anschlag auf das World Trade Center und dem weltweiten islamistischen Terrorismus). Dadurch ist die *Öffentlichkeitsbedeutung der Religion* wieder stärker ins Bewusstsein getreten: Religion kann nie nur Privatsache sein, weil sie immer auch mit dem sozialen Leben und Handeln von Menschen zu tun hat und kulturprägende Kraft besitzt.[8] Deshalb, so ließe sich folgern, sollte sie auch öffentlich diskutiert werden und Gegenstand öffentlicher Bildung an den Schulen sein.

3. Insbesondere der spanisch-US-amerikanische Religionssoziologe *José Casanova* hat überzeugend herausgearbeitet, dass es ein Irrtum ist zu meinen, Modernisierung und Demokratisierung von Gesellschaften führe zwangsläufig zu einer Säkularisierung.[9] Als Gegenbeispiel können die USA gelten, in denen Religion nach wie vor einen hohen Stellenwert hat; aber auch innerhalb Europas gibt es große Unterscheide zwischen Ländern und Regionen – wobei allerdings die ostdeutschen Bundesländer als eines der am stärksten säkularisierten Gebiete Europas gelten können.

Aufgrund der skizzierten Kritikpunkte plädieren manche Soziologen und auch manche Religionspädagogen dafür, sich statt vom Paradigma der Säkularisierung von dem der *Pluralisierung* leiten zu lassen.[10] Damit wird betont, dass sich die kulturelle Vielfalt in unserer Gesellschaft auch auf den religiös-weltanschaulichen Bereich erstreckt und hier sowohl säkulare als auch unterschiedliche religiöse Lebensentwürfe und Gemeinschaften

---

chungen zum Problem ihrer Identifikation, Würzburg 2001; *T. Schnell*, Implizite Religiosität. Zur Psychologie des Lebenssinns, Lengerich u.a. ^{2}2009.

8 *W. Thierse* (Hg.), Religion ist keine Privatsache, Düsseldorf 2000.

9 *J. Casanova*, Das Europa der Religionen, Frankfurt a.M. 1994; *Ders.*, Europas Angst vor der Religion, Berlin 2010.

10 Im religionspädagogischen Bereich verfolgen v.a. *H.-G. Ziebertz, F. Schweitzer, R. Englert und U. Schwab* das Programm einer »Religionspädagogik in pluraler Gesellschaft« (vgl. ihre gleichnamige Buchreihe im Gütersloher Verlag).

nebeneinander bestehen.[11] Dabei ist nicht nur zwischen den traditionellen Religionen und außerhalb von ihnen, sondern auch *innerhalb* einer Religion mit einer pluralen Heterogenität an Glaubensüberzeugungen und Einstellungen zu rechnen, die häufig zu wenig wahrgenommen wird. So bleibt die sehr plurale und teilweise erheblich von der offiziellen kirchlichen Lehre abweichende Religiosität von evangelischen und katholischen Kirchenmitgliedern häufig eher eine »unsichtbare Religion in der sichtbaren«.[12]

3. Wie werden Heranwachsende zu sozial handlungsfähigen Persönlichkeiten? Perspektiven der Sozialisationsforschung

Sozialisation wird seit den 1980er Jahren nicht mehr lediglich im Sinne einer Einwirkung der gesellschaftlichen Umwelt auf das Individuum verstanden; vielmehr bestimmt das Individuum als »produktiv Realität verarbeitendes Subjekt« (*Hurrelmann*) seine Sozialisation mit. Sozialisation meint also eine Persönlichkeitsentwicklung, die im *Wechselspiel zwischen Individuum und gesellschaftlicher Umwelt* stattfindet.[13] Auch die *religiöse* Sozialisation von Kindern und Jugendlichen ist demzufolge nicht lediglich als Einwirken einer Religion bzw. einer religiösen Umwelt auf die Heranwachsenden denkbar, sondern beinhaltet immer die eigenständige Auseinandersetzung der Heranwachsenden, die letztlich ihre Religiosität selbst »konstruieren«.

Eine weitere wichtige Erkenntnis der Sozialisationsforschung ist, dass heute neben die traditionellen *»Sozialisationsagenturen«* Familie und Kirchengemeinde weitere wie etwa Gleichaltrigengruppen (peer groups), Schule, Medienkultur oder Jugendkulturen getreten sind, die für religiöse Sozialisation umso bedeutsamer werden, je weniger an religiöser Erziehung in Familie und Gemeinde erfahren wird. In peer groups, Medienkultur und Jugendkulturen hat diese Sozialisation insofern den Charakter

---

11 Vgl. hierzu auch *M. L. Pirner*, Religiosität als Gegenstand empirischer Forschung, in: *F. Angel u. a.*, Religiosität, Stuttgart 2006, 30–52.

12 Vgl. *C. Bochinger / M. Engelbrecht / W. Gebhardt*, Die unsichtbare Religion in der sichtbaren Religion – Formen spiritueller Orientierung in der religiösen Gegenwartskultur, Stuttgart 2009.

13 Vgl. in diesem Sinn die Definition von *K. Hurrelmann / M. Grundmann / S. Walper*, Zum Stand der Sozialisationsforschung, in: *Dies.* (Hg.), Handbuch Sozialisationsforschung, Weinheim / Basel [7]2008, 14–31, hier 25.

einer »Selbstsozialisation«, als die Heranwachsenden hier weitgehend unter sich, ohne pädagogische Begleitung von Erwachsenen, bleiben.[14] Dass es angesichts der Religionshaltigkeit der populären Kultur im Allgemeinen sowie spezifischer Jugendkulturen im Besonderen (z. B. HipHop, Gothics, Technoszene) hier auch zu einer *»religiösen Selbstsozialisation«* bzw. einer *»religiösen Mediensozialisation«* kommt, konnte in mehreren empirischen Studien nachgewiesen werden.[15] Dabei werden Freiheit und Selbstbestimmung bei der Entwicklung der eigenen Religiosität einerseits als sehr positiv erlebt, andererseits aber von manchen Befragten auch als schwierig und belastend erfahren, weil es z. B. nicht so leicht sei, selbst ›wirklich wertvolle‹ und für die eigenen Lebensfragen hilfreiche Produkte in der Medienkultur zu finden.[16] Hier deuten sich Chancen und Ansatzpunkte für eine religionspädagogische Begleitung und Unterstützung von Heranwachsenden an.

Im Folgenden sollen einige zentrale Befunde aus der Forschung zur Religiosität und religiösen Sozialisation von Kindern und Jugendlichen vorgestellt werden.

4. Befunde aus der empirischen Forschung I: Religion / Glaube

4.1 Religionszugehörigkeit und Wichtigkeit von Religion

Sowohl die World Vision-Kinderstudie als auch die Shell-Jugendstudie sprechen von »drei Kulturen«, die in Deutschland unterschieden werden müssen: der eher religionsferne Osten, der eher plurale, mäßig religiöse Westen und die eher religiös geprägten Ausländer und Migranten, unter denen die Muslime als besonders religiös gelten können. Die Ost-West-Unterschiede werden schon in der Religionszugehörigkeit sichtbar:[17] Im

---

14 Vgl. *J. Zinnecker*, Selbstsozialisation – Essay über ein aktuelles Konzept, in: Zeitschrift für Soziologie der Erziehung und Sozialisation 20 (2000), 272–290; *H. Abels / A. König*, Sozialisation, Wiesbaden 2010, 229 ff.

15 Vgl. zur Mediensozialisation v. a. *M. L. Pirner*, Religiöse Mediensozialisation, München 2004; als Überblick: *Ders.*, Religion, in: *R. Vollbrecht / C. Wegener* (Hg.), Handbuch Mediensozialisation, Wiesbaden 2009, 294–301. Zur Gothic-Jugendkultur vgl. *Ders.*, Religiöse und politische Selbstsozialisation. Wahrnehmungen und Herausforderungen am Beispiel der Gothic-Jugendszene, in: *H.-J. Benedict / A. Engelschalk / Ders.* (Hg.), »Hey, Mr. President …« Politik und populäre Kultur, Jena 2011, 123–145.

16 So *J. Herrmann*, Medienerfahrung und Religion, Göttingen 2007, 314.

17 Die folgenden Zahlen nach *Th. Gensicke*, Jugend und Religiosität, in: *Shell Deutschland Holding* (Hg.), Jugend 2006, Frankfurt a. M. 2006, 203–240, hier 204.

Westen gehören ca. 39% der evangelischen und 37% der katholischen Kirche an, im Osten sind es 15% bzw. 4,5%; im Westen gibt es ca. 6% Muslime, im Osten 0,5%; dafür gehören im Osten 79% keiner Religion an, im Westen nur 12%. Zur Frage an die (8–11-jährigen) Kinder, wie wichtig bei ihnen zu Hause Religion und an Gott zu glauben ist, ergibt sich folgendes Bild.[18]

Abb. 2.13 **Die 3 Kulturen: Religionsferner Osten, eher pluraler Westen und religiös geprägte Ausländer**
Kinder im Alter von 8 bis 11 Jahren in Deutschland (Angaben in %)

»Wie wichtig ist bei euch zu Hause Religion und an Gott zu glauben?«

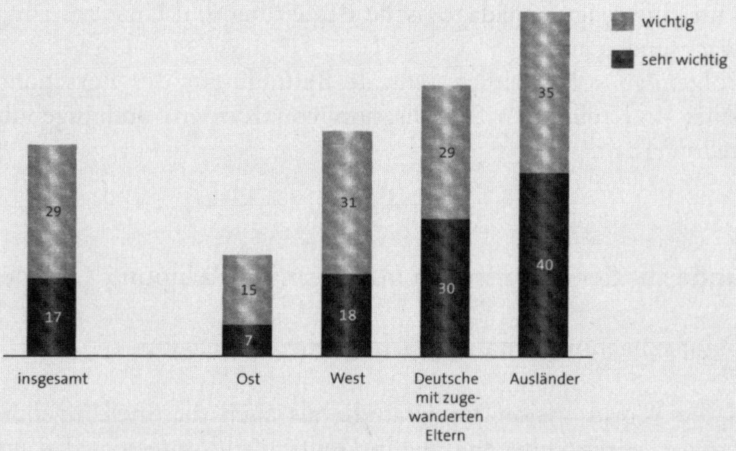

World Vision Kinderstudie 2007 – TNS Infratest Sozialforschung

Ein ähnlicher Befund ergibt sich in der Kinderstudie 2010 bzgl. des Betens.[19]

4.2 Glaube an Gott und andere Glaubensinhalte

In den Jugendstudien zeigen sich Unterschiede auch bei der religionssoziologischen Standardfrage nach dem Glauben an Gott. Nach den übereinstimmenden Ergebnissen mehrerer Studien glauben ca. 30% der

18 *U. Schneekloth / I. Leven*, Familie als Zentrum: nicht für alle gleich verlässlich, in: *World Vision Deutschland e. V.* (Hg.), Kinder in Deutschland 2007, Frankfurt a. M. 2007, 65–110, hier 89.

19 *U. Schneekloth / M. Pupeter*, Familie als Zentrum ..., in: *World Vision Deutschland e. V.* (Hg.), Kinder in Deutschland 2010, Frankfurt a. M. 2010, 61–94, hier 73.

Jugendlichen in Deutschland an einen »persönlichen Gott«. Nimmt man diejenigen dazu, die an eine »überirdische Macht« glauben, dann kommt man auf ungefähr 50% aller Jugendlichen, die als in dieser Hinsicht »religiös« eingestuft werden können. Etwa je ein Viertel ist unsicher oder glaubt nicht an Gott oder eine höhere Macht. Differenziert betrachtet, glauben (nach der Shell-Studie 2006) 41% der katholischen und 30% der evangelischen Jugendlichen an einen persönlichen Gott, dagegen 64% der muslimischen und 52 % der ausländischen Jugendlichen.[20] Dabei ist auch hervorzuheben, dass entgegen landläufigen Meinungen über die religiöse Orientierung von Muslimen in unserem Land deren Prozentsatz beim Gottesglauben zwar höher liegt als derjenige christlicher Jugendlicher, aber dennoch »nur« bei 64%.

Weiter glauben, nach der Shell-Studie 2006, 31% der befragten Jugendlichen, dass Gott die Welt erschaffen hat, 28% daran, dass Gott in die Welt eingreift und 19%, dass wir uns nach dem Tod für unser Leben rechtfertigen müssen.[21] Diese Ergebnisse entsprechen in ihrer Tendenz weitgehend jenen aus der Befragung von 14–26-jährigen Berufsschüler/innen durch *Andreas Feige* und *Carsten Gennerich*. Danach glauben 29%, dass die Welt als Schöpfung Gottes entstanden ist; immerhin 39% meinen, dass die Weltentstehung mit dem menschlichen Verstand nicht erklärbar sei.[22] Außerdem glauben 21% der Befragten, dass sie nach dem Tod auf irgendeine Weise Gott begegnen (30% sind unsicher; 50% glauben das nicht). Auch hier zeigt sich übrigens unter den befragten Muslimen eine größere Streuung als man gemeinhin zu vermuten geneigt ist, und nur 50% von ihnen glauben daran, dass sie nach dem Tod in irgendeiner Weise Allah begegnen.

4.3 Parareligiöser Glaube und christlicher Glaube

In der Shell-Studie 2006 wurden auch solche Glaubensinhalte abgefragt, die über traditionelle und insbesondere christliche Vorstellungen hinaus gehen, und zwar mit dem Satzanfang: »Das beeinflusst mein Leben…«.[23] Problematisch ist dabei allerdings, dass die Autoren auch den Glauben an Schicksal / Vorherbestimmung (46%), an Engel / gute Geister (24%) oder an Satan / böse Geister (9%) als vom christlichen Glauben distanzierte »para-religiöse« Glaubensformen verstehen, obwohl sie zumindest *auch*

20 *Th. Gensicke*, Jugend und Religiosität, 210.

21 Ebd., 219.

22 Vgl. *A. Feige / C. Gennerich*, Lebensorientierungen Jugendlicher, Münster u.a. 2008, 102.

23 Vgl. *Th. Gensicke*, Jugend und Religiosität, 211 ff.

ein Teil von ihm sein *können*. Die Distanz zur christlichen Glaubenswelt gilt am ehesten für die gewählten Optionen »Die Sterne und ihre Konstellationen« (22%), »unerklärliche Phänomene wie Hellseherei / Telepathie« (16%) und »Ufos / Außerirdische« (7%).

Eine interessante Frage ist in diesem Zusammenhang, ob christlicher Glaube bzw. ein persönlicher Gottesglaube vor Aberglauben ›bewahrt‹ oder ob – wie es die These der Soziologen *Detlef Pollack* und *Gerd Pickel* besagt[24] – religiöse Menschen generell eine »Glaubensneigung« besitzen, die sich sowohl auf religiöse als auch auf parareligiöse Inhalte beziehen kann. Gegen die erste (Bewahrungs-)These scheint zu sprechen, dass der parareligiöse Glaube derjenigen, die an einen persönlichen Gott glauben, fast genau dem Durchschnitt aller befragten Jugendlichen entspricht: An den Einfluss der Sterne, der Hellseherei und von Ufos auf ihr Leben glaubt also auch ein guter Teil dieser Gottgläubigen. Noch weiter verbreitet ist ein solcher ›Aberglauben‹ allerdings bei denjenigen, die nicht an einen persönlichen Gott, sondern ›nur‹ an eine überirdische Macht glauben. Insofern könnte an beiden Thesen etwas dran sein.

Grundsätzlich machen diese und ähnliche Ergebnisse jedenfalls darauf aufmerksam, dass nicht nur der Säkularismus, sondern immer mehr auch diffuse alternative Glaubensformen und Leichtgläubigkeit das Feld der theologischen und religionspädagogischen Auseinandersetzung im RU bestimmen werden. Studien aus England geben Anhaltspunkte dafür, dass solche alternativen Spiritualitäten anderen psychischen Funktionen dienen als traditionelle Religiosität (z.B. indem sie weniger soziale Anpassung verlangen), dass sie aber auch tendenziell mit einem geringeren Grad an psychischer Gesundheit (z.B. höheren Indikatoren für psychotische Erkrankungen) einhergehen als traditionelle Glaubensformen.[25]

5. Befunde aus der empirischen Forschung II: Kirche und religiöse Praxis

5.1 Einstellung zur Kirche

Beachtliche, auch für die Autoren der Shell-Studie überraschende 69% der von ihnen befragten Jugendlichen finden es gut, »dass es die Kirche gibt«; von denen, die selbst an einen persönlichen Gott glauben, sind es

24 *D. Pollack / G. Pickel*, Individualisierung und religiöser Wandel in der BRD, in: ZfS 28 (1999), 465–483.

25 *E. Williams / L. J. Francis / M. Robbins*, Personality and paranormal belief. A study among adolescents, in: Pastoral Psychology 56 (2007), 9–14.

sogar 89%. Allerdings kreuzten auch 65% die Option an »Die Kirche hat keine Antworten auf die Fragen, die mich wirklich bewegen« (von den Gottgläubigen immerhin noch 40%), und 68% schlossen sich der Meinung an, die Kirche müsse sich ändern, wenn sie eine Zukunft haben wolle.[26] Ähnlich ambivalent erweist sich das Verhältnis der Jugendlichen zu Kirche und Religion in der Befragung von fast 2000 Gymnasial- und Gesamtschul-Schüler/innen der 11. Jahrgangsstufe, die *Hans-Georg Ziebertz* und *Ulrich Riegel* durchgeführt haben. Diese Jugendlichen trauen der Religion – die sie weitgehend mit Kirche gleichsetzen –

> »zwar grundsätzlich eine wichtige Rolle in einer modernen Gesellschaft zu, sind sich aufgrund des schlechten Images der Kirchen aber nicht sicher, ob Religion in ihrer gegenwärtigen Gestalt dieser Rolle gerecht werden kann. Dabei steigt das Zutrauen in die Modernitätsfähigkeit von Religion und Kirche mit der Vertrautheit der Jugendlichen mit gelebter Religion.«[27]

In der Berufsschülerstudie kommt für 46% der evangelischen und 59% der katholischen Jugendlichen ein Kirchenaustritt nicht in Frage, für die anderen eventuell schon.[28] Interessant sind auch hier wieder die abgefragten Gefühlsassoziationen, diesmal zu dem Wort »Kirche«.[29] Ganz überwiegend assoziieren die befragten Jugendlichen »Ruhe, Stille« (64%), »Heiliger Ort« (49%) und »Würde« (42%); für 23% verbinden sich mit Kirche »Erinnerungen an die Kindheit«. Negative Assoziationen erreichen niedrigere Werte; immerhin stellt sich aber für 22% das Gefühl ein, nicht dazu zu gehören; an »Moder, Muffigkeit« denken 17%, an »Beklemmung« 13%. Die an sich hohe Akzeptanz und überwiegend positive Resonanz, welche die Kirche bei den Jugendlichen findet, geht also einher mit ihrem ebenfalls empfundenen persönlichen Relevanzverlust sowie der wahrgenommenen Reformbedürftigkeit der Kirchen – eine Haltung, die sich plakativ vielleicht folgendermaßen auf den Punkt bringen lässt: Die Kirche nutzt zu wenig den Kredit, den sie bei ›uns‹ Jugendlichen eigentlich hätte.

5.2 Religiöse Praxis: Beten und Gottesdienstbesuch

Fasst man die Ergebnisse mehrere Studien zusammen, kann man davon ausgehen, dass etwa 30 bis 40% der Jugendlichen manchmal bis regelmä-

---

26 *Th. Gensicke*, Jugend und Religiosität, 216.

27 *H.-G. Ziebertz / U. Riegel*, Letzte Sicherheiten. Eine empirische Untersuchung zu Weltbildern Jugendlicher, Gütersloh 2008, 143.

28 *A. Feige / C. Gennerich*, Lebensorientierungen Jugendlicher, 108.

29 Ebd., 76.

ßig beten und ca. 20% häufig (mindestens einmal pro Monat) einen Gottesdienst besuchen. Zum Vergleich: In der World-Vision-Kinderstudie 2007 geben noch 34% der (8–11-jährigen) Kinder an, wöchentlich (14%) oder ab und an im Monat (20%) einen Gottesdienst zu besuchen;[30] in der Kinderstudie 2010, in der nun auch jüngere Kinder mit befragt wurden (6–11), ist dieser Anteil auf 27% gesunken.[31]

Interessant ist, dass nach der Gymnasialschülerstudie insgesamt für 59% der befragten Jugendlichen die Taufe ihrer Kinder als »wichtig« oder »sehr wichtig« eingeschätzt wird.[32] Ein kirchliches Begräbnis für nahestehende Personen ist sogar für 43% der Jugendlichen »sehr wichtig«, für ein weiteres Drittel »wichtig«. Ziebertz / Riegel verstehen diese Befunde als Hinweis darauf, dass die kirchlichen Feiern an den Lebenswenden für die Jugendlichen eine rituelle Bedeutung haben, die über die theologische Sinnbedeutung hinaus geht. Zu beachten ist bei solchen Befunden auch, dass die Mehrheit der Befragten katholisch war.

5.3 Religiöse Erfahrungen

In der Gymnasialschülerstudie wurde auch das Thema »religiöse Erfahrungen« angesprochen. Als Beispiele wurden u.a. vorgegeben: »Manche Menschen sagen, dass ihnen die Religion eine Sicherheit im Leben gibt, die sie sonst nicht hätten.« – »Manche Menschen sagen, dass Gott ihnen in einer konkreten Situation geholfen hat.« Die Befragten hatten dann drei Antwortkategorien zu bearbeiten: 1. Glauben Sie, dass das stimmt? 2. Würden Sie sich dies auch für sich selbst wünschen? 3. Erfahren Sie dies selbst? – Die Ergebnisse zeigen, dass die meisten Jugendlichen Menschen, die von religiösen Erfahrungen berichten, für subjektiv glaubwürdig halten; nur wenige von ihnen haben allerdings selbst bereits solche Erfahrungen gemacht.

> »So glauben nur 14%, die Nähe Gottes gespürt zu haben, 20% finden durch Religion Sicherheit im Leben oder haben die Hilfe Gottes in konkreten Situationen erfahren, und 24% hilft der Glaube, in bestimmten Situationen nicht zu verzweifeln und Geborgenheit zu finden.«[33]

Den Wunsch nach solchen Erfahrungen hat in fast allen Fällen ebenfalls nur eine Minderheit der Jugendlichen:

---

30 Vgl. *U. Schneekloth / I. Leven*, Familie als Zentrum, 89.

31 Vgl. *U. Schneekloth / M. Pupeter*, Familie als Zentrum, 73 f.

32 *H-G. Ziebertz / U. Riegel*, Letzte Sicherheiten, 156.

33 Ebd., 157 f.

»Über die Hälfte der Befragten wünscht sich, einmal Gottes Hilfe in konkreten Situationen zu spüren und aufgrund ihres Glaubens in bestimmten Situationen nicht zu verzweifeln. [...] Die Erfahrung der Geborgenheit, die aus dem Glauben erwächst, wünschen sich dagegen nur noch 42%. 35% der Jugendlichen wünschen sich die Sicherheit im Leben, die Religion spendet, sowie eine Erfahrung der Nähe Gottes.«[34]

6. Befunde aus der empirischen Forschung III: Problemfragen

6.1 Tradierungsabbruch oder jugendtypische Einstellungen?

Lässt sich die vielzitierte These vom Traditionsabbruch, besser: Tradierungsabbruch – also die Vermutung, dass die Überlieferung des christlichen Glaubens an die nächste Generation nicht mehr gewährleistet ist – und die noch häufiger diagnostizierte Säkularisierung der Heranwachsenden empirisch nachweisen? *Hans-Georg Ziebertz*, der sich in einem Beitrag zum »Religionsmonitor« eigens dieser Frage gewidmet hat, kommt zu einem zurückhaltenden Urteil. Er vergleicht die Altersgruppe der 18–29-Jährigen mit den anderen in der Religionsmonitor-Studie befragten Altersgruppen und stellt fest: Weder in den Dimensionen von Religiosität (Wissen, Glauben, Erfahrungen) noch in den Glaubensinhalten gibt es eine wirklich signifikante Tendenz, dass die Jüngeren weniger religiös sind als die Älteren.[35]

Manchmal ergibt sich sogar ein überraschender gegenteiliger Befund: So gehen die Jüngeren z.B. häufiger in den Gottesdienst als die Gruppe der 30–59-Jährigen (wenn auch weniger häufig als die Über-60-Jährigen). Lediglich die synkretistische Position, dass man sich seinen eigenen Glauben aus verschiedenen religiösen Lehren zusammenstellen soll, wird von den 18–29-Jährigen etwas mehr unterstützt als von den anderen Altersgruppen. Nun räumt Ziebertz allerdings selbst ein, dass es differenzierterer Analysen bedürfte, um wirklich verlässliche Aussagen zur Fragestellung zu machen, ob es einen Tradierungsabbruch gibt. Über seine Einschränkungen hinaus ist etwa auch zu bedenken, dass Unterschiede zwischen Jung und Alt sich auch durch jugendtypische Glaubensformen erklären lassen (wie z.B. im Fall der Bevorzugung von synkretistischen Mischungen), die

34 Ebd., 158.

35 *H.-G. Ziebertz*, Gibt es einen Tradierungsabbruch? Befunde zur Religiosität der jungen Generation, in: *Bertelsmann Stiftung* (Hg.), Religionsmonitor 2008, Gütersloh 2007, 44–53.

womöglich durch zunehmendes Alter wieder überwunden werden, oder durch die gewandelten gesellschaftlichen Rahmenbedingungen, auf die Jugendliche grundsätzlich flexibler reagieren als ältere Erwachsene.

Die Shell-Studie 2006 ist einer ähnlichen Frage nachgegangen, indem sie die Religiosität der Jugendlichen mit jener ihrer Elternhäuser (nach deren Einschätzung) verglich. Hier zeigt sich einerseits, dass die Eltern nach wie vor ein wichtiger Faktor in der Weitervermittlung weltanschaulich-religiöser Prägungen darstellen: Überdurchschnittlich viele Jugendliche aus religiösen Elternhäusern glauben an Gott. Andererseits wird auch konstatiert:

»Angesichts der relativ hohen Prozentsätze gläubiger Jugendlicher unter den westdeutschen Jugendlichen, muss es verwundern, wie sich diese angesichts einer Situation erklären, in der von den westdeutschen Jugendlichen nur 28% der Elternhäuser in einem einigermaßen verbindlichen Sinne als religiös eingestuft werden«.[36]

Schließlich verweist auch ein Längsschnittvergleich eher auf eine gewisse Stagnation der Religiositäts-Indikatoren als auf eine weitergehende Säkularisierung. Nach einem gewissen Rückgang bei Indikatoren wie Beten und Gottesdienstbesuch, wie ihn noch die Shell-Studie 2000 für die vorangegangenen 15 Jahre feststellen konnte, scheinen die Werte seitdem relativ konstant zu sein oder sogar wieder anzusteigen: Wird zur Frage »betest du« im Jahr 2000 nur ein Prozentsatz von 28% der westdeutschen Jugendlichen ausgewiesen, sind es 2006 33%, die »ein oder mehrmals im Monat« bzw. »mindestens einmal die Woche« beten.[37]

6.2 Wie lebensrelevant sind religiöse Glaubenshaltungen überhaupt?

Religiöser Glaube hat eine orientierende Kraft für das ganze Leben. Diese vor allem auch von der christlichen Glaubensperspektive her plausible Grundannahme wird sowohl vor dem Hintergrund der Abschwächung religiöser Traditionen als auch der zunehmenden Fragmentierung unserer Lebensbereiche hinterfragt. Macht es überhaupt einen Unterschied, wenn Jugendliche glauben? Die Shell-Studie 2006 meinte feststellen zu können, dass sich der Gottesglaube nur wenig auf die *Werte-Einstellungen* der Jugendlichen auswirkt – allerdings auf der Basis recht problematischer

---

36 *Th. Gensicke*, Jugend und Religiosität, 224.

37 *W. Fuchs-Heinritz*, Religion, in: *Deutsche Shell* (Hg.), Jugend 2000, Bd. 1, Opladen 2000, 162; *Th. Gensicke*, Jugend und Religiosität, 223.

Vorannahmen und Interpretationen. Immerhin wird trotzdem festgehalten:

»[...] diejenigen 30% der Jugendlichen, deren Glaube kirchennah ist [= die an einen persönlichen Gott glauben] vertreten im Vergleich zur gesamten Jugend ein besonders akzentuiertes Wertesystem, indem sie familienorientierter, gesetzestreuer, gesundheitsbewusster und etwas traditioneller als andere Jugendlichen eingestellt sind«.[38]

Zu wenig wird dabei die Frage diskutiert, inwieweit und in welchen Bereichen sich die Werte von Christen in einer menschenrechtlich fundierten demokratischen Gesellschaft überhaupt vom ›Mainstream‹ unterscheiden *›sollten‹*.

Die Berufsschülerstudie geht einen anderen Weg, um Zusammenhängen zwischen religiöser und Werte-Orientierung auf die Spur zu kommen. Hier werden die Befragten mit ihren Antworten in einem »Wertefeld« zwischen Beziehungs- und Selbstorientierung sowie zwischen Autonomie- und Traditionsorientierung verortet. Es zeigt sich u. a., dass prochristlich eingestellte Befragte auch stärker beziehungs- und traditionsorientiert sind,[39] aber auch, dass katholische und evangelisch-freikirchliche Jugendliche tendenziell beziehungsorientierter sind als evangelische Jugendliche; katholische und evangelische sind wiederum weniger traditions- und mehr autonomieorientiert als die evangelisch-freikirchlichen Jugendlichen.[40] Die Autoren weisen darauf hin, dass solche Zusammenhänge nicht im Sinne von Wirkungseffekten, sondern eher im Sinne von Interaktionseffekten verstanden werden sollten: Nicht notwendigerweise bedingt eine bestimmte religiöse Einstellung eine bestimmte Werthaltung, sondern es kann auch aus einer Werthaltung heraus eine bestimmte theologische Ausrichtung bevorzugt werden.

6.3 Welche Milieus werden von den Religionen noch erreicht?

Erreichen kirchliche Angebote nur noch bestimmte Milieus von Kindern und Jugendlichen? In diese Richtung gehen zumindest die Ergebnisse einer qualitativen empirischen Studie, die im Auftrag des Bundes der Deutschen Katholischen Jugend (BDKJ) durchgeführt wurde. Sie lehnt sich an die Sinus-Milieu-Studien an, die – ähnlich wie der Soziologe Gerhard Schulze Anfang der 1990er Jahre – die Bildung neuer Milieus jenseits

38 *Th. Gensicke*, Jugend und Religiosität, 238.
39 *A. Feige / C. Gennerich*, Lebensorientierungen Jugendlicher, 125.
40 Ebd., 122.

der traditionellen in unserer Gesellschaft konstatiert hat. Diese Milieus sind im Unterschied zu den traditionellen weniger durch die eigene Herkunft bestimmt, zeichnen sich aber durch gemeinsame Wertorientierungen, Lebensauffassung und Lebensstil aus. Als Ergebnis halten die Autoren fest: »Der BDKJ erreicht derzeit – in Bezug auf Bekanntheit, Attraktivität, Engagement – vor allem die Jugendmilieus ›Traditionelle‹, ›Bürgerliche Mitte‹ und Teile der ›Postmateriellen‹.«[41]

Dies würde bedeuten, dass sowohl die Jugendlichen mit tendenziell niedrigem Bildungsgrad als auch jene mit einer modernen und innovationsfreudigen Einstellung nicht erreicht werden. Zu beachten ist dabei, dass dies nicht-repräsentative Tendenzaussagen sind (befragt wurden in jedem Alterssegment 56 katholisch getaufte Jugendliche). Dennoch scheint mir einiges dafür zu sprechen, dass sie symptomatisch für das Verhältnis des Mainstreams der Jugendlichen gegenüber beiden großen Kirchen sind.

In diesem Zusammenhang sind Versuche hilfreich, empirisch auch zu Typologien von Religiosität zu kommen, welche auf bestimmte Milieubezüge oder -neubildungen verweisen können. So unterscheiden z. B. *Ziebertz / Kalbheim / Riegel*, bezogen auf Jugendliche, zwischen kirchlich-christlicher, christlich-autonomer, konventionell-religiöser und autonom-religiöser Religiosität.[42]

7. Schlussbemerkung im religionspädagogischen Horizont

Seit den Umbrüchen der Sozialisationsforschung in den 1980er Jahren ist die Perspektive der religiösen Sozialisation der Kinder und Jugendlichen in der Religionspädagogik vernachlässigt worden zugunsten der dominanten entwicklungspsychologischen Perspektive. Die neueren Entwicklungen zeigen m. E. eindrücklich, dass solche Einseitigkeiten überwunden werden sollten und können und dass die (außerschulische) religiöse Sozialisation wieder stärker als religionsdidaktisches Bezugsfeld berücksichtigt werden sollte. Legt man das oben aufgezeigte aktuelle interaktionistische – entwicklungspsychologische Aspekte mit beinhaltende – Verständnis von Sozialisation zugrunde, dann lässt sich die *bildende, konstruktiv-kritische Begleitung der religiösen (Selbst-)Sozialisation der Schüler/innen* als eine zentrale Aufgabe des RU verstehen.

---

41 *Bund der Deutschen Katholischen Jugend (BDKJ) / Misereor* (Hg.), Wie ticken Jugendliche?, Düsseldorf 2007, 25.

42 *H.-G. Ziebertz / B. Kalbheim / U. Riegel*, Religiöse Signaturen heute, Gütersloh 2003, 395 ff.

Literaturhinweise

S. Collins-Mayo / P. Dandelion (Hg.), Youth and Religion, London 2010.

C. Gennerich / H. Streib (Hg.), Jugend und Religion: Bestandsaufnahmen, Analysen und Fallstudien zur Religiosität Jugendlicher, Weinheim 2011.

A. Körs, Jugend und Religion in Europa. Einstellungen zu Religion in Lebenswelt, Schule und Gesellschaft im Vergleich acht europäischer Länder, in: *D.-P. Jozsa / Th. Knauth / W. Weiße* (Hg.), Religionsunterricht, Dialog und Konflikt. Analysen im Kontext Europas, Münster 2009, 241–286.

M. L. Pirner / M. Rothgangel / M. Schreiner (Hg.), Themaheft »Religion in der Kindheits- und Jugendforschung«: Theo-Web. Zeitschrift für Religionspädagogik 11 (2012), H. 2 (www.theo-web.de).

A.-K. Szagun, Dem Sprachlosen Sprache verleihen: Rostocker Langzeitstudie zu Gottesverständnis und Gottesbeziehung von Kindern, die in mehrheitlich konfessionslosem Kontext aufwachsen, Jena 2006.

Shell Deutschland Holding (Hg.), Jugend 2006, Frankfurt a.M. 2006.

World Vision Deutschland e.V. (Hg.), Kinder in Deutschland 2010, Frankfurt a.M. 2010.

H.-G. Ziebertz / U. Riegel, Letzte Sicherheiten. Eine empirische Untersuchung zu Weltbildern Jugendlicher, Gütersloh 2008.

XV.
Schüler/in – theologisch

Petra Freudenberger-Lötz

1. Schüler/innen als kompetente Gesprächspartner/innen wahrnehmen: Das Anliegen theologischer Gespräche im Religionsunterricht

Etwa seit der Jahrtausendwende[1] werden Impulse der Bewegung für Kindertheologie in der religionspädagogischen Forschung und in der Praxis des RU aufgegriffen: Kinder und Jugendliche werden als Subjekte von Theologie und als kompetente Gesprächspartner/innen im theologischen Gespräch gewürdigt. Vor dem Hintergrund ihrer Lebenswelt, ihrer Fragen, ihrer Sinnsuche entwickeln sie theologische Deutungen als Reflexion ihres je eigenen Glaubens.[2] Wer Kinder und Jugendliche im RU ernst nehmen und bestmöglich begleiten möchte, ist gehalten, den RU daran anknüpfend zu gestalten. Lehrende haben die Aufgabe, die Theologie *von* Kindern und Jugendlichen wahrzunehmen. D.h. sie beobachten die Art und Weise, wie Kinder und Jugendliche mit Themen des RU umgehen, Fragen ins Unterrichtsgeschehen eintragen und eigenständige Deutungsentwürfe zu theologischen Fragen entwickeln. Weiter ist es die Aufgabe der Lehrperson, in ein theologisches Gespräch *mit* Kindern und Jugendlichen einzutreten. Hier werden Äußerungen aufgegriffen, ins Gespräch gebracht, strukturiert, offene Fragen benannt etc. Schließlich bietet die Lehrperson eine Theologie *für* Kinder und Jugendliche an. Das bedeutet,

---

1 Wichtiges Kennzeichen ist das seit 2002 von *A. A. Bucher, G. Büttner, P. Freudenberger-Lötz* und *M. Schreiner* im Calwer Verlag herausgegebene »Jahrbuch für Kindertheologie«. Es gibt Einblick in Grundlagen und Forschung zur Kindertheologie. Neben den jährlichen Ausgaben des Jahrbuches sind schon zahlreiche Sonderbände erschienen.

2 *W. Härle* stellt die »Reflexion des Glaubens« als Kernelement der Begriffsbestimmung von »Theologie« vor. Vgl. *W. Härle*, Was haben Kinder in der Theologie verloren? Systematisch-theologische Überlegungen zum Projekt einer Kindertheologie, in: *A. A. Bucher u. a.* (Hg.), »Zeit ist immer da.« Wie Kinder Hoch-Zeiten und Festtage erleben. Jahrbuch für Kindertheologie, Bd. 3, Stuttgart 2004, 23.

dass sie gezielt Deutungsangebote bereit stellt, die weiterführende Impulse anbieten, welche von den Kindern und Jugendlichen aufgegriffen und vertiefend bearbeitet werden. Von einem theologischen Gespräch mit Kindern und Jugendlichen kann nur dann gesprochen werden, wenn alle drei Komponenten berücksichtigt werden.[3]

Generell zielt ein theologisches Gespräch auf einen gleichberechtigten Dialog zwischen Tradition, Deutungen der Kinder und Jugendlichen sowie Deutungen der Lehrperson. Zwar bringt die Lehrperson einen größeren Fundus an Wissen und Deutungspotenzial in die Gespräche ein, sie selbst ist aber auch als fragender und suchender, als glaubender und zweifelnder Mensch an den Gesprächen beteiligt und lässt sich durch die Gespräche immer wieder neu anregen. Theologische Gespräche orientieren sich an der Tradition, also der Weise, wie biblische Texte und theologische Entwürfe in Geschichte und Gegenwart mit bestimmten Fragestellungen umgehen. Doch müssen Kinder und Jugendliche ihre eigene Sicht auf die Tradition selbstständig bestimmen. Zielperspektive theologischer Gespräche ist ein eigener begründeter Standpunkt zu theologischen Grundfragen bzw. Glaubensfragen, der kognitive Klarheit und emotionale Sicherheit verleiht[4] und Schüler/innen befähigt, sich in den gesellschaftlichen Diskurs über Weltanschauungs- und Glaubensfragen zu begeben.

2. Wie Schüler/innen ihr Gottesverständnis konstruieren

Die aufmerksame Wahrnehmung der Theologie von Kindern und Jugendlichen ist grundlegend bedeutsam, um im Gespräch in einen wechselseitigen Verstehensprozess eintreten zu können. Untersuchungsergebnisse aus den letzten Jahren sollen im vorliegenden Beitrag hinsichtlich des Gottesverständnisses von Kindern und Jugendlichen gebündelt werden.[5] Diese Bündelung hat das Ziel, eine Entwicklungslinie von der Grundschule bis zur Sekundarstufe II aufzuzeigen. Dabei muss einschränkend berücksich-

---

3 Die Unterscheidung einer Theologie von, für und mit Kindern bzw. Jugendlichen wurde von Friedrich Schweitzer in die Diskussion eingebracht. Vgl. *F. Schweitzer*, Was ist und wozu Kindertheologie?, in *A. A. Bucher u. a.* (Hg.), »Im Himmelreich ist keiner sauer.« Kinder als Exegeten (JaBuKi 2), Stuttgart 2003, 9–18.

4 Vgl. K. E. Niphow, Bildung in einer pluralen Welt (Religionspädagogik im Pluralismus, Bd. 2), Gütersloh 1998, 491.

5 Forschungsergebnisse der Kasseler Forschungswerkstätten »Theologische Gespräche mit Kindern« und »Theologische Gespräche mit Jugendlichen« werden entfaltet. Die gewonnenen Daten werden mit bereits veröffentlichten empirischen Studien verglichen und ergänzt.

tigt werden, dass die Entwicklung individuell deutlich variiert und die Aussagen nicht auf alle Kinder und Jugendlichen gleichermaßen zutreffen. Auch Altersangaben können nur als grober Hinweis gelten. Dennoch hat die Darlegung einer Entwicklungslinie Berechtigung, da sie Lehrkräften als wichtige Beobachtungshilfe dienen kann.[6]

2.1 Grundschule

Zahlreiche Forschungsarbeiten[7] bestätigen, dass Kinder im Grundschulalter in der Regel offen, neugierig und voller Vertrauen ein positives Gottesbild konstruieren. So schreibt die achtjährige Hannah: »Gott beschützt jeden. Und er fängt dich auf, wenn du fällst. Du kannst zu Gott beten, wenn du alleine bist. Gott ist immer da.«[8] Bedeutsam für die Konstruktion des Gottesbildes ist die Rede von, über und mit Gott, die Kindern begegnet.

Negative Konnotationen sind oft dort zu verzeichnen, wo Kinder massiv in ihrer eigenständigen Auseinandersetzung mit religiösen Fragen von Erwachsenen, von einer herrschenden Staatsideologie oder von den Medien beeinflusst werden. Auch Leiderfahrungen können dort, wo sie mit Gott in Verbindung gesetzt werden, negative Gottesbilder auslösen.[9]

Da die familiäre religiöse Erziehung heute oft ausbleibt, kommt dem RU für die Konstruktion des Gotteskonzeptes eine herausgehobene Bedeutung zu. Schon junge Kinder sind in der Lage, facettenreiche Gottesbilder zu entwickeln. So ist es ihnen möglich sowohl in personalen als auch in apersonalen Kategorien von Gott zu sprechen. Sie können Gott menschliche oder menschenähnliche Attribute zuschreiben, ebenso sind sie in der Lage, Vergleiche und Metaphern zu entwickeln: Gott kann lie-

---

6 Da es in diesem Kompendium einen eigenen Beitrag zur Psychologie gibt (s. Art. XIII), verzichte ich auf die Darlegung der entwicklungspsychologischen Modelle.

7 Vgl. etwa die Fülle der Beiträge in den Jahrbüchern für Kindertheologie, die seit 2002 erschienen sind.

8 Dies schreibt Hannah im Rahmen eines Projektes von *G. Rainotte / G. Radermacher*, »Dieux? La parole aux enfants. Pédagogie pour une spiritualité en movement. Fondation Eugène Bersier, Paris 2010.« Im Rahmen der Produktion dieser DVD zur Kindertheologie wurden theologische Gespräche in verschiedenen Ländern mit Kindern unterschiedlichen Alters aufgezeichnet und ausgewertet.

9 Zumeist suchen Kinder allerdings Strategien des Umgangs mit dem Leid, die Gott in Schutz nehmen. Vgl. *G. Gebler / U. Riegel*, »Ich wende mich an Eltern, Freunde, Opas, Omas, ... und Gott.« Eine explorativ-qualitative Studie zu den Theodizee-Konzepten von Kindern der vierten Jahrgangsstufe, in: *P. Freudenberger-Lötz / U. Riegel* (Hg.), »...mir würde das auch gefallen, wenn er mir helfen würde.« Baustelle Gottesbild im Kindes- und Jugendalter (JaBuKi Sonderband), Stuttgart 2011, 140–156.

bevoll und gütig wie ein Vater oder wie eine Mutter vorgestellt werden, aber auch als Kraftquelle, als Licht in der Finsternis, als Wegweiser usw.[10] Welche Vorstellungen Kinder in einer bestimmten Situation in den Vordergrund rücken, hängt von der Art der Fragestellung und den zur Verfügung stehenden Deutungsmustern ab. Je besser Kinder mit biblischen Erzählungen vertraut sind, desto stärker werden sie diese biblischen Grundlagen zur Konstruktion ihrer Gottesvorstellungen heranziehen.[11] Allerdings ist es ein wichtiges Kennzeichen der Theologie von Kindern, dass sie biblische Vorlagen nicht einfach kopieren, sondern fantasievoll mit ihrem eigenen Denken verbinden.

Kinder reflektieren in ihren Fragen und Antworten sehr intensiv das Verhältnis von Nähe und Ferne, Unsichtbarkeit und Sichtbarkeit Gottes. Gott wird »im Himmel« und gleichzeitig »im Herzen« gedacht; Gott ist für Menschen unsichtbar, und dennoch ist Gott präsent und kann mit Menschen in Kommunikation treten. Gott als persönlicher Begleiter oder persönliches Gegenüber und Gott, der gleichzeitig für alle Menschen da ist, dies schließt sich aus Sicht der Kinder nicht aus. Gott kann gleichzeitig das Kleinste und das Größte sein, das vorstellbar ist. Kinder können in ihrer Fantasie zusammenbringen und verbinden, womit Jugendliche und Erwachsene oft logische Schwierigkeiten haben. Nicht umsonst wird die Fantasie des Kindes in entwicklungspsychologischen Veröffentlichungen als große Kompetenz dargestellt.[12]

Abschließend kann zur Konstruktion des Gottesbildes im Kindesalter betont werden, dass die Begegnung mit biblischen Erzählungen und die Herausforderung zur Konstruktion eines facettenreichen Gottesbildes eine positive, hoffnungsstiftende Grundlage legen kann, die ein tragendes Fundament religiöser Entwicklung bildet.

Etwa ab Mitte der Grundschulzeit erwachen kritische Fragen in den

---

10 Zur Unterscheidung von personalen und apersonalen Gottesbildern vgl. *S. Klein*, Gottesbilder von Mädchen. Bilder und Gespräche als Zugänge zur kindlichen religiösen Vorstellungswelt. Stuttgart 2000; eine Vielzahl von Metaphern in der Rede von Gott findet sich in *A.-K. Szagun*, Dem Sprachlosen Sprache verleihen. Rostocker Langzeitstudie zu Gottesverständnis und Gottesbeziehung von Kindern, die in einem mehrheitlich konfessionslosen Kontext aufwachsen, Jena 2006.

11 Vgl. die Beispiele in *P. Freudenberger-Lötz*, Theologische Gespräche mit Kindern. Untersuchungen zur Professionalisierung Studierender und Anstöße zu forschendem Lernen im Religionsunterricht, Stuttgart 2007 (vgl. besonders Kap. 5).

12 Vgl. C. *Mähler*, Weiß die Sonne, dass sie scheint? Eine experimentelle Studie zur Deutung des animistischen Denkens bei Kindern. Münster / New York 1995. Vgl. *dies*., Was sie wissen und was sie denken – Naive Theorien von Kindern im Vorschulalter, in: *A. A. Bucher u. a.* (Hg.), »In der Mitte ist ein Kreuz.« Kindertheologische Zugänge im Elementarbereich. (JaBuKi 9), Stuttgart 2010, 9–15.

Kindern. Diese Fragen können Vorboten der sogenannten Einbruchstellen im Glauben sein (s. dazu 2.2). Der »Wahrheitsgehalt« biblischer Erzählungen wird angezweifelt, der Verdacht wächst, Gott könnte eine Illusion sein, die Begegnung mit naturwissenschaftlichen Weltentstehungstheorien löst Fragen hinsichtlich der biblischen Schöpfungserzählung aus. Dennoch gehen Kinder neugierig auf biblische Erzählungen zu, lassen sich auf sie ein und zeigen hohe Motivation im theologischen Gespräch. Kritische Anfragen und ein Sicherheit spendendes Gottesbild stehen nebeneinander und scheinen sich nicht auszuschließen. Kinder können verschiedene Ansätze fantasievoll integrieren.[13]

2.2 Sekundarstufe I

Kinder und Jugendliche machen in der Sekundarstufe I hinsichtlich der Entwicklung ihres Gottesbildes rasante Veränderungsprozesse mit. Diese können in drei Phasen unterschieden werden: Die Zeit vor der Pubertät bzw. der beginnenden Pubertät, die Phase der Pubertät und die Zeit, in der die Pubertät ausklingt.

Zu Beginn der Sekundarstufe I knüpfen Kinder an ihren Vorstellungen an, die sie im Grundschulalter entwickelt haben. Die Kinder argumentieren auf einem hohen Niveau und befinden sich teilweise schon am Übergang zur formalen Operation, sie haben einen Grundstock an vernetztem Wissen aufgebaut, mit dem sie in theologischen Gesprächen operieren können, kritische Fragen werden ernst genommen und aufgegriffen, wollen gelöst werden und führen in der Regel noch nicht zur Abwendung von theologischen Grundfragen. Mehrperspektivisches Sehen und Verstehen kann in dieser Phase ausgebaut oder ganz neu angebahnt werden.[14] Kinder operieren sehr bewusst damit, dass menschliches Denken und die Wirklichkeit Gottes einander unterscheiden, dass Menschen Konstrukte von Gott entwickeln, die sich im Lebenslauf wandeln und dass der Glaube an Gott vielfältig gelebt werden und am Glauben auch gezweifelt werden kann. Ein kleiner Ausschnitt aus einem Gespräch unter Fünftklässlern kann dies verdeutlichen:

---

13 Vgl. *A. A. Bucher*, Kindertheologie: Provokation? Romantizismus? Neues Paradigma?, in: *Ders.* (Hg.), »Mittendrin ist Gott.« Kinder denken nach über Gott, Leben und Tod (JaBuKi 1), Stuttgart 2002, 19.

14 Vgl. *P. Freudenberger-Lötz*, »Alle meine Freunde glauben an Gott, aber sie können nicht erklären warum.« Studierende entdecken die Zugänge von Kindern zur Frage nach Gott, in: *P. Freudenberger-Lötz / U. Riegel* (Hg.), »...mir würde das auch gefallen, wenn er mir helfen würde.«. (JaBuKi Sonderband), Stuttgart 2011, 128–139.

Roya: Also äm, ich glaube auch an Gott, obwohl ich nicht getauft bin, ich bin in überhaupt gar keiner Religion. Das heißt ja nicht, dass man nicht glauben muss. Also ich glaub manchmal, Gott ist entweder in einer Person oder in vielen Personen. Meine Mutter glaubt halt, dass alle zusammen Gott sind. Ich glaub manchmal, Gott hat vielleicht einen Tarnumhang an wie bei Harry Potter und ist unsichtbar. Oder äm. Man muss ihn nicht sehen. Vielleicht sieht man ihn. Manche können ihn vielleicht sehen, manche auch nicht. Das ist eigentlich egal, man kann ja an ihn glauben. Er kann auch ganz weit oben sein. [...] Also äm, ich glaub auch manchmal nicht an Gott, dann denk ich, es gibt Gott nicht. Und dann glaub ich irgendwann doch wieder an Gott. Und man weiß ja überhaupt nicht, was Gott ist. Vielleicht nennen wir Gott etwas, was was ganz anderes ist als das, was wir denken, was Gott ist. Es kann ja eigentlich alles sein, sind ja Träume, Gedanken, kann alles existieren.

Moses: Zu Roya. [Roya: Ja] Gott könnte ja auch aussehen wie das da (zeigt auf eine große Figur am Fenster).

Roya: Ja, könnte es. In Gedanken vielleicht schon. Benjamin.

Benjamin: Also wie Gott aussieht. Ich finde, Gott hat keine Gestalt. Das ist ein Gefühl der Hoffnung oder irgendein Gefühl vielleicht, was äm wo man nicht beschreiben kann. [...]

Roya: Ich meine, dass man in Gedanken sich denkt, wie Gott aussieht. Ich hab mir ihn, als ich klein war, immer vorgestellt, das ist \`ne ganz ganz große Wolke, die über dem Himmel schwebt, und die hat\`n Gesicht und des is unsichtbar. Und sie sieht. Heutzutage denk ich mir einfach, Gott ist unsichtbar. Äm. Aber mein Bruder hat sich mal früher, glaub\` ich, so ne Fantasiegestalt ausgedacht, des is Gott. In seinen Gedanken kann halt alles existieren. Auch wenn man nicht weiß, wie er in echt aussieht. Ich mein jetzt nicht, dass er so aussieht.[15]

Erkennbar sind hier neben den oben erwähnten Aspekten die Offenheit, die Freude und das Engagement im theologischen Gespräch sowie die Bereitschaft, sich auf unterschiedliche Gedankenexperimente einzulassen. Gleichzeitig wird die Suchbewegung erkennbar. Der Beginn der Sekundarstufe I ist eine sehr fruchtbare Zeit zur Entwicklung theologischer Deutungskompetenzen und mehrdimensionaler Wirklichkeitswahrnehmung. Hier müsste religionspädagogisch angeknüpft werden.

Im weiteren Verlauf der Entwicklung, in der Pubertät, kommt es dann zu einer massiven Veränderung des Gottesverständnisses. Dies kann sich entweder als Umbau oder als Bruch äußern. Nach einer Längsschnittstudie von *Reto L. Fetz*[16] kommt es in den meisten Entwicklungsverläufen

---

15 Vgl. ebd., 133–134.

16 Vgl. *R. L. Fetz*, Der Kinderglaube. Seine Eigenart und seine Bedeutung für die spätere Entwicklung, in: *E. Groß* (Hg.), Der Kinderglaube. Perspektiven aus der Forschung für die Praxis, Donauwörth 1995, 22–35, 110f.

zu einem mehr oder weniger massiven Bruch. Dieser kann zum einen durch den generell sich vollziehenden Ablösungsprozess vom Kindesalter und dem vormals Geglaubten ausgelöst werden, zum anderen durch Faktoren, die als »Einbruchstellen« des Glaubens bezeichnet werden.

Karl Ernst Nipkow hat schon in den 1980er Jahren intensiv zur Frage des Einbruchs im Glauben geforscht. Aus Textsammlungen und mündlichen Äußerungen von 1236 Jugendlichen im Alter von 16–20 Jahren hat er vier zentrale Fragen herausgearbeitet, an denen sich der Glaube im Jugendalter messen lassen muss: »1. Ist Gott Helfer und Garant des Guten?« Aus dieser Frage resultiert die Theodizeeproblematik, die nach Nipkows Forschungen die Haupteinbruchstelle des Glaubens ausmacht. 2. »Ist Gott Schlüssel zur Erklärung von Welt, Leben und Tod?« Aus dieser Frage resultiert als Möglichkeit des Einbruchs der Konflikt zwischen Glaube und (Natur-)Wissenschaft. »3. Ist Gott bloß ein Wort oder Symbol?« Aus dieser Frage können Illusionsverdacht und Religionskritik erwachsen. »4. Ist Gott glaubhaft verbürgt in der Kirche?«[17] Hier kann sich in der Folge Kritik an der Institution Kirche äußern, welche auch eine Abwendung vom Glauben zur Folge haben kann.

Diese Anfragen und die damit verbundenen Einbruchstellen des Glaubens sind heute nach wie vor anzutreffen. Doch haben sich die Prioritäten und Dringlichkeiten, mit denen die Fragen gestellt werden, offenbar verschoben.[18] So scheint der Konflikt zwischen Glaube und (Natur-)Wissenschaft und die Beweisbarkeit des Glaubens an erster Stelle der Anfragen an den Glauben zu stehen: Aus Sicht der Jugendlichen kann ein naturwissenschaftlicher Zugang zur Wirklichkeit nicht mit dem Glauben an Gott verbunden werden, denn der Beweis bleibt aus.[19]

An zweiter Stelle ist die Religionskritik zu nennen, die aus dem Illusionsverdacht entsteht: Glaube und Gottesbild könnten nach Auffassung der Jugendlichen eine Illusion sein, denn die Vorstellung eines Gottes widerspricht logischem und rationalem Denken.

Und schließlich wird die Theodizeeproblematik genannt: Wenn Gott gütig und allmächtig ist, wie kann er das Leid zulassen, vor allem das Leid

---

17 *K. E. Nipkow*, Erwachsenwerden ohne Gott? Gotteserfahrung im Lebenslauf, München 1987, 53–78.

18 Diese Erkenntnis sammelten wir in Forschungswerkstätten an unterschiedlichen Sekundarstufenschulen im Stadt- und Landkreis Kassel. Auch *W. H. Ritter u. a.*, Leid und Gott. Aus der Perspektive von Kindern und Jugendlichen, Göttingen 2006, weisen in ihrer Studie darauf hin.

19 Martin Rothgangel hat zu dieser Fragestellung intensiv geforscht und veröffentlicht. Vgl. z. B. *M. Rothgangel*, Naturwissenschaft und Theologie, Göttingen 1999.

Unschuldiger? Entweder wird Gott in der Folge angeklagt oder als nicht existent abgelehnt.[20]

Jugendliche haben heute oftmals ein eher distanziertes Verhältnis zur Kirche und verstehen Glaube fast durchweg unabhängig von der Institution Kirche. Somit rückt auch die Frage nach der Glaubwürdigkeit der Kirche in den Hintergrund. Doch selbstverständlich gibt es unter Kindern und Jugendlichen heute auch Beispiele eines den Glauben unterstützenden oder eines den Glauben behindernden Einflusses von Kirche.[21]

Im Folgenden soll an Beispielen aufgezeigt werden, wie sich Einbrüche im Jugendalter äußern bzw. wie Jugendliche diese reflektieren. In einem Brief an einen imaginären Brieffreund schreibt eine 14jährige Schülerin:

> »Früher, als ich klein war, habe ich nie daran gezweifelt, dass es Gott wirklich gibt. Man hat es mir erzählt und ich habe einfach daran geglaubt [...]. Mit der Zeit wurde ich älter und auch unglaubwürdiger. Mittlerweile fand ich es unlogisch, dass da oben jemand sitzt und über uns wacht. [...] Ich habe mehr an die wissenschaftliche Version geglaubt als an die kirchliche. Ich habe herausgefunden, dass es den Weihnachtsmann, das Christkind und den Nikolaus nicht gibt. Warum sollte man mir über Gott die Wahrheit erzählt haben? [...] Ich beschäftige mich in meiner Freizeit nicht damit, ob es Gott wirklich gibt.«[22]

Dieser Brief zeigt eindrücklich sowohl das naturwissenschaftliche Weltbild als auch den Illusionsverdacht als Einbruchstelle des Glaubens auf. Mindestens ebenso gravierend ist aber auch das Empfinden der Jugendlichen, als Kind offenbar getäuscht worden zu sein. Der Glaube an Gott wird wie ein Märchen behandelt und die Konstruktion eines Gottesbildes, das den reflektierenden Herausforderungen stand halten kann, wird nicht vorgenommen. Der Brief schließt resignierend mit einer Gleichgültigkeit gegenüber Religion. – In einem anderen Beispiel verfasst ein fünfzehnjähriger Schüler einen Song. Gott wird als derjenige angeklagt, der nichts

---

20 Während der Studie von *W. H. Ritter u.a.* zufolge die Theodizeefrage deutlich abnimmt, weil Kinder und Jugendliche heute viel weniger als noch vor einigen Jahrzehnten mit dem Eingreifen Gottes rechnen bzw. oft kein theistisches Gottesbild aufweisen, zeigen unterschiedliche Zugänge in der Forschungswerkstatt »Theologische Gespräche mit Jugendlichen« die nach wie vor hohe Bedeutung der Theodizeefrage als Einbruchstelle im Glauben. Vgl. *W. H. Ritter u. a.,* Leid und Gott. Aus der Perspektive von Kindern und Jugendlichen, Göttingen 2006; *A. Reiß*, Mit Jugendlichen über Gott sprechen, in: *P. Freudenberger-Lötz / U. Riegel* (Hg.), »...mir würde das auch gefallen, wenn er mir helfen würde.«, Stuttgart 2011, 103–204.

21 Zur Kirchenbindung Jugendlicher vgl. *M. Rothgangel*, Religiosität und Kirchenbindung Jugendlicher heute. Ein Überblick über aktuelle empirische Studien, in: PT 45 (2010), 137–142.

22 Dieses Beispiel stammt aus der von *A. Reiß* geleiteten Kasseler Forschungswerkstatt »Theologische Gespräche mit Jugendlichen« im Sommersemester 2009.

gegen das Leid unternimmt, was zur Folge hat, dass der Sänger sich gegen Gott entscheidet.

> Ich hab dich gerufen, doch du warst nicht da.
> Jetzt ist's vergebens, es ist vorbei.
> Einfach zu spät für eine faire Runde.
> Nach dem, was geschehen ist,
> wird der Sinn des Lebens einfach flöten gehen.
> Es ist vorbei, einfach zu spät.[23]

Erkennbar wird hier unter anderem ein recht einseitiges do-ut-des-Denken ohne Möglichkeit der Modifizierung: Wenn der Mensch Gott ruft, muss er sich zeigen. Ansonsten wendet sich der Mensch von Gott ab. Wenn Gott nicht eingreift, wie es der Mensch erwartet, gibt es aus der Sicht des Jugendlichen keine Chance mehr auf eine Weiterentwicklung der Beziehung zu Gott.

Es ist zu beobachten, dass der Bruch häufig aus einer Stagnation der Entwicklung des Gottesverständnisses (kindliches Gottesbild) bei gleichzeitig deutlich zunehmender kognitiver Kompetenz und differenziertem Weltverstehen resultiert. Das eigene Gottesbild hält reflektierenden Herausforderungen nicht mehr stand.

Jugendliche, denen es gelingt, ihr Gottesbild zu modifizieren, zeichnen sich insbesondere dadurch aus, dass sie unterschiedliche Deutungen von Wirklichkeit kennen und anerkennen. Sie wurden im Zuge ihrer Entwicklung meist angeregt, eine persönliche Konstruktion des Gottesbildes vorzunehmen und dieses neu zu reflektieren.[24]

2.3 Ende Sekundarstufe I und Sekundarstufe II

Gegen Ende der Sekundarstufe I und in der Oberstufe sind Jugendliche und junge Erwachsene in der Lage, ein neues Gottesverständnis auszubilden. Zentral ist allerdings auch hier die Qualität der Herausforderungen in Schule und Alltag. Die Faktoren, die zuvor möglicherweise einen Einbruch ausgelöst haben, sind immer noch präsent, aber es gelingt den Jugendlichen jetzt besser, diese Faktoren neu zu beleuchten. In der Forschungswerkstatt »Theologische Gespräche mit Jugendlichen« konnte immer wieder beobachtet werden, dass Schüler/innen dieses Alters an einer breiten Palette theologischer Grundfragen interessiert sind und Anregungen der Lehrperson dann erkennbar aufgreifen, wenn diese ihnen

---

23 Vgl. Anm. 22.

24 Vgl. auch *R. Fetz*, Der Kinderglaube, 30.

authentisch, d.h. als glaubender, suchender und auch zweifelnder Mensch begegnet.

Wo vormals eine Konstruktion des Gottesverständnisses abgebrochen war und die Auffassung herrschte, keinen Weg zurück zu finden, kann nun ein Neuanfang gesetzt werden. Dabei können sich die Jugendlichen die Inhalte des RU (z.B. exegetische Methoden, Religionskritik, Gotteslehre) auf hohem kognitivem Niveau aneignen und diese in Beziehung zu ihrem eigenen Glauben und Gottesverständnis setzen.

Insgesamt können die Jugendlichen dieses Alters den Kasseler Forschungen[25] zufolge vier zentralen Zugängen[26] zu einem persönlichen Gottesverständnis zugeordnet werden. Den ersten Zugang bezeichne ich als Zugang des *unreflektierten Glaubens*. Hier herrscht ein positives Gottesbild, das aber seit der Kindheit nicht mehr durchdacht und weiter entwickelt wurde. In theologischen Gesprächen entdecken diese Jugendlichen, dass sie seit Jahren keine Aktualisierung ihrer Gottesvorstellung vorgenommen haben und wenden sich der Konstruktion ihres Gottesverständnisses teilweise nun bewusst zu. Interessanterweise sind bei diesen Jugendlichen Ereignisse, die einen Einbruch hätten auslösen können, durchaus präsent. Diese Ereignisse wurden jedoch nicht hinsichtlich des persönlichen Gottesbildes reflektiert.

Stephanie beispielsweise denkt über ihr Gottesverständnis nach und erinnert sich dabei an ihre Kindheit. Hier habe der Glaube an einen persönlichen Schutzengel eine große Rolle gespielt. Ihre Eltern haben viel von Schutzengeln erzählt, so sei Gott für sie ein Schutzengel gewesen. Stephanie erkennt, dass sich dieser Glaube bis heute nicht verändert hat. Dies löst eine Verunsicherung aus: »Jetzt denk ich da kaum dran. Aber als ich klein war oder so, wenn ich dann alleine zu Hause war [...] und wir wohnten dann am Friedhof und ich hatte als kleines Kind immer Angst, dass die Toten dann kommen und mich holen, dann haben meine Eltern gesagt, dass aber der Schutzengel auf mich aufpasst. Ja, dann hab ich da so dran geglaubt, dass er von meinen Eltern so geschickt wird. [...] Ich glaub das heute immer noch so, ich weiß nicht [...] das ist ganz komisch.«

---

25 Vgl. *P. Freudenberger-Lötz*, Theologische Gespräche mit Jugendlichen. Erfahrungen – Beispiele – Anregungen, Stuttgart / München 2012.

26 Eine Kategorisierung der Zugänge Jugendlicher zu unterschiedlichen theologischen Fragestellungen nehmen mehrere Autorinnen und Autoren in ihren Studien vor. Trotz teilweise differierender Begrifflichkeit zeigt die Vergleichbarkeit der Studien eine hohe Validität der Daten. Vgl. exemplarisch *T. Ziegler*, Jesus als »unnahbarer Übermensch« oder »bester Freund«? Elementare Zugänge Jugendlicher zur Christologie als Herausforderung für Religionspädagogik und Theologie, Neukirchen-Vluyn 2006 und *C. Gennerich*, Empirische Dogmatik des Jugendalters. Werte und Einstellungen Heranwachsender als Bezugsgrößen für religionsdidaktische Reflexionen, Stuttgart 2009.

Die nächste Gruppe Jugendlicher kann einen *reflektierten Glauben* aufweisen. Er ist entweder kontinuierlich biblisch-christlich geprägt oder hat sich im Laufe der Zeit zu einem eher religionsunabhängigen Gottesverständnis weiter entwickelt bzw. verschiedene Traditionen vereint. Gott wird im ersten Fall in Kategorien biblisch-christlicher Tradition gedacht und im zweiten Fall oft als eine Kraft verstanden, die den Menschen begleitet. Diese Kraft kann sehr abstrakt gedacht sein, oft ist Gott für den Menschen allerdings wie ein guter Freund, der einen begleitet und dem man alles anvertrauen kann.

Auf den Konflikt zwischen Glaube und Naturwissenschaft angesprochen, argumentiert Matthias: »Die Schöpfungsgeschichte ist ja nicht von Gott diktiert worden. Sie ist halt von Menschen. Ich denke, das ist damals zur Veranschaulichung geschrieben worden, um sich was vorzustellen. Aber ob man an die Schöpfungsgeschichte glaubt oder nicht ist keine essentielle Glaubensfrage. Ich denke, die Glaubensfrage an Gott ist eigentlich eher, dass man an einen Gott glaubt, der einen liebt und der für einen da ist und nicht genau, wir er die Menschen gemacht hat. [...] Ich habe mich viel mit der Bibel auseinander gesetzt und sie spielt in meinem Leben eine wichtige Rolle.«
Auch Lara wendet sich vehement gegen den Versuch, Glaube und Naturwissenschaft gegeneinander auszuspielen und Glaube beweisen zu wollen. Hinsichtlich ihres Gottesbildes formuliert sie in diesem thematischen Zusammenhang: »Jeden Menschen umgibt eine Kraft, die einen das ganze Leben lang begleitet. Man kann sie nicht erforschen, doch das ist auch nicht nötig, da der Glaube daran uns die Existenz dieser Kraft beweist [...] Sie gibt Halt, Sicherheit und Zuversicht.«

Die bisher vorgestellten Gruppen bilden den kleineren Teil der Jugendlichen. Den größeren Teil bilden die Gruppen der Jugendlichen, die eine *kritisch-suchende* oder *kritisch-ablehnende Haltung* aufweisen. Beide Gruppen haben als Ausgangspunkt einen Einbruch im Glauben erlebt. Während die Gruppe der Jugendlichen mit kritisch-suchender Haltung nach wie vor auf der Suche ist und diese Suche bei all ihrer Kritik fortsetzt, haben sich die Jugendlichen mit kritisch-ablehnender Haltung von der Fortsetzung der bewussten Konstruktion ihres Gottesbildes verabschiedet. Interessant ist die Beobachtung, dass in aller Regel die Bereitschaft zur Reflexion des Gottesbildes zumindest zum Zeitpunkt des Einbruchs durchaus vorhanden war, jedoch eine angemessene Begleitung fehlte, die die Reflexionen fachlich hätte unterstützen können. Hier liegt die religionspädagogische Herausforderung auf der Hand.

Ben reflektiert seine religiöse Entwicklung von der Kindheit bis heute und sagt dann im Blick auf die Zukunft: »Ich weiß aber nicht wie ich es machen würde, weil ich mir noch nicht so im Klaren bin, ob es Gott gibt oder ob es ihn nicht gibt. Also, es wäre natürlich schön, wenn Gott mir einen Beweis geben könnte oder falls es Gott nicht gibt, es einen anderen Beweis geben könnte oder vielleicht verändere ich mich in meinen Gedanken auch so, dass ich aufgrund einer alltäglichen Begegnung mit ihm an ihn glaube.«

Tina berichtet: »Während meiner Konfirmationszeit hatte ich einen Pfarrerwechsel und der Pfarrer, ich konnte den überhaupt nicht ausstehen und er hat das alles total falsch rüber gebracht. Und ja es war eigentlich so, da hab ich mich dann auch so wirklich damit auseinandergesetzt was kann ich jetzt für mich sagen, was ist jetzt wahr, was kann ich mir darunter vorstellen, ob es wahr ist oder ob es nicht wahr ist. Das war dann eigentlich so der Punkt, wo ich dann gemerkt hab, ok das ist doch nicht was für dich, du stehst dann doch eher so auf der wissenschaftlichen Seite und nicht auf der Glaubensseite.«

Sehr klar äußert sich auch Lisa: »Als mein Onkel starb, war ich geschockt. Warum so jung? Dann erklärte mir ein Freund, dass Gott die Menschen zu sich holt, wenn die Lebensaufgaben geschafft sind. Mit einem solchen Gott will ich nichts zu tun haben, und ich glaube auch nicht, dass es Gott gibt.«

Es muss an dieser Stelle hervorgehoben werden, dass die Kategorien nur idealtypisch voneinander getrennt werden können, einzelne Jugendliche je nach Fragestellung und aktueller Situation in ihrer Argumentation aus mehreren Kategorien schöpfen und selbst die Gruppe der kritisch-ablehnenden Jugendlichen die ablehnende Haltung im Laufe der Zeit möglicherweise aufbrechen kann. Darum muss abschließend angemerkt werden: Wenn wir das Gottesverständnis von Kindern und Jugendlichen erheben, so erhalten wir immer lediglich eine Momentaufnahme aktueller Reflexion. Auf diese Momentaufnahme sollen Kinder und Jugendliche nicht reduziert werden.

3. Religionspädagogische Konsequenzen

Kinder und Jugendliche konstruieren je individuelle Gottesverständnisse. Diese sind abhängig von Anregungen, die den Kindern und Jugendlichen in Schule und Alltag begegnen. Sie sind auch abhängig von vielfältigen Erfahrungen in der Lebenswelt der Kinder und Jugendlichen sowie von der Verarbeitung dieser Erfahrungen. Die Aufgabe religionspädagogischer Begleitung besteht darin, Kinder und Jugendliche zu unterstützen, ein facettenreiches Gottesverständnis auszubilden[27] und damit mehrdimensionale Wirklichkeitswahrnehmung und mehrdimensionales Verstehen von Tradition und Weltzugängen zu ermöglichen.

---

27 Etliche Anregungen finden sich in *M. Fricke*, Von Gott reden im Religionsunterricht, Göttingen 2007.

Vom Kindesalter an ist es bedeutsam, die individuelle Reflexion herauszufordern und zu fördern. Religiöse Entwicklung ist mehr als Aneignung von Wissen. Es geht immer darum, Deutungsangebote mit bestehenden Wissensstrukturen, Einstellungen und Haltungen zu vernetzen. Bewusster Umgang mit der Gottesfrage, die Wahrnehmung von Kritik und Zweifeln sowie das Aufgreifen derselben helfen, eine Kontinuität in der Entwicklung und einen bewussten Umgang mit Einbruchstellen des Glaubens zu fördern. Dabei ist es zentral bedeutsam, dass die Lehrkraft sich selbst als glaubender und zweifelnder, fragender und suchender Mensch versteht und sich mit den Schüler/innen gemeinsam auf die Suche nach Antworten begibt.

Literaturhinweise

A. A. Bucher u.a. (Hg.), Jahrbuch für Kindertheologie, Stuttgart 2002 ff. (jedes Jahr erscheint ein Jahresband, daneben gibt es Sonderbände).

P. Freudenberger-Lötz, Theologische Gespräche mit Kindern. Untersuchungen zur Professionalisierung Studierender und Anstöße zu forschendem Lernen im Religionsunterricht, Stuttgart 2007.

P. Freudenberger-Lötz, Theologische Gespräche mit Jugendlichen. Impulse für den Religionsunterricht in Klasse 9–13, Stuttgart / München 2011.

M. Fricke, Von Gott reden im Religionsunterricht, Göttingen 2007.

H. G. Ziebertz, Gottesbilder in der Adoleszenz, in: KatBl 119 (1994), 606–615.

XVI.
Schüler/in und Religionslehrer/in – Gender

Elisabeth Naurath

1. Genderforschung

Der englische Begriff ›gender‹ hat sich im transdisziplinären Diskurs um die Geschlechterfrage etabliert und wird zumeist – da wir im Deutschen keine unterscheidbaren Termini zwischen biologischem (sex) und sozialem (gender) Geschlecht haben – als Ordnungskategorie einer Geschlechtsbestimmung im sozialen, soziokulturellen bzw. politischen Sinn benutzt. Hierbei kann zwischen einer geschlechtsspezifischen Rollenzuschreibung wie auch einer selbsttätigen Konstruktion der eigenen Geschlechterrolle (doing gender) unterschieden werden. Historisch hat sich die Genderforschung aus der (feministischen) Frauenforschung entwickelt, die seit den 1980er Jahren von einem ›kulturellen System der Zweigeschlechtlichkeit‹ (*Carol Hageman-White*) ausgehend geschlechtsspezifische, als männlich und weiblich klassifizierte Rollenzuschreibungen und -normierungen, ideologiekritisch in den Blick nahm.

Im Kontext einer patriarchal bestimmten Geschichte des christlichen Abendlandes führte letztlich der Geist der Aufklärung als Forderung nach sozialer Gleichheit und Emanzipation dazu, auch hinsichtlich der Geschlechterfrage explizite und implizite Hierarchisierungen aufzudecken. Die durch die feministische Bewegung wachsende Kritik an männlich bestimmten Machtverhältnissen in allen gesellschaftlichen Bereichen führte zu einem Bewusstwerdungsprozess der Marginalisierung und Diskriminierung von Frauen. Dass sich hierbei eine Geschlechterhierarchie auch auf die Entwicklung von Jungen und Männern aufgrund einengender Rollenzuschreibungen negativ auswirkt, hatte im Weiteren einen wissenschaftstheoretischen Paradigmenwechsel von der feministischen Theorie zur Gendertheorie zur Folge: Die Bedingungen weiblicher wie männlicher Rollenstereotypisierungen müssen grundsätzlich analysiert und reflektiert werden – ja letztlich sogar bis zu der Frage, ob es diese auf angeblich biologischen Unterschieden basierenden Zuordnungen überhaupt gibt oder ob sie nicht grundsätzlich als die Wirklichkeit erst konstruierend zu enttarnen und aufzulösen sind (Dekonstruktivismus).

1.1 Genderforschung und Theologie

Eine ›genderbewusste‹ Theologie ist bleibende Aufgabe und Herausforderung an die theologische Wissenschaft wie auch die kirchliche Praxis, um mit dem Ziel der Geschlechtergerechtigkeit das Evangelium als Botschaft von der christlichen Freiheit in der Liebe Jesu Christi auch als Befreiung von sozial diskriminierenden Normierungen und Beschränkungen umzusetzen. ›Geschlechtergerechtigkeit‹ wird als ethische Aufgabe im Kontext einer theologischen Anthropologie gesehen, die die Menschenwürde aufgrund der Gottebenbildlichkeit (Gen 1, 27: »Und Gott schuf den Menschen zu seinem Bilde, zum Bilde Gottes schuf er ihn; und schuf sie als Mann und Frau.«) für beide Geschlechter in gleicher Weise zugrunde legt. Insofern ist die Gottesfrage Ausgangspunkt einer gendersensiblen Theologie, indem das personale Gottesbild der Hebräischen Bibel wie auch des Neuen Testaments in seinen weiblich und männlich konnotierten Anteilen als Kritik an einem einseitig patriarchal geprägten Gottesbild fungiert.

Insbesondere die Handlungsfelder der Praktischen Theologie in ihren Bereichen von Seelsorge, Religionspädagogik, Homiletik und Gemeindeaufbau bedürfen einer genderorientierten Reflexion, da sowohl die haupt- bzw. ehrenamtlich Handelnden als auch die Adressaten/innen als Personen, in ihren Rollen wie auch Beziehungen (Geschlechterkonstellationen) sozial und damit genderspezifisch determiniert sind. Insofern ist der Parameter Geschlecht in seinem Einfluss auf alle Bereiche religiöser Bildungsprozesse – der religiösen Sozialisation in Familie und Gesellschaft, der kirchlichen Kinder- und Jugendarbeit, dem RU und der kirchlichen Erwachsenenbildung – zu thematisieren.

1.2 Genderforschung und Religionspädagogik

Grundsätzliche Forderungen der sich kontextuell verstehenden Feministischen Theologie verstärkten für die Genderforschung im Bereich der Religionspädagogik den Anspruch, den Erfahrungsbezug und die Lebenswirklichkeit im theologischen Denken und kirchlichen Handeln grundsätzlich einzubeziehen. Dem wird im konstruktiv-kritischen Dialog der Religionspädagogik mit Human- und Sozialwissenschaften als Ausrichtung religiöser Erziehung und Bildung in der Konvergenz von Theologie und Pädagogik Rechnung getragen. Da die Internalisierung von Geschlechterrollen als ein Wechselspiel von Außen und Innen, von Übernahme bzw. Anpassung und eigener Konstruktion (gender doing) zu sehen ist, verwies religiöse Sozialisationsforschung auf den prägenden Einfluss der Religion hinsichtlich der geschlechtsspezifischen Identität von Jungen und Männern bzw. Mädchen und Frauen.[1] Zugleich wurde jedoch erkannt, dass die Vielfalt von Lebensentwürfen und religiösen Deutungsmustern vereinheitlichende Sozialisationstheorien in Frage stellen muss, so dass mit Hilfe des Strukturmusters ›Gelebte Religion‹ insbesondere in empirisch-qualitativ angelegten Studien die Erforschung der Religiosität von Mädchen und Frauen in unterschiedlichen Kontexten begonnen hat, während die Jungen- und Männerforschung in diesen Fragen noch als ›terra incognita‹ zu bezeichnen ist.

So galten beispielsweise Frauen bislang als dominierende Tradentinnen des christlichen Glaubens und gelebter Glaubenspraxis (im Blick auf die Weitergabe einer christlich geprägten Familienreligiosität wie bspw. einer häuslichen Gestaltung christlicher Feste, Gebete und Lieder). Aktuelle Studien stellen dies jedoch via empirischer Forschungsmethoden deutlich in Frage, wenn beispielsweise *Petra-Angela Ahrens* und *Ingrid Lukatis* in ihrer quantitativ angelegten Untersuchung zeigten: »Wo Frauen Zugang zu Lebensräumen haben, die nicht dem traditionellen Geschlechtsrollenmuster entsprechen (Erwerbstätigkeit, höhere Schulbildung), da geht eine solche Lebenssituation mit tendenziell geringerer Nähe zu Religion und Kirche einher.«[2] So wurde Differenzierung zum wegweisenden Kriterium des Geschlechterdiskurses: schon längst – und stärker als oft wahrgenommen – hat sich insbesondere die religiöse Frauenforschung auf den langen und beschwerlichen, aber der Komplexität der Phänomene einzig gerecht werdenden Weg der subjektorientierten und kontextuellen Perspektive gemacht.[3] Hierbei zeigt sich innerhalb der letzten hundert Jahre eine deutliche Tendenz zur Privatisierung, sprich der Betonung subjektiver Religiosität(en), so dass auch die Fragen einer Familienreligiosität im Kontext der sich wandelnden Sozialgeschichte differenziert betrachtet werden müssen und die Heterogenitätsforschung auch in die kirchliche Bildungs-

---

1 Vgl. z.B. *S. Becker / I. Nord* (Hg.), Religiöse Sozialisation von Mädchen und Frauen, Stuttgart u.a. 1995; *S. Klein*, Religiöse Sozialisation, in: *I. Leicht / C. Rakel / St. Rieger-Goertz* (Hg.), Arbeitsbuch Feministische Theologie. Inhalte, Methoden und Materialien für Hochschule, Erwachsenenbildung und Gemeinde, Gütersloh 2003, 198–221; *Dies.*, Religiöse Tradierungsprozesse in Familien und Religiosität von Männern und Frauen, in: RpB 43 (1999), 25–40.

2 *P.-A. Ahrens / I. Lukatis*, Religion in der Lebenswelt von Frauen. Eine Annäherung über Ergebnisse quantitativer Forschung, in: *E. Franke / G. Matthiae / R. Sommer* (Hg.), Frauen, Leben, Religion. Ein Handbuch empirischer Forschungsmethoden, Stuttgart u.a. 2002, 159–212.

3 Vgl. *A. Pithan*, Differenz als hermeneutische Kategorie im Vermittlungs- und Aneignungsprozess, in: *A. Pithan / V. Elsenbast / D. Fischer* (Hg.), Geschlecht – Religion – Bildung. Ein Lesebuch, Münster 1999, 9–15.

arbeit (zuletzt in der empirischen Erforschung der Konfirmationszeit) ihren Eingang gefunden hat.[4]

Gesellschaftliche Pluralisierungsprozesse verändern auch theologische, spirituelle und ästhetische Bedürfnisse im Kontext eines Individualisierungstheorems, das in wachsendem Maße zu gesellschaftlich virulenten Formen von Religiosität bei abnehmender Kirchlichkeit führt. Insofern hat der RU für die meisten Bundesländer in Deutschland bleibend hohe Relevanz, da hier auch nicht oder wenig kirchlich sozialisierte Kinder und Jugendliche für religiöse Bildungsprozesse erreicht werden können.

2. Genderforschung und Religionsunterricht

Will christliche Religionspädagogik zukunftsfähig sein, kann sie nicht am Lebensbezug ihrer Adressaten und Adressatinnen vorbeisehen.[5] Subjektorientierung schließt Gender-Orientierung ein, denn es gibt keine geschlechtsneutrale Identitätsentwicklung. Nur eine Religionspädagogik, die sowohl in der Theorie als auch Praxis den Parameter Geschlecht einbezieht, wird sich im Bildungsprozess als relevant behaupten. Hierbei kann es nicht um eine Assimilierung als Gleichmacherei der Geschlechter gehen: Vielmehr ist nach dem Modell der Pädagogin *Annedore Prengel* ein emanzipatorisches Konzept von Verschiedenheit zu entwickeln.[6] Das bedeutet für den RU, geschlechtsspezifische Identitäten in ihren Verschiedenheiten wahrzunehmen und zuzulassen, gleichzeitig jedoch für die Persönlichkeitsentwicklung einengende Rollenmuster bewusst zu machen und befreiende Impulse zu setzen.[7]

---

4 *E. Naurath,* Heterogenität und Differenzierung, in: *Th. Böhme-Lischewski / V. Elsenbast / C. Haesken / Th. Ilg / F. Schweitzer* (Hg.), Konfirmandenarbeit gestalten. Perspektiven und Impulse für die Praxis aus der Bundesweiten Studie zur Konfirmandenarbeit in Deutschland, Gütersloh 2010, 102–111.

5 Vgl. zum Folgenden auch: *E. Naurath,* Religionsunterricht und Gender-Perspektive, in: *G. Lämmermann / E. Naurath / U. Pohl-Patalong* (Hg.), Arbeitsbuch Religionspädagogik. Ein Begleitbuch für Studium und Praxis, Gütersloh 2005, 95–100.

6 Vgl. *A. Prengel,* Pädagogik der Vielfalt. Verschiedenheit und Gleichberechtigung in Interkultureller, Feministischer und Integrativer Pädagogik, Opladen 1993.

7 Vgl. *H. Kohler-Spiegel,* Gender im Religionsunterricht – Mädchen / Jungen im Religionsunterricht, in: JRP 18 (2002), 157–170.

2.1 Gender als Kategorie der Unterrichtsforschung

Gegenwärtig wird die Genderfrage unterrichtspraktisch im Kontext der so genannten Heterogenitätsforschung diskutiert.[8] Hierbei ist allerdings auf die Problematik hinzuweisen, dass erstens diesbezüglich ein Desiderat grundlegender, schulartenspezifischer Erforschung des RU besteht und zweitens die Unklarheit einer Definition von Heterogenität den Diskurs erschwert. So weist der Begriff der Heterogenität zwar auf plurale Unterrichtsbedingungen wie Geschlecht, Sprache, kulturellen und religiösen Hintergrund, soziale Schicht, Bildungsvoraussetzungen, Familienformen und Wertehorizonte hin, vernachlässigt aber nicht selten damit einhergehende Hierarchisierungen. Der kritische Blick auf Herrschaftsstrukturen ist jedoch als nicht aufzugebendes Erbe der der Genderforschung zugrunde liegenden feministischen Theorie zu bewahren.

2.2 Gender im Blick auf die Lebens- und Vorstellungswelten heutiger Schüler und Schülerinnen

Während *Christine Lehmann* noch 2003 konstatierte, dass die Erkenntnisse der feministisch-theologischen Forschung in der Praxis des RU zu wenig umgesetzt würden,[9] lässt sich heute sagen, dass zwar ›Geschlechtergerechtigkeit‹ als grundlegendes Prinzip in Bildungsplänen und Curricula postuliert wird, die Impulse zur praktischen Umsetzung jedoch sehr vom genderbewussten Reflexionsvermögen bzw. der Persönlichkeitsbildung der Lehrperson abhängen. Erschwerend kommt hinzu, dass die Perspektive forschenden Lehrens im Blick auf die Schüler/innen hinsichtlich auch einer gendersensiblen Subjektorientierung im RU noch zu wenig im Blick ist. So wird beispielsweise erst langsam die Perspektive der Jungen im Kontext einer gendersensiblen Religionspädagogik entdeckt. Während Impulse von Seiten der Feministischen Religionspädagogik die weibliche religiöse Sozialisation, den Einfluss eines patriarchal geprägten Gottesbildes auf die weibliche Religiosität bzw. die Identitätsentwicklung von Mädchen die Notwendigkeit einer geschlechtlichen Differenzierung ins Bewusstsein brachten, um die sublime Gleichsetzung von ›männlich‹ als ›menschlich‹ zu enttarnen, bleiben jungen- und männerspezifische Forschungen zur Religion weiterhin ein Forschungsdesiderat.

---

8 Vgl. beispielsweise *H. Faulstich-Wieland / M. Weber / K. Willems*, Doing gender im heutigen Schulalltag, Weinheim 2004.

9 Vgl. *C. Lehmann*, Heranwachsende fragen neu nach Gott. Anstöße zum Dialog zwischen Religionspädagogik und Feministischer Theologie, Neukirchen 2003.

Auch wenn subjektorientierte Religionsdidaktik den Blick auf die einzelne Person in deren Lebenssituation wie auch in deren lebensgeschichtlichen Kontext fordert und zudem gerade der Genderdiskurs die Rollenzuschreibungen kritisch in Frage stellt, soll im Folgenden der Versuch unternommen werden, hinsichtlich der Schüler/innen als Mädchen und Jungen zu differenzieren, um auf grundlegende geschlechtsspezifische Problematiken zu verweisen. Schließlich kann nicht die Nivellierung der Geschlechterrollen, sondern vielmehr ihre Bewusstmachung weiterführend sein, um Geschlechtergerechtigkeit als Befreiung von einengenden Rollenzuschreibungen auf beiden Seiten zu intendieren. Dennoch muss angesichts des ›gender doing‹ (der Konstruktion von Geschlechtlichkeit) immer im Blick bleiben, dass der Kontextbezug Pluralitäten zur Folge hat und letztlich immer individuelle Differenzierungen notwendig macht.

2.2.1 Mädchen im RU

Der Beitrag des RU zur Identitätsentwicklung impliziert die Möglichkeit kritischer Selbstreflexion, um eigene Lebensdeutungen und Sinnorientierungen zu eruieren. Für die religiöse Entwicklung der Mädchen sind hierbei beispielsweise Fragen der sozialen Rollenzuschreibung, die Bedeutung der Leiblichkeit im Kontext weiblicher Körperbiographie oder die Suche nach biblisch (bzw. religiös) bedeutsamen Identitätsfiguren relevant.

Als zentral erweist sich für theologische und ethische Einstellungen das Gottesbild: Da bis ins Jugendalter zumeist konkrete (oft als anthropomorph bezeichnete) Bilder eines personalen Gottesverständnisses im Vordergrund stehen, scheint die Gleichgeschlechtlichkeit nicht ohne Folgen für das eigene Selbstwertgefühl zu sein. Angesichts vorwiegend männlich konnotierter Gottesattribute (wie Gott als Richter, Herr, Hirte, Vater etc.) wirft dies für Mädchen Probleme auf. So zeigte *Stefanie Klein* in ihrer vielbeachteten Studie, dass Mädchen offensichtlich weibliche Züge ihres gemalten Gottesbildes aus Konformitätsgründen im Nachhinein als männlich klassifizierten.[10] Deutlich wird hieran, dass es für die weibliche religiöse Entwicklung problematisch sein kann, die eigentlich (gewünschte) Vorstellung von Gott in deutlicher Diskrepanz zur gesellschaftlich normierten zu sehen. Wie relevant die Thematisierung weiblicher Züge in den biblischen Aussagen zu Gott für die Identitätsentwicklung (insbesondere im Blick auf eine Stärkung des Selbstbewusstseins) der Mädchen sein dürfte, ist bislang weitgehend unerforscht. Aufgrund einiger empirischer

10 *S. Klein*, Gottesbilder von Mädchen. Bilder und Gespräche als Zugänge zur kindlichen religiösen Vorstellungswelt, Stuttgart 2000.

Studien zur gelebten Religion von Frauen ist allerdings zu vermuten, dass die Wechselwirkungen von Geschlecht, Lebensgeschichte und Religion vermehrt zu individuellen und oft auch kirchenkritischen Formen weiblicher Frömmigkeit führen.[11] Von der Kritik an patriarchalen Gottesbildern und androzentrischen Kirchenstrukturen bis zur Suche nach weiblichen Bildern für das Heilige sind Neuorientierungen in unserer Gesellschaft auszumachen, in denen vorwiegend Frauen nach einer religiösen Bestärkung veränderter Selbstbilder und Sinnhorizonte suchen. Vieles deutet darauf hin, dass innerhalb der Kirchen Pluralisierungsprozesse im Gange sind, die theologische, spirituelle, aber auch ästhetische Bedürfnisse von Frauen in praktisch-theologisches Handeln umzusetzen versuchen: Frauenfreundliche Sprache im Gottesdienst, weibliche Gottesbilder, Frauenliturgiebewegung oder die Forderung nach kreativer und körperorientierter Verlebendigung der biblischen Botschaft mögen als Beispiele genügen.

Insofern ist die Thematisierung von mädchen- und frauenspezifischen Erfahrungen in der Erarbeitung von biblischen Figuren, historischen Gestalten oder (ethischen) Themengebieten der Gegenwart für die Schülerinnen im RU identitätsfördernd. Die selbstverständliche Sichtbarmachung von weiblichen Dimensionen im christlichen Gottesbild wie auch von Frauen getragenen Frömmigkeitsbewegungen und religiösen Lebensentwürfen (Sinndeutungen) kann Schülerinnen helfen, eigene religiöse Fragen zu klären. Als grundlegend hat sich aus Sicht der theologischen Frauenforschung die Integration leibbezogener Themen und Methoden erwiesen: nicht nur im Blick auf die Theologie- und Geistesgeschichte, sondern auch hinsichtlich der eigenen Körperbiographie birgt der Themenbereich ›Leiblichkeit und Theologie‹ für die weibliche Religiosität Anknüpfungspunkte, die nach einer Ergänzung der vorherrschend kognitiven Gehalte durch kreative und emotionale Lerndimensionen (z.B. in bibeldidaktischer Hinsicht durch die Umsetzung biblischer Geschichten mit bibliodramatischen Elementen oder Bibliolog) verlangt. Auch ein Wechsel der Unterrichtsformen bzw. der Zusammensetzung der Lerngruppe durch koedukative bzw. geschlechtergetrennte Phasen hat sich hinsichtlich einer Genderreflexivität als sinnvoll erwiesen.

---

11 *R. Sommer*, Lebensgeschichte und gelebte Religion von Frauen. Eine qualitativ-empirische Studie über den Zusammenhang von biographischer und religiöser Orientierung, Stuttgart 1998; *A. Kaupp*, Junge Frauen erzählen ihre Glaubensgeschichte. Eine qualitativ-empirische Studie zur Rekonstruktion der narrativen religiösen Identität katholischer junger Frauen (Zeitzeichen 18), Ostfildern 2005; *A. Reese*, ›Ich weiß nicht, wo da Religion anfängt und aufhört.‹ Eine empirische Studie zum Zusammenhang von Lebenswelt und Religiosität bei Singlefrauen (Religionspädagogik in pluraler Gesellschaft 8), Gütersloh 2006.

2.2.2 Jungen im RU

Im Zuge der ›Genderisierung‹ sozialwissenschaftlicher Forschungen wird nicht selten die kritische Jungen- und Männerforschung verkürzt rezipiert.[12] Hierbei fallen drei Stoßrichtungen der Argumentation auf: der ›Arme-Jungen‹-Diskurs, der ›Die-Schule-versagt‹-Diskurs und der ›Wie-Jungen-sind‹-Diskurs.[13] Die Probleme männlicher Identitätsentwicklung fokussiert der ›Arme-Jungen-Diskurs‹, indem resümiert wird, dass der Wandel der Geschlechterrollen für die heranwachsenden Jungen zu einem unlösbaren Paradox geführt habe: Einerseits sollten sie Stärke nach dem Muster traditioneller Männlichkeitsvorstellungen und andererseits emotionale Kompetenzen wie Sensibilität und Einfühlungsvermögen entwickeln. Die Konfrontation mit zwei einander widersprechenden Männerbildern führe jedoch zu starker Verunsicherung, welche sich wiederum in wachsender Aggression und Gewaltneigung ausdrücken kann. Daran anknüpfend sieht der ›Die-Schule-versagt‹-Diskurs eine deutliche Benachteiligung der Jungen in schulischen Lerninhalten und -formen sowie Leistungsmaßstäben, da die Unterrichtsorganisation den eher extrovertierten und raumgreifenden männlichen Interessen entgegenstünde. Auch diese in gewissem Sinn falschen Anforderungen an Heranwachsende männlichen Geschlechts bergen ein eklatantes Konfliktpotenzial in sich, die aufgrund der biologischen Disposition – hier wird vor allem mit dem erhöhten Testosteronspiegel als ›Männlichkeitshormon‹ argumentiert – die Gewaltbereitschaft der Jungen stark erhöhe. Diese Argumentation des ›Wie-Jungen-sind‹-Diskurses hat im pädagogischen Kontext eine auf besonders problematische Weise ›entlastende‹ Funktion, die ideologiekritisch zu entlarven ist: Der angeblich erhöhte Testosteronspiegel von heranwachsenden Jungen darf nicht die grundsätzliche Akzeptanz eines wachsenden Aggressionspotenzials legitimieren.

Demgegenüber verweisen Studien der kritischen Jungen- und Männerforschung darauf, Gewalt nicht vorschnell als Form männlicher Lebensweise bzw. -bewältigung anzusehen, sondern gesellschaftspolitische Zusammenhänge einer »hegemonialen Männlichkeit«[14] bzw. die weiterhin

---

12 Vgl. zum Folgenden: *E. Naurath*, Religion, Gewalt, Geschlecht. Gender als vernachlässigte Frage im Diskurs religiöser Gewaltforschung, in: ZfWuF 26 (2008), 40–43.

13 Vgl. *K. Schultheis / Th. Fuhr*, Grundfragen und Grundprobleme der Jungenforschung, in: *K. Schultheis / G. Strobel-Eisele / Th. Fuhr* (Hg.), Kinder: Geschlecht männlich. Pädagogische Jungenforschung, Stuttgart 2006, 12–79.

14 *W. Kassis*, Wie kommt die Gewalt in die Jungen? Soziale und personale Faktoren der Gewaltentwicklung bei männlichen Jugendlichen im Schulkontext, Bern-Stuttgart-Wien 2003, 149.

evidente Rolle von Männlichkeitsmythen in den Blick zu nehmen. Religiös begründete Mythen hegemonialer Männlichkeit sind insofern ideologiekritisch zu entlarven, als ihnen marginalisierte Gottesbilder gegenüberzustellen sind: Der biblische Fundus weiblicher bzw. mütterlicher Gottesbilder, aber auch eines mitfühlend bzw. fürsorglich konnotierten Vaterbildes (beispielsweise im Gleichnis vom ›Barmherzigen Vater‹ in Lk 15, 11–32) bietet hier eine Fülle möglicher Ansatzpunkte.

Desweiteren ist der Dreischritt ›Degendering, Engendering und Regendering‹ auch auf theologische Forschungen transferierbar, indem zunächst geschlechtliche Zuschreibungen aufgedeckt (Degendering), dann im Sinne einer Weitung der Handlungsspielräume problematisiert (Engendering) und schließlich durch – der Komplexität der Wirklichkeit gerechter werdende – differenzierende Symbole (Regendering) ersetzt werden.[15] Folglich müssten also rollenspezifische Denkmuster verändert werden, die wiederum von alltäglich gelebten Zuschreibungen bestimmt sind. Wenn Jungen beispielsweise in ihrer frühkindlichen, sowohl für die emotionale und damit auch für die religiöse Entwicklung zentralen Lebensphase in stärkerem Maß männlich-fürsorgliche Bezugspersonen mit dezidiert induktivem Erziehungsstil erlebten, könnten traditionelle, an Dominanzverhalten gebundene Männlichkeitsmythen im wahrsten Sinne des Wortes aufgeweicht werden. Ebenso ist auch die religiöse Bildung in deutlichem Zusammenhang zur emotionalen Entwicklung zu sehen: Weil religiöse Sozialisation überwiegend von Frauen (Müttern, Großmüttern, Erzieherinnen, Grundschullehrerinnen, Kindergottesdienstmitarbeiterinnen etc.) tradiert wird und nicht selten männliche Identität in Abgrenzung zu einer stärker an Emotionalität geknüpften Religion von Frauen vollzogen wird, liegt für Jungen eine größere Hürde in der Entwicklung ihrer Religiosität.

All diese Beschreibungsversuche deuten auf ein Komplexitätsproblem als Dilemma der Jungenforschung:

»Je mehr die Gewissheit über die Jungen schrumpft, desto größer ist die Gefahr, eben auch im Hinblick auf die Jungenarbeit Geschlechterstereotypen zu reproduzieren […] und damit das zu verfehlen, was für eine jungenbezogene und geschlechtergerechte Religionspädagogik gerade von Nöten wäre«.[16]

Insofern bedarf es zum einen einer dezidierten Subjektorientierung, die den einzelnen Jungen im Kontext seiner sozialen Bedingungen in den

---

15 Vgl. *E. Wölfl*, Gewaltbereite Jungen – was kann Erziehung leisten? Ansätze zu einer genderorientierten Pädagogik, München 2003.

16 *Th. Knauth*, Jungen in der Religionspädagogik – Bestandsaufnahme und Perspektiven, in: *A. Pithan / S. Arzt / M. Jakobs / Th. Knauth* (Hg.), Gender, Religion, Bildung. Beiträge zu einer Religionspädagogik der Vielfalt, Gütersloh 2009, 72–94, hier 76.

Blick nimmt und andererseits eines forschenden Lehrens, das zusätzlich Erkenntnisse der gegenwärtigen Jungenforschung in die genderspezifischen Sichtweisen konstruktiv, aber auch kritisch integriert.[17] Insbesondere Fragen der männlichen Identitätsentwicklung sind hier im Fokus gegenwärtiger Sozialforschung zu thematisieren: Was heißt es beispielsweise heute angesichts der Auflösung traditioneller Anforderungen an männliche Sozialisation, weniger als Ernährer der Familie denn als liebevoller und anwesender Vater der eigenen Kinder gesehen zu werden? Welche Vorbilder oder für genderspezifische Reflexionsprozesse geeignete (biblische) Texte können im RU bearbeitet werden, um zum einen Stärke und Selbstbewusstsein aufzubauen und zum anderen auch vermeintliche Schwächen umzudeuten? Hier bietet doch gerade das christliche Wirklichkeitsverständnis Möglichkeiten einer In-Frage-Stellung gesellschaftlicher Normen angesichts einer die sozialen Schranken durchbrechenden Werteverschiebung durch die Erwartung des kommenden Reiches Gottes.

Zudem kann auch der RU durch sein vieldimensionales Methodenrepertoire, das auch Wahrnehmungsschulung, ästhetische Bildungsprozesse, kreative Ausdrucksformen und spielerische Umsetzungsformen erlaubt, geeignet sein, Fragen eines jungen- und männerspezifischen Umgangs mit dem eigenen Körper zu thematisieren. Mehr denn je ist es für heutige Jungen wichtig, den Körper durch ausgewählte Kleidung, Frisuren, aber auch sportliche Fitness selbst als männlich zu inszenieren.

Selbstverständlich muss der Umgang mit Aggressionen und gewalttätigem Verhalten (ebenso wie bei den sublimeren Formen der Mädchen) im Rahmen ethischer Bildungsprozesse im RU aufgenommen werden. Hier dürfte nicht zuletzt auch die Auseinandersetzung mit den ›dunklen‹ Seiten Gottes bzw. mit Gewalttexten der Bibel dazu geeignet sein, negative Gefühle (wie Wut, Aggression, Neid, Hass) auch als typisch menschlich (männlich und weiblich) im RU zu behandeln und zu konstruktiven Verhaltensformen zu finden, nach dem Motto: ›Alle Gefühle sind erlaubt, aber nicht alle Verhaltensweisen‹! Demnach ist die didaktische und methodische Betonung der meist marginalisierten emotionalen Lerndimension sowohl für Jungen wie auch für Mädchen im RU zukunftsweisend, um genderspezifische Entwicklungsprozesse voranzubringen. Dies besonders deshalb, weil emotionale Dimensionen religiöser Bildungsprozesse eher körperliche und körperbiographische Funktionen aufgreifen und rationalisierenden Verdrängungsmechanismen Vorschub leisten können.[18]

---

17 Vgl. auch *A. Pithan*, Arme Jungs oder kleine Machos? Die Lebenswelten von Jungen als religionspädagogische Herausforderung, in: Theo-Web 7 (2008), H. 1, 259–274.

18 Vgl. *E. Naurath*, Mit Gefühl gegen Gewalt. Mitgefühl als Schlüssel ethischer Bildung in der Religionspädagogik, Neukirchen [3]2010.

2.3 Gender als Frage nach der Rolle der Religionslehrkraft

Gendersensible Religionsdidaktik verlangt eine Lehrerpersönlichkeit, die auch selbstreflexive Kompetenzen hinsichtlich ihrer geschlechtsspezifischen Identität entwickelt hat. Was im RU Wirklichkeit werden soll, müsste demnach zunächst in der Lehrer- und Lehrerinnen-Bildung an den Universitäten beginnen. Doch solange es an der Tagesordnung ist, dass eine Studentin (!) ganz selbstverständlich von sich behauptet, dass sie ›ein Lehrer‹ wird, muss der Erfolg einer genderbewussten Persönlichkeitsbildung in Zweifel gezogen werden.

Hinsichtlich einer individuellen Professionalisierung angehender RL wird die Aufgabe theologisch-religionspädagogischer Kompetenzentwicklung so beschrieben, dass die berufliche Identität eng an die Reflexionsfähigkeit der Lebenssituation, der eigenen Lebensgeschichte wie auch der religiösen Entwicklung und Sozialisation geknüpft ist:

»Von der eigenen Beziehung zum christlichen Glauben und zur evangelischen Kirche werden das berufliche Selbstkonzept, das Berufsethos, die Werthaltungen und die Wahrnehmung der eigenen Rolle als Religionslehrerin oder Religionslehrer ebenso beeinflusst wie die Gestaltung des Unterrichts und die Realisierung der über den Unterricht hinausgehenden Funktionen und Aufgaben.«[19]

Selbstverständlich ist hinsichtlich einer subjektorientierten, die Persönlichkeitsbildung in den Blick nehmenden Lehramtsausbildung in all ihren Phasen die theologische wie auch religionspädagogische Thematisierung der Genderfrage zu ergänzen. Hier müssen zukünftig hochschuldidaktische Initiativen entwickelt werden, die auch geschlechtsspezifische Kontexte in ihrem strukturellen Einfluss auf die Hochschule als Lebenswelt und Bildungsort kritisch in den Blick nehmen.

Die Integration des Anspruchs einer Förderung gendersensibler Kompetenzen in den Aus- und Fortbildungsrichtlinien von RL sollte daher auch die Einübung einer konstruktiv-kritischen Sichtung von Unterrichtsmaterial, Lehrbüchern und Themen beinhalten, so dass durchgängig eine ›Hermeneutik des Verdachts‹ (nach *Elisabeth Schüssler-Fiorenza*) auch in didaktischer Perspektive vollzogen werden kann, z.B. konkret: Welche Inhalte werden ausgewählt und inwiefern zeigt sich schon an der Auswahl eine Vernachlässigung bzw. Vereinseitigung geschlechtsspezifischer Dimensionen?

---

19 *Kirchenamt der EKD* (Hg.), Theologisch-Religionspädagogische Kompetenz. Professionelle Kompetenzen und Standards für die Religionslehrerausbildung. EKD-Texte 96, Hannover 2008, 17f.

Besonders bedeutsam ist die Wahrnehmungs- bzw. Diagnosekompetenz für RL im Blick auf deren Schüler/innen, um auf geschlechtsspezifische Dimensionen biographischer oder auch lebenssituativer Zusammenhänge sensibel reagieren zu können. Um Raum zur Reflexion der eigenen, auch geschlechtsspezifisch bestimmten Religiosität geben zu können, bedarf es einer Offenheit für ›forschendes Lehren‹, die neben *hermeneutischen Qualitäten* (wie gut verstehe ich eigentlich meine Schüler/innen?) auch *didaktische* (welche Themen und Fragen sind für die einzelnen Mädchen und Jungen in ihren Lebenskontexten relevant?) und *methodische* (welche Lernwege bzw. Lernatmosphären sind für eine subjekt- und damit auch genderorientierte Didaktik motivierend und hilfreich?) *Fähigkeiten* erfordert. Für eine zukunftsfähige, gendersensible Religionspädagogik ist die Integration seelsorgerlicher Dimensionen im Blick auf den RU, aber auch als Aufgabe und Herausforderung der RL im Blick auf den Lern- und Lebensort Schule von hoher Bedeutung, um kontextbezogen auf den einzelnen Schüler und die einzelne Schülerin eingehen zu können.

Literaturhinweise

A. Pithan / S. Arzt / M. Jakobs/ Th. Knauth (Hg.), Gender, Religion, Bildung. Beiträge zu einer Religionspädagogik der Vielfalt, Gütersloh 2009.

U. Riegel, Gott und Gender. Eine empirisch-religionspädagogische Untersuchung nach Geschlechtsvorstellungen in Gotteskonzepten (Empirische Theologie 13), Münster 2004.

A. Volkmann, ›Eva, wo bist du?‹ Die Geschlechterperspektive im Religionsunterricht am Beispiel einer Religionsbuchanalyse zu biblischen Themen, Würzburg 2004.

A. Pithan / A. Qualbrink / M. Wischer (Hg.), Geschlechter bilden. Perspektiven für einen genderbewussten Religionsunterricht, Gütersloh 2011.

XVII.
Phasen der Religionslehrerbildung

Hartmut Lenhard

1. Berufsziel: Religionslehrer / Religionslehrerin

Wer sich nach dem Abitur entschließt, Religionslehrer oder Religionslehrerin zu werden, hat einen langen, anspruchsvollen Weg vor sich. Jeder Studierende wird sich darauf einstellen müssen, dass sein beruflicher Werdegang zum RL weder nach dem *Studium* noch nach dem *Vorbereitungsdienst* (2. Phase) oder nach einer mehrjährigen *Berufseingangsphase* (3. Phase) abgeschlossen ist und er fortan als ›fertiger‹ Lehrer, ausgestattet mit einem opulenten Handwerkszeug und eingeübten Routinen, bis zu seiner Pensionsgrenze tätig sein wird.

Vielmehr erfordert der Alltag im Klassenzimmer »ständig neue Balancen […], weil immer neue Situationen entstehen und die Problemflut kaum absehbar ist«.[1] Wie kaum ein anderer Beruf erfordert der Lehrerberuf eine lebenslange Lernbereitschaft, wenn man den immer wieder überraschend fremden Schülergenerationen, den gesellschaftlichen Veränderungen, den Entwicklungen im System Schule und nicht zuletzt auch den fachlichen und fachdidaktischen Herausforderungen gerecht werden will.

2. Zur Neukonzeption der Lehramtsstudiengänge

Die Lehrerbildung ist insgesamt in einem tiefgreifenden Umbau begriffen. Wesentliche Facetten dieser »Baustelle Lehrerbildung« seien hier stichwortartig aufgelistet:

- Wachsender Druck auf die Lehrerbildung durch die Ergebnisse der internationalen Schulleistungsstudien (z. B. PISA seit 2000);

---

1 *J. Oelkers*, Unterricht als fragile Kunst und die Ausbildung des Könnens; in: journal für lehrerinnen- und lehrerbildung 10 (2010), H. 2, 37–41, hier 39.

- Etablierung eines »europäischen Hochschulraums« durch die Einführung konsekutiver Studiengänge[2] im Zuge des Bologna-Prozesses (seit 1999)[3];
- Initiativen der Kultusministerkonferenz 2004[4] und 2008[5];
- Stärkung des Berufsfeldbezugs, Modularisierung und Kompetenzorientierung des Lehramtsstudiums;
- Forschungsprojekte zur Lehrerbildung mit dem Ziel eines konsistenten Bildungskonzepts[6];
- Umbau der zweiten Phase der Lehrerbildung in den einzelnen Bundesländern mit dem Ziel einer stärkeren Verschränkung von Studium und Vorbereitungsdienst und einer durchgehenden Kompetenz- und Standardorientierung.

Dieser Umbruch in der gesamten Lehrerbildung schlägt sich auch in einer Neukonzeption der Religionslehrerbildung nieder. Zentral ist dabei die Frage, über welche Kompetenzen RL verfügen müssen und wie diese Kompetenzen in einem kumulativen Prozess ausgebildet werden können.

2.1 Impulse aus der Fachdidaktik[7]

Die katholischen Religionspädagogen *H.-G. Ziebertz, S. Heil, H. Mendl* und *W.Simon* haben 2005 ein komplexes Modell für das professionelle Handeln von RL vorgelegt, das auf die Ausbildung eines beruflichen ›Habitus‹ zielt.[8] Die Autoren rekurrieren auf das Habituskonzept des

---

2 Übersicht mit Stand April 2009 unter http://www.mzl.uni-muenchen.de/links /studienreform/informationen/reformstand_bund.pdf (überprüft am 17.2.2011).

3 Vgl. *Hochschulrektorenkonferenz* (Hg.), Bologna-Reader. Texte und Hilfestellungen zur Umsetzung der Ziele des Bologna-Prozesses an deutschen Hochschulen (Beiträge zur Hochschulpolitik 8/2004), Bonn ²2004.

4 *Sekretariat der KMK*, Standards für die Lehrerbildung: Bildungswissenschaften, Beschluss der KMK vom 16.12.2004. http://www.kmk.org/fileadmin/veroeffent lichungen_beschluesse/2004/2004_12_16-Standards-Lehrerbildung.pdf (überprüft am 17.2.2011).

5 *Sekretariat der KMK*, Ländergemeinsame inhaltliche Anforderungen für die Fachwissenschaften und Fachdidaktiken in der Lehrerausbildung. Beschluss der KMK vom 16.10.2008 (überprüft am 17.2.2011). http://www.kmk.org/fileadmin/veroeffentlichungen_beschluesse/2008/2008_10_16-Fachprofile-Lehrerbildung.pdf (überprüft am 13.2.2011).

6 Über den Stand der Forschung gibt umfassend Auskunft: *E. Terhart / H. Bennewitz / M. Rothland* (Hg.), Handbuch der Forschung zum Lehrerberuf, Münster 2011. Vgl. auch den instruktiven Forschungsbericht bei *J. Baumert / M. Kunter*, Stichwort: Professionelle Kompetenz von Lehrkräften, in: ZfE 9 (2006), 469–520.

7 Vgl. *L. Rendle* (Hg.), Was Religionslehrerinnen und -lehrer können sollen. Kompetenzentwicklung in der Aus- und Fortbildung, Donauwörth 2008, 2.

8 *H.-G. Ziebertz u. a.*, Religionslehrerbildung an der Universität. Profession – Religion – Habitus (Forum Theologie und Pädagogik 11), Münster 2005; Vgl. *S. Heil*, Was ist und

französischen Soziologen *Pierre Bourdieu*[9] und fassen Habitus als »individuellen Stil«, als »Ort der Verbindung von Theorie und Praxis«[10] auf, der die widersprüchlichen Anforderungen des Berufsfeldes integriert. Der Habitus vermittelt zwischen den antinomischen Kategorien des Berufsfeldes, den Handlungsstrukturen und den Handlungsbedingungen. *Handlungsbedingungen* sind einerseits die *Institutionen* Schule mit ihren »Grundhandlungen« und – für die RL relevant – Kirche, andererseits die *Person* mit ihren biografisch und dispositionell geprägten Merkmalen und ihrer Glaubensbiografie. *Handlungsstrukturen* werden durch die Antinomie von *Routinen* und *Umgang mit Neuem* bestimmt, d.h. die Lehrkraft muss zum einen über habitualisierte Muster verfügen, die »ein sicheres Handeln unter Handlungsdruck ermöglichen«[11], zum andern muss eine Religionslehrkraft mit unvorhersehbarem Neuen, insbesondere mit religiöser Pluralität umgehen. Konstitutiv für die Fähigkeit, die Antinomien auszubalancieren, ist die Ausbildung einer differenzierten Reflexionsfähigkeit.[12] Schematisch stellt sich das Konzept wie folgt dar[13]:

Modell eines professionellen religionspädagogischen Habitus

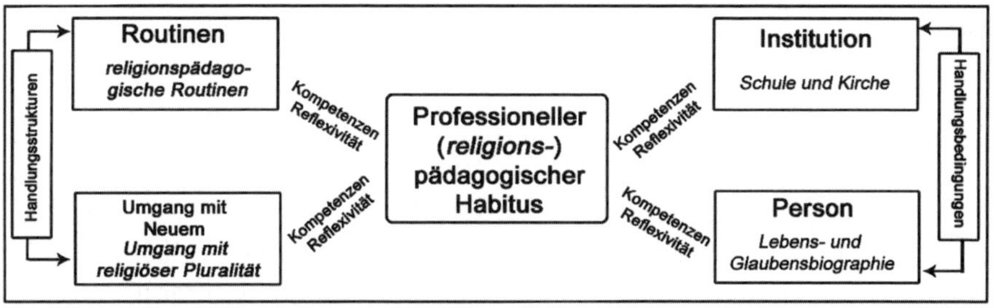

wie erlangen Lehrer/innen religionspädagogische Professionalität? Elemente einer Berufstheorie, in: *C. Bizer* u.a. (Hg.), Was ist guter Religionsunterricht? JRP 22 (2006), Neukirchen-Vluyn 2006, 79–92; *H. Mendl*, Handwerker, Künstler, Meister. Eine Problemstudie zum Erwerb eines professionellen Habitus, in: JRP 22 (2006), 65–78;

9 Vgl. *H. G. Ziebertz*, Religionslehrerbildung, 42ff.

10 *H. Mendl / S. Heil / H.-G. Ziebertz*, Das Habituskonzept: Ein Diagnoseinstrument zur Berufsreflexion, in: KatBl 130 (2005), 325–331, hier 327.

11 Ebd., 327.

12 Vgl. dazu *S. Heil / H.-G. Ziebertz*, Reflexivität als Schlüsselkompetenz, in: *H.-G. Ziebertz*, Religionslehrerbildung, 78–95. *H. Mendl*, Reflexivität. Die Förderung eines flexiblen berufsprofessionellen Habitus als zentrales phasenübergreifendes Merkmal einer zeitgemäßen Lehreraus- und -fortbildung; in: *L. Rendle*, Religionslehrerinnen, 235–255.

13 *S. Heil*, Professionalität, 83.

Bereits in der Universität muss ein »wissenschaftlich-reflexiver Habitus« entwickelt werden, der die »Basis für das spätere Handeln im Beruf« bildet. Allerdings wird das wissenschaftliche Wissen nicht einfach in Form von Routinen in die Praxis übertragen, da »Praxis nach eigenen, situativen Regeln funktioniert und nicht-standardisierbar ist«.[14] Gleichwohl sollen bereits in der universitären Lehrerbildung Routinen durch Fallanalysen, schulpraktische Studien oder forschendes Lernen aufgebaut werden.[15] Voraussetzung für die ›Routinisierung‹ sind Kompetenzen: Dispositionen, die »zur Bewältigung einer spezifischen Praxis befähigen« und »habituell internalisiert und damit situationsübergreifend abrufbar« sind.[16] Leitend ist für RL eine »Religionspädagogische Kompetenz«[17], die in Teilkompetenzen gegliedert und mit einem Lehrangebot unterlegt werden kann.[18]

Das Habituskonzept ist unstreitig ein wichtiger Beitrag zu einer inzwischen auch empirisch abgesicherten Berufstheorie,[19] die sowohl als Diagnoseinstrument als auch als Werkzeug zur Konstruktion eines phasenübergreifenden Lehrerbildungsprogramms genutzt werden kann. Eine kritische Auseinandersetzung vor dem Hintergrund der neueren erziehungswissenschaftlichen Diskussion um den Ansatz und die Reichweite eines strukturtheoretischen Professionsmodells steht allerdings noch aus.[20]

2.2 Impulse aus der Studienreformkommission der EKD

Bereits 1997 veröffentlichte der Rat der EKD das von der Gemischten Kommission zur Reform des Theologiestudiums verfasste Konzept »Im Dialog über Glauben und Leben. Zur Reform des Lehramtsstudiums Evangelische Theologie / Religionspädagogik«.[21] Die Kommission fokus-

---

14 *S. Heil / H.-G. Ziebertz*, Professionstypischer Habitus als Leitkonzept in der Lehrerbildung; in: *H.-G. Ziebertz,* Religionslehrerbildung, 41–64, hier 50.

15 Vgl. *H. Mendl*, Habituskonzept, 327.

16 *S. Heil / H.-G. Ziebertz*, Kompetenzen der Profession Religionslehrer/in; in: *H.-G. Ziebertz,* Religionslehrerbildung, 65–77, hier 65 f.

17 Ebd., 69 f.

18 Vgl. *H.-G. Ziebertz u. a.*, Modularisierung des Lehrangebots und Kerncurriculum in der universitären Lehrerbildung; in: *H.-G. Ziebertz,* Religionslehrerbildung, 97–126.

19 Vgl. *S. Heil*, Strukturprinzipien religionspädagogischer Professionalität. Wie Religionslehrerinnen und Religionslehrer auf die Bedeutung von Schülerzeichen schließen – eine empirisch-fundierte Berufstheorie (Empirische Theologie 15), Berlin 2006.

20 Vgl. *J. Baumert / M. Kunter,* Stichwort: Professionelle Kompetenz und *W. Helsper*, Eine Antwort auf Jürgen Baumerts und Mareike Kunters Kritik am strukturtheoretischen Professionsansatz; in: ZfE 10 (2007), 567–579.

21 *Kirchenamt der EKD* (Hg.), Im Dialog über Glauben und Leben. Zur Reform des

sierte die berufliche Handlungsfähigkeit der RL in der »religionspädagogischen Kompetenz«, die sich einerseits auf die Anforderungen der *theologischen Wissenschaft* und andererseits gleichgewichtig auf die Anforderungen des *Berufsfeldes* »Evangelischer RU« bezieht. Dieser integrative Ansatz, der von vornherein den Aufbau *beruflicher* Kompetenzen in den Blick nahm, erwies sich als außerordentlich produktiv, erlaubte er doch, die beiden maßgebenden Perspektiven miteinander zu verzahnen, ein konkretes Anforderungsprofil zu entwickeln und dieses bis in Studienmodelle hinein zu entfalten.

Leider wurde das Konzept von den Universitäten zunächst nicht oder nur sporadisch rezipiert.[22] Offenbar waren die Empfehlungen der Kommission ihrer Zeit weit voraus, lagen sie doch vor dem sich abzeichnenden Umbruch der Lehrerbildung.

Lehramtsstudiums Evangelische Theologie / Religionspädagogik. Empfehlungen der Gemischten Kommission. Gütersloh 1997. Vgl. dazu *M. Rothgangel*, Professionelle Kompetenzen und Standards der Religionslehrerausbildung aus der Sicht der EKD, in: *L. Rendle*, Religionslehrerinnen, 27–37.

22 Eine Ausnahme in der Rezeptionsgeschichte bildet die Evangelisch-Theologische Fakultät der Universität Marburg, vgl. *B. Dressler*, Nicht ohne Wolle stricken? Lehrerbildung in Marburg, in: ZPT 59 (2007), 3–13, hier 7. Vgl. außerdem: *R. Hofmann*, Die Evaluation religionspädagogischer Kompetenz von ReligionslehrerInnen. Eine empirisch-explorative Studie zur Evaluation religionspädagogischer Kompetenz von ReligionslehrerInnen (THEOS – Studienreihe Theologische Forschungsergebnisse 84), Hamburg 2008.

Lehrerfunktionen	Grundlegende Kompetenzen und Teilkompetenzen (TK)
1. Religionslehrerinnen und -lehrer entwickeln ihre Kompetenzen ständig weiter.	**Religionspädagogische Reflexionsfähigkeit** TK 1: Fähigkeit zur Reflexion der eigenen Religiosität und der Berufsrolle TK 2: Fähigkeit, zum eigenen Handeln in eine reflexive Distanz zu treten
2. Religionslehrerinnen und -lehrer sind Fachleute für die Gestaltung von Lehr- und Lernprozessen im Bereich religiöser Bildung. 3. Religionslehrerinnen und -lehrer nehmen die Erziehungsaufgabe vor dem Hintergrund eines theologisch reflektierten, christlichen Menschenbildes bewusst wahr.	**Religionspädagogische Gestaltungskompetenz** TK 3: Fähigkeit zur theologisch und religionsdidaktisch sachgemäßen Erschließung zentraler Themen des RU und zur Gestaltung von Lehr- und Lernprozessen TK 4: Erzieherische Gestaltungskompetenz TK 5: Fähigkeit zur religionsdidaktischen Auseinandersetzung mit anderen konfessionellen, religiösen und weltanschaulichen Lebens- und Denkformen TK 6: Fähigkeit zur Interpretation und didaktischen Entschlüsselung religiöser Aspekte der Gegenwartskultur TK 7: Wissenschaftsmethodische und medienanalytische Kompetenz TK 8: Religionspädagogische Methoden- und Medienkompetenz
4. Religionslehrerinnen und -lehrer fördern Schülerinnen und Schüler in religionspädagogischer Verantwortung.	**Religionspädagogische Förderkompetenz** TK 9: Religionspädagogische Wahrnehmungs- und Diagnosekompetenz TK 10: Religionspädagogische Beratungs- und Beurteilungskompetenz
5. Religionslehrerinnen und -lehrer beteiligen sich an der Schulentwicklung, an der Gestaltung der Schulkultur und des Schulklimas, indem sie die religiöse Dimension im Schulleben zur Geltung bringen.	**Religionspädagogische Entwicklungskompetenz**

6. Religionslehrerinnen und -lehrer beteiligen sich am interdisziplinären Gespräch und an fächerverbindenden Kooperationen, am Dialog mit Vertreterinnen und Vertretern anderer Religionen und Weltanschauungen und am gesellschaftlichen Diskurs über die Bildungsaufgabe und Bedeutung des RU im Rahmen des Bildungssystems.	**Religionspädagogische Dialog- und Diskurskompetenz** TK 11: Interkonfessionelle und interreligiöse Dialog- und Kooperationsfähigkeit TK 12: Religionspädagogische Diskurskompetenz

Die Kommission hat ihre Anregungen für die Religionslehrerbildung in den folgenden Jahren kontinuierlich fortgeführt. Sie veröffentlichte 2008 erneut Empfehlungen zur Religionslehrerbildung.[23] Das Leitziel »Theologisch-religionspädagogische Kompetenz« wird darin aufgefasst als

> »die Gesamtheit der beruflich notwendigen Fähigkeiten und Fertigkeiten, der Bereitschaft und berufsethischen Einstellungen, über die ein Religionslehrer bzw. eine -lehrerin verfügen muss und die es ihnen ermöglicht, mit der Komplexität von beruflichen Handlungssituationen konstruktiv umzugehen, d. h. religionspädagogisch handlungsfähig zu sein.«[24]

Die Kommission geht davon aus, dass es grundlegende Aufgaben auf allen Schulstufen und in allen Schulformen gibt, für deren Bewältigung die Lehrkräfte identische, aber fachlich und schulformspezifisch ausgeschärfte Kompetenzen benötigen. Deshalb bedient sich die Kommission eines für alle Lehrkräfte einheitlichen *Strukturmodells*, das sich anlehnt an das Leitbild der KMK[25], prägt die dort genannten Lehrerfunktionen aber in religionspädagogischer Weise aus.

Die Analyse der Struktur des Berufsfeldes fasst die Kommission in sechs Punkten zusammen, denen sie grundlegende Kompetenzen zuordnet, die

---

23 *Kirchenamt der EKD* (Hg.), Theologisch-Religionspädagogische Kompetenz. Professionelle Kompetenzen und Standards für die Religionslehrerausbildung. Empfehlungen der Gemischten Kommission zur Reform des Theologiestudiums (EKD-Texte 96), Hannover 2008. Vgl. dazu das Themenheft Theologisch-religionspädagogische Kompetenz, ZPT 60 (2008), Heft 3. Von katholischer Seite liegt ein analoges Papier vor: *Sekretariat der Deutschen Bischofskonferenz* (Hg.), Kirchliche Anforderungen an die Studiengänge für das Lehramt in Katholischer Religion sowie an die Magister- und BA-MA-Studiengänge mit Katholischer Religion als Haupt- oder Nebenfach (Schriftenreihe Die deutschen Bischöfe 79), Bonn 2003.

24 Ebd., 16.

25 Vgl. *Sekretariat der KMK*, Standards für die Lehrerbildung, 3.

wiederum in insgesamt zwölf Teilkompetenzen aufgefächert werden. Dabei bildet die *berufsbezogene theologische Kompetenz* eine Art Querstruktur, die »alle Kompetenzen als Grundlage, Bezugspunkt und Korrektiv« durchzieht und als Voraussetzung für den Erwerb aller übrigen beruflichen Kompetenzen zu betrachten ist.[26]

Die Entwicklung beruflicher Handlungskompetenz im Verlauf der drei Phasen »Studium«, »Vorbereitungsdienst« und »Berufseingangsphase« ordnet die Kommission den Entwicklungsstufen »Novize«, »fortgeschrittener Berufsanfänger« und »erfahrener Lehrer« zu. Der Entwurf deutet so an, dass sich

> »das Können im Lehrberuf [...] nicht einfach durch die Anwendung von Wissenschaftswissen ein[stellt], sondern durch vielfältige Aktions- und Reflexionsprozesse in der Auseinandersetzung mit praktischen Handlungssituationen, in die das wissenschaftliche Wissen situationsbezogen eingearbeitet wird.«[27]

Die Konkretisierung des Modells erfolgt schließlich in einem Raster, das die einzelnen Ausbildungsphasen mit ihrem spezifischen Beitrag zum Kompetenzaufbau ausweist und dafür Standards benennt.[28]

3. Das Studium[29]

3.1 Die Studierenden

In einer Untersuchung zu Studienmotivationen und Vorstellungen über die künftige Berufspraxis bei Studierenden aus Baden-Württemberg[30] zeigte sich, dass als Motiv-Spitzenreiter für die Wahl des Studiums das persönliche Interesse der Studierenden rangierte, gefolgt von dem konkre-

---

26 *Kirchenamt der EKD* (Hg.), Theologisch-Religionspädagogische Kompetenz, 21. Die folgende Zusammenstellung basiert auf 18 ff.

27 *D. Fischer,* Einleitung. Wann ist Lehrerfortbildung gut? Qualitätsmerkmale und der Umgang mit Differenzen, in: *D. Fischer* (Hg.), Qualität der Lehrerfortbildung. Kriterien und Umgang mit Differenzen (Schriften des Comenius-Instituts 17), Berlin / Münster 2007, 7–10, hier 8.

28 Zur Analyse und kritischen Würdigung des Modells vgl. insbesondere *S. Heil*, Professionalitätstheoretischer Zugang zur Handreichung »Theologisch-religionspädagogische Kompetenz«, in: ZPT 60 (2008), 272–281.

29 Die wichtigsten Informationen zum Lehramtsstudium sind zu finden auf www.religion-studieren.de .

30 *A. Feige / N. Friedrichs / M. Köllmann*, Religionsunterricht von morgen? Studienmotivationen und Vorstellungen über die zukünftige Berufspraxis bei Studierenden der ev. und kath. Theologie und Religionspädagogik, Ostfildern 2007.

ten Wunsch, RL zu werden, dem sich schließlich das Interesse an theologischen Fragen und die Suche nach mehr Klarheit in Glaubensfragen zugesellten. In der Sprache der Soziologen wurden diese Items als »egozentriertes theologisches Bildungsinteresse« zusammengefasst.[31] Diese Motivationslage verstärkte sich insofern im Studium, als der Wunsch nach Klärung theologischer Grundfragen an die Spitze der Ausbildungsinteressen rückte und die Erweiterung des Fachwissens als bevorzugter Lernakzent vor der Methoden- und Medienkompetenz und der Entwicklung eines religiösen Selbstverständnisses genannt wurde.[32] ›Der Glaube braucht gedankliche Auseinandersetzung‹ – dieser Satz bringt die Diagnose der Studienmotivation auf den Punkt.[33]

Das Studium wird von den Autoren als »Identitätsbaustelle« interpretiert, in der »nachholende religiöse Sozialisation« stattfindet[34] und die Erwartung vorherrscht, man könne es lernen, im Studium überhaupt erst sein Verhältnis zur religiösen Praxis zu klären. Allerdings machen die Autoren darauf aufmerksam, dass es vielfältige Ausprägungen des Interesses an theologischen Grundfragen gibt, die faktisch zu beträchtlichen Spannungen in den Veranstaltungen führen könnten. Umso wichtiger sei es, die »Identitätsbaustelle« theologisch zu fundieren.[35]

3.2 Kompetenzen und Standards

2008 hat die KMK ein verbindliches fachspezifisches Kompetenzprofil für die Fachwissenschaften und die Fachdidaktik aller Fächer festgelegt, das die »Grundlage für die Akkreditierung und Evaluierung« der Studiengänge bilden soll.[36] Die fachbezogenen Kompetenzen leiten sich aus den »Anforderungen im Berufsfeld von Lehrkräften ab« und »beziehen sich auf die Kompetenzen und somit auf Kenntnisse, Fähigkeiten, Fertigkeiten

---

31 Ebd., 15.

32 Ebd., 26.

33 Ebd., 50.

34 Ebd., 75.

35 Ebd., 78. – Vgl. auch *H. Noormann,* Religionslehrer/in werden: Identitätsbaustelle Studium. Wandlungen im Selbstkonzept von Studienanfänger/innen, in: *M. Rothgangel / D. Fischer* (Hg.), Standards für religiöse Bildung? Zur Reformdiskussion in Schule und Lehrerbildung (Schriften des Comenius-Instituts 13), Münster 2005, 138–147; *I. Wiedenroth-Gabler*, Bildungsstandards als hochschuldidaktische Aufgabe; in: ebd., 121–137.

36 *Sekretariat der KMK*, Ländergemeinsame inhaltliche Anforderungen für die Fachwissenschaften und Fachdidaktiken in der Lehrerausbildung, Beschluss der KMK vom 16.10.2008, 2. (http://www.kmk.org/fileadmin/veroeffentlichungen_beschluesse/2008/2008_10_16-Fachprofile-Lehrerbildung.pdf (überprüft am 13.2.2011).

und Einstellungen, über die eine Lehrkraft zur Bewältigung ihrer Aufgaben im Hinblick auf das jeweilige Lehramt verfügen muss«.[37]

Das fachspezifische Profil für das Studium des Faches Evangelische Religionslehre nimmt im Wesentlichen die Empfehlungen der Gemischten Kommission »Theologisch-religionspädagogische Kompetenz« von 2008 auf und legt – wie für das Fach Katholische Religionslehre – sieben Teilkompetenzen fest:[38]

- Fachwissenschaftliche Kompetenz
- Rollen- bzw. Selbstreflexionskompetenz
- Wahrnehmungs- und Diagnosekompetenz
- Theologisch-didaktische Erschließungskompetenz
- Gestaltungskompetenz
- Dialog- und Diskurskompetenz
- Entwicklungskompetenz.

Darüber hinaus beschreibt es verbindliche Studieninhalte für das Studium für Lehrämter der Sekundarstufe I und für das Lehramt an Gymnasien bzw. der Sekundarstufe II.

3.3 Fachwissenschaften, Fachdidaktik und Praxismodule

Da an den theologischen Fakultäten schwerpunktmäßig Pfarramtsstudierende ausgebildet werden, ist es oft schwierig, die besonderen Anforderungen der Lehramtsstudierenden – das eingeschränkte Studienzeitbudget und den spezifischen Berufsfeldbezug – mit denen der anderen Studierenden zu synchronisieren. Notwendig für das Lehramtsstudium ist eine didaktische Konzentration auf Kernthemen, Überblicke, elementare Problemstellungen, exemplarische Sachverhalte, kontextuelle und interdisziplinäre Arbeitsweisen – in summa also fachliches Wissen, das die künftigen Lehrer/innen in Stand setzt, Unterrichtsthemen sachgemäß und methodisch gesichert zu erschließen sowie theologisch und didaktisch so zu transformieren, dass ihre Lebensbedeutsamkeit erkennbar wird.[39]

Dabei hat die Fachdidaktik nicht die Aufgabe, als eine Art ›Applikationsinstanz‹ die fachwissenschaftlichen Inhalte in vereinfachender Form nachträglich auf der Ebene des Unterrichts ›kleinzuarbeiten‹; vielmehr sorgt sie in jedem Fachgebiet für die »Verschränkung nicht identischer Strukturen, nämlich der fachlichen Gegenstandslogik und der individuel-

37 Ebd., 2.
38 Ebd., 40.
39 Ebd.

len Aneignungslogik lernender Subjekte«.[40] Dazu gehört auch, dass die Studierenden, die vom Studium eine Klärung ihres Verhältnisses zur religiösen Praxis und zum christlichen Glauben erwarten, als Personen im Fokus der theologischen Arbeit stehen. Die Entwicklung eines beruflichen Selbstkonzeptes als RL in Auseinandersetzung einerseits mit der eigenen Lebens- und Glaubenspraxis und andererseits mit dem theologisch-wissenschaftlichen Denken und der künftigen Berufsrolle ist ein Dreh- und Angelpunkt für ein gelingendes Studium.

An allen Universitäten sind inzwischen praktische Studien im Lehramtsstudium Pflicht. Sie differieren allerdings in erheblichem Maße, sowohl was ihre zeitliche Dauer als auch was ihre Funktion im Studium angeht. Ihre Notwendigkeit resultiert aus der Dauerklage über die Segmentierung der Ausbildungsphasen und den mangelnden Berufsfeldbezug des Fachstudiums: Das Studium stelle zwar eine umfangreiche Wissensbasis zur Verfügung, dieses Wissen erweise sich aber in der beruflichen Praxis als eher träge und kaum anschlussfähig.[41] Zwar sollten die obligatorischen Praxismodule nicht überschätzt und mit unrealistischen Erwartungen befrachtet werden, immerhin aber leisten sie es, Studierende zu einem Perspektivenwechsel anzuregen, der ihren Blick schärfen kann für die Anforderungen des Berufsalltags und ihnen Problemstellungen für ihr weiteres Studium aufgibt.[42]

4. Der Vorbereitungsdienst – die Zweite Phase der Lehrerbildung[43]

Berufliche Handlungsfähigkeit wird erst durch die Erfahrung des Berufsfeldes selbst und die Auseinandersetzung mit den konkreten beruflichen Anforderungen erworben. Eben dies geschieht in der 2. Phase der Lehrerbildung, im Studienseminar.

---

40 *B. Dressler*, Nicht ohne Wolle stricken?, 5. Vgl. dazu auch *Kirchenamt der EKD*, Im Dialog über Glauben und Leben, 48 f.

41 Vgl. dazu *H. Gruber / A. Renkl*, Die Kluft zwischen Wissen und Handeln: Das Problem des trägen Wissens, in: *G. H. Neuweg* (Hg.), Wissen – Können – Reflexion, Innsbruck u. a. 2000, 155–174.

42 Inzwischen haben einige Bundesländer ein Praxissemester eingeführt, das in weitaus größerem Maße als bisher den Erfahrungsraum der Studierenden erweitert und eine intensive erziehungswissenschaftliche und fachdidaktische Vorbereitung und Begleitung erfordert.

43 Vgl. dazu *H. Lenhard*, Zweite Phase an Studienseminaren und Schulen, in: *S. Blömeke u. a.* (Hg.), Handbuch Lehrerbildung, Braunschweig / Bad Heilbrunn 2004, 275–290; *H. Lenhard*, Die zweite Phase der Lehrerbildung. Ein Modell mit Zukunft?, in: Pädagogik 57 (2005), H. 11, 46–49.

4.1 Lehramtsanwärter/innen und Studienreferendare/innen

Die Ausbildung von Lehramtsanwärter/innen mit dem Fach Religionslehre ist forschungsmäßig nur sehr dürftig erschlossen.[44] Sofern überhaupt empirische Erkenntnisse vorliegen, beruhen diese in der Regel auf Selbstauskünften der Lehramtsanwärter/innen, nicht aber auf Untersuchungen über den faktischen Kompetenzzuwachs. In einer breit angelegten Studie wurden Anwärter/innen mit dem Lehramt Grundschule in NRW im Blick auf religionspädagogische Handlungskompetenz befragt.[45]

Für die berufliche Motivation (Selbstverständnis) ausschlaggebend war, dass den Lehramtsanwärter/innen der Glaube viel bedeutet und dass sie »den Kindern so eine Hoffnung geben« können. »Primär im Blick ist das Kind, seine Bedürfnisse, seine Lebenswünsche und seine Entwicklungserfordernisse«[46]. Im Blick auf ihr berufliches Ethos zeigten die Lehramtsanwärter/-innen eine hohe Anstrengungsbereitschaft und Verantwortungsbewusstsein sowie einen ausgeprägten Authentizitätsanspruch.[47] Von besonderer Bedeutung war die Frage, wie im Referendariat elementare berufspraktische Kompetenzen ausgebildet und ein professionelles Selbst entwickelt werden.[48] Ein wesentliches Ergebnis ist: »Kompetenzen vermehren sich [...] kumulativ: Wer schon hat, der bekommt umso mehr noch hinzu«[49]. Insgesamt sind sich die Befragten einig, »im Laufe des Referendariats mit Blick auf den Lehrerberuf im Allgemeinen und das ›Kerngeschäft‹ des Unterrichtens im Besonderen fundamentale Lernfortschritte und signifikante Kompetenzgewinne erzielt zu haben«. Sie äußern sich zu »allen Fragezeitpunkten im Durchschnitt eher zufrieden über das Referendariat als Ganzes«[50]. Das Referendariat stellt also einen wichtigen Schritt auf dem Weg zu praktischer Expertise dar.[51]

---

44 Vgl. die Studie von *R .H. Hofmann*, Evaluation religionspädagogischer Kompetenz.

45 *R. Englert u. a.*, Innenansichten des Referendariats. Wie erleben angehende Religionslehrer/innen an Grundschulen ihren Vorbereitungsdienst? Eine empirische Untersuchung zur Entwicklung (religions-)pädagogischer Handlungskompetenz (Forum Theologie und Pädagogik 14), Berlin 2006.

46 Ebd., 225.

47 Ebd., 230f.

48 Ebd., 237.

49 Ebd., 304.

50 Ebd., 471.

51 Natürlich sind die Befunde der Untersuchung nicht verallgemeinerbar, schon gar nicht im Blick auf die Lehramtsanwärter/innen weiterführender Schulen, bei denen der Fachunterricht eine wesentlich gewichtigere Rolle spielt als in der Grundschule.

4.2 Strukturen, Inhalte und Prozesse

Im Mittelpunkt der Ausbildung der Lehramtsanwärter/innen mit dem Fach Religionslehre steht die Arbeit an der Gestaltung des Unterrichts, allerdings in der Vielfalt des Funktionsspektrums, dem eine Lehrkraft begegnet. Das schließt eine Auseinandersetzung mit den eigenen religiösen Erfahrungen und mit subjektiven Theorien über RL und RU ebenso ein wie die Bearbeitung der Berufsmotivation und der Vorstellungen über erzieherische Werte und Normen. Keineswegs wird – wie vielfach unterstellt – auf das universitär erworbene Wissen verzichtet, sondern es wird insbesondere als konzeptuelles Wissen in Anspruch genommen, das theologische und religionspädagogische Begriffe, Kategorien, Modelle und Deutungssysteme zur Verfügung stellt. Es erlaubt den Berufsanfängern, die Bedingungen religiösen Lernens wahrzunehmen und zu klären, Probleme und Themen fachlich zu fokussieren, zu strukturieren und didaktisch aufzuarbeiten sowie das eigene unterrichtliche Handeln durch nachvollziehbare Begründungen abzusichern.

Diese Funktionen expliziten Wissens kommen vor allem in der Planung von Lernprozessen, aber auch bei der Analyse und Reflexion des Unterrichts zur Geltung. Für das Handeln in der komplexen, unübersichtlichen und schlecht strukturierten Unterrichtssituation selbst ist jedoch Können unabdingbar, das sich erst allmählich in einem Zirkel von Erfahrungen, Reflexion der Erfahrungen und der Anreicherung ›impliziten Wissens‹ ausbildet.[52] Deshalb wird die Ausbildung religionspädagogischer Könnerschaft durch intensive Beratung und mit Hilfe von Falldiskussionen, Videoanalysen, Trainingsangeboten und durch unterrichtsanaloge Lernsituationen unterstützt.

5. Die Berufseingangsphase – die Dritte Phase der Lehrerbildung[53]

In der Berufseingangsphase »bilden sich personenspezifische Routinen, Wahrnehmungsmuster und Beurteilungstendenzen sowie insgesamt die Grundzüge einer beruflichen Identität«.[54]

---

52 Vgl. *G. H. Neuweg*, Emergenzbedingungen pädagogischer Könnerschaft, in: *H. Heid / C. Harteis* (Hg.), Verwertbarkeit. Ein Qualitätskriterium (erziehungs-)wissenschaftlichen Wissens?, Wiesbaden 2005, 205–228.

53 Im weiteren Sinn ist die dritte Phase der Lehrerbildung die gesamte Tätigkeit nach der Ausbildung. Hier wird sie aber begrenzt auf den Berufseingang, weil sich in dieser Phase besondere Problemlagen abzeichnen.

5.1 Berufsanfänger/innen[55]

Lehramtsanwärter/innen, die den Vorbereitungsdienst absolviert haben, haben in der Regel eine Grundqualifikation erworben, die professionelles Wissen, Reflexionsvermögen, Urteilsfähigkeit sowie die Erprobung und Einübung eines breiten Handlungsrepertoires gleichermaßen umfasst. Gleichwohl geschieht die »eigentliche und volle Herausbildung der Lehrerkompetenz«, die Entwicklung der »Berufsfertigkeit«, in den ersten Jahren der Berufstätigkeit.[56] In dieser oft als extrem belastend erlebten Phase bricht jedoch der berufliche Entwicklungsprozess häufig ab, wird beeinträchtigt oder verlangsamt sich erkennbar. Die junge, hoch motivierte Lehrkraft ist vorrangig damit beschäftigt, im Stress des Schulalltags als Einzelkämpferin zu überleben. Der permanente Druck durch Termine, Klausuren, Konferenzen und zusätzliche Aufgaben begünstigt gesundheitlich problematische (Selbst-)Überforderungstendenzen und nötigt die Berufseinsteiger nicht selten, den Widerspruch zwischen Anspruch und Wirklichkeit durch eine Komplexitätsreduktion ihrer Tätigkeit aufzulösen.

5.2 Fortbildungsangebote

Für die besondere Situation der Berufsanfänger/-innen mit dem Fach Religionslehre sind in der Regel in erster Linie die Religionspädagogischen Institute der Landeskirchen zuständig.[57] Allerdings scheinen die Fortbildungsangebote für diese Gruppe eher unsystematisch und punktuell zu sein und zudem noch unter einer gewissen Fortbildungsabstinenz derer zu leiden, die gerade erst die intensive Ausbildung hinter sich haben. Daher dürfte es fruchtbarer sein, die Schule selbst zur Unterstützung für die neuen Lehrkräfte herauszufordern. Sie muss mehr Verantwortung für den Berufsanfang übernehmen und insbesondere kollegiale Teamstrukturen ausbilden.[58] Die kirchliche Lehrerfortbildung kann das schulische

---

54 *E. Terhart* (Hg.), Perspektiven der Lehrerbildung in Deutschland, Weinheim / Basel 2000, 128.

55 Vgl. zum Folgenden *H. Lenhard*, Studienseminare als regionale Kompetenzzentren für Lehrerbildung in NRW. Überlegungen zur Weiterentwicklung des Ausbildungsauftrags der Studienseminare in der Berufseingangsphase, in: Seminar. Lehrerbildung und Schule 12 (2006), H. 4, 113–123.

56 *E. Terhart*, Perspektiven, 127.

57 Vgl. *D. Fischer*, Neue Kolleginnen und Kollegen an der Schule. Wie man den Übergang in den Beruf erleichtern kann, in: *Fischer*, Qualität, 145–149.

58 Vgl. ebd.,146.

Netz durch eigene Angebote (individuelle Supervision; Einstiegscoaching) gezielt ergänzen.

6. Ausblick

Was müssen RL können und wie erwerben sie professionelle Könnerschaft? Diese Leitfrage durchzieht wie ein roter Faden alle Phasen der Lehrerbildung. Allzu oft wird diese Frage ohne gesicherte Erkenntnisse über den Kompetenzerwerb beantwortet. Daher ist hier ein erheblicher Forschungsbedarf unabweisbar. Insbesondere dem Problem, welche Struktur das theologisch-religionspädagogische Wissen aufweisen muss, damit es für das Berufsfeld eines RL anschlussfähig ist, in welchen Aneignungsformen es erworben werden sollte und wie es schließlich in berufliches Können überführt werden kann, müsste mit empirischen Untersuchungen nachgegangen werden. Abseits dieser Desiderate bedarf es einer grundlegenden Neuorientierung der Strukturen in den drei Phasen:

»Die eigentliche Aufgabenstellung besteht darin, diese drei Phasen inhaltlich, institutionell und personell jeweils so zu gestalten, dass ein koordiniert-arbeitsteiliges Vorgehen möglich wird und auf diese Weise für die in der Lehrerausbildung wie im Lehrerberuf stehenden Personen kumulative berufsbezogene Lernprozesse ablaufen können.«[59]

Dies gilt auch und gerade für die Religionslehrerbildung.

Literaturhinweise

Kirchenamt der EKD (Hg.), Im Dialog über Glauben und Leben. Zur Reform des Lehramtsstudiums Evangelische Theologie / Religionspädagogik. Empfehlungen der Gemischten Kommission, Gütersloh 1997.

Kirchenamt der EKD (Hg.), Theologisch-Religionspädagogische Kompetenz. Professionelle Kompetenzen und Standards für die Religionslehrerausbildung. Empfehlungen der Gemischten Kommission zur Reform des Theologiestudiums (EKD-Texte 96), Hannover 2008.

L. Rendle (Hg.), Was Religionslehrerinnen und -lehrer können sollen. Kompetenzentwicklung in der Aus- und Fortbildung, Donauwörth 2008.

Themenhefte Religionslehrerausbildung und Bildungsstandards, ZPT 59 (2007), Heft 1; Theologisch-religionspädagogische Kompetenz, ZPT 60 (2008), Heft 3.

H.-G. Ziebertz / S. Heil / H. Mendl / W. Simon, Religionslehrerbildung an der Universität. Profession – Religion – Habitus (Forum Theologie und Pädagogik 11), Münster 2005.

---

59 *E. Terhart*, Perspektiven, 125.

XVIII.

Religionslehrerin / Religionslehrer: Beruf – Person – Kompetenz

Gottfried Adam

Im Studium des Faches Evangelische Religion begegnen die Studierenden den Inhalten Evangelischer Theologie und Religionspädagogik in ihrer ganzen Fülle und Breite. Dabei kommen – und das macht nicht zuletzt das Spannende an diesem Studium aus – die eigene Religiosität und Spiritualität, die eigenen, mitgebrachten theologischen Anschauungen und die eigenen religionspädagogischen Erfahrungen voll mit ins Spiel.[1]

Das Studium zielt auf die Aneignung einer »Theologisch-religionspädagogischen Kompetenz«, die zur Erteilung des RU befähigt (vgl. o. Art. II,3). Das schließt die Bemühung um eine eigenständige theologische Position, das Finden konzeptioneller Klarheit in religionspädagogischer Hinsicht und die Ausbildung eines Selbstkonzeptes ein. Die Entwicklung eines Selbstkonzeptes als Religionslehrerin oder Religionslehrer (=RL) ist dabei ein zentraler Angel- und Drehpunkt für ein gelingendes Studium. Das Selbstkonzept wird bei der Bearbeitung theologisch-wissenschaftlicher Fragen, im Bedenken des künftigen Berufs und durch die Reflexion der eigenen Lebensgeschichte und Religiosität erarbeitet.

RU steht in der Geschichte der Bildungstradition des Christentums. Dabei ist kennzeichnend, dass das Christentum der Bildung von Beginn an eine hohe Wertschätzung entgegenbrachte. Das sei exemplarisch an der Zeit des Ursprungs und an der Epoche der Reformation verdeutlicht.[2]

---

1 Zum Artikel insgesamt s. *R. Lachmann*, Einführung in den Beruf einer Religionslehrkraft, in: *Ders. / R. Mokrosch / E. Sturm* (Hg.), Religionsunterricht. Orientierung für das Lehramt, Göttingen 2006, 13–49 und 353–357 (Grafiken); *B. Dressler,* Religionslehrerinnen und Religionslehrer, in: *M. Wermke / G. Adam / M. Rothgangel* (Hg.), Religion in der Sekundarstufe II. Ein Kompendium, Göttingen 2006, 97–118. – Zur erziehungswissenschaftlichen Diskussion: J. *Baumert / M. Kunter*, Stichwort: Professionelle Kompetenz von Lehrkräften, in: ZfE 9 (2006), 469–520; *E. Terhart,* Didaktik, Stuttgart 2009, 71–88 (empirische Aspekte); *A. Feindt u.a.* (Hg.), Lehrerarbeit – Lehrer sein (Friedrich Jahresheft 28), Seelze 2010.

2 *B. Schröder*, Vom Ursprung und Wandel des Religionslehrer(leit)bildes im Christen-

1. Ein Blick zurück: Wertschätzung von Bildung im Christentum

Dass *Jesus als Lehrer* aufgetreten ist, »gehört zu den zentralen Aspekten seiner Wirksamkeit, wie sie in den Evangelien geschildert wird. Es kann kein Zweifel daran bestehen, dass in diesem einhelligen Zeugnis Erinnerungen an sein tatsächliches Auftreten bewahrt wurden.«[3] Er zog lehrend durch Palästina, insbesondere durch Galiläa. Er hat einen Jünger- bzw. Schülerkreis um sich gesammelt und die Thora ausgelegt. Er wurde bereits zu Lebzeiten als »Lehrer« (vgl. Mt 8,19 u. ö. sowie Joh 1,38: διδάσκαλε) angesprochen. Dabei war sein Lehren offensichtlich beeindruckend (vgl. Mk 6,2f. und Lk 2,51f.).[4] Die weitere Entwicklung zeigt, dass die enge Verbindung von Glaube und Lernen ein Charakteristikum des Christentums darstellt (vgl. o. III,1).

In der *Reformationszeit* kommt es zu einer weiteren Intensivierung in der Bildungsfrage sowohl im Blick auf das allgemeine Bildungswesen als auch im Blick auf die religiöse Bildung. Der reformatorische Aufbruch brachte ein blühendes Bildungswesen hervor, das sich nicht zuletzt in der Gründung zahlreicher Universitäten und Schulen zeigte. Die Reformation ging aber auch davon aus, dass jeder Christ das Recht habe und fähig sein sollte, die Bibel selbständig zu lesen und in Glaubensfragen über das notwendige Basiswissen zu verfügen (Katechismus-Konzept), um zu eigener Urteilsbildung fähig zu sein. Damit wird religiöse Bildung zu einer grundlegenden Dimension und einem zentralen Element protestantischer Identität.

In diesem Kontext ist auch die Frage nach den heutigen RL zu sehen. Allgemeine und religiöse Bildung bedürfen zu ihrer Realisierung nun einmal der Personen, die Unterricht erteilen. Denn: es gibt kein wirklich bedeutsames Lernen ohne einen Lehrer bzw. eine Lehrerin! Damit ist die Frage zu stellen: Was macht eine gute Lehrkraft aus?

Lange Zeit hat man die Frage nach der Professionalität von RL durch die Beschreibung von idealen Persönlichkeitsmerkmalen und das Erstellen von Tugendkatalogen beantwortet.[5] Ab 1968 wurde im Zusammenhang

---

tum, in: *Ders. / H. H. Behr / D. Krochmalnik* (Hg.), Was ist ein guter Religionslehrer? (Religionspädagogische Gespräche zwischen Juden, Christen und Muslimen 1), Berlin 2009, stellt exemplarische Lehrerleitbilder aus der Geschichte des Christentums vor.

3 *J. Schröter,* Jesus als Lehrer nach dem Zeugnis des Neuen Testaments, in: ZPT 53 (2001), 107–115, hier 107.

4 *H. Omerzu,* Art. Jesus als Lehrer, in: LexRP I, 2001, 909–911, spricht explizit von Jesu »Didaktik«, die u.a. Kürze des Ausdrucks, Anschaulichkeit und rhetorische Stilmittel einschloss.

5 Beispiele bei *G. Adam*, Art. Religionslehrer: Beruf und Person, in: *Ders. / R. Lachmann*

mit der empirischen Wendung der Religionspädagogik die Rolle von RL zunehmend empirisch erforscht.[6] Seit Mitte der 1980er Jahre erfolgte die Hinwendung zur Ausarbeitung einer Professionstheorie des RL-Daseins. Die heutige Diskussion über die Professionalität von RL ist im Zusammenspiel von normativen Aussagen und Entwürfen sowie empirischen Untersuchungen zu führen. Dabei ermöglicht empirische Forschung eine Wirkungskontrolle normativer Überlegungen und sorgt auf diese Weise für deren »Erdung«.[7]

2. Theologisch-Religionspädagogische Kompetenz

Der gegenwärtige Diskussionsstand im Blick auf die Anforderungen an RL wird in den »Empfehlungen der Gemischten Kommission zur Reform des Theologiestudiums« gebündelt.

2.1 Definition – Struktur – Anforderungsprofil

In den Empfehlungen wird folgende übergreifende Leitkompetenz definiert:

> »Theologisch-Religionspädagogische Kompetenz meint dabei die Gesamtheit der beruflich notwendigen Fähigkeiten und Fertigkeiten, der Bereitschaft und berufsethischen Einstellungen, über die ein Religionslehrer bzw. eine -lehrerin verfügen muss und die es ihnen ermöglicht, mit der Komplexität von beruflichen Handlungssituationen konstruktiv umzugehen, d.h. religionspädagogisch handlungsfähig zu sein. Handlungsfähigkeit umfasst die Entwicklung einer reflexiven Distanzierungsfähigkeit zur eigenen Praxis ebenso wie ein reiches Handlungsrepertoire, das auf der operativen Ebene gelingende Lehr- und Lernprozesse ermöglicht.«[8]

(Hg.), Religionspädagogisches Kompendium, Göttingen ^{6}2003, 163f. Ein prägnantes Beispiel stellt *H. Kittel*, Der Erzieher als Christ, Göttingen ^{3}1961, dar.

6 S. das Referat bei *R. Hofmann*, Religionspädagogische Kompetenz, Hamburg 2008, 153–159 und 162–170.

7 Dazu: *A. Scheunpflug*, Qualitätsstandards für Religionslehrkräfte – Anfragen an die Traditionen?, in: *B. Schröder u.a.* (Hg.), Was ist ein guter Religionslehrer? 221–244.

8 *Kirchenamt der EKD* (Hg.), Theologisch-Religionspädagogische Kompetenz. Professionelle Kompetenzen und Standards für die Religionslehrerausbildung (EKD-Texte 96), Hannover 2008, 16. – Das Strukturmodell findet sich auf S.22.

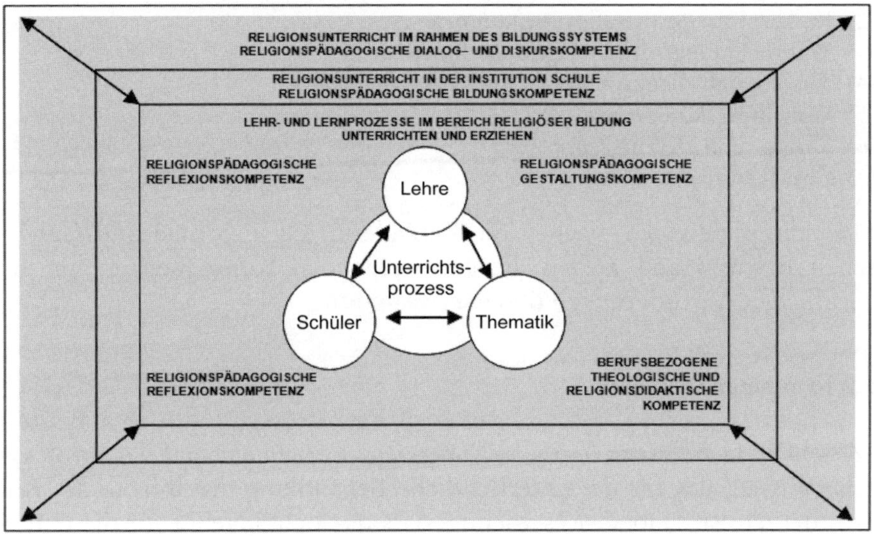

Das Strukturmodell verdeutlicht die Zuordnung der Kompetenzen der Lehrkräfte für Evangelische Religionslehre im beruflichen Handlungsfeld. Die zuvor zitierte Definition wird durch fünf Kompetenzbereiche und zwölf zugeordnete Teilkompetenzen weiter konkretisiert.[9]

Die Empfehlungen tragen dem Faktum Rechnung, dass der evangelische RU seinen Ort im Rahmen des öffentlichen Bildungssystems hat und in das System Schule eingebunden ist. Darum sind nicht nur die Kompetenzen, die zur Erteilung des Unterrichts notwendig sind, sondern das breite Spektrum beruflicher Aufgaben und Funktionen eines RL berücksichtigt. Dadurch wird deutlich, dass der Beruf des RL in seinem Selbstverständnis nicht ausschließlich als »Fachmann / Fachfrau für den Unterricht in Religionslehre« zu bestimmen ist. Das Strukturmodell macht aber deutlich, dass Erziehen, Bilden, Unterrichten auch in Zukunft das Kerngeschäft der RL ausmachen.

Im Anforderungsprofil »Evangelische Religionslehre« der KMK[10] werden inhaltlich die gleichen Kompetenzen herausgestellt:

---

9 Ebd., 28–38. Der Text enthält auch zugeordnete theologische und religionspädagogische Standards für das Studium sowie berufspraktische Standards für das Referendariat und die Berufseingangsphase. Die Kompetenzbereiche und Teilkompetenzen sind oben in Art. XVII, 2.2 abgedruckt.

10 *Sekretariat der KMK,* Ländergemeinsame inhaltliche Anforderungen für die Fachwissenschaften und Fachdidaktiken in der Lehrerbildung. Beschluss i.d.F. vom 16.10.2008. Gegenüber den fünf Kompetenzbereichen der Empfehlungen der Gemisch-

(1) Fachwissenschaftliche Kompetenz
(2) Rollen- bzw. Selbstreflexionskompetenz
(3) Wahrnehmungs- und Diagnosekompetenz
(4) Theologisch-didaktische Erschließungskompetenz
(5) Gestaltungskompetenz
(6) Dialog- und Diskurskompetenz
(7) Entwicklungskompetenz.

Diese Empfehlungen machen die Veränderungen in Schule und Gesellschaft bewusst und ziehen die entsprechenden Konsequenzen für die beruflichen Anforderungen und die Ausbildung.

2.2 Kompetenzbereiche

(Zu 1) Die *fachwissenschaftliche Kompetenz* bezieht sich auf das theologische Wissen, das für die unterrichtliche Behandlung der Inhalte des RU erforderlich ist. Dabei ist es wichtig, dass das Lehrangebot für die unterschiedlichen Lehramtsabschlüsse an den Anforderungen und Bedürfnissen der jeweiligen Schulform und ihren unterrichtlichen Themen orientiert wird. Nur dies gewährleistet eine optimale Ausbildung im Blick auf die spätere berufliche Tätigkeit (s. u. 5.1).

(Zu 2) Mit der *Rollen- bzw. Selbstreflexionskompetenz* kommt die Frage der Lehrerpersönlichkeit in den Blick.[11] Es geht dabei um die Entwicklung des beruflichen Selbstkonzeptes. Man spricht in diesem Zusammenhang auch von Selbstkompetenz oder personaler Kompetenz. Hier kommen die eigene Religiosität sowie das Verhältnis zum evangelischen Bekenntnis und zur evangelischen Kirche mit ins Spiel. Der Zusammenhang mit dem eigenen Selbst- und Weltverständnis ist bei keinem anderen Unterrichtsfach so intensiv wie beim RU.

Im Blick auf die Selbstkompetenz sind noch weitere Aspekte zu bedenken:[12] Persönliche Prägungen, Motivationen, psychologische und pädago-

---

ten Kommission wird hier als Nr. 1 die fachwissenschaftliche Kompetenz hinzugefügt und die Gestaltungskompetenz in zwei Bereiche (Theologisch-didaktische Erschließungskompetenz und Gestaltungskompetenz) aufgeteilt.

11 *Kirchenamt der EKD* (Hg.), Theologisch-Religionspädagogische Kompetenz, 28 f.

12 *J. Baumert / M. Kunter*, Stichwort, 469–520, führen neben dem (1) Professionswissen (das pädagogisches Wissen, Fachwissen, Fachdidaktisches Wissen, Organisationswissen, Beratungswissen umfasst) zusätzlich (2) das Überzeugungswissen und die Werthaltungen, (3) die motivationalen Orientierungen und die (4) selbstregulativen Fähigkeiten als Bestandteile der professionellen Kompetenz von Lehrkräften an.

gische Vorstellungen, die pädagogische Grundeinstellung und Werthaltungen (z. B. Menschenbild, Respekt, Offenheit, Begeisterungsfähigkeit).

(Zu 3) Die *Wahrnehmungs- und Diagnosekompetenz*[13] bezieht sich darauf, dass auf der Grundlage empirisch gesicherter Erkenntnisse und eigener Beobachtungen die religiöse Herkunft und Lebenswelt, sowie die Erfahrungen und Einstellungen der Schüler/innen erschlossen werden sollen (s. o. Art. XII bis XV). Weiterhin geht es darum, die individuellen Lernstände zu diagnostizieren und diese bei der Planung von Lernprozessen im Sinne des Förderns und Forderns der Schüler/innen zu berücksichtigen.

Die Religionspädagogik hat sich bisher vor allem der Erforschung von Religion im Lebenslauf zugewandt. In der Bearbeitung der Fragen des Wahrnehmens und Beurteilens sowie der Lernstandserhebung besteht dagegen ein Nachholbedarf.

(Zu 4 und 5) Bei der *Theologisch-didaktischen Erschließungskompetenz* und der *Gestaltungskompetenz* geht es um drei Aspekte: den Erwerb des schulform- und schulstufenspezifischen theologischen und religionsdidaktischen Wissens, die Erschließung von Themen des RU und die Gestaltung, Durchführung und Evaluation von Lehr- und Lernprozessen[14] (s. Art. II, XIX–XXV). Hier handelt es sich um den Kernbereich des RL-Daseins: die unterrichtliche Tätigkeit. Bei diesen beiden Kompetenzbereichen geht es im Studium darum, sich einen eigenen theologischen Standort und eine eigene religionspädagogische Position – zumindest ansatzweise – zu erarbeiten.

(Zu 6) Die *Dialog- und Diskurskompetenz* umschließt als Teilkompetenzen die interkonfessionelle und interreligiöse Dialog- und Kooperationskompetenz sowie die religionspädagogische Diskurskompetenz.[15] Die religionsdemografische Situation hat sich in Deutschland durch Wiedervereinigung, Geburtenrückgang und Migration erkennbar verändert. Darum muss in der Schule zum Thema gemacht werden, wie Personen, die verschiedenen Religionsgemeinschaften angehören bzw. unterschiedliche Weltanschauungen vertreten, miteinander umgehen (s. u. Art. XXV).

---

13 *Kirchenamt der EKD* (Hg.), Theologisch-Religionspädagogische Kompetenz, 19, 34 f.
14 Ebd., 18, 30 ff.
15 Ebd., 20, 37 f.

(Zu 7) Die *Entwicklungskompetenz* bezieht sich auf die Mitarbeit bei der Schulentwicklung. Der einzelnen Schule wird zunehmend mehr Gestaltungsfreiheit für eigenverantwortliche Profilbildung eingeräumt. Darum ist es wichtig, den Allgemeinbildungsanspruch religiöser Bildung und die Relevanz des christlichen Menschenbildes für die Erziehung zur Geltung bringen zu können.[16]

Die Bildung einer »eigenständigen Fächergruppe«, welche die evangelische und katholische Religionslehre, die Fächer Ethik / Philosophie / Werte und Normen sowie jüdische und muslimische Religionslehre umfasst,[17] gehört ebenfalls zum Bereich der Schulentwicklung. Auch hierzu ist die engagierte Mitarbeit der RL erforderlich. – Schließlich geht es auch darum, im Blick auf die Gestaltung der Schulkultur und des Schulklimas die religiöse Dimension im Schulleben (z.B. Rituale, Schulatmosphäre, Fest, Feier und Gottesdienste) zur Geltung zu bringen. Das reicht bis hin zur Schulseelsorge, die zunehmend auf Nachfrage stößt (s.o. Art. VI).

2.3 Zwischenreflexion

Der knappe Durchgang durch die Kompetenzbereiche für das Lehramt Evangelische Religionslehre hat das Anforderungsprofil in seiner gesamten Breite vorgeführt. Dabei ist auch zu bedenken, dass es zwischen Studium und Referendariat eine sinnvolle und notwendige Arbeitsteilung und damit auch Gewichtung der Themen gibt (s. o. Art. XVII). Im Folgenden werden aus Gründen des zur Verfügung stehenden Platzes noch einige ausgewählte Fragestellungen etwas ausführlicher behandelt.

Die neuere empirische Forschung hat die erstaunlich große Bedeutung herausgearbeitet, die der Fachdidaktik für den Unterrichtserfolg zukommt. Hinsichtlich der *fachdidaktischen Kompetenz* sei darum noch einmal auf die einschlägigen Beiträge dieses Kompendiums hingewiesen. Insbesondere sind die Artikel über »Verständnis und Aufgaben religionsunterrichtlicher Fachdidaktik« (o. Art. II) und »Wege der Unterrichtsvorbereitung« (u. Art. XXII) zu nennen.

Dass der RU im Schnittpunkt ganz unterschiedlicher *Erwartungen und Anforderungen* steht, wird unten am Anfang von Art. XXVI angesprochen. Wer dieser Frage näher nachgehen möchte, sei auf die instruktiven Ausführungen in dem Band »Religionsunterricht. Orientierung für das

16 Ebd., 19f., 36.

17 Dies wurde seitens der EKD bereits 1994 vorgeschlagen (*EKD-Kirchenamt* [Hg.], Identität und Verständigung. Eine Denkschrift, Gütersloh 1994, 79).

Lehramt« von *Rainer Lachmann* und für die Situation in Ostdeutschland zusammen mit *Raimund Hoenen* verwiesen.[18]

Auch hinsichtlich der Frage der *Studienmotivation* sei ebenfalls auf die Ausführungen des gleichen Autors[19] verwiesen.

Eingegangen werden soll aber noch auf drei Fragestellungen, die für das Verständnis der Berufsrolle und das eigene Selbstkonzept von besonderem Interesse sind. Dabei handelt es sich

zum einen um die rechtlichen Rahmenbedingungen des Faches und das Verhältnis zur Kirche;
zum andern um die Frage theologischer Klärung und religionspädagogischer konzeptioneller Klarheit;
zum dritten um die Dimension der Beziehung in ihrer Bedeutung für den Lehrerberuf.

3. Rechtliche Rahmenbedingungen für den Religionsunterricht

Für das eigene Verständnis als RL ist es wichtig, sich der verfassungsrechtlichen Rahmenbedingungen und bildungstheoretischen Gründe für den allgemeinen Bildungsanspruch religiöser Bildung in der Schule bewusst zu sein und dies auch argumentativ in Schule und Öffentlichkeit vertreten zu können (vgl. o. Art. VIII,5 und Art. IX).

Der RU findet in Schulen statt, die in staatlicher, kirchlicher oder anderer Trägerschaft stehen und öffentliche Aufgaben wahrnehmen. Auf Grund der Gesetzeslage sind damit rechtlich kodifizierte Rahmenbedingungen vorgegeben. Diese sind auch für die Tätigkeit von RL verbindlich. Damit sind Arbeitsbedingungen vorgegeben und Grenzen gesetzt, aber auch Möglichkeiten eröffnet, welche die Basis für gelingende Lernprozesse darstellen. Gegenüber den anderen Schulfächern gibt es für den RU einige Spezifika, die im Folgenden behandelt werden.

3.1 Verfassungsrechtliche Rahmenbedingungen

Mit folgenden drei Sätzen wird in GG Art. 7,3 die Existenz des RU als ordentliches Lehrfach garantiert.

---

18 *R. Lachmann*, Einführung in den Beruf einer Religionslehrkraft, in: *Ders. / R. Mokrosch / E. Sturm* (Hg.), Religionsunterricht, 20–23 und 24–30 (Ostdeutschland).

19 Ebd., 14–17 und 353 (Grafik).

»Der RU ist in den öffentlichen Schulen mit Ausnahme der bekenntnisfreien Schulen ordentliches Lehrfach. Unbeschadet des staatlichen Aufsichtsrechtes wird der RU in Übereinstimmung mit den Grundsätzen der Religionsgemeinschaften erteilt. Kein Lehrer darf gegen seinen Willen verpflichtet werden, RU zu erteilen.«

Diese Bestimmungen sind im Zusammenhang mit dem in GG Art. 4 gewährten Grundrecht auf »Freiheit des Glaubens« und der Gewährleistung der »ungestörte(n) Religionsausübung« zu interpretieren. Im Sinne der »positiven Religionsfreiheit« bietet der RU den Schüler/innen die Möglichkeit, ihr Recht auch wahrnehmen zu können (Zur weiteren Interpretation s. o. Art. VIII, 5,1).

3.2 Schulorganisatorische Bedingungen

Als ordentliches Fach hat der RU seinen festen Platz im schulischen Fächerkanon. Er wird erteilt im Rahmen der schulischen Stundeneinteilung und ist gebunden an die Unterrichtszeiten und die Ferieneinteilungen. Er beteiligt sich an den allgemeinen Aufgaben von schulischer Bildung, Erziehung und Unterricht und leistet von seinen fachlichen Inhalten (Kommunikation des Evangeliums, religiöse Dimension des Menschseins) her einen spezifischen Beitrag. Diese institutionell-organisatorischen Voraussetzungen geben der religiösen Bildung am Lernort Schule ihr besonderes Profil.

Mit dem Status als ordentliches Lehrfach ist verbunden, dass im RU *Noten* erteilt werden, die teilweise versetzungserheblich sind. Damit hat die Beurteilung nach dem üblichen schulischen Notenkanon zu erfolgen. Die Benotung stellt dabei keinerlei Beurteilung des »Glaubensstandes« der Schüler/innen dar, sondern sie bezieht sich auf die Qualität der Mitarbeit.

Nach GG Art 7,3 Satz 2 wird der RU »in Übereinstimmung mit den Grundsätzen der Religionsgemeinschaften erteilt« (vgl. o. Art. VIII, 5.2). Das bedeutet, dass der RU vom Staat unter Mitwirkung der Religionsgemeinschaften veranstaltet wird. Für den äußeren Ablauf, die Bereitstellung der Lehrkräfte, den Erlass der Lehrpläne und die Bereitstellung von Unterrichtsmaterialien ist der Träger des Schulwesens verantwortlich. Für die inhaltliche Ausgestaltung ist die Mitwirkung der Kirchen notwendig, weil der Staat in religiösen Fragen inhaltlich selbst nicht tätig werden darf.

Durch diese rechtliche Konstruktion wird sichergestellt, dass der RU nicht als ein katechetisches Reservat der Kirchen in der Schule verstanden werden kann. Vielmehr trägt der RU zur Entwicklung der Persönlichkeit der Schüler/innen bei, indem er Religion und Glaube als eine wesentliche

Dimension des menschlichen Lebens einbringt. Damit hat er Anteil an der allgemeinen Aufgabenstellung der Schule und ihrem Bildungsauftrag (s. o. Art. V). In diesem Sinne weiß sich auch die Evangelische Kirche dafür »mitverantwortlich, dass in der Schule die Frage nach dem Menschen und seiner Verantwortung für die Welt zu ihrem Recht kommt.«[20]

3.3 Freiheit des Lehrens

Die Mehrzahl der RL hat sich durch eine staatliche Prüfung für das Fach »Evangelische Religionslehre« qualifiziert. Wie ihre Fachkolleginnen und -kollegen sind RL in der Regel Beamte oder Angestellte des Staates, einer Kommune oder eines anderen Trägers.

Eine Besonderheit des RU gegenüber den anderen Fächern besteht darin, dass seine Erteilung zwar sachlich obligatorisch ist, aber für die einzelne Lehrkraft persönlich nicht verpflichtend gemacht werden kann. So wie dem Schüler und der Schülerin (bzw. den Erziehungsberechtigten) auf Grund von GG Art. 4 das Selbstbestimmungsrecht über die Teilnahme oder Nichtteilnahme am RU eingeräumt wird, so darf keine Lehrkraft gezwungen werden, gegen ihren Willen das Fach zu erteilen. Der Lehrkraft ist damit das Grundrecht auf Freiheit des Glaubens garantiert. Die Aussage von GG Art. 7,3 Satz 3 »Kein Lehrer darf gegen seinen Willen verpflichtet werden, RU zu erteilen« ist von der Mehrzahl der Länderverfassungen der alten Bundesländer wörtlich oder sinngemäß übernommen worden.

4. Religionslehrkräfte – Kirche – Gelebte Religion

Durch den doppelten Bezug des Faches RU zu Staat und Kirche ist neben der staatlichen Schulaufsicht und der staatlichen Anstellung der Lehrkräfte die Kirche eine weitere wesentliche Bezugsgröße.

---

20 Entschließung der 4. EKD-Synode zum Religionsunterricht als ordentliches Lehrfach an öffentlichen Schulen, in: *EKD-Kirchenkanzlei* (Hg.), Die evangelische Kirche und die Bildungsplanung, Gütersloh / Heidelberg 1972, 104.

4.1 Erteilung der Bevollmächtigung – Ausdruck der Mitverantwortung der Kirchen

Daraus ergibt sich, dass die Lehrkraft für das Fach ›Evangelische Religionslehre‹ einerseits die staatliche Lehrbefähigung benötigt und andererseits der kirchlichen Bevollmächtigung (›vocatio‹, im katholischen Bereich ›missio canonica‹) bedarf.

Für die Erteilung der Bevollmächtigung ist in der Regel die Landeskirche zuständig. Der Rat der EKD hat dazu formuliert, dass »der Sinn einer besonderen Bevollmächtigung für die Erteilung des RU durch die Religionsgemeinschaften (vocatio)« im kirchlichen Verständnis darin liege, »zwischen dem Lehrer und seiner Religionsgemeinschaft ein Verhältnis des Vertrauens zu begründen, dass er den RU in Übereinstimmung mit ihren Grundsätzen erteilt.«[21]

Die Kirchen unterstützen die RL durch ein breites Angebot von Beratung, Erfahrungsaustausch, Fortbildungskursen und Fachtagungen, die durch die Religionspädagogischen Institute bzw. Pädagogisch-Theologischen Zentren angeboten werden, nachhaltig in ihrer Arbeit.

4.2 Religionslehrkräfte und gelebte Religion

In der Vergangenheit wurde die Bevollmächtigung teilweise recht kritisch gesehen. Die jüngsten empirischen Untersuchungen in Niedersachsen und Baden-Württemberg zeigen hier eine Veränderung.

> »Insbesondere die Vokation wird mehr und mehr verstanden als Zuspruch (Ermutigung und Unterstützungszusage) und Grundlage eines wechselseitigen Vertrauensverhältnisses […] Ohnehin ist zu bedenken, dass evangelische Religionslehrer keinem kirchlichen Lehramt unterworfen sind, sondern – theologisch besonders qualifiziert – am allgemeinen Priestertum aller Gläubigen Anteil haben. Weit überwiegend findet die Vokation vor diesem Hintergrund die Akzeptanz der RL.«[22]

Damit wurde das Bild von Rollenkonflikten und einem gespannten Verhältnis zur Kirche, das durch Studien in den 1970er und 1980er Jahren entstanden war, auf der Basis valider Untersuchungen korrigiert. Die Situation lässt sich mit der Formel beschreiben, dass »die Religion des Religionsunterrichts zwar nicht zur ›Kirche in der Schule‹ wird, aber auch

---

21 Stellungnahme zu verfassungsrechtlichen Fragen des RU vom 7. Juli 1971. Abdruck in: *EKD-Kirchenkanzlei* (Hg.), Die evangelische Kirche und die Bildungsplanung, 126.

22 *B. Dressler,* Religionslehrerinnen, 113.

keine ›Religion ohne Kirche‹ ist.«[23] Die eigene Beziehung zum christlichen Glauben und zur evangelischen Kirche beeinflusst durchaus das berufliche Selbstkonzept, das Berufsethos, die Werthaltungen, die Wahrnehmung der eigenen Rolle als RL und die Gestaltung des Unterrichts. Die gelebte Religion, die in der eigenen Lebensgeschichte Gestalt gewinnt, scheint sozusagen durch die lehrhafte Gestalt von Religion in der Schule hindurch.

»Gelebte Religion – die eigene Frömmigkeitspraxis, die eigene Lebensdeutung, der eigene religiöse Bildungsfundus – ist eine ›Ressource‹, aus der im Religionsunterricht geschöpft wird.«[24]

Allerdings kommt diese nicht einfach im Sinne einer Vorbild-Abbildpädagogik ins Spiel, sondern in didaktisch reflektierter Weise. Denn die RL sind nun keine »Glaubensheroen«, sondern ebenso wie andere Menschen fragende, suchende, glaubende und auch zweifelnde Christen.

5. Vom Nutzen der Theologie und der Religionspädagogik

Theologie und Religionspädagogik zeigen ihre Relevanz darin, dass sie zur sachgemäßen Erteilung des RU verhelfen. Dazu bedarf es der Erarbeitung einer eigenständigen theologischen Position und einer entsprechenden religionspädagogischen Konzeption.

5.1 Der theologische Fachmann bzw. die theologische Fachfrau

Theologisches Wissen ist als *berufliche Voraussetzung* für Studierende des Lehramtes notwendig. Es geht darum, über ein gewisses Maß an theologischem Grundwissen zu verfügen, theologische Zusammenhänge reflektieren und von einem theologischen Standpunkt aus eigene Urteile fällen zu können. Für die Studierenden des Lehramtes kann es aber nicht darum gehen, Theologe bzw. Theologin im Sinne des Fach- bzw. Pfarramtstheo-

---

23 *A. Feige u. a.,* »Religion« bei ReligionslehrerInnen, Münster 2001, 460f. – Das Verhältnis Kirche-Schule kann in einer anderen Untersuchung »insgesamt als ein *symbiotisch-konstruktives* verstanden [werden], das in freundlicher Offenheit praktiziert wird.« (*A. Feige / W. Tzscheetzsch,* Christlicher Religionsunterricht im religionsneutralen Staat? Unterrichtliche Zielvorstellungen und religiöses Selbstverständnis von evangelischen und katholischen Religionslehrerinnen und -lehrern in Baden-Württemberg, Ostfildern / Stuttgart 2005, 15).

24 *B. Dressler,* Religionslehrerinnen, 108.

logen zu werden, vielmehr geht es darum, ein Fachmann bzw. eine Fachfrau in theologischen Fragen zu werden. Denn wenn für das Fach Evangelische Religionslehre die Studienanteile für Religionspädagogik und Theologie insgesamt z.B. 14 SWS (als Didaktikfach) oder 40 SWS (als Unterrichtsfach) umfassen, so sind damit bestimmte Rahmenbedingungen und Zeitkontingente für die theologischen Studien gegeben, die deutliche Grenzen setzen. Um zu einer selbständigen Position finden zu können, bedarf es eines hohen Grades an Elementarisierung der Theologie und ihrer Inhalte.[25]

Die Beschäftigung mit der Theologie dient zugleich dem Zwecke der eigenen *Selbstklärung*. Die eigene religiöse Lebensgeschichte und die religiösen Erfahrungen gehören zu den Voraussetzungen des Studiums. Sie bestimmen mit über die theologischen Fragen, denen man besonders nachgeht, und lassen nach persönlicher Vergewisserung suchen. Jede/r Studierende bringt von Hause aus religiöse Ansichten und Einsichten, ja eine eigene Theologie mit. Das Studium ermöglicht es, andere Perspektiven und Sichtweisen kennenzulernen, die eigenen Einsichten kritisch zu bedenken, zu ergänzen und gegebenenfalls auch zu verändern. Die Klärung der eigenen Glaubens- und Lebensfragen ist zugleich ein Beitrag zur Gewinnung eines theologischen Selbstverständnisses als RL.

5.2 Konzeptionelle Klarheit in religionspädagogischer Hinsicht

Die Beschäftigung mit den Ansätzen und Konzeptionen religiöser Bildung macht die verschiedenen Bezugsfelder und Strukturen, die für das religionspädagogische Handeln relevant sind, bewusst (s.o. Art. III und IV). Dadurch ist es möglich, eine Antwort auf die Frage zu finden: Wie lässt sich der RU theologisch und pädagogisch verantworten, so dass dabei Schüler-, Sach- und Lehrerbezug unter Beachtung des gesellschaftlichen und religiösen Kontextes angemessen bedacht werden und zum Zuge kommen?

Dabei geht es nicht darum, das »Karussell der Konzeptionen« fortzuschreiben und zum »Fan« *einer* religionspädagogischen Konzeption zu

---

25 S. dazu die Bände der Reihe »Theologie für Lehrerinnen und Lehrer«, Bd. 1–5, Göttingen 1999–2010, insbesondere *R. Lachmann / G. Adam / C. Reents* (Hg.), Elementare Bibeltexte. Exegetisch-systematisch-didaktisch (TLL 2), Göttingen (2001) ^{4}2010; *R. Lachmann / G. Adam / W. Ritter*, Theologische Schlüsselbegriffe. Biblisch-systematisch-didaktisch (TLL 1), Göttingen (1999) ^{3}2010. Ferner: *P. Biehl / F. Johannsen*, Einführung in die Glaubenslehre, Neukirchen-Vluyn 2002. Zum vertiefenden Studium systematisch-theologischer Fragestellungen: *W. Härle*, Dogmatik, Berlin / New York (1995) ^{3}2007.

werden, sondern es gilt, die Konzeptionen als didaktische Strukturen weiter zu entwickeln und in ihrem Zusammenspiel zu begreifen (s. o. Art. IV). Dazu gehören auch persönliche Akzentuierungen, die das eigene religionspädagogische Profil ausmachen.

6. Zur Dimension der Beziehung: Pädagogische Grundhaltung – Emotionen – Vorbild

Die Professionalität der RL hat neben der kognitiven auch eine soziale und kommunikative Dimension. Seit der Aufklärung sind die pädagogische Grundhaltung und die daraus resultierende Beziehung zu den Schüler/innen zu einem Kernstück des beruflichen Selbstverständnisses von Erziehenden geworden. Was immer an Zielen und Methoden von Erziehung und Unterricht geplant wird, alles wird durch persönliche Vermittlung »transportiert«. Der Lehrende ist kein bloßer Vermittler von Informationen. Für Kinder und Jugendliche ist seine Grundhaltung als Lehrer von Bedeutung: Übt er notgedrungen einen »Job« aus oder nimmt er seine tägliche Unterrichtstätigkeit als eine kognitive und emotionale Herausforderung wahr?

6.1 Pädagogische Grundhaltung

Bei der pädagogischen Grundhaltung geht es darum, dass beim erzieherischen Wirken sich die Lehrkraft den Schüler/innen aktiv zuwendet und ein Interesse an ihnen hat, das an keine Bedingungen geknüpft ist. Es geht um die Bejahung jedes einzelnen Kindes oder Jugendlichen so, wie es bzw. er ist.

Die geisteswissenschaftliche Pädagogik hat diesen Zusammenhang in ihrer Theorie des »pädagogischen Bezuges« herausgearbeitet.[26] Nach dieser Theorie orientieren sich erzieherische Maßnahmen daran, dass sie »um des jungen Menschen willen« erfolgen, dass das pädagogische Verhältnis auf Wechselwirkung beruht und nicht erzwungen werden kann. Dabei ist die Bindung des jungen Menschen an den Erwachsenen von Anfang an so zu gestalten, dass der junge Mensch sich aus dieser Bindung schrittweise

---

26 Dazu: *W. Klafki*, Das pädagogische Verhältnis und die Gruppenbeziehungen im Erziehungsprozess, in: *Ders. u. a.* (Hg.), Funkkolleg Erziehungswissenschaft, Bd. 1, Frankfurt a. M. 1970, 53–91. – Ferner: *H. Giesecke*, Die pädagogische Beziehung. Pädagogische Professionalität und die Emanzipation des Kindes, Weinheim / München ^{2}1998.

lösen kann, um mündig zu werden. Die Lehrkraft orientiert sich dabei an der gegenwärtigen Situation und den künftigen Möglichkeiten des jungen Menschen.

Dieser professionelle Umgang ist als »partnerschaftlich« zu bezeichnen, der neben Nähe zugleich das Moment der Distanz auf Seiten der Lehrkraft umfasst. Dieser Umgang schließt kategorisch aus, dass der Erwachsene seinen Erfahrungsvorsprung missbraucht (z.B. zu Agitation oder Indoktrination). Die pädagogische Beziehung stellt die Kinder und Jugendlichen in den Mittelpunkt. Sie ist begründet in gegenseitigem Vertrauen und gegenseitiger Achtung. Eine solche grundsätzliche Einstellung gegenüber Kindern und Jugendlichen hat *Janusz Korczak* als die Haltung des Respekts und der Achtung der Würde von Kindern und Jugendlichen bezeichnet.[27]

Dieser hohe pädagogische Anspruch erfährt für RL noch eine theologische Begründung und Vertiefung durch die christliche Auffassung, dass Gott sich in Jesus Christus der Menschen angenommen hat und dass darum jeder Mensch vor Gott wertgeachtet ist, ungeachtet seiner Begabung und Leistung. Die pädagogische Grundentscheidung und Grundhaltung ermöglicht als tragende Basis eine Bildung und Erziehung, der es um die Begleitung von jungen Menschen auf ihrem Weg zur Selbständigkeit geht. Damit wird das Subjekt-Sein der Schüler/innen ernstgenommen.

6.2 Lernen – Emotionen – Begeisterungsfähigkeit

Die Erziehungswissenschaftlerin *Wiltrud Giesecke* hat auf nachdrückliche Weise herausgearbeitet, dass die bisherige pädagogische Theorie einen wesentlichen Aspekt von Lernen und Bildung nicht hinreichend berücksichtigt habe: die Emotionen[28]. Dem korrespondiert, dass auch die neurowissenschaftliche Forschung die zentrale Bedeutung der Emotionen für das Lernen bewusst gemacht hat. Bei *Gerhard Roth* findet sich der elementare Satz: »Ohne Emotionen und Motive gibt es kein Lernen.«[29] Dabei geht es u.a. um die persönliche Einstellung zum Lernen, um das Ansehen der Schule im Familienkreis und in der Gesellschaft, um die Umgebung sowie Atmosphäre des Lernortes. Weiterhin geht es auch um

---

27 *J. Korczak*, Das Recht des Kindes auf Achtung, in: *Ders.*, Sämtliche Werke, Bd.4, Gütersloh 1999, 383ff.

28 *W. Giesecke*, Lebenslanges Lernen und Emotionen. Wirkung von Emotionen als Bildungsprozesse aus beziehungstheoretischer Perspektive, Bielefeld ²2009.

29 *G. Roth*, Bildung braucht Persönlichkeit. Wie Lernen gelingt, Stuttgart 2011, 21. – S. vor allem 73ff. (Emotionen und Motivation) und 178ff. (Lernen, Emotionen und Vertrauensbildung).

die sozial-emotionale Einstellung der Schüler zur Lehrkraft und den Mitschülern/innen und umgekehrt. Darum sollte die Lehrkraft Zeit und Mühe darauf verwenden, dass »jeder Schüler seinen ›emotionalen Platz‹ sowohl im Klassenraum als auch im Beziehungsnetzwerk der Klasse findet.«[30]

Auf einen weiteren Aspekt macht in diesem Zusammenhang der Neurobiologe *Gerald Hüther* aufmerksam. Er spricht davon, dass es für eine nachhaltige Wissensvermittlung vor allem darauf ankommt, dass das Lernen die Kinder und Jugendlichen begeistert: »Begeisterung bei den Schülern zu wecken, gelingt am besten durch eine wertschätzende, anerkennende und ermutigende Beziehung.« Er plädiert für eine »Beziehungskultur der Wertschätzung, Ermutigung und der Unterstützung, in der Vertrauen wachsen kann und Kinder und Jugendliche in die Lage versetzt werden, hochkomplexe Muster in ihren Gehirnen aufzubauen.«[31]

Der Reformpädagoge *Berthold Otto* hatte schon im Jahre 1903 formuliert: »Der Lehrer, wie er sein soll, muss dadurch begeistern, dass er selber begeistert ist.«[32] Es geht darum, dass ein guter Lehrer nicht nur selbst vom Fach begeistert ist, sondern dass er es auch versteht, bei den Schüler/innen eine entsprechende Begeisterung zu bewirken. Es ist überaus interessant, wenn die Gehirnforscher wieder an eine solche »alte« pädagogische Erkenntnis erinnern und deren Bedeutung unterstreichen: »Nicht zu vernachlässigen ist die Person des Lehrers bzw. dessen Auftreten. Sowohl bewusst wie unbewusst ausgestrahlte Begeisterung für die zu vermittelnden Lerninhalte kann die Lernmotivation von Schülern positiv beeinflussen.«[33] Durch positive Emotionen wird (1) das Aufnehmen von Informationen erleichtert. (2) Weiterhin dienen emotionale Aspekte der Lernsituation als »Abrufhinweise«. (3) Schließlich aktivieren positive Emotionen das sog. Belohnungssystem im Gehirn, das verhaltensverstärkend wirkt.

Angesichts solcher Einsichten legt es sich nahe, das Gespräch mit den Neurowissenschaften im Blick auf die fachdidaktische Qualifizierung der Lehrkräfte weiterzuführen.

---

30 Ebd., 180.

31 *G. Hüther*, Für eine neue Kultur der Anerkennung, in: *U. Herrmann* (Hg.), Neurodidaktik. Grundlagen und Vorschläge für gehirngerechtes Lehren und Lernen, Weinheim / Basel [2]2009, 199–206, hier 205. – In seiner Veröffentlichung: Was wir sind und was wir sein könnten. Ein neurobiologischer Mutmacher, Frankfurt a. M. [2]2011, geht er auf S. 89–110 ausführlich auf die Frage der Begeisterung ein.

32 *B. Otto*, Wochenschrift »Hauslehrer«, Berlin 1903, 98.

33 *M. Brand / H. J. Markowitsch*, Lernen und Gedächtnis aus neurowissenschaftlicher Perspektive – Konsequenzen für die Gestaltung des Schulunterrichts, in: *U. Herrmann* (Hg.), Neurodidaktik, 69–85, hier 85.

6.3 Die Lehrkraft als Curriculum? – oder: Zur Vorbildfrage

Zum Abschluss soll noch auf eine Frage eingegangen werden, die stets hohe Aufmerksamkeit auf sich gezogen hat: die Frage nach dem Vorbildsein der Lehrkraft. In diesem Zusammenhang wurde einmal formuliert: »Die Person des Lehrers ist das wesentlichste Curriculum.« Dafür, ob der Unterricht ›gut‹ ist, ob er wirksam, überzeugend und authentisch ist, ist letztlich nicht entscheidend, über wie viele methodische Fähigkeiten und Motivationskünste die Lehrkraft verfügt, sondern wie er bzw. sie durch ihre Person darin überzeugt, was ein Thema, eine Fragestellung, eine Problembehandlung für ein Kind oder einen Jugendlichen bedeuten kann.

Bei Lernprozessen, bei denen es für die Schüler/innen um die Erarbeitung einer eigenen Position und Überzeugung geht, spielt die Person des Lehrers bzw. der Lehrerin eine überaus wichtige Rolle. Darum ist es geboten, dass sich die RL ihrer Rolle als Träger von bestimmten Überzeugungen im Blick auf Religion und Glaube bewusst sind und dies immer wieder reflektieren. Die Spannung, die sich hier auftut, besteht darin, dass es auf der einen Seite wichtig ist, durch klare Aussagen den Schüler/innen eine Unterstützung bei ihrer Suche nach Orientierung zu geben und auf der anderen Seite keine zu starke Abhängigkeit zu bewirken. Dazu ist es hilfreich, sich bewusst zu machen, dass der eigene Glaube und die eigene Religiosität / Spiritualität und die damit vollzogenen Entscheidungen und implizierten Haltungen immer wieder am Grund des Glaubens, an der Sache Jesu Christi, gemessen und gegebenenfalls revidiert werden müssen. Vorbild: ja,[34] aber in einer spezifischen Weise, wie es *Wolfgang Bartholomäus* im folgenden Text m. E. angemessen beschreibt:

> »Das Christsein des Religionslehrers geht in den Religionsunterricht ein, wie er es faktisch zu leben sucht: belastet mit allen Zweifeln und Unsicherheiten. Der Religionslehrer ist eher Modell im Sinne von Irene und Dietmar Mieth: ›*Ein problematisches Vorbild, das zu denken gibt*‹ ... Menschen, die Christsein lernen wollen, werden es nur in Auseinandersetzung mit dem gebrochen realisierten Christsein ihrer Mitwelt lernen können ... Wir alle haben es so gelernt, wenn wir es gelernt haben.«[35]

---

34 Zur spannenden Frage nach dem Vorbild s. *G. Adam*, »Daß uns ihres Glaubens Exempel nutzlich sind«. Lernen an Biografien großer Vorbilder – aufgezeigt am Beispiel von Martin Luther King, in: *M. Rothgangel / H. Schwarz* (Hg.), Götter, Heroen, Heilige, Frankfurt a. M. / Bern u. a. 2011, 143–166 sowie die weiteren Beiträge des Bandes.

35 *W. Bartholomäus*, Der Religionslehrer zwischen Theorie und Praxis, in: KatBI 103 (1978), 168.

Religionslehrer/innen erteilen ihren RU im Rahmen der Schule in theologischer und pädagogischer Verantwortung. Sie nehmen dabei einen verfassungsrechtlich verankerten Auftrag wahr, der von Seiten der evangelischen Kirche als ein »freier Dienst« an einer »freien Schule« verstanden wird. Ihre Aufgabe hat ihre Mitte darin, die Kommunikation zwischen den heutigen Kindern und Jugendlichen und dem Evangelium zu ermöglichen.

Literaturhinweise

G. Adam, Beruf: ReligionslehrerIn, in: *Ders.*, Glaube und Bildung. Beiträge zur Religionspädagogik I (StTh 6), Würzburg ²1994, 242–262.

B. Dressler, Religionslehrerinnen und Religionslehrer, in: *M. Wermke / G. Adam / M. Rothgangel* (Hg.), Religion in der Sekundarstufe II. Ein Kompendium, Göttingen 2006, 97–118.

M. Hahn, Religionslehrerinnen und Religionslehrer (Da-)sein – Person und Beruf, in: *H. Noormann / U. Becker / B. Trocholepczy* (Hg.), Ökumenisches Arbeitsbuch Religionspädagogik, Stuttgart ³2007, 75–112.

B. Schröder / H. H. Behr / D. Krochmalnik (Hg.), Was ist ein guter Religionslehrer? (Religionspädagogische Gespräche zwischen Juden, Christen und Muslimen 1), Berlin 2009.

XIX. Lehrpläne / Kerncurricula

Friedhelm Kraft

1. Einführung

Aus Lehrplänen geht hervor, was in der Schule gelernt werden soll. Lehrpläne benennen pädagogische Ziele, die in fachspezifischer Weise Bildungsaufgaben der Schule konkretisieren. Sie formulieren aus der Perspektive der jeweiligen Fachdidaktik Grundsätze für den Unterricht und stellen den Zusammenhang von Zielen und Inhalten dar.

1.1 Lehrpläne allgemein

Der Begriff Lehrplan kann in unterschiedlicher Weise verstanden werden:

»Zum einen steht er als Oberbegriff für alle Programme zur Weitergabe symbolischer Systeme. Etwas eingeschränkter bezeichnet er die schriftlich fixierten, bewusst verfassten Regelwerke, wobei er als Überbegriff für ähnliche Bezeichnungen wie Richtlinie, Bildungsplan, Curriculum fungiert.«[1]

Veit-Jakobus Dieterich unterscheidet drei den Lehrplan »konstruierende und konstituierende Prinzipien«: das Prinzip der »Selektionierung oder Segmentierung«, das Prinzip der »Strukturierung« und das Prinzip der »Sequenzbildung«. Lehrpläne treffen demzufolge 1. eine sinnvolle Auswahl der möglichen Inhalte, sie ordnen 2. die Inhalte spezifischen Grundintentionen zu und bilden zum Teil eine Rangfolge der Inhalte im Lehrplan sowie sie 3. die Aufeinanderfolge der Inhalte im Blick auf eine zeitliche Reihenfolge regeln.[2]

Lehrpläne sind das Ergebnis von Aushandlungsprozessen, sie sind von unterschiedlichen Vorgaben und Interessen bestimmt. Daher sind Lehr-

---

1 *V.-J. Dieterich*, Religionslehrplan in Deutschland (1870–2000). Gegenstand und Konstruktion des evangelischen Religionsunterrichts im religionspädagogischen Diskurs und in den amtlichen Vorgaben (ARP 29), Göttingen 2007, 30.

2 Ebd., 35.

planentscheidungen »politischer Natur« (*Gottfried Adam*) und nicht unmittelbar ableitbar aus den jeweiligen Bezugswissenschaften. Lehrpläne sind Ausdruck von Kompromissen, in denen wissenschaftstheoretische und gesellschaftspolitische Vorgaben mit Anforderungen der Unterrichtspraxis zusammenfließen. In der Praxis entstehen Lehrpläne, indem Kultusministerien Lehrplankommissionen einberufen. Die Kommissionen setzen sich in der Regel aus erfahrenen Praktikern und zumeist wenigen Fachdidaktikern bzw. Fachwissenschaftlern zusammen. Sie arbeiten nach Vorgaben der Kultusministerien. Der Lehrplanentwurf durchläuft ein Anhörungsverfahren. Fachverbände, Interessenvertretungen und gesellschaftliche Gruppen können sich äußern und Vorschläge für eine Überarbeitung einbringen.

Lehrpläne bilden in diesem Sinne »keine einheitliche Textsorte« (*Henning Schluß*). Sie erhalten ihre Plausibilität im Kontext der Entstehung und ihrer Entstehungsgeschichte. Nach *Erich Wenigers* epochalem Werk der »Theorie der Bildungsinhalte und des Lehrplans« (1930/1952) ist der Lehrplan das Ergebnis eines »Kampfes geistiger Mächte«, also das Resultat eines gesellschaftlichen »Kampfes«, in dem die Akteure aus den Bereichen Wissenschaft, Wirtschaft, Staat, Kirche und schulnaher Öffentlichkeit sich ihren Einfluss auf die Schule zu sichern versuchen.[3]

1.2 Zur Funktion von Lehrplänen

Lehrpläne steuern, sichern und kontrollieren den Unterricht. Der Lehrplan bildet für Lehrer/innen den Ausgangspunkt unterrichtlicher Entscheidungen. Allerdings muss die konkrete Wirkung von Lehrplänen auf den Unterricht relativiert werden. Lehrplananalysen können keine Aussagen über den tatsächlichen Unterricht machen. Die Differenz von Lehrplan und Unterricht ist unhintergehbar. In der bildungs- und erziehungswissenschaftlichen Diskussion wird die Bedeutung von Lehrplänen für die Unterrichtswirklichkeit sehr unterschiedlich eingeschätzt: »Phasen der Lehrplanversessenheit (etwa die Zeit der Curriculumsdebatte) wechseln mit solchen der Lehrplanvergessenheit ab (vor- und nachcurriculare Situation)«.[4] Analysen über die Wirkung von Lehrplänen auf das Unterrichtsgeschehen sind kaum vorhanden. In der gängigen Lehrplanforschung wird der Mangel an Empirie kritisiert. Der Umgang der Lehrkräfte mit Lehr-

---

3 E. Wenigers 1930 veröffentlichtes und 1952 in einer Überarbeitung erschienenes Werk hat zahlreiche Auflagen erfahren. Zuletzt: *E. Weniger*, Ausgewählte Schriften zur geisteswissenschaftlichen Pädagogik (1975), Weinheim / Basel ^{2}1990, 199–294.

4 *V.-J. Dieterich*, Religionslehrplan, 46.

plänen ist bislang kaum Gegenstand empirischer Forschung.[5] Die gegenwärtige »Haltbarkeitsfrist« von Lehrplänen von ungefähr zehn Jahren lässt vermuten, dass Lehrer/innen mit einer gewissen Gelassenheit die Arbeit von Lehrplankommissionen verfolgen.

Dennoch muss als wichtigste Funktion des Lehrplans festgehalten werden: Der Lehrplan versucht im Blick auf Ziele, Ergebnisse und Inhalte von Unterricht Verbindlichkeiten zu erreichen. Insbesondere ist seine normierende Funktion in der zweiten Phase der Lehrerbildung nicht zu unterschätzen. Zudem geben Lehrpläne die Richtung für die Erstellung von Schulbüchern vor und beeinflussen damit entscheidend die Erarbeitung von Unterrichtsmaterialien. *Hilbert Meyer* formuliert im Blick auf die relative Lehrplanabstinenz von Lehrkräften die ein wenig polemische These:

> »Viele neue Richtlinien sind fachwissenschaftlich moderner und didaktisch-methodisch fortschrittlicher als der durchschnittlich veranstaltete Unterricht der Lehrerinnen und Lehrer, für die diese Richtlinien gelten.«[6]

1.3 Lehrpläne für den Religionsunterricht

RU als »ordentliches« Fach der Schule wird in der gemeinsamen Verantwortung von Religionsgemeinschaften und Staat erteilt. Da die Inhalte des Faches nach GG Artikel 7.3 von der jeweiligen Religionsgemeinschaft verantwortet werden, bedürfen die Lehrpläne – ebenso die verwendeten Lehrmittel – deren Zustimmung. Allerdings muss gleichfalls sichergestellt sein, dass sich diese in Übereinstimmung mit den Grundsätzen der Verfassung und der staatlichen Bildungsvorgaben befinden.

Die Verantwortung der Religionsgemeinschaften – konkret der beiden Großkirchen für den evangelischen und katholischen RU – im Blick auf Lehrpläne, Richtlinien und Curricula kommt bereits im Prozess der Erstellung zum Tragen. Kirchliche Vertreter/innen arbeiten in Lehrplankommissionen mit, wobei sich die praktischen Regelungen der Mitwirkung von Bundesland zu Bundesland durchaus unterscheiden.

So werden die Lehrpläne für den RU in *Bayern* von kirchlichen bzw. von der Kirche bestätigten Kommissionen erarbeitet, in denen der jeweilige Fachreferent am

---

5 Vgl. *H. Schluß*, Lehrplanentwicklung in den neuen Ländern. Nachholende Modernisierung oder reflexive Transformation?, Schwalbach / Ts. 2003, 22ff. Dieterich konstatiert Ansätze einer Wirksamkeitsanalyse, wobei die Untersuchungen vorrangig nach der Rezeption von Lehrplänen fragen und lediglich einzelne Untersuchungen die Wirkung auf den Unterricht einbeziehen. *V.-J. Dieterich*, Religionslehrplan, 46.

6 *H. Meyer,* Leitfaden Unterrichtsvorbereitung, Berlin 2007 (Neuausgabe), 169.

staatlichen Institut für Schulqualität und Bildungsforschung in München mitwirkt.[7] In *Hamburg* werden Rahmenpläne durch die »Gemischte Kommission Schule / Kirche« beraten und verabschiedet, die paritätisch von Vertretern der Behörde für Bildung und der evangelischen Kirchen in Hamburg besetzt ist.[8] Im *Freistaat Sachsen* ist die Erarbeitung von Lehrplänen Aufgabe von schulartspezifischen Kommissionen, die sich sowohl aus Vertretern der Landeskirche als auch staatlichen RL zusammensetzen. Zudem ist das dortige Institut für Religionspädagogik in die Kommissionsarbeit einbezogen.[9] In *Niedersachsen* dagegen bestimmt das Kultusministerium die Zusammensetzung der Lehrplankommissionen mit RL. Die Konföderation Evangelischer Kirchen in Niedersachsen kann eine Vertreterin bzw. einen Vertreter bestimmen.

Unabhängig von länderspezifischen Regelungen gilt: Der Lehrplan für evangelischen bzw. katholischen RU kann nur von staatlichen Behörden in Kraft gesetzt werden, wenn die Kirchen die Pläne genehmigt haben. Der Lehrplan für den RU dokumentiert damit bereits im Verfahren der Erstellung die konfessionelle Bestimmtheit des Faches Religion.

2. Der Lehrplan im Spiegel der Geschichte des Religionsunterrichts nach 1945

Die Lehrpläne für den RU stehen in einem engen Zusammenhang mit den jeweiligen Phasen der religionspädagogischen Konzeptentwicklung. Im Folgenden sollen nur die Entwicklungen nach 1945 skizziert werden. Im Anschluss an Dieterich werden drei Phasen der Lehrplanentwicklung unterschieden: Die Lehrpläne der Evangelischen Unterweisung nach 1945, die curricular, themenorientierten Lehrpläne seit Ende der 1960er Jahre bis hin zu den 1980er Jahren und der »neue Schub« der Lehrplandiskussion seit den 1990er Jahren bis zur Jahrhundertwende. Dieterich beendet seine umfassende Studie im Jahr 2000 und lässt die Frage offen, »ob wir gegenwärtig an einer Epochenwende stehen« oder nur eine Modifizierung und damit im Kern eine »Fortschreibung« des herrschenden »Lehrplanparadigmas« erleben.[10] Dieser Frage widmet sich der vierte Abschnitt dieser Darstellung. Dieterich konstatiert für die Lehrplanentwicklung des

7 *T. Kothmann*, Religion unterrichten in Bayern, in: *M. Rothgangel / B. Schröder* (Hg.), Evangelischer Religionsunterricht in den Ländern der Bundesrepublik Deutschland. Empirische Daten – Kontexte – Entwicklungen, Leipzig 2009, 35.

8 *F. Doedens / W. Weiße*, Religion unterrichten in Hamburg, in: ebd., 134.

9 *H. Hanisch*, Religion unterrichten im Freistaat Sachsen, in: ebd., 332.

10 *V.-J. Dieterich*, Religionslehrplan, 2007, 104.

evangelischen RU nach 1945 einen Paradigmenwechsel Ende der 1960er Jahre und unterscheidet paradigmatisch den Lehrplan der Evangelischen Unterweisung vom »themenorientierten Religionslehrplan« der Folgejahre.[11]

2.1 Der Lehrplan der Evangelischen Unterweisung

Bis Ende der 1960er Jahre prägte die Konzeption der Evangelischen Unterweisung die Richtlinien und Lehrpläne in allen drei allgemeinbildenden Schularten. So heißt es noch im Volksschul-Lehrplan des Landes Hessen von 1965:

> »Der evangelische RU ist seinem Wesen nach evangelische Unterweisung. Aufgabe evangelischer Unterweisung ist es, die Wirklichkeit Gottes, wie sie die Bibel in der frohen Botschaft vom Heil in Jesus Christus bezeugt, in jugendgemäßer Weise zu verkünden. Die Botschaft von Jesus Christus wendet sich an den ganzen Menschen mit seinen persönlichen und sachlichen Bindungen innerhalb der verschiedenen Lebensgemeinschaften und auf allen Lebensgebieten.«[12]

Die Lehrpläne der Evangelischen Unterweisung sind gekennzeichnet durch eine klare Gliederung, die ihnen den Charakter eines geschlossenen Ganzen geben. Sie sind im Kern detaillierte Stoffpläne, zum Teil sogar Stoffverteilungspläne, versehen mit einer einleitenden Präambel. Die Präambel definiert die Ziele und Aufgaben des Unterrichts. Didaktische und methodische Hinweise sind kaum zu finden, ebenso Hinweise auf Literatur und Hilfsmittel.

Das Zitat aus dem Volksschullehrplan illustriert, dass der Unterricht vom Verkündigungsauftrag der Kirche her begründet wird. Die Lehrkraft fungiert als Zeuge der biblischen Botschaft, Schüler/innen werden als getaufte Glieder der Gemeinde angesprochen. Bibel, Kirchengeschichte, Gesangbuch und Katechismus sind die wesentlichen Bezugspunkte des Unterrichts. In den Stoffplänen steht die biblische Geschichte mit alt- und neutestamentlichen Texten – geordnet nach dem heilsgeschichtlichen Prinzip – im Vordergrund.

Ansätze zu einem hermeneutischen Verständnis des Unterrichts finden sich in den Aufgaben- und Zielbestimmungen der sechziger Jahre nur in

---

11 Ebd., 383 ff. Die Ausführungen des Abschnittes folgen der Studie von Dieterich.

12 Ausgeführter Lehrplan für den evangelischen Religionsunterricht in den Volksschulen des Landes Hessen, Amtsblatt des Hessischen Kultusministers, Wiesbaden, Dez. 1965. Sondernummer III/3, zit. n. *G. Adam*, Lehrpläne des Religionsunterrichts, in: *G. Adam / R. Lachmann* (Hg.), Religionspädagogisches Kompendium, Göttingen [5]1997, 198.

wenigen Ausnahmen. Dieterich konstatiert seit Mitte der sechziger Jahre »deutliche Orientierungen auf Fragen der Gegenwart und der Berufs- und Lebenswelt«.[13]

Zusammengefasst lassen sich in der Perspektive einer curricularen Didaktik die Defizite nicht nur der Lehrpläne der Evangelischen Unterweisung wie folgt beschreiben:

»(1) die Inhalte orientieren sich vorrangig und einseitig an der Tradition; (2) ihre Auswahl werde nicht nachvollziehbar und kritisierbar begründet; (3) die Unterrichtsziele werden nicht ausreichend reflektiert, überprüft und umgesetzt; und schließlich seien (4) Zusammensetzung, Arbeit und Ergebnisse der Lehrplankommissionen in vielfacher Hinsicht kontingent.«[14]

Die hermeneutische Religionspädagogik hat bereits Ende der fünfziger Jahre einen RU kritisiert, der in der Fixierung auf Kirche eine Sonderstellung des Faches im Fächerkanon der Schule beansprucht. Im Blick auf den Religionslehrplan erfolgte der Paradigmenwechsel aber erst Ende der sechziger Jahre mit dem sogenannten themenorientierten Lehrplan.

2.2 Der Lehrplan im problemorientiert-themenzentrierten Religionsunterricht

Die Religionspädagogik der sechziger Jahre hat die Anstöße und Neubestimmungen der Curriculumstheorie aufgenommen und für den RU fruchtbar gemacht. Mit der Bestimmung des curricularen Feldes mit Hilfe der Matrix Fachwissenschaft, Gesellschaft, Schüler/in ist ein Rahmen gesetzt worden für eine neue Generation von Lehrplänen. Es ging nun nicht mehr um die »Frage nach den Lehrinhalten und der Tradierung der Überlieferung an die nachfolgende Generation«,[15] sondern man ging »von (künftigen) Lebenssituationen aus, die (später einmal) von den Heranwachsenden gemeistert werden müssen«.[16] Von hier aus wurden Lernziele entwickelt, die Lehrplan und Unterrichtsgeschehen bestimmen sollten. Der thematisch-problemorientierte RU hat diesen Ansatz aufgenommen und in fachdidaktischer Perspektive Themen bzw. Problemstellungen aus der Welt der Schüler/innen und der Gesellschaft für den Unterricht didaktisch aufbereitet. Die themenorientierte Religionsdidaktik hat in der Breite ihrer Ansätze übereinstimmend zwei Perspektiven für den Religionslehrplan konstitutiv entfaltet: »die biblische, theologische, auch kirchliche

13 *V.-J. Dieterich*, Religionslehrplan, 422.
14 Ebd., 424.
15 Ebd., 458.
16 Ebd., 459.

Tradition und die gesellschaftliche, schulische und lebensgeschichtliche Situation der Unterrichteten«.[17]

Gleichzeitig hat sich dieses neue Didaktikmodell sowohl in den evangelischen als auch katholischen Lehrplänen durchgesetzt mit der Folge, dass sich Perspektiven und Formen einer konfessionellen Zusammenarbeit eröffnen konnten.[18] Kritisch wird der themenorientierte Lehrplan angefragt im Blick auf die Verzahnung von Bibel- und Themenorientierung. Die postulierte Verschränkung der Zugangsweisen entpuppte sich in der Praxis oftmals als eine »additive Nebeneinanderstellung«.[19]

Nach Dieterich markieren die Lehrpläne der 1980er Jahre im Blick auf den evangelischen RU keinen »grundlegenden Wandel«. Er sieht lediglich partielle Veränderungen und konstatiert »eine Aufweichung (aber keine Preisgabe) der Lernzielorientierung; eine deutlichere Ausrichtung auf die jeweilige Schulart; eine größere Beliebtheit und häufigere Verwendung ›positiver‹ bejahender Formulierungen und schließlich [...] eine gewisse Theorie- und Innovationslosigkeit«.[20]

2.3 Lehrplanentwicklung »zwischen Identität und Pluralität«

Dieterich kennzeichnet den Religionslehrplan der 1990er Jahre einschließlich der Jahrhundertwende als »Lehrplan der Pluralität«, insofern die »Gesamtheit der Lehrpläne keine geschlossene, einheitliche Konzeption vertritt, vielmehr zahlreiche unterschiedliche religionspädagogische, pädagogische und theologische Anregungen aufnimmt.«[21] Aber auch hier zeichnen sich Gemeinsamkeiten ab, die sich als »Grundkonsens« in allen Lehrplänen wiederfinden: Der Schul- und Kirchenbezug, die Wahrnehmung der pluralen Lebenswirklichkeiten der Schüler/innen, eine ökumenische Ausrichtung sowie in didaktischer Perspektive die Aufnahme der Symboldidaktik und die fast durchgängige Orientierung an Unterrichtsthemen. In einzelnen Lehrplänen finden sich zusätzlich zu den thematischen Vorgaben Versuche, »Elemente formaler Bildung«[22] in Form von

---

17 Ebd., 460. – Dieterich sieht in den in der Folgezeit entwickelten Konzepten der Schüler- und Erfahrungsorientierung, der Symboldidaktik, der Elementarisierung und des Pluralismus eine »Weiterentwicklung und Varianten der problemorientiert-themenzentrierten Religionsdidaktik« (459).

18 Vgl. zur Entwicklung der Lehrpläne für den katholischen Religionsunterricht *H.-W. Winden*, Richtlinien und Lehrpläne, in: Neues Handbuch religionspädagogischer Grundbegriffe hg. v. *G. Bitter u.a.*, 465 f.

19 *V.-J. Dieterich*, Religionslehrplan, 462.

20 Ebd., 506.

21 Ebd., 551.

22 Ebd., 554.

Kompetenzbestimmungen in den Lehrplan zu integrieren. Dieterich konstatiert im Blick auf die Lehrpläne der 1990er Jahre ein »Theoriedefizit« und einen »Mangel an Stringenz« als Ausdruck einer »gewissen Ratlosigkeit«.

3. Richtlinien im Zeichen der Kompetenzorientierung: das Kerncurriculum Religion

3.1 Kompetenzorientierung allgemein

Mit der Einführung von Bildungsstandards und kompetenzorientierten Kerncurricula hat die Bildungspolitik auf den sogenannten »PISA-Schock« reagiert mit dem Ziel, die Leistungsfähigkeit des deutschen Bildungssystems im internationalen Vergleich zu optimieren. Kompetenzorientierung zielt auf einen bildungspolitischen und schulpädagogischen Paradigmenwechsel. An Stelle von Lernzielvorgaben – Inputsteuerung – bilden die in Form von Bildungsstandards und Kompetenzen normierten Leistungserwartungen – Outputsteuerung – das Steuerungsinstrument schulischer Bildungsprozesse. Nunmehr stellen die von den Schüler/innen erreichten Kompetenzen die entscheidenden Indikatoren für die Qualität des Bildungswesens dar.

Die in festen Zeitabständen geforderte Kompetenzüberprüfung impliziert einen Kompetenzbegriff, der als messbare Größe fungieren kann. Daher sind Kompetenzen, auch wenn der Kompetenzbegriff Emotionalität, Haltungen und Einstellungen einbezieht, schwerpunktmäßig auf kognitive Leistungen ausgerichtet. Die Fähigkeit, erworbenes Wissen und Können selbstständig anzuwenden, impliziert einen Lernbegriff, der über die reine Wissensvermittlung hinausgeht. Kompetenz ist mehr als die Anhäufung von Wissen. Erst in der Verbindung von Wissen, Können und Wollen werden Kompetenzen sichtbar. Der auf konkretes Wissen bezogene Kompetenzbegriff ist damit domänen- bzw. fachspezifisch definiert. Kompetenzen beschreiben in diesem Sinne Fähigkeiten, fachbezogen Probleme lösen zu können.

3.2 Kompetenzorientierung und Religionspädagogik

In der Religionspädagogik bildet das im Anschluss an *Ulrich Hemel* konzipierte Modell der »Dimensionen der Erschließung von Religion« eine konsensfähige Grundlage. Mit den Stichworten Perzeption (wahrnehmen

/ beschreiben), Kognition (verstehen / deuten), Performanz (gestalten / handeln), Interaktion (kommunizieren / urteilen) und Partizipation (teilhaben / entscheiden) werden Erschließungsdimensionen genannt, die für religiöse Lernprozesse unverzichtbar sind.[23] Dieses Kompetenzmodell ist einerseits aus der Perspektive der Lernenden formuliert, da Kompetenzen Fähigkeiten von Subjekten im Blick auf spezifische Inhalte (Domänen) beschreiben. Andererseits können die Dimensionen der Erschließung von Religion nicht gegeneinander »ausgespielt« werden. Sie bedingen sich gegenseitig und sind für religiöse Lernprozesse unverzichtbar.– Es gibt

> »für religiöse Kompetenz weder empirisch geprüfte Modelle noch Instrumentarien zu ihrer Messung, weder einen nationalen noch einen internationalen Konsens darüber, was mit ›religiöser Kompetenz‹, die durch den Religionsunterricht angestrebt wird, gemeint ist.«[24]

Diese Aussage von *Dietlind Fischer* ist ernüchternd, sie beschreibt das aktuelle Dilemma des RU. Während aus der empirischen Unterrichtsforschung Ergebnisse zu Lernprozessen in den PISA-Fächern vorliegen, gibt es für die Nicht-PISA-Fächer kaum empirische Zugänge über die Wirksamkeit von Lernarrangements. Nicht nur für den RU gilt: Wir wissen wenig darüber, in welcher Weise sich Schüler/innen nach vier oder zehn Jahren RU religiöses Wissen und Können angeeignet haben.

Aus diesem Grund ist die fachdidaktische Debatte um die Frage der Kompetenzorientierung durch eine eigenartige »Ungleichzeitigkeit« geprägt: Während in der Religionspädagogik der wissenschaftliche Diskurs noch längst nicht abgeschlossen ist und erste Einsichten in ausdrücklicher Bescheidenheit als »vorläufig« deklariert werden, haben Rahmenplankommissionen in unterschiedlicher Weise auf der Basis ministerieller Vorgaben kompetenzorientierte Lehrpläne, genauer Kerncurricula, erstellt. Die föderale Struktur des Bildungsbereichs hat auch hier die Unterschiedlichkeit der Ansätze zur Kompetenzorientierung nicht nur für das Fach Religion befördert.

Eine gewichtige Ausnahme bilden die bundeseinheitlichen Prüfungsanforderungen für das Abitur (EPA) mit der Festlegung von fünf Kompetenzbereichen und ihrer Ausdifferenzierung in Teilkompetenzen.[25] Im

---

23 Vgl. *D. Fischer / V. Elsenbast* (Hg.), Grundlegende Kompetenzen religiöser Bildung. Zur Entwicklung des evangelischen Religionsunterrichts durch Bildungsstandards für den Abschluss der Sekundarstufe I, Münster 2006.

24 *D. Fischer*, Religiöse Kompetenz bei Schüler/innen erkennen. Fachdidaktische Aufgaben von Lehrenden, in: Religion unterrichten, Hildesheim 2009, 6–9, hier 6.

25 Vgl. *B. Husmann / R. Tammeus*, Einheitliche Prüfungsanforderungen für das Abitur in Ev. Religionslehre, in: ZPT 60 (2008), 350ff.

Folgenden soll am Beispiel der neuen Vorgaben des Bundeslandes Niedersachsen der Stand der aktuellen Debatte um kompetenzorientierte Kerncurricula aufgezeigt werden.

3.3 Die niedersächsischen Kerncurricula

Die niedersächsischen Kerncurricula konstruieren die Kompetenzerwartungen in der Bezogenheit auf sogenannte prozessbezogene und inhaltsbezogene Kompetenzbereiche. Die Ausdifferenzierung zweier Kompetenzbereiche folgt einer Setzung des Kultusministeriums, die für alle Fächer verbindlich vorgegeben worden ist. Demzufolge zielen die prozessbezogenen Kompetenzen primär auf Verfahren der Wissensaneignung und Wissensanwendung. Laut Vorgabe des Kultusministeriums »umfassen [sie] diejenigen Kenntnisse und Fertigkeiten, die einerseits die Grundlage, andererseits das Ziel für die Erarbeitung und Bearbeitung der inhaltsbezogenen Kompetenzbereiche sind«.[26] Das Kerncurriculum Religion der Grundschule folgt dieser Kompetenzlogik und bestimmt die prozessbezogenen Kompetenzen fachspezifisch als »Dimensionen religiösen Lernens« in der Unterscheidung von

- Wahrnehmen / Beschreiben
- Verstehen / Deuten
- Kommunizieren / Teilhaben
- Gestalten / Handeln

Die hier aufgeführten prozessbezogenen Kompetenzen beschreiben nunmehr fachdidaktisch abgeleitete »Wege innerhalb des Lernprozesses, welche den Fragen der Schüler/innen nachgehen und so zum Erwerb von religiöser Orientierungs- und Handlungsfähigkeit führen.«[27]

Das Kerncurriculum bezieht sich an dieser Stelle ausdrücklich auf den Kompetenzbegriff von *Ulrich Hemel*. Es erweist sich damit in mehrfacher Weise religionspädagogisch anschlussfähig:

- Die Strukturbegriffe der »Dimensionen religiösen Lernens« sind kompatibel zu *Peter Biehls* Dreischritt »wahrnehmen – deuten – gestalten« und verweisen im Sinne von Biehl auf je spezifische »didaktische Strukturen«.
- Die prozessbezogenen Kompetenzen haben eine Affinität zu den Erschließungsdimensionen von Religion des Kompetenzmodells der Expertengruppe des Comenius-Instituts.

---

26 *Niedersächsisches Kultusministerium (Hg.)*, Kerncurriculum für die Grundschule Schuljahrgänge 1–4. Evangelische Religion, Hannover 2006, 6.

27 Ebd., 12.

- Sie verweisen auf die Prozessebene des konkreten Unterrichts, da die Verben »beschreiben«, »deuten«, »kommunizieren«, »gestalten« zugleich als Operatoren für die Verknüpfung von unterrichtlichen Schritten fungieren.

Mit diesen Hinweisen wird deutlich: Im religionsdidaktischen Verständnis beziehen sich die *prozessbezogenen Kompetenzen* weit mehr als »nur« auf Verfahren und Methoden der Erkenntnisgewinnung im Sinne der Vorgabe des Kultusministeriums. Diese zielt in der Tat primär auf die Unterrichtsebene und hat vorrangig (fachspezifische) methodische Verfahren im Blick. Die fachdidaktische Adaption der prozessbezogenen Kompetenzen bezieht stattdessen den Gegenstand des Faches, die Domäne Religion, von vornherein mit ein in der Verschränkung Unterrichtsebene, didaktische Begründungsebene und Religionstheorie. Die Erläuterungen der prozessbezogenen Kompetenzen im Kerncurriculum zeigen diesen mehrperspektivischen Ansatz auf. So heißt es dort zu »Verstehen / Deuten«:

»Vorhandene Erfahrungen mit lebendiger und überlieferter Religion werden ins Gespräch gebracht und gedeutet. Die Schülerinnen und Schüler lernen biblische Geschichten und andere Glaubenszeugnisse kennen und verstehen deren Bedeutung. Sie verknüpfen biblisch christliches Wissen mit ihren eigenen Erfahrungen in einem wechselseitigen Verstehensprozess. In einer Haltung des Fragens lernen sie unterschiedliche Wege der Welt- und Lebensdeutung kennen, erhalten damit ein Angebot für die eigene Lebensorientierung und die Entwicklung von ethischen Maßstäben.«[28]

Im Unterschied zu den prozessbezogenen Kompetenzen benennen die *inhaltsbezogenen Kompetenzen* Fragehaltungen, die angeben, über welches Wissen Schüler/innen verfügen sollen. Sie setzen inhaltliche Schwerpunkte in Form von sechs Leitfragen, die den Unterricht strukturieren sollen:

- Nach Gott fragen
- Nach dem Menschen fragen
- Nach Jesus Christus fragen
- Nach der Verantwortung des Menschen in der Welt fragen
- Nach Religionen fragen
- Nach Glauben und Kirche fragen.

Den einzelnen Leitfragen werden verbindliche Kompetenzen zugeordnet, und zwar je vier Kompetenzen pro Leitfrage für die Klassenstufen 1 und 2 und je vier für die Klassenstufen 3 und 4. Zugleich werden den leitfragenbezogenen Kompetenzen Inhalte zugeordnet, die aber lediglich den Charakter einer »Empfehlung« haben.

---

28 Ebd., 12.

In der Logik des Kerncurriculums werden die prozessbezogenen und inhaltsbezogenen Kompetenzbereiche erst einmal getrennt entfaltet. Allerdings wird postuliert: »Unterricht konstituiert sich immer in der Verknüpfung beider Kompetenzbereiche.«[29]

Die seit dem Schuljahr 2009 / 2010 in Kraft gesetzten Kerncurricula für die einzelnen Schulformen der Sekundarstufe I führen den doppelten Kompetenzansatz weiter, gewichten aber die prozessbezogenen Kompetenzen stärker in Übernahme und Ausdifferenzierung der fünf Kompetenzbereiche der Einheitlichen Prüfungsanforderungen. Auch hier entsteht das Problem, dass zwei Kompetenzbereiche mit divergierenden Systematiken aufeinander bezogen werden sollen. Während die prozessbezogenen Kompetenzen von religionssoziologischen Beschreibungen von Religiosität abgeleitet sind, verdanken sich die inhaltsbezogenen Kompetenzen einer explizit theologischen Systematik.[30] In Anknüpfung und Weiterführung des Kerncurriculums Grundschule werden in den Kerncurricula für die Sekundarstufe I die prozessbezogenen Kompetenzbereiche in Kompetenzen ausformuliert. In Abgrenzung zur Vorgabe des Kultusministeriums zielen diese allerdings nicht auf die Prozessebene des Unterrichts, sondern beschreiben auf einer mittleren Abstraktionsebene pädagogische Ziele des RU. Sie haben damit den Charakter von »Quasi«-Bildungsstandards, auch wenn sie nur ansatzweise den Ansprüchen von Bildungsstandards entsprechen können.[31]

3.4 Offene Fragen kompetenzorientierter Lehrpläne

1. Der Blick auf die neuen Kerncurricula aus Niedersachsen zeigt, dass das Verhältnis und die Zuordnung der Trias »Kompetenzmodell, Bildungsstandards, Kerncurriculum« alles andere als geklärt sind.[32] Allein die

---

29 Ebd., 11.

30 *B. Husmann / R. Tammeus*, Einheitliche Prüfungsanforderungen, in: ZPT 60 (2008), 367. Vgl. die Kritik von Gabriele Obst an den aus ihrer Sicht theologisch »steil« formulierten Kompetenzvorgaben des niedersächsischen Kerncurriculums Ev. Religion für die Grundschule: *G. Obst*, Kompetenzorientiertes Lehren und Lernen im Religionsunterricht, Göttingen 2008, 118 f.

31 Vgl. aus niedersächsischer Perspektive die »Zwischenbilanz« von Rainer Merkel zur aktuellen Kompetenzdebatte. Merkel hebt insbesondere die »Orientierungsfunktion« der vorgegebenen Kompetenzen hervor. *R. Merkel*, Kompetenzen sind Kumuluswolken! Eine niedersächsische Zwischenbilanz zu Kompetenzen und Bildungsstandards im Fach Ev. Religion zehn Jahre nach PISA, in: Pelikan 19 (2010), H.3, 113 ff.

32 Vgl. *M. Rothgangel*, Kompetenzmodelle und Bildungsstandards für den Religionsunterricht. Anmerkungen zur gegenwärtigen Bildungsreform, in: GLern 25 (2010), 129 ff.

begrifflichen Vorgaben erschweren eine Verständigung über die Grenzen der Bundesländer hinaus.[33]

2. In der Logik der Kompetenzorientierung ist das Kerncurriculum auf Bildungsstandards bezogen. Diese liegen aber empirisch abgesichert nur für wenige ausgewählte Fächer vor. Dennoch müssen in den Bildungsplänen und Kerncurricula »Standards« gesetzt werden, die praktisch als fachspezifische Zielsetzungen fungieren.

3. Auch wenn der Kompetenzgedanke prinzipiell domänenspezifisch gefasst ist, wird die Inhaltlichkeit der Kompetenzen sehr unterschiedlich ausformuliert. Zudem ist die Unterscheidung in prozess- und inhaltsbezogene Kompetenzen wenig plausibel, da domänenspezifische Kompetenzen grundsätzlich nur an konkreten Inhalten erworben werden können und die Verbindung bzw. Aufeinanderbezogenheit der Kompetenzbereiche zwar postuliert, aber kompetenztheoretisch nicht ausgewiesen werden kann.

3.5 Kompetenzorientierte Lehrpläne als »Epochenwende«?

Trotz aller Divergenz und Offenheit der Diskussion: Mit den neuen Kerncurricula wird eine Zäsur gesetzt. Das Kerncurriculum formuliert Fähigkeiten und Fertigkeiten von Schüler/innen, die diese nach bestimmten Bildungsabschnitten erworben haben sollen. Damit bekommt der Unterricht eine Ausrichtung, die eine »Didaktik der Kurzschrittigkeit« – das Planen von Unterrichtseinheit zu Unterrichtseinheit – zugunsten übergreifender Perspektiven überschreitet. Gleichzeitig wird der Handlungsspielraum der Lehrkräfte neu vermessen. Da das Kerncurriculum für die Themenfindung des Unterrichts lediglich eine Richtung vorgibt, erfolgt die thematische Strukturierung des Unterrichts in Form von schuleigenen Arbeitsplänen. Diese müssen verbindlich von den Fachschaften bzw. Fachgruppen erarbeitet werden. Die Qualität des Unterrichts wird dadurch in großem Maße von der Kooperationsbereitschaft der Lehrkräfte bestimmt.

---

33 So werden für die Grundschule in Rheinland-Pfalz die in niedersächsischer Diktion ausgewiesenen prozessbezogenen Kompetenzen als »allgemeine Kompetenzen« beschrieben, die sich als »grundlegende Fähigkeiten [...] auch auf andere Fächer beziehen lassen« (*A. Klaaßen*, Teilrahmenplan (TRP) Evangelische Religion Grundschule Rheinland-Pfalz. Eine Lesehilfe, in: Schönberger Hefte 40 (2010), H.3, 3).

Literaturhinweise

V.-J. Dieterich, Religionslehrplan in Deutschland (1870–2000). Gegenstand und Konstruktion des evangelischen Religionsunterrichts in religionspädagogischem Diskurs und in den amtlichen Vorgaben (ARP 29), Göttingen 2007.

M. Rothgangel / B. Schröder (Hg.), Evangelischer Religionsunterricht in den Ländern der Bundesrepublik Deutschland. Empirische Daten – Kontexte – Entwicklungen, Leipzig 2009.

Kirchenamt der EKD (Hg.), Kompetenzen und Standards für den Evangelischen Religionsunterricht in der Sekundarstufe I. Ein Orientierungsrahmen (EKD-Texte 111), Hannover 2010.

XX.
Religiöse Kompetenzen und Bildungsstandards Religion

Martin Rothgangel

Seit fast zehn Jahren findet in Deutschland eine umfassende Bildungsreform statt: Sie bezieht sich auf Bildungspolitik und Bildungswissenschaften, auf Unterrichtsforschung und Unterrichtspraxis sowie auf alle Fachdidaktiken und Unterrichtsfächer. Auch im religionspädagogischen Kontext wird die Diskussion um religiöse Kompetenzen und in Bildungsstandards keineswegs nur auf wissenschaftlichen Tagungen und in Publikationen geführt. Vielmehr prägt diese Diskussion immer stärker auch die Praxis des RU, da zunehmend Bildungspläne[1], Schulbücher[2] und Hilfen zur Unterrichtsvorbereitung[3] kompetenzorientiert gestaltet sind. Einen wesentlichen Anstoß für diese Bildungsreform stellt die PISA-Studie 2000 dar, die deutlich vor Augen führte, dass das bundesdeutsche Bildungswesen im internationalen Vergleich nur durchschnittlich ist.

Der Kerngedanke dieser Bildungsreform lässt sich sehr prägnant auf die Formel »Von der Input- zur Outputorientierung« bringen. Die Steuerung des Bildungswesens wird nicht mehr über den Input von Lehrplänen, sondern über den Output in Form von Bildungsstandards und Kompetenzen angestrebt. Gleichwohl zeigen Erfahrungen in verschiedenen Gremien, dass sich ungeachtet dieser griffigen Kernformel ein tiefer gehendes Verständnis der gegenwärtigen Bildungsreform keineswegs einfach erschließt.

---

1 Die Vorreiterrolle besitzen die Baden-Württembergischen Bildungspläne aus dem Jahr 2004.

2 Exemplarisch sei die kompetenzorientierte Überarbeitung der von *G.-R. Koretzki* und *R. Tammeus* herausgegebenen Religionsbuchreihe »Religion entdecken, verstehen, gestalten«, Göttingen genannt.

3 Vgl. *G. Ziener*, Bildungsstandards in der Praxis – Kompetenzorientiert unterrichten, Seelze-Velber 2006; *G. Obst*, Kompetenzorientiertes Lehren und Lernen im Religionsunterricht, Göttingen ³2010; *F. Schweitzer*, Elementarisierung und Kompetenz: Wie Schülerinnen und Schüler von »Gutem Religionsunterricht« profitieren, Neukirchen-Vluyn 2008; *D. Fischer / A. Feindt*, Vom Kompetenzmodell zum Unterricht – Entwicklungsstrategien im Fach Evangelische Religion, in: *A. Gehrmann / U. Hericks / M. Lüders* (Hg.), Bildungsstandards und Kompetenzmodelle, Bad Heilbrunn 2010, 223–236.

Aus diesem Grund wird nachstehend zunächst die Begrifflichkeit von Kompetenzen und Bildungsstandards geklärt, bevor ein Bezug auf religiöse Bildung vorgenommen wird.

1. Grundlegende Aspekte der bildungswissenschaftlichen Diskussion[4]

1.1 Domänenspezifischer Kompetenzbegriff

Die viel zitierte Kompetenzdefinition von *Franz E. Weinert* lautet: Kompetenzen sind »die bei Individuen verfügbaren oder durch sie erlernbaren kognitiven Fähigkeiten und Fertigkeiten, um bestimmte Probleme zu lösen sowie die damit verbundenen motivationalen, volitionalen und sozialen Bereitschaften und Fähigkeiten, um die Problemlösungen in variablen Situationen erfolgreich und verantwortungsvoll nutzen zu können«[5].

Eine wesentliche Besonderheit dieser Kompetenzdefinition besteht darin, dass sie im Unterschied zum berufswissenschaftlichen Kompetenzmodell (Methodenkompetenz, Fachkompetenz, Personalkompetenz, Sozialkompetenz) nicht fächerübergreifend definiert ist, sondern dass es sich um einen domänenspezifischen Kompetenzbegriff handelt. Die Fähigkeiten beziehen sich auf »bestimmte Probleme«, d.h. auf Anforderungssituationen einer Domäne wie Mathematik, Politik, Kunst oder Religion.

Bei den »Problemen« handelt es sich also nicht einfach um epochaltypische Schlüsselprobleme (*Wolfgang Klafki*) wie z.B. Umwelt, Arbeit / Arbeitslosigkeit oder Krieg / Frieden. Vielmehr handelt es sich um domänenspezifische Anforderungssituationen, für die ein Subjekt bestimmte Fähigkeiten und Fertigkeiten benötigt. Das dahinter stehende Bildungskonzept dokumentiert sich in der PISA-Studie durch die Unterscheidung verschiedener Weltzugänge: kognitive Rationalität, moralisch-evaluative Rationalität, ästhetisch-expressive Rationalität sowie religiös-konstitutive Rationalität.[6] Diese verschiedenen Weltzugänge sind ein Ausdruck dessen,

---

4 Der nachstehende Gedankengang basiert weitgehend auf *M. Rothgangel*, Kompetenzorientierter Religionsunterricht in Deutschland. Bildungswissenschaftliche und religionspädagogische Aspekte, in: ÖRF 18 (2010), 4–8.

5 *F. E. Weinert*, Vergleichende Leistungsmessung in Schulen – eine umstrittene Selbstverständlichkeit, in: *Ders.* (Hg.), Leistungsmessungen in Schulen, Weinheim 2002, 17–31, hier 27f.

6 Vgl. *Deutsches PISA-Konsortium* (Hg.), PISA 2000. Basiskompetenzen von Schülerin-

dass es keine einheitswissenschaftliche Weltsicht mehr gibt und für Bildungsprozesse die Fähigkeit des Perspektivenwechsels und das entsprechende Unterscheidungsvermögen konstitutiv sind.[7] Pointiert festgehalten: Religion ist »nach PISA« nicht mehr ein Fach, weil es zur Lösung der Probleme des problemorientierten RU beiträgt (z.B. Arbeitslosigkeit, Drogen), sondern weil Religion einen bestimmten Weltzugang darstellt, der sich von anderen Weltzugängen unterscheidet.

Auf dem Hintergrund dieses domänenspezifischen Kompetenzverständnisses stellt sich für jedes Fach bzw. jede Domäne eine erste grundlegende Herausforderung: Es ist ein domänenspezifisches Kompetenzmodell zu erstellen. Dieses ist erforderlich, damit weder ein Sammelsurium diverser Kompetenzen entsteht noch ganz bestimmte Teilbereiche einer Domäne von Kompetenzen nicht erfasst werden.

1.2 Bildungsstandards

Bildungsstandards benennen nach *Eckhard Klieme* »die Kompetenzen, welche die Schule ihren Schüler/innen vermitteln muss, damit bestimmte zentrale Bildungsziele erreicht werden. Bei Bildungsstandards handelt es sich demnach um ganz spezifische Kompetenzen: Die Bildungsstandards legen fest, welche Kompetenzen die Kinder und Jugendlichen bis zu einer bestimmten Jahrgangsstufe erworben haben sollen«[8].

Darüber hinaus werden Bildungsstandards anhand von sieben Merkmalen näher beschrieben: Fachlichkeit, Fokussierung, Kumulativität, Verbindlichkeit für alle, Differenzierung, Verständlichkeit sowie Realisierbarkeit.[9] Das Merkmal »Verbindlichkeit für alle« weist auf eine wichtige Unterscheidung innerhalb der Bildungsstandards hin: Es wird unterschieden zwischen Mindeststandard, Regelstandard und Maximalstandard. Im Unterschied zur Klieme-Expertise, die für Mindeststandards plädiert, hat sich jedoch die Kultusministerkonferenz auf Regelstandards geeinigt. Im Rahmen der vorliegenden Ausführungen soll nur noch ein weiteres Merkmal näher betrachtet werden, das zum Verständnis der gegenwärtigen Bildungsreform sehr aufschlussreich ist: Fokussierung. Dies bedeutet, dass keineswegs der ganze Unterricht durch operationalisierbare Outputs

---

nen und Schülern im internationalen Vergleich, Opladen 2001, 21; vgl. dazu *B. Dressler*, Unterscheidungen. Religion und Bildung (ThLZ.F 18/19), Leipzig 2006, 110f.

7 Vgl. *B. Dressler*, Unterscheidungen, 109f.

8 *E. Bulmahn / K. Wolff / E. Klieme*, Zur Entwicklung nationaler Bildungsstandards. Eine Expertise, Berlin 2003, 19.

9 Vgl. ebd., 24ff.

bestimmt sein soll. Das Anliegen besteht primär darin, dass man sich darauf verständigt, was Schüler/innen z.B. nach zehn Jahren in einer bestimmten Domäne mindestens bzw. in der Regel können. Die Outputorientierung konzentriert sich also auf den operationalisierbaren Kernbestand eines Unterrichtsfaches, ohne jedoch den Anspruch erheben zu wollen, dass damit das Ganze eines Faches erfasst sei.

Kontrovers wird diskutiert, ob sich das Konzept von Bildungsstandards überhaupt mit einem klassischen Bildungsbegriff wie dem von *Wilhelm von Humboldt* vereinbaren lässt. Es besteht jedoch keineswegs ein unversöhnlicher Gegensatz zwischen ›abendländischer‹ Bildungstheorie und Bildungsstandards.

Erstens lagen in gewisser Hinsicht implizit insofern ›Bildungsstandards‹ vor, als z.B. am Ende der Grundschulzeit als ›Output‹ selbstverständlich Lesen, Schreiben und die Beherrschung von Grundrechenarten erwartet wurde. Zweitens ist zu beachten, dass gerade in Folge von PISA ein Fokus Pädagogischer Psychologie darin besteht, selbstregulierte Lernprozesse zu untersuchen.[10] Hintergrund dessen ist, dass zwar der Output in Form von Bildungsstandards festgelegt ist, jedoch der Weg dorthin variabel ist. Dies korrespondiert mit dem grundlegenden Verständnis von Bildung, dass diese sich als Selbstbildung vollzieht. Drittens ist zu bedenken, dass die nach Humboldt zu ergreifende Welt als solche nicht einfach vorliegt, sondern die funktionale Differenzierung moderner Gesellschaften dazu geführt hat, dass ganz unterschiedliche, wechselseitig nicht ersetzbare Weltzugänge bestehen, die »auch nicht nach Geltungshierarchien zu ordnen sind«.[11] Gerade dies stellt den Hintergrund und die Berechtigung eines domänenspezifischen Kompetenzverständnisses und entsprechender Bildungsstandards dar.

1.3 Kompetenzen, Bildungsstandards und Kerncurricula

Kompetenzen sind nicht isoliert, sondern notwendig in der Trias »Kompetenzmodelle, Bildungsstandards, Kerncurricula« zu verstehen.[12] Dabei ist die »Logik« zu berücksichtigen, wie Kompetenzen, Bildungsstandards und Kerncurricula konstruiert werden.

---

10 Vgl. dazu *D. Leutner*, Selbstregulation beim Lernen aus Texten, http://www.chancen-nrw.de/upload/pdf/Leutner-SelbstregLernen-Sinus-Transfer-2005.pdf [Zugriff: 28.06.2010].

11 *B. Dressler*, Unterscheidungen, 110.

12 Nachstehender Gedankengang des Verfassers findet sich auch in: *A. Feindt / V. Elsenbast / P. Schreiner / A. Schöll* (Hg.), Kompetenzorientierung im Religionsunterricht, Münster 2009, 87–97.

Als erster Schritt ist wie bereits angedeutet ein *domänenspezifisches Kompetenzmodell* zu erstellen. Hierbei ist zu bedenken, dass Kompetenzen letztlich Fähigkeiten eines Subjekts hinsichtlich einer bestimmten Domäne darstellen und nicht einfach die fachwissenschaftliche Systematik eines Objekts, einer bestimmten Domäne replizieren. Damit ist der Ansatz bei der Formulierung von Kompetenzmodellen konform mit einem kritischen Bildungsbegriff, in dem Bildung verstanden wird als »wechselseitiger Erschließungsprozess von Subjekt und Objekt, der unter dem Primat des Subjekts steht«.[13]

Als zweiter Schritt folgt die *Formulierung von Bildungsstandards*, welche in Form von Kompetenzen z.B. formulieren, was Schüler/innen am Ende der Sek. I mindestens (Mindeststandards) oder in der Regel (Regelstandards) in der Domäne Religion bzw. Religiosität können. Bildungsstandards stellen gewissermaßen eine domänenspezifische »Hochsprunglatte« dar, mit deren Hilfe gemessen werden kann, ob Schüler/innen die erforderlichen Kompetenzen einer Domäne erworben haben. Gerade Bildungsstandards sind somit der Ort, an dem die theoretischen Setzungen und die empirischen Überprüfungen in ein Verhältnis zueinander gesetzt werden. Letztlich kann es sich zeigen, dass die theoretischen Setzungen des Kompetenzmodells sowie der Bildungsstandards selbst »zu hoch« oder »zu wenig spezifisch« sind.

Bezogen auf das grundlegend orientierende Kompetenzmodell sowie auf die Bildungsstandards werden schließlich *Kerncurricula* formuliert. Sie stellen gewissermaßen das »inhaltliche Trainingsprogramm« dar, damit Schüler/innen jene domänenspezifischen Kompetenzen erwerben, um die Bildungsstandards eines Faches »überspringen« zu können.

Aus den obigen Ausführungen geht hervor, dass sich Kompetenzmodelle auf Fähigkeiten und Fertigkeiten von Schüler/innen in einer ganz bestimmten Domäne beziehen, d.h. die Inhalte einer Domäne, die in der Tat notwendig für die Ausbildung jener domänenspezifischen Kompetenzen sind, jedoch primär im Kerncurriculum enthalten sind. Die Logik, dass Kompetenzmodelle vor Kerncurricula formuliert werden, entspricht letztlich der Logik eines kritischen Bildungsbegriffs, demzufolge der wechselseitige Erschließungsprozess von Subjekt und Objekt unter dem Primat des Subjekts steht.

---

13 Ebd.

2. Legitimation von Bildungsstandards Religion

Die grundsätzliche Berechtigung von Bildungsstandards wirft speziell die Frage nach Bildungsstandards im Fach Religion auf. So vertritt *Barbara Asbrand* pointiert die Meinung, dass zwar die Entwicklung von Kompetenzmodellen religiöser Bildung sinnvoll sei, nicht aber die von Bildungsstandards Religion. Den entscheidenden Grund stellt ihres Erachtens die »Nicht-Standardisierbarkeit vieler Aspekte religiöser Bildung«[14] dar.

Im religionspädagogischen Diskurs werden in dieser Hinsicht die Grenzen, aber gleichzeitig auch die Möglichkeiten von Bildungsstandards Religion differenziert herausgearbeitet. Mit guten Gründen erinnert etwa *K. E. Nipkow* daran, dass die Frage nach Bildungsstandards Religion in gewisser Hinsicht »in neuer Form die alte [ist] nach dem, was an Religion lehrbar ist.«[15]

B. Dressler hält in bestimmten Grenzen religiöse Bildung für standardisierbar; seine Begründung unterscheidet sich aber signifikant von Nipkows, indem er dies mit der »Ausrichtung religiöser Bildung auf religiöse Praxis« begründet, welche »eine konkrete, darstellbare ›Außenseite‹«[16] besitzt. Auch er hütet sich demnach vor einem pauschalen Nein, was die Standardisierbarkeit von Religion anbelangt, gleichzeitig weist er aber darauf hin, dass »jede Debatte um Standardisierung schulischer Bildung zugleich eine Debatte um Standardisierungsgrenzen [ist], genauer noch: um Entstandardisierung.«[17]

Bemerkenswert ist die Argumentation von *Dietrich Korsch*. Für ihn ist

> »das Konzept von Bildungsstandards [...] ein aus gesellschaftlich-sachlichen, aus pädagogisch-didaktischen und auch aus religiös-lebenspraktischen Gründen sehr erwägenswerter Ansatz, Bildung unter den Bedingungen moderner Gesellschaftsdifferenzierung zu verantworten.«[18]

Der Grundgedanke von Bildungsstandards besteht für Korsch darin, dass »das Allgemeine am Ort des Individuellen«[19] gelernt wird. »Es *müssen*

---

14 *B. Asbrand*, Grundlegende Aspekte religiöser Bildung. Ein Kommentar aus der Perspektive der Bildungsforschung, in: *V. Elsenbast / D. Fischer* (Hg.), Stellungnahmen und Kommentare zu »Grundlegende Kompetenzen religiöser Bildung«, Münster 2007, 40–50, hier 49.

15 *K. E. Nipkow*, Bildungsverständnis im Umbruch – Religionspädagogik im Lebenslauf – Elementarisierung. Pädagogik und Religionspädagogik zum neuen Jahrhundert, Bd. I, Gütersloh ^{2}2007, 13.

16 *B. Dressler*, Unterscheidungen, 192.

17 Ebd., 191.

18 *D. Korsch*, Den Atem des Lebens spüren – Bildungsstandards und Religion, in: ZPT 58 (2006), 166–173, hier 173.

19 Ebd., 168.

individuelle Subjekte sein, die die verschiedenen Hinsichten miteinander zusammenzubringen in der Lage sind. Damit wird die Matrix des Individuellen zur Grundform der Ordnung von Bildungsstandards.«[20]

Diese Gedanken korrespondieren mit den unten stehenden Ausführungen, welche gerade hinsichtlich der Formulierung von Kompetenzmodellen das Primat des Subjekts hervorheben.

Bildungsstandards konzentrieren sich somit auf den operationalisierbaren Kernbestand eines Faches.[21] Dabei kann es durchaus sein (und wäre es eigens zu überprüfen), »dass das Wichtigste und Beste am Religionsunterricht, aber auch an der Schule sich gerade nicht in Kompetenzen oder Standards ausdrücken lässt«.[22] Ungeachtet dessen lohnt es sich auch für den RU, sich über den operationalisierbaren Kernbestand des Faches zu verständigen.[23] Mit guten Gründen kann man in diesem Zusammenhang daran erinnern, dass die Frage nach dem Kernbestand durchaus ein Grundanliegen christlichen Glaubens darstellt. Keinesfalls führte die Berufung auf die Freiheit des Heiligen Geistes oder auf die Unverfügbarkeit von Bildung dazu, dass man sich verweigert hätte, bestimmte Essentials des christlichen Glaubens als erwartbaren »Output« zu formulieren: Erinnert sei an das Apostolische Glaubensbekenntnis und an Luthers Kleinen Katechismus.[24] Eine begründete Rechenschaft darüber, was Mindeststandard und Kerncurriculum christlichen Glaubens darstellt, gilt umso mehr, wenn es sich um religiöse Bildung im Kontext öffentlicher Schulen handelt.

Gegenwärtig liegt insofern ein großes Defizit der religionspädagogischen Diskussion vor, als noch keine empirisch überprüften Bildungsstandards ausgearbeitet sind. Die Gefahr der religionspädagogischen Diskussion besteht gegenwärtig darin, dass man sich mehr oder weniger der empirischen Seite der jetzigen Bildungsreform entzieht und sich in elaborierten theoretischen Diskussionen über Sinn bzw. Unsinn von Kompetenzen und Bildungsstandards erschöpft. Anstatt sich jedoch primär in der Behauptungskultur religionspädagogischer Konzeptionen und idealisti-

---

20 Ebd.,169.

21 Vgl. *E. Buhlman / K. Wolff / E. Klieme*, Entwicklung nationaler Bildungsstandards.

22 *F. Schweitzer*, Bildungsstandards auch für Evangelische Religion?, in: ZPT 56 (2004), 236–241, hier 240.

23 Ausgesprochen instruktiv waren in dieser Hinsicht die beiden Hauptvorträge der AfR-Tagung 2003 von *B. Schröder* und *M. Pirner*, vgl. dazu *M. Rothgangel / D. Fischer* (Hg.), Standards für religiöse Bildung? Zur Reformdiskussion in Schule und Lehrerbildung (Schriften aus dem Comenius Institut 13), Münster ^{2}2005, 13–33 sowie 34–53.

24 Vgl. *B. Schröder*, Mindeststandards religiöser Bildung und Förderung christlicher Identität. Überlegungen zum Zielspektrum religionspädagogisch reflektierten Handelns, in: *M. Rothgangel / D. Fischer* (Hg.), Standards, 13–33, bes. 17–19.

scher Zielvorstellungen für den RU zu bewegen, erfolgt im Rahmen kompetenzorientierter Religionspädagogik zwingend der wechselseitige Bezug von grundlagentheoretischen Überlegungen, welche unabdingbar für die Formulierung von theoretischen Kompetenzmodellen sind, und empirischen Studien, welche notwendig im Blick auf Bildungsstandards sind.

Am konsequentesten treibt gegenwärtig die Berliner Forschergruppe um *Dietrich Benner* und *Rolf Schieder* im Rahmen der DFG-Projekte »RU-Bi-Qua« und »KERK« die empirische Forschung voran, wobei diese auf religiöse Deutungs- und Partizipationskompetenzen von Schüler/innen fokussiert ist.[25] Grundsätzlich zeigen Erfahrungen in anderen Fächern wie Mathematik, dass für empirische Forschung eine intensive Zusammenarbeit von Wissenschaftler/innen und Lehrer/innen ebenso wie relativ hohe Ressourcen erforderlich sind.

3. Kompetenzmodelle für den Religionsunterricht

Die Fähigkeiten und Fertigkeiten, welche Schüler/innen im RU erlernen können, beziehen sich nach den obigen Ausführungen auf die spezifischen »Anforderungssituationen« der Domäne Religion. Genau diesen grundlegenden Aspekt versuchen Kompetenzmodelle religiöser Bildung systematisch zu erfassen. An dieser Stelle können nicht die verschiedenen Kompetenzmodelle religiöser Bildung aus dem bundesdeutschen oder gar aus dem europäischen Kontext im Einzelnen vorgestellt und diskutiert werden. Exemplarisch soll dies anhand des Kompetenzmodells von *Ulrich Hemel*, des Kompetenzmodells der Expertengruppe des Comenius-Institutes Münster sowie schließlich des Kompetenzmodells der EKD erfolgen.[26]

---

25 Vgl. http://amor.cms.hu-berlin.de/~h33750jw/Projekte/forschungsprojekte/010KERK/index-KERK-DFG-HU.htm [Zugriff: 28.06.2010] sowie u.a. *R. Nikolova / H. Schluß / T. Weiß / J. Willems*, Das Berliner Modell religiöser Kompetenz. Fachspezifisch – Testbar – Anschlussfähig, in: Theo-Web. Zeitschrift für Religionspädagogik 6 (2007), H. 2, 67–87; *H. Schluß*, Empirisch fundierte Niveaus religiöser Kompetenz – Deutung, Partizipation und interreligiöse Kompetenz, Münster 2009, 57–72.

26 Ein guter Überblick über weitere Kompetenzmodelle (Kirchliche Richtlinien zu Bildungsstandards für den katholischen RU 2004, 2006; Baden-württembergischer Bildungsplan für den Evangelischen RU 2004; Berliner Modell 2004; Konzept der Einheitlichen Prüfungsanforderungen für das Abitur 2006) findet sich bei *G. Obst*, Kompetenzorientiertes Lehren und Lernen im Religionsunterricht, Göttingen [3]2010, 70ff.

3.1 Das Kompetenzmodell von Ulrich Hemel

Bereits 1988 entwickelte der katholische Religionspädagoge *Ulrich Hemel* ein differenziertes religionspädagogisches Kompetenzmodell. Er versteht unter religiöser Kompetenz »die erlernbare, komplexe Fähigkeit zum verantwortlichen Umgang mit der eigenen Religiosität in ihren verschiedenen Dimensionen und in ihren lebensgeschichtlichen Wandlungen«[27]. Entscheidender Bezugspunkt für Hemels Kompetenzmodell ist die anthropologische Kategorie Religiosität, wobei sich die Teilkompetenzen auf die fünf Dimensionen von Religiosität beziehen:

1. Religiöse Kompetenz in der *Dimension religiöser Sensibilität*: Die grundlegende Fähigkeit, religiöse Wirklichkeit überhaupt wahrzunehmen.
2. Religiöse Kompetenz in der *Dimension des religiösen Ausdrucksverhaltens*: Die religiöse Gestaltungs- und Handlungsfähigkeit sowie die Befähigung zur Übernahme religiöser Rollen.
3. Religiöse Kompetenz in der *Dimension religiöser Inhaltlichkeit*: Der Aufbau, die Klärung und Entfaltung religiöser Vorstellungen und Inhalte.
4. Religiöse Kompetenz in der *Dimension religiöser Kommunikation*: Der Erwerb religiöser Sprachkompetenz (Grundwortschatz und Symbole), religiöser Dialogkompetenz (mit Mitgliedern eigener oder fremder Konfession bzw. Religion; mit Weltanschauungen) sowie Aufbau einer Interaktionskompetenz.
5. Religiöse Kompetenz in der *Dimension religiös motivierter Lebensgestaltung*: Im Gegensatz zu den anderen Formen religiöser Kompetenz setzt die religiös motivierte Lebensgestaltung bereits einen religiösen Identifikationsprozess voraus. Im religionspädagogischen Bereich ist nur eine Anbahnung möglich.

Letztgenannte Dimension besitzt eine besondere Stellung, weil sie die anderen vier Dimensionen umgreift. Dieser Aspekt ist für religionspädagogische Theorie wie religionsunterrichtliche Praxis gleichermaßen bedeutsam: Eine Schülerin bzw. ein Schüler kann demnach in den ersten vier Dimensionen von Religiosität eine herausragende religiöse Kompetenz besitzen und vollkommen zu Recht im RU die Note eins erhalten. Dennoch ist es für sie bzw. ihn vollkommen legitim zu sagen, dass diese Religion bzw. dieser Glaube nicht ›ihr/sein Ding sei‹ und sie/er nicht zu einer entsprechenden Lebensgestaltung motiviert sei. Diese fünfte Dimension ist ein notwendiges Korrektiv für einen RU an öffentlichen Schulen. Sie ist gleichermaßen für Lehrkräfte entlastend, weil sie sich die auch theologisch begründete Einsicht vor Augen führen können, dass sich religiöse Identifikationsprozesse und Glauben nicht operationalisieren lassen.

27 *U. Hemel*, Ziele religiöser Erziehung. Beiträge zu einer integrativen Theorie, Frankfurt a. M. u. a. 1988, 674.

Hemels Kompetenzmodell blieb lange Zeit mehr oder weniger unbeachtet. Seit der PISA-Diskussion bildet es jedoch einen wichtigen Referenzpunkt für gegenwärtige Kompetenzmodelle.[28]

3.2 Das Kompetenzmodell der EKD

Eine grundlegende Weiterführung des Hemelschen Kompetenzmodells besteht darin, dass der »domänenspezifische« Fortgang der Kompetenzdiskussion im Kontext der Pädagogischen Psychologie berücksichtigt wird. Dies geschieht insbesondere dadurch, dass die mehr oder weniger auf Hemel basierenden Dimensionen von Religiosität – seien es Dimensionen der Erschließung von Religion (CI) bzw. prozessbezogene Kompetenzen (EKD) – ausdrücklich durch bestimmte Gegenstandsbereiche von Religion ergänzt werden.

Beide bilden gemeinsam eine Matrix,[29] welche als Begründungsrahmen für religiöse Kompetenzen dient:

	Dimensionen von Religiosität (Hemel) bzw. Dimensionen der Erschließung von Religion (CI) bzw. prozessbezogene Kompetenzen (EKD)
Gegenstandsbereiche Religion	Kompetenzen religiöser Bildung

In diesem Sinne, aber ohne eigens eine Matrix zu skizzieren, benennt das Kompetenzmodell der EKD von 2011 als Gegenstandsbereiche von Religion folgende vier Bezugspunkte:[30]

- die Erwartungen und Bedürfnisse von Jugendlichen, besonders im Blick auf ihre Fragen nach dem eigenen Glauben,
- die christliche Überlieferung und Lehre,

28 Vgl. *D. Fischer / V. Elsenbast* (Red.), Grundlegende Kompetenzen religiöser Bildung. Zur Entwicklung des evangelischen Religionsunterrichts durch Bildungsstandards für den Abschluss der Sekundarstufe I, Münster 2006; vgl. zum Folgenden vom Verfasser, Religiöse Kompetenz und der Wahrheitsanspruch christlichen Glaubens, in: *V. Elsenbast / D. Fischer* (Hg.), Stellungnahme und Kommentare, 78–82.

29 Eine religionspädagogische Kompetenzmatrix findet sich zunächst im Rahmen des Berliner Kompetenzmodells von D. Benner und R. Schieder. Sie wird aufgegriffen von der Expertengruppe des Comenius-Institutes, vgl. *D. Fischer / V. Elsenbast* (Red.), Grundlegende Kompetenzen religiöser Bildung, Münster 2006, 19f.

30 Kompetenzen und Standards für den Evangelischen Religionsunterricht in der Sekundarstufe I. Ein Orientierungsrahmen (EKD-Texte 111), *Kirchenamt der EKD (Hg.)*, Hannover 2011, 17.

- andere Religionen und Weltanschauungen,
- religiöse, kulturelle und gesellschaftliche Zusammenhänge im globalen Horizont.

Dazu kommen folgende fünf prozessbezogene Kompetenzen religiöser Bildung:[31]

- Wahrnehmungs- und Darstellungsfähigkeit (religiös bedeutsame Phänomene wahrnehmen und beschreiben),
- Deutungsfähigkeit (religiös bedeutsame Sprache und Zeugnisse verstehen und deuten),
- Urteilsfähigkeit (in religiösen und ethischen Fragen begründet urteilen),
- Dialogfähigkeit (am Dialog mit anderen Religionen und Weltanschauungen argumentierend teilnehmen),
- Gestaltungs- und Handlungsfähigkeit (in religiös bedeutsamen Zusammenhängen handeln und mitgestalten).

Als Vorlage für dieses Kompetenzmodell diente insbesondere die Matrix des CI-Kompetenzmodells sowie das für den evangelischen wie katholischen RU abgestimmte Kompetenzmodell der Einheitlichen Prüfungsanforderungen für die Abiturprüfung (EPA). Auf diesem Hintergrund werden folgende acht Kompetenzen formuliert:[32]

1. Den eigenen Glauben und die eigenen Erfahrungen wahrnehmen und zum Ausdruck bringen sowie vor dem Hintergrund christlicher und anderer religiöser Deutungen reflektieren.
2. Grundformen biblischer Überlieferung und religiöser Sprache verstehen.
3. Individuelle und kirchliche Formen der Praxis von Religion kennen und daran teilhaben können.
4. Über das evangelische Verständnis des Christentums Auskunft geben.
5. Ethische Entscheidungssituationen im individuellen und gesellschaftlichen Leben wahrnehmen, die christliche Grundlegung von Werten und Normen verstehen und begründet handeln können.
6. Sich mit anderen religiösen Glaubensweisen und nicht-religiösen Weltanschauungen begründet auseinandersetzen, mit Kritik an Religion umgehen sowie die Berechtigung von Glaube aufzeigen.
7. Mit Angehörigen anderer Religionen sowie mit Menschen mit anderen Weltanschauungen respektvoll kommunizieren und kooperieren.
8. Religiöse Motive und Elemente in der Kultur identifizieren, kritisch reflektieren sowie ihre Herkunft und Bedeutung erklären.

31 Ebd., 17.
32 Ebd., 18.

Darüber hinaus wird in Anbetracht dessen, dass einerseits noch unzureichend empirische Forschung für die Formulierung von Bildungsstandards für den Evangelischen RU bestehen, andererseits aber in manchen Bundesländern solche zu formulieren sind, ein Weg hin zur Bestimmung von Bildungsstandards beschrieben, indem zu jeder der acht Kompetenzen gewissermaßen vorläufige Standards genannt werden. Exemplarisch kann dies an der obigen vierten Kompetenz »Über das evangelische Verständnis des Christentums Auskunft geben« dargelegt werden, hier werden folgende vier Standards genannt:[33]

- Die Schülerinnen und Schüler können die Grundlagen des christlichen Glaubens verstehen und im Gespräch interpretieren.
- Die Schülerinnen und Schüler können Brennpunkte der Christentumsgeschichte darstellen und dazu einen begründeten eigenen Standpunkt einnehmen.
- Die Schülerinnen und Schüler können das ökumenische Selbstverständnis der evangelischen Kirche erläutern.
- Die Schülerinnen und Schüler können zwischen Aussagen des Glaubens und der Naturwissenschaft unterscheiden und sie zueinander ins Verhältnis setzen.

Ausdrücklich wird in diesem Zusammenhang festgehalten, dass es sich aufgrund der unzureichenden empirischen Überprüfung noch um keine Bildungsstandards im strengen Sinne handelt, sondern man sich mit diesen Setzungen gewissermaßen auf dem Weg hin zu Bildungsstandards Religion befindet. Es bleibt zu wünschen, dass dieses Kompetenzmodell der EKD eine orientierende Funktion für die weitere Erstellung von Kerncurricula und Bildungsplänen besitzt und dass eine auf empirischer Forschung basierende Entwicklung hin zu Bildungsstandards für den evangelischen RU stattfinden wird.

4. Eine wissenschaftstheoretisch orientierte Zwischenbilanz

Ungeachtet der kontroversen Diskussion um Kompetenzmodelle und Bildungsstandards für den RU[34] und ohne eine abermalige und um Vollständigkeit bemühte Wiederholung der Pro und Contra-Argumente seien

---

33 Ebd., 20f.

34 Vgl. allgemein *G. Obst*, Kompetenzorientiertes Lehren, 41–69, sowie speziell *W. H. Ritter*, Alles Bildungsstandards – oder was?, in: *V. Elsenbast / D. Fischer* (Hg.) Stellungnahmen, 29–36, sowie dazu die Entgegnung des Verfassers, Bildungsstandards Religion. Eine Replik auf verbreitete Kritikpunkte, in: *A. Feindt / V. Elsenbast / P. Schreiner / A. Schöll* (Hg.), Kompetenzorientierung, 87–97.

abschließend drei wissenschaftstheoretische Punkte besonders hervorgehoben, welche das Potenzial und die Grenzen einer kompetenzorientierten Religionspädagogik aufzeigen:

Erstens führen die nachhaltige *Forderung nach empirischer Überprüfbarkeit* von Bildungsstandards sowie die grundlagentheoretisch zu formulierenden Kompetenzmodelle dazu, dass religionspädagogische Grundlagendiskussion und religionspädagogische Empirie aufeinander bezogen werden. Auch die gegenwärtige religionspädagogische Diskussion zeigt, von wenigen Ausnahmen abgesehen, dass ein differenzierter und ausgiebiger Diskurs um theoretische Kompetenzmodelle besteht, aber demgegenüber empirische Arbeiten nachrangig sind.

Zweitens kann man das *wissenschaftstheoretische Potenzial religiöser Kompetenzmodelle* auch daran erkennen, wenn man die fünf Dimensionen von Hemels Kompetenzmodell (religiöse Sensibilität, religiöse Inhaltlichkeit, religiöse Kommunikation, religiöses Ausdrucksverhalten sowie religiös motivierte Lebensgestaltung) mit dem religionspädagogischen Diskurs um Konzeptionen und Leitbegriffe vergleicht:[35] Unschwer lassen sich Einseitigkeiten vermeiden, wenn man ein derartiges Kompetenzmodell im Blick behält und sich vor Augen führt, dass mit bestimmten religionspädagogischen Konzeptionen, Trends oder Leitbegriffen bestimmte Dimensionen religiöser Kompetenz einseitig akzentuiert werden: bzgl. religiöser Sensibilität gilt dies für den ›Religionsunterricht als Wahrnehmungslehre‹ (als religionspädagogischer Trend Mitte der 1990er Jahre), bzgl. religiöser Inhaltlichkeit gilt dies für den hermeneutischen RU (als religionspädagogische Konzeption um 1960), bzgl. religiösen Ausdrucksverhaltens gilt dies für die Performative Religionsdidaktik (als gegenwärtigem Trend), bzgl. religiöser Kommunikation gilt dies für ›Religionsunterricht als Sprachschule‹ (*G. Lange, I. Schoberth*) und bzgl. religiös motivierter Lebensgestaltung gilt dies – in eingeschränkter Weise – für die Evangelische Unterweisung (als religionspädagogische Konzeption um 1950).

Bei alledem bleibt schließlich festzuhalten, dass der Bildungsbegriff für die Religionspädagogik umfassender und zugleich spezifischer als der Kompetenzbegriff ist. Umfassender, da er auch die nicht-operationalisierbaren Aspekte enthält, und spezifischer, da es in der Religionspädagogik nicht einfach um Kompetenz geht, sondern um Bildung bzw. Erziehung bzw. Lernen und Lehren. Religionspädagogik ist keine Theorie religiöser Kompetenz; sie ist eine Theorie religiöser Bildung – die voranstehenden

35 Vgl. *U. Hemel*, Ziele religiöser Erziehung. An dieser Stelle kann nicht näher ausgeführt werden, inwiefern das Modell Hemels gegenwärtig eine gemeinsame Basis für evangelische und katholische Kompetenzmodelle darstellt, was insbesondere an dem Kompetenzmodell der EPA deutlich wird.

Ausführungen suchten gleichwohl darzulegen, dass Kompetenzen und Bildungsstandards in diesem Zusammenhang vergleichbar fruchtbare Leitbegriffe darstellen wie der Erfahrungsbegriff Ende der 1980er Jahre.

Literaturhinweise

G. Obst, Kompetenzorientiertes Lehren und Lernen im Religionsunterricht, Göttingen [3]2010.

A. Feindt / V. Elsenbast / P. Schreiner / A. Schöll (Hg.), Kompetenzorientierung im Religionsunterricht, Münster 2009.

M. Rothgangel / D. Fischer (Hg.), Standards für religiöse Bildung? Zur Reformdiskussion in Schule und Lehrerbildung (Schriften aus dem Comenius Institut 13), Münster [2]2005.

XXI.
Religionsunterrichtliche Lerndimensionen

MICHAEL DOMSGEN

Dass im RU gelernt werden soll, ist eine Binsenweisheit. Was genau darunter zu verstehen ist, ist schon schwieriger zu beantworten. Das hängt nicht nur damit zusammen, dass sich die Ausgangsbedingungen für religiöses Lernen im Raum der Schule verändern und deshalb auch die Anforderungsprofile neu zu bestimmen sind. Vielmehr steht dahinter die Frage nach dem Verständnis von religiösem Lernen überhaupt und somit nach den Dimensionen, die damit verbunden sind. Mit dem Begriff der Lerndimensionen soll nach Perspektiven gefragt werden, in denen Menschen Religion erfahren, sie erkennen, sich mit ihr auseinandersetzen und sie gestalten. Diese können nicht messerscharf seziert und voneinander abgesetzt werden, weil sie miteinander verwoben sind. Trotzdem ist es wichtig, sie zu unterscheiden, um keine aus dem Blick zu verlieren und religiöses Lernen nicht vorschnell einzugrenzen.

Lernen ist ein »wertneutraler Begriff«[1]. Er nimmt zuerst einmal nur Veränderungen in den Blick, ohne damit festzulegen, ob diese gut oder schlecht, erwünscht oder unerwünscht sind. Allerdings werden normative Festlegungen nicht an diesen Überlegungen vorübergehen dürfen. Sie stecken quasi einen Rahmen ab, innerhalb dessen, in bewusster Abwägung verschiedener relevanter Faktoren, Entscheidungen zur Profilierung von RU zu treffen sind.

1. Was heißt Lernen?

Für alle Lebewesen gilt, dass sie sich den Erfordernissen ihrer Umwelt anpassen müssen, um überleben zu können.

---

1 *H. Gudjons*, Pädagogisches Grundwissen. Überblick – Kompendium – Studienbuch, Bad Heilbrunn [8]2003, 214 (im Original kursiv).

»Diese Fähigkeit eines lebenden Systems zur dauerhaften Zustandsveränderung können wir als den allgemeinsten Begriff des Lernens festhalten.«[2]

Dabei gewinnt ein Lebewesen die Fähigkeit zur Zustandsveränderung einerseits durch genetische Dispositionen und andererseits durch die Auseinandersetzung in und mit einer Umwelt. Während die Entfaltung und Entwicklung innerer und äußerer Merkmale aufgrund genetischer Vorgaben gewöhnlich als Reifung bezeichnet wird, spricht man bei der aktiven Interaktion, die nicht angeboren, sondern erworben ist, vom Lernen durch Erfahrung. Dabei ist das eigentliche Lernen nicht direkt beobachtbar. Vielmehr wird es aus der dauerhaften Veränderung des Verhaltens aufgrund von Erfahrungen gefolgert. – Eine erste Form solchen Lernens stellen »Prägungen« dar.

»Eine Bandbreite von varianten Möglichkeiten wird früh nach der Geburt durch eine bestimmte Erfahrung in und mit einer Umwelt eingeschränkt und auf eine konkrete Möglichkeit, sich verhalten zu können, beschränkt – sprich: gelernt.«[3]

Dadurch wird das Spektrum theoretischer Möglichkeiten, die praktisch realisiert werden können, eingeengt. Die Prägung führt zu einer Vorstrukturierung.

1.1 Implizites und explizites Lernen

Unbestritten ist, dass in Kindheit und Jugend »gelernte Muster des Denkens und Verhaltens äußerst resistent gegenüber späteren Veränderungsversuchen sein können«[4]. Auch Religiosität ist davon nicht ausgenommen. Die in der Kindheit erlernten religiösen Deutungs- und Partizipationsmuster bleiben ein Leben lang relevant und können nicht völlig ausgeblendet oder negiert werden. Allerdings darf dies nicht deterministisch verstanden werden. Neuorientierungen sind möglich.[5]

Das Erlernen »eines bestimmten Repertoires von Denk- und Verhaltensweisen, das zwar prinzipiell reversibel, aber doch relativ resistent gegen Veränderungsversuche ist«, wird »mit einer Vielzahl von Begriffen« benannt. Es soll hier als implizites Lernen bezeichnet werden. In der Literatur finden sich dazu alternative Begriffe (latentes Lernen, funktionale

---

2 *A. K. Treml / N. Becker*, II.6 Lernen, in: *H.-H. Krüger / W. Helsper* (Hg.), Einführung in die Grundbegriffe und Grundfragen der Erziehungswissenschaft, Opladen / Farmington Hills [9]2010, 103–114, 104.

3 Ebd., 105.

4 Ebd.

5 Vgl. *M. Domsgen*, Familie und Religion. Grundlagen einer religionspädagogischen Theorie der Familie, Leipzig [2]2006.

Erziehung, Sozialisation, inzidentelles Lernen, Lernen aus Gewohnheit). Die Logik eines solchen Lernens »besteht in der Wiederholung von bestimmten Differenzerfahrungen, durch die auf bestimmte Umgehens- und Reaktionsweisen geprägt wird«[6].

Diese aufzubauen und ggf. wieder umzustrukturieren, braucht viel Zeit. »Es ist deshalb evolutionär vorteilhaft, wenn eine Form des Lernens entwickelt wird, die [...] schon im Vorfeld eines möglichen Bedarfs Lernprozesse bewusst und planmäßig erzeugt.«[7]

Genau dies leistet das absichtsvolle, planmäßige und bewusste Lernen, das die Lern- und Gedächtnisforschung als explizites Lernen bezeichnet. Mit dieser Art von Lernen hat es RU in erster Linie zu tun. Allerdings muss explizites religiöses Lernen immer auch das implizit Gelernte im Blick haben. Es lässt sich als eine Art Hintergrundfolie verstehen, die nicht ausgeblendet werden darf, weil sie die expliziten Lernprozesse beeinflusst.

1.2 Unterschiedliche Sichtweisen auf das Lernen

Lernen an sich ist nicht beobachtbar. Sichtbar ist nur das Resultat in Form einer Veränderung in der Beziehung des Lernenden zu seiner Umwelt. Die Psychologie definiert Lernen oft in Anlehnung an die klassische, immer wieder zitierte Definition von *Gordon H. Bower* und *Ernest R. Hilgard*[8] »als dauerhafte Veränderung von Verhaltensweisen oder Verhaltenspotential aufgrund von Erfahrung«[9]. Die Allgemeinpädagogen *Alfred Treml* und *Nicole Becker* weisen darauf hin, dass Lernen nicht mit Verhaltensänderungen identisch sein kann, sondern lediglich darin zum Ausdruck komme. Deshalb verstehen sie unter Lernen:

> »alle nicht direkt zu beobachtenden Vorgänge in einem Organismus, vor allem in seinem zentralen Nervensystem (Gehirn), die durch Erfahrung (aber nicht durch Reifung o. ä.) bedingt sind und eine relativ dauerhafte Veränderung bzw. Erweiterung des Verhaltensrepertoires zur Folge haben. Mit anderen Worten: Lernen ist eine erfahrungsbedingte Veränderung der Möglichkeit eines lebenden Systems, in einer Umwelt einen Zustand einnehmen zu können, der anschlussfähig an die Fortsetzung der eigenen Autopoiesis ist.«[10]

---

6 *A. K. Treml / N. Becker*, Lernen, 106.

7 Ebd.

8 »Lernen bezieht sich auf die Veränderung im Verhalten oder im Verhaltenspotential [...] hinsichtlich einer bestimmten Situation, die auf wiederholte Erfahrungen des Organismus in dieser Situation zurückgeht«. *G. H. Bower / E. R. Hilgard*, Theorien des Lernens, Bd 1, Stuttgart 1983, 31.

9 *A. Fritz / W. Hussy / D. Tobinski*, Pädagogische Psychologie, München 2010, 244.

10 *A. K. Treml / N. Becker*, Lernen, 107.

Die Lernpsychologie hat sich im Laufe ihrer Geschichte dem Phänomen des Lernens in unterschiedlichen Perspektiven gewidmet, wobei sie keine einheitliche Theorie entwickelt hat, sondern eine Vielzahl verschiedener Ansätze. In den 1950er und 1960er Jahren standen verhaltenspsychologische Ansätze im Mittelpunkt (Behaviorismus), seit den 1960er Jahren kognitionspsychologische Annahmen (Kognitivismus) und seit den 1980er Jahren konstruktivistische Konzepte (Konstruktivismus). Damit sind die drei bekanntesten Lerntheorien benannt, die sich prinzipiell in dem ihnen zugrunde liegenden Menschenbild und in ihren Annahmen über die Wechselwirkungen zwischen Lernenden und Umwelt unterscheiden. Folgende Übersicht von *Detlev Leutner* führt das gut vor Augen:[11]

	Behaviorismus	Kognitivismus	Konstruktivismus
Lernen	Veränderungen von Verhaltenswahrscheinlichkeiten	Veränderung kognitiver Strukturen und Prozesse	Kompetenzentwicklung
Modell der lernenden Person	»black box«	»glass box«	Lernende Person als Konstrukteur der »Glass box«-Inhalte
Lehr- / Lernziel	Verhalten; aber auch: Wissen, Fähigkeiten und Einstellungen	Kognitive Strukturen und Prozesse	Problemlöse- und Selbstlernkompetenz
Lehr- / Lernprinzipien	»rote learning«: auswendig lernen, üben, verstärken	»meaningful learning«: verstehensorientiert lernen	»open learning«: entdecken und entdecken lassen

Während sich der Behaviorismus auf die beobachtbaren Prozesse konzentriert, lassen Kognitivismus und Konstruktivismus Theorien über interne Prozesse und Strukturen zu.[12] Der Behaviorismus untersucht die Entstehung von Verknüpfungen zwischen Sinneseindrücken und Handlungsimpulsen (klassische und operante Konditionierung), die verstärkend oder hemmend wirken können. Problemlösung wird als »Trial-and-

---

11 *D. Leutner*, Bildungspsychologie auf der Mikroebene: Individuelle Bedingungen des Lehrens und Lernens, in: *Chr. Spiel u.a.* (Hg.), Bildungspsychologie, Göttingen u.a. 2010, 359–376, 360.

12 Vgl. zum Folgenden den Überblick bei *A. Fritz / W. Hussy / D. Tobinski*, Pädagogische Psychologie, 222–246, und ausführlicher: *A. Krapp / B. Weidenmann* (Hg.), Pädagogische Psychologie. Ein Lehrbuch, Weinheim / Basel ^{5}2006, 204–267.

Error«-Verhalten betrachtet. Innere Prozesse des Lernenden sind nicht im Blick. Erst im Kognitivismus und Konstruktivismus wird dies untersucht, indem der Lernende als aktiver Konstrukteur seiner Umwelt verstanden wird. Grundlegend dafür sind *Piagets* Untersuchungen zur Entstehung von Wissensstrukturen. Um ein Gleichgewicht zwischen Subjekt und Umwelt herzustellen, werden bestehende Schemata erweitert (Assimilation) oder – wenn dies nicht ausreichend ist – überschritten und weiterentwickelt (Akkommodation). Das Lösen von Problemen beruht aus dieser Sicht auf Einsicht und sinnhaftem Lernen, ist also kein Versuch-Irrtum-Verhalten mehr.

Die verschiedenen lerntheoretischen Paradigmen führen zu unterschiedlichen Impulsen für die Profilierung von Lehr- und Lernprozessen. So lässt sich mit dem Übergang vom Behaviorismus zum Kognitivismus eine »Verlagerung des instruktionspsychologischen Interesses von Produkten auf Prozesse« beobachten. Der Übergang vom Kognitivmus zum Konstruktivismus führt zu einer Verschiebung »des Interesses von der Lehrenden- auf die Lernendenseite«.[13]

Innerhalb der Religionsdidaktik spielen die psychologischen Lerntheorien – vor allem im Vergleich zu entwicklungspsychologischen Theorien – eine geringe Rolle, was insbesondere an der Komplexität religiösen Lernens liegt. Religion entsteht nicht einfach »aus der bloßen Addition einzelner Verhaltensweisen, Kenntnisse, Gefühle usw. [...] Erst wenn diese sich zu einem Ganzen zusammenfügen [...], kann von Religion die Rede sein.«[14]

Lerntheoretisch stößt man hier auf Grenzen. Deshalb können Lerntheorien zwar Einzelaspekte religiösen Lernens beleuchten, eignen sich aber nicht, um dem Phänomen Religion insgesamt gerecht zu werden. Gleichzeitig gilt jedoch, dass vor allem mit Blick auf den RU die Kenntnis dieser Lerntheorien dazugehört, um Unterrichtsprozesse besser verstehen und optimieren zu können. Unter dieser Prämisse soll im Folgenden auf einige grundlegende Aspekte hingewiesen werden.

1.3 Lernen als aktives Geschehen mit verschiedenen Dimensionen

Kognitivismus und Konstruktivismus verstehen den Lernenden als aktiven Konstrukteur seiner Umwelt. Diese auf das Subjekt bezogene Perspektive findet inzwischen breite Zustimmung. Lernende bringen immer

---

13 *D. Leutner*, Bildungspsychologie, 360.

14 *F. Schweitzer*, Religionspädagogik. Lehrbuch Praktische Theologie, Bd. 1, Gütersloh 2006, 115.

schon eigene Vorstellungen mit und steuern ihr Lernen selbst. Menschen interpretieren Gehörtes und Gesehenes unter Inanspruchnahme ihres Vorwissens und ihrer Prägungen. Dieser Prozess wiederum ist stark kulturell bestimmt. Die subjektbezogene Perspektive öffnet also den Blick über den Lernenden hinaus auf die Kontexte, in denen agiert wird. Hier spielt besonders das Lernen am Modell eine wichtige Rolle. Dessen wichtigster Vertreter *Albert Bandura* spricht von einer sozial-kognitiven Perspektive. Lernen wird als Zusammenspiel von kognitiven Prozessen und Kontrollen von Seiten der Umwelt verstanden.

Weiterführend sind hier Überlegungen aus konstruktivistischer Perspektive. Dort wird betont, dass man bei Lernenden keine Einsichten schaffen kann, »indem man einfach nur Mitteilungen an sie heranträgt«[15]. Eine aktive Auseinandersetzung wird dann gefördert, wenn Lernende eigene Unzulänglichkeiten des Vorwissens erkennen und damit die Motivation geweckt wird, selbst erkannte und anerkannte Verständnislücken zu schließen. Diese Bereitschaft ist dann am größten, wenn sich die Lernenden »in einer Umgebung befinden, in der sie sich nicht bedroht fühlen [...], sondern erfahren, dass andere ihnen soziale Unterstützung geben«[16]. Lernen als Konstruktion von Wissen ist also immer an einen räumlichen oder sozialen Kontext gebunden. Lernende verarbeiten die gegebene Information »zusammen mit dem Kontext, aus dem diese Informationen stammen.«[17]

Lernen ist immer mit kognitiven Prozessen verbunden, darf aber niemals darauf beschränkt werden. Diese Einsicht ist in der Geschichte verschiedentlich benannt worden. Sehr deutlich tritt sie bei *Amos Comenius* auf, der drei Dimensionen markiert: Erstens den Aspekt der Vermittlung von Wissen und Lerninhalten, also einen »informationsverarbeitenden geistigen Prozess mit reproduktiven und kreativen Leistungen im kognitiven Bereich«[18], zweitens eine emotionale Ebene (Freudigkeit, Lust, persönliche Beziehung, Sympathie bzw. Antipathie) und drittens den Aspekt der Tätigkeit, der Anwendung, der Praxis, »um nicht Wissen von toter Hand zu produzieren.«[19]

Diese wegweisenden Gedanken wurden von namhaften Pädagogen wie *Pestalozzi, Herbart, Diesterweg* u.a. fortgeführt, verfeinert und in Lern-

---

15 *G. Mietzel*, Pädagogische Psychologie des Lernens und Lehrens, Göttingen u.a. ^{8}2007, 48.

16 Ebd., 49.

17 Ebd., 50.

18 *K. Reich*, Lerndimensionen, in: *D. Lenzen / K. Mollenhauer* (Hg.), Theorien und Grundbegriffe der Erziehung und Bildung, Stuttgart 1983, 495–498, hier 496.

19 Ebd.

strategien umgesetzt. So hat beispielsweise *Paul Heimann* in einem praxisorientierten Modell zur Analyse, Planung und Durchführung von Unterricht den Gedanken der Lerndimensionen konstitutiv aufgenommen.[20] Den Menschen sieht er als primär Handelnden, der sich angetrieben fühlt, etwas in dieser Welt zu bewirken. Sein Handeln wird durch Denk- und Gefühlsvorgänge begleitet. So unterscheidet er eine kognitiv-aktive Ebene (Denken), deren Ziel in der Daseinserhellung liegt, eine pragmatisch-dynamische (Wollen), bei der es um Daseinsbewältigung geht und eine pathisch-affektive (Fühlen), die als Daseinserfüllung beschrieben wird. Alle drei Dimensionen durchdringen einander und sind wechselseitig miteinander verwoben. »Es gibt keinen Erkenntnisvorgang, der ohne Erlebnisspuren und Handlungsmomente abläuft, es gibt kein Erleben ohne ein Erkennen, kein Handeln ohne Erfahrung und Denken.«[21] Gleichzeitig unterscheidet Heimann verschiedene Stufen, um ein Fortschreiten auf dem Weg zur Lebensgestaltung in jeder dieser Dimensionen zu bezeichnen. Auf der kognitiv-aktiven Ebene sind das Kenntnisse, Erkenntnisse und Überzeugungen; auf der pragmatisch-dynamischen Fähigkeiten, Fertigkeiten und Gewohnheiten bzw. Können sowie auf der pathisch-affektiven Anmutungen, Erleben, Gesinnungen bzw. Haltungen.

Der hier entwickelte Gedanke einer Stufenfolge in der Beschreibung von Lernprozessen findet sich auch bei anderen Pädagogen und Psychologen. Eine gewisse Prominenz hat die Entwicklung von Taxonomien, also von Ordnungssystemen zur Findung, Klassifizierung und Hierarchisierung von Lernformen und -zielen, durch die Arbeit von *Benjamin Bloom* und seinen Mitarbeitern gefunden. Bloom geht davon aus, dass Lernziele sich zunächst einmal nach drei großen Bereichen ordnen lassen, einem kognitiven, einem affektiven und einem psychomotorischen Bereich. Die einzelnen Dimensionen enthalten Hauptklassen, die hierarchisch konzipiert sind, weil sie nach ihrer Komplexität vom einfachsten zum komplexesten Lernziel angeordnet worden sind. Der Lernprozess wird als kumulativ verstanden, wobei komplexere Verhaltensweisen in der Regel auf einfachere aufbauen. Davon ausgehend wird innerhalb der kognitiven Dimension zwischen Wissen, Verstehen, Anwendung, Analyse, Synthese sowie Bewertung[22] differenziert und innerhalb der affektiven Dimension zwischen Aufnehmen, Reagieren, Werten, Wertordnung sowie Bestimmt-

20 Vgl. *P. Heimann*, Didaktische Grundbegriffe, in: *Ders.*, Didaktik als Unterrichtswissenschaft, Stuttgart 1976, 103–141.

21 *K. Reich*, Dimensionen der Persönlichkeit und Probleme der Lernzielbestimmung, in: Verwaltung und Fortbildung 11 (1983), Nr. 2, 76–90, hier 86.

22 Vgl. *B. S. Bloom* (Hg.), Taxonomie von Lernzielen im kognitiven Bereich, Weinheim / Basel 1972, 31.

sein durch Werte.[23] Zudem wird auf komplexe Beziehungen zwischen beiden Dimensionen hingewiesen. »Im Prinzip wird jeder Bereich als Hilfsmittel für den anderen gebraucht.«[24]

Blooms Taxonomie ist inzwischen weiter entwickelt worden,[25] bleibend festzuhalten ist jedoch, dass Lernen sich »in verschiedenerlei Formen unterschiedlicher Komplexität«[26] ereignet und Kognition und Affekt in Wechselwirkung zueinander stehen.

2. Was heißt im Religionsunterricht Lernen?

Lernen im RU vollzieht sich im Rahmen des bereits Skizzierten und weist zugleich spezielle Schwerpunktsetzungen auf. RU ist eingebettet in das übergreifende System Schule, das als »Ort der Methodisierung von Lehren und Lernen«[27] charakterisiert werden kann. Schule repräsentiert vor allem die intendierten, gezielt arrangierten und sequenziell-begrifflichen Lernprozesse. Lernen ist hier primär in Form von Unterricht im Blick, also als absichtsvolles und geplantes Geschehen. Dabei kommt der Wissensvermittlung im Sinne eines aktiven sich Aneignens von bedeutenden Wissensgebieten eine besondere Bedeutung zu. Schule als Ort gezielt arrangierten Unterrichtens erhält dadurch als Ganze ein spezielles Profil, insofern sich hier Kinder und Jugendliche »in relativ kurzer Zeit einen beachtlichen Teil unseres kulturellen Wissens aneignen«[28]. Dies ist nicht gering zu schätzen. Erhielten Kinder keinen Unterricht, »würden sie genauso viel über Dinosaurier wissen wie Platon und Aristoteles, nämlich überhaupt nichts«[29].

In gewisser Weise gilt dies auch für das religiöse Lernen. Religionssoziologische Untersuchungen – vor allem in Ostdeutschland – zeigen, dass Kinder und Jugendliche, die in einem mehrheitlich konfessionslosen Umfeld aufwachsen und vor allem in ihren Familien keine Impulse zur Explizierung von Religion erhalten, kaum noch über traditionelle religiöse

---

23 Vgl. *D. R. Krathwohl / B. S. Bloom / B. B. Masia*, Taxonomie von Lernzielen im affektiven Bereich, Weinheim / Basel 1975, 34.

24 Ebd., 59.

25 Vgl. dazu *G. Mietzel*, Pädagogische Psychologie, 433 ff.

26 *B. Porzelt*, Grundlegung religiöses Lernen, Bad Heilbrunn 2009, 25.

27 *H. Fend*, Neue Theorie der Schule. Einführung in das Verstehen von Bildungssystemen, Wiesbaden [2]2008, 31.

28 *A. Fritz / W. Hussy / D. Tobinski*, Pädagogische Psychologie, 239.

29 *M. Tomasello*, Die kulturelle Entwicklung des menschlichen Denkens. Zur Evolution der Kognition, Frankfurt a. M. 2002, 209.

Deutungsmuster verfügen. Dies heißt nicht, dass religiöse Fragen im weitesten Sinne in diesen Biografien nicht auftauchen würden. Allerdings ist eine explizit-religiöse Thematisierung dieser Fragen nur sehr selten anzutreffen.[30] Insofern gilt auch für religiöses Lernen, dass das »bereichsspezifische Wissen und der Sachverstand der Kinder nahezu vollständig von dem akkumulierten Wissen ihrer Kulturen und dessen ›Weitergabe‹ an sie durch sprachliche und andere Symbole«[31] abhängt.

Allerdings ist religiöses Lernen mehr als die Einführung in religiöse Wissensbestände. Schließlich geht es nicht nur um ein Wissen, sondern auch um die Dimension der Aneignung desselben im Modus existenzieller Auseinandersetzung. Religionsunterrichtliches Lernen kann sich nicht mit einem Gang durch das »Mausoleum der Religion«[32] begnügen. Doch in welcher Weise soll im RU gelernt werden?

2.1 Zum Verhältnis von religionsunterrichtlichem und religiösem Lernen

Nicht zuletzt durch ein geändertes Erziehungsverhalten von Eltern hinsichtlich der religiösen Prägung ihrer Kinder kommt dem Lernen im »absichtsvollen und reflektierten Erschließungsversuch von Religion«[33] eine wichtige Rolle zu. Viele Eltern sehen den RU »bewusst als Ersatz ausbleibender eigener direkter religiöser Erziehung an den Kindern«[34] an.

Zugleich ist der RU aber nicht der einzige Ort, an dem religiös gelernt wird, auch wenn ihm aufgrund der Schulpflicht und der damit gegebenen Möglichkeit einer breiten Resonanz eine besondere Stellung zukommt. Religiös gelernt wird nicht nur in der Schule, sondern auch an anderen Lernorten. Insofern ist religionsunterrichtliches Lernen nur ein Teil religiösen Lernens, also all dessen, »was aus der Begegnung mit Religion an einstellungs- und verhaltensprägenden Wirkungen hervorgeht«[35].

---

30 Dass sie – bei entsprechender Begleitung und Förderung – dennoch möglich ist, zeigen die Ergebnisse der Rostocker Langzeitstudie zu Gottesverständnis und Gottesbeziehung von Kindern, die in mehrheitlich konfessionslosem Kontext aufwachsen. Vgl. *A.-K. Szagun*, Dem Sprachlosen Sprache verleihen, Jena 2006.

31 *M. Tomasello*, Die kulturelle Entwicklung, 210.

32 *F. Schleiermacher*, Über die Religion. Reden an die Gebildeten unter ihren Verächtern, Stuttgart 2007, 81.

33 *R. Englert*, Religionspädagogische Grundfragen. Anstöße zur Urteilsbildung, Stuttgart ²2008, 275.

34 *U. Schwab*, Religion, in: *J. Ecarius* (Hg.), Handbuch Familie, Wiesbaden 2007, 500–517, hier 513.

35 *R. Englert*, Religionspädagogische Grundfragen, 274.

2.1.1 Religion als spezifische Welt- und Lebensdeutung

Anfänglich diente der Religionsbegriff als Emanzipation vom Kirchenglauben. Im Zuge der Aufklärung postulierte man eine universal zustimmungsfähige Religion, die hinter all den Glaubensgemeinschaften in ihrer Begrenztheit und Gegensätzlichkeit steht. Dies stellte sich als Fiktion heraus. Trotzdem ist es sinnvoll, jenseits einer »natürlichen Religion« nach der Erfassung von Religion in den Religionen zu suchen.

Religion ist ein Oberbegriff, aber keiner, der einfach den kleinsten gemeinsamen Nenner der vielen Religionen beschreibt. Vielmehr dient er der Suche nach gemeinsamen Strukturen. Dadurch ergeibt sich die Möglichkeit, an »Deutungsprozesse allgemeiner Art«[36] anzuknüpfen.[37]

Auf diese Weise kann Religion als zur »anthropologischen Graundausstattung«[38] gehörig begriffen werden. Aus theologischer Perspektive stellt sich darüber hinaus die Frage nach dem ihr vorausliegenden Grund. Ein ausschließlich strukturell ausgerichteter Religionsbegriff kommt hier an seine Grenzen. Die Klärung dieser Frage verlangt nach substanziellen Bestimmungen. Aus christlicher Sicht können hier schöpfungstheologische Überlegungen fruchtbar sein. So kann beispielsweise das »Religionhaben des Menschen als Implikat seiner Geschöpflichkeit«[39] verstanden werden und damit als Hinweis auf die dem Menschen gegebene Gottesbeziehung.

In kulturtheoretischer Perspektive steht Religion für eine »Grundform menschlicher Deutungskultur«.[40] Damit wird eine bestimmte Perspektive der Deutung menschlichen Lebens eingefangen, die nicht nur innerlich ausgerichtet, sondern auch »leibseelisch«[41] bestimmt ist. Religion kann als »Modus« verstanden werden, »in dem Menschen sich selbst [...] im Ausgriff auf eine letzte unbedingte und das eigene Dasein tragende Dimension der Wirklichkeit zu verstehen versuchen«.[42]

---

36 *D. Korsch*, Religion – Identität – Differenz. Ein Beitrag zur Bildungskompetenz des Religionsunterrichts, in: EvTh 63 (2003), 271–279, hier 274.

37 Darin liegt zweifellos eine Stärke des Religionsbegriffs. Vor allem mit Blick auf die christliche Religion und kulturelle Deutungsprozesse ist allerdings zu fragen, ob er auch in der Lage ist, neben der inkulturellen auch die kontrakulturelle Tendenz der christlichen Botschaft angemessen einzufangen, also »in die religiöse Bestimmtheit« (*D. Korsch*, Religion, 274) hineinzuführen.

38 *R. Englert*, 2008, 279.

39 Vgl. *C. Schwöbel*, Religion und die Aufgabe der Theologie, in: RGG[4] Bd. 7, 2004, 279–286, hier 283 f.

40 *U. Barth*, Was ist Religion?, in: ZThK 93 (1996), 538–560, hier 558.

41 *D. Korsch*, Religion, 274.

42 *J. Lauster*, Religion als Lebensdeutung. Theologische Hermeneutik heute, Darmstadt 2005, 146.

In Zuordnung dazu ließe sich der Glaubensbegriff als »vertrauensvolle Gewissheit« verstehen, »die sich in diesem Modus artikuliert«.[43] Glaube und Religion sind also voneinander zu unterscheiden, stehen jedoch im Zusammenhang. »Die christliche Religion ist als kultureller Zeichenkosmos das Medium, in dem der Glaube sich als Gottvertrauen artikulieren und reflektieren kann«.[44]

2.1.2 Grundtypen religiösen Lernens

Wer von Religion spricht, redet von einer bestimmten Weise der Lebensdeutung und Lebensgestaltung angesichts der Endlichkeit menschlichen Seins. Prägnant ist hier Schleiermachers Definition vom »Sinn und Geschmack fürs Unendliche«.[45] Religion will Endliches und Unendliches miteinander vermitteln und damit dem Menschen zu einer Ganzheit seines Daseins verhelfen.

Religiöses Lernen kann als Geschehen verstanden werden, »in dem das religiöse Potential eines Menschen in Richtung eines Ideals religiöser Reife durch ein methodisch mehr oder weniger stark reflektiertes Prozedere zu aktualisieren und zu entfalten versucht wird«.[46] Im Laufe der Religions- und Christentumsgeschichte haben sich einige wenige Grundtypen herauskristallisiert, die *R. Englert* mit den Stichworten der Konversion, Inkulturation, Formation und Expedition umschreibt.[47]

Vor allem die Anfänge des Christentums waren durch den Typos der Konversion, der lebensgeschichtlichen Neuorientierung, bestimmt. »Religiöses Lernen hieß hier, begreifen, dass einem das Angebot gemacht ist, ›das Alte‹ hinter sich zu lassen und ein neuer Mensch zu werden (vgl. 2 Kor 5,17ff.).«[48] Dies änderte sich allmählich im Zuge der Verchristlichung. Perspektiven, die mit einem kontinuierlichen Verlauf religiösen Lernens rechneten, gewannen an Bedeutung. Vor allem im Mittelalter lernten die Menschen die christliche Religion, indem sie fraglos in eine christlich geprägte Alltagskultur hineinwuchsen. Englert spricht hier von der »Inkulturation in eine christentümliche Gesellschaft«.[49] Mit der Reformation und der damit verbundenen Konfessionalisierung gewannen

---

43 *B. Dressler*, Unterscheidungen. Religion und Bildung, Leipzig 2006, 128.
44 A. a. O., 128f.
45 *F. Schleiermacher*, Über die Religion, 36.
46 *R. Englert*, Religionspädagogische Grundfragen, 281.
47 Vgl. ebd.
48 Ebd., 282.
49 Ebd.

Formen einer ausdrücklichen religiösen Unterweisung an Gewicht. Sie übernahmen »die Funktion der fraglosen kulturellen Tradition [...] Religiöses Lernen steht hier im Dienste der Formierung einer spezifischen religiösen Identität«[50].

Mit der Betonung von Individualität und einem selbstbestimmten Dasein erhält religiöses Lernen in der Gegenwart »den Charakter einer Expedition in ›offenes Land‹«[51]. Religiöse Traditionen werden selektiv aufgenommen. Grundlegend dafür ist die Anknüpfung an lebensgeschichtliche Herausforderungen. Die Eigenständigkeit der Subjekte wie auch die Pluralität religiöser Angebote werden konstitutiv vorausgesetzt. Das ist durchaus von Vorteil, wie die vorherigen lerntheoretischen Überlegungen zeigen und ebenso theologisch gut anschlussfähig. Ob diese »als offener Suchprozess angelegte Form religiösen Lernens wirkungsstark genug ist, um mindestens im einen oder anderen Fall wirklich signifikante Einstellungsveränderungen erzielen zu können«[52], muss aber auch gefragt werden. Der Einzelne steht bei aller Würdigung durchaus in der Gefahr, überfordert zu sein.

Auch wenn die von Englert vorgenommene Einteilung idealtypisch ist und sich durch alle Epochen hindurch immer auch andere Profile religiösen Lernens aufzeigen lassen, beschreibt er doch grundlegende Entwicklungen, die nicht zu leugnen sind. Bis in das letzte Jahrhundert hinein hatte religiöses Lernen »soweit es beiläufig: ›funktional‹ geschah, einen wesentlichen inkulturierenden und soweit es absichtsvoll: ›intentional‹ veranstaltet wurde, einen wesentlich formativen Charakter.«[53] Dies hat sich in den letzten Jahrzehnten grundlegend verändert. Im Zuge der Individualisierung und Entinstitutionalisierung steht nun der Einzelne mit seiner individuellen Entwicklung im Vordergrund. Auch wenn dies nicht individualistisch verengt werden darf, insofern die Beziehungen im Nahbereich, allen voran die familialen Beziehungen, weiterhin grundlegend für die religiöse Entwicklung sind,[54] ist an der Mittelpunktstellung des Subjekts nicht zu zweifeln. Hatte sich früher der Einzelne in eine Religion einzufügen, geht es nun um die sinnvolle Integration von Religion in die individuelle Lebensgeschichte.

---

50 Ebd.

51 Ebd., 283.

52 Ebd., 284.

53 Ebd., 283.

54 Vgl. *M. Domsgen*, Zur Bedeutung familialer Beziehungen für Theorie und Praxis der Gemeindepädagogik. Grundlegende Perspektiven, in: ZThK (106) 2009, H. 4, 477–500.

2.1.3 *Religiöses Lernen und Erfahrungen mit Religion*

Ebenso wie die Stellung des lernenden Subjekts hat sich auch das Verhältnis von implizitem und explizitem religiösem Lernen verändert. Waren explizite religiöse Lernprozesse bis weit in das 20. Jahrhundert hinein mehr oder weniger selbstverständlich von Erfahrungen der Lernenden selbst oder ihrer Bezugspersonen untersetzt, hat sich dies inzwischen grundlegend geändert. Für eine zunehmende Zahl von Kindern und Jugendlichen ist das Christentum heute zu einer »Fremdreligion«[55] geworden. Dies stellt eine grundlegende Herausforderung dar. Denn die spezifische Weltsicht der Religion gibt es nicht auf der Metaebene, sondern nur als Weltsicht einer bestimmten, exemplarischen Religion. Deshalb reicht es nicht aus, über eine Religion lediglich etwas zu wissen. Wer religiös kompetent sein will und zwar unabhängig davon, ob er sich diese Weltsicht zu eigen macht oder nicht, braucht auch Erfahrungen mit dem Gegenstand.

»Das Indianersprichwort: ›Willst du jemand anderen verstehen, dann gehe 20 Meilen in seinen Mokassins‹ bringt diese grundlegende Dimension der Erfahrung auf den Punkt.«[56]

Dass sich daraus grundlegende Implikationen für die Didaktik des RU ergeben, ist unmittelbar einsichtig. Gleichzeitig weist eine solche Perspektive über die unterrichtliche Ebene hinaus und weitet den Blick auf das Schulleben insgesamt.[57]

2.1.4 *Religiöses Lernen im RU*

Karl Ernst Nipkow betont zu Recht, dass das Proprium von Religion »an einem charakteristischen empirisch-hermeneutischen Umstand« hänge, nämlich »der umfassenden Gesamtanschauung und -deutung der Wirklichkeit auf Grund einer umgreifenden religiösen Erfahrung«[58]. Religion

---

55 *B. Dressler*, Darstellung und Mitteilung. Religionsdidaktik nach dem Traditionsabbruch, in: rhs 45 (2002), H.1, 11–19, hier 13.

56 *H. Schluß*, »Wie viel Religion braucht die Bildung?«, in: *M. Schreiner* (Hg.), Religious literacy und evangelische Schulen. Die Berliner Barbara-Schadeberg-Vorlesungen, Münster u. a. 2008, 83–101, hier 98.

57 Vgl. *M. Domsgen*, Schule und Kirche – Chancen und Grenzen ihrer Kooperation. Religionspädagogische Perspektiven, in: *Ders. / M. Hahn* (Hg.), Kooperation von Kirche und Schule. Perspektiven aus Mitteldeutschland, Münster u. a., 23–38.

58 *K. E. Nipkow*, Religionsunterricht und Ethikunterricht – »Dialogpartnerschaft« in einer zerstrittenen Welt, in: *M. Domsgen / M. Hahn / G. Raupach-Strey* (Hg.), Reli-

erschöpft sich nicht im Diskurs oder im Handeln. *Friedrich Schleiermacher* beschreibt sie als »schlechthiniges Abhängigkeitsgefühl«[59] vom Universum.

Eine solche Perspektive stellt an die unterrichtliche Behandlung von Religion (im Religions- wie auch im Ethikunterricht!) spezielle Herausforderungen. Eine neutral informierende Religionskunde ist nicht geeignet, eine Auseinandersetzung auch mit der Tiefendimension von Religion zu initiieren. Das gilt schon deshalb, weil die »positive Unterstellung von Wahrheit [...] der Motor für gedankliche Auseinandersetzungsprozesse«[60] ist, lasse sich aber auch religionstheoretisch begründen. Nur in der Binnenperspektive ist zu begreifen, wie sich die Welt in einer religiösen Perspektive darstellt. Christliche Religion ist nicht als Lehre zu lernen, sondern im Wesentlichen nur als Vorgang und vermittels von Vorgängen. Der schulische Unterricht darf dadurch nicht zum Glaubensunterricht im Sinne einer Einweisung werden. Vielmehr sollen die Grundlagen zur Reflexion über Religion in begründet angebahnten Erfahrungen gelegt werden, weil die unmittelbar lebensweltlichen Erfahrungen fehlen. Die Diskussion darüber, wie dies geschehen kann, ohne den RU selbst in religiöse Praxis umzuwandeln, wird derzeit innerhalb der Religionsdidaktik unter dem Stichwort des performativen RU verstärkt geführt.[61]

Der RU als Teil des schulischen Fächerkanons ist an die Binnenlogik des Systems Schule angeschlossen. Religion jedoch lässt sich an diese Binnenlogik nicht vollständig anschließen, sondern weist darüber hinaus. Grenzen eines performativen Ansatzes sind nicht nur dort gegeben, wo religiöse Performance mit der Binnenlogik von Schule nur schwer vereinbar ist, sondern auch dort, wo für die Lernenden selbst der Echtheitscharakter zentral ist. Insofern ist die performative Dimension des RU nicht ohne Lernortwechsel realisierbar. Chancen ergeben sich nicht zuletzt deshalb, weil dadurch verstärkt »Lernen mit Ernst- und Echtcharakter«[62] ermöglicht wird.

---

gions- und Ethikunterricht in der Schule mit Zukunft, Bad Heilbrunn 2003, 85–105, hier 91 (im Original teilweise kursiv).

59 *F. Schleiermacher*, Der christliche Glaube nach den Grundsätzen der evangelischen Kirche im Zusammenhange dargestellt, Bd. 1, *R. Schäfer (Hg.)*, Berlin ^{2}2003, 39.

60 *G. Raupach-Strey*, Philosophieren lernen als Ziel des Ethik-Unterrichts, in: *M. Domsgen / M. Hahn, G. Raupach-Strey* (Hg.), Religions- und Ethikunterricht, Bad Heilbrunn 2003, 279–300, hier 289.

61 Vgl. *S. Leonhard / T. Klie* (Hg.), Schulplatz Religion. Grundzüge einer performativen Religionspädagogik, Leipzig, 2003 sowie: *T. Klie / S. Leonhard* (Hg.), Performative Religionsdidaktik. Religionsästhetik – Lernorte – Unterrichtspraxis, Stuttgart 2008.

62 *T. Rauschenbach*, Zukunftschance Bildung. Familie, Jugendhilfe und Schule in neuer Allianz, Weinheim 2009, 198.

Lerntheoretisch formuliert ist hier daran zu erinnern, dass Lernende die gegebenen Informationen immer zusammen mit dem Kontext verarbeiten, aus dem diese Informationen stammen. Dieser Aspekt ist auch religionsdidaktisch sehr bedeutsam. »Kontextualisierte Informationen [sind] sinnvoller als abstrakte«.[63] Insofern ist anzunehmen, dass solch eine gestaltete Umgebung anregender wirkt als ein Probehandeln im unterrichtlichen Rahmen. Die durch die Binnenlogik des Systems Schule gegebenen Grenzen sollten religionsdidaktisch zu erweitern versucht werden, indem Verbindungen zur »Alltagsbildung«[64] zu suchen und herzustellen sind.

2.2 Dimensionen religionsunterrichtlichen Lernens

Dass religiöses Lernen im RU die Verbindung zur vollzogenen Religion braucht, lässt sich lerntheoretisch und religionsdidaktisch gut begründen. Religiöses Lernen im RU wird sowohl die Außen- als auch die Innenperspektive zur Geltung bringen müssen. Die Frage ist, wie dies unterrichtlich eingelöst werden kann, ohne die Schule als spezifisch geprägten Lernort zu überfordern sowie die Unterschiede zwischen Schule und Kirche unzulässig einzuebnen.

Eine Hilfe dafür kann eine Differenzierung sein, die aus dem englischsprachigen Raum stammt. Dort wird im Rahmen von Religious Education auf dem Hintergrund multireligiöser Herausforderungen zwischen »learning in religion«, »learning about religion« und »learning from religion« unterschieden. Learning in religion wird dabei als einweisende religiöse Erziehung verstanden.[65] Learning about religion steht für ein multireligiöses Modell, das von der Möglichkeit einer gleichzeitigen und schrittweisen Einführung in unterschiedliche religiöse Traditionen und Weltanschauungen ausgeht.[66] Learning from religion thematisiert die großen Fragen des Lebens und sucht nach Übereinstimmungen bzw. Differenzen eigener Ansichten mit religiösen Traditionen und Weltanschauungen.[67] In Auf-

---

63 *G. Mietzel*, Pädagogische Psychologie, 50.

64 *T. Rauschenbach*, Zukunftschance, 87.

65 »[…] to immerse young people in the dynamics of a particular tradition and render them full-fledged participants of that tradition« (*B. Roebben*, Seeking Sense in the City. European Perspectives on Religious Education, Berlin 2009, 136).

66 »[…] young people can be introduced simultaneously or successively to various religious traditions and world views, since they have no specific affinity with one or other tradition and can thus decide for themselves purely on the basis of information given« (ebd., 137).

67 »[…] explores the deep questions of life, to which religious traditions and worldviews answer in parallel and / or differently« (ebd.).

nahme der Begrifflichkeiten und gleichzeitiger inhaltlicher Neujustierung ließe sich für den schulischen RU eine dreifache inhaltliche Dimensionierung vornehmen, wobei jede Dimension einen eigenen Modus der Bezugnahme auf Religion beschreibt.

Lernen über Religion (learning about religion) bezeichnet die Ebene der Kenntnis von religiösen Glaubensinhalten, Ritualen und ethischen Implikationen in ihrer Bedeutung für die Lebensführung. Hier steht besonders die kognitive Dimension des Wissens, Verstehens und Analysierens im Mittelpunkt mit dem Ziel, religiöse Sachkompetenz bei Schüler/innen zu entwickeln bzw. zu verbessern.

Lernen von Religion (learing from religion) bezeichnet die Ebene der existenziellen Auseinandersetzung mit Glaubensinhalten und deren Bedeutungen. Hier steht die affektive Dimension des Aufnehmens, Wertens sowie des dadurch Bestimmtseins im Mittelpunkt, mit dem Ziel, Selbst- und Sozialkompetenz bei den Schüler/innen zu entwickeln bzw. zu verbessern.

Lernen in Religion (learning in religion) bezeichnet die Ebene der Auseinandersetzung mit religiösen Vollzugsformen. Hier stehen die affektive und pragmatische Dimension des Wahrnehmens und Ausprobierens von religiösen Gestaltungsformen im Mittelpunkt mit dem Ziel, religiöse Gestaltungs- und Selbstkompetenz bei den Schüler/innen zu entwickeln bzw. zu verbessern.

Auf Religion hinweisen		
Außenperspektive	⇆	Innenperspektive
Lernen *über* Religion	Lernen *von* Religion	Lernen *in* Religion
Wissen, Verstehen, Analysieren	Aufnehmen, Werten, Bestimmtsein	Wahrnehmen, Ausprobieren
Glaubensinhalte, Rituale, ethische Implikationen	Glaubensinhalte und ihre Bedeutungen	Gestaltungsformen, Rituale
kognitiv	affektiv	affektiv, pragmatisch
Religiöse Sachkompetenz	Selbst- und Sozialkompetenz	Gestaltungs- und Selbstkompetenz
Lernen zu wissen	Lernen zusammen zu leben	Lernen das Leben zu gestalten

In Aufnahme der Überlegungen Roebbens[68] und deren gleichzeitiger Modifikation ergibt sich daraus folgende Übersicht, wobei der Zielpunkt religiösen Lernens im Hinweisen auf Religion liegt.

3. Wie sind die unterschiedlichen Dimensionen religionsunterrichtlichen Lernens zu gewichten?

»RU ist ein kommunikatives Geschehen.«[69] Auch deshalb spielen die Voraussetzungsfaktoren vor Ort eine entscheidende Rolle bei der Profilierung des RU und der Gewichtung der unterschiedlichen religionsunterrichtlichen Lerndimensionen. Vor allem die Voraussetzungen auf Seiten der Schüler/innen, ihre Prägungen (also das von ihnen implizit Gelernte) wie auch der Kontext, in dem sie leben, werden in concreto die Unterrichtsplanung des explizit zu Lernenden wesentlich bestimmen. Insofern werden die religionsunterrichtlichen Lerndimensionen unterschiedlich gewichtet werden, weil Zielbestimmung und Profilierung des RU »gleichermaßen anschlussfähig« sein müssen:

- »an die Lebenswelt der Schülerinnen und Schüler,
- die allgemeinen Bildungs- und Erziehungsziele der Schule«[70].
- Zugleich müssen sie dem »besonderen Gegenstand ›Religion‹ entsprechen:
- wie er theologisch bestimmt
- und rechtlich in einen verfassungsgemäßen Rahmen eingefügt ist.«[71]

Insofern stecken die hier angestellten Überlegungen einen Rahmen ab, innerhalb dessen dann eine begründete Gewichtung vorzunehmen ist. Zu beachten ist dabei, dass die einzelnen Dimensionen zwar um ihrer begrifflichen Klarheit willen unterschieden, aber nicht voneinander getrennt werden dürfen.

---

68 Vgl. ebd., 148.
69 *C. Grethlein*, Fachdidaktik Religion. Evangelischer Religionsunterricht in Studium und Praxis, Göttingen 2005, 189.
70 Ebd., 271.
71 Ebd.

Literaturhinweise

B. Dressler, Unterscheidungen. Religion und Bildung, Leipzig 2006.
R. Englert, Religionspädagogische Grundfragen. Anstöße zur Urteilsbildung, Stuttgart ²2008.
A. Fritz / W. Hussy / D. Tobinski, Pädagogische Psychologie, München 2010.
H.-H. Krüger / W. Helsper (Hg.), Einführung in die Grundbegriffe und Grundfragen der Erziehungswissenschaft, Opladen / Farmington Hills ⁹2010.
B. Porzelt, Grundlegung religiöses Lernen, Bad Heilbrunn 2009.

XXII.
Unterrichtsvorbereitung

Rainer Lachmann

1. Unterrichtsvorbereitung als Kerntätigkeit

Unabhängig von allen konzeptionellen und didaktischen Parteiungen und Kontroversen herrscht in einem Punkt allgemeiner Konsens: Unterrichtsplanung und -vorbereitung gehören als *»Kerntätigkeit«* zu den zentralen Aufgaben von Lehrkräften.[1] Entsprechend gehört die Beschäftigung mit Wegen und Problemen der Unterrichtsvorbereitung auch zum unverzichtbaren Aufgabenrepertoire der Lehrerbildung. Dabei macht die religionspädagogische Ausbildung keine Ausnahme. Sie will bereits im religionsdidaktischen Studium bei den Studierenden *unterrichtsvorbereitende und -leitende Handlungskompetenz* anbahnen. In der Auseinandersetzung mit den einzelnen didaktischen Richtungen und religionspädagogischen Konzepten kommt es dabei gewissermaßen zum ›Schwur‹: Sie müssen vermittelt über den je eigenen religionsdidaktischen Ansatz ihre praktische Relevanz für die Unterrichtsvorbereitung erweisen und sollten dazu entsprechende Vorbereitungsmodelle an die Hand geben.

Vorgängig wichtig im Umgang mit dem angebotenen Planungs- und Vorbereitungsinstrumentarium ist es, ihm gegenüber eine gewisse *spielerische Freiheit* zu bewahren. Dazu berechtigt uns nicht nur die Feststellung, »daß es das ideale Modell« der Unterrichtsvorbereitung nach wie vor nicht gibt,[2] sondern vor allem die Einsicht in die *Grenzen*, die jeder Planung und Vorbereitung von Unterricht gesetzt sind. Da ist einmal der subjektorientierte Respekt vor der Eigenverantwortung, Mitbeteiligung und produktiven Originalität der Schüler/innen im unterrichtlichen Mitteilungs-, Vermittlungs- und Aneignungsprozess, der einer einseitig lehrerzentrierten, linear strukturierten Unterrichtsplanung entgegensteht und einem offeneren Planungsmodell das Wort redet, das dem entdeckenden Lernen und den unplanbaren Kairoi, den fruchtbaren Momenten im Unterricht, mehr Raum und mehr Chancen gibt. Darin äußert sich die

---

1 *H. Kiper / W. Mischke*, Unterrichtsplanung, Weinheim / Basel 2009, 10.

2 *H.-K. Beckmann / K. Biller* (Hg.), Unterrichtsvorbereitung, Aachen-Hahn 1993, 7.

Erfahrung und das Wissen um die letzte *Unverfügbarkeit* gelingenden Unterrichts in der Interdependenz seiner vielfältigen Bezüge und Vollzüge. Sie verbietet jede völlige Verplanung und fordert von allen, die Unterricht planen und vorbereiten, Offenheit für situativ verlangte Improvisationen und nicht geplante Reaktionen auf Unplanbares im Unterrichtsgeschehen.

Das gilt wie für jeden Unterricht auch für den christlichen RU, gewinnt allerdings von der ›Sache‹ her, die dieser vertritt, noch insofern an zusätzlicher Bedeutung, als in ihm die pädagogischen Unverfügbarkeiten von Unterricht konvergieren mit der theologischen Unverfügbarkeit des Glaubens.[3] Im Letzten lässt sich Glauben nämlich weder lehren noch lernen, denn er ist Geschenk des Heiligen Geistes und der wirkt und weht, »wo und wann es Gott gefällt«.[4] Das macht sorgfältige religionsunterrichtliche Planung und Vorbereitung nicht überflüssig, verweist sie aber aus Glaubenssicht ganz ins Feld propädeutischer Arbeit, die zwar nach allen Regeln didaktischer Kunst vorbereitet, vom Schaffen und Vollenden leibhaftigen Glaubens aber befreit ist. Dadurch wird nicht nur die religionsunterrichtliche Praxis in ihren Zielen und Ansprüchen, sondern auch das Geschäft der Unterrichtsvorbereitung nüchterner und bescheidener und in einer Weise auch freier. Zugleich aber kann gerade das Wissen um die unplanbare Unverfügbarkeit des Glaubens achtsam machen und Raum lassen für ungeschuldete Glaubensäußerungen und überraschende Glaubensereignungen in Vorbereitung und vorbereitetem RU.

2. Typen religionsdidaktischer Unterrichtsvorbereitung

Solange über Unterricht und Unterrichten nachgedacht wurde, gab es zumindest ansatzweise immer auch Äußerungen und Vorschläge, wie Unterricht recht zu planen und vorzubereiten sei. Klassisches Beispiel aus der neueren Geschichte der Pädagogik sind dabei die auf *Johann Friedrich Herbart* (1766–1841) zurückgehenden sog. »Formalstufen« (vgl. o. Art. III, 5.1).

Mit dem Aufkommen der kerygmatischen Religionspädagogik Ende der 30er Jahre des 20. Jahrhunderts geriet alle Vorbereitungs-Methodik für ca. 30 Jahre unter die relativ uneingeschränkte Herrschaft des biblischen Sachanspruchs und wurde alles Methodische als buchstäblich neben*sächliche* Verstehensreflexion angesehen und behandelt. Daraus entwickelte sich eine Unterrichtsvorbereitung, in der nach einer ausführlichen »Theologischen Besinnung« eine vergleichsweise

3 Vgl. *R. Lachmann*, Art. Lehr- und Lernbarkeit des Glaubens, in: *G. Bitter u. a.* (Hg.), Neues Handbuch religionspädagogischer Grundbegriffe, München 2002, 435–439.

4 Augsburgische Konfession Art. V in: BSLK Göttingen ^{8}1979, 58.

kurze »Methodische Besinnung« mit anschließender Unterrichtsskizze folgte (vgl. o. Art. IV, 2).[5]

Dieser Stoff-Methode-Typ religionspädagogischer Unterrichtsvorbereitung wurde erst im Gefolge der von *Wolfgang Klafki* konzipierten »kategorialen Bildung« und »didaktischen Analyse« abgelöst. Gerade das komplexe Feld der Unterrichtsvorbereitung wurde jetzt zum bevorzugten Ort der Begegnung und Auseinandersetzung zwischen Allgemeiner Didaktik und Religionsdidaktik. Hier waren es vor allem Vertreter des hermeneutischen RU, die – wie *Martin Stallmann* – zunächst eher kritisch, dann aber zunehmend aufgeschlossener und ertragreich das Gespräch mit Klafkis Bildungstheorie führten. Wichtigster Zugewinn war dabei die Ablösung bzw. Ergänzung des Stoff-Methode-Typs durch Integration der didaktischen Analyse, die jetzt neben theologischer und methodischer Besinnung zum unverzichtbaren Element der Unterrichtsvorbereitung wurde und nicht zuletzt mithilfe der fünf didaktisch-analytischen Grundfragen Klafkis den Belangen der Kinder und Jugendlichen zu ihrem Recht verhalf (vgl. o. Art. II, 2.2.1).

Die Kongenialität der hermeneutischen Religionspädagogik mit der sich geisteswissenschaftlich hermeneutisch verstehenden bildungstheoretischen Didaktik trug sicher dazu bei, dass sich die Gespräche zwischen Pädagogik und Religionsdidaktik in den sechziger Jahren so fruchtbar gestalteten. Sie erklärt aber zugleich, warum von der lerntheoretischen Didaktik im religionspädagogischen Bereich zunächst kaum Notiz genommen wurde. Das änderte sich erst, als mit der Krise des RU auch für die Religionspädagogik die »empirische Wendung« (*K. Wegenast* 1968) ausgerufen wurde. Jetzt bekam das *lerntheoretische Berliner Modell* für die religionsdidaktische Unterrichtsvorbereitung insofern aktuelle Bedeutung, als der *Analyse des didaktischen Bedingungsfeldes* mit seinen anthropogenen und soziokulturellen Voraussetzungen eigens ein Platz im religionsunterrichtlichen Vorbereitungsgeschäft zugestanden wurde. Zwei andere Elemente dieser bewusst am Lernen und der entsprechenden Analyse von Unterricht orientierten Didaktik fordern – gerade im Blick auf ihre nachhaltigen Wirkungen – unterrichtsvorbereitende Beachtung: zum einen die Interdependenz aller den Unterricht bestimmenden Faktoren, zum anderen die Aufwertung und stärkere Gewichtung der Methoden im Prozess der Unterrichtsvorbereitung und -durchführung.

So wichtig die lerntheoretische Didaktik in den religionspädagogischen ›Wechseljahren‹ um 1970 gerade auch für die neu aufkommenden problem-

---

5 Vgl. *K. Frörs* vielbändiges Werk »Der kirchliche Unterricht an der Volksschule«, München 1952 ff.

orientierten Konzeptionen wurde, im Blick auf die Unterrichtsvorbereitung brachte erst die *Curriculumtheorie* und die ihr adaptierte lernzielorientierte Religionspädagogik einen wirklichen Neuansatz, in dem es nicht mehr zuerst darum ging, *was* gelernt werden sollte, sondern *wozu*. Entsprechend waren die Vorbereitungsschritte für den RU angelegt, die zentral an den Lernzielen, ihrer Bestimmung, Begründung und inhaltlichen und methodischen Umsetzung ausgerichtet waren und danach den Stundenentwurf gestalteten.

Was die Weiterentwicklung religionsdidaktischer Planungs- und Vorbereitungsreflexion in der integrativ bilanzierenden religionspädagogischen Phase der 80er Jahre des vergangenen Jahrhunderts betrifft, so entstanden jetzt religionsunterrichtliche Vorbereitungsmodelle, die im kontinuierlichen Verfolg kritisch konstruktiver Beschäftigung mit der Allgemeinen Didaktik – ihren bildungstheoretischen, lerntheoretischen, curricularen und kommunikativen Ausprägungen – elementare Wege und Schritte für eine auch theologisch-religionspädagogisch begründete Unterrichtsplanung und -vorbereitung entwickelten.

Fünf Schritte gehörten danach zum flexiblen Standard gekonnter Unterrichtsvorbereitung: 1. Analyse des didaktischen Bedingungsfeldes, 2. Fachwissenschaftliche Analyse, 3. Didaktische Analyse mit Lernzielfindung, 4. Methodische Überlegungen und 5. Verlaufsplanung. Dieses *›Fünf-Schritt-Modell‹*, das bereits 1984 in der 1. Auflage des »Religionspädagogischen Kompendiums« vorgestellt und vertreten wurde, begegnet bis heute in vielen Varianten, Modifikationen und Differenzierungen.

Religionsdidaktisch war in der Folgezeit zunächst eine stärkere kritische Rück- und Neubesinnung im Umgang mit den traditionellen allgemeindidaktisch inspirierten Vorbereitungsmodellen angesagt. Ein in dieser Hinsicht besonders bemerkenswertes, weil aktuell weiterhin relevantes Vorbereitungskonzept ist die *»Elementarisierung als Modell der Planung von Unterricht«*, das seine Anfänge u.a. in *Karl Ernst Nipkows* Aufsatz »Elementarisierung als Kern der Unterrichtsvorbereitung« hat.[6] In bewusstem Bezug auf *Wolfgang Klafki* wie in differenzierter Absetzung von ihm wird hier der religionsunterrichtliche Vorbereitungsprozess als Elementarisierung definiert, aus dem dann im entwicklungspsychologisch ›ausgereiften‹ Modell die »elementarisierende didaktische Analyse« wird, bei der es um

---

6 In: KatBl 111 (1986) 600–608; vgl. dazu *R. Lachmann*, Problemorientierter Religionsunterricht, Elementarisierung und die Forderung nach einem Kerncurriculum. Religionsdidaktische Perspektiven, in: *F. Schweitzer / V. Elsenbast / Chr. Th. Scheilke* (Hg.), Religionspädagogik und Zeitgeschichte im Spiegel der Rezeption von Karl Ernst Nipkow, Gütersloh 2008, 28–40.

elementare Strukturen, Erfahrungen, Zugänge und – über Klafki hinaus – elementare Wahrheiten geht.[7]

In jüngster Zeit tauchen mit der sog. *Performativen Religionspädagogik* ganz neue Sicht- und Handlungsweisen im Diskussionsfeld des RU auf. In diesem Konzept stecken unkonventionell kritische Anfragen und sperrige Impulse, die sich jede ernsthafte Beschäftigung mit Planung und Vorbereitung von RU möglichst produktiv gefallen lassen muss. Wenn es religionsunterrichtlich primär um Inszenierung und dramaturgische Gestaltung religiöser Handlungsvollzüge geht, Wahrnehmung und Zeigen zur »Grundlage religiösen Lernens« werden und »die künstliche Differenz zwischen didaktischen und methodischen Überlegungen« so verschmilzt, dass der »Modus des Gegenstandsbezugs« den Gegenstand konstituiert und damit das traditionell »hierarchische bzw. konsekutive Verhältnis« zwischen Methodik und Didaktik aufgekündigt ist,[8] so sind damit einige Elemente angesprochen, die einem religionspädagogisch *performativen Unterrichtsvorbereitungsmodell* ganz neu gewichtete und gestaltete Züge religionsunterrichtlicher Planung und Vorbereitung verleihen dürften.

Ohne dass ausdrücklich von performativem RU gesprochen wird, liegt mit *Hans Schmids* »Unterrichtsvorbereitung – eine Kunst« auf katholischer Seite bereits ein »Leitfaden« vor, der in vieler Hinsicht den Interessen und Intentionen performativer Religionspädagogik entspricht. In vermeintlicher Abkehr von jedweder zweckrationalen Unterrichtsvorbereitung, die Schmid besonders mit Klafkis didaktischer Analyse verbindet, plädiert er unter der Metapher der »Reise vom Lehrplan zum Unterricht« für einen offenen Prozess der Unterrichtsvorbereitung als permanentem »Wechsel von der *Kunst des Denkbaren zur Kunst des Möglichen*«, als »Wechselwirkung zwischen *Was* und *Wie*, zwischen Thema und dessen Realisierung zwischen dem Ziel und dem Weg zu diesem Ziel«.[9] In »fünf Schritten der Unterrichtsvorbereitung« – von der Lehrplanreflexion und der Such- und Sammelarbeit über die »didaktische Aufbereitung des Lerngegenstandes« und die »Dramaturgie des Unterrichts« bis zum »Unterrichtsverlaufsplan« – versucht Schmid möglichst praxisbrauchbar seine

---

7 Vgl. *F. Schweitzer u. a.*, Religionsunterricht und Entwicklungspsychologie. Elementarisierung in der Praxis, Gütersloh 1995, 173–179; vgl. katholischerseits *U. Riegel*, Religionsunterricht planen, Stuttgart 2010, ein »didaktisch-methodischer Leitfaden«, der im Wesentlichen am Tübinger »Elementarisierungsschema« orientiert ist.

8 *Th. Klie / S. Leonhard* (Hg.), Performative Religionsdidaktik. Religionsästhetik – Lernorte – Unterrichtspraxis, Stuttgart 2008, 18f. u. 227ff.

9 *H. Schmid*, Unterrichtsvorbereitung – eine Kunst. Ein Leitfaden für den Religionsunterricht, München 2008, 18ff. u. 13.

›Kunst-Reise‹ religionsunterrichtlicher Planung und Vorbereitung umzusetzen – sicher ein »Leitfaden«, der umtreibt und im Folgenden beachtet werden will.

Das gilt in der aktuellen Bildungslandschaft nicht zuletzt für das *Planungsmodell eines kompetenzorientierten RU*, der mit seinem Lehren und Lernen konsequent darauf ausgerichtet ist, »*was Schülerinnen und Schüler am Ende einer Lernzeit wissen, können und wozu sie bereit sind.*«[10] In Nähe und kritischer Distanz zum lernzielorientierten RU mit seinem Zielhorizont der »Ausstattung zur Bewältigung von Lebenssituationen« (*S. B. Robinson*) ist dieses Modell zentral fokussiert auf die Kompetenz als »Disposition, die Personen befähigt, bestimmte Arten von Problemen erfolgreich zu lösen, also konkrete Anforderungssituationen eines bestimmten Typs zu bewältigen«.[11] Entsprechend besteht der erste Planungsschritt darin, »Anforderungssituationen (zu) identifizieren«. Es folgen 2. die Klärung der »Bedeutung für die Lebens- und Lerngeschichte der Schülerinnen und Schüler«, 3. die Erhebung der »Erfahrungen, Kenntnisse, Fähigkeiten und Einstellungen der Schüler und Schülerinnen«, 4. die Bestimmung »erforderlicher Kompetenzen«, 5. die Erörterung, wie »kompetenzförderliche Lehr- und Lernprozesse zu gestalten sind«, 6. die Überprüfung von Lernergebnissen und schließlich 7. »die leitende Perspektive« – für den evangelischen RU wohl die »Perspektive des christlichen Glaubens« – in offener Positionalität »ins Spiel zu bringen«.[12] Dieses schülerzentrierte und kompetenzorientierte Modell überzeugt sicher mit seiner bedachten religionsunterrichtlichen Mittelpunktstellung der Schüler/innen, muss sich allerdings fragen lassen, wo in den 7 Schritten die Auseinandersetzung mit den religionsunterrichtlichen Inhalten und Themen erfolgt, wo die sog. Sachanalyse ihren Ort hat, wo das, *was* kompetenzorientiert gelehrt und gelernt werden soll, wissenschaftlich reflektiert und kritisch aufgearbeitet wird. Auch kompetenzorientierte Planung, Vorbereitung, Vermittlung und Aneignung kann darauf nicht verzichten.

---

10 *G. Obst*, Kompetenzorientiertes Lehren und Lernen im Religionsunterricht, Göttingen [3]2010, 134. – Vgl. auch unter den 5 didaktischen Planungsmodellen, die Helmut Hanisch vorstellt, »Die Kompetenzorientierte Unterrichtsplanung im RU«, in: *H. Hanisch*, Unterrichtsplanung im Fach Religion, Theorie und Praxis, Göttingen [2]2011, 173–214.

11 Ebd., 138, Obst bezieht sich hier auf eine Definition von *E. Klieme*.

12 Ebd., 139–145.

3. Elemente religionsunterrichtlicher Planung und Vorbereitung

Die rückblickende Beschäftigung mit markanten Typen religionsdidaktischer Unterrichtsvorbereitung hat uns in der Auffassung bestätigt, dass es wesentliche Elemente religionsunterrichtlicher Planung und Vorbereitung gibt, die für jeden pädagogisch und theologisch verantworteten RU an der Schule unverzichtbar sind. Im Hinblick auf eine ausführliche Vorbereitung von ganzen Unterrichtseinheiten und Themenbereichen lassen sich danach folgende *›elementare‹ Feststellungen* treffen:

- Ohne *realistische Voraussetzungs-, Bedingungs- und Situationskenntnisse* im Blick auf den konkreten RU einer bestimmten Schule, Klasse oder Gruppe, seine Schüler/innen und Lehrkräfte ist erfolgreiche Unterrichtsvorbereitung nicht zu leisten.
- Von dieser allgemeinen Bedingungsanalyse ist der *themenspezifische Voraussetzungsbefund* zu unterscheiden, der einmal im Blick auf den vorgegebenen Lehrplan, einschlägige Religionsbücher und vorhandenes Unterrichtsmaterial erhoben werden muss, zum anderen hinsichtlich des Vorwissens und der Voreinstellungen auf Seiten der Schüler/innen und – nicht zu vergessen! – des Lehrers oder der Lehrerin gegenüber dem Thema und seinen Inhalten.
- Die erhobenen inhaltlichen Voraussetzungsbefunde curricularer und persönlicher Provenienz machen eine im weitesten Sinne *theologische Sachanalyse* erforderlich, welche die thematischen Vorgegebenheiten theologischer Sachkompetenz und Urteilsfähigkeit aussetzt und sie je nachdem kritisiert, korrigiert und vor allem inhaltlich fundiert, ergänzt und mehrperspektivisch ausweitet und erschließt.
- Die theologisch aufgearbeiteten Voraussetzungsbefunde bedürfen gründlichen *didaktisch-methodischen Bedenkens und Entscheidens*, um eine schülergerechte Auswahl und Gestaltung der Unterrichtsgegenstände und -vollzüge zu gewährleisten, die im religionsunterrichtlichen Horizont curricular begründeter Lernziele den Schüler/innen vermittelt werden sollen.

Diese »Elementaria« bedachter Unterrichtsvorbereitung für einen RU, der sich als Kommunikations- und Interaktionsgeschehen zwischen Schüler/innen, Lehrkräften und »evangelisch« gefragten Themen versteht, können durchaus als *Schritte* auf dem Weg religionsunterrichtlicher Planung und Vorbereitung verstanden werden, die für gewöhnlich auch als linear strukturierte Abfolge im praktischen Vorbereitungsgeschäft gelten und gehandhabt werden. Dessen ungeachtet erlaubt es die anfangs propagierte spielerische Freiheit im Umgang mit Vorbereitungsmodellen, dass man den Einstieg letztlich über jeden der vorgestellten religionsdidaktisch elementaren Arbeitsgänge nehmen kann, wenn man darüber die wesentlichen Aspekte der anderen Vorbereitungsschritte nicht vernachlässigt oder ganz übergeht, was ihren elementaren Anspruch in Frage stellen würde.

Alle vier festgestellten »Elementaria« der Unterrichtsvorbereitung gehören zu dem Faktorenkomplex, der jeden Unterricht vielperspektivisch konstituiert, und alle haben als Vorbereitungselemente auch Teil an der *Interdependenz* aller unterrichtlichen Einzelfaktoren. Entsprechend der lerntheoretischen Didaktik bilden diese Unterrichtsfaktoren einen sich wechselseitig bedingenden Implikationszusammenhang und werden gerade auch im Prozess der Unterrichtsplanung und -vorbereitung verfälscht, wo ein Vorbereitungselement isoliert oder verabsolutiert wird. Wie unsere Typisierungsschau eindrücklich gezeigt hat, bedeutete freilich die unterrichtsanalytisch festgestellte Interdependenz keineswegs auch eine *Äquivalenz* der Unterrichtsfaktoren und Vorbereitungselemente, was dann gleichsam für jedes Vorbereitungsmodell die ›dilemmatische Gretchenfrage‹ nach der Prävalenz des einen oder anderen Faktors bzw. Elements im Prozess der Unterrichtsvorbereitung provozierte: Lehrer-zentriert, Sach-beherrscht, Lernziel-dominant, Schüler-konstitutiv, Methoden-fixiert?

An diesen zugespitzt formulierten Prioritätstypisierungen zeigt sich zum einen die Abhängigkeit der jeweiligen Vorbereitungsmodelle von bestimmten religionspädagogischen Konzeptionen, was besonders bei den Voraussetzungsbefunden auf Seiten der Lehrkräfte zu beachten ist. Zum anderen wird deutlich, dass durch jede einseitige Prioritätensetzung eine mehrfaktorielle Gleichgewichtung in Wechselseitigkeit stark beeinträchtigt oder ganz verhindert wird. Gerade die vier Aspekte der Unterrichtsvorbereitung haben deshalb hier den interdependenten Ausgleich zu leisten und stets daran zu erinnern, dass im Vorbereitungs- und Unterrichtsprozess jeder Faktor seine Beachtung und Bedeutung nur im Wechselbezug mit den anderen Faktoren erfährt. Im unterrichtlichen Bildungs- und Vermittlungshorizont gilt das für die Lehrer und Schüler ebenso wie für die Inhalte und Methoden.

In dieser Hinsicht macht auch der evangelische RU und seine Vorbereitung keine Ausnahme! Als evangelisch-agapekritisch fundierte Kommunikation ist er eben nicht mehr nur Austausch von Inhalten, sondern enthält immer auch »Mitteilungen über die Art der sozialen Beziehung zwischen den Teilnehmern« und ist von daher immer auch das Herstellen von zweiseitigen interpersonalen Beziehungen gleichberechtigter Subjekte, was sowohl für die Lehrkräfte wie auch diesen gegenüber und untereinander für die Schüler/innen gilt (vgl. o. Art II, 2.2.5).[13] Beide behalten im religionsunterrichtlich-kommunikativen Verstehens- und Verständigungsprozess ihre didaktisch konstitutive Würde als Subjekte; andernfalls verraten sie die bildungsmäßig ausgelegte religionsunterrichtliche Zielsetzung der »Kommunikation des Evangeliums«. Dem müssen auch die Inhalte entsprechen, die nicht nur einfach mitgeteilt werden sollen, sondern vermittelt und nicht zuletzt angeeignet werden wollen.

---

13 *K.-H. Schäfer / K. Schaller*, Kritische Erziehungswissenschaft und kommunikative Didaktik, Heidelberg ^{3}1976, 180.

Gerade über diesen unterrichtlichen Vermittlungs- und Aneignungsprozess gewinnt *das Methodische* sein *didaktisches Gewicht*, zumal wenn sich – wie im performativen Konzept – durch den inszenierten Vollzug des Begehens, Begreifens und Bewegens die Grenzen zwischen Inhalten und Methoden verschmelzen bzw. vermischt und verwischt werden. So verlieren die Methoden im interdependenten Faktorenkomplex des (Religions-) Unterrichts ihren einseitig instrumentalisierten Charakter und bekommen auch für die Vorbereitungsarbeit ihr eigenständiges Gewicht!

So ergeben sich für den RU einschließlich der bilanzierend strukturierten Verlaufsplanung *fünf elementare Aufgaben oder Schritte der Unterrichtsvorbereitung:*

1. Analyse des didaktischen Bedingungsfeldes
2. Erschließung der themenspezifischen Voraussetzungsbefunde
3. Fachwissenschaftliche Reflexion und Revision
4. Didaktisch-methodische Analyse
5. Verlaufsplanung.

3.1 Analyse des didaktischen Bedingungsfeldes

Dieser Vorbereitungsaspekt bedingt alle anderen Schritte der Unterrichtsvorbereitung und -planung und kann in seiner relativ themaunabhängigen Allgemeinheit auch für die übrigen Inhaltsbereiche, die der RU im je laufenden Schuljahr zu behandeln hat, brauchbare Relevanz beanspruchen. Von daher muss diese Analyse nicht für jedes religionsunterrichtliche Thema völlig neu und separat geleistet werden, sollte aber mit ihren Befunden bei jeder Unterrichtsvorbereitung nicht nur präsent, sondern auch offen sein für mögliche inhaltsbedingte Transformationen, die auch die scheinbar so allgemeinen Voraussetzungs- und Bedingungsdaten erfahren können. Hier ist besonders von der didaktisch-methodischen Analyse rückgreifende Aufmerksamkeit verlangt.

Unabdingbar gehören gute Kenntnisse der jeweiligen Klasse bzw. religionsunterrichtlichen Gruppe (!) und ihrer Schüler/innen in je dieser Schule zum gefragten Voraussetzungswissen: *Mit welchen konkreten Schul- und Klassenverhältnissen muss ich für meinen RU rechnen?* Neben den faktischen Vorgegebenheiten wie Schulart, Schulort, Unterrichtsraum, Stellung im Stundenplan und Klassen- bzw. Gruppenzusammensetzung nach Zahl, Alter und Geschlecht der Schüler/innen interessieren hier besonders Arbeitshaltung, Klassenatmosphäre und gruppendynamische Konstellation.

Religionsdidaktisch wichtig ist besonders heute die Beachtung der spezifischen *Lernortbedingungen des RU an der Schule*, die mit ihrer Bildungsaufgabe und den ihr eigenen institutionellen Strukturen dem religiösen Lernen im RU ihren ›schulfachlichen‹ Eigensinn verleiht (vgl. o. Art. V–VIII). Die religionsunterrichtliche Unterrichtsvorbereitung erfährt von daher ihre lernorteigenen Grenzen, Möglichkeiten und Schwierigkeiten, die strukturell wie aktuell berücksichtigt werden müssen. Beachtenswert sensibilisiert wird man dafür besonders über den Aspekt möglicher oder bereits erfahrener Störfaktoren im konkreten RU.

Im Blick auf die Schüler/innen sind für gelingende religionsunterrichtliche Planung und Vorbereitung *allgemeine entwicklungspsychologische Kenntnisse* unerlässlich, um davon ausgehend den jeweiligen Entwicklungsstand der Klasse und ihrer Schülerpersönlichkeiten ›diagnostizieren‹ zu können und speziell für sie die entwicklungsbedingten Grenzen und Möglichkeiten religiösen Lernens in der Schule auszuloten und in der Vorbereitung umzusetzen. Die psychologischen Voraussetzungen bedürfen ihrer Ergänzung durch beobachtetes und eingeholtes Wissen über die *soziale Herkunft* der Schüler/innen, ihre häuslichen Verhältnisse, ihre spezifische Lebenswelt und ihre je besondere Sozialisationsgeschichte (vgl. o. Art. XIII, XIV u. XVI). Religionsunterrichtlich erforderlich sind außerdem möglichst detaillierte Kenntnisse über die *kirchlich-religiösen Voraussetzungen* beim einzelnen Schüler und seinem Elternhaus, was nicht nur behutsam erfragt, sondern vor allem auch durch aufmerksame Wahrnehmung der vielgestaltigen von den Schüler/innen im RU getätigten Äußerungen erfahren werden will. Gerade mit letzterem, für einen bewusst schülerorientierten RU besonders wichtigen Voraussetzungsbefund ist bereits der Übergangsbereich markiert, in dem die allgemeine Bedingungsanalyse des religionsunterrichtlichen Vorbereitungsprozesses der Aufgabe der themenspezifischen Erschließung begegnet und Übergänge, Beziehungen und Verbindungen signalisiert werden.

3.2 Erschließung des themenspezifischen Voraussetzungsbefundes

In der Verwendungssituation religionsunterrichtlicher Planung und Vorbereitung bildet auf der Makroebene des Unterrichts der *Lehrplan* in der Regel den vorgegebenen Ort bedachter und benannter Themenkonstitution. Das kann natürlich nicht heißen, dass von Schüler/innen- oder Lehrer/innenseite aktuell eingebrachte und angefragte Probleme und Inhalte nicht zu Themen des RU werden können, die freilich dann, wenn sie zu thematisch eigenständigen Unterrichtseinheiten ausgebaut werden, auch genau so vorzubereiten sind, wie die lehrplanmäßig verordneten Themen und Themenbereiche. Unabhängig davon, wie nun im Einzelnen der Lehrplan angelegt, strukturiert und aufgebaut ist, verlangt die Unterrichtsvorbereitung zunächst die gründliche Zurkenntnisnahme der curricularen Vorgaben und Vorschläge, die zeigen sollten, was, wie und wozu in Bezug auf ein Thema und seine Inhalte religionsunterrichtlich gelernt werden soll.

Damit gewinnt das Thema erste Konturen und Anstöße zur Weiterarbeit, die sich in dieser Phase der Vorbereitung vorwiegend als Suchen, Sammeln und Auswählen vollziehen wird. Hier kommen zuerst die einschlägigen *Religionsbücher* in den Blick, die in den letzten Jahren erheblich an Lehr- und Lernqualität gewonnen haben, und, soweit vorhanden, die Lehrerhandbücher und, wenn leicht erreichbar, auch Unterrichtsmodelle zum Thema. Bei dieser heuristisch-didaktischen Arbeit finden und sammeln sich vielfältige Materialien und Medien und kristallieren sich vor allem erste Ideen und hoffentlich auch erste Fragen zur konkreten Umsetzung und Gestaltung des Themas im RU der jeweiligen Klasse heraus.

Und spätestens jetzt müssen die *Schüler/innen* ins konkrete Blickfeld der Planung und Vorbereitung kommen: *Was bringen sie an Vorwissen und Einstellungen zum Thema mit?* Mehr oder weniger hypothetisch können hier themabezogene Überlegungen hinsichtlich des persönlichen und gesellschaftlichen Umfeldes, der Lebenswelt und -situation der Kinder und Jugendlichen ansatzweise Hinweise erbringen, die freilich dann erst richtig ertragreich werden, wenn mir die Klasse oder Gruppe über das Schuljahr hinweg bekannt und vertraut ist. Nicht nur weitaus fruchtbarer, sondern für einen gut vorbereiteten RU eigentlich unverzichtbar ist *das vorangehende Gespräch* mit den Schüler/innen, das jede Unterrichtsvorbereitung einzuplanen hat, um sich Kenntnis von ihren Meinungen, ihrem Vorwissen, ihren Vorurteilen, ihrem Einverständnis oder ihren Missverständnissen gegenüber dem neuen Thema zu verschaffen. Wo möglich könnte man das alles mit Abstrichen auch durch einen entsprechenden Fragebogen erreichen, den man vor Beginn jeden neuen Themas und möglichst auch vor Beginn der einschlägigen Unterrichtsvorbereitung von den Schüler/innen ausfüllen ließe. Hier werden die Weichen gestellt für einen RU, der das Schülersubjekt wirklich ernst nimmt und sich der oben beschworenen Freiheit aussetzt, seinen Unterrichtsplan eventuell ändern, neu ausrichten oder gar ganz umwerfen zu müssen!

Das kann dann unter Umständen zum Ort werden, an dem man sich fragen muss, ob die geleistete Unterrichtsvorbereitung nicht vielleicht doch zu einseitig lehrerzentriert oder lehrerfixiert ausgefallen ist. Der wichtigen Rolle der Lehrkraft im Vorbereitungs- und Unterrichtsprozess tut das keinerlei Abbruch, sondern verweist im Gegenteil auf die Notwendigkeit umfassender Selbstreflexion der *Lehrkraft* als unverzichtbarer Voraussetzung themenspezifischer Vorbereitung. Auf dem Hintergrund des eigenen religionspädagogischen Standpunktes und dementsprechender

Lehrplankritik prüft sich die Lehrkraft dem Thema gegenüber auf ihr eigenes Vorverständnis, ihre Vorkenntnisse und möglichen Voreingenommenheiten und überlegt selbstkritisch, schülerorientiert und nicht zuletzt theologisch sachbezogen, wie sie mit diesen Voraussetzungen möglichst konstruktiv in Vorbereitung und Unterricht umgeht.

3.3 Fachwissenschaftliche Reflexion und Revision

Im eingrenzenden und wegweisenden Rahmen des vorgegebenen Unterrichtsthemas, wie es in Lehrplan, Religionsbüchern, Schülervoten und Lehrerkenntnissen begegnete, sind nun unter theologisch fachwissenschaftlichem Aspekt die Sachgrundlagen der relevanten Inhalte und Intentionen zu erarbeiten. Dabei kann angeknüpft werden an die inhaltlichen Voraussetzungsbefunde, die bereits mehr oder weniger ausführlich und fundiert einschlägige Sachinformationen enthalten, die jetzt teils theologischer Vertiefung und Klärung bedürfen, teils Fragen aufwerfen, teils Kritik und Einwände provozieren. Hier ist dann der aufklärende Rückgriff auf verständlich-solide Fachliteratur aus den theologischen Disziplinen unvermeidlich. Je nachdem, ob es sich thematisch um biblisch, kirchengeschichtlich, dogmatisch oder ethisch orientierte Inhalte und ›Fraglichkeiten‹ handelt, unterscheidet sich die Sachanalyse in Art, Anspruch und Ausrichtung ihrer wissenschaftlichen Arbeit.[14]

Bei *bibelorientierten Themen* wird es vorrangig um exegetisch-theologische Textarbeit gehen, die dann über hermeneutische Erwägungen übergehen kann zu systematisch-theologischen Überlegungen, in denen die theologischen Inhalte und Potenzen von Text und Thema – gleichsam didaktisch vorgängig – mit der Lebenswelt der Schüler und Schülerinnen erstmals in Beziehung gesetzt werden.

Schwieriger gestaltet sich die theologische Sachanalyse bei im weitesten Sinne *problemorientierten Themen.* Hier empfiehlt es sich, die dem Thema involvierten Fragen, Probleme und Erfahrungen zunächst auf den ihnen eigenen dogmatischen und ethischen Gehalt hin zu analysieren, um sich dann mit entsprechenden Ausführungen in systematisch-theologischen Arbeiten auseinanderzusetzen. Besonders geeignet dürfte dafür wissenschaftliche Literatur sein, in der thematisch relevante Beiträge und Erkenntnisse seitens der Humanwissenschaften aufgewiesen und theologisch aufgearbeitet sind. Zunehmend wichtiger wird in diesem thematischen Zusammenhang auch die interreligiöse Perspektive, welche die nötige dog-

---

14 Vgl. die einschlägigen Bände von *R. Lachmann / G. Adam (Hg.)*, Theologie für Lehrerinnen und Lehrer (TLL): Theologische Schlüsselbegriffe, Göttingen (³2010) / »Elementare Bibeltexte« (⁴2010) / »Kirchengeschichtliche Grundthemen« (³2010) / »Ethische Schlüsselprobleme« (2006) / »Christentum und Religionen elementar« (2010).

matische und ethische Reflexion religiös ausweitet und betreibt »im Kontext der Weltreligionen«.[15]

Das verweist auf die Vorbereitung von *Themen aus dem Bereich »Weltreligionen«*, die zwar – ähnlich wie *kirchengeschichtliche Unterrichtsthemen* – sicher ein hohes Maß an Sachinformation und Faktenwissen brauchen, darüber aber auf keinen Fall die genuin systematisch-*theo*logische Reflexion vernachlässigen dürfen, welche die religionswissenschaftlichen wie kirchengeschichtlichen Inhalte mit dem Christentum in unserer heutigen Welt-, Lebens- und Kirchenwirklichkeit zu bedenken und, soweit möglich, zu vermitteln hat. Dabei muss gerade und besonders die *theologische* Sachanalyse die Planung und Vorbereitung ständig an das sachliche Fundamentum und fachliche Proprium christlichen RU an der Schule erinnern, den Gottesbezug und die Gottesfrage (vgl. u. Art. XXIII–XXV).

3.4 Didaktisch-methodisches Bedenken und Entscheiden

Unter ständigem kritisch-konstruktiven Bezug auf die erarbeiteten allgemeinen, themenspezifischen und theologischen Voraussetzungsbefunde gelangt man mit der didaktisch-methodischen Analyse zu einem Kernstück der Unterrichtsvorbereitung. Hier geht es um begründetes Nachdenken und Entscheiden darüber, was, auf welchen Wegen mit welchen Zielsetzungen im RU mitgeteilt, vermittelt und angeeignet werden soll. Didaktisch zentral bleibt dabei nach wie vor die *Vermittlung* zwischen »Sache« und Schüler/innen, die von den Lehrkräften in Vorbereitung und Unterricht reflektierend, arrangierend, moderierend und inszenierend zu leisten ist. Das muss in gleichgewichtiger Beachtung und wechselseitiger Beziehung geschehen und sollte auf Schülerseite in notwendiger Offenheit Aneignung als »eigenständige ›Aufnahme‹ und Transformation« anstreben.[16] In diesem Aneignungsgeschehen ›verkörpert‹ sich insbesondere das Unverfügbarkeitsmoment jeden Planens, Vorbereitens und Unterrichtens, dem religionsdidaktisch auch die gelungenste korrelative Vermittlungsreflexion ausgesetzt bleibt. Theologisch könnte man hier mit *Gerhard Sauter* tatsächlich von so etwas wie einem »pädagogischen Handikap« des RU sprechen.[17] Das darf freilich keinesfalls zu einer Didaktik der bloßen *Mitteilung* unvermittelter bzw. unvermittelbarer Glaubensinhalte führen, die eine didaktisch-methodische Analyse, wie sie hier empfohlen wird, überflüssig machen würde. Natürlich braucht auch der RU informierende Mit-

---

15 Vgl. *H-M. Barth*, Dogmatik. Evangelischer Glaube im Kontext der Weltreligionen. Ein Lehrbuch, Gütersloh 2001.

16 *F. Schweitzer u. a.*, Religionsunterricht und Entwicklungspsychologie, 169.

17 *G. Sauter*, Zur theologischen Revision religionspädagogischer Theorien, in: EvTh 45 (1986), 127–148, bes. 146.

teilung, sein didaktisches Kerngeschäft aber ist und bleibt die Vermittlung, Aneignung und Gestaltung seiner religiösen Lern- und Bildungsinhalte. Dazu wollen die folgenden Fragen beitragen, die sich bei allem didaktischen ›Fortschritt‹ nach wie vor auf wichtige Aspekte der einst von *Wolfgang Klafki* entwickelten »didaktischen Analyse« beziehen (vgl. o. Art. II, 2.2.1).

Beginnen lässt sich mit der *Frage nach dem Elementarexemplarischen* des Unterrichtsgegenstands und einer möglicherweise damit gegebenen Lernintention und Bildungschance. Was ist an diesem Inhalt *wesentlich und charakteristisch?*

Was an *Elementaria*, an Wesensinhalten christlichen Glaubens lässt sich mit ihm den Schüler/innen erschließen? Wofür kann der Inhalt – ob nun Text, Problem, Bild, religiöse Ausdrucksform oder Gestaltwerdung – *exemplarisch, typisch, repräsentativ* sein? *Welche Erfahrungen verbinden sich für die Kinder und Jugendlichen mit dem Unterrichtsinhalt?* Wo ist er ihnen in der *Vergangenheit* bereits begegnet? Welche *Gegenwartsbedeutung* besitzt er für sie in ihren konkreten Lern- und Lebenssituationen? Welche *Schwierigkeiten, Widerstände, Zweifel* erfahren sie angesichts des Themas in ihrem Alter und ihren Verhältnissen bei sich und anderen? Wo und wie begegnet ihnen der *Inhalt in der Welt der Erwachsenen?* Welchen Stellenwert hat das Thema *im öffentlichen Leben der Zeit*; welche Meinungen und Einstellungen werden ihm gegenüber in unterschiedlichen Gruppierungen und Institutionen vertreten?

Mit der *Frage nach der Zukunftsbedeutung des Unterrichtsgegenstandes* wird die analytische Ebene scheinbar prospektiv und normativ überschritten. Das übersieht freilich, dass die hier analytisch angefragten Themen und Inhalte im Vorbereitungsprozess nie rein »gegenständlich«, sondern stets ›intentional‹ in Richtung Erziehungs- und Bildungswirkung gedacht sind und insofern Lerninhalt und Lernintention von vornherein zusammengehören und der Streit über die Priorität von Lernzielen oder Inhalten müßig ist.

Unter dieser Prämisse wird nach der Bedeutung des Themas oder Inhalts für das *Wissen, Urteilen und Verhalten der Schüler/innen in künftigen Lebenssituationen* gefragt. Damit werden die Inhalte und Themen gewissermaßen auf ihre erzieherische und bildende Bedeutung und Wirkung, auf ihren Beitrag zur Beeinflussung von Werthaltungen und Verhaltensweisen angesprochen und sind die Voraussetzungen geschaffen, um die Analyse in die begründete Formulierung von Lernzielen oder Kompetenzbeschreibungen mit den ihnen entsprechenden Lerndimensionen einmünden zu lassen, ohne darüber die didaktisch integrierte *Methodenreflexion* hintanzustellen und ›unsachgemäß‹ zu instrumentalisieren.

Methodisch geht es dann scheinbar ganz banal um die Frage, *christliche*

Religion an der Schule unterrichten – wie mache ich das, wie geht das? Im Vordergrund steht hier die Suche nach geeigneten *Lernwegen bzw. -formen* und ihr religionsunterrichtlicher Einsatz im Sinne einer Kunst des verfügbar Möglichen und Angemessenen, was Spielräume eröffnet und zugleich Konturen markiert und lernortbedingte Grenzen setzt. Jetzt bedarf es für die Unterrichtsvorbereitung dringend eines möglichst hohen Maßes an Methodenkompetenz, die sich im großen Feld der Unterrichtsmethoden auskennt und sich ihrer angemessen zu bedienen weiß. Dabei geht es heute nicht mehr nur um die *»Sozial- und Interaktionsformen«* und die bewährten, unverzichtbaren Methoden wie etwa das Erzählen oder die verschiedenen Gesprächsmethoden, sondern auch um *»musikalische, spielerische und meditative Handlungselemente«* und Unterrichtsgestaltungen,[18] die in den letzten Jahren und Jahrzehnten in einer solch kreativen Fülle ›erblühten‹ und gerade den RU so ungemein bereicherten, dass sie den karikaturesken Vorwurf der performativen Religionspädagogik an »den real existierenden RU«, seine typische »methodische Spielform« sei »das fotokopierte DinA-4-Arbeitsblatt«,[19] allenthalben Lügen straft.

Für den konkreten RU und seine Stunden empfiehlt es sich, über die Frage nach interessanten Zugängen, Anknüpfungspunkten und Einstiegsmöglichkeiten zunächst die *Motivationslage* zu bedenken und eventuelle Möglichkeiten der Schülermotivation für den Fortgang des Unterrichts auszuloten. Das ist dann für gewöhnlich auch der Ort, um sich über die *Gliederung des Unterrichts* nach seinen einzelnen Phasen und Lernschritten Gedanken zu machen, was herkömmlicherweise unter dem terminus technicus der *Artikulation* verhandelt wird.[20]

Nach dem Bedenken von Motivation und Artikulation verlangt eine gute Unterrichtsvorbereitung notwendigerweise auch Überlegungen zur *Auswahl, Begründung und phasenmäßigen Zuordnung geeigneter Unterrichtsmethoden* einschließlich ihrer Differenzierung nach *Sozialformen und Aktionsformen*. Hinzu kommen Erwägungen zur *Wahl und zum unterrichtlichen Einsatz von Medien* und die Sicherung der dazu wie *für den Unterrichtsablauf insgesamt notwendigen organisatorischen Voraus-*

---

18 Vgl. *G. Adam / R. Lachmann* (Hg.), Methodisches Kompendium 1. Basisband, Göttingen ^{5}2010 u. *Dies.*, Methodisches Kompendium für den Religionsunterricht 2. Aufbaukurs, Göttingen ^{2}2006.

19 *Th. Klie*, Religion zu lernen geben: das Wort in Form bringen, in: SuK H 2, 2006, 4–10, bes. 6.

20 Vgl. *G. Adam / R. Lachmann* (Hg.), Religionspädagogisches Kompendium, Göttingen, ^{6}2003, 235 ff. *U. Riegel* beginnt seinen Leitfaden mit »Typischen Phasen im Unterrichtsverlauf« und lässt ihn mit »Teil III Artikulation« – unspezifisch terminiert – enden (Religionsunterricht planen 12–24, 121–182).

setzungen. Wenn nötig könnte die Methodenreflexion abgeschlossen werden mit Überlegungen zur *Ergebnissicherung, -überprüfung und -weiterführung*.

3.5 Verlaufsplanung

Für die konkrete Verlaufsplanung, die gleichsam schematisch die Ergebnisse der Unterrichtsvorbereitung bündelt, empfiehlt sich ein Spaltenschema, das je nach didaktischem Ansatz in seinen Spaltenfirmierungen variieren kann. Entsprechend dem hier vertretenen interdependenten Faktorenmodell schlagen wir zum einen *sechs Spalten* vor: *Lernschritte mit Zeitangabe – Ziele – Inhalte – Methoden – Medien – Kommentar.* Die wichtige Spalte *Kommentar* kann mögliche Variationen, Alternativen oder auch bewusstes Offenlassen des Unterrichtsverlaufs angeben, Lehrplanverweise machen, potenzielle Störfaktoren und Schwierigkeiten anmerken oder auch kritische Bemerkungen aufnehmen.

Entwurfsschema I:

Thema: Klasse: Zeitbedarf:

Ziel der Unterrichtseinheit / der Stunde:

Lernschritte / Zeit	Ziele	Inhalte	Methoden / Sozialformen	Medien	Kommentar

Als Alternative, die dem konkreten Unterrichtsverlauf mehr Raum gibt, bietet sich zum anderen ein Schema an, das neben der *Zeit*-Spalte und der Spalte *Artikulation mit Zielangabe* als Hauptspalten *Geplantes Lehrerverhalten* und *Erwartetes Schülerverhalten* ausweist und daneben noch die Spalten *Methoden / Sozialformen* und *Medien / Arbeitsmaterialien* aufführt. Auch bei diesem alternativen Modell sollte auf die *Kommentar*-Spalte nicht verzichtet werden.

Entwurfschema II:

Thema: Klasse: Zeitbedarf:

Stundenzahl:

Zeit	Artikulation / Ziele	Geplantes Lehrerverhalten	Erwartetes Schülerverhalten	Methoden / Sozialformen / Medien	Kommentar

4. Kurzformen der Unterrichtsvorbereitung

Das vorgestellte ›Feiertagsschema‹ zur Unterrichtsvorbereitung versteht sich nicht exklusiv und darf auf keine Weise dogmatistisch-gesetzlich missverstanden werden. Es ist vielmehr in seinen Einzelpunkten und -fragen jederzeit offen für Änderungen, Präzisierungen, Kürzungen und Ergänzungen. Gedacht ist es *einmal* als Hilfe und Anhaltspunkt beim Schreiben größerer fachdidaktisch orientierter Arbeiten in Ausbildung und Weiterbildung, *zum anderen* als Leitlinie und Vorgehensraster für die schriftliche Anfertigung sog. ›Examenskatechesen‹ und *schließlich* für den fertigen Lehrer als didaktische Orientierungshilfe, die er in ihren einzelnen Aspekten *mitbedenkt*, wenn er ein neues Thema gründlich vorbereitet. Nicht gedacht ist unser Schema für die Kurzvorbereitung von Unterrichtsversuchen im Rahmen der schulpraktischen Ausbildung und – noch viel weniger – für den schulischen Vorbereitungsalltag des Normallehrers. Hier wäre gewissermaßen ein handlungsleitender ›Extrakt‹, eine Kurzform unseres ausführlichen Vorbereitungsmodells vonnöten. Allerdings müsste auch von einer solchen mehr oder weniger reduzierten Kurzform verlangt werden, dass sie die *»Elementaria«* jeder didaktisch verantworteten Unterrichtsvorbereitung nicht verleugnet, sondern sie im Rahmen des Möglichen mitbedenkt und mitvollzieht bis hinein in den Prozess akuter Unterrichtsvorbereitung.

Für die schriftliche *Kurzvorbereitung von Unterrichtsversuchen* (über eine oder mehrere Schulstunden) würden sich danach etwa folgende *Vorbereitungsfragen zur Bearbeitung und Beantwortung anbieten:*

- Was für Schüler welcher Klasse will ich unterrichten?
- Welche Angaben macht der Lehrplan zu meinem Thema?
- Was an Inhalten und inhaltlicher Analyse brauche ich und will ich unterrichtlich vermitteln?

- Was will ich an Kenntnissen, Fertigkeiten und Einstellungen bei meinen Schülern anstreben und erreichen?
- Welche Medien stehen mir zur Verfügung, welche wähle ich aus?
- Welchen Lernweg will ich mit welchen Methoden gehen?

Für den religionsunterrichtlichen *Alltag der Einzelstundenvorbereitung*, die sich in der Regel unter der Voraussetzung einer thematischen Gesamtplanung und Gliederung vollziehen sollte, empfehlen sich als wichtige Arbeitsschritte:

1. die *Sachinformation* bei gleichzeitiger *Mediensuche*, was normalerweise über die Beschäftigung mit den einschlägigen (didaktisch bereits aufbereiteten) Religionsbüchern, Arbeitshilfen und Materialsammlungen geschehen dürfte,
2. das Klarwerden über die *Zielsetzung(en)* der vorzubereitenden Stunde,
3. Überlegungen zu *Ablauf, methodischer Gestaltung und organisatorischen Notwendigkeiten* des RU, der morgen in einer ganz bestimmten Klasse zu erteilen und zu verantworten ist.

Literaturhinweise

Chr. Grethlein, Fachdidaktik Religion. Evangelischer Religionsunterricht in Studium und Praxis, Göttingen 2005.

G. Hilger / St. Leimgruber / H.-G. Ziebertz. Ein Leitfaden für Studium, Ausbildung und Beruf, München ^{6}2010, bes. Teil IV.

G. Obst, Kompetenzorientiertes Lehren und Lernen im Religionsunterricht, Göttingen ^{3}2010.

H. Schmid, Unterrichtsvorbereitung – eine Kunst, München 2008.

Fr. Schweitzer u.a., Religionsunterricht und Entwicklungspsychologie. Elementarisierung in der Praxis, Gütersloh ^{2}1997, bes. Kap. 5.

XXIII.
Biblische Themen

MICHAEL FRICKE

1. Die Bibel in der Gegenwart

Die Bibel ist die Ur-Kunde des christlichen Glaubens und Referenzpunkt in doppeltem Sinn: Sie verweist auf seine historischen Ursprünge und ist zugleich Bezugspunkt einer jeden Generation von Christen für das Fragen nach Gott. Während sie in der Kirche als Heilige Schrift höchste Autorität genießt, hat sie in der Schule zunächst die Rolle eines (Lehr-)Buches wie jedes andere. Ob jemand besonderen Respekt gegenüber der Bibel hat, hängt von seiner religiösen Sozialisation ab.

Viele der heutigen Schüler/innen kommen oft nicht mehr in Familie und Gemeinde mit der Bibel in Berührung, sondern allein im Religionsunterricht. Empirische Studien zeigen, dass Kinder im Grundschulalter zu einem guten Teil biblischen Geschichten gegenüber sehr aufgeschlossen sind.[1] Unter Jugendlichen sinkt zwar die Relevanz der Bibel insgesamt, gleichzeitig zeigen »viele Schüler/innen [...] Interesse an einem lebensbezogenen, erfahrungsorientierten Verständnis der Bibel«.[2] Es hängt jeweils vom konkreten Unterricht ab und der Art, wie die Bibel als Lerngegenstand »ins Spiel« kommt, ob die Schüler/innen in Kommunikation mit ihr treten können.

2. Begründungen für das Arbeiten mit der Bibel

Aus *theologischer Sicht* ist die Auseinandersetzung mit der Bibel aus drei Gründen bedeutsam:

---

1 Vgl. *H. Hanisch / A. Bucher*, Da waren die Netze randvoll. Was Kinder von der Bibel wissen, Göttingen 2002, 122.

2 Vgl. *H. K. Berg*, Grundriss der Bibeldidaktik. Konzepte – Modelle – Methoden, München / Stuttgart ³2003, 15 und 18.

(1) Sie zeigt den Menschen als Ebenbild Gottes, schöpferisch und liebend, aber auch getrieben von Angst, Neid und Hass, fähig zu äußerster Gewalt und Zerstörung.
(2) Sie beschreibt nicht nur Realität, sondern ruft zur Hoffnung für diese Welt, zu ihrer Veränderung und gemeinschaftsorientiertem Handeln auf. Sie ist ein Wegweiser zum gelingenden Leben, dessen Ausgestaltung individuell zu entdecken bleibt.
(3) Die Bibel ist Gottes Wort in Menschenwort: Was über Gott zu erfahren ist, ist durch die Bibel zu lernen. Ihr Ziel ist eine heilvolle Begegnung mit Gott. Gleichzeitig kommt der Glaube der Menschen (damals) zum Ausdruck, der die Hörer und Leser (heute) zu einer Antwort motivieren will. Das impliziert, dass die Bibel einer Auslegung in einen bestimmten Kontext hinein bedarf und nie »absolute« Gültigkeit besitzt (s. u. 4).[3]

Aus *bildungstheoretischer Sicht* sind folgende Aspekte bedeutsam:[4]

(1) Biblisches Lernen leistet einen Beitrag zur Allgemeinbildung. Die Bibel hat, auch wenn dies unter den Bedingungen der Postmoderne nicht mehr so evident zu sein scheint, unsere Sprache, Literatur, Kunst, Musik, Architektur usw. geprägt wie keine andere zusammenhängende Überlieferung. Um die Gegenwart besser zu verstehen, ist es für Schüler/innen notwendig, die Quellen der eigenen Kultur kennenzulernen. Für die Wertebildung spielt die Bibel eine wichtige Rolle, da sie »für moralische Intuitionen, insbesondere im Hinblick auf sensible Formen eines humanen Zusammenlebens, eine besondere Artikulationskraft«[5] besitzt.
(2) Das Lernen an der Bibel vermittelt religiöse Sprachfähigkeit. Dies ist deswegen bedeutsam, weil Sprache ein Schlüssel zur Sozialisierung und Individuation ist. Wirklichkeit eröffnet sich in und durch Sprache. Die Sprache der Bibel zeigt eine Dimension der Wirklichkeit, die über das Sicht- und Greifbare hinausgeht. Das Vertrautwerden mit der metaphernreichen Sprache vermittelt die Kompetenz, selbst Wirklichkeit religiös-existenziell zu erschließen und religiös ausdrucksfähig zu werden.
(3) Das Lernen mit der Bibel trägt zur Identitätsentwicklung bei. So verhilft die Auseinandersetzung mit biblischen Bildern und Erzählungen dazu, eigene Orientierung für das Leben aufzubauen, Nachdenklichkeit und Urteilsfähigkeit sowie Sensibilität und Mitgefühl zu entwickeln.
(4) Die Bibel enthält eine dynamische Botschaft, die lebensbehindernde Verhältnisse prophetisch-kritisch hinterfragt und noch nicht verwirklichte Möglichkeiten einfordert. Das kritisch-utopische Potenzial der Bibel ist schulpädagogisch und bildungstheoretisch bedeutsam, wenn »Schule und Bildung nicht in

---

3 Vgl. *U. Kropač*, Biblisches Lernen, in: *G. Hilger u.a.*, Religionsdidaktik. Ein Leitfaden für Studium, Ausbildung und Beruf, München [5]2008, 385–401, hier 387ff.

4 Vgl. ebd., 389ff.

5 *J. Habermas*, Zwischen Naturalismus und Religion. Philosophische Aufsätze, Frankfurt a. M. 2005, 115 und 137.

einer Anpassung an die bestehenden Verhältnisse aufgehen, sondern zu Veränderungen im Sinne eines humaneren Lebens beitragen wollen«.[6]

3. Die Gottesfrage in der Bibel

Die Frage nach Gott ist in den Schriften des Alten und Neuen Testaments zentral. Bei den vielen Antworten, die gegeben werden, fällt auf, dass dabei das *Handeln* Gottes im Blick ist. *Horst Klaus Berg* hat dazu in elementarisierender Absicht sechs sog. »Grundbescheide« formuliert, die die Fülle der Einzelaussagen in eine Ordnung bringt:[7] Gott schenkt Leben, stiftet Gemeinschaft, leidet mit und an seinem Volk, befreit die Unterdrückten, gibt seinen Geist und herrscht in Ewigkeit.

Die Frage nach Gott ist nur angemessen zu bearbeiten, wenn daneben die biblischen *Sprachformen*, in denen Gott redet oder in denen Menschen zu und von Gott reden, Beachtung finden. *Ingo Baldermanns* Verdienst ist es, auf die elementaren Sprachformen hingewiesen zu haben: Verheißung, Weisung, Klage und Bitte, Lob und Dank, Bekenntnis und Sprichwort.[8] Erst darauf bauen komplexere Formen wie die Erzählung und die Rede auf. Während die Erzählung Identifikationsmöglichkeiten schaffen will, spricht die Rede auf der Basis von sachlichen Argumenten, aber auch mit emotionalisierenden Bildern vom Glauben an Gott.

4. Verstehen und Auslegen

Die Bibel ist als historisches Dokument einem Auslegungsprozess unterworfen. Von grundlegender Bedeutung ist die klassische Exegese, die versucht, mit Hilfe von Sprach- und Altertumswissenschaften den historischen Textsinn zu erheben, d.h. das, was die Erzähler / Autoren damals ausdrücken wollten, und aus welcher Situation heraus sie sprachen. Daneben haben sich weitere Methoden etabliert, die die Bedeutungen des Textes erschließen, etwa die feministische, tiefenpsychologische, befreiungstheologische und wirkungsgeschichtliche Auslegung.[9]

---

6 *U. Kropač*, Biblisches Lernen, 391.

7 *H. K. Berg*, Grundriss der Bibeldidaktik, 76–87; vgl. die »Grundmotive« bei *G. Theißen*, Zur Bibel motivieren. Aufgaben, Inhalte und Methoden einer offenen Bibeldidaktik, Gütersloh 2003, 131–173.

8 *I. Baldermann*, Einführung in die Bibel, Göttingen ^{4}1993, 34–59.

9 Vgl. *H. K. Berg*, Ein Wort wie Feuer. Wege lebendiger Bibelauslegung, München 1991; *C. Dohmen*, Die Bibel und ihre Auslegung, München 1998.

Der Prozess der Auslegung, mit dem sich die Hermeneutik als Kunst des Verstehens befasst, erstreckt sich jedoch weiter. Sie fragt neben der intentio auctoris (Autor-Sinn) und der intentio operis (Werk-Sinn) nach der intentio lectoris (Leser-Sinn).[10] Hier hat die *Rezeptionsästhetik* einen wichtigen Beitrag geleistet, indem sie die Vieldeutigkeit und den dialogischen Charakter des Textes hervorhebt. Das literarische Werk ist »wie eine Partitur auf die immer erneuerte Resonanz der Lektüre angelegt, die den Text aus der Materie der Worte erlöst und ihn zu aktuellem Dasein bringt.«[11] Ähnlich weisen Exegeten auf die im Erzählstil der Bibel selbst begründete Offenheit des Textes hin, die dem Leser aufgibt, den Text zu ›vollenden‹,[12] und nehmen die Leserwelt in den Blick: »In welcher Situation, mit welchen Erwartungen oder Widerständen hören heutige Leser den Text? In welcher Absicht lesen sie den Text als Partitur ihrer Existenz?«[13] Diese *Rezeptionshermeneutik* »›öffnet‹ den Text für zahlreiche Perspektiven, die er streng historisch-kritisch betrachtet zum Zeitpunkt seiner Entstehung nicht hatte – aber gleichwohl hat, seit er schriftlich festgehalten wurde, um weiter ›zu sprechen‹.«[14]

Die Entdeckungen der Polyvalenz des Textes, der Bedeutung der Leser bei der Konstitution des Textsinns und der Pluralität in den Auslegungsmethoden sind ein großer Gewinn und haben direkte Konsequenzen für das biblische Lernen im RU.

5. Didaktik und Methodik

Es besteht in der bibeldidaktischen Diskussion in den folgenden Punkten Konsens: Gegenstand der Bibeldidaktik ist *Begegnung, Bewegung, Dialog,* kurz: *Kommunikation* zwischen Schüler/innen und Bibel.[15] Das impliziert die Einführung in die (Text-)Welt der Bibel und das Aufnehmen von Wissensbeständen, aber vor allem das aktive Auseinandersetzen

---

10 Vgl. *U. Eco*, Die Grenzen der Interpretation, München 1992, 35.

11 *H. R. Jauß*, Literaturgeschichte als Provokation der Literaturwissenschaft, in: *R. Warning* (Hg.), Rezeptionsästhetik. Theorie und Praxis, München ^{4}1994, 126–162, hier 129.

12 *W. Brueggemann*, Theology of the Old Testament. Testimony, Dispute, Advocacy, Minneapolis / USA 1997, 110f.

13 *E. Zenger*, Thesen zu einer Hermeneutik des Ersten Testaments nach Auschwitz, in: *C. Dohmen / T. Söding* (Hg.), Eine Bibel – zwei Testamente. Positionen biblischer Theologie, Paderborn u. a. 1995, 143–158, hier 145.

14 Ebd.

15 Vgl. *I. Baldermann*, Einführung in die biblische Didaktik, Darmstadt 1996, 9; *M. Schambeck*, Bibeltheologische Didaktik, Göttingen 2009, 135.

mit und persönliche Aneignen von biblischen Inhalten und Formen, mit dem Ziel, Bibel eigenständig auslegen zu können.[16]

Bibeldidaktik bedarf einer *bibelgemäßen* und zugleich *schülerorientierten* Ausrichtung. Jedoch gibt es unterschiedliche Auffassungen darüber, in welchem Verhältnis beide Parameter zueinander stehen sollen, zumal für jede Schulstufe unterschiedliche Schwerpunkte zu setzen sind. Im Folgenden wird erst das Grundprinzip des Auslegens durch Schüler/innen erläutert und durch Ergebnisse empirischer Forschungen und methodische Anregungen ergänzt. Daran schließt sich die Darstellung bewährter Ansätze für die Primar- und Sekundarstufe an.

5.1 Schüler/innen legen die Bibel aus

Wenn Schüler/innen in Kommunikation mit der Bibel treten sollen, müssen zwei Voraussetzungen erfüllt werden. Es geht nach *Friedrich Schweitzer* darum, die Schüler/innen »als aktive Rezipienten«[17] sorgfältig wahrzunehmen und ihre Deutungen nachzuvollziehen. Daneben sollen sie von Anfang an den Wert des eigenen Entdeckens und Deutens erfahren und im selbstständigen Auslegen unterstützt werden. Die Lehrkraft begibt sich mit den Schüler/innen also in den Prozess gemeinsamen Auslegens.

Wie eigenständig darf Auslegung sein? Eine Schülerin der 5. Klasse versteht den »Verlorenen Sohn« (Lk 15) so: »Also zuerst, da waren alle beide bockig gegen sich einander, und als der Sohn dann wiedergekommen ist, da hat's dem Vater leid getan. Und da haben sich beide entschuldigt.«[18] Bringt diese Lesart das Gleichnis nicht um seine Pointe?[19] Wenn man von der Schülerin her denkt, könnte es sein, dass sie sich vor der Begegnung mit dem Gleichnis die Vaterfigur (oder Gott) in seiner Macht als völlig unbeweglich vorgestellt hatte und nun lernt, dass Väter (oder Gott) sich auch auf Kinder hinbewegen, was ein wichtiger persönlicher Lernschritt wäre und kein »Missverständnis«!

Damit es nicht zu Willkür und Beliebigkeit kommt, muss sich die Rezeption des Einzelnen an den Text zurückbinden lassen. Die Aufgabe, Anwalt des Textes zu sein, kommt nicht nur der Lehrkraft zu, sondern

---

16 Vgl. *F. Schweitzer*, Kinder und Jugendliche als Exegeten? Überlegungen zu einer entwicklungsorientierten Bibeldidaktik, in: *D. Bell u.a.* (Hg.), Menschen suchen – Zugänge finden. Auf dem Weg zu einem religionspädagogisch verantworteten Umgang mit der Bibel. FS C. Reents, Wuppertal 1999, 238–245, hier 242.

17 Ebd.

18 *F. Schweitzer u.a.*, Religionsunterricht und Entwicklungspsychologie. Elementarisierung in der Praxis, Gütersloh 1995, 15.

19 So *F. Schweitzer*, ebd., 20.

der ganzen Lerngruppe, damit sich der Einzelne zu einer Weiterentwicklung der eigenen Interpretation anregen lässt. Lehrkräfte sind mit exegetischem Wissen ausgestattet, aber gleichzeitig auch »nur« Leser wie die Schüler/innen auch. Das impliziert eine Ablösung vom Selbstverständnis, immer zu wissen, was »richtig« ist. Der Blick wird frei für die Aufgabe, die Pluralität der Aktualisierungen zuzulassen und selbst zum Lerngegenstand zu machen, die Bereitschaft zu entwickeln, von den Schüler/innen zu lernen, mit ihnen Nachdenklichkeit einzuüben, Rätselhaftes zu benennen und offene Fragen auszuhalten.

5.2 Bibelrezeption aus empirischer Sicht

Sind Schüler/innen überhaupt zu einem angemessenen Verstehen der Bibel in der Lage? *Ronald Goldman* kam im Jahr 1964 durch eine Untersuchung an 200 Schüler/innen zu der Folgerung, dass die Bibel *kein Buch für Kinder* sei. Er argumentierte mit *Jean Piaget*, dass Kinder unter 12 Jahren aufgrund ihrer fehlenden formal-operatorischen Denkstrukturen biblische Geschichten völlig missverstehen würden.[20] 1990 untersuchte *Anton Bucher* an zwölf Kindern der Primarstufe, ob sie in der Lage sind, Gleichnisse im Sinne der exegetischen Gleichnistheorien zu verstehen. Sein Fazit war negativ. Die Kinder sahen nicht, dass der »Herr« im Weinberg (Mt 20) Gott ist. Begründungen waren: »Der Gott ist der Besitzer von der Welt, der hat die ganze Welt gemacht. Und der Weinbergsbesitzer, dem gehört nur der Weinberg«. Gott komme in der Geschichte gar nicht vor: »Wenn sie mit dem Gott zu tun hat, dann müssten sie zumindest etwas Weniges von dem sagen«. Bucher empfahl deswegen, Gleichnisse in der Grundschule »noch nicht als Gleichnisse« zu thematisieren, sondern nur deren Bildhälfte zu erschließen.[21]

Die These, dass Grundschüler/innen Texte nicht im Hinblick auf ihre Symbolik verstehen könnten, ist umstritten. Zum einen wird in neueren psychologischen Werken die Auffassung vertreten, symbolisches Verstehen sei bereits Fünfjährigen möglich.[22] Zum anderen ist die auf Piaget zurückgehende Behauptung, nach der das Eintreten in ein »höheres« Stadium immer gleichzeitig in *allen* Bereichen des Denkens und Wissens

20 *R. Goldman*, Religious Thinking from Childhood to Adolescence, London 1964, 51–67, 220f., 226f.

21 Alle Zitate aus *A. Bucher*, Gleichnisse verstehen lernen. Strukturgenetische Untersuchungen zur Rezeption synoptischer Parabeln, Fribourg 1990, 51f., 66f.

22 Vgl. *M. Dornes*, Die emotionale Welt des Kindes, Frankfurt a.M. 2000, 182.

erfolge, widerlegt worden. Vielmehr finden Weltbild-Wandlungen in verschiedenen Wissensbereichen zu unterschiedlichen Zeitpunkten statt.[23]

Neuere bibeldidaktische Untersuchungen legen nahe, dass Kinder durch Übung, Interesse und Sozialisation Texte im *übertragenen* Sinn lesen können.[24] *Rainer Oberthür* (s. u. 5.4) meint, dass »sowohl wörtliches als auch symbolisches Verstehen parallel ohne kognitive Probleme möglich ist«, und belegt dies mit der Äußerung einer Zweitklässlerin zu dem Psalmwort »Du bist Sonne« (vgl. Ps 84,12).

Sie zeichnet eine Mutter am Bett ihres Kindes mit Regenbogen, Wolken und Sonne und erklärt dazu: »Das ist ein zweifaches Bild. Einmal ist es die Mutter, die für das Kind Sonne ist, und einmal ist es die Sonne am Himmel.«[25] Kinder sind dank geeigneter Lernkontexte fähig, in Bibeltexten Überzeitliches zu erkennen. So erklärt ein Viertklässler zu Gen 4: »Jeder Krieg und jede Feindschaft beginnt mit etwas Kleinem, genau wie bei Kains und Abels Feindschaft.«[26] Freilich findet sich bei Kindern auch das wortwörtliche Verstehen der Texte. Es kommt jedoch auch dort darauf an, nachzuvollziehen, was die Kinder damit je *ausdrücken* wollen. Im Zuge der neuen Hinwendung zum Kind hat sich im Rahmen der »Kindertheologie« auch eine »Bibelauslegung von und mit Kindern« etabliert.[27]

5.3 Methoden zur Aktivierung der Schüler/innen

Drei methodische Momente können die Schüler/innen zu eigenständiger Bibelauslegung aktivieren:

1. Schülerfragen generieren: »Wenn du drei Fragen stellen dürftest …« – so kann der Impuls nach dem Lesen oder Hören eines biblischen Textes lauten. Jedes Kind, jeder Jugendliche setzt einen anderen Schwerpunkt bei der Aneignung des Textes. Darüber geben die Schülerfragen Auskunft. Gleichzeitig bereichern sie die Lerngruppe bei der Erschließung des Bibel-

23 Vgl. *B. Sodian*, Entwicklung bereichsspezifischen Wissens, in: *R. Oerter / L. Montada* (Hg.), Entwicklungspsychologie, Weinheim ^{4}1998, 622–653, hier 634.

24 Vgl. *M. Fricke*, ›Schwierige‹ Bibeltexte im Religionsunterricht. Theoretische und empirische Elemente einer alttestamentlichen Bibeldidaktik für die Primarstufe (ARP 26), Göttingen 2005, 550.

25 Alle Zitate aus *R. Oberthür*, Kinder und die großen Fragen. Ein Praxisbuch für den Religionsunterricht, unter Mitarbeit von *A. Mayer*, München 1995, 89–91.

26 *R. Oberthür*, Kinder fragen nach Leid und Gott. Lernen mit der Bibel im Religionsunterricht, München 1998, 72.

27 Vgl. *G. Büttner / M. Schreiner* (Hg.), Man hat immer ein Stück Gott in sich. Mit Kindern biblische Geschichten deuten. Jahrbuch für Kindertheologie Sonderband Teil 1: Altes Testament, Stuttgart 2004 und Teil 2: Neues Testament, Stuttgart 2006.

textes. Sie können neue Aspekte entdecken, sogar auch solche, die für Erwachsene womöglich ›unsichtbar‹ sind. So sagt ein Drittklässler zu Jakobs Segens-Betrug (Gen 27): »Also, ich habe eine Frage, wenn die Rebekka dem Jakob das Gewand von Esau anzieht, dann mögen sich die Rebekka und der Isaak ja gar nicht.«[28]

2. Arbeiten mit Schülerfragen: Es bietet sich an, die Fragen auf Kärtchen oder an der Tafel zu visualisieren. So sieht die Lerngruppe: »Hier werden *unsere* Anliegen verhandelt. Die Fragen sind unser Leitfaden.« Schülerfragen können von Schüler/innen beantwortet werden, wie im folgenden Beispiel: Eine 4. Klasse liest im Religionsbuch Auszüge aus Ex 12 (Gott tötet die ägyptischen Erstgeborenen). Ein Schüler hatte einige Seiten nach der Passaerzählung die Zehn Gebote entdeckt und sagte: »Da steht: ›Du sollst nicht töten!‹ Aber der Gott tötet doch selber!« Lehrer: »Das ist eine schwierige Sache. Wer kann dazu etwas sagen?« – Nach einer Weile meldete sich ein zweiter Schüler: »Gott hat zuerst getötet. Später hat er dann eingesehen, dass es nicht gut war. Deshalb hat der dann gesagt: ›Du sollst nicht töten!‹«[29]

3. Schüler/innen zum kreativen Umgang mit der Bibel anregen: Hier ist das Ziel, die Schüler/innen zum Verfassen eigener Texte im Stil der Bibel – auch zu anspruchsvollen Gattungen wie Psalmen und Gleichnissen – anzuleiten. Im Unterricht einer 2. Klasse wurden ein Lob- und ein Klagepsalm durchgenommen und dann die Kinder animiert, einen eigenen Psalm zu verfassen.

»Gott, ich lobe dich.
Du hast die schönsten Geschöpfe der Welt erschaffen.
Ich mag es, wenn die Antilopen durch die Gräser sausen.
Und es ist spannend, wenn der Tiger durch den Dschungel streift.
Und ich finde es cool, wie der Löwe regiert.
Und das mächtigste Tier fehlt noch.
Nein, der Blauwal ist gar nicht das mächtigste Tier, es ist der Dinosaurier!
Es ist das mächtigste Tier aller Zeiten, dafür lobe ich dich, Gott!
Joey, Psalm 1992«[30]

5.4 Ingo Baldermann und Rainer Oberthür: Elementarisierung

Ingo Baldermann kann als einer der einflussreichsten Bibeldidaktiker der letzten Jahrzehnte bezeichnet werden. Er prägte den »selbständige[n]

---

28 *M. Fricke*, Schwierige Bibeltexte, 476.
29 Ebd., 26.
30 *M. Fricke*, Von Gott reden im Religionsunterricht, Göttingen 2007, 189.

Umgang mit der Bibel«[31] als Schlüsselbegriff. Sein Modell der Elementarisierung geht in Anlehnung an *Wolfgang Klafki* von der Notwendigkeit einer wechselseitigen Erschließung von Gegenstand und Schüler/innen aus. Das Elementare auf der Sachseite ist in den elementaren Redeformen der Bibel zu suchen (s.o. 3). Die Bibel selbst birgt in sich eine eigene Didaktik, sie ist »ein Buch des Lernens«[32].

Das Ziel besteht darin, »Begegnungen herbeizuführen zwischen den Kindern und den Worten der Bibel, Begegnungen, mit denen ein Dialog beginnt, der länger dauert als mein Unterricht.«[33] Das erfolgt dadurch, dass auf Seiten des lernenden Subjekts nicht nur das Kognitive, sondern auch das Emotionale erschlossen wird. Beispielhaft ist hier die Arbeit mit den Psalmen, die den Kindern eine Wahrnehmung und Versprachlichung ihrer Gefühle ermöglicht, ohne sich selbst zu sehr zu entblößen. Mit den Psalmen bleibt man nahe an den Erfahrungen der Kinder, ohne sich in historische Abstraktionen zu entfernen.

An die Tafel wird ein Satz geschrieben: *»Ich bin wie ein zerbrochenes Gefäß«*. Die Schüler/innen äußern sich: »Da ist einer, der ist nicht mit sich zufrieden. Da muss bestimmt irgend etwas Schlimmes passiert sein. Er sagt: ›Ich bin blöd!‹ Vielleicht ist er ein Mann, den man so behandelt wie ein zerbrochenes Gefäß, den wirft man in den Mülleimer. Vielleicht ist er einer, der was Schlimmes getan hat. Er ist bestimmt auch traurig.«[34]

Dreierlei geschieht: Die Kinder suchen nach Assoziationen aus ihrem Erfahrungsbereich, sie tauchen gleichzeitig in die Sprache der Bilder ein und erfahren Freude an Reflexion und Gespräch. Dass es sich um Worte aus der Bibel handelt, lernen sie erst später. Die Arbeit mit den Psalmen ist ebenso elementar für die Identitätsentwicklung wie für das Verstehen anderer biblischer Texte, etwa der Evangelien, die erzählen, wie sich Trauer in Freude und Verzweiflung in Zuversicht wandelt.

Rainer Oberthür hat diesen Ansatz praktisch weitergeführt, etwa in der Ausarbeitung eines Freiarbeitsmaterials zu den Psalmen.[35] Er hat ihn aber auch theoretisch mit dem Elementarisierungsmodell von *Karl Ernst Nipkow* und *Friedrich Schweitzer* kombiniert, das auf der Sachseite nach dem »grundlegend Einfachen« und dem »gewissmachenden Wahren« und auf

---

31 *I. Baldermann*, Wer hört mein Weinen? Kinder entdecken sich selbst in den Psalmen, Neukirchen-Vluyn ^{3}1992, 9.

32 *I. Baldermann*, Einführung in die Bibel, Göttingen ^{4}1993, 21.

33 *I. Baldermann*, Einführung in die biblische Didaktik, Darmstadt 1996, 9.

34 Ebd., 29f.

35 *R. Oberthür / A. Mayer*, Psalmwort-Kartei. In Bildworten der Bibel sich selbst entdecken, Heinsberg 1995.

der Schüler/innenseite nach dem »subjektiv Authentischen« und dem »zeitlich Angemessenen«[36] fragt. Entscheidend bei Oberthür ist zum einen die starke Betonung der Aneignung vor der Vermittlung:

»Das Finden einer eigenen Sprache und das eigene Verstehen der Kinder als Subjekte ihrer (religiösen) Lernprozesse ist im Religionsunterricht höher zu bewerten als die aus Erwachsenenperspektive theologische ›Richtigkeit‹ der Sache.«[37]

Zum anderen liegt sein Fokus auf den nötigen »Lerngelegenheiten«, in denen es darum geht, einen offenen Prozess innerhalb eines Rahmens inhaltlicher und methodischer Impulse zu arrangieren und zu moderieren.[38]

Hierzu hat Oberthür meisterhaft Unterrichtsgänge entworfen und durchgeführt (s. u. 6.1). Durch seine Arbeiten ist evident geworden, zu welchen Leistungen Grundschüler/innen in der Lage sind (s. o. 5.2).

5.5 Horst Klaus Berg: Kontextmodell und kritisches Potenzial

Hauptkennzeichen von *Horst Klaus Bergs* Bibeldidaktik sind die Kritik an einer unreflektierten Bibeldidaktik, die Elementarisierung biblischer Inhalte in Form von »Grundbescheiden« (s. o. 3) und der Entwurf des »Kontextmodells«, sowie das Einbeziehen einer Vielfalt von Methoden der Bibelauslegung (s. o. 4). Berg wendet sich gegen den »unkritisch-normativen« Gebrauch der Bibel im RU, etwa wenn in der Grundschule biblische Erzählungen wie »Tatsachenberichte« behandelt werden. Dies sei didaktisch und hermeneutisch fragwürdig, weil es »die Geschichtlichkeit der Texte nicht ernst nimmt [...] und damit ihre Dynamik lahm legt«. Ebenso kritisiert er den Gebrauch biblischer Gestalten als Vorbilder, etwa wenn Schüler/innen »Maß nehmen am friedensfähigen Abraham«, »weil kein Kind oder Heranwachsender sich an diesen Personen messen kann, die [...] im Prozess der Überlieferung immer weiter mit idealisierenden Zügen überhöht worden sind«.[39]

Berg bearbeitet das Problem der wechselseitigen Erschließung von biblischer Überlieferung und heutiger Erfahrung. Man dürfe Tradition dort und Situation hier nicht unvermittelt parallelisieren, etwa indem der Aufbruch Abrahams in Gen 12 mit einem Umzug heute verglichen wird. Vielmehr muss eine indirekte Verbindung zwischen beiden über

---

36 *R. Oberthür*, Kinder fragen nach Leid und Gott, 1998, 27.
37 Ebd., 187.
38 Ebd., 20 und 184.
39 Alle Zitate aus *H. K. Berg*, Grundriss der Bibeldidaktik, 32 f.

»grundlegende Erfahrungen, Probleme oder Erkenntnisse«[40] hergestellt werden. Bei Gen 12 ist dies das Grundvertrauen, das Abraham zu seinem Handeln ermutigt. Berg verallgemeinert diese Vorgehensweise zum »Kontextmodell«: *Zum einen* werden Lebenszusammenhänge und Erfahrungen, in denen die biblischen Texte entstanden sind (»Kontext I«), erschlossen. *Zum anderen* wird gefragt, inwieweit und wo die Botschaft des Textes die Lebenszusammenhänge und Erfahrungen der Schüler/innen beleuchtet (»Kontext II«).[41]

Den Kontext I versucht Berg vor allem mit der ursprungsgeschichtlichen Bibelauslegung zu ergründen. Diese versteht den Text je als Antwort auf eine bestimmte Situation. So betont der Autor von Gen 2,7 im Gegensatz zur aufkommenden Ideologie, die den König als Sohn Gottes und Herrscher mit unbegrenzter Macht sieht (Ps 2,7; 89,27f.), die Herkunft eines jeden Menschen, und damit auch des Königs, aus dem Staub.[42] Diese Elemente von Subversivität, von »kritischer Kraft und verändernder Dynamik«[43] der Bibel kann auch heutige Situationen beleuchten, in denen sich Menschen über andere erheben. Die befreiend-kritische und heilvolle Dynamik soll auf kreativ-spielerische Weise zum Sprechen kommen, bei Berg oft in Form der Verfremdung von biblischen Texten. So wird die Sintfluterzählung unter dem Titel »Machen wir unsere Welt kaputt«? (2./3. Klasse!) über eine »Müllflut«-Karikatur erschlossen.[44] Die Pointe liegt darin, dass die Menschen, die sich nicht gut verhalten (damals wie heute), nicht in die rettende Arche dürfen. Bergs Ansatz ist aufgrund seiner intellektuellen Ausrichtung mehr für die Sekundar- als für die Primarstufe geeignet.

5.6 Peter Müller: Schlüssel zur Bibel

Peter Müller konzipiert seine Bibeldidaktik für diejenigen Schüler/innen, die noch keinen Zugang zur Bibel haben. Er sucht deswegen nach »Schlüsseln«, die geeignet sind, eine »Tür zur Bibel aufzuschließen«.[45] Diese müssen zum einen an die Welt von Kindern und Jugendlichen anschlussfähig sein. In Frage kommen:

---

40 Ebd., 117.
41 Vgl. ebd., 127.
42 *H. K. Berg*, Altes Testament unterrichten. Neunundzwanzig Unterrichtsvorschläge, München / Stuttgart 1999, 14f.
43 *H. K. Berg*, Grundriss der Bibeldidaktik, 37.
44 Vgl. *H. K. Berg*, Altes Testament unterrichten, 60–66.
45 *P. Müller*, Schlüssel zur Bibel. Eine Einführung in die Bibeldidaktik, Stuttgart 2009, 89.

1. die (oft unerkannte) Bibel in der Popularkultur, wie sie in Werbung (Paradies, Versuchung), Filmen (Matrix, König von Narnia), Musik (S. Setlur, Das will ich sehen) und biblisch gefärbter Alltagssprache (»Buch mit sieben Siegeln«) greifbar ist
2. »Gott im Netz«, d.h. Debatten um Gott, die sich in Foren und Blogs finden, und
3. grundlegende Fragen von Kindern und Jugendlichen.[46]

Zum anderen müssen die Schlüssel in der Lage sein, die biblische Tradition so zu erschließen, dass sich von ihnen ausgehend Querverbindungen und Verknüpfungen im Blick auf die Fülle der Bibel ziehen lassen. Zu solchen Schlüsseln können biblische Textabschnitte, Szenen, Bilder und Einzelverse werden, sowie Worte, die in unserer Gesellschaft Bedeutung haben.

Müller ordnet die Schlüssel in vier Themenkreisen an: Gott und die Welt, Gott und Mensch, Glauben, Hoffen, Handeln sowie Jesus Christus.[47] Ein besonderes Merkmal ist, dass Müller den Lernweg durch »advance organizers« (Wissenslandkarten) steuert und damit Vielseitigkeit der Zugänge und Offenheit im Lernprozess anzeigt. Der an Popularkultur und (Text-) Welt der Bibel gleichermaßen ausgerichtete Ansatz Müllers ist für den Bereich der Sekundarstufe geeignet (s.u. 6.2).

5.7 Franz W. Niehl: Bibel als (Sonderfall der) Literatur

Franz W. Niehl betont, dass Erzählungen das Leben und das Selbstbild des Menschen strukturieren. Erzählen ist »eine lebensnotwendige Form der Selbstvergewisserung« und gleichzeitig ein »schöpferischer Prozess«.[48] Die Erzählung hat daneben noch eine Appellstruktur: Sie lädt andere ein, unsere Sichtweise zu teilen. Erzählungen inszenieren ein Spiel von Abgrenzung und Identifikation, eine Reibung zwischen Erzählwelt und realer Welt: Als Leser tauche ich in die Erzählwelt ein, aber gleichzeitig denke ich: »Das ist nicht meine Welt. Ich würde mich nie so verhalten wie der Protagonist«. Niehl sieht die Bibel vor allem als Sammlung von überwiegend fiktionalen Erzählungen. Deswegen lässt sich fragen: »Welche Beziehungen entstehen beim Lesen der Erzählungen der Bibel und

46 Vgl. ebd., 90–96.
47 Ebd., 98.
48 *F. W. Niehl,* Dialogische Exegese – oder eine Methode, mit der Bibel ins Gespräch zu kommen, in: *G. Miller / Ders.* (Hg.), Von Batseba – und anderen Geschichten. Biblische Texte spannend ausgelegt, München 1996, 227–236, hier 228.

unseren eigenen Erzählungen?«[49] Niehl schmälert die Bibel nicht, wenn er sie als »Sonderfall der Literatur« sieht, denn sie bleibt »der zentrale Verständigungstext des Christentums«.[50] Sie will Sinn, Orientierung und Hoffnung stiften und zielt auf eine wechselseitige Auslegung zwischen biblischen Bildern und Lebenserfahrungen.

Niehl empfiehlt *vier Phasen* der Textarbeit:[51]

- Die *Textbegegnung* fragt nach Methoden, die den Text wertvoll machen. Dies kann neben dem Vorlesen und Erzählen z.B. die verzögerte Texteinführung, das Einspielen über Tonträger oder ein Textpuzzle sein.
- Daran schließt sich die *Texterschließung* an, in der die Schüler/innen (unerwartete) Entdeckungen machen. Sprachliche Gestalt und Inhalt des Textes müssen durchsichtig werden, etwa durch Gliederung, Erarbeitung nach Leitfragen, Textvergleich und -soziogramm.
- Bei der *Auseinandersetzung* kommen Lebenswelt der Schüler/innen und Textwelt ins Gespräch. Methoden sind: Bibeltexte aktualisierend und perspektivisch umformen, Anti-Texte schreiben, Stellungnahmen verfassen.
- Es folgt die *Textaneignung*, die aus der Flut von Gedrucktem das Wertvolle herauszieht und im Gedächtnis verankert. Neben dem partiellen Auswendiglernen sind Vorlesestunden und Anthologien (»meine Schätze«) denkbar.

6. Konkretion: Gottesfrage im Bibelunterricht

6.1 Primarstufe: Rainer Oberthür – Hiobs Gottesfrage

Rainer Oberthür verbindet die Gottesfrage mit dem Buch Hiob.[52] Die Schüler/innen beginnen mit der Aufgabe: »Stell dir vor, du kannst Gott Fragen stellen! Was fragst du ihn?« Dann erfolgt die Begegnung mit Hiobs Klagen, Hiobs Worten zu den Freunden, Hiobs Fragen an Gott und Gottes Worten an Hiob in Form von Karteikarten. Auf jeder Karte steht ein biblischer Vers, wie z.B. »Mein Auge ist dunkel geworden vor Trauer«. Noch kennen die Kinder weder Inhalt noch Verlauf des Hiobbuches. Zu je einer Karte gestalten die Kinder Bilder oder notieren eigene Gedanken bzw. eine Geschichte.

---

49 *F. W. Niehl*, Bibel verstehen. Zugänge und Auslegungswege, Impulse für die Praxis der Bibelarbeit, München 2006, 19.

50 *F. W. Niehl*, Dialogische Exegese, 231.

51 *F. W. Niehl / A. Thömmes*, 212 Methoden für den Religionsunterricht, München 1998, 111–144.

52 *R. Oberthür*, Kinder fragen nach Leid und Gott, 83–131.

Die Ergebnisse werden in der Reihenfolge ihres Erscheinens im Hiobbuch vorgestellt. Im Gespräch wird erarbeitet, dass es sich um eine »Geschichte des Leidens« handelt, die für jeden gelten kann. Nun erzählt die Lehrkraft die Hiobgeschichte. Die Schüler/innen verarbeiten sie in Formen bildnerischen Ausdrucks oder kreativen Schreibens: »Hast du dich schon einmal bei Gott über etwas beklagt, als du dich über ihn geärgert hast?«; alternativ: »Schreibe eine Hiob-Geschichte von heute!« Manche Kinder schreiben »Sätze über Gott mit doppeltem Sinn«. Einige Schülerproduktionen lauten: »Wenn man Gott sehen will, sieht man ihn nicht, aber wenn man ihn braucht, sieht man ihn.« Oder: »Gott ist nicht da, aber da. Gott ist still, aber spricht.«

6.2 Sekundarstufe: Peter Müller – »If God had a name«

Peter Müller zufolge entspricht es dem biblischen Reden, von Gott in Beziehungen zu reden. Eine wichtige Rolle spielen dabei Namen. Seit jeher tragen sie »Bedeutungen, werden Hoffnungen in sie gelegt und Beziehungen damit zum Ausdruck gebracht. Deshalb können Namen als Schlüssel für die biblische Gottesrede dienen.«[53] Zugleich sind Namen anschlussfähig an die Welt der Schüler/innen und öffnen Wege in die biblische Welt.

Folgendes kann in diesem Sinne bearbeitet werden:

Was bedeutet mein Name? Welche Namen haben etwas mit Gott zu tun? Welche Namengeschichten gibt es heute (vgl. Harry Potter) ? Von dort aus kann man in der Bibel Namengeschichten folgen (Kain und Abel, Immanuel, Jesus, Petrus), die Namengeschichte Gottes in Ex 3 mit Mt 1,18–25 oder Joh 1,18, die Geschichte von den Menschen, die sich einen Namen machen wollten (Gen 11) mit der Bitte »geheiligt werde dein Name« (Mt 6,9) sowie den Gottesnamen »Ich bin, ich werde da sein« mit biblischen Gottesbildern (Fels, Burg, Hirte, …) verbinden und mit dem Song »If God had a name« (J. Osborne) fragen, wie dieser »Name« aus Schülersicht lauten könnte.

Literaturhinweise

I. Baldermann, Einführung in die biblische Didaktik, Darmstadt 1996.
H. K. Berg, Grundriss der Bibeldidaktik. Konzepte – Modelle – Methoden, München / Stuttgart ³2003.

---

53 *P. Müller*, Schlüssel zur Bibel, 113. Die folgenden Unterrichtsvorschläge finden sich ebd., 113f.

R. Lachmann / G. Adam / C. Reents (Hg.), Elementare Bibeltexte. Exegetisch – systematisch – didaktisch (TLL 2), Göttingen 2001.

P. Müller, Schlüssel zur Bibel. Eine Einführung in die Bibeldidaktik, Stuttgart 2009.

F. W. Niehl, Bibel verstehen. Zugänge und Auslegungswege, Impulse für die Praxis der Bibelarbeit, München 2006.

R. Oberthür, Kinder fragen nach Leid und Gott. Lernen mit der Bibel im Religionsunterricht, München 1998.

XXIV. Systematische Themen

Thomas Schlag

1. Grundsätzliche Überlegungen

Eine sachgemäße Behandlung systematischer Themen in der religionspädagogischen Praxis setzt grundsätzliche Bestimmungen und Klärungen zum Verhältnis von Religionspädagogik und Systematischer Theologie voraus. Religionspädagogische Reflexion und Praxis sind ohne den intensiven Bezug auf den Erkenntnishorizont der systematischen Theologie weder sinnvoll noch möglich. Eine evangelische Bildungstheorie, die sich nicht immer wieder ihrer theologischen Herkunft und Grundlagen versichert, wird auf Dauer ebenso profillos bleiben wie eine Bildungspraxis, die sich allein auf pädagogische Standards stützt und ein, sei es auch noch so variantenreiches, Methodenrepertoire zum Einsatz bringt. Die Rückbindung an das biblisch-reformatorische Erbe sowie die Auseinandersetzung mit seiner theologisch vielfältigen Wirkungsgeschichte stellt folglich die grundlegende Ausgangsperspektive und materiale Kernaufgabe moderner Religionspädagogik dar.

Dies ist zu betonen, weil in den vergangenen Jahrzehnten innerhalb der praktisch-theologischen Disziplin wie auch in der konkreten Praxis eine solche dezidiert theologische Perspektive erkennbar in den Hintergrund gerückt ist. Im Kontext der weitreichenden Säkularisierungs- und Religionsdiskurse seit dem letzten Drittel des 20. Jahrhunderts, die innerhalb der Praktischen Theologie das Hauptaugenmerk immer stärker vornehmlich auf Aspekte und Erforschungen »gelebter Religion« richten ließen, droht ein dezidiert theologischer Horizont kirchlicher Bildungspraxis aus dem Blick zu geraten.

Dies beeinflusst auch die Auseinandersetzung und den praktischen Umgang mit den systematischen Themen der Theologie nicht unwesentlich. Gottes- und Schöpfungslehre, Christologie und Trinität, Sünden- und Rechtfertigungslehre und erst recht die Eschatologie als »Lehre von den letzten Dingen« galten und gelten vielen Lehrkräften aufgrund ihrer Komplexität als alltagsfern und im Religionsunterricht nur noch schwer vermittelbar.

Mit einer solchen programmatischen Zurückhaltung in der Behandlung systematischer Themen wird zwar der generellen religionspädagogischen Zielsetzung entsprochen, die religiöse Bildungspraxis mit alltags- und lebensweltlichen Fragen zu verknüpfen und möglichst passgenau die existenziellen Interessen und Verstehensbedingungen der jeweiligen Zielgruppe zu berücksichtigen. Allerdings sind die religionspädagogisch fest und längst etablierten didaktischen Standards der Subjekt- und Lebensweltorientierung mindestens daraufhin zu überprüfen, wie diese mit der theologischen Bildungsaufgabe und -verantwortung evangelischer Bildung noch in einen konsistenten Zusammenhang gebracht werden können.

Nun wird in der unterrichtlichen Praxis durchaus auch auf Materialbestände der systematischen Theologie zurückgegriffen, was schon die einschlägigen Lehrpläne für den Religionsunterricht ebenso vorsehen wie etwa auch die unterschiedlichen Rahmenordnungen für die Konfirmationsarbeit. Die Frage ist allerdings, ob in konkreten Bildungsprozessen tatsächlich ausreichend differenziert vorgegangen wird und die Tiefenschärfe systematisch-theologischer Fragestellungen angemessen in den Blick genommen ist. Zudem scheint es, als ob einzelne Themen und Inhalte der Theologie nicht selten vornehmlich auf ihre ethischen Implikationen hin zur Sprache gebracht werden und damit wesentliche ethisch relevante Bezugsaspekte etwa der Gotteslehre, Christologie oder Rechtfertigungslehre nicht integriert sind.

Offenbar spiegeln sich in den Lehrkräften selbst Phänomene und Dynamiken eines individuellen kritischen Zugangs zu Glaubensfragen, deren Wahrheitsgehalt sowie deren systematisch-theologischer Interpretation ab. Man kann aber auch die schärfere Problemanzeige formulieren, dass sich bei nicht wenigen Lehrpersonen gleichsam eine stille Verweigerung gegenüber den theologisch als sperrig empfundenen Grundgehalten einstellen kann. Dass auf »unterschiedliche Ressourcen protestantischer Tradition und Glaubensüberzeugungen didaktisch produktiv«[1] zurückgegriffen wird, ist jedenfalls nicht durchgängig der Fall. Die grundsätzliche Frage ist dann aber, ob der Religionsunterricht selbst möglicherweise gerade einen theologischen Profilverlust des Faches befördert und damit zu seiner schleichenden Selbstsäkularisierung beiträgt.

Gegenüber einer schleichenden Enttheologisierung ist allerdings seit einigen Jahren innerhalb der praktisch-theologischen Grundlagenreflexion

1 *A. Feige / B. Dressler / W. Lukatis / A. Schöll*, ›Religion‹ bei ReligionslehrerInnen. Religionspädagogische Zielvorstellungen und religiöses Selbstverständnis in empirisch-soziologischen Zugängen, Münster 2000, 203.

eine deutliche Gegenbewegung zu konstatieren,[2] die einerseits überhaupt neu nach theologischer Interdisziplinarität fragt und andererseits Fragen des Glaubens[3] und eines dezidiert christlichen Bildungsprofils erneut in den religionspädagogischen Fokus nimmt.[4] So erscheint es an der Zeit, in den gegenwärtigen Debatten um Bildungsstandards und Kompetenzerwerb, in denen von religionspädagogischer Seite aus auf *religious literacy* abgezielt wird, die Kernaufgabe stärker als bisher systematisch-theologisch im Sinn einer *theological literacy*[5] zu profilieren.

Notwendig ist folglich eine theologisch-hermeneutische Grundausrichtung der Religionspädagogik, bei der die Frage des Verstehens und der experimentellen Kommunikation systematischer Themen und Inhalte um einer theologischen Sprachfähigkeit der Kinder und Jugendlichen willen neu in das Zentrum rückt und die damit der Gefahr einer bloßen Anwendungsorientierung hinsichtlich dogmatischer Überlieferungsbestände entgeht.

In inhaltlichem Sinn steht im Zusammenhang systematischer Thematisierung die Grundfrage im Raum, ob und in welchem Sinn diese durch einen spezifischen Bezug auf das Erbe der protestantischen Theologie unter besonderer Perspektive der Rechtfertigungslehre konzipiert werden kann – und dies nicht im Sinn der konfessionellen Abgrenzung, sondern gerade in der Zielperspektive eines profilierten Dialogangebots über den wesentlichen Bezugshorizont des christlichen Glaubens. Dafür ist es einerseits richtig, von einer lebensweltlich gewendeten Rede von Gott unter den Bedingungen der menschlichen Wirklichkeit auszugehen. Zugleich muss aber auch der theologisch gewendete Blick auf die Lebenswelt und damit auf Gottes Wirklichkeit selbst ins Bewusstsein rücken. Es geht demnach innerhalb evangelischer Bildung einerseits um Prozesse

---

2 Vgl. zu einer praktischen Fundamentaltheologie *M. Meyer-Blanck*, Die praktisch-theologische Großwetterlage: Diskurse, Bezüge, Forschungsrichtungen, in: *T. Schlag / T. Klie / R. Kunz* (Hg.), Ästhetik und Ethik. Die öffentliche Bedeutung der Praktischen Theologie, Zürich 2007, 11–24; in religionspädagogischer Hinsicht *P. Biehl / F. Johannsen*, Einführung in die Glaubenslehre. Ein religionspädagogisches Arbeitsbuch, Neukirchen-Vluyn 2002 und im Blick auf das hier im Zentrum stehende systematische Thema *R. Englert u.a.* (Hg.), Gott im Religionsunterricht, JRP 25 (2009), Neukirchen-Vluyn 2009.

3 Vgl. zuletzt *C. Gennerich*, Empirische Dogmatik des Jugendalters. Werte und Einstellungen Heranwachsender als Bezugsgrößen für religionsdidaktische Reflexionen, Stuttgart 2010.

4 Vgl. *I. Schoberth*, Diskursive Religionspädagogik, Göttingen 2009; *M. Pirner*, Christliche Pädagogik. Grundsatzüberlegungen, empirische Befunde und konzeptionelle Leitlinien, Stuttgart 2007.

5 Vgl. zur begrifflichen Profilierung *R. L. Petersen / N. M. Rourkes* (Eds.), Theological Literacy in the Twenty-First Century, Grand Rapids 2002.

radikalen Fragens wie auch um die Radikalität göttlichen Gefragt-Werdens bzw. um die Eröffnung kreativer Produktivitätsformen von Kindern und Jugendlichen im Verstehenshorizont der kreativen Produktivität göttlichen Handelns. Diese doppelte Zielsetzung kann gerade aufgrund ihrer theologisch-allgemeinbildenden Bedeutung sowohl für schulische wie kirchliche Bildungsprozesse formuliert werden. Dies ist folglich nicht mit missionarischen Versuchen der indoktrinären Einweisung in einen bestimmten festgelegten Glaubensinhalt zu verwechseln, der in der Tat weder am Ort der öffentlichen Schule noch im kirchlichen Kontext einen sinnvollen Platz hat.

2. Der Ansatz der Kinder- und Jugendtheologie als religionspädagogische Grundperspektive auf systematische Themen

Von diesen grundsätzlichen Überlegungen aus ist zu fragen, wie sich die systematischen Themen der Theologie in gelingende Bildungsprozesse am Ort von Schule und Kirche übersetzen lassen. Hier eröffnen der Ansatz und die Forschungen im Bereich der Kinder- und Jugendtheologie Möglichkeiten der konkreten interdisziplinären Näherbestimmung und des didaktischen Transfers.[6] Dieser Ansatz hat für die Behandlung systematischer Themen eine doppelte Erkenntnisperspektive:

2.1 *Kinder- und Jugendtheologie*

Zum einen erschließt sich im Kontext der *Kinder- und Jugend*theologie eine neue Sicht auf die Subjekte theologischer Bildungsprozesse selbst. Diesen kann aufgrund ihrer eigenen Frage-, Such- und Deutungspotenziale eine erhebliche eigenständige und kreative Kraft in der Auseinandersetzung mit Grundfragen und Themen der Theologie zugetraut und auch im guten Sinn zugemutet werden.

Im Hintergrund steht die theologisch-anthropologische Grundannahme, der Kindheit und dem Jugendalter das substanzielle Eigenrecht auf die Gestaltung und die eigenständige Deutung der individuellen Lebensführung unbedingt zutrauen zu können. Kinder und Jugendliche selbst vermögen, so die folgenreiche Beobachtung, ihre eigenen existenziellen

---

6 Dazu jetzt *T. Schlag / F. Schweitzer*, Brauchen Jugendliche Theologie? Jugendtheologie als Herausforderung und didaktische Perspektive, Neukirchen-Vluyn 2011.

Grundfragen in theologisch konnotierten oder mindestens systematisch anschlussfähigen Ausdrucksformen zur Sprache und ins Spiel bringen. Dabei finden sie, so die weitergehende Beobachtung, Bilder, Vorstellungen und sprachliche Ausdrucksformen, die von erheblicher Tiefenschärfe sind und die zudem von den Erwachsenen selbst als inspirierende Deutungen und Imaginationen erfahren werden können. Ihre eigenen Gedanken, Gefühle und Bedürfnisartikulationen bilden wesentliche Faktoren für das Verstehen systematisch-theologischer Grundfragen.

Rücken Kinder und Jugendliche in ihrem inneren Diskurs moderner Individuen bzw. als Konstrukteure der jeweiligen Bildungsprozesse mit ihren je eigenständigen sinnhaften Deutungsmustern in den Fokus,[7] so verändert dies den Blick auf die verhandelten theologischen Themen und damit die Bedeutung der Theologie selbst:

2.2 Kinder- und Jugend*theologie*

Im Sinn einer Kinder- und Jugend*theologie* ist die Kommunikation über theologische Themen nicht als ein einseitiges, akademisch ausgerichtetes Gespräch zwischen erwachsenen Experten und jugendlichen Laien zu verstehen, sondern vielmehr als ein wechselseitiges, prozesshaftes Auslegungsgeschehen auf Augenhöhe. Nicht das äußere Kriterium einer bestimmten akademischen Qualifikation oder Gelehrtheit macht das Niveau und die Bedeutsamkeit theologischer Rede aus, sondern der gelingende Kommunikationsprozess über den jeweils verhandelten Sachverhalt selbst.

Durch die inzwischen beinahe klassische Unterscheidung einer Theologie *der* Kinder und Jugendlichen, *mit* Kindern und Jugendlichen sowie *für* Kinder und Jugendliche sind nicht unterschiedliche Qualitäten, sondern verschiedene, einander ergänzende, ineinander greifende und miteinander wirksame theologische Kommunikationsformen angesprochen. Zudem ist zu betonen, dass sich die theologische Kommunikation von Kindern und Jugendlichen keineswegs automatisch als eine explizite, gleichsam direkte theologische Rede manifestieren muss, was eine weitere hilfreiche Unterscheidung zwischen impliziten, persönlichen und expliziten Formen theologischer Kommunikation nahe legt.

Diese mehrfache Binnendifferenzierung der Kinder- und Jugendtheologie soll auch für die im Folgenden zu entfaltenden Faktoren einer Unterrichtsvorbereitung und -planung zur Gottesfrage als eine wesentliche

---

7 Vgl. dazu in programmatischer Ausrichtung *G. Büttner* (Hg.), Lernwege im Religionsunterricht. Konstruktivistische Perspektiven, Stuttgart 2006.

Bezugsgröße zur Darstellung kommen. Dabei wird die Fokussierung auf das systematische Thema der Gottesfrage als exemplarische und paradigmatische Form des religionspädagogischen Umgangs mit systematisch-theologischen Themen begriffen. Im Sinn kategorialer Bildung können Kinder und Jugendliche anhand der Auseinandersetzung mit der Gottesfrage exemplarisch wesentliche Grundformen elementarer Annäherung und Deutung erfahren, was dann auch für die Beschäftigung mit anderen systematisch-theologischen Themen dienlich zu werden verspricht.

Dafür gilt grundsätzlich, dass eine zeitgemäße religiöse Bildungspraxis elementar von persönlichen Zugängen zu systematischen Themen und dem offenen Dialog darüber lebt und erst dann auch für die Jugendlichen selbst attraktiv wird.

Die Vermittlung und Aneignung systematisch-theologischer Problemstellungen ist folglich auf die ganze didaktische Variationsbreite angewiesen: Die Annäherung an systematische Themen macht Zugänge des Wahrnehmens und Beschreibens (*Perzeption*), des Verstehens und Deutens (*Kognition*), des Gestaltens und Handelns (*Performanz*), des Kommunizierens und Urteilens (*Interaktion*) sowie des Teilhabens und Entscheidens (*Partizipation*) möglich und notwendig.

3. Konkretion: Unterrichtsvorbereitung Gottesfrage

Für die konkrete Unterrichtsvorbereitung ist die didaktische Perspektive der Elementarisierung von besonderer Erschließungskraft. Denn durch dieses Unterrichtsprinzip einer wahrnehmungs- und inhaltsorientierten Fokussierung wird es möglich, die genannten didaktischen Zugänge zum theologischen Kompetenzerwerb sowie die weiterreichenden Rahmenbedingungen von Beginn an als konstitutive Größen für die konkrete Planung zu berücksichtigen:[8]

3.1 Elementare Zugänge zur Gottesfrage

Grundsätzlich ist festzuhalten, dass viele der einstmals selbstverständlichen religiösen Sozialisationserfahrungen und Zugänge zur Gottesfrage bei Kindern und Jugendlichen nicht mehr gegeben sind. Die Gottesthematik stellt in innerfamiliären Kommunikationszusammenhängen in der

---

8 Vgl. *M. Schnitzler*, Elementarisierung – Bedeutung eines Unterrichtsprinzips, Neukirchen-Vluyn 2007.

Regel bestenfalls nur noch ein Randthema dar. »Gott« wird häufig nur noch dann zum Thema, wenn Familien unmittelbare Schicksalsschläge erleiden oder konkrete Katastrophen in das Bewusstsein rücken.

Von einer strukturierten, gar linearen Entwicklung des kindlichen Gottesbildes, wie sie etwa in strukturgenetischen Ansätzen entfaltet werden, kann insofern nur bedingt ausgegangen werden. Manche dieser Entwicklungsschemata sind noch deutlich von einer Situation geprägt, in der gerade die sozialen Überlieferungsformen des Religiösen von einer erheblichen Selbstverständlichkeit, Kontinuität und Homogenität geprägt waren. Davon kann im Blick auf die Gegenwart, wird diese als säkular, postmodern, spätmodern oder postsäkular bezeichnet, nicht mehr die Rede sein.

Dies bedeutet für die konkrete Unterrichtsvorbereitung, dass schon innerhalb einer Klasse auf einer gleichen Altersstufe einerseits mit sehr unterschiedlichen Gottesbildern, die eine erhebliche Varianzbreite umfassen können, zu rechnen ist, andererseits aber auch damit, dass manche Kinder über keinerlei eigene Erfahrungen in dieser Hinsicht verfügen.[9]

Für die Unterrichtsvorbereitung bringt dies folglich zu allererst die Herausforderung mit sich, Zugänge zu finden, durch die die vorhandene Variationsbreite möglichst genau in den Blick genommen werden kann. Dafür können entwicklungspsychologische Einsichten zur Ausformung und Varianz von Gottesbildern zwar wichtige Deutungsmuster abgeben. Gleichwohl ist den je individuellen Vorstellungen, die Kinder und Jugendliche in die jeweilige Unterrichtssituation mitbringen, möglichst breiter Raum zu geben, ohne diese sogleich durch bestimmte Schemata eindeutig zu kategorisieren.

Kinder und Jugendliche zu weiteren Entwicklungsschritten im Blick auf das eigene Gottesbild und Gottesverständnis oder schon nur zu eigenen Artikulationen zu motivieren, muss folglich in größtmöglicher Sensibilität geschehen und hat vor allem anderen unter der Maßgabe zu erfolgen, was für das jeweilige Kind tatsächlich aktuell die lebensdienlichste Vorstellung und Form der Selbstexpression darstellt.

3.2 Elementare menschliche Erfahrungen mit der Gottesfrage

Anthropologisch gesehen zeichnet es den Menschen in seinen Grundgegebenheiten aus, sich immer wieder mit den wesentlichen Fragen der eigenen

---

9 Aufschlussreich ist hier etwa *K. Möller*, Persönliche Gottesvorstellungen junger Erwachsener. Empirische Erkundungen in der Sekundarstufe II im Großraum Kassel, Kassel 2010.

Herkunft, Gegenwart und Zukunft auseinanderzusetzen. Bereits jüngere Kinder können eine erhebliche Sensibilität und ein ausgeprägtes Bewusstsein dafür entwickeln, dass das eigene Leben und auch die sie umgebende Welt mehr als nur eine biologische, natürliche und selbstverständliche Gegebenheit darstellen. Sie sind in der Lage, die Elementarisierung Erfahrung der eigenen Existenz mit Fragen nach der Geschöpflichkeit und Bestimmung des Lebens im Sinn der Dimension eines »von woanders her« zu verknüpfen. Elementare Lebens- und Orientierungsfragen sowie konkrete Schlüsselerfahrungen können Fragen der Schöpfung, Bewahrung und Begleitung und damit mindestens indirekt die Gottesthematik aufwerfen. Die je eigene Lebensführung hat folglich immer auch eine transzendenzoffene Seite.

Allerdings ist gegenwärtig offenkundig, dass vor dem Hintergrund weitreichender Individualisierungsprozesse immer stärker solche Gottesvorstellungen dominieren, die den »eigenen Gott« in das Zentrum religiöser Aufmerksamkeit stellen.[10] Dabei greifen insbesondere Jugendliche völlig frei auf die Bilder- und Symbolwelten des weiten globalreligiösen Götterhimmels zurück und konstruieren sich auf religiöse Weise ihre eigene Religion und auch ihre Vorstellung von Gott.[11]

Für die konkrete Unterrichtsplanung bedeutet dies, die vorhandenen elementaren Erfahrungen und Fragen zum konstitutiven Bestandteil der Auseinandersetzung mit der Gottesfrage zu machen – gerade auch solche Erfahrungen, die auf den ersten Blick weit entfernt von theologisch-systematischen Begrifflichkeiten zu sein scheinen.

Dazu gehört von Seiten der Lehrkraft ein möglichst offenes Einbeziehen jener Alltagsbilder und -vorstellungen, in denen Kinder und Jugendliche eigene Antwortversuche auf die Gottesfrage anstellen oder sich an Antwortversuchen anderer orientieren. Die mediale populärreligiöse Jugendkultur spielt in ihren musikalischen, inszenatorischen und oftmals geradezu kulthaft rituellen Expressionsformen vielfältig auf transzendenz- und gottesbezogene Symbolik an und erzeugt damit unterschiedlichste Vorstellungen vom Göttlichen und Heiligen.[12] Diese gilt es als elementare, lebensbedeutsame Erfahrungen von Kindern und Jugendlichen von Seiten

---

10 Vgl. *U. Beck*, Der eigene Gott. Friedensfähigkeit und Gewaltpotential der Religionen, Frankfurt a. M. 2008.

11 Vgl. *B. Husmann*, Das Eigene finden. Eine qualitative Studie zur Religiosität Jugendlicher, Göttingen 2008; *H. Streib / C. Gennerich*, Jugend und Religion. Bestandsaufnahmen, Analysen und Fallstudien zur Religiosität Jugendlicher, Weinheim 2011.

12 Vgl. *H. Knoblauch*, Populäre Religion. Auf dem Weg in die spirituelle Gesellschaft, Frankfurt a. M. / New York 2009.

der Lehrenden aus aufmerksam und möglichst vorurteilsfrei wahrzunehmen.

3.3 Elementare Wahrheiten im Kontext der Gottesfrage

Die Suche nach der elementaren, existenziell bedeutsamen Wahrheit der »Rede von Gott« in konkreten Bildungsprozessen stellt einen wesentlichen Kern evangelischer Bildungsverantwortung dar. Bei der Thematisierung der Gottesfrage stellt sich die Frage nach der Wahrheit ganz konkret. Diese ist deshalb nicht primär auf der kognitiven Ebene verhandelbar und kann schon gar nicht in Form dogmatischer Richtigkeiten erfolgen, sondern bedarf der intensiven persönlichkeitsorientierten wechselseitigen Auseinandersetzung.

Diesem Anspruch auf eine persönlichkeits- und beziehungsorientierte Bildung kann allerdings sachgemäß nur dadurch entsprochen werden, dass der Wahrheitsfrage durch eine möglichst offene Form der Wahrheitssuche entsprochen wird.

Im Übrigen gilt diese notwendige Offenheit auch für solche Äußerungen, in denen insbesondere Jugendliche fundamentale Kritik an jeglichen Gottesvorstellungen und -bildern zum Ausdruck bringen oder bei denen von einem – wenigstens zeitweisen – Verlust ihres Gottesglaubens auszugehen ist. Gerade solche Selbstpositionierungen Jugendlicher sind nicht nur ernst zu nehmen und zu respektieren, sondern bieten auch erhebliche Möglichkeiten intensiver Dialoge über die zur Diskussion stehenden Fragen.[13]

In diesem Sinn sind für die Unterrichtsplanung interaktive und partizipative Gestaltungsmöglichkeiten nicht nur eine unter mehreren Optionen, sondern stellen einen elementaren Bestandteil gelingender systematisch-theologischer Kommunikation »über Gott« im Kontext der eigenen Lebensführung dar. Eine Einübung in den differenzierten Umgang mit der Wahrheitsfrage bietet darüber hinaus einen wesentlichen religionspädagogischen Beitrag zur zivilisierenden Kraft der Religion,[14] insofern durch ihn die Geltungsansprüche des eigenen Glaubens in ein sinnvolles Verhältnis zu den Traditionen und Vollzügen anderer Religionen gesetzt werden können.

---

13 Vgl. *K. E. Nipkow*, Erwachsenwerden ohne Gott? Gotteserfahrung im Lebenslauf, München 1987, hierzu v. a. 88 ff.

14 Vgl. *R. Schieder*, Sind Religionen gefährlich?, Berlin 2008.

3.4 Elementare theologische Strukturen der Gottesfrage

Wie ausgeführt, stellt bereits eine gemeinsame Suchbewegung im Blick auf die Gottesfrage einen sachgemäßen systematisch-theologischen Annäherungsweg dar. Dies entbindet jedoch nicht von der Frage, welche konkreten Inhalte von Seiten der Lehrenden in diese Kommunikationsprozesse eingespielt werden sollten. In dieser Hinsicht ist es notwendig, immer auch eine möglichst breite Informationsbasis über die zu diskutierenden Sachverhalte herzustellen, um so auch den anspruchsvollen und fordernden Charakter evangelischer Bildung zu verdeutlichen.

Notwendig ist deshalb für die Unterrichtsplanung die Zielsetzung eines kognitiv gestützten Kompetenzerwerbs als Basis für gelingende Selbstorientierung wie für den ernsthaften, substanziellen und weiterführenden Dialog über die Gottesthematik. Dass damit gerade keine dogmatisch-indoktrinäre Frontalbelehrung gemeint sein kann und gemeint sein darf, ergibt sich aus dem bisher Ausgeführten unmittelbar.

Dies gilt nicht nur für den Bereich formaler Bildung, also das schulische Unterrichtsgeschehen, sondern auch in den vermeintlich non-formalen Bildungsangeboten, etwa der kirchlichen Kinder- und Jugendarbeit sowie der Konfirmationsarbeit, die gerade aufgrund ihrer kirchlich-konfessionellen Verankerung in besonderer Weise auf die Plausibilisierung ihrer Grundlagen angewiesen ist.

Die besondere Herausforderung einer inhaltsbezogenen Unterrichtsvorbereitung zur Gottesfrage besteht darin, dass sogleich eine kaum noch überblickbare Themenvielfalt und Stofffülle mit im Raum ist: Diese reicht von der Frage der Existenz Gottes, die Traditionen unterschiedlicher Gottesbeweise und Gotteskritik über die Frage der Gottesprädikationen und -eigenschaften, monotheistische und trinitarische Gottesvorstellungen bis hin zur Deutung göttlichen Handelns bzw. Nicht-Handelns im Kontext der Theodizee. Zudem ist daran zu erinnern, dass die Geschichte Gottes in unterschiedlicher Weise auch von bewussten Funktionalisierungen und Missbräuchen »im Namen Gottes« gekennzeichnet ist.

In systematischer Hinsicht kommt es deshalb darauf an, in Verknüpfung mit den Interessenlagen der Schüler/innen die facettenreichen biblischen Überlieferungen und theologischen Interpretationen Gottes in ihrem spannungsvollen Reichtum zum Vorschein zu bringen. Die unterschiedlichen Gedankenfiguren des anwesenden und abwesenden, des allmächtigen und leidenden, des fernen und des nahen Gottes sind nicht gegeneinander in Position zu bringen, sondern in ihrem historischen Gewordensein und ihrem möglichen Bezug aufeinander zu verdeutlichen.

Von dieser Perspektive aus können durchaus auch kritische Interventionen der einzelnen Lehrkraft notwendig werden, wenn etwa von Bildern eines per se unbarmherzigen, strafenden, auf Vergeltung abzielenden Gottes ausgegangen wird oder bestimmte Gottesvorstellungen von Kindern und Jugendlichen einen erkennbar problematischen oder gar menschenfeindlichen Charakter in sich tragen.

3.5 Elementare Vollzugsformen als Lernformen im Horizont der Gottesfrage

Die Annäherung an die Gottesfrage bedarf aufgrund der vielfach ausgefallenen Sozialisationserfahrungen von Kindern und Jugendlichen einer erheblichen didaktischen Bandbreite, die weit über kognitiv gestützte Lernformen hinausgeht. Wenn religiöse Bildung elementar als staunenswerte Vertrauens- und Beziehungsbildung verstanden und hier der experimentelle und offene Charakter theologischer Kommunikation über die Gottesfrage herausgestellt wird, so leuchtet ein, dass gelingende Bildungserfahrungen ihrerseits ganzheitlicher Zugänge bedürfen.

Diese können im Blick auf die Gottesfrage das gemeinsame Feiern und eigenständige Bekennen, Annäherungen an den Raum gottesdienstlichen und göttlichen Geschehens etwa im Modus der Kirchenraumpädagogik oder auch erzählungs-, kommunikations- sowie inszenierungsorientierte Formen umfassen.[15] Im Blick auf die Gottesfrage erscheint hier der *Bibliolog* als eine besonders geeignete, innovative Form der Auseinandersetzung mit systematischen Fragen, insofern hier in perzeptiver, kognitiver, performativer, interaktiver und partizipativer Weise eigene Entdeckungsmöglichkeiten biblischer Texte und Motive möglich werden.

Im Vorgang des gemeinsamen Erzählens und Deutens werden zugleich die üblichen Grenzziehungen zwischen formaler und informeller Bildung mindestens relativiert. Die Bibel kann vom Lesetext zum Lebenstext werden,[16] die gemeinsame lesende, hörende und feiernde Einübung sowie das experimentierende Sprechen[17] kann zu einer neuen gemeinsamen Lebenserfahrung der Kinder und Jugendlichen werden.[18] Entdeckungen wie etwa

---

15 Vgl. dazu *U. Pohl-Patalong*, Bibliolog. Impulse für Gottesdienst, Gemeinde und Schule. Bd. 1: Grundformen; Bd. 2: Aufbauformen, Stuttgart 2009.

16 Vgl. *M. Kumlehn*, Vom Lesetext zum Lebenstext. Bibeldidaktik im Konfirmandenunterricht, in: *B. Dressler / T. Klie / C. Morg* (Hg.), Konfirmandenunterricht. Didaktik und Inszenierung, Hannover 2001, 59–72.

17 Vgl. *S. Altmeyer*, Fremdsprache Religion? Sprachempirische Studien im Kontext religiöser Bildung, Stuttgart 2011.

18 Vgl. dazu auch *M. Fricke*, Von Gott reden im Religionsunterricht, Göttingen 2007, v. a. 74 ff.; *H. Kessler / G. Doyé* (Hg.), Den Glauben denken, feiern und erproben. Erfolgreiche Wege der Gemeindepädagogik, Leipzig 2010.

die, dass in Gedichten ausdrucksstark *von* Gott gesprochen wird, können zu einem wirkungsvollen eigenen Reden *zu* Gott führen.[19]

Eine weitere gut denkbare elementare Vollzugsform als Lernform stellt im Blick auf die Gottesfrage auch eine intensive Beschäftigung mit erkennbaren Wirkungen der Geschichte Gottes mit den Menschen dar. Anhand des weiten Feldes diakonisch-kirchlicher Praxis lässt sich der Zusammenhang göttlichen Wirkens, spiritueller Identitätsfindung[20] und mitmenschlicher Solidarität elementar anschaulich und erfahrbar machen. So lässt sich die jüngst laut gewordene Forderung nach einer »jugendsensiblen Kirche«[21] gerade von einer solchen partizipatorischen Annäherung an die Gottesfrage nochmals neu in den Blick nehmen. Dass dafür eine erhebliche theologische Kompetenz und Sprachfähigkeit auf Seiten der Lehrenden und auch deren Bereitschaft gehört, eigene reformatorische Positionen auf theologisch sachgemäße und einsichtige Weise zu vertreten, versteht sich von selbst.

4. Biografische Konkretion

4.1 Primarstufe

Kinder haben einen erheblichen Sinn für die Frage nach Gott und allen Mut, ihre eigenen Vorstellungen zur Sprache zu bringen, vorausgesetzt, die Lehrkräfte eröffnen hierfür den notwendigen Raum. In der letzten (!) Religionsstunde eines Schuljahres gibt der Lehrer den Erstklässlern mit Hilfe der Anleitung »Stelle dir vor, du begegnest Gott. Was fragst du ihn?« die Möglichkeit, ihre Fragen in aller Freiheit aufzuschreiben. Die Tiefe und Vielfalt der dokumentierten Fragen zeigen die enge Verbindung der kindlichen Weltwahrnehmung mit der Gottesfrage: Diese »drehen sich um das Leben als geschaffenes Leben, seine Ursprünge, seine Gegenwart, sein Ende, seine Zukunft, um die mit dem Leben verbundenen Ängste und Hoffnungen«[22].

---

19 Vgl. *G. Langenhorst*, Gedichte zur Gottesfrage. Texte – Interpretationen – Methoden. Ein Werkbuch für Schule und Gemeinde, München 2003, 14.

20 Vgl. dazu das Verständnis spiritueller Erziehung als »Verbundenheit mit einem Höheren, Göttlichen aufbauen«, *A. A. Bucher*, Wurzeln und Flügel. Wie spirituelle Erziehung für das Leben stärkt, Düsseldorf 2007, 176 ff.

21 Vgl. *Rat der EKD* (Hg.), Kirche und Jugend. Lebenslagen – Begegnungsfelder – Perspektiven. Eine Handreichung des Rates der Evangelischen Kirche in Deutschland (EKD), Gütersloh 2010, 18 ff.

22 *R. Oberthür*, »Das Staunen Gottes ist in uns selber«. Kinder erfahren sich im Fragen nach Gott und Gott im Fragen nach sich, in: *A. A. Bucher u. a.* (Hg.), »Mittendrin ist

Zwei Schüler einer 4. Klasse entwerfen ein Telefongespräch zwischen Gott und einem Menschen, wobei sich gerade im Erarbeitungsprozess ein zunehmend differenziertes Bild von Gott und dessen möglichem Reden ergibt. Und so kommt einer der Schüler schließlich zur fraglos theologischen Einsicht: »Ich glaube, je mehr wir über Gott wissen, desto besser kann er uns antworten«[23].

Gerade für den Religionsunterricht im Kindesalter gilt, dass solche Eröffnungen nur möglich werden, wenn alle Lernprozesse von einer für die Kinder miterlebbaren Beziehungsqualität geprägt sind.

4.2 Sekundarstufe

Im Jugendalter bleibt die Gottesfrage als Thema und schulischer Unterrichtsgegenstand präsent, sucht und findet allerdings entwicklungsbedingt ganz eigene und durchaus so streitbare wie spontane Ausdrucksformen.

Am Ende einer Stunde über »Jesus und die Ehebrecherin«, formuliert eine Schülerin der Gymnasialen Oberstufe zum Thema Vergebung:

»Ja ich find also des schwierig, weil [...] ähm Gott kann des schon tun, also würd ich jetzt mal sagen, Gott kann des leicht sagen, ich vergeb immer, weil er sozusagen ja damit, also er, es klingt jetzt total blöd, aber er ist jetzt im Himmel«.[24]

Die Schülerin argumentiert in einer durchaus provozierenden Weise und fragt zugleich hoch theologisch. Über diese Diskrepanz will sie diskutieren. Diese Unterrichtsequenz – im Übrigen auch die darin dokumentierte Teilverweigerung der Lehrkraft, sich auf dieses Bedürfnis näher einzulassen – verweist darauf, dass in theologischen Streitgesprächen eine noch keineswegs ausreichend wahrgenommene Möglichkeit für einen attraktiven, jugendgemäßen Unterricht liegen kann.

Und so gilt auch für einen Religionsunterricht in der Sekundarstufe, dass alle Vermittlungs- und Aneignungsprozesse davon leben, ob in ihnen Raum für ein offenes Beziehungsgeschehen der Jugendlichen zu sich selbst, zwischen den Jugendlichen und Lehrenden sowie der Begegnung zwischen Gott und Mensch entstehen kann.[25]

Gott«. Kinder denken nach über Gott, Leben und Tod. Jahrbuch für Kindertheologie Bd. 1, Stuttgart 2002, 96.

23 Ebd, 98.

24 *I. Grill* (Hg.), Unerwartet bei der Sache. Dem theologischen Nachdenken von OberstufenschülerInnen auf der Spur. Unterrichtsstunden – Analysen – Reflexionen. Erlangen 2005, 210.

25 Vgl. *R. Boschki*, »Beziehung« als Leitbegriff der Religionspädagogik. Grundlegung einer dialogisch-kreativen Religionsdidaktik, Ostfildern 2003.

Wissensvermittlung, Kompetenzaneignung und Kommunikation »in Sachen Gott« wird ohne eine ausreichende Vertrauensbasis jedenfalls schwerlich gelingen können. Die Plausibilität und lebensdienliche Bedeutsamkeit religiöser Bildung erweist sich daran, ob es ihr überzeugend gelingt, die Einheit und Vielfalt theologischer Themen immer wieder neu vermittelnd ins Gespräch zu bringen und dies an allen möglichen Orten, an denen Kinder und Jugendliche auf der Suche nach Lebenssinn und Orientierung sind.

Literaturhinweise

G. Adam / R. Lachmann / W. H. Ritter (Hg.), Theologische Schlüsselbegriffe. Biblisch, systematisch, didaktisch (TLL 1), Göttingen 1999.

Christlich Pädagogische Blätter 121 (2008), H. 1, Gott: Fragen, Graz 2008.

F. Fischer, Bilder lesen und Gott entdecken. Unterrichtshilfe zur Gottesfrage / Gottesthematik in den Jahrgangsstufen 5–10, Donauwörth 2007.

P. Freudenberger-Lötz, »Wer bist du, Gott?« Eine Unterrichtseinheit zur Gottesfrage für die Klassen 3–6, Stuttgart 2001.

P. Kliemann / A. Reinert, Thema: Gott. Material für den Unterricht in der Oberstufe, Lehrerkommentar und Texte – Hintergründe – Informationen, Stuttgart 2009.

E. Lade, Religion unterrichten: Die Frage nach Gott, Kissing 2005.

H. Leewe / R.A. Neuschäfer, Ich hatte von dir nur vom Hörensagen vernommen. Gottesbilder. Religionsunterricht praktisch. Sekundarstufe II, Göttingen 2005.

W. Trutwin, Neues Forum Religion. Gott. Arbeitsbuch Theologie. Religionsunterricht Sekundarstufe II, Düsseldorf 2008.

XXV. Interreligiöse Themen

CHRISTIAN GRETHLEIN

1. Interreligiöses Lernen – die Karriere eines Begriffs

1.1 Pädagogisches Defizit

Als die Zahl von Schüler/innen mit Migrationshintergrund in den siebziger Jahren stetig zunahm, reagierte die Schulpädagogik auf die genannten gesellschaftlichen Veränderungen mit dem Konzept der »Ausländerpädagogik«.

Dabei standen fremdsprachendidaktische Überlegungen im Vordergrund. Erst als deutlich wurde, dass die Kinder von sog. Gastarbeitern länger in Deutschland bleiben würden, kam die Notwendigkeit einer Zweitsprachendidaktik in den Blick.

Der nächste Schritt war die Forderung einer »Interkulturellen Pädagogik«. Differente Verhaltensweisen und Einstellungen wurden jetzt thematisiert und unter integrativer Zielstellung bearbeitet.

Aus heutiger Sicht fällt auf, wie sorgfältig dabei – abgesehen vom sog. muttersprachlichen Ergänzungsunterricht, der ursprünglich einem türkischen Lehrplan folgte – der religiöse Bereich ausgespart blieb. Dies gilt auch für den vielbeachteten Vorschlag *Wolfgang Klafkis*, nach dem Obsoletwerden eines Bildungskanons die didaktische Frage der Inhalte durch den Rückgriff auf »epochaltypische Schlüsselprobleme«[1] zu lösen.

---

1 *W. Klafki*, Grundzüge eines neuen Allgemeinbildungskonzepts. Im Zentrum: Epochaltypische Schlüsselprobleme, in: *Ders.*, Neue Studien zur Bildungstheorie und Didaktik. Zeitgemäße Allgemeinbildung und kritisch-konstruktive Didaktik, Weinheim ³1993, 43–81; erst später ergänzte er dann die religiöse Dimension (s. *Ders.*, Schlüsselprobleme der modernen Welt und die Aufgaben der Schule – Grundlinien einer neuen Allgemeinbildungskonzeption in internationaler / interkultureller Perspektive, in: *I. Gogolin / M. Krüger-Potratz / M. Meyer* (Hg.), Pluralität und Bildung, Opladen 1998, 235–249, 243f.).

1.2 Religionspädagogischer Hintergrund

Entgegen diesen den religiösen Bereich (meist) aussparenden, allgemein- bzw. schulpädagogischen und didaktischen Bemühungen waren andere, also nichtchristliche Religionen schon länger in religionspädagogischer Perspektive als Themen schulischer Bildung präsent.

Bereits Comenius präsentierte in seinem 1658 veröffentlichten Schulbuch »Orbis sensualium pictus« (»Die sichtbare Welt in Bildern«) nicht nur ein Kapitel zum Judentum, sondern auch eines zum »Mahotismus«, in dem er kurz Mohammed und seine Glaubensweise vorstellte.[2] Doch kamen die sog. Weltreligionen genauer und umfassender erst ab den sechziger bzw. dem Beginn der siebziger Jahre des 20. Jahrhunderts (ausführlicher) in den Blick.[3] Hier eröffnete die vom Rat der EKD approbierte Stellungnahme der Kommission 1 »zu verfassungsrechtlichen Fragen des RU« von 1971 einen wichtigen rechtlichen Raum. Denn in der Interpretation der grundgesetzlichen Wendung »Grundsätze der Religionsgemeinschaften« wird festgestellt, dass zu den daraus sich ergebenden Inhalten »die Auseinandersetzung mit nichtchristlichen Religionen und nichtreligiösen Überzeugungen«[4] zählt. Tatsächlich erschienen erste entsprechende Unterrichtswerke.[5] Dabei stand aber jeweils das religionskundliche Wissen im Vordergrund.

Begrifflich lässt sich die jetzt folgende didaktische Entwicklung durch die Begriffe »Fremdreligionen« über »Weltreligionen« zu »Nachbar(schafts)religionen« rekonstruieren. Während bei den ersten beiden Begriffen das Interesse an der offiziellen Lehre, (meist) in heiligen Schriften niedergelegt, dominierte, rücken bei »Nachbarschaftsreligion« die als Nachbarn in Deutschland lebenden konkreten Menschen und ihre religiöse Praxis in den Blick. Bereits 1983 nennt *Udo Tworuschka* als anzustre-

---

2 Gut greifbar in: *K. Goßmann / H. Schröer* (Hg.), Auf den Spuren des Comenius. Texte zu Leben, Werk und Wirkung, Göttingen 1992, 144f.; s. auch monographisch *U. Tworuschka,* Die Geschichte nichtchristlicher Religionen im christlichen Religionsunterricht. Ein Abriss, Köln 1983.

3 Eine wichtigen Impuls gab *K. E. Nipkow,* Die Weltreligionen im Religionsunterricht der Oberstufe, in: EvErz 13 (1961), 150–162; zur Entwicklung im Einzelnen s. *R. Lachmann,* Von der Fremdreligionen-Didaktik zum Interreligiösen Lernen, in: *Ders. / M. Rothgangel / B. Schröder* (Hg.), Christentum und Religionen elementar. Lebensweltlich – theologisch – didaktisch, Göttingen 2010, 26–40.

4 Abgedruckt in: *Kirchenamt der EKD* (Hg.), Die Denkschriften der Evangelischen Kirche in Deutschland Bd. 4/1, Gütersloh 1987, 56–63, hier 60.

5 S. zum Einzelnen *J. Lähnemann,* Evangelische Religionspädagogik in interreligiöser Perspektive, Göttingen 1998, 24–27.

bendes Ziel des RU »interreligiöse(.) Kommunikationsfähigkeit«,[6] 1990 verwendet *Karl Ernst Nipkow* den Begriff »interreligiöses Lernen«, um die aus den neuen Verhältnissen resultierenden Notwendigkeiten zu benennen. Emphatisch schreibt er: »Das Denken in religiös geschlossenen Räumen gehört der Vergangenheit an.«[7] Mittlerweile wird auch in kirchlichen Dokumenten selbstverständlich vom »interreligiösen Lernen« gesprochen.[8]

1.3 Konzepte interreligiösen Lernens

Es liegen verschiedene Konzeptionen zum interreligiösen Lernen in der Schule vor. Sie sind jeweils von ihrem besonderen Entstehungshintergrund zu verstehen, beinhalten aber teilweise weitreichende Konsequenzen für die künftige Organisation des RU:

Johannes Lähnemann versuchte in vielfältigen Aktivitäten, angeregt durch persönliche Erlebnisse, den evangelischen RU und die Religionspädagogik in interreligiöser Perspektive zu konzeptualisieren. Dabei bereitete er die großen »Weltreligionen«, Islam, Hinduismus und Buddhismus, didaktisch auf, bis hin zu detaillierten Vorschlägen auf der Ebene konkreter Lernziele und Materialien.[9] Der Schwerpunkt dieses Konzepts Interreligiösen Lernens besteht bei der Vermittlung konkreter Inhalte:[10]

Leitendes Interesse Lähnemanns ist es – neben der Information –, einen Beitrag zur Sinn- und Identitätssuche der jungen Menschen sowie zum Dialog zwischen den Religionen und so zum Religionsfrieden zu leisten. Von daher kommen konkrete Begegnungsformen in den Blick.[11]

---

6 *U. Tworuschka,* Perspektiven einer neuen Islam-Didaktik – vor dem Hintergrund bisheriger Behandlung des Islam in Schulbüchern und Unterrichtsmodellen, in: *J. Lähnemann* (Hg.), Kulturbegegnung in Schule und Studium. Türken – Deutsche, Muslime – Christen, Hamburg 1983, 39–55, hier 54.

7 *K. E. Nipkow,* Bildung als Lebensbegleitung und Erneuerung. Kirchliche Bildungsverantwortung in Gemeinde, Schule und Gesellschaft, Gütersloh 1990, 447.

8 S. z.B. *Kirchenamt der EKD* (Hg.), Identität und Verständigung. Standort und Perspektiven des Religionsunterrichts in der Pluralität. Eine Denkschrift, Gütersloh 1994, 69.

9 *J. Lähnemann,* Weltreligionen im Unterricht. Eine theologische Didaktik für Schule, Hochschule und Gemeinde, Bd. 1: Fernöstliche Religionen, Bd. 2: Islam, Göttingen 1986 (^{2}1994, ^{2}1996).

10 Konzeptionell religionspädagogisch präsentiert diesen Ansatz *J. Lähnemann,* Evangelische Religionspädagogik in interreligiöser Perspektive, Göttingen 1998; die wichtigsten Forschungsprojekte stellt vor *ders.,* Religionsunterricht und interreligiöses Lernen, in: Theo-Web 7 (2008), 34–46.

11 Ausgeführt z.B. in *J. Lähnemann,* Weltreligionen, in: *M. Wermke / G. Adam / M. Rothgangel* (Hg.), Religion in der Sekundarstufe II. Ein Kompendium, Göttingen 2006, 287–297, bes. 288–290.

Hier setzt das sog. Hamburger Modell an, wie es u.a. *Wolfram Weiße* seit längerem vertritt. Dabei sind zwei Voraussetzungen zu beachten: Oft lernen in den Schulklassen dieser Großstadt Schüler/innen miteinander, deren Herkunftsfamilien religiös sehr unterschiedlich orientiert sind. Die Begegnung zwischen Angehörigen verschiedener Religionen ist damit unmittelbar gegeben (und muss nicht umständlich inszeniert werden). Dazu wurde bis vor kurzem in der Hansestadt nur Evangelischer RU erteilt. In Übereinstimmung mit der Evangelisch-Lutherischen Kirche von Nordelbien ist er als »RU für alle« konzipiert. So versucht der Unterricht dem religiös-weltanschaulichen und lebensstilmäßigen Pluralismus in Hamburg zu entsprechen durch

> »die Begegnung und Auseinandersetzung mit verschiedenen religiösen oder weltanschaulichen Traditionen, mit deren Menschen- und Weltverständnissen sowie mit den Überzeugungen der Kinder und Jugendlichen in der Lerngruppe, die Schülerinnen und Schüler beim Erwerb eines religiösen Orientierungswissens, bei der Klärung von Fragen ethisch-politischen Handelns sowie beim Entwickeln selbst verantworteter religiös-weltanschaulicher Daseinsvergewisserung und Identitätsbildung zu unterstützen.«[12]

Dabei ist der Begriff des »Dialogs« leitend (Stichwort: »dialogischer RU«). Er ist u.a. gekennzeichnet durch »Begegnung in Gleichberechtigung« und ein dialogisches Verständnis christlicher Identität. Die Gemeinsamkeiten, nicht die Unterschiede zwischen den Menschen stehen im Mittelpunkt.[13] Damit macht Weiße wichtige Einsichten aus der Missionswissenschaft für die Religionspädagogik fruchtbar.[14]

In diesem Konzept dominieren also die tatsächliche Begegnung von Menschen und die Reflexion hierauf die vorher übliche Beschäftigung mit den lehrmäßigen Formen der verschiedenen Religionen.

Schließlich nahm die katholische Religionspädagogik ebenfalls das Anliegen Interreligiösen Lernens auf. Hier öffnete die Erklärung des Zweiten Vatikanischen Konzils zu den nichtchristlichen Religionen »Nostra

---

12 *F. Doedens / W. Weiße,* Religion unterrichten in Hamburg, in: *M. Rothgangel / B. Schröder* (Hg.), Evangelischer Religionsunterricht in den Ländern der Bundesrepublik Deutschland. Empirische Daten – Kontexte – Entwicklungen, Leipzig 2009, 129–156, hier 133.

13 *W. Weiße,* Interkulturalität / Interreligiosität, in: *R. Lachmann / G. Adam / M. Rothgangel* (Hg.), Ethische Schlüsselprobleme. Lebensweltlich – theologisch – didaktisch, Göttingen 2006, 216–232, hier 221 f.

14 S. zum direkten Anschluss an Hans-Jochen Margull *W. Weiße,* Begegnung und Dialog im Religionsunterricht. Erfahrungen ökumenischer Theologie und Ansätze eines Dialogs im Klassenzimmer, in: *F. Doedens / W. Weiße* (Hg.), Religionsunterricht für alle. Hamburger Perspektiven zur Religionsdidaktik, Münster 1997, 136–147, hier 139–142.

aetate«[15] den Zugang. Vor allem *Stephan Leimgruber* legte 1995 mit seinem Buch »Interreligiöses Lernen« ein viel beachtetes (und diskutiertes) Werk vor.[16] Dabei führen jetzt die bisher im Bereich des Interreligiösen Lernens vernachlässigten genaueren Bestimmungen der Zentralbegriffe weiter. Leimgruber schlägt eine Unterscheidung zwischen Interreligiösem Lernen im weiten und im engen Sinn vor:

»Zum allgemeinen interreligiösen Lernen in einem weiteren Sinne gehören alle (direkten und indirekten) Wahrnehmungen, die eine Religion und deren Angehörige betreffen, die verarbeitet und in das eigene Bewusstsein aufgenommen werden. So kann beispielsweise durch Informationen in den Medien viel über Religion öffentlich gelernt werden. [...]

Interreligiöses Lernen im engeren Sinne geschieht in der Konvivenz von Angehörigen verschiedener Religionen und durch das Gespräch in direkten Begegnungen. Im Zentrum einer Begegnung steht der Dialog, in dem sich beide Gesprächspartner gegenseitig zu respektieren und zu verstehen versuchen.«[17]

Für Interreligiöses Lernen im engeren Sinn gilt Leimgruber die »Begegnung« als der »Königsweg«:[18] Sie setzt die Gleichberechtigung der Beteiligten voraus, kann sich in unterschiedlichen methodischen Arrangements vollziehen, ermöglicht »authentisches Kennenlernen« und irritiert Vertrautes.

2. Theoretische Probleme

Der Siegeszug des Begriffs »Interreligiöses Lernen« verdankt sich den Herausforderungen der Praxis. Eine eingehende Reflexion seiner Implikationen und damit eine Klärung des Zugangs zu »Interreligiösen Themen« steht noch aus.[19] »Interreligiöses Lernen« impliziert zwei Voraussetzungen: Zum einen legt »inter« (bzw. »Begegnung«) die Gleichberechtigung der Gesprächspartner nahe; zum anderen wird das Nebeneinander ver-

---

15 Gut greifbar in *K. Rahner / H. Vorgrimler,* Kleines Konzilskompendium. Alle Konstitutionen, Dekrete und Erklärungen des Zweiten Vaticanums in der bischöflich beauftragten Übersetzung, Freiburg ^{2}1966, 355–359.

16 Hier findet sich auch eine gute Zusammenstellung der wichtigsten neueren religionsdidaktischen Forschungsarbeiten zum Interreligiösen Lernen: *St. Leimgruber,* Interreligiöses Lernen (Neuausgabe), München 2007, 61–65.

17 Ebd., 20f.

18 Ebd., 101–104 (auch zum Folgenden).

19 Dies geht auch hervor aus den vielfältigen Beiträgen in *P. Schreiner / U. Sieg / V. Elsenbast* (Hg.), Handbuch Interreligiöses Lernen, Gütersloh 2005.

schiedener »Religionen« vorausgesetzt. Das erste impliziert kommunikationstheoretische Anfragen, vor allem bei schulischen Lernprozessen; das zweite wirft ein religionstheoretisches Grundsatzproblem auf.

2.1 Kommunikationstheoretische Perspektive

Eine zentrale Kategorie des Konzeptes »Interreligiöses Lernen« ist der Dialog als die Kommunikationsform des »inter«. Ein Dialog setzt gleichberechtigte Gesprächspartner voraus. Kann dies kommunikationstheoretisch in der Situation schulischen Unterrichts als Regelfall vorausgesetzt werden?

Zwar versucht guter RU einen Raum für das Gespräch zu öffnen. Doch ist die schulische Unterrichtssituation durch eine mehrfache Asymmetrie zwischen Lehrer/in und Schüler/innen gekennzeichnet (Differenz im Alter, in der formalen Bildung, in der gesellschaftlichen Stellung, in der Professionsspezifik). Für den RU nach Artikel 7,3 GG kommt das verstärkt dadurch zum Ausdruck, dass die Konfessionalität der Religionslehrer/innen rechtliche Grundbedingung ist. Zwar können Gäste in den RU eingeladen werden, etwa ein Imam, buddhistischer Mönch o. ä. Das verändert aber nicht die grundsätzlich konfessionelle Prägung des gesamten Unterrichts.

Das »inter« im Interreligiöses Lernen kann demnach höchstens als eine den Unterricht leitende Intention verstanden werden, deren skizzierte Problematik aber bewusst bleiben muss. Die um das sog. Hamburger Modell geführten Diskussionen[20] zeigen, dass religionsdidaktische Überlegungen in dieser Richtung schnell die religiöse Bindung der Lehrkraft und die konfessionelle Differenzierung der Unterrichtsorganisation in Frage stellen, was den verfassungsmäßigen Rahmen sprengt.

2.2 Religionstheoretische Perspektive

Im Konzept »Interreligiöses Lernen« finden weder die begriffsgeschichtlichen noch die religionstheoretischen Diskussionen zum Religionsbegriff Berücksichtigung.

Begriffsgeschichtlich[21] stammt der Religionsbegriff aus dem römischen Reich; in vielen anderen Kulturen und Sprachen fehlt er und auch die

---

20 S. aus juristischer Perspektive *Ch. Link,* Rechtsgutachten über die Vereinbarkeit des Hamburger Modells eines »Religionsunterrichts für alle in evangelischer Verantwortung« mit Artikel 7 Abs. 3 GG, in: *W. Weiße* (Hg.), Wahrheit und Dialog. Theologische Grundlagen und Impulse gegenwärtiger Religionspädagogik, Münster 2002, 201–230.

21 S. auch zum Folgenden aus religionswissenschaftlicher Perspektive *G. Kehrer,* Religion, Definitionen der, in: HRWG Bd. 4 (1998), 418–425; aus systematisch-theologischer

damit verbundene Vorstellung. Ursprünglich bezeichnete er, z.B. bei Cicero, eine kultische Angelegenheit. Christlich wird er, etwa bei *Augustin* und *Laktanz*, zur Bezeichnung der Begegnung und Verbindung zwischen transzendentem Gott und dem Menschen transformiert. Bis zum Pietismus bestand die Annahme einer direkten Verbindung zwischen kirchlicher Lehre und persönlichem Glauben. Diese löste sich im Zuge der Aufklärung. »Religion« wurde jetzt im Protestantismus zu einem Begriff, der kirchlich-theologische Lehre und individuellen Glauben der Menschen zugleich unterschied und integrierte.[22] Von daher konstatiert *Falk Wagner* zu Recht:

»So bleibt der erst in der Moderne vollends verallgemeinerte und vergrundsätzlichte Religionsbegriff an die ihn konstituierende Einsicht gebunden, daß sich die neuprotestantische Religionskultur nicht von der modernen Individualitätskultur trennen lasse. Der so bestimmte moderne Religionsbegriff läßt sich daher nicht direkt auf Religionen außerhalb des Christentums übertragen.«[23]

Eine Bestätigung findet diese begriffsgeschichtliche Beobachtung durch die heutige religionswissenschaftliche Forschung. Hier begegnet das – offenkundig unlösbare – Problem, dass sich bei der Beschäftigung mit »Religionen« anderer kultureller Provenienz keine allgemeinen Gemeinsamkeiten finden lassen, was aber formallogisch die Voraussetzung für einen gemeinsamen Begriff wäre. *Joachim Matthes* schlug in dieser Situation überzeugend vor, »Religion« und »Religiöses« nicht als einen dinghaften Tatbestand, sondern als »diskursive Tatbestände von begrenzter kulturgeschichtlicher Reichweite und Erstreckung [...] – gebunden an die nachreformatorische okzidentale Entwicklung« zu verstehen.[24]

Für das Konzept »Interreligiöses Lernen« folgt daraus: »Inter« und »Religion« stehen in einem Widerspruch. Auf der einen Seite will sich »Interreligiöses Lernen« dialogisch für andere Formen von Religion öffnen, auf der anderen Seite verwendet es aber einen im Zuge der protestantischen europäischen Aufklärung geprägten Begriff und ordnet somit

---

Perspektive *F. Wagner,* Religion II. Theologiegeschichtlich und systematisch-theologisch, in: TRE 28 (1997), 522–545.

22 In der katholischen Kirche kam es zu einer anderen Prägung. »Religion« bezeichnet hier die kirchenamtliche Lehre – gegenüber dem Glauben der Individuen. (s. *M. Meyer-Blanck,* Praktische Theologie und Religion, in: *Ch. Grethlein / H. Schwier* (Hg.), Praktische Theologie. Eine Theorie- und Problemgeschichte, Leipzig 2007, 353–397, hier 355f.)

23 *F. Wagner,* Religion II. Theologiegeschichtlich und systematisch-theologisch, in: TRE 28 (1997), 522–545, hier 542.

24 *J. Matthes,* Auf der Suche nach dem »Religiösen«. Reflexionen zu Theorie und Empirie religionssoziologischer Forschung, in: Sociologia Internationalis 30 (1992), 129–142.

Fremdes in die eigene Vorstellungswelt ein. Dies ist legitim, wenn die perspektivische Einseitigkeit offen gelegt wird; es ist aber keinesfalls dialogisch im Sinn einer Gleichberechtigung aller potenziell beteiligten Gruppierungen und deren Vertreter/innen.[25]

2.3 Ergebnis

Aus diesen beiden Perspektiven erscheint der Begriff »Interreligiöses Lernen« für schulischen RU problematisch. Er überspringt kommunikationstheoretische Gegebenheiten und übersieht die europäisch neuzeitlichen Implikationen des Religionsbegriffs. Dass er dazu in deutlicher Spannung zu den religionsdialogischen Standpunkten der beiden großen Kirchen – von anderen Glaubensgemeinschaften ganz zu schweigen – steht, sei nur angemerkt.

Damit ist aber keineswegs das angesichts der gegenwärtigen Situation unabweisbare Anliegen des Konzeptes »Interreligiöses Lernen« erledigt. Zweifellos kommt dem RU (und der Religionspädagogik) die Aufgabe zu, einen Beitrag zum friedlichen Zusammenleben von Menschen unterschiedlicher Daseins- und Wortorientierung zu leisten. Auch die Einführung in die »eigene« Religion ist unter heutigen pluralistischen Bedingungen ohne Beschäftigung mit anderen Vor- und Einstellungen pädagogisch nicht sinnvoll. Doch leitet mich im Folgenden eine pluralismustheoretische Perspektive, die das in den Vorschlägen zum »Interreligiösen Lernen« Diskutierte umgreift und zugleich in einen begrifflich, theoretisch und theologisch geklärten Rahmen einfügt.[26]

3. Konkretion: Zugang zu Gott in der Schule

Die bislang einzige EKD-Denkschrift, die sich ausschließlich dem schulischen RU zuwendet, hat – in Aufnahme entsprechender Überlegungen *Karl Ernst Nipkows* – die »Gottesfrage« als zentral für evangelischen RU erklärt:

---

25 Von daher leuchtet Nipkows in manchen Äußerungen spürbare pluralitätstheoretisch begründete Reserve gegen den Begriff »interreligiöses Lernen« ein; *K. E. Nipkow*, Bildung in einer pluralen Welt Bd. 2. Religionspädagogik im Pluralismus, Gütersloh 1998, 401 f.

26 S. die Ausführungen zu »Pluralismus / Individualisierung«, in *Ch. Grethlein*, Religionspädagogik, Berlin 1998, 270–276.

»Letztlich messen die Jugendlichen und jungen Erwachsenen Kirchen, Konfessionen und Weltreligionen an der Frage nach Gott und an den Antworten, die auf diese Frage gegeben werden. Von der Gottesfrage kommen sie nicht so leicht los. Sie treibt noch insgeheim um und ist wichtiger als die Kirchenfrage.«[27]

Für diese Behauptung liegen keine empirischen Belege vor. Vermutlich verdankt sich die Formulierung »Gottesfrage« einer Auffassung evangelischen Christseins, die unter dem Einfluss der Wort-Gottes-Theologie erstarkte und wesentlich an der theologisch formulierten Lehre orientiert ist. Dagegen steht die empirische Einsicht, dass sich unter den Bedingungen einer Optionsgesellschaft »Religiosität tatsächlich weniger in der intellektuellen Dimension stabilisiert, sondern letztlich durch Kommunikation«.[28] Demnach dürfte die konkrete Frage, wie man in Kontakt zu Gott kommen kann, für die meisten Heranwachsenden interessanter sein als die abstrakte »Gottesfrage«.

Es sprechen aber nicht nur empirische Gründe dafür, evangelische Religion primär als eine kommunikative Praxis zu verstehen.[29] Vielmehr eröffnet ein solcher Zugang die Möglichkeit zu einem religionsdidaktischen Rahmen, der von der Förderschule bis zu den berufsbildenden Schulen reicht. Denn die »Gottesfrage« wird z.B. in Förderschulen für geistig Behinderte nur wenig interessieren (wenn sie überhaupt verstanden wird), Formen religiöser Kommunikation können aber wichtige Lebenshilfe geben.

Schließlich ermöglicht der Ansatz bei der religiösen Kommunikation eine Integration der Bearbeitung der Gottesfrage.

Von daher gelten meine folgenden Überlegungen der Frage, wie Schüler/innen in der Schule unter den Bedingungen des Pluralismus in Fragen der Daseins- und Wertorientierung einen kommunikativen Zugang zu Gott gewinnen können. Dabei ist vorab zu betonen, dass es aus theologischen wie pädagogischen Gründen außerhalb der religionsdidaktischen Intention liegen muss, ob die Schüler/innen diesen Zugang dann tatsächlich für sich in Anspruch nehmen, also mit Gott kommunizieren. Ferner ist daran zu erinnern, dass Kinder und Jugendliche auch andere Orte haben, um einen solchen Zugang zu finden: in ihren multilokalen Mehrgenerationenfamilien, in Kirchengemeinden (Moscheen o.ä.) und in den Medien. Dies bleibt im Folgenden ausgeklammert, entlastet aber Schule und RU.

---

27 *Kirchenamt der EKD* (Hg.), Identität und Verständigung, 17.

28 *A. Nassehi*, Erstaunliche religiöse Kompetenz. Qualitative Ergebnisse des RELIGIONSMONITORS, in: *Bertelsmann Stiftung* (Hg.), Religionsmonitor 2008, Gütersloh 2007, 113–132, hier 129.

29 S. z.B. die Definition von Kirche in Confessio Augustana Art. VII, wo nur kommunikative Vollzüge genannt werden.

3.1 Lernort Schulleben

Der vorgeschlagene, auf die unmittelbare Lebensführung bezogene Zugang öffnet den Blick dafür, dass »Religion« im Raum der Schule auch außerhalb des RU vorkommt. Bereits am Anfang der Entwicklung einer Didaktik der Weltreligionen wurde klar gesehen, dass es sich hier – wie zitiert – nicht nur um den »Teilinhalt eines bestimmten Schulfaches« handelt. Mittlerweile ist die Dimension des »Schullebens« wieder mehr in den Blick auch der Religionspädagogen gerückt. Nicht nur begriffsgeschichtlich lässt sich zeigen,[30] dass für das Schulleben liturgische Feiern wichtig sind. Gottesdienste für Schulanfänger/innen erfreuen sich zunehmender Beliebtheit. Sie sind angesichts der Zusammensetzung der meisten Grundschulklassen aus Kindern sehr unterschiedlicher Herkunft ein vorzüglicher Ort, den Zugang zu Gott unter den Bedingungen heutigen Pluralismus zu gestalten.

Auch aus theologisch-missionswissenschaftlicher Perspektive liegt ein solcher Einsatz bei einer Feier[31] nahe. Dabei verstehe ich mit *Theo Sundermeier* »Mission« als einen Kommunikationszusammenhang, der in der Konvivenz seine Basis hat. Es leben also sozial und religiös fremde Menschen zusammen und helfen sich auf Grund ihrer gemeinsamen Geschöpflichkeit wechselseitig. Erst auf dieser Basis kommen dann der Dialog und schließlich das Zeugnis in den Blick. In einem solchen Zusammenleben zeigt sich das Fest als »der eigentliche Ort, den Fremden kennenzulernen, wie es umgekehrt für den Fremden die beste Möglichkeit bietet, uns wahrzunehmen und uns in unserer Identität kennenzulernen«.[32]

Es liegt auf der Hand, dass solche Feiern gut vorbereitet werden müssen. Allgemeine Rezepte kann es auf Grund der Unterschiedlichkeit der Situationen nicht geben, wenn diese Feiern als Formen von Kommunikation verstanden werden. Zwei Beispiele aus ganz unterschiedlichen Gegenden Deutschlands können aber auf wichtige Gesichtspunkte aufmerksam machen.

Zuerst der knappe Bericht einer Dortmunder Pfarrerin:

---

30 S. *Ch. Grethlein,* Schulleben und Religionsunterricht. Vorwiegend allgemein-religionspädagogische Überlegungen zu einem schulpädagogischen Thema, in: BThZ 6 (1989), 193–206.

31 Im Folgenden verwende ich »Feste« und »Feiern« permiscue. Tatsächlich geht bei der Einschulung oder anderen sozialen Anlässen des Schullebens beides ineinander über, insofern strenger strukturierte und freier zu gestaltende Phasen einander abwechseln.

32 *Th. Sundermeier,* Mission und Dialog in der pluralistischen Gesellschaft, in: *A. Feldtkeller / Th. Sundermeier* (Hg.), Mission in pluralistischer Gesellschaft, Frankfurt a.-M.1999, 11–25, hier 24.

»Die Dortmunder Oesterholz-Gemeinde liegt in einem Stadtteil, in dem der Anteil an Migranten bei 47,5% liegt. Die Erfahrung, dass christliche mit muslimischen Kindern erst in den Kindergarten und später gemeinsam in die Schule gehen, stellte die bisherige Praxis allein christlicher Einschulungsfeiern in Frage. Seit 1995 finden deshalb interreligiöse Schulanfangsfeiern statt. Voraussetzung dafür waren die bereits bestehenden guten Kontakte der beteiligten Einrichtungen im Stadtteil. Die Trägerschaft und Verantwortung dieser Feier liegt bei der Schulleitung. Diese bringt die Religionslehrerinnen, Lehrerinnen aus dem türkischen Muttersprachenunterricht, Imam und Vorstand der Moschee sowie den Pfarrer und die Pfarrerin der evangelischen Gemeinde, in Zukunft auch den Pfarrer der katholischen Gemeinde an einen Tisch. Da es in der Schule keine Aula gibt und die Moschee zu klein ist, fand die Feier anfangs in der Lutherkirche statt. Später wurde auf Bitten der Moschee als neutraler Ort eine Wiese hinter der Schule gewählt.«[33]

Die Gemeinsamkeit der Schulgemeinde bei gleichzeitiger Differenz zu einer speziellen Gemeinschaft drückt sich u. a. darin aus, dass die Schulleitung für die Feier verantwortlich ist, die wiederum von Vertreter/innen der verschiedenen Religionsgruppen vorbereitet wird. Dies signalisiert der schließlich gefundene »neutrale« Ort. Inhaltlich wird darauf geachtet, dass Stimmen aus den unterschiedlichen Traditionen zu Gehör gebracht werden. Beim gemeinsamen Gebet wird bei der Gottesanrede auf heilsgeschichtliche Bezüge verzichtet. So beginnt z.B. ein Gebet: »Wir bitten dich Gott, gib uns den Mut zu neuen Freundschaften, damit Frieden herrscht – in der Klasse, auf dem Schulhof, in uns selbst.«[34] Das können Christen und Muslime gleichermaßen bitten.

Anders ist die Situation in vielen ostdeutschen Schulen, in denen die Mehrzahl der Schüler/innen ohne religiöse Bindung ist. Hier geht es darum, niemanden zu vereinnahmen, aber zugleich Partizipationsmöglichkeiten zu eröffnen. Interessanterweise ermöglicht dies z.B. die persönliche Segnung der Kinder am Ende des Gottesdienstes.[35] Angesichts der vermutlichen religionsgeschichtlichen Herkunft des Segens aus dem Gruß ist dies nicht erstaunlich, ist dies doch eine allgemein zugängliche Kommunikationsform.

Deutlich ist, dass weder situationsunabhängig formulierte theologische Formeln noch das Thema »Religion« ausblendende Multikulturalitätspro-

---

33 Zitiert in *M. Saß*, Schulanfang und Gottesdienst. Religionspädagogische Studien zur Feierpraxis im Kontext der Einschulung (APrTh 45), Leipzig 2010, 82.

34 Ebd. 83; vgl. ebd. 106–116 die »dichte Beschreibung« eines »interreligiösen« Einschulungsgottesdienstes.

35 S. den ebd. 84f. abgedruckten Bericht von *M. Domsgen*; vgl. ebd. 116–124 die »dichte Beschreibung« eines Einschulungsgottesdienstes in Ostdeutschland.

gramme für solche Situationen ausreichend sind. Lösungen können nur die Menschen vor Ort erarbeiten.

Wenn solche Feiern gelingen, ist der Gewinn groß: Kinder und ihre Familien erleben, dass Menschen trotz sozialer, kultureller und religiöser Unterschiede gemeinsam für sie Wichtiges vor Gott bringen können. Der Zugang zu Gott wird als Gemeinsames, nicht Trennendes erlebt. Auch sonst eröffnet das Schulleben Gelegenheiten für ähnliche Feiern: Schulentlassung, Anfang und Ende eines Schuljahres oder besondere Ereignisse, wie der Tod eines Schülers/einer Schülerin oder einer Lehrerin/eines Lehrers. Jedes Mal liegt der Anlass also nicht in einer konkreten Religion und deren Lehre, sondern im gemeinsamen Leben (Konvivenz) begründet.

Anders ist es bei Feiern anlässlich besonderer religiöser Feste wie Weihnachten oder Ramazan Bayram (Fastenbrechen). Hier können die Schüler/innen der jeweiligen Glaubensgemeinschaft die Anderen zum Mitfeiern einladen (Stichwort: Liturgische Gastfreundschaft). Dabei werden die Einladenden darauf achten, dass die Gäste nicht verletzt werden (etwa durch eine trinitarische Gebetsanrede); umgekehrt werden die Eingeladenen manches für sie Ungewohnte (etwa ein Kreuz am Altar) als Gäste hinnehmen. Differenz wird in durch Gastfreundschaft moderierter Weise erlebbar.

3.2 Lernort Religionsunterricht

Auf jeden Fall leisten solche religiösen Feiern einen wichtigen Beitrag zu einem RU, der die Herausforderungen durch den Pluralismus (und die Individualisierung) ernst nimmt. Denn sie geben dem Unterricht das wichtige Fundament gemeinsamer Erfahrungen, von dem her dann die Differenzen als bereichernd und nicht segregierend in den Blick kommen können. Je nach konkreter Situation und vor allem Schulalter wird es zu unterschiedlichen Modellen der Kooperation kommen. Religionsdidaktisch wichtig ist, dass beim Thema »Zugang zu Gott« gemeinsame Kommunikationsformen entdeckt werden, zugleich aber – je nach Schulart und Alter in unterschiedlicher Weise – die Differenzen in der Gottesvorstellung thematisiert werden.

Nach dem vorher zum Konzept »Interreligiöses Lernen« Ausgeführtem muss dabei stets die Perspektive deutlich sein, von der aus bestimmte Kommunikationsformen betrachtet werden. Eine evangelische Religionslehrerin hat zum Vaterunser einen anderen Zugang als ein Imam zum Pflichtengebet. Einladungen jeweils von Vertretern der anderen Glaubensgemeinschaft können dies verdeutlichen und illustrieren. Die Teilnahme an tatsächlicher Kommunikation mit Gott werden solche Besuche von sog. authentischen Vertreter/innen nicht ersetzen können.

Religionsdidaktisch ist schließlich hervorzuheben, dass solcher Praxisbezug zugleich hilft, ein durch den Pluralismus entstandenes Problem kritisch zu bearbeiten: die Ethisierung religiöser Überzeugungen.[36] Durch den in religiösen Schulfeiern vollzogenen und im Unterricht reflektierten Zugang zu Gott wird eine solche Verkürzung vermieden. Theologisch steht dabei nicht weniger als die Zentralstellung der Rechtfertigungsbotschaft auf dem Spiel.

Auf einem solchen Fundament eigenen Erlebens und konkreter auf religiöse Thematik bezogener Begegnung mit Menschen anderen Glaubens können die üblichen Themen des RU lebens- und biografiebezogen bearbeitet werden. Dann wird vielleicht sogar schon in der Grundschule die »Gottesfrage« auftauchen, jetzt aber nicht als abstrakte Fragestellung, sondern um Mitschüler/innen oder einen Gast, vielleicht auch die Religionslehrerin besser zu verstehen.

Literaturhinweise

Kirchenamt der EKD (Hg.), Christlicher Glaube und nichtchristliche Religionen. Theologische Leitlinien (EKD-Texte 77), Hannover 2003.

R. Lachmann / M. Rothgangel / B. Schröder (Hg.), Christentum und Religionen elementar. Lebensweltlich – theologisch – didaktisch (TLL 5), Göttingen 2010.

J. Lähnemann, Evangelische Religionspädagogik in interreligiöser Perspektive, Göttingen 1998.

St. Leimgruber, Interreligiöses Lernen (Neuausgabe), München 2007.

J. Matthes, Auf der Suche nach dem »Religiösen«. Reflexionen zu Theorie und Empirie religionssoziologischer Forschung, in: Sociologia Internationalis 30 (1992), 129–142.

M. Saß, Schulanfang und Gottesdienst (APrTh 45), Leipzig 2010.

P. Schreiner / U. Sieg / V. Elsenbast (Hg.), Handbuch Interreligiöses Lernen, Gütersloh 2005.

36 S. *Chr. Grethlein,* Religionspädagogik, Berlin 1998, 274f.

XXVI.
Was ist guter Religionsunterricht?

Gottfried Adam / Martin Rothgangel

Direkt oder indirekt berühren die Ausführungen zu allen Artikeln dieses Kompendiums die fundamentale Frage: »Was ist guter Religionsunterricht?« Schließlich will religionspädagogische Theorie zur Aufklärung und Verbesserung der religionsunterrichtlichen Praxis beitragen. In gleicher Weise wird im Verlauf des Studiums bei Unterrichtshospitationen ein bestimmtes Verständnis dessen vorausgesetzt, was guter RU ist. Die entsprechenden Anleitungen zur Unterrichtsbeobachtung im Seminar und evtl. bei der Hospitation verwendete Beobachtungsleitfäden lassen das ebenfalls deutlich erkennen.

Auf diesem Hintergrund ist es bemerkenswert, dass relativ lange Zeit die Frage nach der Qualität des RU eher am Rande gestellt wurde. Die Krise des schulischen Unterrichts in Deutschland, die im Zusammenhang empirischer internationaler Vergleichsstudien (PISA u. a.) diagnostiziert wurde, führte jedoch u. a. zu einer intensiven Qualitätsdiskussion im Blick auf das Schulwesen. Darum ist seit der Jahrtausendwende bei den Publikationen zu dieser Thematik auch eine steigende Tendenz deutlich erkennbar.[1]

---

1 Zur *pädagogischen Diskussion* bieten einen ersten Überblick: *A. Helmke,* Unterrichtsqualität erfassen, bewerten, verbessern, Seelze (2003) ^{6}2007; Themenheft: Guter Unterricht. Maßstäbe & Merkmale – Wege & Werkzeuge; Friedrich Jahresheft 25 (2007); *A. Helmke,* Unterrichtsqualität und Lehrerprofessionalität. Diagnose, Evaluation und Verbesserung des Unterrichts, Seelze / Velber 2009; *H. Meyer,* Was ist guter Unterricht?, Berlin ^{5}2008; *E. Jürgens / J. Standop* (Hg.), Was ist »guter« Unterricht? Namhafte Expertinnen und Experten geben Antwort, Bad Heilbrunn 2010.
Zur *religionspädagogischen Diskussion* siehe: *M. Rothgangel,* Qualitätskriterien »guten« Religionsunterrichts, in: *D. Fischer / M. Rothgangel* (Hg.), Standards für religiöse Bildung? Zur Reformdiskussion in Schule und Lehrerbildung, Münster 2004, 104–118; Themenband: Was ist guter Religionsunterricht?, JRP 22 (2006 = ^{2}2008); *M. L. Pirner,* Auf der Suche nach dem guten Religionsunterricht, in: RpB 60 (2008), 3–17; *B. Schröder,* Fachdidaktik zwischen Gütekriterien und Kompetenzorientierung, in: *A. Feindt u. a.* (Hg.), Kompetenzorientierung im Religionsunterricht. Befunde und Perspektiven, Münster u. a. 2009, 39–56.

1. Der gesellschaftliche, religiöse und pädagogische Kontext

In der Frage nach einem guten RU wird manifest, dass das Fach im Schnittpunkt ganz unterschiedlicher Erwartungen liegt. Aus der Perspektive der verschiedenen Personen und Institutionen bedeutet Qualität des Unterrichts durchaus Unterschiedliches – ein Grund dafür sind unterschiedliche Interessenslagen, die z. T. mit verschiedenen Bildungsvorstellungen verbunden sind:

- Vielen *Eltern* ist als Verantwortlichen für die Erziehung ihrer Kinder daran gelegen, dass es den RU gibt und dieser von guter Qualität ist. Ihre Erwartungen sind unterschiedlicher Art: Sie reichen vom Wunsch nach einem Informationsunterricht in Sachen Religion und Glaube bis hin zu aktiver Glaubenskommunikation im Sinne einer Einweisung in die eigene Konfession und Einübung in religiöse Praxis.[2]
- Andere Qualitätsmaßstäbe können für *Schüler/innen* leitend sein, die am RU teilnehmen. Sie können es zum Beispiel durchaus zu schätzen wissen, wenn es ein Fach an der Schule gibt, in dem es eine gewisse Entlastung vom sonstigen Leistungsdruck in anderen Fächern gibt.[3] Erwartungen an einen guten RU können aber auch durch ihr Suchen und Fragen nach dem Woher, Wozu und Wohin des eigenen Lebens und ihrem Bedarf an Orientierung bedingt sein.
- Für *Religionslehrkräfte* gehört die Erteilung des Faches RU anteilweise oder hauptberuflich zu ihrer Berufstätigkeit (als Religionspädagoge/in, RL oder Pfarrer/in), für die sie sich einmal entschieden haben. Dabei spielen ganz unterschiedliche persönliche Motive und Interessen eine Rolle, die ihre Sichtweise eines guten RU bestimmen.[4]
- Die *Religionsgemeinschaften* besitzen ein Interesse daran, dass ihre konkrete Konfession gemäß dem eigenen Selbstverständnis sachgemäß zur Sprache kommt und die Schüler/innen dafür aufgeschlossen werden. Darüber hinaus finden aber auch die Religiosität und Lebensanschauung der Schüler/innen sowie andere Konfessionen, Religionen und Weltanschauungen Berücksichtigung.[5] Erwartungen, dass der RU unmittelbar zu einer Beheimatung in der

---

2 Dazu s. *M. Domsgen*, Kaum gefragt, aber von grundlegender Bedeutung. Welchen Religionsunterricht finden Eltern eigentlich gut?, in: JRP 22 (2006), 136–147.

3 *A. Bucher*, Religionsunterricht zwischen Lernfach und Lebenshilfe. Eine empirische Untersuchung zum katholischen Religionsunterricht in der Bundesrepublik Deutschland, Stuttgart [3]2001, 60 f., 98, 109 f., 143 f.

4 S. unten 4.2 und Art. XVIII sowie die dort genannten empirischen Untersuchungen.

5 Für den Bereich der evangelischen Kirche siehe: *Kirchenamt der EKD* (Hg.), Kompetenzen und Standards für den Evangelischen Religionsunterricht für die Sekundarstufe I. Ein Orientierungsrahmen (EKD-Texte 11), Hannover 2011; *Ders.,* Kerncurriculum für das Fach Evangelische Religionslehre in der gymnasialen Oberstufe. Themen und Inhalte für die Entwicklung von Kompetenzen religiöser Bildung (EKD-Texte 109), Hannover 2010; *Ders.,* Kirche und Bildung. Herausforderungen, Grundsätze und Per-

eigenen Konfession führen soll, werden heute kaum noch als realistisch angesehen und artikuliert.

- Die Frage nach dem guten RU kommt gegenwärtig verstärkt im Kontext der Qualitätssicherung im Schulwesen insgesamt zur Sprache. Damit ist guter RU auch eine Aufgabe der zuständigen *Schulbehörden*.
- Schließlich ist das *öffentliche Interesse* zu nennen, wie es sich in der staatlichen Bildungspolitik und in der gesamtgesellschaftlichen Diskussion niederschlägt. Dabei kommt Religion als prägender Bestandteil von Kultur und Herkunftsgeschichte ebenso zur Geltung wie die öffentliche Funktion von Religion bei Feiern, Krisenbewältigung und Konfliktbearbeitung. Dazu gehören aber auch das Interesse am interreligiösen Dialog wie an ethischer Bildung.

Diese kurze Darstellung der unterschiedlichen Interessenslagen macht deutlich, dass es kein »allgemeingültiges Maß« dafür geben kann, was guter RU ist. Vielmehr geht es um ein »relatives Maß«, das im Zusammenhang des Aushandlungsprozesses dessen zu sehen ist, was RU unter den jeweiligen Gegebenheiten ausmacht. Im Folgenden werden zunächst einige Grunddaten aus der Qualitätsdiskussion dargelegt. Dem schließen sich Ausführungen zur pädagogischen und religionspädagogischen Diskussion an. Dabei werden jeweils Bezüge zum RU und den Beiträgen des Kompendiums hergestellt, um zu verdeutlichen, an welcher Stelle deren Relevanz für die Qualitätsfrage liegt.

2. Grundlegende Unterscheidungen von Qualität[6]

Für viele Bereiche der gegenwärtigen Qualitätsdiskussion stellen die Überlegungen von *Avedis Donabedian* eine wesentliche Basis dar, der folgende drei Ebenen von Qualität unterscheidet: 1. Strukturqualität, 2. Prozessqualität, 3. Ergebnisqualität. Darüber hinaus hat sich noch 4. die Konzeptqualität etabliert.

2.1 Dimensionen von Qualität

(1) Strukturqualität. Bezogen auf den RU können »unter Strukturqualität [...] die Organisation und alle Rahmenbedingungen verstanden [werden], die es überhaupt erst möglich machen«[7], dass RU stattfinden kann. Beispielhaft lassen sich

---

spektiven evangelischer Bildungsverantwortung und kirchlichen Bildungshandelns. Eine Orientierungshilfe, Hannover 2009.

6 Siehe zum Folgenden *M. Rothgangel*, Qualitätskriterien, 104–118.

7 *M. Dietzfelbinger*, Qualitätsmanagement in psychologischen Beratungsstellen evangeli-

für den RU entsprechende Rahmenbedingungen benennen: Die Aus-, Fort- und Weiterbildung von RL (Art. XVIII); rechtliche und organisatorische Rahmenbedingungen des RU (Art. V, VIII–X); curriculare Rahmenbedingungen (Art. XIX); quantitative Rahmenbedingungen, z.B. wöchentliche Stundenzahl und Ausfallquote des RU.

(2) Prozessqualität. Mit dem Begriff der Prozessqualität werden »alle konkreten Durchführungsmodalitäten und Arbeitsabläufe«[8] bezeichnet. Bezogen auf den RU bedeutet dies, dass das konkrete Unterrichtsgeschehen, das Verhalten der RL (Art. XVIII) bzw. der Schüler/innen (Art. XIII–XVI), der Methoden- und Medieneinsatz (Art. II und XXII)[9] usw. im Blickpunkt stehen. Obwohl die Qualitätsdiskussion zumindest dem Begriff nach eine relativ junge Erscheinung ist, kann in diesem Zusammenhang auf die seit langem verwendeten Beobachtungsraster verwiesen werden, mit deren Hilfe der RU von Studierenden, Referendar/innen sowie RL wahrgenommen, aber z.T. auch begutachtet wird. Die gegenwärtige Qualitätsdiskussion kann dazu beitragen, dass eine systematische religionspädagogische Diskussion zu diesen Beobachtungsschemata und ihrer Präzisierung geführt wird.

(3) Ergebnisqualität. Im Bereich des RU bedeutet Ergebnisqualität, dass die Ziele und die ausweisbaren Lernfortschritte unter Einbeziehung der Rückmeldungen möglichst aller Schüler/innen überprüft werden. Bezogen auf die Resultate religionspädagogischer Lernprozesse ist dies eine umstrittene und zugleich diffizile Herausforderung, da diese erstens empirisch zu erheben sind und dies zweitens auch von den Rückmeldungen der Schüler/innen abhängt (vgl. Art. XII–XVI).

(4) Konzeptqualität. Im Zusammenhang des Qualitätsmanagements im Bereich sozialer Arbeit erwies es sich als sinnvoll, auch die Konzeptqualität zu berücksichtigen. Schließlich erhalten die »Struktur-, Prozess- und Ergebnisqualität durch die Zielbestimmung und die Leitbilder seelsorglich-diakonischen Handelns ihr spezifisches Profil und ihre besonderen Schwerpunkte«.[10] Für den RU ist dieser Punkt gleichfalls unaufgebbar. Ähnlich wie für die Ausbildung von RL eine ›theologisch-religionspädagogische Kompetenz‹ als Zielsetzung bestimmt wurde (s. Art. II, 3; XVII, 2 und 3.2) ist eine entsprechende Leitvorstellung auch für den RU unentbehrlich. Diese kann sich z.B. an allgemein verbindlichen Zielbestimmungen von Lehrplänen, sog. Globalzielformulierungen,[11] an bestimmten religionspädagogischen Konzeptionen (s. Art. III und IV) oder an wissenschaftstheoretischen Überlegungen zur religiösen Bildung (s. Art. I) orientieren.

---

scher Träger, in: *C. Schneider-Harpprecht* (Hg.), Zukunftsperspektiven für Seelsorge und Beratung, Neukirchen-Vluyn 2000, 177.

8 Ebd., 178.

9 Vgl. dazu auch *G. Adam / R. Lachmann* (Hg.), Methodisches Kompendium für den Religionsunterricht, Bd. I und II, Göttingen [5]2010 und [2]2006.

10 *M. Dietzfelbinger,* Qualitätsmanagement, 178.

11 Ein solches übergreifendes Globalziel für alle Schularten ist z.B. in den »Leitlinien für den Evangelischen RU in Bayern« (2004) formuliert (www.rpz-heilsbronn.de/arbeitsbereiche/schularten/real-und-wirtschaftsschule/ru-aktuell/leitlinien.hmtl-30k [Aufruf vom 20.5.2011]).

2.2 Normative und empirische Aspekte

Eine weitere hilfreiche Unterscheidung lässt sich im Anschluss an den Pädagogen *Ewald Terhart* vornehmen.[12] Er differenziert zwischen einer normativen und einer empirischen Zugangsweise zur Bestimmung von Qualität innerhalb der pädagogischen Diskussion:

»Wichtig und kennzeichnend für normative Bestimmungsversuche ist der Sachverhalt, dass die Zielvorstellungen als Kriterien hoher und höchster Qualität vielfach und zunächst einmal nicht im Blick auf empirische oder sonstige Restriktionen [...] entwickelt werden, sondern sich im normativen Raum der Setzung von übergeordneten, ›letzten‹ Zwecken«[13] befinden.

Sollte es jedoch bei der Absehung von empirischen, historischen, gesellschaftlichen u. ä. Aspekten bleiben, sind solche Begründungsmuster im negativen Sinne als ›normativistisch‹ zu charakterisieren. Empirische Aspekte sind als realistische Wirkungskontrolle von normativen Überlegungen unabdingbar.

Umgekehrt wäre es gleichfalls problematisch, wenn empirische Untersuchungen zur Qualität nicht auf normative Überlegungen Bezug nehmen würden: Es bestünde die Gefahr, dass nur noch solche Ziele gesetzt werden, die empirisch messbar sind. Hinsichtlich der Schule im Allgemeinen und des RU im Besonderen würden dabei z. B. alle übergreifenden Richtziele ausgeblendet werden. Weiterhin sind die »tatsächlichen Effekte von Bildungsmaßnahmen [...] innerhalb des breiten Bandes aller möglichen Sozialisationswirkungen nicht präzise zu isolieren.«[14] Gleichwohl besteht Konsens darüber, dass es sinnvoll und notwendig ist, mit Hilfe empirischer Unterrichts- und Schulforschung der Qualitätsfrage von Schule und RU nachzugehen.

Eine interessante Studie hat dazu *Anton Bucher* mit seinem Buch »Religionsunterricht zwischen Lernfach und Lebenshilfe«[15] vorgelegt. Er dokumentiert, was nach Ansicht von Schüler/innen einen guten RU ausmacht. Dabei wird deutlich, wie eng sich der empirische mit dem normativen Aspekt berührt; es stellte sich schließlich beim normativen Aspekt die hier bereits eingangs diskutierte Frage, welche Sichtweisen für die Bestimmung der Qualitätskriterien für den RU bestimmend sind.

12 Vgl. *E. Terhart,* Qualität und Qualitätssicherung im Schulsystem. Hintergründe – Konzepte – Probleme, in: ZP 46 (2000), H. 6, 809–882, hier 814–820.

13 Ebd., 817.

14 Ebd., 818.

15 *A. Bucher,* Religionsunterricht zwischen Lernfach und Lebenshilfe.

3. Was ist »guter Unterricht«? – Pädagogische Aspekte

Viel diskutiert sind im pädagogischen Diskurs die Merkmale von Qualität nach *Andreas Helmke* und *Hilbert Meyer*. Helmke unterscheidet zwischen folgenden zehn Merkmalen:

1. »Klassenführung
2. Klarheit und Strukturiertheit
3. Konsolidierung und Sicherung
4. Aktivierung
5. Motivierung
6. Lernförderliches Klima
7. Schülerorientierung
8. Kompetenzorientierung
9. Umgang mit Heterogenität
10. Angebotsorientierung.«[16]

Dabei stellt er erläuternd fest, dass die Merkmale 2–4 »sich *direkt* auf die Förderung der Informationsverarbeitung beziehen«, die Merkmale 5–7 »sich primär auf die Förderung der Lernbereitschaft und *indirekt* auf den Lernerfolg« richten, und die Merkmale 9–10 »dem Sachverhalt der Unterschiedlichkeit von Bildungszielen, fachlichen Inhalten und individuellen Lernvoraussetzung Rechnung«[17] tragen.

Vergleichbar dazu lauten die elf Merkmale guten Unterrichts nach *Hilbert Meyer* folgendermaßen:

1. »Klare Strukturierung des Unterrichts (Prozessklarheit; Rollenklarheit, Absprache nach Regeln, Ritualen und Freiräumen)
2. Hoher Anteil echter Lernzeit (durch gutes Zeitmanagement, Pünktlichkeit, Auslagerung von Organisationskram)
3. Lernförderliches Klima (durch gegenseitigen Respekt, verlässlich eingehaltene Regeln, Verantwortungsübernahme, Gerechtigkeit und Fürsorge)
4. Inhaltliche Klarheit (durch Verständlichkeit der Aufgabenstellung, Plausibilität des thematischen Gangs, Klarheit und Verbindlichkeit der Ergebnissicherung)
5. Sinnstiftendes Kommunizieren (durch Planungsbeteiligung, Gesprächskultur, Sinnkonferenzen und Schülerfeedback)
6. Methodenvielfalt und Methodentiefe (Reichtum an Inszenierungstechniken; Vielfalt der Handlungsmuster; Variabilität der Verlaufsformen; Aufbau von Methodenkompetenz)

---

16 *A. Helmke,* Unterrichtsqualität und Lehrerprofessionalität, Seelze 2010, 168 f.

17 Ebd., 169.

7. Individuelles Fördern (durch Freiräume, Geduld und Zeit; durch innere Differenzierung; durch individuelle Lernstandsanalysen und abgestimmte Förderpläne; besondere Förderung von Schülern aus Risikogruppen)
8. Intelligentes Üben (durch Bewusstmachen von Lernstrategien, passgenaue Übungsaufträge und gezielte Hilfestellungen)
9. Transparente Leistungserwartungen (durch ein an den Richtlinien oder Bildungsstandards orientiertes, dem Leistungsvermögen der Schüler/innen entsprechendes Lernangebot und zügige Rückmeldungen zum Lernfortschritt)
10. Vorbereitete Umgebung (durch gute Ordnung, funktionale Einrichtung und brauchbares Lernwerkzeug)
11. Joker (für fachdidaktische Merkmale).«[18]

Gegenüber solchen ›Merkmalskatalogen‹ wird kritisch eingewendet, dass sie fachwissenschaftliche sowie fachdidaktische Aspekte für guten Unterricht unzureichend berücksichtigen. Darüber hinaus wird die eklektische Auswahl von Merkmalen kritisiert, die nicht aus einer zugrundeliegenden Theorie abgeleitet und daher auch wenig homogen sind.[19] Auch ist die empirische Fundierung dieser Merkmale sehr unterschiedlich. Allerdings ist eine Reihe von Merkmalen empirisch gut begründet und es erweisen sich diese Merkmalskataloge beispielsweise als Heuristik für die Unterrichtsbeobachtung durchaus als hilfreich.[20]

Es gibt nämlich aus allgemein-didaktischer Sicht eine Reihe von interessanten Erkenntnissen über die Bedingungen erfolgreichen Unterrichtens. Sie wurden aufgrund von Meta-Analysen von empirischen Untersuchungen gewonnen. Diese Erkenntnisse sind auch in den Ausführungen von *Hilbert Meyer* verarbeitet worden. Wir konzentrieren uns im Folgenden auf die Frage der fachlichen Entwicklung.[21] *Frank Lipowsky* stellt in seinem Beitrag »Was wissen wir über guten Unterricht?«[22] vor allem die Bedeutung folgender Punkte in den Vordergrund:

(1) *Effektive Klassenführung* (intensive Nutzung der Lernzeit, Etablierung von Regeln, wenig Störungen)
(2) *Klare Strukturierung* des Unterrichts (deutliche Sequenzierung des Unter-

---

18 *H. Meyer,* Merkmale guten Unterrichts – ein Kriterienmix, in: *E. Jürgens / J. Standop* (Hg.), Was ist ›guter‹ Unterricht?,166 f.; gegenüber der früheren Fassung des Katalogs in: *H. Meyer*, Was ist guter Unterricht?, 25 ff. hat Meyer den elften Punkt »Joker (für fachdidaktische Merkmale)« neu eingeführt, weil die voranstehenden Merkmale fachdidaktisch neutral sind.

19 Vgl. *A. Helmke,* Unterrichtsqualität und Lehrerprofessionalität, 170.

20 Vgl. aqs.rlp.de (Zugriff: 18.04.2011).

21 Bei einem Fokus auf die motivationale und affektive Dimension des Schulerfolgs (z. B. Entwicklung des Interesses oder der Lernfreude) sind teilweise andere Merkmale von Unterricht bedeutsam.

22 In: Friedrich Jahresheft 25 (2007), 26–30, hier 27.

richts in einzelne Phasen und Schritte, klare Aufgabenstellungen und Anforderungen, verständliche Lehrersprache)

(3) Häufigere und inhaltlich relevante *Rückmeldungen* der Lehrkraft, die in enger Verbindung mit ihrer fachdidaktischen Expertise stehen

(4) *Kooperatives Lernen* in Partner- und Gruppenarbeit, wobei die individuelle Verantwortlichkeit jedes Gruppenmitglieds gegeben sein muss und eine Anleitung erfolgt, wie die Schüler/innen ihre Arbeitsprozesse durchführen

(5) *Übungen und Wiederholungen*, die für den langfristigen Lernerfolg von Bedeutung sind

Diese Merkmale beziehen sich mehr oder weniger auf unterschiedliche Fächer und den Unterricht in unterschiedlichen Schulstufen. Lipowsky weist aber weiter auf Folgendes hin: »In den letzten Jahren mehren sich die Befunde, die dem fachdidaktischen Wissen und Können von Lehrpersonen und damit dem fachdidaktischen Wissen ein größeres Gewicht für den Lernerfolg von Schüler/innen einräumen.«[23] Dabei geht es vor allem um die (1) kognitive Aktivierung und die (2) Fokussierung und inhaltliche Kohärenz.

Für die *kognitive Aktivierung* ist es kennzeichnend, dass die Lehrkraft die Lernenden zu einem vertieften fachlichen Nachdenken über den Unterrichtsinhalt anregt. Die Lehrkraft übernimmt dabei eine aktive Rolle: »Sie konfrontiert die Lernenden mit herausfordernden Aufgabenstellungen, provoziert kognitive Konflikte, hebt Unterschiede in Ideen und Positionen hervor, regt die Lernenden an, sich aufeinander zu beziehen und initiiert Gelegenheiten, um über den eigenen Lernprozess nachzudenken. Ein solches Lehrerverhalten setzt fachdidaktisches Wissen und Können und eine hohe Flexibilität im Denken voraus.«[24]

Erfolgreicher Unterricht zeichnet sich ferner durch die »*Fokussierung* auf die inhaltlich relevanten Aspekte und durch eine hohe inhaltliche Kohärenz aus.«[25] Sie vermögen es, wichtige von unwichtigen Informationen zu trennen und die relevanten Elemente eines Themas zu einem kohärenten Ganzen zusammenzufügen.

Aufschlussreich ist auch die Auswertung von Meta-Analysen, die *John A. C. Hattie* in »Visible Learning. A Synthesis of over 800 meta-analyses relating to achievement«[26] vorgelegt hat. An dieser Stelle können nicht die von Hattie ermittelten Effektstärken im Detail vorgestellt werden. Aufschlussreich ist aber das Resümee von Hattie mit seinen sechs evidenzbasierten Merkmalen »towards excellence in education:

---

23 Ebd., 28.

24 Ebd. – S. auch *F. Lipowsky*, Auf den Lehrer kommt es an, in: ZP Beih. 51, 2006, 47–70.

25 Ebd.

26 London / New York 2009.

1. Teachers are among the most powerful influences in learning.
2. Teachers need to be directive, influential, caring, and actively engaged in the passion of teaching and learning.
3. Teachers need to be aware of what each and every student is thinking and knowing, to construct meaning and meaningful experiences in light of this knowledge, and have proficient knowledge and understanding of their content to provide meaningful and appropriate feedback such that each student moves progressively through the curriculum levels.
4. Teachers need to *know the learning intentions* and success criteria of their lessons, know *how well they are attaining* these criteria for all students, and know *where to go next* in light of the gap between students' current knowledge and understanding and the success criteria of: ›Where are you going?‹, ›How are you going?‹, and ›Where to next?‹.
5. Teachers need to move from the single idea to multiple ideas, and to relate and then extend these ideas such that learners construct and reconstruct knowledge and ideas. It is not the knowledge or ideas, but the learner's construction of this knowledge and these ideas that is critical.
6. School leaders and teachers need to create school, staffroom, and classroom environments where error is welcomed as a learning oportunity, where discarding incorrect knowledge and understandings is welcomed, and where participants can feel safe to learn, re-learn, and explore knowledge and understanding.«[27]

Aus fachdidaktischer Perspektive ist es bemerkenswert und gleichermaßen erfreulich, wie sich im Kontext empirischer Analysen innerhalb der Pädagogischen Psychologie die Bedeutung genuin fachdidaktischer Aspekte (vgl. besonders 3.-5.) für einen guten (Religions-)Unterricht abzeichnet – religionsdidaktisch interessant ist aber auch die fehlerfreundliche Unterrichts- und Schulkultur. Von daher ergeben sich notwendig fachdidaktische Ergänzungen bzw. Spezifizierungen der obigen Qualitätsmerkmale von A. Helmke und H. Meyer, die auch für die Formulierung von Qualitätsmerkmalen hinsichtlich eines guten RU zu berücksichtigen sind.

4. Was ist »guter Religionsunterricht«? – Religionspädagogische Aspekte[28]

Anhand der beiden Studien von *F. Lipowsky* und *J. Hattie* wurde bereits die Relevanz der Fachdidaktik deutlich. Wir wollen uns jetzt religionspädagogischen Beiträgen zuwenden, die als Ausgangspunkt für Überlegun-

27 Ebd., 238 f.
28 S. zu 4.1 und 4.2 *M. Rothgangel*, Qualitätskriterien, 104–118.

gen zur Frage dienen sollen, was Qualitätskriterien eines ›guten‹ RU sein können.

4.1 Normative Überlegungen

In seiner Studie »Religionsunterricht zwischen Lernfach und Lebenshilfe« (2001) weist *Anton Bucher* darauf hin, dass ›Empiriker‹ ihr normatives Vorverständnis von RU darlegen sollten, weil erstens empirische Analysen von solchen Idealvorstellungen geprägt sind und weil sich zweitens eine Theorie des RU nicht auf empirischem Wege konstruieren lässt.[29] Konsequenterweise formuliert Bucher selbst in fünf Thesen seine eigenen Vorstellungen von einem guten RU:

1. »Guter Religionsunterricht bereitet den SchülerInnen Freude.
2. Guter Religionsunterricht ermöglicht die Selbsttätigkeit der SchülerInnen.
3. Guter Religionsunterricht wird von den SchülerInnen als lebensrelevant empfunden.
4. Guter Religionsunterricht bringt explizit religiöse Themen, insbesondere Gott, zur Sprache.
5. Guter Religionsunterricht peilt die ihm vorgegebenen Ziele an und erreicht sie zumindest partiell.«[30]

Obwohl man diesen Qualitätskriterien für einen guten RU grundsätzlich zustimmen kann, sind diese fünf Kriterien zu allgemein, als dass sie für eine Beurteilung religionsunterrichtlicher Praxis anwendbar wären. Auf dem Hintergrund der bisherigen Überlegungen ist zu fragen, welche der genannten Aspekte sich operationalisieren lassen bzw. sich einer empirischen Überprüfbarkeit entziehen. Des Weiteren ist im Vergleich zu den obigen Unterscheidungen von Qualität festzustellen, dass sich Bucher auf Aspekte der Prozess-, Ergebnis- und Konzeptqualität konzentriert, während Aspekte der Strukturqualität weitgehend außer Acht gelassen werden. Bemerkenswerterweise tritt im empirischen Teil seiner Studie hervor, dass auch die Beliebtheit einer Schule ein wichtiger Bedingungsfaktor für die Beliebtheit des RU darstellt.

Werner Tzscheetzsch hat ebenfalls Qualitätskriterien für guten RU formuliert. Er stellt dabei die folgenden sechs Bestimmungen heraus:[31] Der RU ist (1) theologiegeleitet; (2) erfahrungsorientiert; (3) lehrerabhängig;

---

29 *A. Bucher*, Religionsunterricht, 26.

30 Ebd., 27–33.

31 *W. Tzscheetzsch*, Was macht die Qualität von RU aus?, in: *E. Nordhofen / K. Schimmöller / Th. Sternberg* (Hg.), Religionsunterricht macht Schule stark. Qualität entwickeln in Schule und Religionsunterricht, Münster 2001, 15–20, bes. 15.

(4) beziehungsorientiert; (5) ein Orientierungsfach; (6) erörtert Glauben polyperspektivisch. Bezüglich dieser Qualitätskriterien gilt das zu A. Bucher gesagte. Prinzipiell kann man ihnen zustimmen; sie sind jedoch in der vorliegenden Fassung für die Beurteilung des RU schwer anwendbar und sind im Vergleich mit den Unterscheidungen der Qualitätsdiskussion ergänzungsbedürftig.

Als *Zwischenergebnis* lässt sich festhalten: Für die Bestimmung von Qualitätskriterien eines ›guten‹ RU sind normative Setzungen notwendig. Diese stehen allerdings in der Gefahr, nicht anwendbar zu sein, da sie nicht auf einer ›mittleren Konkretionsebene‹ formuliert sind. Ebenso taucht an dieser Stelle erneut die Frage auf, wer diese normativen Setzungen vornimmt.

Dabei ist es völlig legitim, dass die jeweilige theologische und religionspädagogische Position eines Verfassers eine entscheidende Rolle für die Formulierung von Qualitätskriterien spielt. In jedem Fall scheint es ratsam zu sein, z.B. im Rahmen ›Gemischter Kommissionen‹ oder ›runder Tische‹ entsprechende Qualitätskriterien für einen guten RU zu erarbeiten, damit verschiedene Perspektiven zum Tragen kommen.

4.2 Praxisnahe empirische Forschung

Dabei ist es keineswegs so, dass die Frage nach den Qualitätskriterien eines guten RU schon beantwortet wäre, wenn sich ein Gesprächskreis bzw. Gremium auf einen ausdifferenzierten Anforderungs- bzw. Kriterienkatalog einigen würde. Eindrucksvoll wird dies durch einen Bericht *Rudolf Englerts* über eine Studientagung zum Thema »Was ist guter (Religions-)Unterricht?« belegt:

»Wir luden zu dieser Tagung unter anderem eine Gruppe von Fachleiter/innen ein. Fachleiter/innen können als Experten für die Beurteilung konkreter unterrichtlicher Praxis gelten, insofern diese ja zu ihrem Alltagsgeschäft gehört. Um ihre Beurteilungen auf ein fachlich solides Fundament zu stellen, hatte die Gruppe ein Raster von Kriterien erarbeitet, nach denen die Unterrichtsversuche ihrer Lehramtsanwärter/innen eingeschätzt werden sollten. Diese Kriterienraster spiegelte einen in der Gruppe bestehenden Grundkonsens über ›guten‹ bzw. ›gelingenden‹ Religionsunterricht.
Bei der Probe aufs Exempel jedoch: Als der Versuch gemacht wurde, diese Kriterien auf eine reale, durch einen Videomitschnitt dokumentierte Lehrprobe zu applizieren, zeigte sich, dass die fragliche Unterrichtsstunde insgesamt und eine ganze Reihe von Verhaltensweisen und Interventionen des Lehrers im einzelnen höchst unterschiedlich beurteilt wurden. Die von den Fachleiter/innen für die Stunde vergebenen Zensuren differierten zwischen ›gut‹ und ›mangelhaft‹. Dies verdeutlicht noch einmal: Ein bei der Diskussion religionsunterrichtlicher Quali-

tätsstandards erzielter Konsens lässt keineswegs darauf schließen, dass man auch auf der Ebene konkreter Lehr-Lernprozesse denselben Vorstellungen über gelingenden Religionsunterricht folgt.«[32]

Dieses Ergebnis zeichnete sich schon zu einem früheren Zeitpunkt in der von Englert geleiteten Forschungsgruppe »Religiöses Lernen im Grundschulalter« ab. Den Mitgliedern der Arbeitsgruppe wurde recht bald klar, dass sich »Kriterien unterrichtlichen Gelingens nicht allein durch eine mehr oder weniger am ›grünen Tisch‹ entstandene Liste von Einzelaspekten bestimmen lassen, sondern stärker aus der Erforschung der unterrichtlichen Praxis heraus zu gewinnen sind.«[33]

Zu diesem Zweck konzipierte die Forschungsgruppe eine quantitative empirische Untersuchung zum RU an Grundschulen, um u.a. von den befragten RL Auskunft darüber zu erhalten, was aus der ›Praxisperspektive‹ guten RU kennzeichnet. Die Studie führte zu folgenden Ergebnissen:

»Religionslehrer/innen an Grundschulen finden ›allgemeinpädagogische‹ Ziele (wie z.B.: ›die Kinder zum Nachdenken bringen‹) besonders wichtig, ohne dass dabei die Bezugnahme auf die christliche Tradition aus dem Blick geriete. Aber diese Bezugnahme ist eben kein Selbstzweck mehr [...], sondern muss dem Leben der Schüler/innen dienen.«[34]

Demgemäß werden in didaktisch-methodischer Hinsicht die Subjektorientierung am Kind, handlungsorientierte Lernwege, offene Unterrichtsformen sowie eine Methodenkompetenz, die flexible Erschließungswege ermöglicht, bevorzugt genannt:

»Als wichtigste professionelle Kompetenz gilt allerdings nicht methodisches Geschick, sondern eine personale Voraussetzung: die Fähigkeit, ›den Kindern das Gefühl menschlichen Angenommenseins‹ zu geben.«[35]

Insgesamt zeigt diese quantitative Studie ein relativ einheitliches Bild dessen auf, was RL an Grundschulen unter einem guten RU verstehen. Allerdings bestand der begründete Verdacht, dass gegenwärtige Trends der Pädagogik und Religionspädagogik zu einer »professionstypischen Konsensrhetorik« führten und dass gegenwärtig gängige Formeln wie »mehr offener Unterricht« oder »stärkere Subjektorientierung« die in der Praxis

---

32 *R. Englert,* Was ist gelingender Religionsunterricht? Die Sicht von Anwärter/innen für das Lehramt an Grundschulen, in: *D. Fischer / V. Elsenbast / A. Schöll* (Hg.), Religionsunterricht erforschen. Beiträge zur empirischen Erkundung von religionsunterrichtlicher Praxis, Münster u.a. 2003, 226–242, hier 228.

33 Ebd., 227.

34 Ebd.

35 Ebd.

bestehenden Unterschiede in der Unterrichtsgestaltung verdecken. Darum entschloss sich die Forschungsgruppe, zum Thema eine qualitative Untersuchung bei Lehramtsanwärter/innen durchzuführen. Intendiert waren Erzählungen über gelungene und misslungene Religionsstunden. Ein Gesprächsimpuls für die Einzelinterviews lautete z. B.:

»Eine zentrale Aufgabe von Lehrern und Lehrerinnen ist das Unterrichten. Können Sie sich an eine eigene selbstgehaltene Religionsstunde erinnern, von der Sie selbst sagen würden: ›Diese Stunde war wirklich gelungen‹?«[36]

Der Blick auf die subjektiven Theorien von Referendar/innen, die sich in der Phase zwischen universitärer Ausbildung und beruflichem Alltag befinden, sollte zeigen, »wie Konzepte professioneller Praxis im Abgleich von Theorieansprüchen und Praxisanforderungen mehr und mehr Kontur erhalten.«[37] Aus der Analyse der Interviewtexte ergaben sich die folgenden Kriterien eines guten RU:[38]

- Die Teilnahme-Intensität der Schüler/innen.
- Die Kongruenz zwischen der Planung und der Durchführung von RU.
- Die Kongruenz mit dem professionellen Ideal.
- Der Lernerfolg.
- Die emotionale Resonanz bei den Schüler/innen.
- Das eigene Empfinden.

Am häufigsten wird in den Interviews die Teilnahmeintensität als Kriterium für gelungene bzw. misslungene Religionsstunden angeführt. Die Bedeutung dessen ist klar: »Wenn die Schüler/innen sich durch den Unterricht ansprechen lassen und aufmerksam bei der Sache sind, ist eine zentrale Voraussetzung für gelingenden Religionsunterricht erfüllt.«[39] Nach Wahrnehmung der Lehramtsanwärter/innen spielt dabei die Verwendung geeigneter Methoden eine wesentliche Rolle. Allerdings ist eine *gute Methode* noch keine Garantie für einen guten RU: »Das jeweilige *Klassenklima* sowie die *Einstellung zum Religionsunterricht* kann dazu führen, dass die methodische Gestaltung als zweitrangig empfunden wird.«[40]

Rudolf Englert kommt auf dem Hintergrund seiner empirischen Untersuchungen schließlich zu folgenden Qualitätsmerkmalen, die er im Blick auf den »guten« RU für besonders relevant hält: Ziel- und Kompetenz-

36 Ebd., 231 f.
37 Ebd., 231.
38 Ebd., 233.
39 Ebd., 234.
40 Ebd., 236.

orientierung, Schülerorientierung, Strukturiertheit, Lernkultur, Unterrichtsatmosphäre, Umgang mit Theologie, Gestaltcharakter.[41]

4.3 Matrix zu Qualitätsdimensionen eines guten Religionsunterrichts

Für die weitere Diskussion um den guten RU bilden die von *Bernd Schröder* in seiner Matrix »Qualitätsdimensionen und Kriterien guten RU« herausgearbeiteten acht Bereiche einen wichtigen Bezugspunkt:

»(1) Guter RU ist ›ordentlich‹ erteilter RU in ›vorbereiteter‹ Umgebung (Qualität der Rahmenbedingungen / Strukturqualität)
(2) Guter RU ist Unterricht von ›guten‹ Religionslehrer/-inne/n und ›guten‹ Schüler/-inne/n (Personale Qualität)
(3) Guter RU entspricht handwerklich den Regeln der Kunst des Unterrichtens (Prozessqualität / handwerkliche Qualität)
(4) Guter RU lässt sich theologisch verantworten und erschließt das Elementare seines Gegenstandes, d. h. er schlägt Brücken zwischen zentralen Themen des Faches und den Erfahrungen der Schüler/-inne/n (Fachliche Qualität)
(5) Guter RU bindet die Aufmerksamkeit der Beteiligten, spiegelt die wechselseitige Wertschätzung von Lehrer-inne/n und Schüler/-inne/n (Atmosphärische / Beziehungs-Qualität)
(6) Guter RU führt zu gezielt ausweisbaren Lernfortschritten möglichst aller Schüler/-inne/n und trägt – perspektivisch – zu ihrer Subjektwerdung bei (Ergebnisqualität)
(7) Guter RU unterstützt den Aufbau fachübergreifender Kompetenzen und trägt zu Schulleben und Schulprofil bei (Systemqualität)
(8) Guter RU lässt sich in seiner Gestalt begründen und gezielt verbessern (Konzeptqualität)«[42].

Positiv ist insbesondere hervorzuheben, dass Schröder mit diesen Punkten deutlich erkennbar den Qualitätsdiskurs sowie den gegenwärtigen pädagogischen sowie religionspädagogischen Diskussionsstand berücksichtigt. In diesem Sinne rezipiert er gleichermaßen normative Überlegungen und empirische Studien. Gleichwohl stellen sich auch Fragen, die zur Weiterarbeit anregen: Ist es z. B. ratsam, die oben genannten vier Dimensionen der Qualitätsdiskussion derart zu erweitern? Die Komplexität erhöht sich, da Schröder jedem dieser acht Qualitätsbereiche noch jeweils fünf Unterpunkte zuordnet. Fragen im Detail werden deutlich, wenn man sich beispielsweise die Unterpunkte von (4) Fachliche Qualität vor Augen führt:

---

41 *R. Englert,* Die Diskussion über Unterrichtsqualität – und was die Religionsdidaktik daraus lernen könnte, in: JRP 22 (2006), 52–64.

42 *B. Schröder*, Fachdidaktik zwischen Gütekriterien und Kompetenzorientierung, Münster u. a. 2009, 50 f.

- »Konzentration auf das Wesentliche
- Streben nach wechselseitiger Erschließung
- Verweise von der gelehrten zur gelebten Religion
- Wechsel zwischen Außen- und Innenperspektive
- Theologische Zeitgemäßheit«[43]

Warum wird nur die theologische Zeitgemäßheit, nicht aber auch die theologische Schriftgemäßheit angeführt? Gehört der Punkt »Streben nach wechselseitiger Erschließung« nicht eher zur Prozessqualität? Ist der Verweis von der gelehrten zur gelebten Religion ein genuiner Aspekt der fachlichen Qualität?

4.4 Zwölf Merkmale eines guten Religionsunterrichts

Für die weitere religionspädagogische Diskussion verdienen u. E. vor allem die folgenden zwölf Qualitätsmerkmale Aufmerksamkeit:

Prozessqualität

1. Feedback (zielorientierte, kognitiv-aktivierende und ›fehlerfreundliche‹ Rückmeldung, um die Bildungs- und Lernprozesse von Schüler/innen im RU kritisch-konstruktiv zu begleiten und zu fördern)
2. Klassenführung (gutes Klassenmanagement; Pünktlichkeit; Achten auf Zeitdiebe; Auslagerung von organisatorischen Fragen; effiziente Zeitnutzung; hoher Anteil echter Lernzeit im RU)
3. Klarheit und Strukturiertheit (im Blick auf Ziele, Inhalte und Unterrichtsprozess des RU: Fokussierung auf die theologisch-religionspädagogisch relevanten Aspekte; Aufbau vernetzten Wissens; Anker-Ideen [advance organizers]; Repräsentanz und Relevanz der Inhalte)
4. Schüler/innenorientierung (differenzierte Wahrnehmung der Einstellungen und Fähigkeiten von Schüler/innen hinsichtlich religionsunterrichtlicher Themen vor und während religiöser Bildungs- und Lernprozesse; darauf bezogene motivierende und aktivierende Rückmeldung; innere Differenzierung und kooperatives Lernen; Planungsbeteiligung und Metaunterricht)
5. Lernförderliches Klima (gegenseitiger Respekt in Lehrer/innen-Schüler/innen-Beziehung; fehler- und erkundungsfreundliche Lernkultur; Verantwortungsübernahme sowie Gerechtigkeit und Fürsorge)
6. Umgang mit Heterogenität (›Niemand darf verlorengehen‹, Inklusion; Unterschiedlichkeit der individuellen Lernvoraussetzungen; individuelles Fördern; Genderaspekte; Lernen über / von / in Religion; Wechsel zwischen Innen- und Außenperspektive)

43 Ebd.

Ergebnisqualität

7. Konsolidierung und Sicherung (konsequente Sicherung religionsunterrichtlicher Bildungs- und Lernprozesse; fachlich fundierte und zugleich ›schüler/innenfreundliche‹ Feedbackkultur)
8. Ziel- / Kompetenzorientierung und transparente Leistungserwartung (Orientierung an religiösen Kompetenzmodellen und Bildungsstandards; angemessene Berücksichtigung der verschiedenen Dimensionen und Gegenstandsbereiche religiöser Kompetenz; kumulativer Kompetenzaufbau bezüglich der religiösen Kompetenzen)

Strukturqualität

9. Organisatorische Rahmenbedingungen (Aus-, Fort- und Weiterbildung von Religionslehrer/innen; rechtliche und curriculare Rahmenbedingungen des RU wie ausreichende Stundenzahl; wenig Unterrichtsausfall; kein Randstundenfach)
10. Fachübergreifende (Zusammenarbeit mit anderen Fächern; Beitrag zum Schulprofil; konfessionell-kooperatives sowie interreligiöses Lernen) und schulübergreifende Orientierung (Bezug zu gelebter Religion / gelebten Religionen vor Ort)

Konzeptqualität

11. Bewusste Unterscheidung zwischen unverfügbaren Zielen des RU (inbesondere auch nichtoperationalisierbaren Globalzielen wie religiöse Selbst- und Mitbestimmungsfähigkeit / Identität und Verständigung u. ä.) und operationalisierbaren Bildungsstandards Religion sowie eingehende Berücksichtigung unverfügbarer und operationalisierbarer Aspekte im RU
12. Begründete Verortung des eigenen RU in grundlagentheoretische Überlegungen (Verhältnis von Theologie und Pädagogik? Welche Fachdidaktik? Welche Theologie? Verhältnis von Theologie und Religionswissenschaft? Welche religionspädagogische Konzeptionen? Welches integrative Modell von Konzeptionen? Bildung / Erziehung / Lernen? Kirchlich / christlich / religiös? Religionskundlicher / ökumenischer / konfessionell-kooperativer / konfessioneller RU?)

5. … ein kontinuierlicher Prozess

Die Bemühungen um einen guten RU stellen kein Thema dar, das einmal bearbeitet wird und dann als erledigt abgehakt werden könnte. Vielmehr geht es dabei um einen kontinuierlichen Prozess, der einer beständigen Reflexion auf verschiedenen Ebenen bedarf. Dies gilt auch im Blick auf die referierten religionspädagogischen Ansätze. Sie nehmen wichtige der oben genannten Unterscheidungen der Qualitätsdiskussion sowie jüngere

Entwicklungen der pädagogischen Diskussion auf und konkretisieren diese im Blick auf den RU.

Gewissermaßen quer zu den normativen und theoretischen Überlegungen steht allerdings die Frage nach der Operationalisierbarkeit im Blick auf empirische Untersuchungen, aber auch hinsichtlich der genannten praktischen Beobachtungsbögen. Es wäre bedauerlich, wenn der RU darunter leiden würde, dass Religionspädagogen/innen die Erstellung und Revision normativ orientierter Qualitätsmaßstäbe leichter fällt als deren Operationalisierung und empirische Überprüfung. Es ist unbestritten, dass nicht alles, was die Qualität des RU ausmacht, sich auch empirisch überprüfen lässt. Für die weiteren Bemühungen um eine gute Qualität des RU ist es aber ohne Zweifel nicht nur hilfreich, sondern erforderlich, wenn es zu jenen Dimensionen und Aspekten des RU, die sich empirisch überprüfen lassen, künftig auch eine größere Zahl entsprechender Untersuchungen gibt.[44]

Gleichwohl ist keine Beschränkung nur auf jene Merkmale vorzunehmen, die empirisch überprüfbar sind. Denn das hätte zur Folge, dass man z.B. manche personalen Qualitätsmerkmale unberücksichtigt lassen müsste. Für die religionspädagogische Forschung tut sich mit der Frage nach einem guten RU jedenfalls ein weites Feld für normative Grundlagendiskussion und empirische Forschung auf.

Letztlich ist guter Unterricht mehr als die Summe der einzelnen Unterrichtsvariablen. *R. Englert* spricht davon, dass der Unterricht offensichtlich so etwas wie »Gestaltcharakter« habe. Über die diversen Einzelzüge müsse »ihm so etwas wie eine innere Stimmigkeit zukommen, eine Qualität jedenfalls, welche die Einzelzüge zu etwas Ganzem integriert.«[45] Hier spielt nicht zuletzt auch die Person der RL mit ihrem jeweiligen persönlichen Profil eine entscheidende Rolle.

---

44 Dies ist auch deshalb notwendig, weil für die Frage der Gewichtung der Merkmale eines guten Unterrichts empirische Untersuchungen wichtige Hinweise geben können. Das sei an einem Beispiel verdeutlicht: Eine Verbesserung der realen Arbeitsbedingungen ist in ihrer Bedeutung für den Unterrichtserfolg von deutlich geringerem Einfluss, als man ihr in der Diskussion gemeinhin zuschreibt. Empirische Forschungen zeigen, dass z.B. eine finanzielle Besserstellung und die Reduzierung der Klassengröße einen vergleichbar geringen positiven Effekt aufweist (vgl. *J. Hattie*, Visible Learning, 73–75, 85–88, 297–300).

45 *R. Englert*, Diskussion über Unterrichtsqualität, 64. Vgl. z.B. *F. Schweitzer*, Religionspädagogik – Begriff und wissenschaftstheoretische Grundlagen, in: *G. Bitter u.a.* (Hg.): Neues Handbuch religionspädagogischer Grundbegriffe, 46–49; *U. Hemel*, Theorie der Religionspädagogik, München 1984.

Literaturhinweise

J. Hattie, Visible Learning. A Synthesis of over 800 meta-analyses relating to achievement, London / New York 2009.

A. Helmke, Unterrichtsqualität erfassen, bewerten, verbessern, Seelze (2003) ^{6}2007.

Jahrbuch der Religionspädagogik 22 (2006): Themenband: Was ist guter Religionsunterricht?

E. Jürgens / J. Standop (Hg.), Was ist »guter« Unterricht? Namhafte Expertinnen und Experten geben Antwort, Bad Heilbrunn 2010.

H. Meyer, Was ist guter Unterricht?, Berlin (2004) ^{5}2008.

B. Schröder, Fachdidaktik zwischen Gütekriterien und Kompetenzorientierung, in: *A. Feindt u.a.* (Hg.), Kompetenzorientierung im Religionsunterricht. Befunde und Perspektiven, Münster u.a. 2009, 39–56.

XXVII.
Anhang

GOTTFRIED ADAM / RAINER LACHMANN / MARTIN ROTHGANGEL

1. Abkürzungsverzeichnis

1.1 Biblische Bücher (nach den Loccumer Richtlinien)

Altes Testament

Gen	Genesis (1 Mose = Das 1. Buch Mose)*
Ex	Exodus (2 Mose = Das 2. Buch Mose)
Lev	Levitikus (3 Mose = Das 3. Buch Mose)
Num	Numeri (4 Mose = Das 4. Buch Mose)
Dtn	Deuteronomium (5 Mose = Das 5. Buch Mose)
Jos	Das Buch Josua
Ri	Das Buch der Richter
Rut	Das Buch Rut
1 Sam	Das 1. Buch Samuel
2 Sam	Das 2. Buch Samuel
1 Kön	Das 1. Buch der Könige
2 Kön	Das 2. Buch der Könige
1 Chr	Das 1. Buch der Chronik
2 Chr	Das 2. Buch der Chronik
Esra	Das Buch Esra
Neh	Das Buch Nehemia
Tob	Das Buch Tobit (= Das Buch Tobias) [griechisch]
Jdt	Das Buch Judit [griechisch]
Est	Das Buch Ester [mit griechischen Zusätzen]
1 Makk	Das 1. Buch der Makkabäer [griechisch]
2 Makk	Das 2. Buch der Makkabäer [griechisch]
Ijob	Das Buch Ijob (Hiob = Das Buch Hiob)
Ps	Die Psalmen
Spr	Das Buch der Sprichwörter (= Die Sprüche Salomos)
Koh	Das Buch Kohelet (Pred = Der Prediger Salomo)
Hld	Das Hohelied (= Das Hohelied Salomos)
Weish	Das Buch der Weisheit (= Die Weisheit Salomos) [griechisch]
Sir	Das Buch Jesus Sirach [griechisch]

* In der Tradition der Lutherbibel werden die in runden Klammern angegebenen Bezeichnungen und Abkürzungen gebraucht.

Jes	Das Buch Jesaja
Jer	Das Buch Jeremia
Klgl	Die Klagelieder des Jeremia
Bar	Das Buch Baruch [griechisch]
Ez	Das Buch Ezechiel (Hes = Das Buch Hesekiel)
Dan	Das Buch Daniel [mit griechischen Zusätzen]
Hos	Das Buch Hosea
Joël	Das Buch Joël
Am	Das Buch Amos
Obd	Das Buch Obadja
Jona	Das Buch Jona
Mi	Das Buch Micha
Nah	Das Buch Nahum
Hab	Das Buch Habakuk
Zef	Das Buch Zefanja
Hag	Das Buch Haggai
Sach	Das Buch Sacharja
Mal	Das Buch Maleachi

Neues Testament

Mt	Das Evangelium nach Matt(h)äus
Mk	Das Evangelium nach Markus
Lk	Das Evangelium nach Lukas
Joh	Das Evangelium nach Johannes
Apg	Die Apostelgeschichte
Röm	Der Brief an die Römer
1 Kor	Der 1. Brief an die Korinther
2 Kor	Der 2. Brief an die Korinther
Gal	Der Brief an die Galater
Eph	Der Brief an die Epheser
Phil	Der Brief an die Philipper
Kol	Der Brief an die Kolosser
1 Thess	Der 1. Brief an die Thessalonicher
2 Thess	Der 2. Brief an die Thessalonicher
1 Tim	Der 1. Brief an Timotheus
2 Tim	Der 2. Brief an Timotheus
Tit	Der Brief an Titus
Phlm	Der Brief an Philemon
Hebr	Der Brief an die Hebräer
Jak	Der Brief des Jakobus
1 Petr	Der 1. Brief des Petrus
2 Petr	Der 2. Brief des Petrus
1 Joh	Der 1. Brief des Johannes
2 Joh	Der 2. Brief des Johannes
3 Joh	Der 3. Brief des Johannes
Jud	Der Brief des Judas
Offb	Die Offenbarung des Johannes

1.2 Zeitschriften, Reihen

AHRp	Arbeiten zur Historischen Religionspädagogik, Jena 2003 ff.
APrTh	Arbeiten zur Praktischen Theologie, Leipzig 1991 ff.
ARP	Arbeiten zur Religionspädagogik, Göttingen 1982 ff.
ATD	Das Alte Testament Deutsch, Göttingen
BEvTh	Beiträge zur evangelischen Theologie, München 1940 ff.
BRU	Magazin für die Arbeit mit Berufsschülern, Villigst-Schwerte
BSLK	Die Bekenntnisschriften der evangelisch-lutherischen Kirche, hg. v. *Deutschen Evangelischen Kirchenausschuss*, Göttingen [12]1998
BThZ	Berliner theologische Zeitschrift, Berlin 1984 ff.
ChL	Die Christenlehre, Berlin 1948–1995
CID	Comenius Institut Dokumentation, Münster
CRP	Christenlehre – Religionsunterricht – Praktisch, Leipzig 1996–2004. Seit 2005: Praxis Gemeindepädagogik. Zeitschrift für evangelische Bildungsarbeit, Leipzig
DSW	F. A. W. Diesterweg, Sämtliche Werke, hg. v. *H. Deiters,* Berlin 1956 ff.
DtPfBl	Deutsches Pfarrerblatt, Stuttgart u. a. 1897 ff.
EU	Evangelische Unterweisung, Dortmund 1946–1970
EvErz	Der Evangelische Erzieher, Frankfurt a. M. 1949–1997
EvKomm	Evangelische Kommentare, Stuttgart 1968 ff.
EvTh	Evangelische Theologie, München (jetzt Gütersloh) 1934 ff.
GTA	Göttinger Theologische Arbeiten, Göttingen 1975 ff.
GlLern	Glaube und Lernen. Zeitschrift für theologische Urteilsbildung, Göttingen 1986 ff.
HRU	Handbücherei für den Religionsunterricht, Gütersloh 1965–1977
HRWG	Handbuch religionswissenschaftlicher Grundbegriffe, Stuttgart (u. a.), 1988 ff.
HST	Handbuch Systematischer Theologie, Gütersloh 1994 ff.
IJPT	International Journal of Practical Theology, Berlin 1997 ff.
JabuKi	Jahrbuch für Kindertheologie, Stuttgart 2002 ff.
JRP	Jahrbuch der Religionspädagogik, Neukirchen-Vluyn 1985 ff.
KatBl	Katechetische Blätter, München 1875 ff.
KuD	Kerygma und Dogma, Göttingen 1955 ff.
LexRP	Lexikon der Religionspädagogik, 2 Bde., Neukirchen-Vluyn 2001
LOG	Lernort Gemeinde. Beiträge zur Gemeindepädagogik aus dem Evangelischen Zentrum Rissen, Hamburg 1983 ff.
LoPe	Loccumer Pelikan. Religionspädagogisches Magazin für Schule und Gemeinde, Loccum 1991 ff.
MPTh	Monatsschrift für Pastoraltheologie, Göttingen 1904 ff.
MRU	Modelle für den Religionsunterricht, Stuttgart / München 1972 ff.
NTD	Das Neue Testament Deutsch, Göttingen
PB	Pädagogische Beiträge, Donauwörth
PF	Pädagogische Forschungen, Heidelberg 1957 ff.
PT	Praktische Theologie, München (jetzt Gütersloh) 1996 ff.
PTh	Pastoraltheologie. Monatszeitschrift für Wissenschaft und Praxis in Kirche und Gesellschaft, Göttingen (1911) 1981 ff.
PTHe	Praktische Theologie heute, Stuttgart 1991 ff.
rhs	Religionsunterricht an höheren Schulen, Düsseldorf 1958 ff.
RL	Zeitschrift für Religionsunterricht und Lebenskunde, Zürich 1971 ff.

RpB	Religionspädagogische Beiträge, Kassel 1978 ff.
Rph	Religionspädagogik heute, Frankfurt (jetzt Aachen) 1979 ff.
RPG	Religionspädagogik in pluraler Gesellschaft, Freiburg / Gütersloh 2002 ff.
RPP	Religionspädagogische Praxis, Stuttgart / München 1971 ff.
ru	ru. Zeitschrift für die Praxis des Religionsunterrichts, Stuttgart / München 1971 ff.; seit 1995 Ökumenische Zeitschrift für den Religionsunterricht
ru intern	Korrespondenzblatt für evangelische Religionslehrer in Westfalen und Lippe, Bielefeld 1971–1994
SHe	Schönberger Hefte, Frankfurt / M. 1971 ff.
SI	Sociologia internationalis, Berlin 1993 ff.
SchR	Schulfach Religion, Wien 1981 ff.
SPT	Studien zur Praktischen Theologie, Zürich u. a.
StRPPT	Studien zur Religionspädagogik und Praktischen Theologie, Jena 2010 ff.
StTh	Studien zur Theologie, Würzburg 1987–2008.
SuK	Schule und Kirche. Informationsdienst der Evangelischen Kirche im Rheinland zu Bildungs- und Erziehungsfragen, Düsseldorf 1971 ff.
ThB	Theologische Bücherei, München (jetzt Gütersloh)
ThR	Theologische Rundschau, Tübingen NF 1929 ff.
TheoWeb	Theo-Web-Zeitschrift für Religionspädagogik, 2002 ff; http://www.theo-web.de/zeitschrift
ThExh NF	Theologische Existenz heute, Neue Folge, München
ThLZ	Theologische Literaturzeitung, Leipzig 1866 ff.
ThR	Theologische Rundschau, Tübingen NF 1929 ff.
TLL	Theologie für Lehrerinnen und Lehrer, Göttingen 1999–2010
TRE	Theologische Realenzyklopädie, Berlin / New York 1976–2007
WdF	Wege der Forschung, Darmstadt
WdL	Wege des Lernens, Neukirchen-Vluyn
WMANT	Wissenschaftliche Monographien zum Alten und Neuen Testament, Neukirchen-Vluyn
WPB	Westermanns Pädagogische Beiträge, Braunschweig 1948 ff.
WPKG	Wissenschaft und Praxis in Kirche und Gesellschaft, Göttingen 1970–1980
WzM	Wege zum Menschen, Göttingen 1948 ff.
ZEE	Zeitschrift für Evangelische Ethik, Gütersloh 1947 ff.
ZfE	Zeitschrift für Erziehungswissenschaft, Wiesbaden 1998 ff.
ZfWuF	Zeitschrift für Wissenschaft und Frieden, 1983 ff.
ZP	Zeitschrift für Pädagogik, Weinheim 1955 ff.
ZPT	Zeitschrift für Pädagogik und Theologie. Der evangelische Erzieher, Frankfurt a. M. 1998 ff.
ZRP	Zeitschrift für Religionspädagogik, Dortmund 1970–1981
ZThK	Zeitschrift für Theologie und Kirche, Tübingen 1903 ff.

1.3 Sonstiges

AEED	Arbeitsgemeinschaft Evangelischer Erzieher Deutschlands
EKD	Evangelische Kirche in Deutschland
EZW	Evangelische Zentralstelle für Weltanschauungsfragen, Stuttgart
GG	Grundgesetz der Bundesrepublik Deutschland
ISP	Institut für Schulpädagogik, München

ÖRK	Ökumenischer Rat der Kirchen, Genf
RL	Religionslehrkraft, Religionslehrkräfte, Religionslehrer, Religionslehrerin(nen)
RPF	Religionspädagogische Projektforschung (Baden-Württemberg)
RRL	Rahmenrichtlinien
RU	Religionsunterricht(s)
UE	Unterrichtseinheit
VELKD	Vereinigte Evangelisch-Lutherische Kirche Deutschlands

2. Religionspädagogische Auswahlbibliografie

2.1 Bibliografische Hilfen

Online-Datenbanken des Comenius-Instituts Münster:
RKE – Religionspädagogik – Kirchliche Bildungsarbeit – Erziehungswissenschaft des Comenius-Instituts, enthält: Zeitschriftenaufsätze aus 300 laufend ausgewerteten Zeitschriften sowie Monografien, Sammelwerksbeiträgen, Online-Dokumenten, Unterrichtsmodellen, Schulbüchern, Gesetzen und Lehrplänen. Beim Comenius-Institut können auch Einzelrecherchen angefordert werden.
http://ci-muenster.de/biblioinfothek/datenbanken.php

Katalog der Mediothek
Pädagogisches Institut in Villigst
http://db.pi-villigst.de/mediothek/

AV-Medien und Unterrichtsmodelle
Birkacher Unterrichtsmodelldatei
Haus Birkach in Stuttgart
http://alephino-fel-opac.elk-wue.de/alipac/

2.2 Bibelausgaben / Bibelkundliche Werke / Bibellexika

Die Bibel oder die ganze Heilige Schrift des Alten und Neuen Testaments nach der deutschen Übersetzung *D. Martin Luthers,* AT 1964 / Apokryphen 1970 / NT 1984.

Zürcher Bibel, Zürich (1931) 2007. [Die Übersetzung dieser sog. Zürcher Bibel geht auf die letzte Revision 1987–2007 zurück.]

Zürcher Evangelien-Synopse, *K. Ruckstuhl / H. Weder* (Hg.), Zürich 2002.

Das Neue Testament, übersetzt u. kommentiert v. *U. Wilckens,* Zürich / Einsiedeln / Köln ^{8}1991.

Neue Jerusalemer Bibel, Einheitsübersetzung mit dem Kommentar der Jerusalemer Bibel, *A. Deissler / J. M. Nützel / A. Vögle* (Hg.), Freiburg (1985) ^{17}2008.

Die Heilige Schrift. Einheitsübersetzung, Stuttgart 1992.

Gute Nachricht. Bibel, Stuttgart Neuausgabe 1997.

Bibel in gerechter Sprache, *U. Bail / F. Crüsemann / M. Crüsemann / E. Domay* (Hg.), Gütersloh 2006.

Septuaginta Deutsch. Das griechische Alte Testament in deutscher Übersetzung, hg. von Wolfgang Kraus und Martin Karrer, 2. verbesserte Auflage, Stuttgart 2010.

Große Konkordanz zur Lutherbibel, Stuttgart 2001.

C. H. Peisker, Luther Evangelien-Synopse, Stuttgart 2010.

C. Westermann, Abriß der Bibelkunde, Stuttgart ^{13}1991.
Ders. / F. Ahuis, Calwer Bibelkunde, Stuttgart ^{14}2001.
H. D. Preuß / K. Berger, Bibelkunde des Alten und Neuen Testaments, 2 Bde., Heidelberg ^{6}2003.
H. Merkel, Bibelkunde des Neuen Testaments. Ein Arbeitsbuch, Gütersloh ^{4}1992.
L. Bormann, Bibelkunde: Altes und Neues Testament, Göttingen ^{4}2011.
M. Rösel, Bibelkunde des Alten Testaments, Neukirchen-Vluyn ^{4}2001.
K.-M. Bull, Bibelkunde des Neuen Testaments. Neukirchen-Vluyn ^{4}2005.
O. Odelain / R. Séguineau, Lexikon der biblischen Eigennamen, Neukirchen-Vluyn u.a. 1981.
B. Reicke / L. Rost (Hg.), Biblisch-Historisches Handwörterbuch, 3 Bde. u. Registerbd., Göttingen 1962–1979; Studienausgabe, 2 Bde., Göttingen 1994.
H. Haag (Hg.), Bibel-Lexikon, Köln u. a. ^{3}1982.
K. Koch (Hg.), Reclams Bibellexikon, Stuttgart ^{7}2004.
L. H. Grollenberg, Kleiner Bildatlas zur Bibel, Gütersloh ^{2}1982. Stuttgarter Bibelatlas. Historische Karten der biblischen Welt, Stuttgart 1989.

2.3 Theologische Lexika und Jahrbücher

Religion in Geschichte und Gegenwart. Handwörterbuch für Theologie und Religionswissenschaft, 3. Aufl., hg. v. *K. Galling*, 6 Bde. u. Registerbd., Tübingen 1956–1965. [= RGG^{3}]; 4. völlig neu bearbeitete Aufl., hg. v. *H. D. Betz / D. S. Browning / B. Janowski / E. Jüngel*, 8 Bde. u. Registerband, Tübingen 1998 – 2007 [= RGG^{4}].
Lexikon für Theologie und Kirche, 2. Aufl., hg. v. *J. Höfer / K. Rahner*, 10 Bde., Registerbd. u. 3 Ergänzungsbde. z. Zweiten Vatikanischen Konzil, Freiburg u. a. 1957–1968. 3. völlig neubearbeitete Aufl., 10 Bde. u. Registerbd. 1993–2001. [= LThK].
Evangelisches Kirchenlexikon. Internationale theologische Enzyklopädie, hg. v. *E. Fahlbusch u.a.*, 4 Bde., Göttingen ^{3}1985 ff. [= Neufassung des EKL]
Theologische Realenzyklopädie, hg. v. *G. Krause / G. Müller*, 36 Bde., Berlin / New York 1976–2006 [= TRE].
Theologisches Fach- und Fremdwörterbuch, hg. v. *F. Hauck / G. Schwinge*, Göttingen ^{11}2010.
Taschenlexikon Religion und Theologie, hg. v. *E. Fahlbusch*, 5 Bde., Göttingen ^{5}2008.
Evangelisches Soziallexikon, hg. v. *Th. Schober*, Stuttgart / Berlin ^{7}1980.
Ökumene Lexikon. Kirchen, Religionen, Bewegungen, hg. v. *H. Krüger u.a.*, Frankfurt a. M. ^{2}1987.
Jahrbuch der Religionspädagogik, hg. v. *P. Biehl u. a.*, Neukirchen-Vluyn 1985 ff.
Lexikon der Religionspädagogik, hg. v. *N. Mette / F. Rickers*, 2 Bde., Neukirchen-Vluyn 2001.
Neues Handbuch religionspädagogischer Grundbegriffe, hg. v. *G. Bitter u. a.*, München 2002.

2.4 Zur Religionspädagogik und Religionsdidaktik

2.4.1 Einführungen und Gesamtdarstellungen

R. Boschki, Einführung in die Religionspädagogik, Darmstadt 2008.
R. Englert, Religionspädagogische Grundfragen. Anstöße zur Urteilsbildung, Stuttgart ^{2}2008.

E. Feifel / R. Leuenberger / G. Stachel / K. Wegenast (Hg.), Handbuch der Religionspädagogik, 3 Bde., Gütersloh / Zürich ^{2}1977 / ^{2}1978 / ^{2}1977.
Chr. Grethlein, Religionspädagogik, Berlin / New York 1998.
Ders., Fachdidaktik Religion. Evangelischer Religionsunterricht in Studium und Praxis, Göttingen 2005.
G. Hilger / St. Leimgruber / H.-G. Ziebertz, Religionsdidaktik. Ein Leitfaden für Studium, Ausbildung und Beruf, München ^{6}2010.
Chr. Kalloch / St. Leimgruber / U. Schwab (Hg.), Lehrbuch der Religionsdidaktik. Für Studium und Praxis in ökumenischer Perspektive, Freiburg u. a. ^{2}2010.
J. Kunstmann, Religionspädagogik. Eine Einführung, Tübingen / Basel ^{2}2010.
R. Lachmann / R. Mokrosch / E. Sturm (Hg.), Religionsunterricht – Orientierung für das Lehramt, Göttingen 2006.
R. Lachmann / B. Schröder (Hg.), Geschichte des evangelischen Religionsunterrichts in Deutschland. Ein Studienbuch, Neukirchen-Vluyn 2007.
Dies. (Hg.), Geschichte des evangelischen Religionsunterrichts in Deutschland. Quellen, Neukirchen-Vluyn 2010.
G. Lämmermann, Grundriß der Religionsdidaktik (PTHe 1), Stuttgart / Berlin / Köln ^{2}1997.
Ders., Religionsdidaktik: Bildungstheologische Grundlegung und konstruktiv-kritische Elementarisierung, Stuttgart 2005.
Ders. / E. Naurath / U. Pohl-Patalong, Arbeitsbuch Religionspädagogik. Ein Begleitbuch für Studium und Praxis, Gütersloh 2005.
H. Mendl, Religionsdidaktik kompakt. Für Studium, Prüfung und Beruf, München 2011.
N. Mette, Religionspädagogik, Düsseldorf ^{2}2006.
K. E. Nipkow, Bildung als Lebensbegleitung und Erneuerung, Gütersloh ^{2}1992.
Ders., Pädagogik und Religionspädagogik zum neuen Jahrhundert, 3 Bde., Gütersloh ^{2}2007 / 2010.
Ders. / F. Schweitzer, Religionspädagogik. Texte zur evangelischen Erziehungs- und Bildungsverantwortung seit der Reformation. Bd. 1, Bd. 2/1, Bd. 2/2, Gütersloh 1991 / 1994.
H. Noormann / U. Becker / B. Trocholepczy (Hg.), Ökumenisches Arbeitsbuch Religionspädagogik, Stuttgart ^{3}2007.
G. R. Schmidt, Christentumsdidaktik. Grundlagen des Konfessionellen Religionsunterrichts in der Schule, Leipzig 2004.
F. Schweitzer, Lehrbuch Praktische Theologie 1. Religionspädagogik, Gütersloh 2006.
K. Wegenast (Hg.), Religionspädagogik, Bd. 1. Der Evangelische Weg (WdF 209), Bd. 2. Der Katholische Weg (WdF 603), Darmstadt 1981 / 1983.

2.4.2 Schulstufen- und schulartspezifische Literatur: Religionsdidaktik

Chr. Grethlein / Chr. Lück, Religion in der Grundschule, Göttingen 2006.
G. Hilger / W. H. Ritter, Religionsdidaktik Grundschule. Handbuch für die Praxis des evangelischen und katholischen Religionsunterrichts, München / Stuttgart 2006.
Chr. Lück, Religionsunterricht an der Grundschule. Studien zur organisatorischen und didaktischen Gestalt eines umstrittenen Schulfaches (APrTh 22), Leipzig 2002.
F. Schweitzer / G. Faust-Siehl (Hg.), Religion in der Grundschule, Frankfurt a. M. ^{4}2000.

U. Baumann u. a., Religionsdidaktik. Praxishandbuch für die Sekundarstufe I und II, Berlin 2005.

F. Schweitzer, Die Suche nach eigenem Glauben. Einführung in die Religionspädagogik des Jugendalters, Gütersloh [2]1998.
K. Wegenast, Religionsdidaktik Sekundarstufe I, Stuttgart u. a. 1993.
M. Wermke / G. Adam / M. Rothgangel (Hg.), Religion in der Sekundarstufe II. Ein Kompendium, Göttingen 2006.

*Gesellschaft für Religionspädagogik / Deutscher Katechetenverein (*Hg.*),* Neues Handbuch Religionsunterricht an berufsbildenden Schulen (BRU-Handbuch), Neukirchen-Vluyn [2]2006.

G. Adam (Hg.), Religiöse Begleitung und Erziehung von Menschen mit geistiger Behinderung, Würzburg [3]2000.
A. Pithan / G. Adam / R. Kollmann (Hg.), Handbuch Integrative Religionspädagogik, Reflexionen und Impulse für Gesellschaft, Schule und Gemeinde, Gütersloh 2002.
A. Pithan / W. Schweiker (Hg.), Evangelische Bildungsverantwortung: Inklusion. Ein Lesebuch, Münster 2011.

3. Namenregister

4. Sachregister

5. Autorenverzeichnis

Dr. Dr. h.c. *G. Adam*, geb. 1939 – Professor em. an der Universität Wien, Lehrstuhl für Religionspädagogik an der Evangelisch-Theologischen Fakultät.
E-Mail: gottfried.adam@univie.ac.at
Der Unterricht der Kirche. Studien zur Konfirmandenarbeit (GTA 15), Göttingen (1981) ^{3}1984.
Bildungsverantwortung wahrnehmen. Beiträge zur Religionspädagogik III (StTh 15), Würzburg 1999.
Theologische Schlüsselbegriffe. Biblisch-systematisch-didaktisch (TLL 1; zus. mit *R. Lachmann* und *W. H. Ritter*), Göttingen (1999) ^{4}2010.
Neues gemeindepädagogisches Kompendium (Hg. mit *R. Lachmann*), Göttingen 2008.

Dr. *M. Domsgen*, geb. 1967 – Professor an der Martin-Luther-Universität Halle-Wittenberg, Leiter des Seminars für Evangelische Religionspädagogik an der Theologischen Fakultät.
E-Mail: michael.domsgen@theologie.uni-halle.de
Konfessionslos – eine religionspädagogische Herausforderung. Studien am Beispiel Ostdeutschlands, Leipzig 2005 (Hg.).
Familie und Religion. Grundlagen einer religionspädagogischen Theorie der Familie, Leipzig ^{2}2006.
Religionspädagogik in systemischer Perspektive. Chancen und Grenzen, Leipzig 2009 (Hg.).
Schülerperspektiven zum Religionsunterricht. Eine empirische Untersuchung in Sachsen-Anhalt, Leipzig 2010 (mit *Frank M. Lütze*).

Dr. *P. Freudenberger-Lötz*, geb. 1966 – Professorin für evangelische Religionspädagogik an der Universität Kassel.
E-Mail: freudenberger-loetz@uni-kassel.de
Jugendliche und ihre großen Fragen. Anstöße zu theologischen Gesprächen (Arbeitstitel), München / Stuttgart 2012 (i. E.).
Die Lebenswelten von Kindern und Jugendlichen. Theologie im Fernkurs. Religionspädagogisch-katechetischer Kurs – Lehrbrief 8 (verfasst mit *A. Reiß*), Würzburg 2010.
Theologische Gespräche mit Kindern. Untersuchungen zur Professionalisierung Studierender und Anstöße zu forschendem Lernen im Religionsunterricht, Stuttgart 2007.
Religiöse Bildung in der neuen Schuleingangsstufe. Religionspädagogische und grundschulpädagogische Perspektiven, Stuttgart 2003.
Jahrbuch für Kindertheologie (Hg. mit *A. Bucher*, *G. Büttner*, *M. Schreiner*), Stuttgart 2002 ff.

Dr. *M. Fricke*, geb. 1965 – Professor am Institut für Evangelische Theologie an der Philosophischen Fakultät I der Universität Regensburg, Lehrstuhl für Religionspädagogik und Didaktik des Religionsunterrichts.
E-Mail: michael.fricke@theologie.uni-regensburg.de
Bibelauslegung in Nicaragua. Jorge Pixley im Spannungsfeld von Befreiungstheologie, historisch-kritischer Exegese und baptistischer Tradition, Münster 1997.
›Schwierige‹ Bibeltexte im Religionsunterricht. Theoretische und empirische Elemente einer alttestamentlichen Bibeldidaktik für die Primarstufe, Göttingen 2005.
Von Gott reden im Religionsunterricht, Göttingen 2007.
Als wir barfuß über den Boden Gottes laufen konnten. Eine empirische Pilotstudie zum leiblichen Lernen im Religionsunterricht der Grundschule (mit *U. Riegel*), Göttingen 2011.

Dr. *C. Grethlein*, geb. 1954 – Professur an der Universität Münster, Praktische Theologie mit Schwerpunkt Religionspädagogik.
E-Mail: grethle@uni-muenster.de
Gemeindepädagogik, Berlin 1994.
Religionspädagogik, Berlin 1998.
Fachdidaktik Religion, Göttingen 2005.
Grundinformation Kasualien, Göttingen 2007.

Dr. *F. Kraft*, geb. 1955 – Rektor des religionspädagogischen Instituts der Evangelisch-lutherischen Landeskirche Hannovers, bis 2004 Professor für Evangelische Religionspädagogik an der Evangelischen Fachhochschule Berlin.
E-Mail: Friedhelm.Kraft@evlka.de
Religionsdidaktik zwischen Kreuz und Hakenkreuz. Versuche zur Bestimmung von Aufgaben, Zielen und Inhalten des evangelischen Religionsunterrichts, dargestellt an den Richtlinienentwürfen zwischen 1933 und 1939, Berlin / New York 1996.
»Jesus würde sagen: Nicht schlecht!« Kindertheologie und Kompetenzorientierung. Jahrbuch für Kindertheologie Sonderband (Hg. mit *P. Freudenberger-Lötz* / *E. E. Schwarz*), Stuttgart 2011.
Von Jesus Christus reden im Religionsunterricht. Christologie als Abenteuer entdecken (mit *H. Roose*), Göttingen 2011.

Dr. Dr. h.c. *R. Lachmann*, geb. 1940 – Professor em. an der Universität Bamberg, Lehrstuhl für Evangelische Theologie mit Schwerpunkt Religionspädagogik und Didaktik des Religionsunterrichts.
E-Mail: Prof.Rainer.Lachmann@web.de

Religionspädagogische Spuren. Konzepte und Konkretionen für einen zukunftsfähigen Religionsunterricht, Jena ^{2}2002.
Elementare Bibeltexte. Exegetisch-systematisch-didaktisch (TLL 2; Hg. mit *G. Adam* u. *C. Reents*), Göttingen ^{4}2010.
Die Religions-Pädagogik Christian Gotthilf Salzmanns, Jena 2005.
Geschichte des evangelischen Religionsunterrichts in Deutschland. (Hg. mit *B. Schröder*), Studienbuch, Neukirchen-Vluyn 2007 und Quellen, Neukirchen-Vluyn 2010.
Neues gemeindepädagogisches Kompendium (Hg. mit *G. Adam*), Göttingen 2008.

Dr. *H. Lenhard*, geb. 1947 – Leitender Seminardirektor des Studienseminars für Lehrämter an Schulen Paderborn.
E-Mail: sem-len@uni-paderborn.de
Arbeitsbuch Religionsunterricht. Überblicke – Impulse – Beispiele (Hg. in Verbindung mit *T. Ahrens*, *G. Bitterberg*, *H. Drüge*, *W. Hunger*, *U. Theissmann*, *G. Wagener*), Gütersloh 1986, Gütersloh ^{3}1996.
Religion 5–10 (Hg.), Seelze / Velber 2011 ff.
Religionsunterricht neu denken. Innovative Ansätze und Perspektiven der Religionsdidaktik. Ein Arbeitsbuch für Studierende und Lehrer/innen (Hg. mit *M. Pirner* und *B. Grümme)*, Stuttgart 2012 (in Vorbereitung).

Dr. *M. Meyer-Blanck*, geb. 1954 – Professor für Religionspädagogik an der Evangelisch-theologischen Fakultät der Rheinischen Friedrich-Wilhelms-Universität Bonn und Direktor des »Bonner evangelischen Instituts für berufsorientierte Religionspädagogik (bibor)«.
E-Mail: meyer-blanck@uni-bonn.de
Vom Symbol zum Zeichen. Symboldidaktik und Semiotik, Rheinbach ^{2}2002 [Hannover 1995].
Kleine Geschichte der evangelischen Religionspädagogik. Dargestellt anhand ihrer Klassiker, Gütersloh 2003.
Religionsdidaktik. Praxishandbuch für die Sekundarstufe I und II, Berlin 2005 (mit *U. Baumann*, *R. Englert*, *B. Menzel* und *A. Steinmetz*).
Studien- und Arbeitsbuch Praktische Theologie (mit *B. Weyel*) Göttingen 2008 (UTB 3149).
Religion, Rationalität und Bildung (Hg. mit *S. Schmidt*), Würzburg 2009 (= Studien des Bonner Zentrums für Religion und Gesellschaft Bd. 5).

Dr. *E. Naurath*, geb. 1965 – Professorin für Praktische Theologie / Religionspädagogik an der Universität Osnabrück. E-Mail: enaurath@uos.de
Seelsorge als Leibsorge. Perspektiven einer leiborientierten Krankenhausseelsorge. (PThe 47) Stuttgart-Berlin-Köln 2000.
Bibliodrama. Theorie – Praxis – Reflexion (Hg. mit *U. Pohl-Patalong*), Stuttgart 2002.
Arbeitsbuch Religionspädagogik. Ein Begleitbuch für Studium und Praxis. (Hg. mit *G. Lämmermann* / *U. Pohl-Patalong*), Gütersloh 2005.
Mit Gefühl gegen Gewalt. Mitgefühl als Schlüssel ethischer Bildung in der Religionspädagogik, Neukirchen ^{3}2010.

Dr. *M. L. Pirner*, geb. 1959 – Professor an der Friedrich-Alexander-Universität Erlangen-Nürnberg, Inhaber des Lehrstuhls für Religionspädagogik und Didaktik des ev. Religionsunterrichts.
E-Mail: manfred.pirner@ewf.uni-erlangen.de
Erlebnispädagogik im christlichen Kontext (Hg. mit *J. Lohrer* u. *V. Pum*), Bad Boll 2011.

»Hey, Mr. President ...«. Politik und populäre Kultur. Sozialwissenschaftliche und theologische Perspektiven (Hg. mit *H. Benedict* u. *A. Engelschalk*), Jena 2011.
Religionsdidaktik im Dialog – Religionsunterricht in Kooperation (Hg. mit *A. Schulte*), Jena 2010.
Christliche Pädagogik. Grundsatzüberlegungen, empirische Befunde und konzeptionelle Leitlinien, Stuttgart 2008.

Dr. *U. Pohl-Patalong*, geb. 1965 – Professorin an der Universität Kiel, Professur für Didaktik des Religionsunterrichts / Praktische Theologie mit Schwerpunkt Homiletik und Kirchentheorie.
E-Mail: upohl-patalong@email.uni-kiel.de
Gottesdienst erleben. Empirische Einsichten zum evangelischen Gottesdienst, Stuttgart 2011.
Bibliolog. Impulse für Gottesdienst, Gemeinde und Schule. Band 1: Grundformen, Stuttgart (2009) ^{2}2010.
Bibliolog. Impulse für Gottesdienst, Gemeinde und Schule. Band 2: Aufbauformen (mit *M. E. Aigner*), Stuttgart 2009.
Arbeitsbuch Religionspädagogik. Ein Begleitbuch für Studium und Praxis (Hg. mit *G. Lämmermann* u. *E. Naurath*), Gütersloh 2005.
Von der Ortskirche zu kirchlichen Orten. Ein Zukunftsmodell, Göttingen (2004) ^{2}2005.

Dr. *M. Rothgangel*, geb. 1962 – Professor an der Universität Wien, Leiter des Instituts für Religionspädagogik an der Evangelisch-Theologischen Fakultät.
E-Mail: martin@rothgangel.de
Christentum und Religionen elementar. Lebensweltlich – theologisch – didaktisch. (TLL 5; Hg. mit *R. Lachmann / B. Schröder*), Göttingen 2010.
Evangelischer Erwachsenenkatechismus (Hg. mit *M. Kießig / A. Brummer*), Gütersloh ^{8}2010.
Evangelischer Religionsunterricht in den Ländern der Bundesrepublik Deutschland. Empirische Daten – Kontexte – Entwicklungen (Hg. mit *B. Schröder*), Leipzig 2009.
Religionspädagogik als Mitte der Theologie? Theologische Disziplinen im Diskurs (Hg. mit *E. Thaidigsmann*), Stuttgart 2005.

Mag. Dr. *R. Schelander*, geb. 1960 – Außerordentlicher Professor an der Universität Wien.
E-Mail: robert.schelander@univie.ac.at
Jakob Glatz. Theologe – Pädagoge – Schriftsteller (Hg. mit *G. Adam*), Göttingen 2010.
lebens.werte.schule – Religiöse Dimensionen von Schulkultur und Schulentwicklung (Hg. mit *M. Jäggle / Th. Krobath*), Wien / Münster 2009.
Die Bibel als Buch der Bildung (Hg. mit *V. Elsenbast / R. Lachmann*), Wien 2004.

Dr. *T. Schlag*, geb. 1965 – Professor an der Theologischen Fakultät der Universität Zürich, Lehrstuhl für Praktische Theologie mit den Schwerpunkten Religionspädagogik und Kybernetik.
E-Mail: thomas.schlag@theol.uzh.ch
Horizonte demokratischer Bildung. Evangelische Religionspädagogik in politischer Perspektive. Freiburg / Basel / Wien 2010.
Konfirmationsarbeit im Kanton Zürich. Erkenntnisse – Herausforderungen – Perspektiven (Hg. mit *R. Voirol-Sturzenegger*), Zürich 2010.
Pragmatism and Modernities, (Hg. mit *D. Tröhler* u. *F. Osterwalder*), Rotterdam 2010.
Brauchen Jugendliche Theologie? Jugendtheologie als Herausforderung und didaktische Perspektive (Hg. mit *F. Schweitzer*), Neukirchen-Vluyn 2011.

Vom Avatar bis zur Zauberei. Religion im Spiel (Hg. mit *D. Pezzoli-Olgiati*), Zürich 2011.
Moral und Ethik in Kinderbibeln. Kinderbibelforschung in historischer und religionspädagogischer Perspektive (Hg. mit *R. Schelander*), Göttingen 2011.

Dr. theol. habil. *M. Schreiner*, geb. 1958 – Professor an der Stiftung Universität Hildesheim, Leiter des Instituts für Evangelische Theologie / Religionspädagogik.
E-Mail: schreinr@uni-hildesheim.de
Jahrbuch für Kindertheologie (Hg. mit *A. Bucher* / *G.Büttner* u. *P. Freudenberger-Lötz*) Band 1–10, Stuttgart 2002 ff.
Wenn dein Kind dich fragt. Impulse zur religiösen Begleitung von Kindern und Jugendlichen (Hg. mit *U. Hahn* u. a.), Gütersloh / Lahr 2004.
»Man hat immer ein Stück Gott in sich«. Mit Kindern biblische Geschichten deuten, 2 Teile: Altes Testament und Neues Testament (Hg. mit *G. Büttner*), Stuttgart 2004 / 2006.
Religious literacy und Evangelische Schulen, Münster 2008.
Mitten ins Leben. Religion 1 und 2 (Hg. mit *U. Gräbig*), Berlin 2007 / 2009.

Dr. *B. Schröder*, geb. 1965 – Professor an der Georg-August-Universität Göttingen, Lehrstuhl für Praktische Theologie mit den Schwerpunkten Religionspädagogik und Bildungsforschung.
E-Mail: bernd.schroeder@theologie.uni-goettingen.de
Religionspädagogik, Tübingen 2011.
1968 und die Religionspädagogik (Hg. mit *F. Rickers*), Neukirchen-Vluyn 2010.
Geschichte des evangelischen Religionsunterrichts in Deutschland (Hg. mit *R. Lachmann*), Studienbuch und Quellen, Neukirchen-Vluyn 2010.
Religion im öffentlichen Raum – deutsche und französische Perspektiven / »'La religion' dans l'espace public – perspectives allemandes et francaises« (Hg. mit *W. Kraus*), Bielefeld 2009.
Institutionalisierung und Profil der Religionspädagogik. Historisch-systematische Studien zu ihrer Genese als Wissenschaft (PThGG 8), Tübingen 2009.

Dr. *A. Schulte*, geb. 1957 – Professorin für Evangelische Religionspädagogik an der Universität Erfurt, Leiterin des Martin-Luther-Instituts an der Erziehungswissenschaftlichen Fakultät.
E-Mail: andrea.schulte@uni-erfurt.de
Die konfessionelle Schule. Herausforderungen und Perspektiven zwischen Erbe und Auftrag (Hg. mit *M. Widl*), Würzburg 2011.
Religionsdidaktik im Dialog – Religionsunterricht in Kooperation (Hg. mit *M. L. Pirner*), Gütersloh 2010.
Das evangelische Schulwesen in Mitteldeutschland. Stationen und Streifzüge (Hg. mit *A. Lindner*), Münster 2007.
Theologie kompakt: Religionspädagogik, (Hg. mit *I. Wiedenroth-Gabler*), Stuttgart 2003.
Die Bedeutung der Sprache in der religionspädagogischen Theoriebildung. Frankfurt a. M. 2001.

Dr. *F. Schweitzer*, geb. 1954 – Professor an der Universität Tübingen, Lehrstuhl für Praktische Theologie / Religionspädagogik.
E-Mail: Friedrich.Schweitzer@uni-tuebingen.de
Religionspädagogik, Gütersloh 2006.
Lebensgeschichte und Religion. Religiöse Entwicklung und Erziehung im Kindes- und Jugendalter, Gütersloh ^{7}2010.
Das Recht des Kindes auf Religion. Ermutigungen für Eltern und Erzieher, ^{2}2005.

Kindertheologie und Elementarisierung. Wie religiöses Lernen mit Kindern gelingen kann, Gütersloh 2011.
Brauchen Jugendliche Theologie? (Hg. mit *Thomas Schlag*), Neukirchen-Vluyn 2011.

Dr. *M. Wermke*, geb. 1958 – Professor an der Universität Jena, Lehrstuhl für Religionspädagogik, Direktor des Zentrums für religionspädagogische Bildungsforschung (ZRB).
E-Mail: zrb@uni-jena.de
Transformation und religiöse Erziehung. Kontinuitäten und Brüche der Religionspädagogik 1933 und 1945 (AHRP 9, Hg.), Jena 2011.
Passion Kino. Existenzielle Filmmotive im Religionsunterricht und Schulgottesdienst (Hg. mit *I. Kirsner*), Göttingen 2009.
Schulseelsorge – ein Handbuch (Hg. mit *R. Koerrenz*), Göttingen 2008.
Gerhard Bohne, Religionspädagogik als Kulturkritik. Texte aus der Weimarer Republik. Eingeleitet, herausgegeben und kommentiert gemeinsam mit *D. Käbisch*, Leipzig 2007.
Kompendium für den Religionsunterricht in der Sekundarstufe II (Hg. mit *G. Adam / M. Rothgangel*), Göttingen 2005.

Wenn Sie weiterlesen möchten...

Rainer Lachmann / Gottfried Adam / Werner H. Ritter

Theologische Schlüsselbegriffe

Biblisch – systematisch – didaktisch

33 ausgewählte theologische Schlüsselbegriffe werden biblisch, systematisch und didaktisch erschlossen.

Rainer Lachmann / Gottfried Adam / Gottfried Adam / Christine Reents (Hg.)

Elementare Bibeltexte

Exegetisch – systematisch – didaktisch

Das Buch ist ein unentbehrlicher Begleiter für alle, die sich über Inhalte, Bedeutung und Deutung der wichtigsten Bibeltexte informieren wollen; insbesondere Religionslehrkräfte finden hier überdies wertvolle Anregungen zur Bibeldidaktik.

Rainer Lachmann / Jörg Thierfelder / Herbert Gutschera (Hg.) /
Rainer Lachmann / Herbert Gutschera / Jörg Thierfelder

Kirchengeschichtliche Grundthemen

Historisch – systematisch – didaktisch

Lehrplanrelevante Themen der Kirchengeschichte werden sachlich fundiert und praxisorientiert vorgestellt – eine gelungene Zusammenstellung aus Hintergrundinformation, Didaktik und Methodik.

Rainer Lachmann / Gottfried Adam / Martin Rothgangel (Hg.)

Ethische Schlüsselprobleme

Lebensweltlich – theologisch – didaktisch

Der vierte Band der Reihe: Ethische Fragen werden in der Lebenswelt aufgespürt, in biblisch-theologischen Zusammenhängen reflektiert und auf den konkreten Religionsunterricht aller Schulstufen bezogen.

Rainer Lachmann / Martin Rothgangel / Bernd Schröder (Hg.)

Christentum und Religionen elementar

Lebensweltlich – theologisch – didaktisch

Mit dem fünften Band findet die Reihe »Theologie für Lehrerinnen und Lehrer« ihren Abschluss. Er greift einen Bereich des Religionsunterrichts auf, der in unserer multireligiösen Gesellschaft zunehmend an Bedeutung gewonnen hat: das »Interreligiöse Lernen«.

Friedhelm Kraft / Hanna Roose

Von Jesus Christus reden im Religionsunterricht

Christologie als Abenteuer entdecken

Das Buch ermutigt zu einer stärkeren Beachtung und zur Auseinandersetzung mit der Christologie im Religionsunterricht.

Es stellt ihre Bedeutung neben der Jesuologie heraus. Mit Bezug auf die aktuelle Kompetenzdebatte werden die wissenschaftlichen Anforderungen des Themas aufgearbeitet und mit den Kindern und Jugendlichen möglichen Zugängen verglichen.

Auf der Basis dieser Ergebnisse werden beispielhaft Möglichkeiten der Umsetzung im Unterricht vorgestellt.

Michaela Albrecht

Vom Kreuz reden im Religionsunterricht

Wie soll man im Religionsunterricht vom Kreuz sprechen? – Am besten erst, nachdem man sich gefragt hat, wie man selbst dazu steht.

Eine empirische Studie der Autorin hat belegt, dass zwar viele Jugendliche mit dem Kreuzestod Jesu, so wie er in Predigt und Unterricht vermittelt wird, nur wenig anfangen können. Andererseits geben sie ihm aber eigene Deutungen und nehmen auf ihre eigene Weise das Kreuz für sich in Anspruch – als Hoffnungsträger, als Zeichen des Angenommenseins, als ethischen Impuls. Es erweist sich als sinnvoll, solche eigenen Konzepte der Schülerinnen und Schüler im Religionsunterricht zu verstärken, zu vertiefen und fruchtbar zu erweitern. Das Buch macht hierzu Vorschläge und bahnt unterrichtliche Zugänge an, die Lehrer und Schüler gleichermaßen herausfordern zur persönlichen Auseinandersetzung mit dem »für euch gestorben«.

Michael Fricke

Von Gott reden im Religionsunterricht

Der Gottesbezug steht im Zentrum des christlichen Religionsunterrichts – damit beginnen schon die Fragen: Wie kann man angemessen von Gott reden? Wie haben Gläubige früherer Zeiten von Gott geredet? Wie sehen Kinder und Jugendliche Gott heute? Wie darf ich mir Gott vorstellen und von ihm sprechen? Welche Folgerungen ergeben sich daraus für den Religionsunterricht? Die didaktischen Folgerungen und Konkretionen zeigen Wege für den Unterricht auf.

Birte Platow / Florian Böcher (Hg.)

Vom Tod reden im Religionsunterricht

Das Thema Tod und Sterben hat Eingang in die Lehrpläne aller Schularten und Bundesländer gefunden. Ziel ist es, bereits jungen Menschen eine themenspezifische Reflexionsfähigkeit und entsprechende Sozial- und Selbst-Kompetenzen zu vermitteln. Es gilt, anthropologische Grundkonstanten – und eine solche ist das Sterben – zu fokussieren und ins Bewusstsein zu heben. Der vorliegende Band bietet eine Analyse der Lernbedingungen, fachwissenschaftliche und didaktische Ausführungen sowie Material für den Religionsunterricht der Sekundarstufe I und II und die Arbeit in der Gemeinde.